Glaubensimpulse

Beiträge zur Glaubenstheorie
und Religionsphilosophie

Eugen Biser

Glaubensimpulse

Beiträge zur Glaubenstheorie
und Religionsphilosophie

CREATOR

CIP – Kurztitelaufnahme der Deutschen Bibliothek

Biser, Eugen:
Glaubensimpulse: Beitr. zur Glaubenstheorie und Religionsphilosophie
Eugen Biser
Würzburg: Creator, 1988
ISBN 3-89247-032-4 brosch.
ISBN 3-89247-030-8 Gewebe

1. Auflage 1988
ISBN 3-89247-032-4 brosch.
ISBN 3-89247-030-8 Gewebe
© 1988 by Creator-Verlags GmbH, Würzburg
Alle Rechte, auch die des auszugsweisen Nachdrucks,
der mechanischen Wiedergabe und Übersetzung
sind vorbehalten und bedürfen der ausdrücklichen
Genehmigung des Verlages

Gesamtherstellung: Gürtler-Druck, 8550 Forchheim

Printed in Germany 1988

Lothar Bossle
in dankbarer Würdigung seiner Verdienste
um die Erneuerung
des christlichen Geisteslebens
und in freundschaftlicher Verbundenheit
zugeeignet

Inhaltsverzeichnis

Vorwort 9
Einführung 11
Philosophie als Schlüssel zu den Dimensionen
des Glaubens 12

I. Glaube und Sprache 27
I.1. Die Geburt des Glaubens aus dem Wort 28
I.2. Was vermag Sprache? 47
I.3. Glaube in dürftiger Zeit 65
I.4. Der schwierige Weg. Zum Problem der religiösen Sprach-
und Kommunikationsbarrieren 77
I.5. Wort und Schrift.
Bemerkungen zu einer übersehenen Differenz 90
I.6. Die beengende Pforte.
Chancen und Gefahren des Glaubens im Medienzeitalter 102
I.7. Intuition und Innovation. Zur Bedeutung der religiösen
Intuition für den theologischen Erkenntnisfortschritt 114
I.8. Der Spiegel des Glaubens.
Zum Prozeß der theologischen Selbstkorrektur 136

II. Gottsuche und Sinnfindung 149
II.1. Der Gang der Gottesfrage. Vom spekulativen Kern
der Meditation 150
II.2. Wiedergewinnung der Zukunft. Christsein in der glaubens-
geschichtlichen Wende 160
II.3. Die Suspendierung der Gottesfrage. Erwägungen zu
einer innovatorischen These Karl Rahners 189
II.4. Jesus und sein Gott. Die religionsgeschichtliche Revolution .. 208
II.5. Der Helfer und die Hilfe. Plädoyer für eine Christologie
von innen 217
II.6. Menschsein in utopisch-anachronistischer Zeit 238
II.7. Fallen wir ins Nichts? Überlegungen zu einer Hermeneutik
des Todes 261

III.	Innovatorische Gestalten	271
III.1.	Paulus – Initiator und Korrektiv	272
III.2.	Augustinus – Glaubensvollzug und Sinnfindung	293
III.3.	Luther – der Schuldner des Wortes	309
III.4.	Bach als Wiederentdecker der paulinischen Heilsbotschaft	324
III.5.	Abhängigkeit und Kontingenzbewältigung. Zur Aktualität Friedrich Schleiermachers	337
III.6.	Hermeneutische Integration. Zur Frage der Herkunft von Rudolf Bultmanns existentialer Interpretation	350
III.7.	Nietzsche – Mythenzerstörer und Mythenschöpfer	370
III.8.	Versöhnter Abschied. Zum geistigen Vorgang in Schneiders 'Winter in Wien'	381
	Anmerkungen	401
	Quellennachweis	434

Vorwort

Nach der geistvollen Kulturanalyse des späten *Freud* leben wir in einem Zeitalter der sich Zug um Zug verwirklichenden Menschheitsträume, Mythen und Utopien. Dabei fallen vom großen Tisch der weltbewegenden Vorgänge bisweilen auch ein paar Brocken für den „Privatgebrauch" ab. So empfinde ich die Veröffentlichung dieses Bandes als die Realisierung eines langgehegten und fast schon aufgegebenen Traumes, die ich dem ebenso freundschaftlichen wie großzügigen Entgegenkommen des Widmungsträgers verdanke. Was zustandekam, ist ein Querschnitt durch Arbeiten, die entweder als Vorstudien oder Ausfolgerungen im Zusammenhang mit meinen zentralen Buchveröffentlichungen stehen: mit dem Nietzschebuch 'Gott ist tot' (von 1960), mit dem Jesusbuch 'Der Helfer' (von 1973), mit der Theologischen Sprachtheorie (von 1970) und ihrer Fortführung in der 'Logaporetik' (von 1980) und nicht zuletzt mit den beiden Programmschriften 'Theologie als Therapie' (von 1985) und 'Die glaubensgeschichtliche Wende' (von 1986). Ohne allzu harte Eingriffe in die Texte konnten Wiederholungen von Gedankengängen und Zitaten nicht vermieden werden. Es wäre schön, wenn sie nicht als störende Dubletten, sondern als Hinweise auf die Durchgängigkeit des Grundgedankens empfunden würden. Und noch schöner wäre es, wenn vom Ganzen das tatsächlich ausginge, was der Titel verspricht: Glaubensimpulse.

München, den 1. September 1988

Eugen Biser

Einführung

Philosophie als Schlüssel zu den Dimensionen des Glaubens

Problemgeschichtlicher Einstieg

Wir leben in einer Stunde des politischen, geistigen und religiösen Umbruchs, dessen Tiefgang nicht zuletzt daran zu erkennen ist, daß er auch die Strukturen des Glaubens erfaßt. Er verliert dabei keineswegs seine Identität; denn er ist und bleibt derselbe Glaube, den Jesus gestiftet, Paulus reflektiert und verkündet und den das Neue Testament bezeugt hat; derselbe Glaube, für den seine Verteidiger eingetreten, für den die Märtyrer gestorben und durch den in seiner langen Geschichte Unzählige getröstet, bestärkt und begeistert worden sind. Dennoch läßt sich der Umschichtungsprozeß nicht übersehen, durch den er im Übergang vom Wissens- zum Erfahrungsglauben, vom Satz- zum Vertrauensglauben und vom Gehorsams- zum Verstehensglauben begriffen und überdies, was die Frage seiner Vermittlung anlangt, durch die Ablösung des traditionellen Instruktionsmodells durch das, was man „Glaubensinspiration" nennen könnte, gekennzeichnet ist.

Selbst wenn es nur darum ginge, diesen Prozeß nachzuzeichnen, käme damit schon die Unerläßlichkeit der philosophischen Perspektive zum Vorschein. Aber der Christenglaube kommt auch grundsätzlich ohne das kognitive Element nicht aus. Er muß wissen, warum er glaubt, und kennen, was er glaubt. Ohne dieses Wissen würde er blind und stumm, unfähig, sich zu verantworten oder auch nur sich von Fehlformen abzugrenzen. Doch wie kommt es zu dieser Verknüpfung von Glaube und Wissen? Die Erklärung gibt der dritte Übergang, der den Wandel vom Gehorsams- zum Verstehensglauben betrifft. Der Christenglaube will, wie im Sinn der johanneischen Abschiedsreden (Joh. 15,15), aber nicht weniger auch der Geschichtsprognose des *Joachim von Fiore* zu sagen ist, nicht die knechtische Unterwerfung, sondern die verstehende, mitwissende Aneignung der in und mit der Offenbarung geschehenden göttlichen Selbstzusage. Er will nicht den blind gehorchenden Knecht, sondern den mitwissenden Freund. So steht der Glaube von seinem Ursprung her unter einem „Erwartungsdruck", der den Glaubenden unwillkürlich nach Deute- und Lesehilfen Ausschau halten läßt. Als Hilfe erster Ordnung aber nahm er – nahezu von Anfang an – die der Philosophie in Anspruch.

Im Horizont der Weisheit

Den Auftakt zu der Beziehung von Glaube und Wissen bildet freilich keine Anleihe, sondern eine kreative Leistung, durch die der Glaube von sich aus den Horizont seiner Verstehbarkeit entwarf. Und diese Leistung ging, wie besonders hervorgehoben werden muß, nicht etwa aus enthusiastischem Überschwang, sondern aus der Not hervor. Es war die Not des ausbleibenden Prophetismus, die der 74. Psalm mit den Worten beklagt:

*Weisende Zeichen sehen wir nicht,
prophetische Stimmen hören wir nicht,
und keiner von uns weiß, wie lange noch (Ps 74,9).*

In einer unvergleichlichen Kompensation dieser Noterfahrung schuf Israel, das die Fühlung der führenden Gotteshand verloren zu haben glaubte, in Gestalt der – auf der alten Erfahrungsweisheit basierenden – spekulativen Weisheit den Spiegel, in und mit dem es die Heils- und Gerichtserfahrungen der großen Vorzeit reflektierte.
Die Frucht dieses Vorgangs kann kaum hoch genug veranschlagt werden. Denn jetzt entstand, zumindest ansatzweise, die Theologie des göttlichen Wortes, der huldvollen Einwohnung (Schechina), der Schöpfung, der Gottesherrschaft auf Erden, der Repräsentation Gottes im irdischen König und endzeitlichen Gesalbten (Messias) und nicht zuletzt der Vermittlung von Gottes Wort und Weisung in Gesetz und prophetischem Dienst. Eine Konturierung des Glaubens war die Folge, wie sie vorher noch nicht einmal von den größten Lehrern erreicht worden war.
Der Vorgang hatte eine fast vollkommene Entsprechung in der Anfangsstunde des Christentums. Nur bestand jetzt die „Not" in dem alle vorgegebenen Denk- und Deutungsformen sprengenden Ereignis von Kreuz und Auferstehung Jesu. Zerstörte jenes nach dem Wort der Emmausjünger alle Hoffnungen (Lk 24,21), so entzog sich diese allen verfügbaren Begriffen und Vorstellungen. So groß war die Ratlosigkeit, daß sich der siegreiche Ausdruck „Auferstehung" nur langsam gegen andere Bestimmungsversuche wie insbesondere den Terminus „Erhöhung" durchzusetzen vermochte.
Aus dieser Not machte die Genialität des Apostels *Paulus* die „Tugend" einer Neukonzeption, die das alttestamentliche Weisheitsmodell, bei aller Entsprechung, bei weitem übertraf. In der „Torheit" des Kreuzes entdeckte er das Engramm der Gottesweisheit, im Antlitz des Auferstandenen ihre vollkommene Selbstmanifestation. Dabei bringt er die Eigenständigkeit seiner Konzeption dadurch zum Vorschein, daß er sie – defensiv – von dem, was er die „Weltweisheit" nennt, abgrenzt, wenn er betont:

Auch wir verkünden Weisheit unter den Vollkommenen, jedoch nicht die Weisheit dieser Welt... Vielmehr verkünden wir die verborgene Gottesweisheit im Geheimnis, wie sie Gott vor allen Zeiten zu unserer Verherrlichung vorherbestimmt hat (2 Kor 2,6 f).

Die Frucht bestand in seinem Fall im Entwurf einer christlichen Theologie, die, was ihren Aufbau betrifft, im buchstäblichen Sinn die Frage des Römerbriefs umkreist:

Wenn Gott für uns ist, wer ist dann gegen uns? Wenn er seinen eigenen Sohn nicht verschont, sondern ihn für uns alle hingegeben hat – wie sollte er uns nicht mit ihm alles schenken? (Röm 8,31 f)

Demgemäß steht im Zentrum seiner Glaubensauslegung das vom Licht seiner göttlichen Interpretation – der Auferstehung – erhellte Kreuz, das von seiner Heils- und Rechtfertigungslehre, seiner Lehre von Christus und seiner Kirche und nicht zuletzt von seiner Gotteslehre wie von konzentrischen Kreisen umgeben ist.

Der Zugang zur Neuorientierung

Die Wirkungsgeschichte der paulinischen Konzeption ist – entsprechend dem für sie typischen Wechsel von Vernachlässigung und Aufwertung – zunächst durch einen steilen „Abfall" gekennzeichnet. In Kleinasien, dem Land seiner größten Missionserfolge, wird Paulus vom zweiten Jahrhundert an kaum noch genannt. Schon in den Pastoralbriefen, die von großer Bewunderung für ihn eingegeben sind, meldet sich eine neue Zeit: die Zeit der Epigonen[1]. Nach Ausweis ihrer literarischen Hinterlassenschaft, ist sie gleicherweise gekennzeichnet durch ihr Unvermögen, sich auf der Höhe der paulinischen Inspiration zu halten, wie durch ihre Entschlossenheit, das zweifache Defizit, vor das sie sich durch das Ausbleiben der Parusie und den Tod der Altapostel gestellt sah, zu kompensieren.

Wie eine Enklave aus paulinischer Vergangenheit wirkt in dieser Zeit das Wort des Martyrerbischofs *Ignatius von Antiochien*, der den Adressaten seines Schreibens an die Gemeinde von Smyrna (10,2) zusichert, daß sich Christus, der „vollkommene Glaube", ihrer am Tag der großen Rechenschaft „nicht schämen" werde. Im Gedanken an das Herrenwort, daß sich der in seiner Herrlichkeit kommende Menschensohn der im Bekenntnis zu ihm Verharrenden „nicht schämen" werde (Mk 8,38), wird hier die Sache des Glaubens so sehr auf seinen „Urheber" (Hebr 12,2) zurückgenommen, daß sie geradezu mit ihm verschmilzt. Der Glaube ist nicht so sehr das Werk der Glaubenden als vielmehr seine Tat in ihnen. Indem sie sich zu ihm bekennen, tritt er für sie „vor Gott und den heiligen Engeln" ein. So hätte auch Paulus vom Glauben sprechen können, nachdem er Jesus die Weisheit (1 Kor 1,30), die Hoffnung (Kol 1,27) und „unseren Frieden" (Eph 2,14) nannte.

Nicht weniger bezeichnend für diese Übergangszeit sind Äußerungen eines dezidierten Antiintellektualismus, der fast durchweg ressentimenthafte Züge trägt. Während der Martyrerphilosoph *Justin* noch voller Stolz versichert, in Christus die wahre Philosophie entdeckt zu haben, warnt schon die vermutlich der Qumranideologie entstammende Interpolation des Zweiten Korintherbriefs:

> *Zieht doch nicht mit den Ungläubigen zusammen am gleichen Joch! Was hat denn die Gerechtigkeit mit der Gesetzlosigkeit zu tun, was Licht mit Finsternis? (2 Kor 6,14 f)*

In seiner vielfach bewiesenen Streitbarkeit spitzt das *Tertullian* in eine Frage zu, die der Absage an die philosophische Vernunft gleichkommt:

Was hat Athen mit Jerusalem zu schaffen, was der Häretiker mit dem Christen? Unsere Lehre stammt aus den Säulenhallen Salomons, der versicherte, daß man den Herrn in der Einfalt des Herzens suchen müsse. Mögen sie nur, wenn sie dazu Lust haben, ein stoisches oder platonisches oder auch dialektisches Christentum aufbringen! Wir aber brauchen seit Christus keine Forschung mehr und keine Wissenschaft, seitdem das Evangelium verkündet wurde[2].

Wie schon der aggressive Ton der Stelle erkennen läßt, verfiel ihr Autor keineswegs einem religiösen Agnostizismus oder gar der Meinung, daß mit dem Glauben ein „Vernunftopfer" verbunden sei. Der Glaube blieb für ihn, paulinisch ausgedrückt, ein „rationale obsequium". Nur mußte die Vernunft bis an den Rand des Selbstwiderspruchs gedrängt werden, wenn den Mysterien das für sie Faßbare entnommen werden sollte[3]. Davon vermittelt die berühmte Stelle aus ‚De carne Christi' einen eindringlichen Begriff:

Gekreuzigt wurde der Gottessohn? Darüber schäme ich mich nicht, weil es eine Schande ist. Und er ist sogar gestorben? Das glaube ich, schon weil es unsinnig ist. Und er ist vom Tod auferstanden? Das steht für mich schon deshalb fest, weil es unmöglich ist (c. 5).

Bei Tertullian ist der Glaube – so wird man diese Stelle zu verstehen haben – selbst ans Kreuz geschlagen, gerade dadurch aber ins Heilsmysterium eingeweiht. Nicht umsonst bietet er eine Umschreibung des Geheimnisses Jesu, die der chalkedonensischen Formel (von 451) bereits erstaunlich nahekommt (Adversus Praxean, c. 27).

Die ‚weltliche' Deutungshilfe

Der Widerstand Tertullians, um nicht zu sagen, sein antiphilosophischer Affekt, war paulinisch motiviert. Es war der Argwohn gegenüber einem Licht, das nicht aus dem Glauben selbst und seinem innersten Geheimnis, dem durch die Auferstehung interpretierten Kreuz Christi, kam. Dieser Widerstand erlahmte, als die paulinische Kreuzestheologie durch die alexandrinische Inkarnationstheologie verdrängt und das „Wort vom Kreuz", wie es Paulus gepredigt hatte, durch den johanneischen ‚Logos' ersetzt und praktisch – wie in einem ersten Anlauf zur Übersetzungsszene in Goethes ‚Faust' – mit „Idee" übersetzt wurde. Jetzt schien es unbedenklich, eine Philosophie als Interpretationshilfe heranzuziehen, die ihren Sinn- und Lichtgrund in einem „Ideenreich" entdeckt hatte und deshalb mit einer dem Logos verpflichteten Bibel bruchlos zusammenzugehen schien.
Die Weichenstellung wurde erkennbar von *Origenes* vollzogen, der Jesus zwar noch, echt paulinisch, die „Autosophia" Gottes, aber auch schon mit einem Blick auf die hellenistische Denkweise „Autologos" nannte. *Augustinus* schob sogar eine biblische Rechtfertigung nach, als er meinte: So wie

die Juden beim Auszug die von den Ägyptern geborgten goldenen und silbernen Gefäße mitgehen ließen, stehe es auch den Christen zu, die ‚Gefäße' der philosophischen Denkformen in den Dienst der Glaubensreflexion zu stellen. Freilich nur der erhellenden Durchdringung, nicht der Begründung des Glaubens. Im Sinn der alten Formel, die den Glauben den „Führer nach oben" nennt, versichert nun auch Augustinus:

> *Willst du zur Einsicht gelangen, glaube! Die Einsicht ist der Lohn des Glaubens. Suche also nicht Einsicht, um zu Glauben zu kommen, sondern glaube, damit du einsehen lernst; denn ohne Glaube keine Einsicht (In Ioannem 29,6).*

Hier verhilft die Vernunft, wie man im Vorgriff auf *Bultmann* sagen könnte, zu jener „Bewegung im Glauben", die zu dessen Selbsterhellung führt. Der Gedanke einer argumentativen Anbahnung im Sinne des fundamentaltheologischen Gedankengangs liegt noch in weiter Ferne; um so näher jedoch das anselmische Programmwort von der ‚fides quaerens intellectum'. Was die als Interpretationshilfe in Anspruch genommene „Einsicht" leistet, hat Augustinus am großartigsten in ‚De trinitate', seiner „psychologischen Trinitätslehre" (Schmaus) demonstriert. Demselben Ausgangspunkt verdankt aber auch die ‚Summa theologica' von Thomas von Aquin ihre Entstehung, obwohl ihr Schöpfer das platonische Instrumentarium gegen das aristotelische ausgetauscht hatte.

Kritische Verschärfung

Kritischer stellt sich der Zusammenhang bei *Anselm von Canterbury* dar, obwohl das Programm des ‚Credo ut intelligam' bei ihm die klarste Ausformung erlangte. Denn bei ihm gewinnt das apologetische Interesse ein derartiges Übergewicht, daß er bereit ist, von der Erscheinung Jesu (remoto Christo), ja sogar von der Existenz Gottes (etsi Deus non daretur) abzusehen, um sich mit dem Ungläubigen aus gleicher Ausgangsposition verständigen zu können. Eine formalistisch-forensische Deutung von Menschwerdung und Sendung Christi war, wie Anselms bis heute nachwirkendes Werk ‚Cur Deus homo' beweist, die Folge. Erstmals in seiner Geschichte hatte sich der Christenglaube in ein Bündnis mit dem „methodologischen Atheismus" eingelassen. Und damit war an die Stelle der durch die Philosophie in Gang gesetzten „Bewegung im Glauben" die von Bultmann behauptete „Bewegung des Unglaubens" getreten[4]. Sie diente allenfalls dem Nachweis des wissenschaftlichen Mitspracherechts des Glaubens und seiner theoretischen Spiegelung, der Theologie, nicht aber der Erhellung der mit ihm gemeinten und ergriffenen Sache. Demgegenüber fiel Anselm dort, wo er aus philosophischer Sicht sein Bestes gab, in seinem ‚Proslogion', in die augustinische „Inkonsequenz" zurück. Denn sein Gottesbeweis richtet sich zwar an den ungläubigen „Toren"; doch führte er ihn aus der Position eines Menschen, der seinen Geist zu Gott erhebt, also aus der Position eines Betenden und Glaubenden.

Anselms methodologischer Atheismus wirkt im Nachhinein wie eine Vorwarnung. Denn mit *Descartes* konstituierte sich eine Denkweise, die nicht nur in aller Form mit den Prinzipien der Philosophie der Vorzeit, mit Autorität und Tradition, brach, sondern auch den Gottesgedanken, wie *Pascal* erbittert einwandte, nur noch funktional, als Garanten einer Vergewisserungsstrategie, in ihr System einbezog[5].
Nun gestaltete sich das Verhältnis der beiden Instanzen dramatischer als je zuvor. Denn die Theologie hielt nur um so nachdrücklicher an der Position der Gottesautorität fest, wobei sie lediglich offenließ, ob diese in den Glaubensakt einzubeziehen war oder lediglich als seine Voraussetzung zu gelten hatte[6]. Wenn sie sich davon allerdings die Abschirmung von dem siegreich vordringenden Kartesianismus versprach, sah sie sich in dieser Erwartung getäuscht. Denn in der Folgezeit kam es zu einer regelrechten „Unterwanderung" (Specht) ihrer Positionen durch ihn, die es schließlich dahin brachte, daß kartesianische Grundvorstellungen sogar in die Äußerungen des Ersten Vatikanums eindrangen[7]. Wenn von der „recta ratio" gesagt wird, daß sie die „Fundamente des Glaubens" aufweise, klingt darin die kartesianische Suche nach dem „fundamentum inconcussum" aller Wahrheit nach. Fast wörtlich kehrt in der Glaubensdefinition des Konzils die Wendung wieder, mit der sich die dritte Meditation auf den Gott beruft, der weder täuschen noch getäuscht werden kann. Und aus der vierten Meditation übernimmt das Konzil die Rede vom „lumen naturale", das bei all seiner Erhellungskraft doch die Offenbarungsinhalte nicht zu durchleuchten vermag. Wenn diese eher unwillkürlichen als bewußten Anleihen etwas beweisen, dann die Tatsache, daß die Theologie auch im Zeitalter der offenen Konfrontation nach wie vor auf die Interpretationshilfe der Philosophie angewiesen war.
Indessen blieb es nicht bei der bloßen Unterwanderung. Vielmehr brach die kritische Vernunft auf dem Höhepunkt der Neuzeit offen, wenngleich in methodologischer Zuspitzung, in die Räume des Glaubens ein. Das geschah durch *Lessings* Veröffentlichung der „Wolfenbüttler Fragmente", mit der die historisch-kritische Methode in aller Form auf den Plan trat.

Dramatische Zuspitzung

Von der Wucht des dadurch provozierten Zusammenstoßes vermittelt der Streit mit dem Hamburger Hauptpastor *Goeze* einen Begriff[8]. Die sich daraus aufbauende Szene ist von der Größe einer antiken Tragödie, nur daß in diesem Fall das Satyrspiel in Gestalt der literarischen Fehde vorang014ing. Lessing parierte die groben Angriffe des orthodoxen Gegners mit scharfgeschliffener Klinge – „Vor dem Lessingschen Schwert", bemerkt dazu nicht weniger scharfzüngig *Heine*, „zitterten alle. Kein Kopf war vor ihm sicher. Ja, manchen Schädel hat er sogar aus Übermut heruntergeschlagen, und dann war er dabei noch so boshaft, ihn vom Boden aufzuheben und dem Publikum zu zeigen, daß er inwendig hohl war"[9] – und behält schließlich dabei sogar noch, trotz Schreibverbot, das letzte Wort[10]. Denn er verfällt, in die Enge getrieben, auf die gloriose Idee, die Arena des Kampfes mit seiner „alten Kanzel", dem Theater, zu vertauschen, um von dort herab den Streit mit der resignativ-toleranten Botschaft Nathans, der Eingebung seiner Altersweisheit, zu beenden. Doch Lessing widerfuhr das Mißgeschick – und darin erreichte die Tragödie ihren Höhepunkt –, daß die von ihm ins Feld geführte Methode auf ihn, den Initiator, zurückschlug, so daß er sich schließlich in der eigenen Schlinge verfing. Denn durch die historische Kritik verdünnte sich das Ankertau der Glaubensgewißheit zu einem hauchdünnen Spinnenfaden. Und wie sollte man daran das Gewicht der ganzen Ewigkeit aufhängen können? Im Klartext: wie ließ sich auf die Gewißheit einer bloß historischen Kunde das Gebäude der ewigen Seligkeit und ihrer Bedingung, des Glaubens also, begründen? Unter dem Druck dieser Fragen brach der sonst so Gefaßte, der sogar sicher war, daß er vielleicht einmal in seiner Todesstunde, niemals aber vor dem Tod zittern werde, in den erschütternden Notschrei aus:

Das, das ist der garstige breite Graben, über den ich nicht kommen kann, sooft und ernstlich ich den Sprung auch versucht habe. Kann einer mir hinüberhelfen, so tu er es. Ich bitte ihn, ich beschwöre ihn. Er verdienet ein Gotteslohn an mir![11]

Und das Unerhoffbare geschah! Der Notschrei wurde gehört und der Lösungsweg gefunden, wenn auch erst Jahrzehnte nach Lessings Tod. Der posthume Helfer war *Kierkegaard*, der erkannte, daß der Graben gar nicht übersprungen zu werden brauchte, weil er bereits überbrückt war. Zwar nicht durch einen aus der Reihe der Glaubenden, wohl aber durch den, zu dem sie unterwegs waren, durch Jesus, der zusammen mit allen kategorialen Differenzen auch die von Raum und Zeit durchbrach, indem er das gab, was außer ihm kein anderer zu geben vermochte: sich selbst! Um das sagen zu können, mußte Kierkegaard freilich die kartesianische Denkweise umstülpen und die Gewißheit, anstatt auf den rationalen Zweifel, auf die religiöse Verzweiflung begründen. Da aber zeichnete sich auch schon der gesuchte Lösungsweg ab. Er bestand in der Gleichzeitigkeit der Glaubenden mit dem rettenden Heilsereignis in Person und Leben Jesu; damit war der trennende Graben zugeschüttet.

Der flüchtige Lichtblick

Mit seinem kühnen Versuch stand Kierkegaard in der Gesamttradition des romantischen Denkens, das sich, in deutlicher Entsprechung zu den politischen Vorgängen der Zeit, um eine Revision des neuzeitlichen Denkansatzes bemühte. Dabei ging es zentral um die Einbeziehung von Sprache und Geschichte, um die Erweiterung des Glaubenssubjekts und um die Versöhnung von Glaube und Vernunft. Letztlich aber zielte diese Bemühung, wie vor allem die gereizte Reaktion Nietzsches erkennen ließ, auf die Kon-

stituierung einer genuin christlichen oder, wie *Schleiermacher* sagte, theologischen Philosophie ab.
Für die Aufwertung der Geschichte als Wahrheits- und Erkenntnisquelle sprach sich vor allem *Leopold von Ranke* aus, der hinter dem Geflecht geschichtlicher Entwicklungen einem Briefwort an seinen Lieblingsbruder Heinrich zufolge den „Born" vermutete,

der den Geschöpfen Leben, Wesen, Gestalt, Innerlichkeit gibt, wo kein Lob und kein Tadel, wo die allgemeinen Begriffe hinsinken vor der Idealität einer ursprünglichen und allemal gottverwandten Existenz[12].

Die Anwendung auf die Glaubensfrage vollzog der vor allem in Frankreich vorherrschende, vornehmlich von de Bonald, Lamennais und Bautain vertretene Traditionalismus, der die Geschichte nicht nur als „Ort", sondern geradezu als „Sprache" der Gottesoffenbarung verstand. Demgegenüber haben als die Entdecker der kognitiven Bedeutung der Sprache in erster Linie Hamann, Wilhelm von Humboldt und Friedrich Schlegel zu gelten, obwohl die vermutlich subtilste Charakteristik von *de Bonald* stammt. Für ihn ist der sich selbst überlassene Verstand ein dunkler Ort, wo wir keine Idee, auch nicht die unseres eigenen Intellekts auffassen, bis das Wort, das durch die Sinne des Ohrs und des Auges dringt, Licht in die Dunkelheit bringt und jede Idee gleichsam anruft und diese, wie die Sterne im Buche Hiob, antwortet: Ich bin da![13]
Die in der Romantik von früh an umlaufende Idee von einem kollektiven, die individuellen Intelligenzen umgreifenden Bewußtsein wurde am klarsten von dem jungen *Johann Adam Möhler* in ihrer theologischen Bedeutung erfaßt, wenn er folgert:

Denn das ist das Geheimnis unserer Erkenntnis Gottes: nur vom Ganzen kann der, der das Ganze schuf, erkannt werden, weil er sich nur im Ganzen ganz offenbare; wie soll ihn der Einzelne erkennen? Dadurch, daß er, obschon er das Ganze nicht sein, es doch mit großem Gemüte, mit Liebe umfassen kann; obschon er also das Ganze nicht ist, ist doch das Ganze in ihm; und er erkennt, was das Ganze. In der Liebe erweitern wir uns, die Einzelwesen, zum Ganzen: die Liebe erfasset Gott[14].

In noch stärkerer Formalisierung bekannte sich *Friedrich Pilgram* zu der gleichen Überzeugung. Für ihn ist der Mensch in seinem Personsein deshalb Subjekt der Geschichte, weil er – und hier klingt das aristotelische „quodammodo omnia" nach – zu allem Seienden in einem Verhältnis steht; er ist, in noch stärkerer Vereinfachung gesprochen, „das konkrete Allgemeine"[15].
Damit gab diese „christliche Philosophie" ein Versprechen, das theologisch erst von der „politischen Theologie", wenngleich in neuer Perspektive und Absicht, eingelöst wurde. Auf den Glaubensbegriff schlug das

freilich sowenig durch wie der bewegende Gedanke *Martin Deutingers*, daß durch Glaube, Hoffnung und Liebe das ewige Wort in den menschlichen Willen aufgenommen werde – eine christliche Adaptation des Schillerverses: „Nehmt die Gottheit auf in euren Willen, und sie steigt herab von ihrem Weltenthron". Erst durch diese Aufnahme erwacht der Glaube zum Leben, ohne sie bleibt er tot; denn:

> *Wo der Glaube ohne Liebe bleibt, ist er tot und gibt in uns selbst kein innerliches Zeugnis des Lebens. Der tote Glaube lehrt uns Gott und das ewige Leben nicht kennen, weil er uns die wahre Liebe nicht erkennen läßt. Der tote Glaube lehrt höchstens Gott fürchten, aber nicht ihn lieben. Der Alliebende selbst erscheint ihm nur im Gewande eines unerbittlichen Richters, der strenge Gebote gibt und die Übertretenden mit Strenge in alle Ewigkeit bestraft. Die also glauben, zittern vor der Hölle, aber sie freuen sich nicht der Herrlichkeit des Lebens*[16].

Wenn diese Denkanstöße, ungeachtet ihrer wegweisenden Kraft, ohne erkennbare Nachwirkung blieben, dann vor allem aufgrund der „kartesianischen Unterwanderung" des kirchlichen Bewußtseins, das mit dem Aufkommen der neuscholastischen Theologie Hand in Hand ging. Damit kam ein Denken zum Zug, dem mehr an formaler Richtigkeit als an spontaner Sinnvermittlung gelegen war und das deshalb für das Grundanliegen der Romantik kein Organ besaß. Wie sehr sich in dieser Frage zwei Denkwege trennten, zeigt im Falle Deutingers dessen Niederlage auf der Münchener Gelehrtenversammlung (von 1863), die praktisch das Ende der romantischen Theologie besiegelte[17]. Gleichwohl trug der romantische Versuch einer Versöhnung von Offenbarungsglaube und Rationalität bleibende, wenngleich nicht immer leicht erkennbare Früchte. Das gilt ebenso von der insistenten Umkreisung der Christusthematik in den späten Hymnen *Hölderlins* wie insbesondere von dem Schlüsselwerk der romantischen Dichtung, den ‚Hymnen an die Nacht' des *Novalis*, deren Bedeutung nicht zuletzt darin besteht, daß durch sie das Auferstehungsmotiv im Horizont einer durch die Aufklärung hindurchgegangenen Vernunft wieder denkbar wurde. Sie bewirkten, mit ihrem eigenen Wortlaut ausgedrückt, daß der „Stein" der Unansprechbarkeit von einer in ihren eigenen Autonomieanspruch verschlossenen Denkweise emporgehoben wurde:

> *Gehoben ist der Stein –*
> *Die Menschheit ist erstanden –*
> *Wir alle bleiben dein*
> *Und fühlen keine Banden.*
> *Der herbste Kummer fleucht*
> *Vor deiner goldnen Schale,*
> *Wenn Erd und Leben weicht,*
> *Im letzten Abendmahle*[18].

Moderne Perspektiven

Eine einzigartige Chance war damit auf unabsehbare Zeit vergeben. Sie ergab sich freilich auch aus einer einzigartigen geistesgeschichtlichen Konstellation, die in der Folge nahezu in ihr Gegenteil umschlug. Tatsächlich ist das Panorama des gegenwärtigen Geisteslebens so breit gefächert, daß auf die Ausgangsfrage nach dem Beitrag der Philosophie für die Selbstverständigung und Explikation des Glaubens keine einheitlich-generelle Antwort mehr gegeben werden kann. Dafür driften die philosophischen Richtungen – Idealismus, Existentialismus und Sprachphilosophie – auch viel zu weit auseinander. Was die Affinität zur Theologie betrifft, scheint es unter diesen Richtungen, zu denen noch der ständig wachsende Einfluß Nietzsches hinzuzurechnen ist, einen Konsens nur in der Überzeugung zu geben, daß philosphisches Denken eine, wie Bultmann formulierte, „Bewegung des Unglaubens" vollzieht. Damit mag es zusammenhängen, daß sich die Beiträge der Philosophie mit einer – um so höher zu veranschlagenden – Ausnahme auf Methodenfragen beschränken.

Das gilt schon für den paradigmatischen Ansatz, den *Blondel* in eigenständiger Verarbeitung augustinischer und pascalscher Gedanken, vermutlich aber auch unter dem Eindruck der Lebensphilosophie, entwickelte[19]. Unbefriedigt von der Lehre, daß die Akzeptanz der Glaubenswahrheit durch den Hinweis auf äußere Kriterien herbeigeführt werden könne – zumal die von der Tradition in diesem Zusammenhang hervorgehobenen Wunder und Weissagungen Vorzugsziele der Bibelkritik geworden waren –, suchte er die Glaubwürdigkeit (credibilitas) des Glaubens von innen her, mit Hilfe von Korrespondenzerlebnissen, zu erweisen. Dabei kam ihm sogar das Erste Vatikanum mit der These entgegen, daß durch die Korrelation der Offenbarungsgeheimnisse mit der menschlichen Sinnsuche (cum fine hominis ultimo) ein „gewisses Glaubenverständnis" (mysteriorum intelligentia) gewonnen werden könne[20].

Ungleich radikaler wirkte sich die Beanspruchung der existentialistischen Daseinsanalyse durch *Bultmann* aus, der dem „unwiderruflich durch die Wissenschaft" geformten Denken einen Zugang zum Glauben offenzuhalten suchte[21]. In diesem Interesse entwickelte er das Programm der „Entmythologisierung" der biblischen Schriften, das jedoch gegen seinen Einspruch als „Subtraktionsverfahren" mißdeutet und von ihm deshalb im Sinn von „existentialer Interpretation" korrigiert wurde[22]. Daß der von Bultmann bestrittene Subtraktionseffekt damit dennoch einherging, zeigt mehr noch als das ihm nachgesagte Bonmot, daß die konsequent angewandte historische Kritik den Umfang der authentischen Jesusworte auf den einer Postkarte zusammenschrumpfen lasse, sein erschreckendes Bekenntnis:

Wie es in Jesu Herzen ausgesehen hat, weiß ich nicht und will ich auch nicht wissen[23].

Die große Ausnahme von dieser „Regel" der lediglich methodologischen Beiträge bildet *Gadamers* ‚Philosophische Hermeneutik', die auf fast revolutionäre Weise dort anknüpft, wo Descartes gebrochen hatte, und im Zusammenhang damit ein theologisch hochrelevantes Verständnis von Autorität entwickelte[24]. Danach kommt Autorität im genuinen Sinn nicht demjenigen zu, der auf welche Weise auch immer „an die Macht" gekommen ist, sondern dem, der etwas zu sagen hat. Sie ist also primär ein hermeneutisches Phänomen und hat insofern „überhaupt nichts mit Gehorsam, sondern mit Erkenntnis zu tun". Damit wurde der Theologie gerade in dem Augenblick ein neues Autoritätsverständnis zugespielt, als die Studentenrevolte auf ungeahnte Weise zu eskalieren begann und dabei jedem Einsichtigen klar wurde, daß das einschneidendste Ereignis der zweiten Jahrhunderthälfte in der alle überkommenen Ordnungs- und Herrschaftspositionen unterwühlenden Autoritätskrise bestand.

Es lag in der unmittelbaren Konsequenz dieses hermeneutischen Autoritätsbegriffs, daß sich damit ein neues Glaubensverständnis Bahn brach und daß rückläufig nun auch die Glaubensdefinition des Ersten Vatikanums, die alles auf die gehorsame Unterwerfung des Menschengeistes unter die Autorität des Offenbarungsgottes abgestellt hatte, auf neue Weise lesbar wurde[25]. Denn im Ereignis seiner offenbarenden Selbstmitteilung trat Gott den Menschen, wie nunmehr deutlich wurde, nicht so sehr aus der Position des Allmächtigen als vielmehr dessen entgegen, der ihm das Entscheidende, Leben- und Sinnstiftende zu sagen hatte: sich selbst.

Von daher tritt der Glaubensakt spontan aus der Perspektive des Gehorsams, ohne daß sich an seinem Bestand etwas geändert hätte, in die des Verstehens. Glaube erweist sich somit als ein „Gott-verstehen"[26]. Und der ganze Reichtum der gewonnenen Sicht enthüllt sich, wenn man „verstehen" nicht nur in seinem kognitiven, sondern auch in dem von Heidegger herausgestellten operationalen und nicht zuletzt in seinem existentiellen Sinn begreift, also in jener Bedeutungsvariante, die auf die Fähigkeit des Verstehenden abhebt, die Last des „unbegreiflich Anderen", letztlich die „Last Gottes" (Coudenhove) auf sich zu nehmen. Mit dieser Neukonzeption ist dann aber auch schon die ganze Bandbreite der glaubensgeschichtlichen Entwicklungsstufen abgeschritten und jene Stelle erreicht, auf welche die gegenwärtige „Glaubenswende", von der eingangs die Rede war, hinführt.

Wiedergeburt der Weisheit

Inzwischen zeichnet sich eine neue und zugleich an die uralte Ausgangsposition erinnernde Situation ab. Wenn man nämlich den Auguren der „Postmoderne" Glauben schenken darf, ist die Philosophie, soweit sie den postmodernen Entwicklungszug betrifft, in eine Stadium der Selbsterschöpfung, wenn nicht gar der Selbstauflösung geraten. Ein Seitenblick auf den heimlichen Heiligen der Postmoderne, auf Nietzsche also, der instinktsicher befürchtet hatte, eines Tages heiliggesprochen zu werden, bestätigt

diese Prognose. Die ihm so angelegene Lehre von der ewigen Wiederkunft verfolgt nämlich, metaphysisch gesehen, das Ziel, das „starre" Identitätsprinzip der Philosophie durch ein ewig fließendes zu ersetzen, durch welches „jegliches mit jeglichem" (Cusanus) identifizierbar wird. Das aber kommt dem Ende der Philosophie, zumindest in ihrem bisherigen Verständnis, gleich.
Damit entfällt jedoch die Deutehilfe, auf welche der Glaube seit der Frühpatristik zurückzugreifen pflegte. Und dieser Ausfall wirft ihn, ideengeschichtlich gesehen, wieder auf seinen neutestamentlichen Ausgangspunkt zurück. Mit einem Schlag sieht er sich wieder darauf angewiesen, den Horizont seiner Auslegung aus eigener Kraft und Intuition zu entwerfen, wie dies bei Paulus und, lange zuvor schon, in der Stunde des 74. Psalms geschehen war. Damals diente ihm, im einen wie im anderen Fall, die Weisheit als Spiegel der Selbstverständigung. Wie aber steht es heute mit der Weisheit? Deutet nicht schon ihr Verschwinden aus dem Vokabular der Gegenwart auf den Grad der Entfremdung von ihr hin? Hatten nicht *Marcel* und *Horkheimer* recht, als sie in verblüffender Übereinstimmung vom „Untergang der Weisheit" in der gegenwärtigen Weltstunde sprachen?[27]
Doch die Weisheit ist ein Himmelsgeschenk. Und der Himmel liebt es nun einmal, seine Gaben in leere Hände zu legen. Tatsächlich gibt es für den, der sehen kann, Anzeichen einer Wiedergeburt der Weisheit in dieser Zeit. Wie schon wiederholt in ihrer Geschichte liegen diese Anzeichen weniger im Bereich der Spekulation als vielmehr der Biographie. So versteht sich Jesus selbst als gestalthaftes „Weisheitszeichen", wenn er seinen Gegnern erklärt:

> *Die Königin des Südens wird im Gericht gegen die Männer dieses Geschlechts auftreten und sie verurteilen; denn sie kam von den Enden der Erde, um die Weisheit Salomons kennenzulernen. Hier aber ist mehr als Salomon (Lk 11,31).*

Dagegen hatte *Novalis* schon bei Lebzeiten seiner fast noch kindlichen Braut Sophie von Kühn – und erst recht nach ihrem frühen Tod – den Eindruck, daß mit ihr eine leibhaftige Erscheinung der Weisheit in sein Dasein getreten sei; denn er gesteht in seinem Tagebuch:

> *Mein Lieblingsstudium heißt im Grunde wie meine Braut. Sophie heißt sie – Philosophie ist die Seele meines Lebens und der Schlüssel zu meinem eigenen Selbst.*

Man könnte es mit Novalis einen „himmlischen Zufall" nennen, daß auch in unserer Zeit eine Frühvollendete, die wegen ihrer Zugehörigkeit zur Widerstandsgruppe ‚Weiße Rose' von der nationalsozialistischen Blutjustiz hingerichtete Sophie Scholl, in überindividuell-zeichenhafter Bedeutung erscheint und daß sie überdies den beziehungsreichen Sophianamen trägt. So jedenfalls zeichnet sie *Udo Zimmermann* in seiner Oper ‚Weiße Rose' (von 1986), wenn sie von ihrem letzten Traum berichtet, in dem sie sich als Trägerin der „Idee" ihrer Gruppe erfährt:

> *Die Sonne brennt, zum Berg hinauf,*
> *Der steile Weg.*
> *Verlangt es nicht von mir,*
> *Das Kind, das Kind in meinem Arm.*
> *Halt fest sein Kleid,*
> *Die Sonne brennt...*
> *Ich werde schmerzlos in die Tiefe fallen,*
> *Das Kind, bevor ich stürze,*
> *Leg ich's, oben in den kalten Schnee.*
> *Das Kind, es lebt, es lebt.*

Es gehört zur Charakteristik weisheitlicher Symbolgestalten, daß sie – wie die Kirche im ‚Pastor des Hermas' oder die „Trösterin Philosophie" im Werk des *Boethius* – in unterschiedlichen Altersstufen erscheinen: bald in jugendlicher Schönheit, bald in bejahrter Würde. Wie das erste auf die junge Widerstandskämpferin zutrifft, so das zweite auf die gleichfalls von der Aura des Symbolhaften umgebene Edith Stein, durch die sich der Theologe *Przywara* an die Figur der Uta vom Naumburger Dom erinnert fühlte, und die in dem Benediktinerabt *Zähringer* den Eindruck einer Ecclesia orans aus der Katakombenmalerei erweckte. In ihr trat der mädchenhaften Konfiguration der Weisheit die weniger vom Alter als vielmehr von Leid und Erfahrung geprägte gegenüber.

Wie aber stellt sich der Glaube vor diesem lebendigen „Hintergrund" dar? Im Blick auf Sophie Scholl dürfte die Antwort lauten: selbstvergessen, begeistert, opferbereit, aber auch entschlossen, die im Glauben gewonnene Freiheit gegen Widerstände von innen und außen durchzusetzen. Dagegen bedarf es im Fall Edith Steins keiner hypothetischen Rekonstruktion, da mit ihrem Programmwort „Kreuzeswissenschaft" im Grunde schon alles gesagt ist. Vor allem spricht aus diesem Titel der Wille zum Rückgriff auf Paulus. Das aber brächte nicht nur die Theologie in die Lage, dort wieder anzuknüpfen, wo das alexandrinische Inkarnationsmodell das paulinische Erbe verdrängt hatte; vielmehr ließe es auch den Glauben wieder in jenem Licht erscheinen, das ihn in den Paulusbriefen umglänzt. Es ist das Licht der Christus- und Kreuzesmystik.

Im Glauben weiß sich Paulus mit Christus zusammen gekreuzigt (Gal 2,19); und er empfindet diese extreme Form der Verbundenheit mit ihm als Weg, ihn in seinem Leidensgeheimnis „kennenzulernen" (Phil 3,10). Gleichzeitig heißt glauben für ihn soviel wie: auf dem Antlitz des Auferstandenen der Herrlichkeit Gottes ansichtig zu werden (2 Kor 4,6). In beidem aber wird der Glaubende für ihn so tief in die Lebensgemeinschaft mit Christus hineingenommen, daß er in ihm seinen Lebensinhalt, seine Sinnerfüllung und seine mystische Identität – bis zum Herzenstausch des „nicht mehr ich, er in mir" (Gal 2,20) – findet.

Indessen steht der Name Edith Steins dafür ein, daß damit noch nicht das letzte Wort gesprochen ist. Denn sie war, ungeachtet ihrer Rolle als weisheitliche Symbolgestalt, Philosophin, die sich als solche dafür ausspricht, daß der Glaube auch weiterhin philosophischer Deutungshilfen bedarf. Da sie jedoch eine Wende von ihrer thomistischen Ausgangsposition zur Kreuzeswissenschaft vollzog, muß offenbleiben, um welche Art von Philosophie es sich dabei handeln wird. Als providentiell aber hat auf jeden Fall die Tatsache zu gelten, daß der Glaube im gegenwärtigen Stadium – als „Glaube in dürftiger Zeit" – auf sein Ausgangsstadium zurückgeworfen und damit an seine ureigene Kreativität verwiesen wurde. Denn nur unter der Bedingung, daß er sich im Sinn der beiden Weisheitszeugen auf seine Spontaneität, seine Entschlußkraft und seine Innerlichkeit besinnt, wird er lernen, trotz der Vergeßlichkeit dieser Zeit das Überlieferungsgut zu bewahren und trotz ihrer Angst vor dem Kommenden die Zukunft zu bestehen.

Deutungsgeschichtliche Nachbemerkung

Auf die naheliegende Frage, warum in der langen Kette der aufgeführten Namen diejenigen von Kant und Hegel fehlten, ist zu sagen: Mit seinem kritischen Denkansatz suchte der Bonner Dogmatiker *Georg Hermes* dem „Alleszermalmer" Kant (Mendelssohn), von dessen religiösem Anliegen er überzeugt war, Eingang in die Theologie zu verschaffen. Doch scheiterte er an Kants überscharfer Polarisierung von Wissen und Glauben („Ich mußte also das Wissen aufheben, um zum Glauben Platz zu bekommen"), das ihn zu der von der Kirche verworfenen Unterscheidung von Vernunft- und Herzensglauben veranlaßte[28]. Anders die Transzendentaltheologie *Karl Rahners*, die (mit Kant) auf die Möglichkeitsbedingungen der religiösen Erkenntnis zurückgreift und von da aus (mit der thomasischen Geistmetaphysik) den Menschen als den sich selbst tranzendierenden Vorgriff auf das ihn zugleich bedingende und auf ihn antwortende Gottesgeheimnis zu begreifen sucht[29]. Indessen steht die glaubenstheoretische Integration seiner Konzeption trotz vielversprechender Anläufe, insbesondere bei *Erhard Kunz* und *Johann Reikerstorfer*, noch aus[30]. Ambivalenter noch ist das Verhältnis der Theologie zu *Hegel*, der zwar nachdrücklicher als je ein Vertreter der Glaubenslehre das Christentum als die Religion der Freiheit und, radikaler noch, als die alle Weltreligionen in sich aufhebende „absolute Religion" zu erweisen sucht, es dann aber doch, wie *Ernst Troeltsch* gegen ihn einwandte, nur als Vorstufe im Prozeß der Rückführung der geschichtlich-konkreten Religionen in den philosophischen Selbstbegriff der „absoluten Idee" gelten läßt. Auf den Glauben, seine Anbahnung und seinen Begriff gewannen diese Denkmodelle keinen bewußtseinsbildenden Einfluß; deshalb konnten sie bei der Nachzeichnung seiner Deutungsgeschichte außer Betracht bleiben.

I.

Glaube und Sprache

Die Geburt des Glaubens aus dem Wort

Die Kopfgeburt

Wenn man davon ausgeht, daß der Glaube nicht nur eine wachsende Herausforderung durch außerchristliche Religionen, sondern ebenso auch durch den in neuen Formen wiedererstandenen Mythos zu bestehen hat, ist es angebracht, die längst überfällige Besinnung auf die Entstehung des Glaubens mit einem mythischen Bild zu eröffnen. Es ist das wie kaum eine andere Szene des antiken Mythos sprichwörtlich gewordene Bild von der Geburt der Athene, die gewappnet und kampfbereit dem Haupt ihres Vaters Zeus entspringt. Für diese wunderbare Geburt bieten die alten Mythologen unterschiedliche Deutungen. Nach der einen verschlang Zeus seine erste Gattin Metis, die soviel wie „kluger Rat" bedeutet, um der ihm drohenden Entmachtung durch deren Nachwuchs zu entgehen. Der anderen zufolge wollte er sich dadurch, daß er die zur Fliege gewordene Metis verschluckte, deren Weisheit bemächtigen[1]. In jedem Fall aber mußte ihm Hephaistos den von rasenden Schmerzen gepeinigten Kopf spalten, dem dann Athene mit einem weithin dröhnenden Kampfruf, der Himmel und Erde erzittern ließ, in voller Rüstung entstieg.

In einem eher beiläufigen Werk erfand *Günter Grass* dafür den – freilich bereits von *Walter F. Otto* verwendeten – Begriff ‚Kopfgeburt', der bei ihm jedoch deshalb negativ besetzt und folgenlos bleibt, weil er den Mythos für widersinnig hält. Im Blick auf die von ihm zum Aussterben verurteilten Deutschen fragt er:

> *Gehört nicht Größe dazu, sich aus der Geschichte zu nehmen, dem Zuwachs zu entraten und nur noch Lehrstoff für jüngere Völker zu sein? Da diese Spekulation langlebig zu sein verspricht, ist sie mir Thema geworden. Ich weiß noch nicht: wird es ein Buch oder Film? ‚Kopfgeburt' könnte der Film oder das Buch oder beides heißen und sich auf den Gott Zeus berufen, aus dessen Kopf die Göttin Athene geboren wurde; ein Widersinn, der männliche Köpfe heutzutage noch schwängert*[2].

Am Schluß seines Essays gibt er dann aber doch, fast erschreckt über das virulente Eigenleben von ‚Kopfgeburten', zu bedenken:

> *Was sich der menschliche Kopf (zu groß geraten) ausdenkt, muß nicht umgesetzt, zur Tat, muß nicht tatsächlich werden. Alle, auch meine Kopfgeburten sind absurd. Deshalb lehnt Sisyphos einen berggängigen Transporter ab. Er lächelt. Sein Stein soll nicht beschleunigt werden. Unmöglich? Wir sind schon zu abhängig von unseren sich selbständig weiterentwickelnden Kopfgeburten... Nichts weiß ich über Genetik, aber die Genetik weiß mich. Keine Ahnung von Mikroprozessoren, denen meine Ahnung ohnehin keine Ahnung wäre. Mein Protest gegen*

das Speichern von Daten ist gespeichert. Ich werde gedacht. Nachdem der menschliche Kopf (weil das machbar war) Hirne geboren hat, die nun seiner Kontrolle entwachsen, werden die freigesetzten, selbsttätigen, die demnächst mündigen Hirne den menschlichen Kopf (weil das machbar ist) stillegen, damit er endlich zur Ruhe kommt, Ruhe gibt. Noch denkt er sich aus. Noch folgt er väterlich stolz (und nur mütterlich ein wenig besorgt) den Sprüngen seiner Kopfgeburten in das Versuchsgelände der achtziger Jahre. Wie schnell sie lernen![3]

Lange vor Grass hatte schon Ulrich von Wilamowitz-Moellendorff einzelne Züge des Mythos für einen lächerlichen theologischen Einfall erklärt; doch schlägt durch alle Kritik, selbst noch bei Grass, die unwiderstehliche Faszination durch, die von dem mythischen Bildgedanken ausgeht. Denn das Bild von der Kopfgeburt der Athene spricht zu suggestiv von der Erfahrung, daß Geistiges sich verselbständigen, in einem genealogischen Prozeß sich selbst reproduzieren, im Grenzfall sogar gestalthaft sich gegenübertreten kann, als daß es nicht unmittelbar an die Selbsterfahrung jedes Denkens appellieren würde. Mit sichtbarer Ergriffenheit hat deshalb *Walter F. Otto* den antiken Mythos vom spontanen Hervortreten des Gedankens zu eigenständiger Größe und Schönheit nachgezeichnet und in dieser wunderbaren Geburt den Schlüssel zu den Aktivitäten der Athene, insbesondere aber zur „Poesie ihrer Liebe zu Odysseus", die dann noch tiefsinniger durch *Hans Urs von Balthasar* gedeutet wurde, gefunden[4]. Tatsächlich gewinnt das Verhältnis des Odysseus zu Athene nur unter der Voraussetzung jene „in der außerchristlichen Dichtung" beispiellose „Zartheit und Ehrfurcht", die ihm Balthasar attestiert, daß die Göttin mehr ist als nur Idee: mehr im Sinn einer zu spontaner Selbstentschließung fähigen Macht[5]. In ihr ist tatsächlich, wie *Eckart Peterich* von ihr sagt, Metis, das alte göttliche Wort, „auf zauberhafte Weise ... Fleisch geworden, ein Wunsch, ein echtes Ideal, herrliche Gestalt"[6]. In ihrer Klarheit unterscheidet sich Athene von allen vergleichbaren Gottheiten, von der abweisenden Schroffheit der Artemis ebenso wie von der Zwielichtigkeit Apolls, der gleichzeitig Licht- und Todesgott ist. Apoll besagt Glut, Athene Helle, eine verbindende und wärmende, niemals aber versengende Helle. Deshalb ist ihr gleicherweise die scharfblickende Eule wie der silbrig glänzende Ölbaum heilig. Sosehr sie als Göttin des Kampfes den Sieg liebte und deshalb den Beinamen ‚Nike' trug, schätzte sie an ihren Günstlingen doch am meisten die selbst in der Hitze des Kampfes bewahrte Besonnenheit. Deshalb erfreute sich der ‚listenreichste' unter den homerischen Helden ihres besonderen Beistands[7].

Kritische Adoption

Anders als *Grass* fanden die Kirchenväter den Mythos von der Kopfgeburt der Athene nicht widersinnig, sondern allenfalls ‚verdreht', sofern ihrer Meinung nach darin ein ursprüngliches Wissen um göttliche Zusammenhänge wie auch in anderen Szenen der Mythologie Mythos in entstellender und verzerrter Form wiedergegeben wurde. So hält der Martyrerphilosoph *Justin* den Brauch, Standbilder der Zeustochter Kore an Wasserquellen aufzustellen, für eine irreführende Anspielung auf den Satz des biblischen Schöpfungsberichts, daß der „Geist Gottes über den Wassern schwebte". Und er fügt hinzu:

> *Auf ähnliche Weise verdrehten sie den Sachverhalt, als sie Athene als Tochter des Zeus, freilich nicht aus geschlechtlichem Umgang, ausgaben. Da sie nämlich wußten, daß Gott aus Überlegung durch den Logos die Welt geschaffen hat, erklärten sie Athene zu seinem ersten Gedanken. Uns freilich erscheint es höchst lächerlich, eine Frauengestalt als Abbild des Gedankens hinzustellen. Ebenso widersprechen auch den anderen Kindern des Zeus ihre Taten*[8].

Wesentlich differenzierter verfährt, damit verglichen, *Origenes* in seiner Replik auf den polemischen Vorschlag des Christentumskritikers *Kelsos*, die Christen würden zu einer vollkommeneren Gottesverehrung gelangen, wenn sie sich dazu breit fänden, auch die Sonne und die Göttin Athene durch Lobgesänge zu feiern.[9]. Die Christen seien vielmehr, so Origenes, vom Gegenteil überzeugt; denn sie verherrlichten nur den einen Gott und seinen eingeborenen Sohn, der gleicherweise „Gott und sein Wort" ist. Mit der Sonne, dem Mond, den Sternen und dem ganzen himmlischen Heer zusammen aber besängen sie, in Gemeinschaft mit allen Gerechten, den einen höchsten Gott und seinen eingeborenen Sohn. Zwar könne man sich Athene auch bildlich erklären und unter ihr die „persönliche gedachte Weisheit" verstehen; doch müßte dann erst nachgewiesen werden, daß „ihr Wesen auch tatsächlich dieser bildlichen Ausdrucksweise entspricht"; denn wenn es sich herausstellen sollte, daß in ihr nur eine Frauengestalt der Vorzeit zu göttlichen Ehren gelangt sei, käme ihre Verehrung für Christen nicht in Betracht, da diese noch nicht einmal das Recht hätten, „die so mächtige Sonne anzubeten". Auf jeden Fall aber müsse der Kerngedanke des Mythos, wonach sie „in voller Waffenrüstung aus dem Haupt des Zeus hervorgeht", von den vielen Zusatzfabeln wie insbesondere der von ihrer versuchten Vergewaltigung durch Hephaistos abgehoben werden, weil kein aufrichtiger Wahrheitssucher etwas Derartiges annehmen könne.
In dieser Replik zeichnet sich auch schon die Spur einer positiven Rezeption ab, die schließlich auf verschlungenen Wegen, die teilweise im Bereich der häretischen Randszene verliefen, zur Gleichsetzung Athenes mit der Gestalt der göttlichen Weisheit (Sophia) führte. Eine nicht unbeträchtliche Rolle scheint dabei, zumindest nach Auskunft des *Hippolyt von Rom*, die Selbstmythisierung des Simon Magus gespielt zu haben, der sich als die Verkörperung des Heiligen Geistes und seine Gefährtin Helena als die von ihm aus der Verirrung zurückgeholte Weisheit (Epinoia) ausgab, gleichzeitig aber auch derselben Angabe zufolge Bildnisse anfertigen ließ, in denen er als Zeus, Helena dagegen als Athene dargestellt war[10]. Wichtiger noch

als diese Sinnübertragung scheint für die christliche Rezeption des Mythos jedoch die mit ihm wenigstens ansatzweise gegebene Stadienlehre gewesen zu sein, die sich gleicherweise auf die Vorstellung von der Geburt des Logos wie auf die von seiner offenbarenden Manifestation ausgewirkt haben dürfte.

Die Atemwende

Wenn man dem Wink des *Origenes* folgt und die ‚Zusatzfabeln' von dem für die christliche Theologie assimilierbaren Kerngedanken des Athene-Mythos abstreift, bleibt tatsächlich ein Bildgedanke, der sich bis in die theologischen Spekulationen *Schellings* hineinverfolgen läßt. Sofern er auf die Vorstellung von der ‚Geburt des Logos' einging, steht er freilich von vornherein in einem wenigstens partiellen ‚Häresieverdacht', dem erstmals *Marcell von Ancyra* Ausdruck verlieh, als er die Lehre von einer ‚Logosgeburt' für schriftwidrig erklärte[11]. Bei diesem Kerngedanken handelt es sich um die Vorstellung von einem Wechsel zwischen ‚Selbstausgabe' (Diastole) und ‚Zurücknahme' (Systole) in Gott, der den innersten Rhythmus des menschlichen Gottesverhältnisses bestimmt und in dieser Sicht noch bei *Goethe* nachklingt, am schönsten in einem Gedicht aus dem Buch des Sängers des ‚West-östlichen Divan':

> *Im Atemholen sind zweierlei Gnaden:*
> *Die Luft einziehen, sich ihrer entladen;*
> *Jenes bedrängt, dieses erfrischt;*
> *So wunderbar ist das Leben gemischt.*
> *Du danke Gott, wenn er dich preßt,*
> *Und dank ihm, wenn er dich wieder entläßt*[12].

Da die Vorstellung von diesem ‚belebenden Wechsel' an die von der göttlichen ‚eudokia' erinnert, mit der sich *Theodor von Mopsuestia*, einer der prominentesten Vertreter der antiochenischen Katechetenschule, zu erklären sucht, daß der allgegenwärtige Gott den nach ihm Suchenden nah, den Widerstrebenden aber fern ist, wird man ihn schließlich auf den emotionalen Antagonismus in der Erfahrung des Heiligen zurückbeziehen dürfen, zumal dieser schon von *Augustinus* unübertrefflich klar angesprochen worden war. Lange bevor *Rudolf Otto* das Heilige in seiner gleichnamigen Schrift (von 1921) als die Spannungseinheit von Mysterium tremendum und Mysterium fascinosum bestimmte, hatte er in seinen ‚Bekenntnissen' die suggestive Frage gestellt:

> *Was ist das für ein Lichtstrahl, der mich trifft, mein Herz durchbohrt und doch nicht verletzt? Ich erschauere und ich erglühe; ich erschauere, weil ich ihm unähnlich bin, und ich erglühe, weil ich ihm ähnlich bin*[13].

Jedenfalls bietet sich von hier aus die Möglichkeit an, den Gefühlskonflikt im Erlebnis des Heiligen auf den schon im Athene-Mythos gegebenen Gedanken an einen ‚Phasenunterschied' im Geheimnis des Göttlichen zurückzubeziehen, der auf das Stadium des ‚Zurückschlingens' das der ‚Verausgabung' folgen läßt. Aus dem ersten erklärt sich dann, vom mythischen Hintergrund her drastisch genug, das Element des Erschauerns, aus dem zweiten das des Entzückens.

Demgegenüber konzentriert sich *Schelling* in seiner gedankentiefen Untersuchung über das ‚Wesen der menschlichen Freiheit' (von 1809) auf das, was man im Anschluß an einen *Celan*-Titel die ‚Atemwende' zwischen den beiden Phasen nennen könnte, weil er dort den Ursprung der göttlichen Ideen und damit der Offenbarung vermutet, der bekanntlich das besondere Interesse seiner späten Philosophie galt. Da sich seiner Überzeugung zufolge „ein ewiges Bewußtsein" nicht denken läßt, muß sich der Menschengeist wie in jedem anderen, so auch im göttlichen Leben „Bewegung, Fortschreitung bis hin zu jenem Ende" vorstellen, „da Gott ‚Alles in Allem' ist"[14]. Dieser durch die Endlichkeit des Menschengeistes diktierten Hilfskonstruktion zufolge kommt der entscheidende ‚Fortschritt' im Gottesbewußtsein aber dadurch zustande, daß in Gott dem Offenbarungswillen ein anderer Wille entgegensteht, der in sein innerstes Wesensgeheimnis zurückstrebt: ein „an-sich-Halten", das dem göttlichen Drang zur Selbstmitteilung in den Weg tritt, so daß durch diesen fruchtbaren Konflikt ein „reflexives Bild alles dessen" entsteht, was Gottes Wesen in unendlicher Seinsfülle enthält, jetzt aber, ins Bild verfaßt, zum Urentwurf seiner Schöpfung und, radikaler noch, zum Urgehalt seiner offenbarenden Selbstmitteilung wird[15]. Es ist also der Konflikt zweier Liebesweisen in Gott, der sich verausgabenden und mitteilenden und der sich in die eigene Innerlichkeit versenkenden Liebe, der die Welt der Ideen und ihren Inbegriff, die Weisheit, in ihm entstehen läßt. Das ist so deutlich im Rückbezug auf die gnostische Gottesspekulation am Rand des frühen Christentums gesagt, daß der motivgeschichtliche Zusammenhang geradezu in die Augen springt. Eine weniger deutliche Linie führt aber darüber hinaus auf den Mythos von der ‚Kopfgeburt' der Athene zurück, sofern dem Bild von der verschlungenen Mutter und der ‚freigesetzten' Tochter bereits der Antagonismus der gegenstrebigen Tendenzen zugrunde liegt. Umgekehrt ist es dann aber so, als habe *Origenes* bereits etwas von dieser Fernwirkung geahnt, als er auf eine Klärung des allegorischen Hintergrunds des Athene-Mythos drängte, weil die Göttin dann bereits als die „persönlich gedachte Weisheit" verstanden werden könne.

Der Absprung

Angesichts der relativ breiten, wenngleich durchweg kritischen Rezeption des Athene-Mythos in der Patristik überrascht es, daß unter den sich anbietenden biblischen Vergleichen nicht auch die Stelle aus dem Weisheitsbuch in Anspruch genommen wird, die im Blick auf die Tötung der ägyptischen

Erstgeburt vom ‚Sprung' des ewigen Wortes von seinem Königssitz berichtet, zumal das Haupt des Zeus gerade die Kirchenväter an die Gipfelhöhe des Weltenbergs erinnert haben dürfte. Doch auch ohne diese zusätzliche Klammer weist die Stelle eine überraschende Motivähnlichkeit auf:

> *Als tiefes Schweigen alles umfing und die Nacht die Mitte ihres Laufs erreicht hatte, sprang dein allmächtiges Wort vom Himmel herab, vom königlichen Thron, gleich einem gewaltigen Krieger, mitten in das dem Verderben geweihte Land (Weish 18,14 f).*

Damit entfiel zwar ein besonders suggestives Bindeglied; doch lag es in der Tendenz der im Motiv der ‚Geburt des Logos' zentrierten Logosspekulation, daß sie in Richtung auf das in die Welt hineingesprochene Gotteswort fortgeführt wurde. Eine Vorentscheidung dazu war schon gefallen, als die frühen Väter, beginnend mit *Theophil von Antiochien*, zwischen einem ‚einbehaltenen' *(endiáthetos)* und einem ausgesprochenen *(prophorikós)* Gotteswort zu unterscheiden begannen[16]. Denn nunmehr konzentrierte sich die Frage darauf, wie der Mensch gewordene Logos zum Offenbarer dessen werden konnte, was er als der lebendige Spiegel der göttlichen Ideen von Ewigkeit her war. Dabei stand diesen Theologen von Anfang an vor Augen, daß mit der unendlichen Differenz von göttlichem und menschlichem Geist so etwas wie eine extreme ‚Sprachbarriere' gegeben war, die im Vollzug des Offenbarungsgeschehens überwunden werden mußte. Sie hatten sogar bereits eine Vorstellung davon, daß diese Überwindung nur auf dem Weg einer, wie sich der Schelling-Kritiker *Kierkegaard* ausdrückte, indirekten Mitteilung, also in Form des ‚Paradoxes', erfolgen konnte[17]. Doch während Kierkegaard mehr darauf abhob, daß sich der Offenbarer, um seinen Adressaten nicht radikal zu überfordern, einer ‚Selbstverhüllung' bedienen und deshalb als der ‚Gott incognito' auftreten mußte, hoben sie mehr auf das damit verbundene Moment der ‚Entäußerung' (exinanitio) ab, von dem schon im Christushymnus des Philipperbriefs (2,7) die Rede war. Am weitesten geht in diesem Zusammenhang *Hilarius von Poitiers*, der von einer förmlichen ‚Abbreviatur' des Mensch gewordenen Wortes spricht. Zwar hörte Gott auch in diesem Zustand der Selbstverkleinerung nicht auf, der ewige und unendliche zu sein, der er immer gewesen war; dennoch geht er in seiner Herablassung ganz in die beengenden Bedingungen eines wahren Menschseins ein:

> *Zwar stand es in Gottes Macht, etwas anderes zu werden, als das, was er blieb; nicht jedoch, dasjenige nicht mehr zu sein, was er immer gewesen war; als er somit in einem Menschenleben als Gott geboren wurde, hörte er nicht auf, Gott zu sein; und als er sich bis zur Empfängnis, Wiege und Kindheit verkleinerte, verlor er dennoch nichts von seiner göttlichen Macht*[18].

Diese Entäußerung, die Hilarius in der Folge auch als eine demütig-gehorsame Selbstbegrenzung der „unumschreibbaren Kraft" Gottes bezeichnet, geschah im Interesse „unserer Annahme"; doch tat sie der Macht des sich begrenzenden Gottessohnes keinen Abbruch:

Denn beim Vorgang dieser erniedrigenden Selbstentleerung behielt er doch die ganze Macht, die diese Entleerung in ihm erfuhr[19].

Um diesen Vorgang voll auszuleuchten, bemühte sich die Väter-Theologie in der Folgezeit um den Nachweis, daß Christus gerade auf dem Tiefpunkt seiner Erniedrigung zur allumfassenden Weite seines Heilswirkens gelangte. So trat neben die Vorstellung vom ‚Verbum abbreviatum' ergänzend diejenige vom ‚Verbum extensum', die vor allem *Gregor von Nyssa* in seiner ‚Großen Katechese' entwickelte:

Da es der Gottheit zukommt, alles zu durchdringen, und sich, der Natur der Dinge entsprechend, in alle ihre Teile hinein auszudehnen..., will uns das Kreuz durch seine Gestalt, die nach vier Seiten auseinandergeht, darüber belehren, daß er, der im Augenblick seines nach dem göttlichen Heilsplan erlittenen Todes daran ausgestreckt war, derselbe ist, der das Universum in sich eint und harmonisch verbindet, indem er die verschiedenartigsten Dinge zu einem einheitlichen Ganzen zusammenfaßt[20].

Es blieb einem der großen Programmentwürfe der Barockmalerei vorbehalten, die beiden Positionen durch eine dritte zu ergänzen und so zu einer regelrechten ‚Stadienlehre des göttlichen Wortes' fortzuentwickeln. Eindrucksvolles Dokument dieser Konzeption ist das von *Franz Georg Hermann* geschaffene Deckengemälde des Bibliothekssaals von Schussenried (von 1757), das alle in den – einstigen – Bücherbeständen repräsentierten Wissenschaften so gruppiert, daß sie den drei auf einer einweisenden Kartusche genannten Stadien des göttlichen Wortes zugeordnet erscheinen. Denn das von Engeln getragene Schriftbild faßt den Gedanken- und Figurenreichtum des Gemäldes in den knappen, programmatischen Text zusammen:

Verbum
in carne abbreviatum
in cruce extensum
in coelo immensum[21]

Wie der Wissenschaftsbezug des Programmgedankens zeigt, hat sich mit ihm die Frage nach der ‚Geburt des Wortes' ganz auf die nach seiner Offenbarerrolle, im Grunde sogar schon auf die nach seiner Rezeption in Glaube und Theologie verlagert. Aufs Ganze gesehen ist das ein Konzept, das – mit der einen Ausnahme *Hans Urs von Balthasars* – noch immer auf seine Wiederbelebung im theologischen Denken der Gegenwart wartet. Als Initialstoß dazu kann in der Tat die von Balthasar in seiner Geschichtstheologie ‚Das Ganze im Fragment' (von 1963) skizzierte ‚Lebensgeschichte' des göttlichen Wortes gelten, nach der dieses zum Menschen ebenso im Stadium seines Kindseins, vor allem im Bild der „Madonna mit dem Kind", wie in dem seiner Mannesreife, ebenso in seiner Passion wie im Stadium seiner Verherrlichung, also in Auferstehung und Himmelfahrt, redet. „Wie einen stammelnden Laut" vernimmt er das, was ihm das göttliche Kind zu sagen hat; doch redet ihn nicht weniger auch der Gekreuzigte an, so wie ihm „der Auferstandene und der in den unsichtbaren Himmel Entrückte" zuredet; denn:

> *Wenn Christus in jedem Stadium seines irdischen Lebens vollgültiges Wort aus Gott ist – nicht nur wo er öffentlich verkündet, sondern auch wo er sich mit Einzelnen unterhält, nicht nur wo sein Wort aufgezeichnet wird, sondern auch in den viel häufigeren Fällen, da es unaufgezeichnet verhallt, nicht nur wo er spricht, sondern auch wo er schweigt oder betet – dann zeigt sich das menschliche Dasein in allem, ‚abgesehen von der Sünde' (Hebr 4,15) als geeignet, Gott zur Sprache zu dienen. In einem viel höheren Sinn als dem rein-menschlichen ist dann jedes Lebensalter, jeder Zustand des Fleisch gewordenen Wortes endgültige Selbstdarstellung der Fülle Gottes, und in jedem waltet diese Fülle*[22].

Im Interesse einer vollen Rezeption müßte nur noch entschiedener als hier bedacht werden, daß Jesus in der Totalität seines Daseins der Offenbarer des Vaters ist: im aufgezeichneten oder verhallten Wort seiner Verkündigung nicht weniger als in seinem vielfachen, vor allem während seiner Passion durchgehaltenen Schweigen, in seinem helfenden Handeln nicht weniger als in seinem Leiden, vor allem aber in seiner Auferstehung, die zugleich als die Ankündigung des vollendeten ‚Schlußwortes' seiner Parusie zu gelten hat[22a]. Denn nur auf der Basis eines in diesem Sinn ausgearbeiteten Konzepts seines Offenbarertums wird sich die schon von *Hilarius* geäußerte – und gerade für den theologischen Disput der Gegenwart hochaktuelle – Überzeugung bestätigen lassen, daß der wahre Gottesname trotz aller Vorankündigungen vor Christus unbekannt war. Sosehr dieser Name schon im Schöpfungsbericht erklingt und von Mose bei der Erscheinung am brennenden Dornbusch vernommen wurde, wurde er doch im Vollsinn des Wortes erst durch den mitgeteilt, der auf unfaßliche und unaussprechliche Weise aus Gott geboren ist:

> *Dieser Name ist vom Sohn öffentlich gelehrt und denjenigen kundgetan, die ihn nicht kennen. So wird der Vater durch den Sohn verherrlicht, indem er als der Vater eines solchen Sohnes erkannt wird*[23].

Der Ausgriff

Eine zeitgemäße Glaubensbegründung müßte gleichzeitig ‚höher' und ‚tiefer' ansetzen als die bisherigen Modelle. Höher, damit der Schatten der Heteronomie, der besonders das Gehorsamsmodell verdunkelte, endgültig beseitigt werden kann. Aber auch tiefer, weil vom Glauben nur so der Anschein einer besonderen Privilegierung ferngehalten werden kann. Im

Zeitalter einer neuerwachten ‚Fernsten-Liebe', die sich ebenso die Not der in fremden Kontinenten Hungernden wie die der religiös Abseitsstehenden zu Herzen gehen läßt, liegt darauf womöglich sogar der stärkere Akzent. Bei näherem Zusehen ist das eine lange vernachlässigte Rücksicht, von der sich aber schon *Paulus* in den selbstquälerischen Fragen des Römerbriefs umgetrieben zeigt:

Wie sollen sie den anrufen, an den sie nicht glauben? Wie sollen sie an den glauben, von dem sie noch nichts gehört haben? Wie sollen sie hören, wenn niemand verkündigt? Und wie soll jemand verkündigen, wenn er nicht gesandt ist? (10,14 f)[24].

Was für Paulus zuletzt nur im Rekurs auf die „unerforschlichen Wege" der göttlichen Weisheit und Vorsehung lösbar war (Röm 11,33–36), kann heute ‚vordergründiger', durch ein entschiedeneres Bedenken des Zusammenhangs von Glaube und Gottesfrage und, was im Grunde dasselbe besagt, von Glaube und Gebet, angegangen werden[25]. Des Zusammenhangs von Glaube und Gottesfrage zunächst, weil die Sache des Glaubens dadurch auf die denkbar breiteste Basis gestellt werden kann. Denn die Gottesfrage stellt schon derjenige, der mit existentiellem Ernst nach dem Sinn seines Daseins fragt[26]. Wie dem nach Gott Fragenden wird auch ihm schon frühzeitig klar, daß ihm mit thetischen Auskünften so wenig gedient ist wie mit gelegentlichen Erfahrungen des Gebraucht- und Bestätigtseins, weil seine Frage ihrer innersten Tendenz zufolge nach einer Antwort verlangt. Weil ihm aber nur mit einer Antwort Genüge geschieht, die gleicherweise zuständlich und unüberholbar ist, sieht er sich auf die Bahn der Gottesfrage verwiesen, von der er mit wachsender Deutlichkeit begreift, daß er sich von Anfang an auf ihrer Linie bewegte. Doch im Gegensatz zu seiner Erwartung, damit in eine leicht zu bewältigende ‚Zielgerade' einzubiegen, erfährt er jetzt erst, welch dramatische Bewandtnis es mit der Gottesfrage hat. Weit davon entfernt, ihr Ziel durch argumentative Schritte zu erreichen, kommt sie diesem zuletzt nur auf dem Weg des Erleidens nahe. Wie selbst noch ihr atheistisches Schattenbild bestätigt, erreicht sie die volle Offenheit für die Antwort, die sie erwartet, indem sie sich zum Aufschrei nach Gott steigert[27]. Das aber heißt, daß schon die Gottesfrage demselben Ziel wie der – als Verstehensakt gedeutete – Glaube entgegenstrebt, so daß dieser umgekehrt, was die Frage seiner Anknüpfung anlangt, auf sie zurückweist.

Dasselbe gilt aber auch von seinem Verhältnis zum Gebet. Denn das Gebet ist ‚spekulativer', als ihm deutungsgeschichtlich in der Regel zugute gehalten wurde. Und auch das gilt in spiegelbildlicher Entsprechung für den Glauben, der strukturell gesehen ungleich ‚frömmer' ist, als sein durchschnittliches Verständnis von ihm annimmt. Vom Gebet aber sagt schon seine Bestimmung durch *Johannes von Damaskus,* es sei „ein Aufstieg des Geistes zu Gott"[28]. Wenn es sich aber so verhält, vollzieht sich im Gebet jene „Erhebung des Geistes", die *Hegel* in seinen unabgeschlossenen

‚Vorlesungen über die Beweise vom Dasein Gottes' (von 1829) als den spekulativen Kern aller Gottesbeweise erkannte[29]. Überragendes Paradigma dessen ist der anselmische Gottesbeweis, den sein Entdecker, mit *Heine* gesprochen, deswegen in einer „rührenden Gebetform" entwickelte, weil er in seinem argumentativen Zentralgedanken nur aus der ‚Logik' des Gebets, begriffen werden kann[30]. Denn es ist gegen die kritischen Einwände – von *Gaunilo von Marmoutier* über *Thomas von Aquin* bis zu *Immanuel Kant* – allen Ernstes zu fragen, ob für die im Gebet waltende ‚Logik des Herzens' ein als existierend gedachter Gott nicht tatsächlich ‚größer' im Sinn von ‚kompetenter' und ‚effizienter' ist als ein bloß gedachter. Doch wie es sich damit auch immer verhält; auf jeden Fall zeigt dieses Paradigma, daß das Gebet der Gottesfrage ebenso nahesteht wie diese dem Glauben, so daß nun auch Gebet und Glaube in einer unvermuteten Wechselbeziehung erscheinen. Danach ist das Gebet ein impliziter, zumindest aber beginnender Glaube und dieser ein bis in seine letzten Konsequenzen hinein durchgehaltenes Gebet. Voraussetzung dessen ist nur wiederum, daß es im Glauben um das Vernehmen jener Antwort geht, auf die sich Gottesfrage und Gebet, ausdrücklich oder unausdrücklich, zubewegen[31].

Die Barriere

Jeder Verständigungsakt führt aus den Tiefen eines Infernos zu den Höhen des Paradieses, das mit dem geglückten ‚Einverständnis' von Sprecher und Rezipient erreicht ist[32]. Zunächst bricht, freilich ganz unverhofft, ein Abgrund auf, weil Verständigung nur dann zustande kommt, wenn der Rezipient den Sprecher, wenigstens für die Dauer seiner Mitteilung, als Autorität gelten läßt. Das aber ist unweigerlich mit dem Risiko verbunden, von ihm anstelle der erhofften Belehrung und Bestätigung das Gegenteil, ein Wort der Zurückweisung oder gar der Verurteilung gesagt zu bekommen. In diesem Fall wird die Hoffnung, durch das Gespräch dem Elend der Einsamkeit entrissen zu werden, aufs Schwerste enttäuscht: denn der Redende sähe sich in dem Augenblick, da er den Fuß über die Schwelle seiner Individualität setzt, nur um so schmerzlicher auf sich selbst zurückgeworfen.
Aus naheliegenden Gründen, die sich aus dem Offenbarungsanspruch des Christentums ergeben, stand dieses Unterwerfungsmoment auch für die Initiatoren der traditionellen Glaubenstheorie sehr im Vordergrund, daß sie den Glauben, am nachdrücklichsten in der Definition des Ersten Vatikanums, als reinen Gehorsamsglauben bestimmten, durch den der Glaubende dem sich der Welt mitteilenden Gott die volle Unterwerfung seines Intellekts entgegenbringt. Nachdem schon *Max Weber* voller Ironie von der ‚Virtuosenleistung' des damit erbrachten Vernunftopfers gesprochen hatte, entstand danach, vor allem im Vorfeld des großen Einbruchs der Kritik gegen Ende der sechziger Jahre, also der Zeit der Studentenrevolte, ein Problemfeld von ungeahnter Komplexität, in das eine Autorität

um die andere hineingeriet: die elterliche ebenso wie die schulische, die staatliche ebenso wie die kirchliche. Nun wäre es aber illusionär zu glauben, daß die nach traditioneller Auffassung den Glaubensakt verbürgende Gottesautorität allein von dieser Erschütterung unberührt geblieben wäre. Sie blieb dies so wenig, daß die Autoritätskrise vielmehr hier, im religiösen Zentralbereich, mit am frühesten registriert wurde. In der ihm eigenen Sensibilität für religiöse Spannungsmomente und Noterfahrungen stellte schon *Peter Wust* die Frage, die sich dem heutigen Menschen angesichts der schon seit dem Spätmittelalter, vor allem aber seit *Descartes* und *Kant* betonten Andersheit und Unergründlichkeit Gottes geradezu auf die Lippen drängt, wenn sie dem Verfasser von ‚Ungewißheit und Wagnis' auch noch als eine Frage von „beinahe unheimlicher Verwegenheit" vorkam:

> *Warum ist Gott oben, am Gipfel der Vollkommenheit, und warum nicht wir, die Fragenden, oder warum nicht wenigsten einer von uns? Und warum ist dieses eine höchste Wesen mühelos, kampflos oben, an der Spitze der Seinshierarchie, während wir alle uns mühen müssen in endlos zermürbendem Kampf und in qualvollster Daseinsunruhe?*[33]

Auf das Verstehensproblem zurückbezogen, ist das die quälende Frage, ob wir uns Gott tatsächlich mit dem Vertrauen anheimgeben können, in ihm die offenbarende – auch unsere verschwiegenen Möglichkeiten aufschließende – Sinnerfüllung zu finden, oder ob wir uns, indem wir ihn als letzte Sinn- und Seinsinstanz gelten lassen, nicht dem Richterstuhl seiner unvergleichlichen ‚Herrlichkeit' ausliefern, vor dem nichts bestehen kann. So scheint sich tatsächlich im Augenblick der entscheidenden Annäherung der Abgrund des Infernos unter uns aufzutun.

Vieles deutet darauf hin, daß die Glaubensgeschichte gerade heute an einem ihrer großen Wendepunkte angelangt ist. Das gilt womöglich auch in dem Sinn, daß wir nach fast zweitausendjährigem Schwanken erstmals begreifen lernen, wie sehr die Botschaft Jesu mit ihrer zentralen Stoßrichtung darauf ausgeht, der Menschheit eben diese Sorge abzunehmen. Wenn Gott in seinem gekreuzigten und auferstandenen Sohn definitiv aus seiner Verborgenheit hervortrat, dann im Sinne dieser neuen Erkenntnis nicht, um die Welt, wie noch die Bußpredigt des Täufers annahm, dem Feuergericht seines Zornes zu unterwerfen, sondern um sich ihr als das erfüllende Sinnziel ihrer höchsten Hoffnungen darzustellen. Deshalb beginnt die durch Jesus eröffnete Verständigung mit dem in ihm aufscheinenden und nahegekommenen Gott auch mit dem Wort, das in seinem kindlichen Freimut alle Angst hinter sich ließ: Vater![34] Wer sich diese Anrede im Sinne Jesu zueigen macht, hat es nicht mehr nötig, den ausgestreckten Arm der göttlichen Strafgerechtigkeit mit Hilfe des Lutherschen Fiduzialglaubens, so richtig dieser auch immer gemeint war, zu unterlaufen, weil diese Gottesanrede die Gewißheit einschließt, daß Gott nicht gefürchtet zu werden braucht, sondern so, wie er selbst der vorbehaltlos Liebende ist, geliebt sein will.

Demgegenüber ist die Anwendung dieser Einsicht auf das Glaubensproblem ein Werk unserer Zeit. Sie wurde ermöglicht durch die philosophische Hermeneutik und vollzogen durch die hermeneutische Fundamentaltheologie[35]. Dabei entwickelte jene ein völlig neues Verständnis von Autorität, nach welchem diese nicht Ausdruck einer Machtposition, sondern Hilfe auf dem Weg zur Wahrheit ist; danach besitzt Autorität primär nicht derjenige, der „an der Macht ist", sondern der „etwas zu sagen hat". Das machte sich die hermeneutische Fundamentaltheologie für eine Neukonzeption des Glaubens zunutze. Sie konnte zeigen, daß Gehorsam nur ein Element, nicht schon das Ganze des Glaubens ist, da sich dieser dem im Offenbarungswort zu ihm redenden Gott nur unterwirft, um ihn mit dem, was er ihm zu sagen hat – und das ist nach *Karl Rahner* nicht mehr und nicht weniger als Gott selbst –, verstehen zu können. So ist der Glaube zentral ein ‚Gott verstehen' und als solcher der lebenslang unabgeschlossene Versuch des Menschen, sich mit Gott „ins Einvernehmen" zu bringen: die ebenso einfache wie befreiende Lösung eines sich heute mit neuer Dringlichkeit stellenden Problems, wenn freilich eine Lösung, die mit ihrer Vorgeschichte bis in die Paulusbriefe zurückreicht.

Die Annahme

An der paulinischen Position gemessen ist der Abstand zwischen dem Offenbarungsgott und dem Hörer seines Wortes freilich immer noch zu groß, als daß das Glaubensproblem damit schon vollständig aufgearbeitet wäre, Denn inzwischen trat auch darin eine Wende der Glaubensgeschichte ein, daß sich der Glaube noch nie so sehr wie heute solidarisch mit allen heilsbedürftigen Menschen und noch nie so wenig als die Sache einer begrenzten Anzahl religiös Privilegierter wußte. Unüberhörbar, als seien sie über die Jahrtausende hinweg ihm zugesprochen, klingen dem glaubensbereiten Menschen dieser Zeit die fast bohrenden Fragen des Römerbriefes im Ohr:

> *Wie sollen sie an den glauben, von dem sie nichts gehört haben? Und wie sollen sie hören, wenn niemand verkündigt? (Röm 10,14).*

Es genügt, sich zwei Daten der gegenwärtigen Lebenswelt vor Augen zu halten, um die Aktualität dieser Fragen bestätigt zu sehen. Zum einen wächst in einer fast zur Hälfte von atheistischen Regimen beherrschten Welt die Anzahl derer, die auch von der durch die modernen Medien verbreiteten Verkündigung der Heilsbotschaft nicht mehr erreicht werden: wie sollen sie hören? Und mit der zunehmenden Einsicht in die geschichtliche Tiefendimension der Menschheit stellt sich zum andern die Frage nach dem Heilsbezug der früh- und vorgeschichtlichen Kulturen, von dem es auf mindestens zwei Millionen Jahre zurückzudatierenden Früh- und Vormenschen, dem um seines Menschseins willen wenigstens ein religiöses Grundverhältnis zugesprochen werden muß, ganz zu schweigen.

Im Hinblick darauf tut man gut daran, sich an die ganz offene Form zu erinnern, unter der sich das Buch Hiob den Offenbarungsempfang vorstellt, da die entscheidende Gestalt- und Wortwahrnehmung hier mit Erfahrungen eines noch unbestimmten Erschauerns und Ergriffenseins beginnt:

> *Zu mir stahl sich ein Wort,*
> *An mein Ohr drang ein Flüstern,*
> *In Träumereien und Nachtgedanken,*
> *Wenn Tiefschlaf den Menschen befällt.*
> *Furcht und Zittern ergriffen mich,*
> *Alle meine Glieder erschauderten.*
> *Ein Hauch glitt über mein Gesicht,*
> *Die Haare meines Leibes sträubten sich.*
> *Da stand – ich erkannte ihr Aussehen nicht –*
> *Eine Gestalt vor meinen Augen,*
> *Und eine Stimme flüsterte mir zu:*
> *Ist wohl ein Sterblicher vor Gott im Recht,*
> *Ist rein ein Mensch vor seinem Schöpfer? (4,12–17)*[36]

Unversehens stellt sich hier, zumindest vom Rand her, das Bild von der Kopfgeburt der Athene wieder ein. Und diese Erinnerung verdichtet sich, wenn man hinzunimmt, wie sich der Inbegriff der göttlichen Weltenpläne, die Weisheit, im Buch Jesus Sirach vorstellt:

> *Aus dem Mund des Höchsten ging ich hervor*
> *und bedeckte die Erde wie ein Nebel.*
> *Auf den Höhen schlug ich mein Zelt auf,*
> *und mein Thron stand auf einer Wolkensäule.*
> *Den Kreis des Himmels umwanderte ich*
> *und in den Tiefen der Urflut ging ich umher,*
> *in den Wellen des Meeres, auf der ganzen Erde,*
> *in jedem Volk, in jeder Nation erlangte ich Besitz (24,3–6)*[37].

Hier tritt die Weisheit nicht nur, wie das Weisheitsbuch sagt, ihrem göttlichen Urheber als der „makellose Spiegel" und das „Abbild seiner Güte" gegenüber(7,26); vielmehr steht sie auch schon, mit dem Fortgang der Stelle gesprochen, im Begriff, „in heilige Seelen einzugehen und sie zu Freunden Gottes und Propheten" heranzubilden (7,27). Es ist nur noch die Frage, wie sich ihr Wirken dort gestaltet, und was bei diesem ‚Bildungsakt' konkret geschieht.
Auf der Ebene der Offenbarungsempfänger, in der Terminologie *Kierkegaards* ausgedrückt, der „Schüler erster Hand", antworten darauf die Berichte von den Berufungsvisionen der Propheten, allen voran diejenigen des Propheten *Jeremia*[38]. Obwohl sich dieser im drastischen Sinn des Ausdrucks von Jahwe verführt (20,7) und so mit seinem Prophetenamt mehr geschlagen als ausgezeichnet fühlt, erinnert er sich doch in geradezu nostalgischen Wendungen seiner Beglückung beim Offenbarungsempfang:

Fanden sich Worte von dir, so verschlang ich sie.
Dein ‚Wort' war mit Wonne und Herzensfreude;
denn dein Name war über mir ausgerufen,
Jahwe Gott Zebaot! (15,16).

Bedeutsam ist in dieser Aussage vor allem der Bildgedanke von der ‚Einverleibung' des Gottesworts, der im Heilsruf des johanneischen Jesus, gewandelt in die Vorstellung vom ‚Trank des Glaubens', wiederkehrt[39]. Bevor diese Spur aufgenommen werden kann, muß jedoch zunächst die dabei vorgenommene Übertragung des Offenbarungsempfangs auf den Glaubensakt gerechtfertigt werden. Diese Notwendigkeit besteht auch angesichts der Position Kierkegaards, der in seinen ‚Philosophischen Brocken' (von 1844) die Differenz zwischen dem Schüler erster und zweiter Hand unter der Voraussetzung, daß Gott selber „der Lehrer" ist, für gegenstandslos erklärt[40]. Denn eben diese Voraussetzung gilt es, wenn nicht zu begründen, so doch zu verifizieren. Das aber geschieht nirgendwo so ausdrücklich wie bei *Paulus*, der sich ebenso durch Christus ins Gottesgeheimnis eingeweiht weiß, wie er für seine Christus-Verkündigung in Anspruch nimmt, ihrem wahren Sachgehalt gemäß als „das Wort Gottes" gehört und angenommen zu werden (1 Thess 2,13). Das hat für ihn seinen innersten Grund darin, daß ihm in seiner Berufungsstunde, wie er es an zentraler Stelle des Galaterbriefs zum Ausdruck bringt, das Geheimnis des Gottessohnes ins Herz gesprochen wurde; oder jetzt in seinem eigenen Wortlaut:

Als es aber dem, der mich im Mutterleib erwählt und durch seine Gnade berufen hat, gefiel, seinen Sohn in mir zu offenbaren, damit ich ihn unter den Heiden verkünde, zog ich nicht mehr Fleisch und Blut zu Rat. Auch reiste ich nicht zu denen, die vor mir Apostel waren, nach Jerusalem hinauf; vielmehr begab ich mich nach Arabien und kehrte dann wieder nach Damaskus zurück (Gal 1,15 ff)[41].

Doch sosehr er sich durch diesen ‚Zuspruch' privilegiert und (nach Apg 10,41) in den Kreis der von Gott erwählten Auferstehungszeugen einbezogen weiß, stellt er sich doch zugleich in vollem Bewußtsein auf die Seite derer, die erst durch das Wort der Verkündigung zum Glauben kommen. So bildet er den Grenzfall, in welchem der Schüler erster und zweiter Hand zur Einheit verschmelzen. Daß das ohne jeden Bruch geschehen kann, erklärt sich aus paulinischer Sicht dadurch, daß beide, der Offenbarungsträger und Auferstehungszeuge wie der auf sein Zeugnis hin Glaubende ein und denselben Lebensinhalt empfangen. Denn der Glaube ist, paulinisch gesehen, von seinem zentralen Inhalt her Auferstehungsglaube, so daß dem Glaubenden, wenngleich auf abkünftige Weise, dasselbe widerfährt, was sich im Berufungserlebnis des Apostels ereignete. Wie ihm dort das Geheimnis des Gottessohns ins Herz gesprochen wurde, so daß für ihn die ganze Lebensaufgabe fortan darin besteht, dieses Geheimnis weltweit zu verkünden, so gilt auch für den Glaubenden:

Wenn du mit deinem Mund Jesus als den Herrn bekennst und in deinem Herzen glaubst, daß Gott ihn von den Toten auferweckt hat, erlangst du das Heil. Denn mit dem Herzen glaubt man zur Rechtfertigung und mit dem Mund bekennt man zum Heil (Röm 10,9)[42].

Wenn es sich aber so verhält, kann das ‚Wesen' des Glaubens auf eine Weise bestimmt werden, die noch nicht einmal einen Schatten von Heteronomie aufkommen läßt. Die christliche Glaubensmöglichkeit wäre niemals entstanden, wenn Gott nicht in Christus sein ewiges Schweigen gebrochen und sich der Welt zu verstehen gegeben hätte. So steht und fällt der Glaube, wie schon *Ignatius von Antiochien* sagte, mit Christus, dem „aus dem Schweigen hervorgegangenen Wort" Gottes[43]. Demnach ist Gott für den Glaubenden zwar Autorität, jedoch nicht im Sinne dessen, der über ihn die absolute Macht hat, sondern dadurch, daß er ihm das schlechthin Wichtigste – sich selbst – zu sagen hat, und es ihm auch wirklich zusagt. Indem er sich ihm in der Vielfalt der Offenbarertätigkeiten Jesu, zumal aber in seiner Auferstehung, zu verstehen gab, ‚provozierte' er im tiefsten Sinn dieses Ausdrucks den Glaubensakt, der sich nun von seiner ganzen Entstehung her als ein Akt gottbezogenen Verstehens erweist[44].

Es liegt auf der Hand, daß sich dieses Verstehen, anders als im Fall eines Wort- und Textverstehens, nicht auf den engen Rahmen eines kognitiven Aktes beschränkt. Wer sich gläubig auf die Selbstzusage Gottes in Christus bezieht, erstrebt zwar jene intime Mitwisserschaft um das Gottesgeheimnis, die der johanneische Christus den durch und an ihn Glaubenden in Aussicht stellt, am bewegendsten wohl in dem Wort der Hirtenrede:

Ich bin der gute Hirt; ich kenne die Meinen, und die Meinen kennen mich, wie mich der Vater kennt und ich den Vater kenne; und ich gebe mein Leben hin für meine Schafe (Joh 10,15).

Doch klingt es schon in dieser Schlußwendung durch, daß es in diesem Verstehen letztlich um eine Lebensbeziehung geht; und das heißt, auf ihren Ursprung zurückbezogen, daß, wer Gott versteht, in seinem gläubigen Verstehensakt die ganze ‚Last Gottes' *(Coudenhove)* auf sich nimmt[45]. Mit diesem Vorgang hat es aber eine eigentümliche Bewandtnis: Wer die Last Gottes auf sich nimmt, erfährt an sich, je länger desto deutlicher, daß er in Wirklichkeit von Gott getragen und angenommen wurde. Doch damit stellt sich der Glaube auch schon als die große Lebenshilfe des heutigen Menschen heraus. Er ist die ihm aus göttlicher Huld erwiesene Hilfe zur Selbsthilfe, Anstoß zur Bewältigung jener entscheidenden Aufgabe, die *Romano Guardini* mit dem Wort von der ‚Annahme seiner selbst' umschrieb[46].

Im Augenblick, da sich alles geklärt zu haben schien, ist damit tatsächlich ein neues und unerwartet großes Problemfeld angesprochen. Denn was fällt dem heutigen Menschen schwerer als die von Guardini geforderte Zustimmung zur Tatsache seiner Existenz, die ihm gleicherweise von inne

– durch Erfahrungen der Identitätskrise – und außen – durch die entfremdenden Lebensbedingungen – erschwert wird? Doch hat diese unerwartete Problematisierung auch einen heuristischen Sinn. Denn sie zeigt, daß mit der Aufgabe der Glaubensbegründung nicht erst dort der Anfang gemacht werden muß, wo die Frage nach der Existenz Gottes und seiner offenbarenden Selbstmitteilung ansteht, sondern vorher schon, wo sich der existentiell verunsicherte, geängstete und von sich abgehaltene Mensch um die „Annahme seiner selbst" bemüht. Im Zusammenhang damit zeigt sich dann aber etwas noch Erstaunlicheres, das aus der Verstehensstruktur des Glaubens folgt. Verstehen ist ein menschliches Grundverhalten, das sich unmittelbar aus dem Selbstvollzug des Menschseins ergibt. Es baut nicht auf Vorleistungen auf, sondern begründet Beziehungen, die es verarbeitet. Es steht in seinem eigenen Licht. So auch hier. Es ist also nicht so, daß der Mensch zuerst mit sich ins reine gekommen sein muß, damit er glauben kann; vielmehr verhält es sich so, daß der Glaube schon hier, am Akt der Selbstverwirklichung, mitwirkt. Mehr noch: die Zustimmung zu sich selbst ist bereits ein Glaube, so daß geradezu gesagt werden kann, daß der Glaube an Gott mit dem Glauben an sich selbst seinen Anfang nehmen muß. Das gilt dann aber auch im umgekehrten Sinn, und das besagt: Wer an Gott glaubt, wird dadurch erst ganz zu sich selbst geführt, bis hinauf zu jener ungeahnten Höhe des Selbstseins, die das leuchtende Wort von der Gotteskindschaft der Glaubenden bezeichnet.

Die Gottesgeburt

Doch auch damit ist das mythische Bild von der ‚Kopfgeburt' der Athene noch nicht voll eingeholt. Deutlich wurde zwar, daß der Glaube korrespondierend auf den Akt der göttlichen Selbstmitteilung eingeht und insofern aus dem Offenbarungswort hervorgeht. Und dazu bedurfte es noch nicht einmal eines Schlags von jener Wucht, wie ihn Hephaistos gegen das Haupt des Zeus geführt hatte; nein, es genügte von seiten des Menschen der ungleich sanftere Anstoß in Gestalt seiner Gottesfrage, um den zur Entstehung des Glaubens führenden ‚Prozeß' in Gang zu setzen. Was indessen noch fehlt, ist jenes gestalthafte Moment, das Athene zum lebendigen Spiegelbild ihres Urhebers werden läßt und sich in ihr zärtliches Verhältnis zu ihrem Schützling fortsetzt. Sollte sich das nur auf die ‚Geburt des ewigen Wortes' beschränken, wie sie sich im Hervorgang der Weisheit aus dem Mund des Höchsten vorausschattet? Sprechen nicht vielmehr schon die Gründe der Symmetrie dafür, daß sich auch der Hervorgang des Glaubens aus dem Wort zu etwas Gestalthaftem verfaßt?
Doch es sind keineswegs nur Gründe der Symmetrie, sondern sachgegebene, die mit dem Wesen des Glaubens – zumindest aus paulinischer Sicht – zu tun haben! Im Grunde ist schon alles mit der Wendung gesagt, daß dem Apostel in seiner Berufungsstunde das Geheimnis des Gottessohns ins Herz gesprochen wurde. Daß er damit tatsächlich einen neuen, alle Sinner-

wartungen weit übertreffenden Lebensinhalt empfing, sagt er dann auch ausdrücklich, wenn er bekennt:

Leben – das heißt für mich Christus; und Sterben gilt mir als Gewinn (Phil 1,21).

Mit dem ihm innerlich gewordenen Christus hat er die definitive Identifikationsmitte gefunden, den Kristallisationskern seiner Existenz, den er im Auge hat, wenn er von sich gesteht: „Doch durch die Gnade Gottes bin ich was ich bin" (Kor 15,10). Wie ihm Christus zum Lebensinhalt geworden ist, weiß er sich aber auch in ihm aufgehoben und von ihm umhüllt, so daß der Formel ‚Christus in mir' die dazu spiegelbildliche ‚Ich in Christus' korrespondiert. In der Paulusschule wurde diese antithetische Formel auch sozialmystisch verstanden und zur Vorstellung von dem die ganze Gemeinschaft der Glaubenden umfassenden, mit ihrem Glauben ‚heranreifenden' All-Christus entwickelt. In diesem Sinn spricht der Epheserbrief davon, daß die kirchlichen Ämter und Dienstleistungen letztlich dem „Aufbau des Leibes Christi" dienen:

So sollen wir alle zur Einheit im Glauben und in der Erkenntnis des Gottessohnes gelangen, zur vollen Mannesreife und zum Vollalter Christi (4,12 f).

Neu ist an dieser Vorstellung aber nicht nur die Ausweitung in die sozialmystische Dimension, sondern nicht minder auch der Gedanke an ein Heranreifen zum vollen Altersmaß[47]. Daß diesem Gedanken die Vorstellung von einem durch die Gemeinschaft der Glaubenden gebildeten – und in beständigem Erkenntnisfortschritt begriffenen – Kollektivsubjekt zugrunde liegt, ist im vollen Umfang wohl erst von der romantischen Theologie gesehen und von *Johann Adam Möhler* dahin abgewandelt worden, daß der partikuläre Einzelne unfähig ist, die Größe Gottes zu fassen, so daß es des Zusammenschlusses aller zu einem in Liebe geeinten Ganzen bedarf, wenn der, „der das Ganze schuf", auf eine ihm angemessene Weise erkannt werden soll[48].

Dagegen hat sich die mystische Theologie, wie *Hugo Rahner* in einem großangelegten Artikel über die ‚Gottesgeburt' zeigte, die Vorstellung von einem ‚Heranreifen zum Vollalter' für die Verdeutlichung des Glaubensinhalts zunutze gemacht[49]. Zwischen den Extremen, die entweder von der Geburt des Logos in der Menschenseele, ja sogar von einem „mystischen Wachsen und Sterben des ewigen Wortes" im gottergriffenen Herzen *(Ambrosius)* oder aber von einer ‚Umformung' des Glaubenden in die Christusgestalt *(Maximus)* sprachen, bildete sich eine mittlere Tradition aus, die den Gedanken des Wachstums im Glauben auf dessen ‚leibhaftigen' Inhalt bezog. So entwickelte sich, am schönsten bei *Gregor von Nyssa,* die Vorstellung von dem inwendigen Christus, der durch den Glauben im Herzen geboren und durch das Glaubenswachstum zur vollen Mannesreife geführt wird; oder nun wörtlich:

Das in uns geborene Kind ist Jesus, der in denen, die ihn aufnehmen, auf unterschiedliche Weise heranwächst in Weisheit, Alter und Gnade. Denn er ist nicht in jedem der Gleiche. Nach dem Gnadenmaß dessen, in dem er Gestalt annimmt und nach der Fähigkeit des ihn Aufnehmenden erscheint er einmal als Kind, dann als Heranwachsender und schließlich als Vollendeter[50].

So tritt der grandiosen Vorstellung von der ‚Kopfgeburt' der Zeustochter das intime Bild von der ‚Herzensgeburt' des geglaubten Christus gegenüber. Jene erschreckt, dieses tröstet; jene begeistert, dieses verpflichtet. Denn der ikonographische Unterschied liegt vor allem darin, daß Athene in voller Lebensgröße, gerüstet und kampfbereit, aus dem Haupt ihres Urhebers hervorgeht, während die mystische Geburt Christi im Herzen der Glaubenden, wie es der Eigengesetzlichkeit des Vorgangs entspricht, seine Vergegenwärtigung mit seinem Kindsein beginnen läßt. In Erinnerung an den Kerngedanken der irenäischen Christologie könnte man geradezu von einer ‚Rekapitulation' seiner Lebensstadien in der Innerlichkeit des Glaubenden sprechen[51].

Dennoch könnte man versucht sein, die Vorstellung als ein allegorisierendes Gedankenspiel abzutun, wenn sie nicht von *Balthasar* offenbarungstheoretisch unterbaut worden wäre[52]. Wenn Jesus, wie eine heute wieder auflebende Einsicht der Vätertheologie besagt, in der Totalität seines Daseins die Selbstoffenbarung Gottes ist, gilt das selbstverständlich auch von den Stadien seiner Lebensgeschichte. Dann eröffnet sein Kindsein einen ebenso tiefen wie unersetzlichen Einblick in das Gottesgeheimnis wie sein jahrzehntelanges Leben in der Verborgenheit und sein öffentliches Wirken im Dienst der wort- und tathaften Reich-Gottes-Verkündigung. Vor allem aber will dann sein vielsagendes Verstummen in der Passion, zusammen mit seinem Todesschrei am Kreuz und dessen todüberwindender ‚Erhöhung' im Ereignis seiner Auferstehung als eine fortschreitende Einweihung in die „Tiefen der Gottheit" (1 Kor 2,10) verstanden werden[53]. Wenn es sich mit der Selbsterschließung Gottes aber so verhält, muß umgekehrt auch der Glaube die einzelnen Stadien der Lebensgeschichte Jesu reflektierend und nachvollziehend durchlaufen, um so zu seiner Vollgestalt heranzureifen. Je mehr er sich darum bemüht, wird er, wie man auch im Anschluß an ein Newman-Wort sagen könnte, lernen, von der stammelnden ‚Knabensprache' seines Beginns zur ‚Mannessprache' der vollen Zustimmung überzugehen[54].

Dem entspricht der nicht minder wichtige Wandel im Verhältnis des Glaubens zu seinem Inhalt. Da dieser, sosehr er als die immer schon erwartete Antwort auf die menschliche Gottesfrage zu gelten hat, doch die freie, ungeschuldete und uneinklagbare Gewährung des Offenbarers bleibt, ist dieses Verhältnis zunächst auf den Ton gehorsamer Unterwerfung unter die Autorität Gottes gestimmt, wenn auch gemildert durch den Gedanken an den hermeneutischen Sinn seiner Überlegenheit. Darin tritt nun dadurch ein radikaler Wandel ein, daß das Autoritätsmoment im Blick auf das Kindsein Jesu ganz in den Hintergrund tritt. Statt dessen werden ganz andere Beziehungsformen ‚tonangebend': Dankbarkeit, Zärtlichkeit und ein Gefühl von bewundernder Betroffenheit, in das sich sogar eine Spur von Fürsorge einmischt. Ähnliches gilt für das Dunkel der verborgenen Jahre, in das die Frage des Zwölfjährigen – „Wußtet ihr nicht, daß ich dorthin gehöre, wo mein Vater ist?" (Lk 2,49) – wie ein Lichtstrahl fällt. Was sodann von der Rekapitulation der Leidensgeschichte in der Innerlichkeit des Glaubenden gilt, wurde kaum einmal bewegender als durch *Johann Georg Hamann* zum Ausdruck gebracht, der in der Tiefe seines Herzens „die Stimme des Bluts", vergossen durch den am Kreuz „erschlagenen Bruder", klagen hörte[55]. Mit der Einkehr des Glaubens in sein Zentralgeheimnis, die Auferstehung Jesu, ist schließlich sogar, zumindest aus paulinischer Sicht, der Gegenpol zur Autorität und Gehorsamsbindung erreicht; denn das ‚Urwort' dieses Glaubens ist kein anderes als das des von Christus überwältigten, in Dienst genommenen und dadurch doch zugleich endgültig freigesetzten und zu sich selbst gebrachten Apostels: „Bin ich nicht frei?" (1 Kor 9,1). Damit ist nun aber die Besinnung auf die ‚Geburt des Glaubens' fast unmerklich in die auf die ‚Wiedergeburt zur Gotteskindschaft' übergegangen. So entspricht es durchaus ihrer Logik. Denn der Glaube ist eine Gottestat am Menschen, die ihrer innersten Absicht zufolge auf seine Erneuerung und Integration abzielt. Umgekehrt wird man von der Wiedergeburt des Menschen nur dann sachgerecht reden können, wenn man den Beitrag der Glaubenskräfte dazu berücksichtigt. Und dafür ist es angebracht, die Sache des Glaubens zurückzuverfolgen bis zu seiner Geburt aus dem offenbarenden Gotteswort.

Was vermag Sprache?

Vorbemerkung

Die folgenden Ausführungen gehen von zwei Prämissen aus, die sich gegenseitig bedingen: einmal vom Gedanken der Konsubstantialität von Menschsein und Sprache, der sich gegen das fast allgemein herrschend gewordene instrumentelle Sprachverständnis der Linguistik und der analytischen Sprachphilosophie wendet, da sich dieses entgegen dem eigenen Theorieansatz als unfähig erwies, die transinformativen Vermittlungsfunktionen der Sprache, also die mit jedem Sprechakt gegebene Empirie- und Evidenzvermittlung, glaubhaft zu machen, und da es überdies die Sprache gegenüber den zerstörenden und verflachenden Tendenzen der modernen Medienszene nicht zu immunisieren vermochte. Sodann von der dazu spiegelbildlichen Auffassung vom „symbolischen" Charakter der Literatur, die im folgenden nicht nur als ausgezeichnetes Sprachphänomen, sondern darüber hinaus auch als ein die Strukturen freilegendes Sprachgeschehen betrachtet wird. In diesem Zusammenhang werden insbesondere zwei Komposita der Literatursprache einer strukturellen Lektüre unterzogen, obwohl sie in der Normalsprache eine nicht minder bestimmende Rolle spielen.

Als erstes das „Sich-aussprechen", das sowohl Akte der sprachlichen Selbstschöpfung wie der „Erhebung" bezeichnen kann; im einen Fall eine Sprache, die sich schließlich „ins Schweigen verliert" und dabei die Todesgrenze des Menschen berührt; im anderen Fall eine sich zu ihren höchsten Möglichkeiten aufschwingende Sprache, die auf dem Weg von „Sprachekstasen" ihrem obersten Grenzwert entgegenstrebt. Dem steht als zweites Kompositum das „Sicheinreden" entgegen, das als solches den konzentrativen Zug des Sprechens verdeutlicht. Denn im Sprechakt geht der Mensch nicht nur „aus sich heraus"; vielmehr bezieht er sich dabei auch ständig auf seine Ich-Mitte zurück, da sein Reden sonst jenen Sprach-Verfall erleiden würde, der paradigmatisch von *Hugo von Hofmannsthal* in seinem ‚Brief des Lord Chandos' beschrieben wurde.[1]

Während das erste Kompositum somit die „Grenzgänge" der menschlichen Rede verdeutlicht, vergegenwärtigt das zweite seine „Innerlichkeit"; im Zusammenhang der beiden aber wird deutlich, daß der Mensch gerade auch in seinem Sprechen zu jener Ganzheit unterwegs ist, die er auf dem Weg seiner Selbstverwirklichung ständig anstrebt, auch wenn er sie trotz aller Anstrengung immer nur in Annäherungen erreicht.

Sprachliche Grenzgänge

Was vermag Sprache? Eine klare Frage verdient eine nicht minder eindeutige Antwort; und sie kann nur lauten: das Menschliche! Nur will das in des Worte tiefster und umfassender Bedeutung genommen werden; denn in der Sprache steigt der Mensch ebenso bis in seine untersten Tiefen hinab wie zu seinen äußersten Höhen empor, also bis zu den Grenzwerten seiner Imagination und seines Seinkönnens, da er seinen „Besitzstand" in Akten des Entwerfens vorwegnehmen muß, wenn er ihn tatsächlich erreichen will. In der Sprache ist der Mensch mehr, als er sich dessen im Regelfall bewußt wird, bei sich; und dies nicht nur deshalb, weil jede Äußerung einen in Akten der Sammlung und Konzentration erzielten Kompetenzgewinn zur Voraussetzung hat, sondern weil sie überdies verinnerlichend auf den Sprecher zurückwirkt. Denn mitteilen können wir nur, was wir uns zuvor selbst gesagt haben. Insofern liegt jeder Sprechhandlung ein Akt der Selbstverständigung zugrunde. Verstehen aber heißt, seiner Sache sicher sein; verstehend kommen wir somit nicht nur „zur Sache", sondern nicht weniger auch „zu uns selbst". Das bringt es mit sich, daß sich die Kompetenz, die der Sprechakt verstrahlt, in und mit ihm immerfort erneuert. Sprechend holen wir uns deshalb im selben Maß auf uns selbst zurück, wie wir uns in ihm „verausgaben". Wie aber verhält es sich mit den dazu kontrastierenden „Grenzgängen" der Sprache, also mit ihren zu den Grenzwerten des Menschlichen vorstoßenden „Exzessen"?

Wenn man im Sinne des ersten Kompositums davon ausgeht, daß Literatur ein exemplarisches Sprachverhalten dokumentiert, wird man bei der Durchmusterung der literarischen Zeugnisse in erster Linie auf Spuren eines exzessiven ‚Sich-aussprechens' gefaßt sein. In diesen Zeugnissen müßten sich dann Fälle nachweisen lassen, in denen die menschliche Rede buchstäblich „zu Ende" geht, und das vor allem in dem Sinn, daß in diesen Fällen die Todesgrenze berührt wird. Schon ein flüchtiger Blick auf die literarische Szene bestätigt diese Erwartung. Alle Dichtung, insbesondere aber die der literaturgeschichtlichen Anfänge und der Gegenwartsliteratur, ist, wie sich rasch zeigt, Todes-Dichtung.[2] Für die Gegenwartsdichtung bestätigen das bis in die Titelgebung hinein *Paul Celans* ‚Todesfuge' (von 1952) und *Hermann Brochs* ‚Tod des Vergil' (von 1958); doch steht die Dominanz der Todesthematik auch für *Hermann Hesses* ‚Glasperlenspiel', *Thomas Manns* ‚Doktor Faustus' und das – als christologische Metapher gemeinte – Hauptwerk *William Faulkners* ‚A Fable' außer Zweifel. Gleiches gilt von den Gipfelwerken der neueren Opernkomposition: von *Alban Bergs* ‚Wozzeck' und von *Paul Hindemiths* ‚Mathis der Maler'. Nicht weniger beherrscht das Todesthema aber auch die Anfänge der Literatur: die ‚Ilias' nicht weniger als die ‚Odyssee', die nach *Ranke-Graves* als eine einzige Abfolge von Todesmetaphern zu verstehen ist.[3] Wenn somit alle Dichtung, mit *Hans Erich Nossack* gesprochen, ein fortwährendes „Interview mit dem Tode" ist, spricht sie ihr Urwort in der an den Helden des Gilgamesch-Epos gerichteten Frage:

> *Gilgamesch, wohin eilst du?*
> *Das Leben, das du suchst, wirst du nie finden!*
> *Damals, als die Götter den Menschen schufen,*
> *ließen sie den Tod seinen Anteil sein,*
> *das Leben aber behielten sie in eigenen Händen!*

Auf eine förmliche „Hadesfahrt" aber begibt sich dann das dichterische Wort in der Nekyia der ‚Odyssee', die den Schrecken des Totenreichs mit den suggestiven Versen beschwört:

> *Aber es sammelten sich unzählige Scharen von Schatten*
> *Mit grauenvollem Getös, und bleiches Entsetzen ergriff mich.*
> *Fürchtend, es sende mir gar noch die strenge Persephoneia*
> *Tief aus der Nacht die Schreckensgestalt des gorgonischen Unholds,*
> *Floh ich eilends hinweg zum Schiff und befahl den Gefährten,*
> *Rasch ins Schiff zu steigen und die Seile vom Ufer zu lösen:*
> *Und sie stiegen hinein und setzten sich stumm auf die Bänke.*
> (XI, 632–638)

Was in der Schlußwendung der Stelle leise, aber unüberhörbar erklingt, wird in der Todesszene von Brochs Vergil-Roman zum ausdrücklichen Thema, wenn der Dichter zunächst die Stufen des Schöfungswerkes rückläufig durchmißt und schließlich, überbraust von der Gewalt des schöpferischen Wortes, in sein eigenes Verstummen hineinstirbt. So wird hier der Tod förmlich zum Sprachereignis, jedoch im Sinn der Aufhebung der Sprache ins Übersprachliche des ewigen Schweigens:

> *Das Wort schwebte über dem All, schwebte über dem Nichts, schwebte*
> *jenseits von Ausdrückbarem und Nicht-Ausdrückbarem, und er, von*
> *dem Worte überbraust und in sein Brausen eingeschlossen, er schwebte*
> *mit dem Worte..., ein schwebendes Meer, ein schwebendes Feuer,*
> *meeresschwer und meeresleicht, trotzdem immer noch Wort: er*
> *konnte es nicht festhalten, er durfte es nicht festhalten; unerfaßlich und*
> *unaussprechbar war es für ihn, denn es war jenseits der Sprache.*[4]

Hier kommt die an die Todesgrenze rührende Sprache buchstäblich zum Erliegen, so daß die Todesgrenze zugleich als Sprachgrenze erscheint. Etwas Ähnliches kündet sich freilich schon in einem Euripides-Fragment an, in dem sich die Begriffsgrenzen von Tod und Leben eigentümlich verwischen:

> *So weit voran im Tod, wer weiß,*
> *wo noch die Grenzen laufen?*
> *Wer weiß, ob jenes, was wir Sterben nennen, nicht Leben,*
> *ob unser Leben nicht Tod ist – wer weiß?*[5]

Das späte Hölderlin-Gedicht ‚In lieblicher Bläue...' glaubt freilich die Antwort zu kennen:

> *Leben ist Tod*
> *Und Tod ist auch ein Leben.*

49

Stieg die Sprache hier mit Gilgamesch, Odysseus und Vergil in ihre eigene
Unterwelt hinab, so erhebt sie sich aber nicht minder oft zu ihrem obersten
Grenzwert, den sie, mit *Jean Paul* gesprochen, in und mit dem „größten
Gedanken des Menschen", dem Gottesgedanken, erreicht:

> *Erhebe deinen Geist und fasse den größten Gedanken des Menschen!
> Da wo die Ewigkeit ist, da wo die Unermeßlichkeit ist, und wo die
> Nacht anfängt, da breitet ein unendlicher Geist seine Arme aus und legt
> sie um das große fallende Welten-All, und trägt es und wärmt es.*[6]

Von der ‚Unentrinnbarkeit' dieser Umhegung zeigt sich lange zuvor schon
der Beter des 139. Psalms überwältigt, wenn er in die Worte ausbricht:

> *Ringsum schließt du mich ein und legst auf mich deine Hand. Gar wunderbar ist dieses Wissen für mich, allzu hoch, nicht zu begreifen. Denn
> wohin soll ich mich flüchten vor deinem Geist, wohin vor deinem Antlitz fliehen? Steige ich zum Himmel empor, so bist zu zugegen; fahre ich
> zur Unterwelt hinab, so bist du auch dort! Und liehe ich mir die Flügel
> vom Morgenrot, um mich niederzulassen am fernsten Gestade: auch
> dort umgreift mich deine Hand und hält mich deine Rechte (Ps. 139,
> 5 – 10).*

Auf Jahrhunderte hinaus dominierte jedoch das von Jean Paul hervorgehobene Gefühl des – überwältigenden – Umfangen- und Umgriffenseins,
wobei nicht selten das noetische Moment der Unbegreiflichkeit in den Vordergrund trat.
So versichert ein dem „Theologen" *Gregor von Nazianz* zugeschriebener
Hymnus:

> *Jenseits von allem! Wie anders dürfte ich dich preisen? Wie soll dich
> mein Wort rühmen, dich, den jedem Wort Unsagbaren? Wie soll dich
> meine Einsicht schauen, dich, den jeder Einsicht Unfaßbaren? Unbekannt du allein; denn du schufst jede Benennung, Unerkannt du allein;
> denn du schufst jede Einsicht!*[7]

Mit einem auf die Tür-Metaphorik *Kafkas* vorausweisenden Bildwort
bestätigt das eine Stelle aus der *Cusanus*-Schrift ‚Vom Sehen Gottes' (von
1453), in der noch etwas von der mit der noetischen Grenzerfahrung verbundenen Entdeckerfreude mitschwingt:

> *Ich habe den Ort entdeckt, wo du unverhüllt gefunden wirst. Er ist
> umgeben vom Zusammenfall der Gegensätze. Das ist die Mauer des
> Paradieses, das dir zur Wohnung dient. Seine Pforte bewacht der höchste Verstandesgeist. Solange dieser nicht überwunden wird, öffnet sich
> der Eingang nicht. Jenseits des Zusammenfalls der Gegensätze kann
> man dich somit erblicken, diesseits aber nicht.*[8].

Noch in der atheistischen Absage bleibt eine Resterinnerung an die horizonterweiternde Macht des Gottesgedankens, wenn ‚Zarathustra' erklärt:

*Einst sagte man Gott, wenn man auf ferne Meere blickte;
nun aber lehrte ich euch sagen: Übermensch.*[9]

Und betroffen vom Verlust des letztlich Umgreifenden fragt der „tolle Mensch" im Blick auf die Untat, durch die der „ganze Horizont weggewischt" wurde:

Gibt es noch ein Oben und ein Unten? Irren wir nicht wie durch ein unendliches Nichts? Haucht uns nicht der leere Raum an? Ist es nicht kälter geworden? Kommt nicht immerfort die Nacht und mehr Nacht?[10]

Doch für *Nietzsche* ist mit dem Gottesgedanken im Prinzip auch der Denkende verneint; denn ohne Gott ist das Individuum nur noch „ein Irrtum". Unwillkürlich wirft das die Frage nach dem inneren Grenzwert auf, der offensichtlich mit dem göttlich-oberen so eng verknüpft ist, daß der eine nicht ohne den andern ganz verstanden werden kann. Wie also kommt es, konkret gefragt, daß wir überhaupt „Ich" sagen und subjektiv Erfahrenes ausdrücken können?

Das konfessorische Wort

Man könnte in Erinnerung an die Ausgangsfrage mit der These antworten: das eben leistet die Sprache! Doch brächte man sich dabei in Widerspruch zur genealogischen Sprachforschung, nach der die Sprache eindeutig als Instrument der Weltbeschreibung und, wie *Karl Jaspers* formuliert, „Weltorientierung", vermutlich aus dem Bedürfnis nach genauerer Verständigung bei der Jagd innerhalb einer Horde, entstanden ist. Es genügt auch nicht auf die bereits angesprochene hermeneutische Qualität jedes Sprechaktes hinzuweisen; denn so richtig es ist, daß die sprachliche Mitteilung konzentrativ, also verinnerlichend und identifizierend auf den Sprechenden zurückwirkt, geht dieser Effekt doch nicht in den Sprachwillen ein. Wenn das geschehen soll, bedarf es eines eigenen Impulses, der, um wirksam zu werden, von einer das Menschsein an seiner Wurzel ergreifenden Intensität, also von religiöser Qualität sein muß. Das wird schon von einem flüchtigen Rückblick auf die sprachgeschichtliche Entwicklung bestätigt. Denn so sehr es im Bereich der griechischen Lyrik und insbesondere der ägyptischen Weisheitsliteratur – und hier etwa im „Gespräch eines Lebensmüden mit seiner Seele" – Vorklänge einer subjektiv-introvertierten Sprechweise gibt, kommt es doch erst in der jüdisch-christlichen Sprachtradition zum entscheidenden Durchbruch.[11] Aufhorchen läßt insbesondere das Eingangswort des ägyptischen Skeptikers, das sich wie die Klage über den fehlenden Adressaten einer intendierten Selbstmitteilung anhört und auf das Verlangen danach schließen läßt:

> *Mit wem kann ich heute noch reden?*
> *Die eigenen Gefährten sind böse,*
> *Die Freunde von heute sind lieblos.*
> *Mit wem kann ich heute noch reden?*
> *Der Sanfte fiel ins Verderben,*
> *Der Freche hat Zutritt bei allen.*
> *Mit wem kann ich heute noch reden?*
> *Nicht einer gedenkt mehr der Lehren der Vorzeit.*
> *Nicht einer vergilt mehr Gutes mit Gutem.*[12]

Die entscheidende Wende bringt darin nun aber nicht, wie man erwarten sollte, eine Veränderung der mitmenschlichen Situation, sondern die Erfahrung eines numinosen Angesprochen- und Ins-Gespräch-Gezogenseins. Das kann, wie das Hiob-Buch zu verstehen gib, im „Flüsterton" einer inneren Fühlung beginnen, die sich erst allmählich zu einer förmlichen „Anfrage" verdichtet:

> *Zu mir stahl sich ein Wort,*
> *An mein Ohr drang ein Flüstern,*
> *In Träumereien und Nachtgedanken,*
> *Wenn Tiefschlaf den Menschen befällt.*
> *Furcht und Zittern ergriffen mich,*
> *Alle meine Glieder erschauderten.*
> *Ein Hauch glitt über mein Gesicht,*
> *Die Haare meines Leibes sträubten sich.*
> *Da stand – ich erkannte ihr Aussehen nicht –*
> *Eine Gestalt vor meinen Augen,*
> *Und eine Stimme flüsterte mir zu:*
> *Ist wohl ein Sterblicher vor Gott im Recht,*
> *Ist rein ein Mensch vor seinem Schöpfer?*
> *(Ijob 4,12–17)*[13]

Ihren Höhepunkt erreichte diese Vorgeschichte jedoch zuvor schon in den Konfessionen des Propheten *Jeremia*, die bereits individuelle Betroffenheit erkennen läßt und sich sogar bis zu leidenschaftlichem Aufbegehren steigert:

> *Du hast mich betört, o Herr,*
> *Und ich ließ mich betören!*
> *Denn das Wort des Herrn bringt mir*
> *Den ganzen Tag nur Spott und Hohn.*
> *Sagte ich aber: Ich will nicht mehr an ihn denken*
> *Und nicht mehr in seinem Namen sprechen.*
> *So war es mir, als brenne in meinem Herzen ein Feuer,*
> *Eingeschlossen in meinem Innern.*
> *Ich quälte mich, es aufzuhalten,*
> *Und konnte es nicht.*
> *(Jer 20,7 ff)*[14]

Zu seiner vollen Präsenz gelangt das Ich, dem nun buchstäblich ein Gott gegeben hatte zu sagen, was es leidet, jedoch erst in der paulinischen ‚Narrenrede', die in ihrem Ausklang zugleich zu verstehen gibt, daß die neue Sprache aufgrund eines vorgängigen Angesprochenseins zustande kam; deshalb sei sie mit ihrem Eingang und dem abschließenden Bekenntnis wiedergegeben:

> *Worauf einer besteht – jetzt spreche ich als Narr – darauf bestehe ich auch. Hebräer sind sie? Ich auch. Israeliten sind sie? Ich auch. Aus Abrahams Samen sind sie? Ich auch. Diener Christi sind sie? Jetzt spreche ich vollends als Narr: ich noch viel mehr! In vielerlei Mühen, in häufiger Gefangenschaft, unter einer Menge von Schlägen, in wiederholter Todesgefahr... Oft war ich auf Reisen, gefährdet durch Flüsse, gefährdet durch Räuber, gefährdet durch mein eigenes Volk, gefährdet durch Heiden, gefährdet in der Stadt, gefährdet in der Wüste, gefährdet auf dem Meer, gefährdet durch falsche Brüder... Geprahlt muß sein, auch wenn es nichts nützt; so will ich denn auf die Erscheinungen und Offenbarungen des Herrn zu sprechen kommen. Ich kenne einen Menschen in Christus, der vor vierzehn Jahren in den dritten Himmel entrückt wurde: ob körperlich oder ohne den Leib, das weiß ich nicht, Gott weiß es. Von diesem Menschen weiß ich, daß er ins Paradies entrückt wurde: ob körperlich oder ohne den Leib, das weiß ich nicht, Gott weiß es. Da vernahm er unsagbare Worte, die ein Mensch nicht aussprechen darf. Diesen will ich rühmen, mich selbst aber will ich nicht rühmen, es sei denn in meinen Schwachheiten (2 Kor 11,21 ff 26; 12,1–5)*[15]

Hier ist dem subjektiven Ich definitiv die Zunge gelöst und zwar durch jenen Zuspruch, der nach der Verdeutlichung im Galaterbrief darin bestand, daß dem Apostel in seiner Damaskusstunde – denn nur sie kann mit dem Hinweis auf seine „Erscheinungen und Offenbarungen" gemeint sein – das Geheimnis des Gottessohnes ins Herz gesprochen wurde (Gal 1,15 f). Wie die Wirkungsgeschichte der Narrenrede zeigt, ist mit ihr die Geburtsstunde der konfessorischen Sprechweise insgesamt anzusetzen, da die ‚Bekenntnisse' *Augustins* und die ‚Confessions' *Rousseaus* nur fortsetzen, was mit ihr begann. Daß die Sprache auch das Einmalige einer individuellen Lebensgeschichte und die damit gegebene subjektive Selbsterfahrung auszusagen vermag, ist somit die Frucht einer mystischen Intervention, deren Vorzeichen zwar im weiten Feld der Religionsgeschichte zu finden sind, deren Vollgestalt jedoch eindeutig dem jüdisch-christlichen Erfahrungsraum angehört.

Gegensinnige Sprachverläufe

Was bisher aufgezeigt wurde, war im Grunde nur ein Spannungspotential, das aber bereits auf Spannungsfelder und auf darin verlaufende „Kraftlinien" schließen läßt. Um das einsichtig machen zu können, muß jedoch noch, zumindest in Form einer Erwähnung, von dem unteren Gegenpol zu dem oberen und inneren Grenzwert die Rede sein. Kontrastiert mit dem letztlich Umgreifenden ist es die Stelle, an der die Verlorenheit im Nichts fühlbar wird, die Stelle der aufsteigenden Ängste, aber auch die des Aufruhrs und des Protestes: „wenn es Götter gäbe, wie hielte ich's aus, kein Gott zu sein!" Bezogen auf den Ichwert ist es dagegen die Gefahrenstelle der Desintegration, des – verschuldeten oder erlittenen – Selbstverlustes und letztlich, verglichen mit der Wirklichkeitsentdeckung im denkenden und redenden Ich, der Ort der Fühlung des Nichts und als solcher die Instanz, die im Namen der menschlichen Todverfallenheit Einspruch gegen alles Gelingen, alles Beständige – und Bestehende erhebt.

Jetzt wird auch klar, weshalb es eine sprachliche „Fallstrecke" gibt, die auf vielfache Weise in Erscheinung tritt: als Hang zu Spott und Persiflage, als Anreiz zu Sprachpolemik, als Neigung zur Trivialität, zur „Enthüllung", Anklage, Bezichtigung. Denunziation, als Lust am Pamphlet, an der Verzerrung und Diffamierung, an Obszönität und Perversität – bis hin zu jenen Sprachgestalten, in denen die Tendenz „nach unten" auf die Sprache selbst zurückschlägt, so daß nur noch ein deformiertes, gegen sich selbst gerichtetes, chaotisch-nihilistisches Reden zustande kommt. „Sprechendes" Dokument dessen ist, wie eingangs vermerkt, der Chandos-Brief *Hugo von Hofmannsthals*, wobei mit „sprechend" zugleich an den inneren Widerspruch erinnert ist, daß das Phänomen des Sprachverfalls mit den Mitteln einer aufs höchste kultivierten Sprache beschworen wird:

> *Es zerfiel mir alles in Teile, die Teile wieder in Teile, und nichts mehr ließ sich mit einem Begriff umspannen. Die einzelnen Worte schwammen um mich; sie gerannen zu Augen, die mich anstarrten und in die ich wieder hineinstarren muß. Wirbel sind sie, in die hinabzusehen mich schwindelt, die sich unaufhaltsam drehen und durch die hindurch man ins Leere kommt.*[17].

Daß von einem „Zerfall" die Rede ist, hat eine Sogwirkung zur Voraussetzung, deren Grund deutlich genug benannt wird, wenn der fiktive Briefschreiber von „Wirbeln" spricht, die den vom Schwindelblick der Angst ergriffenen ins „Leere" hinabziehen. Wenn er diesen Verfall dann schließlich sogar als Einübung in jene Identifikationssprache deutet, in der er sich wohl einmal „im Grabe vor einem unbekannten Richter" zu verantworten habe, rührt auch er an jene Stelle des Sprachfelds, von der aus der dunkle Bescheid des Sterbenmüssens an einen jeden ergeht.[18]

Diesem Bescheid liegt ein – mit der um kein Ende wissenden Logik der Rationalität konkurrierendes – Wissen um das unwiderrufliche zu-Ende-gehen alles Menschlichen, auch jeder sprachlichen Selbstdarstellung und Kommunikation, zugrunde. Darin bekundet sich dann aber auch ein Wissen um die dem Sprachvermögen gezogene Grenze, die dem gegen sie anrennenden Sprechakt zu verstehen gibt, was Sprache – nicht vermag.

Verfall und Aufschwung

In einer Hinsicht ist die widersprüchliche Beredtheit des von *Hofmannsthal* beschriebenen Sprachverfalls aber doch aufschlußreich: im Blick auf die Literatur. Denn die literarische Szene der Gegenwart erfüllt auch in dem Sinn den Tatbestand der Todesliteratur, daß sie sich, angefangen von den Romanen *Musils, Joyces, Brochs* und *Faulkners* bis hin zur Lyrik *Baudelaires, Rimbauds, Bachmanns* und *Celans* wie eine Kaskade sich auflösender und zersprühender Sprachgestalten ausnimmt. Der Chandos-Brief bietet dazu den strukturanalytischen Schlüssel. Er ist einer Literatur wie aus dem Herzen gesprochen, die sich im Bewußtsein der von *Nietzsche* herausgestellten Dekadenz- und Verfallstendenzen lediglich als deren sprachliche Spiegelung versteht und, in den Sog der ins Nichts hinabziehenden „Wirbel" geraten, ihren Reichtum im Vorgefühl des nahen Endes versprüht: ein leuchtender Sonnenuntergang. Wie aber steht es dann mit der Gegenrichtung?
Wenn schon angesichts dieser knappen Hinweise an der sprachlichen „Fallstrecke" nicht mehr gezweifelt werden kann: muß es dann nicht auch eine „nach oben" führende Kraftlinie geben, vorausgesetzt, daß vom oberen Grenzwert des Sprachfelds eine nicht weniger starke Anziehungskraft ausgeht als die Faszination, die das Nichts und seine Vorboten, die Einsamkeit, die Angst und der Tod, auf die sprachlichen Gestaltungen ausüben?
Im Grunde gibt darauf schon die vielfach in wahre Sprachekstasen ausmündende religiöse Gebetsliteratur und Hymnik eine unmißverständliche Antwort, besonders dort, wo sie sich wie in *Händels* ‚Messias' oder *Bruckners* ‚Te Deum' mit der „Tonsprache" der Musik verbindet. Zu vergleichbaren Steigerungen kommt es aber auch, wenn zum liturgischen Element ein konfessorisches hinzutritt, so etwa im Ausklang der paulinischen Rühmung der Liebe im Römerbrief, wenn der vom Liebesgeheimnis Gottes überwältigte Apostel in die hymnischen Fragen ausbricht:

Wer wird uns trennen von der Liebe Christi? Not oder Bedrängnis, Verfolgung oder Hunger, Blöße, Gefahr oder Schwert? Ich bin gewiß, daß weder Tod noch Leben, weder Engel noch Mächte, weder Gegenwärtiges noch Künftiges, weder Gewalten der Höhe noch der Tiefe noch irgendein anderes Geschöpf uns werden trennen können von der Liebe Gottes, die in Christus Jesus ist, unserem Herrn!
(Röm 8,35, 38 f)

Von da führt schon ein kleiner Schritt zu dem herausragenden *Augustinus*-Text, der den betenden Aufstieg zu Gott buchstäblich im Sinne eines ‚De profundis', ausgehend vom Gedanken der menschlichen Abgründigkeit, entwickelt und bis zu seinem Erfüllungsziel emportreibt. Es ist jene Stelle aus der Erklärung des 41. Psalms, die zugleich auf paradigmatische Weise erkennen läßt, wie Augustinus, der lange genug sein christliches Gedankengut in die Gefäße antiker Beredsamkeit gegossen hatte, nun umgekehrt in selbstvergessener Einfühlung in das alttestamentliche Schriftwort seine sprachliche Identität gewinnt. Wichtig ist aber vor allem, wie auch hier seine Aussage gegen Ende jede Schwere verliert, wie sie in eine Art eigengesetzliche Schwingung gerät, die sie schließlich dem angerufenen Ziel förmlich entgegenträgt:

> *So suche ich denn meinen Gott in jedem körperlichen Geschöpf, sei es im Himmel oder auf Erden, und ich finde ihn nicht, und ich suche sein Wesen in meiner Seele, und finde es nicht; und doch lasse ich in der Suche nach meinem Gott nicht nach! Ich ließ meine Seele über sie hinauswachsen, und schon habe ich alles erfaßt – bis auf meinen Gott. Denn dort, über meiner Seele, ist Gottes Haus. Dort wohnt er, von dort schaut er auf mich herab, von dort hat er mich erschaffen, von dort lenkt er mich, von dort sorgt er für mich, von dort ruft er mich, von dort ermutigt er mich, von dort leitet er mich, von dort führt er mich, von dort geleitet er mich zum Ziel.*[19]

Wie kaum einmal sonst gewinnt hier das Sprachmelos das Übergewicht über den Logos, dies jedoch so, daß sich in den sich steigernden Wortreihen des Schlußsatzes die größere Logik der Hinordnung auf Gott abzeichnet, der die ganze Stelle ihre Entstehung verdankt. Wie sehr das auch im autobiographischen Sinn zutrifft, so daß die Stelle auch darüber Aufschluß gibt, wie Augustinus überhaupt in das Kraftfeld dieser „theotropen" Sprache hineingeriet, erhellt aus der Tatsache, daß er den Bericht über die Ostia-Vision, sein religiöses Schlüsselerlebnis, im selben Sinn stilisiert. Von der erfüllenden Angrenzung der ewigen Weisheit, für ihn der Inbegriff des fühlbar gewordenen Gottesgeheimnisses, berichtet er:

> *Wenn einer dahin käme, daß ihm alle Inbilder der Erde, des Wassers und der Luft hinschwänden, daß ihm auch das Himmelsgewölbe verginge und selbst seine Seele in sich verstummte und selbstvergessen über sich hinausschritte, daß ihm die Träume und Zeichen der Phantasie vergingen, jede Art von Sprache und Zeichen und alles, was sich immer nur flüchtig ereignet – denn dem, der ein Ohr dafür hat, sagt das alles: „nicht wir haben uns erschaffen, sondern der erschuf uns, der in alle Ewigkeit bleibt" –, und wenn nach diesem Wort das All selbst in Schweigen versänke, weil es sein Ohr zu dem erhob, der es erschuf, und wenn nun er allein spräche, nicht durch die Dinge, nur durch sich selbst, so daß wir sein Wort nicht durch Menschen- und Engelzungen, nicht im Donner aus den Wolken noch in Rätseln und Gleichnissen vernähmen, sondern ihn selbst, so wie wir uns jetzt nach ihm ausreckten und mit einer flüchtigen Denk-Fühlung an die ewige, über allem beharrende Weisheit rührten; und wenn dies alles von Dauer wäre und uns, die Schauenden allein noch ergriffe, hinnähme und in tief innere Wonnen versenkte, und wenn so das ewige Leben wäre, wie dieser Augenblick aufseufzenden Erkennens – wäre das nicht die Erfüllung des Wortes: „Geh ein in die Freude deines Herrn"?*[20]

Nicht weniger deutlich als in der Psalmauslegung waltet hier die Logik eines eigengesetzlichen Sprachgeschehens, das Wortbildung und Satzreihung förmlich dem Ziel unterwirft, zu dem sich der betende Aufstieg erhebt. Eine Inversion des Sprachgeschehens wird deutlich, so daß sein Zentrum schon eher im Angerufenen als im Sprechenden zu liegen scheint. Ohne daß dieser aufhört, das redende Subjekt zu sein, geht die Regie über seine Sprachhandlung doch unverkennbar an den Zielgrund über, auf den sie sich zubewegt. So kommt hier etwas von dem in Sicht, was *Heidegger* zu dem ebenso befremdlichen wie hellsichtigen Schlüsselwort seiner Sprachtheorie veranlaßt haben mag: „Die Sprache spricht".[21] Wie sich eine derartige Sprach-Ekstase im unterkühlten und zerrissenen Sprachfeld der Gegenwart darstellt, zeigt das Gebet der zum Tod verurteilten Sophie Scholl, in dem die von *Udo Zimmermann* geschaffene Oper ‚Die weiße Rose' ihren spirituellen Höhepunkt erreicht:

> *Mein Gott,*
> *ich kann nichts anderes als stammeln.*
> *Wie dürrer Sand ist meine Seele.*
> *Und meine Rufe fallen in ein Nichts.*
> *So viele Wege führen weg von dir*
> *und ich vermag nichts anderes*
> *als dich zu suchen, mein Herz dir hinzuhalten.*
> *Ich bin zu schwach, daß ich den Weg*
> *zu deiner Ruhe finden kann.*
> *Zerstör in mir, was mich noch von dir trennt*
> *und reiß mich mit Gewalt zu dir.*

Zweierlei Beulen

An ihren Grenzwerten erleidet die Sprache ihr Schicksal. In die Augen springt das beim unteren Grenzwert, der dort, wo er sie in ihren Bann zieht, ihre Zertrümmerung und Auflösung herbeiführt. In etwas anderem Sinn gilt das jedoch auch von ihrem oberen und inneren Grenzwert; denn daß sie auch hier „ihr Schicksal erleidet", bedeutet zunächst, daß sie an diesen Stellen jene Übereinkunft mit dem Denken erreicht, die diesem signalisiert, daß es auf der Suche nach der Wirklichkeit „fündig" geworden ist. Wem es gelingt, auf stringente Weise „ich" oder „Gott" zu sagen, dem ergeht es, mit *Günter Eich* gesprochen, wie dem Blinden, der am Aufsetzen des Blindenstocks merkt, ob er auf festem Boden steht.[22] Auf seine Weise bestätigt das *Ludwig Wittgenstein* mit dem hintergründigen Satz seiner ‚Philosophischen Untersuchungen' (von 1958):

> *Die Ergebnisse der Philosophie sind die Entdeckung irgendeines schlichten Unsinns und Beulen, die sich der Verstand beim Anrennen an die Grenze der Sprache geholt hat. Sie, die Beulen, lassen uns den Wert jener Entdeckung erkennen. (§ 119).*

Das kann zunächst in dem Sinn gemeint sein, wie es dem Unvorsichtigen ergeht, der sich beim Anrennen an eine Wand eine Beule holt: er wird auf ebenso drastische wie schmerzhafte Weise darüber belehrt, daß er es mit einer Realität zu tun hat. Daß das beim stringenten Erdenken Gottes und des denkenden Ich geschieht, ahnte bereits *Augustinus*, der in diesem Zusammenhang Formulierungen entwickelte, die später nur noch in ihrem vollen Stellenwert entdeckt zu werden brauchten. In seiner Schrift über den freien Willen hatte Augustinus Gott bereits den die Menschenvernunft Übersteigenden genannt, und er hatte diesen Über-Begriff dabei ausdrücklich auf die Selbstgewißheit des denkenden Menschen zurückbezogen: „Si non esses, falli omnino non posses".[23] Und in seinem großen Werk über den Gottesstaat hatte er das mit dem Gedanken unterstrichen, daß im Wissen um unser Sein und in der Liebe zu diesem Sein und dem Wissen darum keine Täuschung aufkommen könne.[24] Die Formel von Gott als dem unüberdenklich Größten nutzte in der Folge *Anselm von Canterbury* für seinen Proslogion-Beweis; den Gedanken von der Existenzgewißheit des Denkenden *Descartes* für die Begründung seiner ganzen Philosophie auf dem Grund-Satz des „Cogito ergo sum". Beidemale hatten die „Beulen", die sich der Verstand beim Anrennen an die Grenzwerte des Sprachfelds holte, diesem den Wert der damit gemachten Entdeckung zu Bewußtsein gebracht. Denn beidemale hatte er sich mit der schmerzhaften Erfahrung der ihm gesetzten Grenzen die Gewißheit um die ihn tragenden Wirklichkeiten eingehandelt.

Wenn *Wittgenstein* in diesem Zusammenhang zugleich von „schlichtem Unsinn" spricht, will er damit aber auch – und sogar vor allem – auf die negative Seite des von ihm beschriebenen Vorgangs hinweisen. Der obere und innere Grenzwert des Sprachfelds markiert nicht nur die beiden „Türen", durch die das Denken zur Wirklichkeit gelangt, sondern gleichzeitig auch die Stellen, an denen es sich verwirrt und die Sprache in seine Verwirrung mit hineinreißt. Jetzt erst wird der kritische Unterton vollends hörbar, der die Frage „was vermag Sprache?" begleitet.

Denn selbstverständlich vermag sie ebenso wie das Menschliche auch das – Unmenschliche. Das wird noch deutlicher, wenn man sich den metaphysischen Hintergrund der Ableitung deutlicher als bisher vor Augen führt. Sie steht, vereinfachend gesprochen, auf zwei Pfeilern. Der eine ergibt sich aus dem Gedanken von der Konsubstantialität von Mensch und Sprache.[25] Denn das Menschliche kann nur der von der Sprache erwarten, der sie nicht nur im Sinne ihres herrschend gewordenen instrumentellen Verständnisses als das Medium der Informationsvermittlung begreift, sondern ihre transinformativen, empirie- und evidenz-vermittelnden Qualitäten in Rechnung stellt. Daß durch Sprache aber über die Information hinaus auch Erfahrung, Gefühl und Gewißheit vermittelt werden können, setzt überdies voraus, daß sie nicht attributiv zum Menschsein hinzugedacht, sondern aus ihm, als die mit ihm gegebene Möglichkeit der Selbsteröffnung und Selbstmitteilung, hergeleitet wird. Danach ist die Sprache dem Menschen nicht nach Art einer Vergünstigung oder Qualität „verliehen", sondern „gegeben", so wie er sich selbst gegeben – und aufgegeben ist. Denn zu der Aufgabe, die der Mensch mit seinem Dasein übernimmt, gehört nun einmal die Verpflichtung, das, was er von Natur aus ist, in Akten personaler Selbstverwirklichung immer neu „aus sich zu machen". Sprache aber ist eine der vorzüglichsten Aktionsfelder, in denen dies geschieht. Redend gehen wir auch in dem Sinn „aus uns heraus", daß wir die noch ungehobenen Möglichkeiten des Verständnisses und der Klärung freisetzen und im Akt der sprachlichen Mitteilung an andere weitergeben. Sprechend machen wir von unseren Möglichkeiten einen je höheren Gebrauch.

Zur Tragik des Menschseins aber gehört es, daß mit dem Gebrauch auch der Mißbrauch gegeben ist. Der gleiche Mensch, der sich im Akt seiner personalen Selbstverwirklichung über sein naturhaftes Dasein erhebt, läuft ständig auch Gefahr, aus dieser Höhe abzustürzen und dabei sich – und das Menschliche in ihm – zu verfehlen. Damit ist nun auch schon der zweite Pfeiler der Ableitung berührt. Es handelt sich dabei um das zur philosophischen Perspektive querstehende Konzept einer Anthropologie, das nicht auf Wesensauskünfte ausgeht, sondern, wie schon die Namen seiner Väter *Pascal, Kierkegaard* und *Nietzsche* vermuten lassen, die Steigerungs- und Verfallsformen des Menschseins zu erkunden sucht.[26] Denn erst dann, wenn im Sinn dieser ‚Modal-Anthropologie' auch mit Verfallsformen des Menschseins gerechnet werden muß, läßt sich die Sprachstörung verständlich machen, die nach *Wittgenstein* gerade an den Grenzwerten des Sprachfelds ihren Ausgang nimmt. Doch worin besteht sie?

Zur Barrieren- und Idolenbildung

Wenn man dem Gedankengang des anselmischen Gottesbeweises folgt, der sich nach dem Gesagten auch als die Theorie des oberen Grenzwertes begreifen läßt, stößt man in seinem Zentrum auf die Sorge, daß das Denken bei seinem Vorstellungsbild von Gott stehenbleiben könnte, anstatt den Gottesgedanken bis in seine letzte – ontologische – Konsequenz hinein durchzuhalten.[27] Damit ist die an dieser Stelle auftretende Gefahr bereits mit aller Deutlichkeit angesprochen. Sie besteht in der Anfälligkeit, um nicht zu sagen der Neigung des Menschengeistes, die Göttlichkeit Gottes mit dem bloßen Bild von ihr zu vertauschen. Auch über das Motiv dieser Neigung kann kaum eine Unklarheit bestehen. Denn über seine Bilder behält der Menschengeist die Verfügung und Regie; im Grenzfall können sie sogar als Vorwand dazu dienen, sich dem vom Gottesgedanken ausgehenden „Geheiß" zu entziehen. Von der Gegenseite her bestätigt das der Hinweis *Josef Hochstaffls,* wonach die „Rede von der mystischen Macht der Gottesbegegnung ... letztlich in der Verneinung aller götzenhaften Vorstellungen von Gott besteht".[28] Das aber schließt die Folgerung ein, daß der obere Grenzwert des Sprachfelds immer dann, wenn sich das Denken weigert, sich seiner Logik zu unterwerfen, zu einer Quelle der Idolenbildung wird. Manipulierbare Vorstellungen götzenhafter Art treten dann an die Stelle des souveränen Gottesgedankens, der doch allein die wahre

Freiheit des Geistes verbürgt, während die zu seiner Abwehr geschaffenen Idole alsbald die Tendenz entwickeln, ihren Schöpfer, wie ihm schon *Paulus* ins Stammbuch schreibt, mit sich „fortzureißen" (1 Kor 12,2).[29] Nur im Vorbeigehen sei darauf hingewiesen, daß dieser idolenkritische Ansatz sogar *Bubers* Kritik der christlichen Glaubensweise zugrunde liegt, da diese seiner Auffassung nach den bildlosen Gott durch den zu seinem „Bild" gewordenen Offenbarer verstellt und dadurch auf sein Offenbartsein ein für allemal festzulegen sucht.[30]. Umgekehrt hat auch der in der *Schönberg*-Oper ‚Moses und Aaron' ausgetragene Konflikt in diesem Widerstreit von Bild und Bildlosigkeit seine innerste Veranlassung. Freilich zeigte die übergeordnete Logik des Kunstwerks hier gleichzeitig, daß der Konflikt nicht im Sinn einer linearen Dialektik entschieden werden kann; denn der vermeintliche Sieger über den Verfechter der konzessionsbereiten Bildhaftigkeit, Moses, bricht am Ziel seines Weges mit dem Aufruf zusammen:

O Wort, du Wort, das mir fehlt![31]

Hier bricht, mitten im Motivkreis der Idolenbildung, das Barrierenproblem auf. Den Übergang dazu könnte die von *Francis Bacon* entwickelte Idolenlehre bilden, die Trugbilder der Masse von denen der Höhle, des Marktes und des Theaters unterscheidet.[32] Denn damit wird die Entstehung der Idole aus dem Spannungsfeld „Gott und die Seele" *(Augustinus)* herausgelöst und auf die vielfache Beeinflussung des Menschen durch seine Umwelt bezogen: auf seine Abhängigkeit von der Gesellschaft (tribus) ebenso wie auf seine Beeinflussung durch das Un- und Unterbewußtsein (specus), auf seine Steuerung durch die „Öffentliche Meinung" (forum) ebenso wie auf die Beeinflussung durch Konvention und Sitte (theatrum). Nun liegt es aber auf der Hand, daß dadurch auch seine Mitteilungsbereitschaft und sein Sprachwille in ein Netz vielfältiger Zwänge gerät. An die Stelle des freien Wortes tritt dann das kalkulierte, zurückgenommene und tendenzbelastete. Und das eben nicht nur aufgrund seiner Abstimmung auf die jeweilige Interessenlage des Sprechenden, sondern ebensosehr infolge der gesellschaftlichen Insinuationen, die seinem Sprechakt zuvorkommen und die Mitteilung in vorgegebene Richtungen steuern. Mit dem Aufschrei des verzweifelten Moses aber tut sich dieses Problemfeld auf, weil die radikalste Form der Barrierenbildung die der Sprachlähmung und des Sprachversagens ist. Dann bleibt dem Sprecher das beabsichtigte Wort buchstäblich „im Halse stecken"; im Bewußtsein seiner Unmöglichkeit versagt es sich ihm. Indessen liegt es in der Natur der Sache, daß sich dieser Radikalform von Sprachbarrieren eine Fülle minder spektakulärer Erscheinungsformen anschließt, in denen zwar gesprochen wird, jedoch nur auf eine, wie der Fachausdruck der Soziolinguistik sagt, „restringierte" Weise, so daß nur eine fragmentarische Mitteilung zustande kommt, die in ihrer Bruchstückhaftigkeit meist nur deshalb übersehen wird, weil die Ausfallserscheinungen nicht den Informationsgehalt, sondern die empirie- und evidenzvermittelnden Qualitäten des Sprechakts betreffen. Auch so entsteht eine aus Worten und Wortverbindungen gefügte „Welt", aber eine Welt in jenem eigentümlich eingegrenzten und verflachten Sinn, den *Herbert Marcuse* mit seinem Begriff von dem „abgesperrten" Universum der Rede im Auge hat.[33]

Sprachpolemik und Propaganda

Wie an seinem göttlichen Erfüllungsziel kann sich der Mensch – nach seinem modal-anthropologischen Verständnis – aber auch an sich selbst vergreifen, so daß der ihm abgeforderte Akt personaler Selbstverwirklichung in die „Fehlleistung" der Selbstüberhebung oder Selbstzerstörung, kurz, der Selbstverfehlung umschlägt. Das zieht eine radikale Verstörung seiner mitmenschlichen Beziehungen nach sich. Da er dann – entgegen seiner innersten Bestimmung – nicht mehr zu lieben vermag, will er wenigstens gefürchtet werden und – herrschen. Der erste Schritt zur Herrschaft aber besteht in der Einebnung des Kommunikationsfeldes; wer herrschen will, sucht seine vermeintlichen oder wirklichen Gegner aus dem von ihm beanspruchten Herrschaftsbereich auszugrenzen oder doch, sofern dies nicht gelingt, „mundtot" zu machen. Diesem Willen entspringt die Sprachpolemik. Was sie vermag, aber auch mit welch demagogischer Dialektik sie auf ihre Ziele hinarbeitet, hat *Shakespeare* wie in einem Kristall in der Totenrede des Antonius auf den ermordeten Caesar aufscheinen lassen.[34] Wenn sich der Dichter bei der von ihm frei gestalteten Rede auf antike Angaben *(Plutarch)* stützt, begleitet die Sprachpolemik doch insbesondere die Geschichte der christlichen Literatur wie ein dunkler Schatten. Auch wenn man die Streitreden der Evangelien aus guten Gründen beiseite nehmen darf, zieht er sich doch schon von den Spätschriften des Neuen Testaments (Judasbrief) über die Ketzerverdammungen der frühen Konzilien und die Kampfschriften der Kirchenväter bis in die großen Kontroversen des Mittelalters, allen voran die zwischen *Bernhard von Clairvaux* und *Peter Abälard*, von dort bis zu *Pascals* Provinzialbriefen und *Lessings* ‚Anti-Goeze', in denen die christliche Sprachpolemik ihren Höhepunkt, wenn freilich auch längst nicht ihr Ende erreicht, da sie in Dokumenten wie der Enzyklika ‚Pascendi' (von 1908) und *Balthasars* ‚Cordula oder der Ernstfall' (von 1966) bis in die Gegenwart hineinreicht.[35] Zwar bestätigte sich damit von der Gegenseite her, was *Albert Schweitzer* im Blick auf die von ihm verarbeitete Jesus-Literatur zu dem Urteil veranlaßte, daß sich als die besten Bücher nicht die mit Liebe, sondern die „mit Haß" geschriebenen erwiesen.[36] Doch ließen sich die Verfechter dieser polemischen Linie die ebenso fundamentale wie offensichtliche Tatsache entgehen, daß sich Polemik auf allen möglichen Feldern bewähren mag, jedoch nicht auf dem christlichen, da eine auf die Botschaft der Liebe gegründete Lehre, polemisch vertreten, Gefahr läuft, durch die zu ihrer Verteidigung eingesetzten Mittel selbst zunichte oder doch unkenntlich gemacht zu werden. Von Sprachaggressionen hätte die Verteidiger der christlichen Sache schon die regelmäßige Erfahrung abhalten müssen, daß auf den Hochgang der Kontroversen stets eine Flaute in Form von Stagnation und geistiger Verödung folgte: unübersehbares Zeichen dafür, daß die Polemik schwächend auf eben jene Kräfte zurückschlägt, die sie zu verteidigen vorgibt. Freilich: auch das vermag Sprache!

Dem Herrschaftswillen stehen, wie gerade die Geschichtserfahrung dieses Jahrhunderts zeigt, viele Türen offen. Durch eine aber brach er mit besonderer Wucht in die gegenwärtige Lebenswelt ein: durch die Tür der Propaganda. Wer noch die sprachliche Vergewaltigung in Gestalt der „Führerreden" im Ohr hat, die *Hitler* mit in erster Linie zu seinen spektakulären Erfolgen verhalfen, kann sich über die Herkunft der Propaganda aus dem Macht- und Herrschaftswillen keiner Täuschung hingeben. Inzwischen kommt sie jedoch auf den ungleich leiseren Sohlen der Einflüsterung und betörenden Überredung einher, also in jenem persuasiven Redestil, der ihre Herkunft verschleiert. Und in ihrer Vermittlung durch die audiovisuellen Medien lernte sie sogar, die von ihr gebotenen Sekundärerfahrungen so perfekt als Primärerfahrungen auszugeben, daß sich ihre Opfer nicht gegängelt, sondern bereichert und „auferbaut" fühlen. Umso wichtiger sind die Initiativen, die zu ihrer Demaskierung und damit zur Aufarbeitung des Medienproblems verhelfen; denn an den Medien entscheidet sich das Schicksal der Sprache und, radikaler noch, das Menschsein in dieser Zeit.[37]

Therapeutische Sprachformen

Wenn die polemisch eingesetzte Sprache Wunden schlägt, drängt sich die Frage auf, ob die vom Geist der Mitmenschlichkeit eingegebene Sprache nicht das Gegenteil, also Heilung bewirkt. Obwohl die therapeutische Intention zu den ältesten Gepflogenheiten der Sprachverwendung gehört – erinnert sei lediglich an das „Besprechen" von Wunden und Brüchen –, war es wiederum die spezifische Leistung des Christentums, daß diese Funktion auch im Zeitalter des vorwiegend instrumentellen Sprachverständnisses unvergessen blieb. Insbesondere verbindet sich mit der Gestalt Jesu die Erinnerung an die worthafte Zuwendung seiner Heilkraft. Und so bestätigt es auch sein Zuspruch an die Geheilten: „Dein Glaube hat dich gerettet!" (Mk 10,52)

Das wird von dem hermeneutischen Sinn der Wunder Jesu vollauf bestätigt, der sich darauf konzentriert, den Anbruch des von ihm proklamierten Gottesreiches nicht nur durch die Wortverkündung seiner Reden und Gleichnisse, sondern auch durch die „Tatsprache" seiner Machterweise deutlich zu machen. Denn wenn den Wundern eine Botschaft unterliegt, darf umgekehrt auch von der Wortsprache angenommen werden, daß ihr, zumindest in Einzelfällen, Heilkraft innewohnt. Wenn dabei „Heil" im ursprünglichen Sinn eines die Totalität des Menschen umfassenden Wohlseins verstanden wird, ergibt sich das sogar schon aus der alltäglichen Spracherfahrung. Denn zu den wesentlichen Beglückungen des Menschenlebens gehört nun einmal die sprachliche Zuwendung, insbesondere dann, wenn sie die Form eines bestätigenden, aufrichtenden und tröstenden Zuspruchs annimmt. Schon ein kleines Wort der Anerkennung kann einen Menschen aus depressiver Verstimmung herausheben und mit Zuversicht und neuem Selbstgefühl erfüllen. Hier tut sich schon für die alltägliche Spracherfahrung das Feld des therapeutischen Redens auf. Inzwischen hat sich aber auch in der Fachmedizin die Erkenntnis durchgesetzt, daß pathologische Krisen und Zustände weit öfter, als bisher angenommen, psychisch verursacht und deshalb auch von der Psyche her zu bekämpfen sind. Nun ist aber das Wort noch immer das vorzüglichste Mittel seelischer Beeinflussung, vorausgesetzt nur, daß man von diesem Begriff die Vorstellung der entmündigenden Suggestion fernhält und ihn dahin versteht, daß durch die Sprache, zusammen mit Gefühl und Gewißheit, auch etwas von der Selbstsicherheit und menschlichen Kompetenz des Sprechers übertragen wird. Dies aber erst einmal in Rechnung gestellt, besteht aller Anlaß, dem von *Viktor E. Frankl* entworfenen Konzept einer ‚Logotherapie' zuzustimmen, ja sogar, ihr eine noch wörtlichere Bedeutung zuzumessen, als dies der auf die Sinnproblematik konzentrierten Praxis seines Schöpfers entspricht.[38]

In diesem umfassenderen Verständnis wird von der Heilkraft des Wortes schon dort gesprochen werden können, wo es den Angesprochenen aus seiner Verschlossenheit befreit und zum Reden bringt; denn oft geht schon von der Möglichkeit des offenen Sich-aussprechens eine entkrampfende, entlastende und aufschließende Wirkung aus. In diesem Zusammenhang wird man sich auch vergegenwärtigen müssen, daß das Grundübel der Gegenwart, die Einsamkeit, die dem heutigen Menschen vielfach die Chance der Kommunikation verwehrt, zu den pathogenen Faktoren erster Ordnung zählt. Indessen ist mit der entlastenden Funktion des Wortes erst der Anfang seiner therapeutischen Wirkung markiert. Wesentlich wichtiger ist schon seine „überführende" Funktion. Sie kommt in jenen Formen des Zuredens zum Tragen, die drauf abzielt, den von sich selbst abgekehrten Partner zum Bewußtsein seiner tatsächlichen Not zu bringen. Es gilt dann, mit einer Wendung aus *Augustins* Bekenntniswerk gesprochen, ihn „hinter seinem eigenen Rücken" hervorzuholen.[39] Für den in der Selbstabwendung fixierten Menschen ist dieses „Hervorgeholtwerden" ein nicht ungefährlicher Vorgang, zumindest ein ihn unvermutet treffender Schock. Nichts wäre deshalb bedenklicher, als wenn er darin sich selbst überlassen bliebe. Deshalb muß sich dem überführenden Wort unverzüglich das „begleitende" anschließen, das dem Angesprochenen das wichtige Gefühl vermittelt, nicht alleingelassen zu sein. Doch darf sich die sprachliche Begleitung darin nicht erschöpfen; vielmehr muß sie sich mit dem Willen verbinden, den eröffneten Weg zur Heilung mitzugehen und davon auch in Augenblicken der Krise und des Rückschlags nicht abzulassen. Wer die Verantwortung für den Anfang auf sich nimmt, muß auch für den Fortgang der Dinge einstehen.

Wie jeder Therapeut weiß, vollzieht sich kein Genesungsprozeß völlig geradlinig. Er nimmt vielmehr in der Regel einen unkalkulierbaren, oft sogar krisenhaften Verlauf. Deshalb muß sich die sprachliche Begleitung zur „Toleranz" steigern, das Wort in jener Grundbedeutung genommen, in des es die Bereitschaft bezeichnet, die „Last" des andern in seinem unkalkulierbaren Anderssein auf sich zu nehmen. Das ist das komplette Gegenteil von jener Indifferenz, die alles gehen läßt, wie es nun einmal will. In diesem Sinn lebt der tolerante Umgang mit dem andern von einem Akt der Akzeptanz, der bei aller Bereitschaft, ihn seinen Weg gehen zu lassen, die damit entstehende Entfernung doch durch die Einwilligung in sein Anderssein überbrückt. Was auf diese Weise zustande kommt, ist eine „Jochgemeinschaft", durch die der eine die Lebenslast des andern mitträgt. So aber entsteht unwillkürlich aus der Freigabe eine unerwartet enge Nähe. Und aus ihr entwickelt sich schließlich der Grenzfall des therapeutischen Redens, der in einem Akt sprachlicher Identifikation besteht. Kaum einmal wurde von dem Wunder, das sich dann einstellt, kompetenter gesprochen als an der Stelle von *Guardinis* Augustinus-Buch, an der von dem gegenseitigen „Zu-sich-selbst-kommen" in der liebenden Begegnung die Rede ist; wörtlich versichert Guardini:

Die Herrschaft des Satzes von der Identität und dem Widerspruch in ihrer ersten kalten Form hört auf. Was in der echten Liebesbeziehung auftaucht, ist nicht mehr das abgesonderte Selbst und ebensolche Andere, sondern beide sind in den Ich-Du-Bezug eingegangen. Aus dem bloßen Selbst ist das hingegebene, dem Andern gehörige geworden. Aus dem fernen Andern der Herübergekommene, ins eigene Wesen Eingegangene. Und nur weil so der Andere nicht mehr der Bloß-Andere ist, kann ja die Hingabe des Selbst auf ihn hin geschehen, wenigstens daraufhin gewagt werden, daß er es nicht mehr sei – ebenso wie auch sein Andrer-Sein die Selbstabgrenzung nur deshalb aufgeben kann, weil der Hinüberschritt des Selbst erfolgt.[40]

Was hier von der Liebesbegegnung gesagt wird, gilt uneingeschränkt auch von der Höchstform des therapeutischen Wortes, weil diese immer dann zustande kommt, wenn das Wort zur vollen Übereinkunft mit dem sprechenden Menschen gelangt und dieser im Wort erfährt, daß er von der Tiefe seines Menschenwesens her zur Liebe bestimmt ist. So wird das Wort gerade in diesem Grenzfall des Redens auf seinen Ursprung und seine Mitte im Menschsein zurückgeführt. Und es bestätigt sich erneut, daß das höchste, was Sprache vermag, das Menschliche ist.

Glaube in dürftiger Zeit

Jede Zeit hat ihr Kennwort, das oft erst nach langem Suchen gefunden wird. Für die gegenwärtige Stunde ist dieser Prozeß offensichtlich noch nicht abgeschlossen. Noch immer ist von der „restaurativen Epoche", von der „Stunde der Säkularisierung" und, unter dem Druck der wachsenden Lebensangst, vom „Atomzeitalter" die Rede, ohne daß sich ein Titel bereits allgemein durchzusetzen vermochte. Solange das nicht der Fall ist, könnte man sich mit dem in der Überschrift aufgenommenen Hölderlin-Wort behelfen, zumal es das allen anderen Kennzeichnungen Gemeinsame zur Sprache bringt. Für die Frage nach der gegenwärtigen Verfassung des Glaubens eignet es sich besonders gut, weil es die von ihm behauptete Dürftigkeit nicht etwa in einem Nachlassen der Glaubenskraft, sondern in einem gestörten Verhältnis zu seinen zeitgegebenen Bedingungen sucht. Was aber hat es mit diesem Verhältnis auf sich?

Glaubensgeschichtliche Erinnerungen

Um das Profil der Gegenwart genauer in den Blick zu bringen, tut man gut daran, sich an die von einer fast geschlossenen Monokultur christlicher Prägung gekennzeichneten Epochen, also an Antike und Mittelalter, zu erinnern. Sie entwickelten eine weithin aus christlichen Impulsen hervorgegangene Kultur, die Antike noch stärker als das Mittelalter, bei dem sich ein erster Ausbruch „nach unten", also in Richtung auf den vom Christentum nur unzulänglich integrierten erotischen Bereich, signalisiert durch die Vagantendichtung und das Tristan-Epos, abzeichnet.

Daran gemessen, wirkt die Renaissancekultur fast schon wie eine Halbierung des christlichen Monopols. Wie schon im Spätmittelalter treten neben den Kulturträger Kirche in wachsendem Ausmaß weltliche Auftraggeber wie die Fürsten und die Städte. Und wiederum ist es der vom Christentum nur unzureichend integrierte Komplex der „Welt" – man denke an den in der Truggestalt der „Frau Welt" und Traktaten „De vanitate mundi" bekundeten Akosmismus der scholastischen Theologie –, der das Themenfeld für diese oft mit einer antichristlichen Spitze operierende Gegenkultur bereitstellt.

Zwar brachten Reformation und Gegenreformation einen erheblichen Rückgewinn an verlorenem Besitzstand. Doch ließ die neue Phase eine bedenkliche Tendenz zur religiösen Selbstabschließung erkennen. Zudem wurde die kulturelle Wirksamkeit des Protestantismus erheblich durch die Bilderfeindlichkeit seines calvinistischen Flügels beeinträchtigt. Außerdem verlor das Christentum mit dem Aufkommen der frühkapitalistischen Wirtschafts- und Sozialgestalten wichtige Positionen kulturstiftender Art. In eine expansive Phase der Kulturentwicklung trat es erst wieder im Zeitalter des Barock, das bei aller Großartigkeit seiner Schöpfungen aber doch nicht verleugnen konnte, daß die christlichen Inhalte, die es im Stil von Gesamtkunstwerken gestaltete, weithin zu dekorativen Elementen herabgesunken waren.

So kann es nicht verwundern, daß *Hans Maier* in seinem Werk „Kirche und Gesellschaft" (von 1972) für die Folgezeit eine negative Bilanz zieht:

> *Mit dem Ende der Romantik verliert der Katholizismus seine kulturelle Ausdruckskraft, vor allem im Bereich der Sprache und Dichtung... Am schärfsten macht sich die kulturelle Trennung von der Nation auf dem Gebiet der Wissenschaften geltend: auf den indifferenten oder glaubensfeindlichen Geist der Schulen und Universitäten ... antworten die Katholiken mit dem Rückzug aus Wissenschaft und Bildung (ausgenommen die Theologie); Bildungsniveau und Bildungsanteil sinken entsprechend ab.*[1]

Im einzelnen unterscheidet Maier drei Formen, in denen sich dieser „Rückzug aus der Zeitkultur" vollzog: einseitige Orientierung an der Tradition, Fragmentierung der Kulturpflege und Selbstverweigerung gegenüber den neu aufkommenden Kultur- und Wissensformen.

Diese Beschreibung läßt sich gewiß nicht linear auf die Beziehung des Protestantismus zur bürgerlichen Kultur, die mit dem „Ende der Neuzeit" (Guardini) heraufkam, übertragen; doch sanken hier die christlichen Inhalte bei aller Kulturbeflissenheit, ihrer Rolle in der Barockmalerei vergleichbar, weithin zu bloßen Versatzstücken, also zu Elementen der gesellschaftlichen Konvention, herab, besonders in der durch Spätkapitalismus und Imperialismus geprägten Ära. Zu radikal hatte die Offenbarungskritik der Aufklärung die Fundamente des Christentums – bis in den Gottesglauben hinein – untergraben, als daß noch genuin christliche Kulturleistungen möglich geworden wären. Statt dessen registrierte Nietzsche mit seinem „Gott ist tot" die umfassende Entchristlichung, die gerade im Kulturbereich eingetreten war. Eine defätistische Rückzugsstimmung war die unvermeidliche Folge.

Formen der Öffnung

Inzwischen ließ die welt- und geistesgeschichtliche Situation diese Rückzugsmentalität aber nicht länger zu. Zu tief war die durch den Ersten Weltkrieg und die in seinem Gefolge entstandene Wirtschaftskrise bedingte Erschütterung der menschlichen, gesellschaftlichen und politischen Verhältnisse, als daß sich ein auf kultur- und sozialpolitshce Abstinenz bedachtes Gettochristentum noch länger hätte halten können. Außerdem erkannte die Kirche zunehmend die verhängnisvollen Folgen der im ausgehenden 19. Jahrhundert praktizierten Isolation. Nicht nur, daß ihr durch die Mißachtung der sozialen Frage die Masse der Arbeiterschaft verlorengegangen war; durch die vehemente Verurteilung von Liberalismus und Sozialismus in wiederholten lehramtlichen Äußerungen hatte sie auch weitgehend den Kontakt mit den schöpferischen Kräften der Zeit eingebüßt. So stand sie unversehens einer säkularistischen Kultur gegenüber, der schwächliche Wiederholungen traditioneller Muster im Nazarenertum

und einer erbaulichen Pseudoliteratur kein Gegengewicht entgegenzusetzen vermochten. Alles drängte auf den Ausbruch aus dem selbstgewählten Getto.
Was die Not nur insinuierte, wurde von den den gesamten eurasischen Kontinent mehr und mehr beherrschenden totalitären Systemen faschistischer und bolschewistischer Provenienz erzwungen. Wollten die Kirchen nicht in den Sog des von den dominierenden Diktaturen dekretierten Monismus biologistischer und materialistischer Art geraten, so mußten sie sich eindeutig abgrenzen und, zur Festigung ihrer Gläubigen, überdies auch eine kulturelle Gegenposition beziehen. Das eine geschah protestantischerseits durch die Barmer Erklärung der Bekennenden Kirche, katholischerseits durch die Veröffentlichung der Enzyklika „Mit brennender Sorge" (von 1937). Gleichzeitig bildete sich eine religiös geprägte Resistance-Kultur aus, die von Philosophen wie *Peter Wust*, Literaten wie *Reinhold Schneider*, Publizisten wie *Theodor Haecker*, Komponisten wie dem Reger-Schüler *Josef Haas* und Theologen wie *Dietrich Bonhoeffer* getragen war. Ihr fiel eine um so größere Aufgabe zu, als insbesondere die Hitler-Diktatur nach anfänglicher Zurückhaltung immer konsequenter dazu überging, alle institutionalisierten Einrichtungen im Vorraum der Kirche wie Jugendbünde und Arbeiterbewegung systematisch zu zerschlagen.
Die kulturelle Öffnung vor und nach dem Ersten Weltkrieg nahm einen von der Amtskirche nicht gerade mit Wohlwollen begleiteten spontanen Verlauf. Sie ging von zwei sehr unterschiedlichen Zentren aus: von der christlichen Jugendbewegung und vom Hochland-Kreis. Überragende Gestalt der Jugendbewegung wurde nach harten Positionskämpfen *Romano Guardini*, tragende Persönlichkeiten des Hochland-Kreises waren neben seinem Begründer *Karl Muth* der Philosoph *Josef Pieper* und der Theologe *Joseph Bernhart*. Als sei davon ein längst überfälliger Initialstoß ausgegangen, konstituierte sich in dem vom Expressionismus ergriffenen Bereich der Literatur in dieser Form und Ausdehnung unerwartetes Schrifttum, das sich bewußt als „christlich" verstand und Namen wie *Paul Claudel, Georges Bernanos, François Mauriac, Bruce Marshall, T. S. Eliot, Elisabeth Langgässer, Werner Bergengruen, Gertrud von le Fort, Stefan Andres* und *Jochen Klepper* aufwies[2].
Die Entstehung dieser „christlichen Literatur" kann nicht hoch genug veranschlagt werden, da von ihr eine Suggestivwirkung von ungewöhnlicher Effizienz ausging. Zwar hatte schon *Dostojewskij* den Plan entwickelt, sein Lebenswerk mit einem Christus-Roman zu krönen, und kurz danach war *Gerhart Hauptmann* mit seiner Traumdichtung „Hanneles Himmelfahrt" und dem Roman „Der Narr in Christo Emanuel Quint" in seine Spur getreten. Jetzt aber kam es im abendländischen Kulturraum wiederholt dazu, daß gerade die künstlerische Avantgarde ihr abschließendes Wort der religiösen Sache widmete. So schrieb *William Faulkner* in einem neunjährigen Schaffensprozeß seinen kunstvoll verschlüsselten Roman „A Fable", der eine Episode aus dem Ersten Weltkrieg im Sinn der Passion

und Auferstehung Jesu stilisierte, während *Hermann Broch*, der in seinem unvollendeten „Bergroman" mit der Diktatur abrechnete, unter dem Druck akuter Todesbedrohung in seinem „Tod des Vergil" eine auf den Schöpfungsglauben begründete Todesdeutung entwarf. Gleiches ereignete sich im Bereich der Malerei und Musik: dort schuf *Max Beckmann* in der neunteiligen Folge seiner (ausgeführten) Triptychen einzigartige Zeugnisse einer mythischen Religiosität; gleichzeitig hob *Marc Chagall* in seinem „Engelsturz" die Schrecknisse des Bombenkriegs in eine von jüdisch-christlichen Symbolen bestimmte Dimension. *Paul Hindemith* ließ in seiner – nach der gleichnamigen Sinfonie entstandenen – Oper „Mathis der Maler" das von Grünewald geschilderte Engelkonzert zum Inhalt künstlerischer Inspiration werden; *Igor Strawinsky* schuf mit seiner Psalmensinfonie ein Paradigma religiöser Hymnik, während *Alban Berg* sich mit seinem „dem Andenken eines Engels" gewidmeten Violinkonzert, das in einer Variationenfolge über den Bach-Choral „Es ist genug" gipfelt, sein eigenes Requiem komponierte.

Vergebene Chancen

Nach dem Zusammenbruch der Diktaturen in Westeuropa bot sich den christlichen Kirchen eine einzigartige, in dieser Form wohl kaum je zuvor gegebene Chance. In Massen drängten die verelendeten, verunsicherten und entwurzelten Menschen in die allein noch von den Kirchen erhoffte Geborgenheit. Indessen zeigte sich, daß diese selbst von der Katastrophe so sehr in Mitleidenschaft gezogen waren, daß sie der an sie gerichteten Erwartung nur bedingt zu genügen vermochten. Noch während des Krieges war in beiden Konfessionen eine Verhärtung eingetreten, die im Katholizismus durch die Befürchtung eines Rückschlags in modernistische Tendenzen, im Protestantismus durch das Überhandnehmen konservativer Kräfte in der Bekennenden Kirche gekennzeichnet war. Maßregelungen, wie sie um die Jahrhundertwende den „Reformkatholizismus" getroffen hatten, richteten sich nunmehr gegen den von der Nouvelle Théologie betriebenen Versuch einer Versöhnung von Glaube und modernem Existenzgefühl. Liturgische Experimente, die in kleineren Kreisen längst an der Tagesordnung waren, traf ein hartes Verdikt.
Symptomatisch für diese nur aus der Verunsicherung durch die Kriegs- und Nachkriegssituation zu erklärende Verhärtung war der gemeinsame Hirtenbrief (von 1955), mit dem die deutschen Bischöfe zu der inzwischen zu hohem Ansehen gelangten christlichen Literatur Stellung bezogen. Ohne daß die (nur in einem Anhang erwähnten) Namen ausdrücklich genannt wurden, stellte das ohne jedes hermeneutische Verhältnis zur dichterischen Aussage verfaßte Hirtenwort einen Katalog von Fehlurteilen auf, die fast die ganze Breite der dogmatischen und ethischen Inhalte betrafen. Die besondere Tragik dieser Stellungnahme bestand darin, daß sie, wenn sicher auch nicht ursächlich, so doch faktisch, das Ende der christlichen Literatur signalisierte, deren Erbe nur allzurasch vom gesellschafts- und

kirchenkritischen Schrifttum der Gegenwart angetreten wurde. Die kaum
je wieder zurückzugewinnende Chance einer Verknüpfung von Verkündigung und literarischem Zeugnis war für unabsehbare Zeit vergeben.
Verschärfend kam vor allem die Ungunst der ersten Nachkriegsjahre und
die wenig kirchenfreundliche Haltung der Besatzungsmächte ins Spiel.
Während das Ende des Pontifikats *Pius' XII.* von der Sorge um die mögliche Etablierung einer Volksfrontregierung in Italien überschattet war,
mußte die deutsche Kirche vielfach um elementare Positionen wie die kon-
fessioneller Schulen und kirchlicher Presse- und Medienanteile kämpfen.
Zwar gelang es, die Tradition der bündischen Jugend in transformierter
Gestalt fortzuführen; doch der Versuch, dem Deutschen Gewerkschafts-
bund eine christliche Gewerkschaft von nennenswertem Gewicht entgegenzusetzen, endete mit einem Fehlschlag. Das Ziel, den kulturpolitischen
Rückschlag durch gesellschaftspolitische Aktionen auszugleichen, wurde
nicht erreicht.
Zwar gelang statt dessen die Gründung einer von beiden Konfessionen –
wenn auch zu ungleichen Teilen[3] – getragenen christlichen Partei; doch war
der restaurative Charakter der mit fast unlösbaren Aufbauproblemen wirt-
schaftlicher und sozialer Art belasteten Bundesrepublik ebenso wie das
Frankreich de Gaulles und das über Jahrzehnte hinweg von der Democra-
zia Cristiana geführte italienische Staatswesen der christlichen Sache bei
aller Begünstigung der kirchlichen Institutionen nur bedingt förderlich.
Obwohl die Kirche in Gestalt der in rascher Folge entstehenden Akade-
mien und der ihr zugestandenen Sendezeiten in den elektronischen Medien
vorzügliche Instrumente der Glaubensverkündigung und Volksbildung in
die Hand bekam, begannen sich die anfänglich überfüllten Gotteshäuser
zu entleeren, während das Verhältnis zur geistigen Führungsschicht zusehends verfiel.

Aufbruch im Gegenwind

Schon zu Beginn der sechziger Jahre wurde der große Umbruch fühlbar,
der in Gestalt der Studentenrevolte die mühsam aufgebaute Wirtschafts-
und Sozialordnung in Chaos und Anarchie zu stürzen drohte. In Reaktion
auf die fast uneingeschränkt dominierende Existenzphilosophie, die mit
dem Tod von *Jaspers* und *Heidegger* plötzlich an Boden verlor, hatte sich
zunächst vom Wiener Kreis *(Schick, Popper, Wittgenstein)* her eine neo-
positivistisch-analytische Denkweise durchgesetzt, die – mit der einzigen
Ausnahme des späten Wittgenstein – alle religiösen Propositionen in den
Bereich unsinniger Gedankendinge verwies[4]. In der Folge geriet jedoch
die vor allem von Amerika her beunruhigte Intelligenz ungleich stärker in
den Bann der von *Horkheimer, Marcuse* und *Adorno* verfochtenen Kritischen Theorie, die eine umfassende Liquidierung der personalen Wert-
und Zielvorstellungen betrieb und für mindestens ein Jahrzehnt eine
extreme Fixierung des Denkens auf Fragen der Gesellschaftskritik nach
sich zog.

Im religiösen Bereich bedingte das eine Wiederholung der durch den Aufbruch der sozialen Frage im 19. Jahrhundert entstandenen Situation, nur daß sich diesmal weniger die kirchliche Lebensgemeinschaft als vielmehr die subjektivistisch strukturierte Theologie herausgefordert sah. Sie reagierte mit dem betroffenen Eingeständnis eines Nachholbedarfs, den sie durch den von *Johann Baptist Metz* und *Jürgen Moltmann* vorgelegten Entwurf einer „Politischen Theologie" abzudecken suchte. Das Interesse der persönlichen Glaubensgewißheit und Heilssicherung geriet unter das Verdikt einer „privatistischen Engführung" der Heilsbotschaft, die nur in ihrer gesellschaftlichen Verflechtung zulänglich begriffen werden könne.
Zu Beginn dieser Entwicklung unternahm *Johannes XXIII.* das von vielen als utopisch angesehene Wagnis der Einberufung eines ökumenischen Konzils, das dann tatsächlich das zentrale Ereignis der zweiten Jahrhunderthälfte werden sollte. Bewußt als Konzil der pastoralen Wegweisung angelegt, verzichtete es im Gegensatz zu allen vorangegangenen Kirchenversammlungen auf dogmatische oder moraltheologische Definitionen, vermutlich auch in Erinnerung an die Dogmatisierung der leiblichen Aufnahme Mariens, mit der Pius XII. sein Pontifikat krönen wollte, tatsächlich aber nur die Frustrierung der Intelligenz und die Verhärtung der konfessionellen Fronten erreicht hatte.
Anders als von der Kurie vorprogrammiert, nahm das Konzil einen ungemein dynamischen Verlauf, der durch die Öffnung gegenüber den Fragen des Zeitgeists, der Kirche der Entwicklungsländer, der nichtkatholischen Konfessionen und außerchristlichen Weltreligionen, durch kühne Schritte in Richtung auf eine Liturgiereform und insbesondere durch die Vermittlung pastoraler Impulse gekennzeichnet war. Mit dem auf seinem Höhepunkt eingetretenen Pontifikatswechsel machten sich aber zunehmend Ermüdungserscheinungen bemerkbar, vor allem auch angesichts der Überfülle von Voten und Änderungsanträgen, die in die Resolutionen und Dokumente nur zu geringen Teilen eingearbeitet werden konnten. Dem entsprach die von zahlreichen Teilnehmern nach der Rückkehr in ihre Heimatdiözesen offen zur Schau getragene Konzilsmüdigkeit, die es dahin brachte, daß die Beschlüsse vielfach im „Wildwuchs", ohne die behutsame Steuerung „von oben", ins kirchliche Leben umgesetzt wurden. Ein spannungsreiches Durch- und Gegeneinander theologischer und spiritueller Tendenzen, das vom Kirchenvolk als schwere Verunsicherung empfunden wurde, war die fast unvermeidliche Folge.
Zwar fehlte es im Pontifikat des zweiten Konzilspapstes *Paul VI.* nicht an bedeutenden Akzenten, etwa in Form der Niederlegung der päpstlichen Tiara, dem augenfälligen Symbol des auf dem Ersten Vatikanum dogmatisierten Primats, oder in Gestalt der bewegenden Versöhnungsszene in Jerusalem, bei welcher zwischen Papst und Patriarch der dem einzigen Herrn der Kirche, Christus, vorbehaltene Thron freigelassen wurde. Auch machte sich Paul VI. in der Enzyklika „Populorum progressio" ein wesentliches Interesse der sozialkritischen Bewegung zu eigen. Doch standen diesen progressiven Maßnahmen unversöhnt dezidiert restaurative Entschei-

dungen entgegen, allen voran die gegen die Geburtenkontrolle gerichtete Enzyklika „Humanae vitae", die den zwischen Kirchenführung und Kirchenvolk in Gang gekommenen Entfremdungsprozeß erheblich beschleunigte. Nicht unerwähnt bleibe, daß nach dem Abflauen der sozialkritischen Welle ein Erwachen metaphysischer und religiöser Interessen, vor allem im Bereich der auf sich selbst zurückgeworfenen Jugend, registriert werden konnte, die in der Suche nach dem Lebenssinn zum Ausdruck kam und eine neuerliche Hinkehr zu Religion und Kirche einzuleiten schien. Inzwischen fühlte sich die kritische Jugend jedoch weit mehr von Strömungen angezogen, die den Umweltschutz propagierten oder eine von Existenzangst und politischem Defätismus stimulierte „Friedenskampagne" eröffneten. Nimmt man hinzu, daß von der vor allem auf Sicherung ihrer wissenschaftstheoretischen Position bedachten Theologie des letzten Jahrzehnts keine wegweisenden Impulse ausgingen und daß im Bereich der Literatur und Kunst keine herausragenden Zeugnisse religiöser Thematik entstanden, so drängt sich dem Versuch einer Bestimmung der geistigen Situation das Hölderlin-Wort von der „dürftigen Zeit" geradezu auf.

Gewandeltes Glaubensverständnis

Die gesellschaftskritische Denkweise brachte für die Theologie immerhin so viel ein, daß sie den Glauben intensiver als zuvor aus seinem Wechselverhältnis zur jeweiligen Zeitsituation begreifen lernte. Deshalb sei nun abschließend nach dem in dem überblickten Zeitraum eingetretenen Wandel im Glaubensverständnis gefragt. Daß diese Frage nur zu berechtigt ist, ergibt sich aus dem Rückblick auf die Glaubensdefinition des Ersten Vatikanischen Konzils, das in seiner durch analytische Klarheit ausgezeichneten Bestimmung erklärte:

> *Da der Mensch von Gott, seinem Schöpfer und Herrn, ganz abhängig und der geschaffene Verstand der unerschaffenen Wahrheit völlig unterworfen ist, sind wir verpflichtet, dem Offenbarungsgott im Glauben den vollkommen Gehorsamsdienst des Verstandes und Willens zu leisten. Diesen Glauben – den Anfang unseres Heils – bekennt die katholische Kirche als eine übernatürliche Tugend, durch die wir, getrieben und angeleitet von der Gnade Gottes, das von ihm Geoffenbarte für wahr halten, nicht aufgrund der Erhellung der Sachverhalte durch das natürliche Licht unserer Vernunft, sondern auf die Autorität des sich offenbarenden Gottes hin, der weder irren noch täuschen kann.*

In auffälligem Unterschied zu dem von den Paulusbriefen hervorgehobenen Moment der Gewißheit und Freiheit arbeitet die Konzilsdefinition schon zu Beginn das kreatürliche und hermeneutische Abhängigkeitsverhältnis fast überdeutlich heraus. Dem entspricht der Kerngedanke, der die

Sache des Glaubens ganz auf die Autorität des Offenbarungsgottes stellt, von dem alles Licht ausgeht. Unwillkürlich scheint in dieser Definition das Bild einer hierarchisch aufgebauten Gesellschaft auf, die ihre Funktionstüchtigkeit allein der Autorität der Spitze und dem Gehorsam der Basis verdankt. Da diese Gesellschaft schon während der mit dem Ende des Kirchenstaats zusammenfallenden Konzilsperiode zutiefst in Frage gestellt und überholt war, verlor auch der vom Konzil entwickelte Glaubensbegriff rasch an Boden, am fühlbarsten in Frankreich, wo *Maurice Blondel* einem auf die „raison du cœur" gegründeten Glaubensverständnis das Wort redete[6].

Für Blondel, den Verfasser der den Menschen als einheitliches Handlungswesen begreifenden „Action" (von 1893), war die Gottesoffenbarung das Gegenteil eines „tyrannischen Ukas", der fremdgesetzlich in die Bewußtseinsimmanenz des Menschen einbricht; sie steht zu ihr vielmehr in einem Korrespondenzverhältnis, so daß sie durch Erfahrungen der Übereinkunft ihrer Botschaft mit den innersten Ansprüchen des Menschengeistes verifiziert werden kann. Damit trug Blondel nicht nur der von Bergson (und in starker Modifikation auch von Nietzsche) vertretenen Lebensphilosophie Rechnung; vielmehr griff er auch dem Heideggerschen Existenzgedanken vor, der auf dem Umweg über die philosophische Hermeneutik eine Revision des Glaubensverständnisses erzwang. Anfänglich Ziel schwerer Verdächtigungen, die ihn in die Nähe des Modernismus rückten, erfuhr Blondel wenigstens posthum eine glänzende Rehabilitierung, als die Pastoralkonstitution „Gaudium et Spes", mit der das Zweite Vatikanum (am 7. Dezember 1965) seine Arbeit abschloß, wesentliche Elemente des Blondelschen Denkens in seine Aussage einbezog[7].

Unabhängig von Blondel arbeitete auch der im Ersten Weltkrieg unter tragischen Umständen gefallene Jesuit *Pierre Rousselot* auf eine Revision des Glaubensbegriffs hin, wie sie sich nicht zuletzt auch durch die Wiederentdeckung der Intuition in Expressionismus und Phänomenologie nahelegte[8]. In seiner Studie „Les Yeux de la Foi" (von 1910) deutete er den Glauben als einen Akt der inneren Wahrnehmung, in welchem Vergewisserung und Vollzug zusammenfielen[9]. Für den einen Weg des Glaubens, der im Akt der Inhaltserfassung auch die entscheidende Vergewisserung erfährt und dadurch seine logische Rechtfertigung erbringt, plädierte in der Folge auch *Karl Adam* mit dem für ihn leidvollen Effekt, daß er dadurch den mit seinem tief empfundene Christusbuch (von 1933) errungenen Ruhm aufs Spiel setzte und in die akute Gefahr eines Lehrverfahrens geriet[10].

Genauer besehen folgten diese Theologen jedoch nur einer Spur, die von dem Versuch ausging, die vom Konzil überbetonte Gottesautorität, die schon in der Zwischenkriegszeit zu einem drängenden Problem zu werden drohte, dadurch zu neutralisieren, daß sie im Rückgriff auf eine altchristliche Formel in den Glaubensakt selbst einbezogen wurde. Danach hat der Glaube die Struktur eines Credere Deo Deum, eines rückbezüglichen Geschehens also, das dem zunächst als Wahrheitsgewähr geglaubten Gott den durch ihn mitgeteilten Glaubensinhalt verdankt[11]. Erst Jahrzehnte später sollte sich herausstellen, daß damit ein ebenso überzeugendes wie aktuelles Deutungsmuster gefunden worden war. Eher antizyklisch dazu verhielt sich das Glaubenskonzept, das *Romano Guardini* vorlegte, nachdem er der durch den Ersten Weltkrieg erschütterten Generation das Stichwort vom „Erwachen der Kirche in den Seelen" zugerufen hatte[12]. Nicht nur, daß ihm, wie insbesondere angesichts seiner Altersposition zu sagen ist, mehr an der Identität des Glaubens als an seiner Identifikation mit dem glaubenden Menschen gelegen war; vielmehr distanzierte er den Glauben auch in einer Weise von seinem „Wegbereiter" Jesus, daß er unwillkürlich auf das traditionelle Autoritätsmodell zurückfiel. Da Jesus für ihn ausschließlich Gegenstand, nicht aber Initiator und Mit-Träger des Glaubens ist, gelangte er zu einer eigentümlich rückwärts gewandten Prognose, die mehr über seine eigene Stellung in der von ihm geführten Gemeinschaft als über den tatsächlichen Aufbau des Glaubens und den Gang seiner Deutungs- und Vollzugsgeschichte besagt:

> *Im Verhältnis zu Gott wird das Element des Gehorsams stark hervortreten. Reiner Gehorsam, wissend, daß es um jenes Letzte geht, das nur durch ihn verwirklicht werden kann. Nicht, weil der Mensch ‚heteronom' wäre, sondern weil Gott heilig-absolut ist. Eine ganz unliberale Haltung also, mit Unbedingtheit auf das Unbedingte gerichtet, aber – und hier zeigt sich der Unterschied gegen alles Gewaltwesen – in Freiheit.*[13]

Im selben Maß, wie sich die von Guardini angekündigte Massengesellschaft, nicht zuletzt durch den Einfluß des Sozialstaats, mehr aber noch im Gefolge der zweiten und dritten industriellen Revolution differenzierte, entfernte sich auch das tatsächliche Profil des Glaubens von seiner Prognose. Bestimmend für seine Neukonzeption wurde gerade nicht die zu Kollektivstrukturen tendierende Gesellschaft, sondern allenfalls die von *David Riesman* konstatierte Vereinsamung in der Masse, Hand in Hand mit der alle Sozialgestalten durchgreifenden Autoritätskrise, der sich angesichts des Ost-West-Konflikts und des gigantischen Potentials an Vernichtungswaffen ausbreitenden Lebensangst und dem, was *Simone Weil* schon während des Zweiten Weltkriegs das Verlangen nach einer neuen *Einwurzelung* der Menschen genannt hatte[14]. Während Angst und Einsamkeit das geistige Geschehen nur unterschwellig steuerten, wirkten sich die Erfahrungen der Autoritätskrise unmittelbar auf das Glaubensverständnis aus. In seinem Werk „Ungewißheit und Wagnis" (von 1937) hatte *Peter Wust* im Vorgefühl der Krise bereits ihre theologischen Hintergründe aufgerissen, wenn er zu fragen wagte:

> *Warum ist Gott oben, am Gipfel der Vollkommenheit, und warum nicht wir, die Fragenden, oder warum nicht wenigstens einer von uns? Und warum ist dieses eine höchste Wesen mühelos, kampflos oben, an der Spitze der Seinshierarchie, während wir alle uns mühen müssen in endlos zermürbendem Kampf und in qualvollster Daseinsunruhe?*[15]

Zusammen mit dem Verlangen nach Sinn und Geborgenheit übte dieser Anstoß an der absolut gesetzten Gottesautorität einen Druck auf die Glaubensentwicklung aus, der den Entwurf eines neuen, anthropologisch integrierten Glaubensbegriffs geradezu erzwang.
Dem kam der große Umschwung im Kirchenverständnis entgegen, der sich dadurch vollzog, daß sich das Konzil nach erheblichen Kontroversen im Bruch mit dem von der Enzyklika „Mystici Corporis" (von 1943) favorisierten Bild des mystischen Herrenleibs für den Begriff „Volk Gottes" entschied[16]. Darauf war dann auch der Glaubensbegriff des Konzils abgestimmt, der bei aller Anknüpfung an die Aussage des Ersten Vatikanums neue personalistische Akzente setzte; denn die Konstitution über die Offenbarung erklärte den Glauben als einen Akt, „durch den sich der Mensch in Freiheit ganz Gott überantwortet, indem er sich dem Offenbarungsgott mit Verstand und Willen gänzlich unterwirft und der ihm gewährten Offenbarung freiwillig zustimmt"[17].
Zwar hatte die Liturgiekonstitution den „heteronomen" Restbestand dieser Aussage dadurch abgeschwächt, daß sie die liturgische Feier nicht mehr auf den in der Unnahbarkeit des Mysterium tremendum erscheinenden Kultgott, sondern auf den Gott des Heils bezog, der sich in seiner liturgischen Interaktion mit der feiernden Gemeinde dieser mitteilt und kundtut. Doch stand eine theoretische Bewältigung der damit geschaffenen Problemlage noch aus.

Aktuelle Perspektiven

Dazu kam es erst, als die nachkonziliare Theologie, die zunächst – mit kontroversen Ergebnissen – der Kritischen Theorie der Gesellschaft, wie der volle Name der von der Frankfurter Schule entwickelten Gesellschaftskritik lautet, Rechnung zu tragen suchte, auch die für sie wichtigste Entdekkung der Nachkriegszeit zu rezipieren begann: die im Gegenzug zu den Auswirkungen von Propaganda und Medienbetrieb gewonnene Einsicht in die Sprache. In diesem Zusammenhang spielte ihr die in der Heidegger-Nachfolge entstandene Hermeneutik (Gadamer) den gedanklichen Schlüssel für die Lösung des Autoritätsproblems zu, die es ihr ermöglichte, die Autorität des Offenbarungsgottes bruchlos mit der Freiheit des Glaubenden zu verknüpfen. Das geschah mit der Konzeption des hermeneutischen Glaubensbegriffs, der den Glauben als einen die offenbarende Selbstzusage Gottes in Freiheit rezipierenden Verstehensakt deutet[18].
Inzwischen hatten Vorgänge wie zuletzt der Fall Küng deutlich gemacht, daß, zunächst fast unbemerkt, ein tiefgreifender Wandel im Glaubensinteresse eingetreten war. Darauf hatte die Revision des Autoritätsverständnisses bereits nachhaltig hingearbeitet. Nicht weil Gott den Glauben gebietet, sondern weil er dem Menschen das denkbar Höchste und Wichtigste, nämlich sich selbst in der Unendlichkeit seines Gottseins zu sagen hat, ist er der innerste Beweg-Grund des Glaubens. Gleichzeitig trat das soziale Moment des Glaubens, konkret gesprochen seine Bekenntnispflicht, der-

art in den Vordergrund, daß die Glaubensbegründung um die Dimension der ‚Glaubensverantwortung' erweitert werden mußte[19]. Vor allem aber trat im Verhältnis von Glaubensakt und Glaubensinhalt eine so starke Umgewichtung ein, daß der von *Martin Buber* erhobene Vorwurf, der Christenglaube sei im Unterschied zum jüdischen ein Satz-Glaube, heute fast wie ein Schlag ins Wasser wirkt[20]. Alles Interesse konzentrierte sich auf das Erfahrungsmoment. Während die kirchliche Lehrverkündigung – bei aller Betonung des Zusammenhangs von Glaubenserkenntnis und Glaubenspraxis – noch immer das Hauptgewicht auf die geglaubten Inhalte legt, richtete sich die religiöse Sinnerwartung so entschieden auf die Erfahrungsdaten, daß diese geradezu zur Bedingung der Glaubensbereitschaft wurden. „Gib mit Erfahrung, und ich glaube!" lautet der unausgesprochene Grundsatz.

Wenn man sich nach dem Bedeutungskern der erwarteten Erfahrungen erkundigt, so geht es darin unverkennbar um Bestätigung, Befreiung und Geborgenheit. Was der religiöse Mensch der Gegenwart vom Glauben erhofft, ist nicht so sehr der Zuwachs an Gotteserkenntnis, der ihm seit Augustinus als vorzüglichste Frucht des Glaubensakts in Aussicht gestellt worden war – „Willst du zur Einsicht gelangen, glaube!" heißt es in Augustins Johannes-Kommentar; „denn die Einsicht ist der Lohn des Glaubens" –, als vielmehr die Überwindung seiner Selbstentfremdung und Existenznot. Unter der Voraussetzung, daß „Sinn" in seiner ursprünglich „lokalen" Bedeutung genommen wird, ist damit aber auch schon gesagt, daß die Verlagerung des Glaubensinteresses damit zusammenhängt, daß sich die Sache des Glaubens für viele mit dem Problem der Sinnsuche verknüpfte. Daß sich die Erwartung dabei gleichzeitig auf das Moment der Befreiung und der Geborgenheit richtet, bedingt ebensowenig einen Widerspruch wie die Tatsache, daß diese Erfahrungsgehalte gleichzeitig als Voraussetzung und Folgen des Glaubens erscheinen. Denn abgesehen davon, daß der personalistische Ansatz eine widerspruchsfreie Synthese von Freiheit und Geborgenheit erlaubt, lehrte das hermeneutische Modell den Glaubensvollzug als einen zirkulären Vorgang begreifen, der als eine „Bewegung im Glauben" zu denken ist, so daß mit dem Glauben der Anfang gemacht werden muß, wenn er als Ziel erreicht werden soll.

So entspricht es vollauf der kirchengesellschaftlichen Gegebenheit, daß sich der Glaubende immer schon in einer vom Glauben direkt oder wenigstens – wie gerade in der säkularisierten Welt von heute – indirekt geprägten Umwelt vorfindet, so daß sich sein Weg im Sinn der augustinischen Herleitung des Begriffs „religio" von „wiedererwählen" (re-eligere) tatsächlich als eine Bewegung vom Glauben zum Glauben darstellt. Ist dann aber der Glaube noch wirklich, wie jahrhundertelang angenommen wurde, ausschließlich die Sache des einzelnen? Sind an seinem Gelingen dann nicht ebenso die für die Prägung des Milieus Verantwortlichen mitbeteiligt wie an seinem Scheitern diejenigen, die seine Entchristlichung verschuldeten?

Es gehört zu den Konsequenzen der in ihrer Tragweite noch nicht abzusehenden Solidarisierung mit der Dritten Welt, daß Anstöße zur Beantwortung dieser Frage vor allem von der zunächst vorwiegend kritisch aufgenommenen lateinamerikanischen „Theologie der Befreiung" ausgehen. Sie antwortet, indem sie, wenn auch nur ansatzweise, auf eine Revision des Glaubenssubjekts hinarbeitet, das sie nicht schon in der Individualität der gläubigen Einzelperson, sondern erst in deren Zusammenschluß mit ihresgleichen zu einem kollektiven Gesamtsubjekt erblickt, wie es schon die Patristik gefordert und, nach einem Abstand von eineinhalb Jahrtausenden, die theologische Romantik zum einzig adäquaten Subjekt der Gotteserkenntnis erklärt hatte. Tatsächlich setzt sich, mit *Johann Adam Möhler* gesprochen, im heutigen Glaubensbewußtsein zunehmend die Einsicht durch, daß der, der das Ganze schuf, nur vom Ganzen zulänglich erkannt werden kann, daß sich der Glaube somit durch die Liebe erweitern muß, wenn er dem sich aus seiner unendlichen Seinsfülle mitteilenden Gott gerecht werden will.

Was sich abzeichnet, sind somit lediglich Erwartungshaltungen, Intuitionen, Desiderate, nicht mehr. Ihre Integration in ein neues Konzept steht noch aus, solange jene weiterführenden Impulse, integrativen Blickpunkte und prospektiven Programme fehlen, die nach Ausweis der theologischen Ideengeschichte allein zu übergreifenden Synthesen verhelfen[21]. Solange sie fehlen, bleibt es dann aber auch bei der Diagnose „Glaube in dürftiger Zeit".

Der schwierige Weg. Zum Problem der religiösen Sprach- und Kommunikationsbarrieren

„Gerade dir hat der Kaiser von seinem Sterbebett aus eine Botschaft gesendet", heißt es zu Beginn von *Kafkas* Erzählung „Eine kaiserliche Botschaft" (von 1917), die in der Folge von der vergeblichen Mühe des Königsboten berichtet, sich seines Auftrags zu entledigen. Denn so rasch er in den von den Großen des Reichs und einer neugierigen Menge erfüllten Gemächern des kaiserlichen Palastes voranzukommen sucht:

niemals wird er sie überwinden; und gelänge ihm dies, nichts wäre gewonnen; die Treppen hinab müßte er sich kämpfen; und gelänge ihm dies, nichts wäre gewonnen; die Höfe wären zu durchmessen; und nach den Höfen der zweite umschließende Palast; und wieder Treppen und Höfe; und wieder ein Palast; und so fort durch die Jahrtausende...

So lückenlos zieht sich das Netz der Unentrinnbarkeit in diesen Sätzen um den Königsboten, daß sich der pessimistische Schlußsatz fast von selbst ergibt: „Niemand dringt hier durch und gar mit der Botschaft eines Toten."[1]
Ungeachtet seiner Vieldeutigkeit wird man dieses Sprachsymbol, schon aufgrund der Bildwahl, als Hinweis auf die Nöte der menschlichen Kommunikation, vermutlich gerade auch im Bereich der religiösen Verständigung, nehmen dürfen. Ist nicht seit Heine vom sterbenden Gott die Rede? Beklagte sich nicht Nietzsche aufs bitterste über die Undeutlichkeit des Offenbarungsworts? Und bemängelte nicht schon Lessing an der christlichen Verkündigung den „Beweis des Geistes und der Kraft"? Nahezu spiegelbildlich verhält sich dazu die Prognose, die *Dietrich Bonhoeffer*, knapp ein Jahr vor seiner Hinrichtung, stellt:

Es ist nicht unsere Sache, den Tag vorauszusagen – aber der Tag wird kommen –, an dem wieder Menschen berufen werden, das Wort Gottes so auszusprechen, daß sich die Welt darunter verändert und erneuert.[2]

Trotz der sich in diesen Worten bekundenden Zuversicht sprechen auch sie von dem Defizit, unter dem gerade die religiöse Sprache der Gegenwart leidet. Bei aller Genauigkeit und Bezeichnungskunst geht ihr doch die Fähigkeit ab, die von ihr gedeutete Welt zu verändern. Zu einem bloßen „Zeugnis von Geist und Kraft" verflacht, wirkt sie weithin nur noch wie eine Reproduktion dessen, was ihr von ihrem Ursprung her eingestiftet ist. Dem kann, zumindest fürs erste, nur durch eine sorgfältige Analyse der Verfallsform abgeholfen werden. Es gilt, im Bild der Kafkaschen Parabel gesprochen, die Paläste, Höfe und Treppen ausfindig zu machen, in denen sich der Elan der „kaiserlichen Botschaft" erschöpft, so daß sie ihren Adressaten, wenn überhaupt, dann nur noch in deformierter Gestalt erreicht.

Das Sterbegemach: zentrale Barrieren

Als diagnostische Hilfe kommt dieser Suche nach den übrigen – und nicht minder wichtigen – Gründen der von der modernen Soziolinguistik entwickelte Begriff der *Sprachbarrieren* zustatten. Um für das religiöse Sprachproblem verwendbar zu sein, muß er nur von seinem sozialkritischen Ansatz abgelöst und dahin ausgeweitet werden, daß er jede Form von Sprachstörungen, die spontan auftretenden ebenso wie die durch Außenfaktoren bedingten, zu bezeichnen vermag. Mit spontanen Sprachkrisen ist im religiösen „Einzugsfeld" schon deshalb zu rechnen, weil sich die Sprache bei der Bildung des Gottesnamens auf das Wagnis einläßt, das alle Erfahrungs- und Denkmöglichkeiten Übergreifende ins menschliche Wort zu fassen. In einer hymnischen Anrufung aus der Zeit der Hochpatristik, die schon das Pathos der „negativen Theologie" atmet, klingt etwas von der Unerschwinglichkeit dieses Unterfangens durch:

> *Jenseits von allem! Wie anders dürfte ich dich preisen? Wie soll dich mein Wort rühmen, dich, den jedem Wort Unsagbaren? Wie soll dich meine Einsicht schauen, dich, den jeder Einsicht Unfaßbaren? Unbenannt du allein; denn du schufst jede Benennung. Unerkannt du allein; denn du schufst jede Einsicht!*[3]

An diesen Grenzbegriff aller Denkbarkeiten verwiesen, nimmt der Gang der Gottesfrage unvermeidlich einen dramatischen, von Abstürzen bedrohten Verlauf. Erst recht wird für die sprachliche Gestaltungskraft der Versuch, den „Unnennbaren" zu benennen, zu einer äußersten – und vielfach nicht bestandenen – Belastungsprobe. Unter dem Eindruck des heute gerade in diesem Zusammenhang zu registrierenden Sprachversagens bemerkte *Paul van Buren,* daß nicht sosehr, wie Nietzsche meinte, Gott selbst als vielmehr das Wort „Gott" gestorben sei, so daß gar nicht mehr verstanden werden könne, was die Formel vom „Tod Gottes" ausdrücken wolle.[4]

Wenn aber die sprachliche Kreativität bei der Bildung des Gottesnamens in eine derartige Turbulenz gerät, daß im Krisenfall die Bezeichnungskraft hoffnungslos hinter dem Bezeichnungswillen zurückbleibt, reicht die informationstheoretisch verkürzte Modellvorstellung der modernen Sprachanalyse zur Beschreibung des Phänomens nicht hin. Um ihm zu genügen, muß die Sprache vielmehr radikaler als die elementare „Mitgift" des Menschseins begriffen werden. Denn der Mensch ist seine Sprache, er hat sie nicht nur. Die Sprache ist sein Schicksal, Ausdruck der mit seiner Existenz gegebenen Fähigkeit, mit seinesgleichen in Beziehung zu treten, aber auch Inbegriff der Gefahr, sich in dieser Beziehung selbstzerstörerisch zu verfehlen.

So gesehen beginnt mit der Sprache dann nicht nur die Geschichte, welcher der Mensch als Glied der Menschheit angehört; vielmehr gehört sie dann auch schon in die Geschichte hinein, die er mit sich selbst durchlebt. Das aber ist die Geschichte, die sich zwischen den Polen „Selbstbesitz" und

„Selbstverfehlung" abspielt und die als solche die Geschichtsfähigkeit des Menschen überhaupt erst erklärt. In sie ist die Sprache so sehr hineingebunden, daß sie dasselbe Gefälle aufweist. So kommt es, daß sie aus den Höhen der Sprachgunst, in der sie über ihre Ausdrucksmittel souverän verfügt, immer wieder in die Tiefen der Sprachnot und des Sprachversagens abstürzt, in der sich ihr das Wort entzieht, zumindest aber hinter der Sprechintention schmerzlich zurückbleibt. An dieses Zerwürfnis, in das die Sprache – wie der Mensch – immer wieder mit sich selbst gerät, muß in dem mit dem Gottesnamen gegebenen „Krisenfall" gedacht werden; aus ihm erklärt sich die Möglichkeit ihrer spontanen Behinderung.

Aber die religiöse Sprache christlicher Prägung hat es primär nicht mit dem „Gott der Philosophen", sondern mit dem „Gott Jesu Christi" (Pascal), also mit dem Offenbarungsgott zu tun, der sich der Welt dadurch zuwendet, daß er sich ihr erschließt, und der sich ihr dadurch erschließt, daß er sich selbst aussagt. Wer aber den Kern des Offenbarungsgeschehens mit Rahner in dieser göttlichen Selbstaussage erblickt, sieht sich damit auch schon vor die zentralste aller religiösen Sprachbarrieren gestellt, die sich als solche vornehmlich in den Berichten über die prophetischen Berufungsvisionen, am eindringlichsten in der des Propheten Jesaja, spiegelt. Überwältigt von der sich ihm zeigenden Herrlichkeit Gottes bricht der Prophet in einen Wehruf aus, der im Licht der Qumran-Texte einen von der gewohnten Übersetzung abweichenden Wortlaut aufweist:

Weh mir, ich muß schweigen; denn ich bin ein Mensch mit unreinen Lippen und wohne unter einem Volk mit unreinen Lippen, und meine Augen haben den König, Jahwe Zebaot, geschaut! (Jes 6,5)

Was sich dem Berufenen zuerst auf die Lippen drängt, ist das Geständnis, durch die Gewalt der ihm zuteil gewordenen Schau „mundtot" geworden zu sein, das Eingeständnis seines Sprachversagens.

Auf das Wagnis, das damit aufgeworfene Problem auf den die Offenbarungsgeschichte abschließenden Sprecher Gottes, also auf Jesus anzuwenden, ließ sich, lange vor seiner Thematisierung, *Kierkegaard* ein, als er in seinen „Philosophischen Brocken" (1844) die Frage nach der Verständlichkeit der unendlichen Gotteswahrheit für den endlich-beschränkten Menschengeist aufwarf. Nach Kierkegaard kann sie unter der zweifachen Bedingung bejaht werden, daß sich Jesus seiner Lebensaufgabe „incognito", als der „Gott in Knechtsgestalt", entledigt und daß er das Schicksal dieser Verfremdung als eine lebenslange Leidensgeschichte auf sich nimmt. In die Schule dieses Lehrers gehen, heißt dann umgekehrt, sich glaubend unter die Bedingungen dieser Leidensgeschichte stellen. Indem sich der Glaube so aber spiegelbildlich zur Selbstverhüllung Gottes verhält, ist er deren – wenn auch immer nur bruchstückhafte – Aufhebung, so daß praktisch kein Unterschied zwischen dem Augenzeugen der ersten Stunde und dem auf den Weg des Glaubens verwiesenen Nachgeborenen, oder nun in der Terminologie Kierkegaards ausgedrückt: zwischen dem Schüler erster und zweiter Hand besteht.

An dieser Stelle wird eine zweite Perspektivenöffnung erforderlich. Wie der mit dem Gottesnamen ausgelösten Sprachkrise nur unter Zuhilfenahme eines erweiterten Sprachbegriffs beizukommen war, erfordert das von Kierkegaard aufgeworfene Problem der „christlichen Grundverständigung" eine Korrektur des gängigen Jesusbilds. Denn zu der Bedeutung, die Jesus als dem Mittelpunkt der Religionsgeschichte zukommt, muß nunmehr auch seine Würdigung als eine Gestalt der Geistes- und Sprachgeschichte hinzugenommen werden. Wer das auch nur ansatzweise versucht, wird mit einem neuen Verhältnis zur sprachschöpferischen und sprachgestalterischen Lebensleistung Jesu beschenkt. Zwei Schwerpunkte zeichnen sich ab: ein neues Reden von Gott und seinem Reich auf der einen und eine neue Selbstdarstellung des menschlichen Ich auf der andern Seite. Obwohl sich das von Gott heimgesuchte Ich bereits in der Sprache der Propheten, vor allem in den „Konfessionen" des Jeremia, machtvoll zu Wort meldet, läßt sich doch nicht verkennen, daß ihm erst Jesus vollends die Zunge löst. Auf eine nicht minder neue und bahnbrechende Weise redet er aber auch von Gott. Denn der Vater, an den er sich in den Stunden des Entzückens ebenso wie im Abgrund seiner Todesangst wendet, steht nicht mehr – wie der Gott der Religionen – im Zwielicht von Beseligung und Angst; er ist vielmehr der Gott, der selbst dem von ihm Verlassenen noch als der Hörer seines Notschreis bleibt.

Die sprachschöpferische Leistung Jesu hervorheben, heißt aber zugleich von der Barriere reden, die im Interesse dieses neuen Redens von Gott und dem Menschen überwunden werden mußte. Begreiflicherweise blieben in den Berichten der Evangelien nur Spuren der dabei bestandenen Sprachnot erhalten. So in der Eingangsfrage der markinischen Fassung des Senfkorn-Gleichnisses, die auf eine anfängliche Unschlüssigkeit in der Wahl des optimalen Bildes schließen läßt: „Wie sollen wir das Reich Gottes schildern, in welches Gleichbild es fassen?" (Mk 4,30) oder in der Wechselrede Jesu mit dem Vater, von der das Johannes-Evangelium in der Überleitung zur Leidensgeschichte berichtet: „Jetzt ist meine Seele erschüttert, doch was soll ich sagen: Vater, rette mich aus dieser Stunde? Aber deshalb bin ich ja in diese Stunde eingetreten: Vater, verherrliche deinen Namen!" (Joh 12,27 f) Den zweifellos sprechendsten Beleg nennt indessen *Joseph Bernhart,* wenn er in seinem „De profundis" (von 1935) darauf aufmerksam macht, daß der Gekreuzigte, von der fühlbaren Gewißheit, Gottes Sohn zu sein, verlassen, nicht mehr wie sonst „mein Vater!" ruft, sondern „wie jedes Geschöpf in Not ,mein Gott!'"[5]. Zwischen diesem Notschrei des ältesten Berichts und dem lukanischen Wort der Ergebung: „Vater, in deine Hände übergebe ich meinen Geist!" (Lk 23,46) liegt der Abgrund, der auf dem Weg von der kreatürlichen Anrufung Gottes bis zu der kindlich-kühnen Anrede „mein Vater!" überwunden werden mußte.

Angesichts der kreativen Hochstimmung, die das urchristliche Sprachverhalten weithin kennzeichnet, kann es nicht verwundern, daß sich anfänglich auch hier kaum Anzeichen einer – bewältigten – Sprachkrise erhielten. Bestürzung über die unerwartete Wirkungslosigkeit des bildmächtig verkündigten Heils klingt freilich aus dem Vorwurf des Galaterbriefs heraus: „Wer hat euch nur verhext? Ist euch Jesus Christus nicht sichtbar als der Gekreuzigte vor Augen gestellt worden?" (3,1) Begreiflich, daß der durch die verunsicherte Gemeinde ratlos gewordene Apostel wünscht, bei ihr zu sein, um mit „anderer Stimme" zu ihr reden zu können (4,20). Mit dem „Leib" der frühen Verkündigungssprache verhält es sich somit ähnlich wie mit dem Verklärungsleib des Auferstandenen: er zeigt noch spurenhaft die „Wunden" der vorangegangenen Passion; aber sie reden deutlicher von den errungenen Siegen als von dem bestandenen Kampf.

Die beengenden Höfe: sprachliche Engführungen

Um so beredter berichtet die Apostelgeschichte im Paradigma der Areopagrede von einer Kommunikationskrise, zu der es trotz des kerygmatischen Elans der paulinischen Missionspredigt kommt. Mit dem scheinbar optimal gewählten Anknüpfungspunkt in Gestalt des Altartitels „Einem unbekannten Gott" (Apg 17,23) war zwar eine allgemein-religiöse Verständigungsbasis gefunden worden; doch hält sie der Belastung durch das Kerygma von Kreuz und Auferstehung Jesu nicht stand. Denn diese Botschaft konnte nur auf sich selbst gegründet, in Form eines Selbsterweises glaubhaft gemacht und in einer darauf abgestimmten Sprache verkündet werden. Daß Paulus dieses dreifache Ziel trotz des erlittenen Rückschlags, in dem sich zweifellos extrem negative Missionserfahrungen spiegeln, erreichte, macht seine exemplarische Lebensleistung aus. Daß diese gleichwohl, wie der Zweite Petrusbrief (3,16) erkennen läßt, in der Folgezeit zunehmend auf Kritik stieß, hängt mit zwei Gegebenheiten der frühchristlichen Entwicklung zusammen, die sich ebenso auf Leben und Organisation der jungen Gemeinde wie auf ihre Sprache und Kommunikation auswirkten.
Verschärft durch die Parusieverzögerung entstand mit dem Tod der Altapostel ein Grabenbruch, der die Kontinuität des Christentums bedrohte. Begreiflich, daß die stabilisierenden Tendenzen überhandnahmen, die dem Aufbau der Gemeinde den Charakter einer hierarchischen Ordnung und ihrer Verkündigung den einer tradierbaren Lehre gaben. Mit dieser Umstilisierung des apostolischen Kerygmas entstand nicht nur die Notwendigkeit, auf vorgegebene Denkformen und Deutemuster zurückzugreifen, wie sie von der jüdisch-hellenistischen Umwelt angeboten wurden; vielmehr hatte dieser Prozeß auch eine strukturelle Veränderung zur Folge. Wo Paulus noch alles auf den „Erweis des Geistes und der Kraft" (1 Kor 2,4) und eine zu lebendiger Vergegenwärtigung befähigte Sprache gesetzt hatte, dominiert jetzt das Argument, die apologetische Rechtfertigung und die Abwehr gegensinniger Ansichten. Das lief im Endeffekt auf eine *sprachliche Engführung* hinaus, durch die das ausgesagte Heil zwar nichts von seiner Wahrheit, um so mehr jedoch von seiner Wirkmacht verlor.

Sprachgeschichtlich gesehen schlug die kirchliche Reaktion auf Umdeutungen der fixierten Lehre am stärksten zu Buch. Anlaß dessen scheinen nicht so sehr die Vorboten der Gnosis als vielmehr die Stimmen der Skeptiker gewesen zu sein, die (nach 2 Petr 3,3 ff) angesichts des unveränderten Weltengangs die Nähe der Wiederkunft Jesu in Frage stellten. Im Zeichen einer offensichtlichen Ratlosigkeit entwickelte sich ihnen gegenüber erstmals eine ausgesprochene *Sprachpolemik,* die sich aber weder der Struktur noch Tendenz nach mit den Streitreden des Evangeliums messen konnte. Herrschte dort – bei aller Härte – stets der Geist der Auseinandersetzung großen Stils, die im Grenzfall sogar dazu führte, daß Jesus im Kontrastbild der Gegner die Umrißlinien seines eigenen Prinzips zur Geltung brachte (Mt 23,4), so ergeht sich die Abwehr hier in leeren Allegorien, die noch nicht einmal das Profil der Gegner erkennen lassen:

Hirten sind sie, die Weideplätze für sich selbst suchen; wasserlose Wolken, vom Wind dahingetrieben; Bäume, zweimal verdorrt und entwurzelt, die keine Frucht bringen; wilde Meereswogen, die ihre eigene Schande ausschäumen, Sterne ohne feste Bahn, denen für immer das Dunkel der Finsternis bestimmt ist (Jud 12 f).

Zum Unglück der sprachgeschichtlichen Entwicklung war es dieser polemischen Entgleisung der Bibelsprache vorbehalten, im Fortgang der Kirchengeschichte Schule und – wie vor allem im Antimodernismusstreit – Epoche zu machen. Abgesehen von dem Schaden, den die polemischen Exzesse der Glaubwürdigkeit des durch das Kriterium Liebe ausgewiesenen Christentums zufügten, hatten sie auch eine deutliche *Verringerung des Sprachvolumens* zur Folge. Mit der Verteufelung der gegnerischen Positionen schieden auch die damit verbundenen Sprachspiele aus dem innerkirchlichen Kommunikationsfeld aus. Wer sie dennoch zu benutzen wagte, machte sich schon dadurch verdächtig, zur Sympathisantenszene der antikirchlichen Kräfte zu gehören. Gleichzeitig wurde die unter den Druck einer heimlichen Selbstzensur geratene Sprache des theologischen Konformismus auf eine fast unerträgliche Weise *abstrakt und flach,* so daß sich der von religiöser Sehnsucht umgetriebene Mensch von ihr weder angesprochen noch in ihr ausgesprochen fühlen konnte. Doch „rächte" sich die Sprache damit nur dafür, daß sie gegen ihren kommunikativen Funktionssinn gekehrt und als ein Instrument der Diffamierung und Ausgrenzung verwendet worden war.

Beispiele für eine polemisch bedingte Sprachverödung finden sich schon in der Zeit nach dem großen patristischen Aufbruch. So brachte *Arius* seine Lehre mit Hilfe schlagerartiger Hymnen unter das Volk, die in ihrer eingängigen Primitivität die geistige Leere seiner Christologie widerspiegeln. Selbst *Augustinus,* der Meister einer gleicherweise bildstarken wie mystisch durchglühten Hochsprache, verfaßte einen „Antidonatisten-Psalm", dessen Monotonie auch dadurch nicht gerechtfertigt wird, daß sich sein Verfasser mit ihm bewußt auf das Sprachniveau seiner Gegner begab.

Im Abriß einer einzigen Lebensgeschichte spiegelt sich so die Gezeitenfolge von überquellender Kreativität und jäh verebbender Sprachkraft, die gerade auch den Gang der religiösen Sprachgeschichte bestimmt. Daß sich die Beispiele dafür nicht nur in der Ferne der Patristik und in der Nahvergangenheit der ersten Jahrhunderthälfte finden, zeigt der „Fall Küng", der auch in sprachgeschichtlicher Hinsicht einen „Fall" bildet, sofern sich im Küngschen Werk neben Formulierungen von hoher Eindringlichkeit und schlagender Plausibilität auch Stellen finden, die einen Hang zu kurzatmiger, einhämmernd indoktrinierender Diktion erkennen lassen. Kaum braucht dem hinzugefügt zu werden, daß eine derart verknappte Sprache auch eine Deformation des Kommunikationsfelds nach sich zieht. Wo im Stil abstrakter Formeln, einhämmernder Thesen oder persuasiver Floskeln gesprochen wird, kommt der freie Disput, der auf das ausgearbeitete Argument angewiesen ist, nicht auf.

Der umschließende Palast: äußere Restriktionen

Wenn die Sprache mit dem Menschen konsubstantial und insofern an das Gesetz seiner Selbstverwirklichung gebunden ist, gehört sie auch in seinen sozialen Wesensbezug mit hinein. Mehr noch: dann ist sie der elementarste Ausdruck seines Angewiesenseins auf die gesellschaftliche Mitwelt. Redend wirkt der Mensch auf sie ein, um dann auch umgekehrt in ihr Wirkfeld zu geraten. Wer spricht, sucht Einfluß zu gewinnen, und wäre es auch nur in der bescheidensten Form, sich Geltung und Gehör zu verschaffen. Doch hinter diesem Anspruch lauert immer schon die Versuchung, dem Angesprochenen mit sprachlichen Mitteln den eigenen Willen aufzuzwingen, ihn durch das Instrument der Sprache zu beherrschen. Nach der Dialektik des Grundverhältnisses – „Wer zum Schwert greift, wird durch das Schwert umkommen" (Mt 26,52) – gerät aber die ins Machtinteresse gezogene Sprache unweigerlich in einen Zustand der Übermächtigung, erleidet die als Macht-Instrument verwendete Sprache ihrerseits eine „Instrumentalisierung" (Marcuse). Das aber heißt, daß die Sprache nicht nur spontan auftretenden Verstörungen unterworfen, sondern gleichzeitig auch der Gefahr ausgesetzt ist, durch Fremdbeeinflussung von außen her aus ihrer Bahn geworfen und gegen sich selbst gewendet zu werden.

Bedenklich ist in diesem Zusammenhang schon ihre Beanspruchung durch innerkirchliche Machtpositionen, wie sie sich im Zug des frühchristlichen Stabilisierungsprozesses ausbildeten; doch wirkte sich der Einfluß der politischen Macht ungleich verhängnisvoller auf sie aus. Ihm wurde erstmals in der konstantinischen Ära durch die für sie konstitutive Verknüpfung kirchlicher und staatlicher Interessen Vorschub geleistet. Ihren programmatischen Ausdruck fand diese in dem von Kaiser *Theodosius II.* erlassenen Einberufungsschreiben zum Konzil von Ephesus (vom 19. November 430), das – wie zuvor schon die fatal an die Parole „Ein Volk, ein Reich, ein Führer" erinnernde Formel des Eusebius „Ein Gott, ein Logos, ein Kaiser" – eine providentielle Interessengemeinschaft von Staat und Kirche behauptet.

Die Rechnung für die der Kirche unter dem Schutzschild der politischen Macht zufallenden Begünstigungen wurde im vollen Umfang auf dem im kaiserlichen Heerlager Nikaia (Ende Mai 325) abgehaltenen Ersten Ökumenischen Konzil präsentiert, als *Konstantin* unter Berufung auf den (als Pax Romana verstandenen) Reichsfrieden die „Einheitsformel" von der Wesensgleichheit von Sohn und Vater durchsetzte. Mit dieser dogmatischen Sprachregelung wurde zwar eine Klärung erzielt, jedoch auf dem Weg eines machtmäßig verfügten *Diskussionsabbruchs,* der den gesamten Kommunikationsverlauf in Mitleidenschaft zog. Etwas von der durch diese Restriktion ausgelösten Neurotisierung klingt in den ängstlichen Warnungen nach, in denen sich das „Commonitorium" des *Vinzenz von Lerin* ergeht (c. 21 und 24):

> *Meide, heißt es, die heillosen Wortneuerungen; es heißt nicht: das Althergebrachte, nicht: die alten Lehren. Mit aller Klarheit wird vielmehr gesagt, was aus dem Gegenteil folgt; denn wenn die Neuerung zu meiden ist, ist am Althergebrachten festzuhalten; und wenn die Neuerung unheilig ist, sind die alten Lehren heilig ... Wortneuerungen sind Neuerungen in der Lehre, in der Sache, in der Auffassung, die dem Ursprung und der Vorzeit entgegen sind.*

Mit diesem Innovationsverbot war in erster Linie der theologische Erkenntnisfortschritt getroffen. Denn im Feld einer gleichgeschalteten Sprache, die durch die Verwerfung von Neubildungen einer profillosen Monotonie verfiel, stagnierte unvermeidlich auch der theologische Gedanke. An die Stelle kreativer Fortbildung trat die *Repetition,* die Bewegung dadurch vortäuscht, daß sie geistlos auf der Stelle tritt.
Schwerer zu greifen ist die ungleich gefährlichere Rückwirkung, die sich daraus ergibt, daß die Macht auf geistige Positionen nicht nur dirigistischen Einfluß nimmt, sondern diesen Einfluß dadurch zu verstärken sucht, daß sie das „Objekt" ihres Zugriffs noch einmal, in Form eines ihrer Eigenstruktur angestalteten Gegenbilds, hervorbringt. Was auf dem Weg dieser Transformation entsteht, ist die *Ideologie,* deren machtbedingte Struktur vor allem an zwei Momenten zu ersehen ist: an der Nichthinterfragbarkeit der Positionen und an dem ihr gegenüber verhängten Interpretationsverbot. Vor allem sind die von Diktaturen verfügten oder doch kontrollierten „Weltanschauungen" durch diese beiden Positionen gekennzeichnet. Auf der einen Seite läßt die zentrale Entscheidungsinstanz keinerlei Erörterung der sie tragenden Grundsätze zu; auf der andern Seite behält sie sich das ausschließliche Recht auf ihre Deutung vor. Unter diesem Systemzwang kommt es zur Ausbildung einer total instrumentalisierten Sprache, die mit Hilfe imperatorischer Definitionen und hypnotischer Formeln (Marcuse) dort eine Scheinevidenz suggeriert, wo sie tatsächlich die Verständigung blockiert.
Wenn man in Rechnung stellt, daß es aus „systeminternen" Gründen auch zu Prozessen der „Selbstideologisierung" kommen kann, ist damit eine

neue – und kritische – Sicht der *dogmatischen Sprachregelungen* gewonnen. So unumgänglich diese im Interesse der theologischen Klärungsprozesse und der Beendigung der damit verbundenen Dispute sind, erscheinen sie doch zugleich in einer prekären Nähe zu Ideologisierungsstrategien, die nur zu leicht zu einer für die Sache des Glaubens tödlichen Gleichsetzung führen könnte. Denn der Glaube lebt davon, daß er gerade nicht mit einer Ideologie verwechselt, sondern als die freie Zustimmung zur Selbstmitteilung Gottes begriffen und verwirklicht wird. Wenn auch nur der Anschein entsteht, daß über Glaubensfragen nicht mehr frei gesprochen werden kann, sind elementare Voraussetzungen des Glaubensvollzugs in Frage gestellt, weil dieser mit dem Recht des einzelnen auf persönliche Interpretation der ihm vom kirchlichen Lehramt „vorgelegten" Inhalte steht und fällt. Wo ihm dieses Recht verweigert wird, versanden die Ströme, die den Glauben über den jeweils erreichten Stand hinaustragen und ihn dem durch das „Vollalter Christi" definierten Ziel näherbringen.

Eine ganz neuartige Form von „Fremdsteuerung" hatte die Entwicklung der *technischen Medien* im Gefolge. Mit ihnen gewann die Verkündigung nicht nur einen ins Unabsehbare vergrößerten „Aktionsradius", vielmehr geriet sie auch in die Engführung durch die spezifisch technischen Strukturen. Was *Sigmund Freud* mit der Karikierung des heutigen Menschen als „Prothesen-Gott" zu treffen suchte, gilt durchaus auch für die mit der religiösen Medienverwendung verbundenen Probleme. Danach brachte es der Versuch der technisch vermittelten Leistungssteigerung bisher nur zu einer „prothesenartigen" Nutzung der sich bietenden Möglichkeiten, die dem Verwender, mit Freud gesprochen, „gelegentlich noch viel zu schaffen" macht[6].

Neben der von der modernen Kommunikationswissenschaft bereits untersuchten „restringierten Sprechersituation" besteht dabei die noch folgenschwerere Rückwirkung in der *Transformation*, die das technisch reproduzierte Wort erleidet. Denn es erfährt unvermeidlich eine der Struktur des Mediums entsprechende Stilisierung, mit der eine signifikante Verflachung des Sprachvolumens Hand in Hand geht. Diese bedingt ihrerseits eine thematische Selektion, durch die das paränetische und erbauliche Wort von vornherein ins Hintertreffen gerät. Auch ein Verlust an Modulationsfähigkeit ist zu registrieren, da sich nur eine „wohltemperierte", auf sprachliche Durchschnittswerte abgestimmte Aussage als mediengerecht erweist, nicht dagegen das große Pathos oder der leise, intime Zuspruch.

Ein nicht zu vernachlässigender „Rückmeldeeffekt" ergibt sich überdies aus der normativen Rolle, zu der das „funk- und fernsehgerechte" Reden im allgemeinen Sprachbewußtsein gelangt. Sie entspricht der Grundtendenz der modernen Lebenswelt, die insgesamt darauf ausgeht, die herausragenden Einzelprofile zugunsten des „allgemein Üblichen", also der menschlichen Durchschnittswerte, abzuschleifen. Auch ist eine Begünstigung der ohnehin schon weitverbreiteten Indolenz durch medienvermittelte Aussagen nicht auszuschließen. Denn wenn mit ihnen auch zweifellos ein stimulierender Effekt einhergeht, schwindet doch zugleich der Anreiz zum religiösen Gespräch in dem Maß, wie es in Gestalt von mediengerecht aufbereiteten Sendungen „frei Haus" geliefert wird.

Die steilen Treppen: einseitige Kanalisierungen

Die Metapher von den von dem Königsboten zu überwindenden „Treppen" erinnert, auf das religiöse Kommunikationsfeld bezogen, an die fundamentale Tatsache, daß dieses im Unterschied zum öffentlichen Disput durch das *kirchliche Lehramt* zentral gesteuert ist. So ergibt es sich aus dem Wesen der christlichen Wahrheit, die im Unterschied zu der prinzipiell allen zugänglichen Vernunftwahrheit geschichtlich gebundene Offenbarungswahrheit ist, die als solche der tradierenden Vermittlung – und sichernden Kontrolle – bedarf. Änderungsversuche, die an dieser Struktur rütteln, liefen im Endeffekt darauf hinaus, das Christentum auf das Niveau einer bloßen „Vernunftreligion" einzuebnen.

In eine kritische Perspektive rückt dieser Tatbestand jedoch mit der Frage nach seiner Konkretisierung und insbesondere nach dem Modell, nach welchem diese erfolgt. Im Licht der paulinischen Ämterlehre heißt das mit der Sache selbst gegebene Modell, mit einer Wendung des Epheserbriefs (4,12) gesprochen: Auferbauung des Leibes Christi. Danach dienen die Ämter der Kirche dazu, sie in der „Einheit des Glaubens" zu erhalten und durch stetiges Erkenntniswachstum zur „vollen Mannesreife, zum Vollmaß der Christus-Fülle" zu führen (4,13). In den Dienst dieses geistigen Wachstumsprozesses gestellt, kann das kirchliche Lehramt seiner Aufgabe nur in der Form genügen, daß sich sein Zuspruch organisch in den Dialog der Glaubenden fortsetzt. Nicht umsonst schließt sich auf den Entwurf des Modells im weiteren Fortgang des Textes die ausdrückliche Aufforderung zu gegenseitiger Belehrung und Erbauung an, die in der ausführlicheren Fassung des Kolosserbriefs (3,16) folgenden Wortlaut aufweist: „Das Wort Christi wohne in reicher Fülle unter euch. Lehrt und mahnt einander in aller Weisheit, und singt in dankerfülltem Herzen Gott Psalmen, Hymnen und geistliche Lieder."

Angesichts anarchischer Tendenzen, die ansatzweise schon in den paulinischen Gemeinden auftraten (1 Kor 14,10–25), wurde das paulinische Modell in der Folge aber immer mehr durch das „sinaitische" verdrängt, wie es sich aus dem Bericht von der Gesetzgebung am Sinai ergab. Zwar hatte der Hebräerbrief eine christliche Transformation dieses Bilds entwickelt (12,18–29), die es als klares Aufstiegsmodell erscheinen ließ; doch griff die kirchliche Lehrpraxis im Bestreben, eine neue „Hintergrundideologie" für die Disziplinierung der Gemeinde zu gewinnen, auf die alttestamentliche Version zurück, die auf das Verstummen des Volks vor dem gebieterisch zu ihm redenden Gott abhebt (Ex 20,18–21).

Wie sich diese Praxis gestaltete, läßt die von *Augustinus* hergeleitete Regel „Roma locuta, causa finita" erkennen. Im Unterschied zum paulinischen Modell, das sich für ein responsorisches Verhältnis der Positionen aussprach, hat danach in Fragen des Glaubens und der Kirchendisziplin allein die hierarchische Spitze „das Sagen" und ihr Spruch den Charakter einer „höchstrichterlichen Entscheidung". Diese Privilegierung des „hierarchischen", also von der Spitze zur Basis hin verlaufenden Kommunikationsflusses konnte nicht ohne tiefgreifende Rückwirkung auf den Redestil bleiben. Unter den „Erwartungsdruck" gestellt, daß sie das entscheidende Wort in allem zu sprechen habe, verfiel die Spitze immer mehr in eine *dekretorische Diktion,* die durch zwei Momente gekennzeichnet ist: durch die Überbetonung der lehrhaft-appellativen Gehalte und die Vernachlässigung jener sprachlichen Implikationen, die den hermeneutischen Prozeß gewährleisten.

Demgemäß bemüht sich der hierarchische Redestil weder engagiert um das Einvernehmen mit den Adressaten, noch sucht er seine Aussage durch Gründe und Beweise zu stützen. Wie *Bernhard Badura* in einer Analyse politischer und kirchlicher Texte zeigte, ist hier im Ganzen eines „praktisch-manipulativen" Sprachgebrauchs die Verwendung „persuasiver Definitionen" vorherrschend, die sich anstatt auf ihre analytische Kraft auf emotionale Vorgegebenheiten des Adressatenkreises stützen[7]. Dieses kirchenamtliche Reden verfolgt ohnehin mehr das Interesse der Stabilisierung als der Information der Rezipienten, die, in einen emotionellen Konsens gebracht, dann um so leichter zu neuen Einstellungen und Aktivitäten motiviert werden können.

In den Sog dieser Umstrukturierung gerät aber auch die *Artikulation der „Basis"* mit hinein. Als Ausnahme von der Regel der schweigenden Rezeptivität nimmt sie allzuleicht den Charakter des *rebellischen Aufbegehrens* und des Protests an, selbst wenn es ihr nur darum geht, die eigenen Gesichtspunkte geltend zu machen. Die hemmungslosen Ausfälle des *Luzifer von Cagliari* gegen Kaiser Konstantius im vierten Jahrhundert, die in manchen Zügen an *Kierkegaards* Angriff auf die dänische Staatskirche erinnern, veranschaulichen das nicht weniger drastisch als die bäuerisch-rüpelhafte Form des Aufbegehrens, die Nietzsche an *Luthers* Attacken auf das Papsttum moniert. Läßt man die Frage des Vokabulars beiseite, so hat sich daran bis heute, trotz des inzwischen eingetretenen Demokratisierungsprozesses, nur wenig geändert. Denn die Resolutionen der Basis- und Aktionsgruppen bedienen sich schon deshalb des neomarxistischen oder feministischen Jargons, weil sie es weniger auf die Verdeutlichung ihrer Interessen als vielmehr auf die Konfrontation mit der „Amtskirche" angelegt haben. Insofern haben die Äußerungen der Basis immer noch vorwiegend „eruptiven" Charakter, so daß sie in ihrer überscharfen Akzentuierung deutlicher für den Fortbestand des Ungleichgewichts als für seine Überwindung sprechen.

Die ungleich bedenklichere Auswirkung besteht jedoch in der *Stagnation des allgemeinen Glaubensgesprächs.* Denn solange die Basis nicht von der hierarchischen Spitze in einen kontinuierlichen Dialog gezogen wird, fehlt die aus dem kirchlichen Gesamtdisput hervorgehende Motivation für das Glaubensgespräch, als dessen genuine „Orte" noch vor den modernen Basisgruppen die traditionellen Gemeinschaftsformen der Familie, des

Freundeskreises sowie der beruflichen und freien Vereinigungen zu nennen sind. Mit dem Hinweis auf die interne Fruchtbarkeit des religiösen Gesprächs ist es schon deswegen nicht getan, weil dieses seiner innersten Bestimmung zufolge allen zugute kommen und damit in den Gesamtdisput aufgenommen sein will. So entspricht es der strukturellen Wechselseitigkeit des Verhältnisses von Spitze und Basis. Wie die Spitze von der Basis vernommen und respektiert sein will, lebt deren Gespräch davon, daß es bei der Spitze Gehör findet und dadurch für das Ganze fruchtbar gemacht wird.

Wenn diese Chance nicht wenigstens prinzipiell gegeben ist, bricht der Gesprächswille an der Basis in sich zusammen. Mit dem Hinweis auf die von der Basis her drohende Sprach-Anarchie ist dieses Interesse nicht widerlegt. Denn die Freigabe des innerkirchlichen Disputs ist an die Bedingung gebunden, daß auch repressionsfreie Wege zu seiner Beendigung gefunden werden. Auch wenn man die Möglichkeit einer Reaktivierung des „elenchischen" Redens in Rechnung stellt, wie es von der Urkirche (nach 1 Kor 14,24 f) praktiziert wurde, besteht hier noch immer ein schwerwiegendes Defizit, nicht unähnlich demjenigen, das angesichts genuin christlicher Meditationsformen zu verzeichnen ist. Deshalb müßten im Interesse des „freien Worts in der Kirche" (Rahner) neue Strategien, womöglich im Blick auf parlamentarische Prozeduren, entwickelt werden, die im Maß ihres Zustandekommens dann aber auch die Spitze dazu ermutigen könnten, die Einseitigkeit des dekretorischen Stils zugunsten eines dialogischen Sprachverhaltens zu überwinden.

Das Ziel: freie Kommunikation

Im Unterschied zu Kafkas Königsboten, der sich vergeblich um die Übermittlung seiner Botschaft müht, lebt das religiöse Wort davon, daß es, mit der alttestamentlichen Prophetie (Jes 55,10 f) gesprochen, nicht unverrichteter Dinge zu seinem Ursprung zurückkehrt, sondern seine Mission erfüllt. Das aber ist gleichbedeutend mit der Zielvorstellung, daß es ihm gelingt, alle Sprach- und Kommunikationsbarrieren, auch die ihm durch semantische Fehl- und Fremdbesetzungen erwachsenden, zu überwinden. In diesem Interesse könnten eine ganze Reihe von Strategien entwickelt und Techniken vorgeschlagen werden. Dem Gesetz, nach dem die religiöse Sprache antritt, ist es aber ungleich gemäßer, daß Motivationen angegeben und Impulse vermittelt werden. Denn die Überwindung geistiger Schwierigkeiten ist letztlich nicht eine Frage der Technik, sondern der Ethik. In diesem Interesse seien abschließend zwei besonders aktuelle Beweggründe genannt.

Der erste betrifft die *Unverzichtbarkeit des religiösen Worts für den öffentlichen Disput*. Dem stellt sich freilich eine schwer zu beseitigende Barriere in der Form entgegen, daß sich das innerkirchliche Defizit verhängnisvoll mit der Tabuisierung des Religiösen in der modernen Gesellschaft überlagert, die ungeachtet der Anzeichen, die auf eine Auflockerung schließen lassen, noch längst nicht überwunden ist. Denn noch immer

werfen die Verhältnisse ihre Schatten, die es im Gefolge des neuzeitlichen Säkularisierungsprozesses dahin brachten, daß das Christentum, um es im Anschluß an eine Wendung aus Gertrud von le Forts „Kranz der Engel" (1946) zu sagen, gerade für hochwertige Geister in den Anschein des „Unziemlichen" geriet. Wenn aber das Religiöse aus dem möglichen Themenbereich des öffentlichen wie des intimen Gesprächs ausgegrenzt wird, ist dessen innere Verödung die unausweichliche Folge.
Ein letzter Grund betrifft das *Schicksal der Theologie*. Nur im Gefolge einer Fehleinschätzung des theologischen Erkenntnisprozesses konnte die Meinung aufkommen, daß für sie die Rückbindung an die Weisungen des kirchlichen Lehramts und an die von ihm vermittelten Glaubensquellen genüge. So gesehen wäre die Theologie nichts weiter als der verlängerte Arm des Lehramts, aber nicht der „Ort", an dem sich der Glaube aller zu reflexivem Selbstverständnis erhebt. Wenn aber die zweite Alternative zutrifft, ist das Glaubensgespräch der Basis für die Theologie geradezu konstitutiv. Dann kann sich in ihr nichts lichten, was nicht in diesem Gespräch geahnt und angebahnt worden wäre. Von einer Stagnierung dieses Gesprächs wäre dann das Versiegen der entscheidenden Inspirationsquelle zu befürchten. Ohne wegweisende, Perspektiven eröffnende Impulse verfiele die theologische Arbeit dann, wie es gerade in Zeiten der Sprachverödung geschieht, in eine durch Wissenschaftlichkeit dürftig getarnte Repetition ihrer altbekannten „Standards".
Doch die Theologie steht zur Basis nicht in einem bloßen Abbildverhältnis; vielmehr wird dieses von einem responsorischen übergriffen. So sehr die Theologie das allgemeine Glaubensgespräch reflektiert, gibt sie ihm zugleich auch die entscheidenden Impulse. Dadurch antwortet sie auf das, was die lebendige Glaubensgemeinschaft von ihr erwartet. Als sich Bonhoeffer zu der Hoffnung bekannte, daß das Wort Gottes eines – unkalkulierbaren – Tages wieder mit weltverändernder Effizienz gesprochen werden könne, machte er sich zum Sprecher dieser Erwartung. Sie bildet das entscheidende Potential, das zur Überwindung der religiösen Sprachbarrieren verhilft. Denn diese sind letztlich eine Folge des stagnierenden Gesprächs, der herabgesetzten Erwartung, des müden Einverständnisses mit dem Bestehenden, der falschen Zufriedenheit mit dem bereits Erreichten. Wenn es im Bewußtsein der Gegenwartskirche aufgrund innerer und äußerer Anstöße wiederum dazu kommt, daß höhere Erwartungen in die Theologie gesetzt werden, ist bereits der Anfang mit der Überwindung der Sprach- und Kommunikationsbarrieren gemacht. Dann wird es der Theologie gelingen, dem aufhorchenden Kirchenvolk jenes „zündende Wort" zuzusprechen, das die brachliegenden Energien aktiviert und, wie in allen Augenblicken der Erneuerung, in einem neuen Leitgedanken zentriert. Die unmittelbarste Folge dessen aber wird das Erwachen einer neuen Gesprächsbereitschaft sein. Und aus ihr wird die Befähigung zu jenem Wort erwachsen, das sich in Freiheit äußert und dadurch überzeugender als mit jedem ausdrücklichen Bekenntnis für die befreiende Kraft des Christenglaubens spricht.

Wort und Schrift
Bemerkungen zu einer übersehenen Differenz

Medienkritischer Einstieg

Man braucht kein Prophet zu sein, um vorauszusehen, daß sich die Zukunft des Christentums an der Medienfrage entscheidet. Was wir fürchten müssen, sagte der amerikanische Medientheoretiker *Neil Postman* gegen Ende des Orwell-Jahres (1984), sind nicht diejenigen, die im Stil des „Big Brother" alles unter ihre offene Gewalt zu bringen suchen, sondern die geheimen Verführer, die mit den Mitteln der Einflüsterung und Überredung, also kaum merklich, dasselbe Ziel erreichen. Und er unterstreicht das mit der zeitkritischen Bemerkung, daß in letzter Hinsicht nicht so oft jene zu fürchten seien, die Bücher verbrennen, als vielmehr diejenigen, die den Menschen das Bücherlesen abgewöhnen, indem sie „die Wahrheit in einem Meer von Belanglosigkeiten untergehen" lassen.[1] Genauer besehen hat er damit schon einen Schritt zuviel getan; denn bevor das von ihm aufgeworfene Problem der verfallenden Schrift- und Lesekultur angegangen werden kann, wird man sich nach dem Grund der Sensibilisierung dafür umsehen müssen. Der aber liegt unzweifelhaft im Bereich der elektronischen Medien, deutlicher gesprochen, in den Anzeichen und Erfahrungen, die auf die Heraufkunft der totalen Medienwelt hinweisen. In diesem Zusammenhang warf *Marshall McLuhan* längst schon das desillusionierende Stichwort in die Debatte, das auch die bereits Abgestumpften davor bewahren sollte, die verändernde Rückwirkung der Medien auf die Botschaft zu übersehen: The Medium is the message.[2] Inzwischen hat es sich aber auch schon weitgehend im allgemeinen Bewußtsein durchgesetzt, daß die schlimmste der von den elektronischen Medien ausgehenden Illusionen darin besteht, daß sie die von ihnen vermittelten Erfahrungen als originäre „Primärerfahrungen" ausgeben. Denn unter diesem Anschein bleibt nicht nur verborgen, daß es sich, mit *Arnold Gehlen* gesprochen, tatsächlich um „Erfahrungen zweiter Hand" handelt, sondern auch die Art ihrer Vermittlung und der damit gegebenen Stilisierung.[3] Doch worin besteht diese? Wenn man sich die Herkunft der elektronischen Medien vor Augen führt, kann die erste und grundsätzliche Antwort nur lauten: in der Stilisierung der Botschaft zur Nachricht. Daraus erklärt sich dann auch schon zum Großteil die unwiderstehliche Faszination, die von den elektronischen Medien auf das heutige Bewußtsein ausgeht: sie kommen auf geradezu optimale Weise dem Wissensdurst und Informationsbedürfnis, man könnte auch sagen: der intellektuellen Neugierde des Menschen entgegen.[4] Die faszinierende Wirkung der Medien ist aber erst dann voll erklärt, wenn der zweite Stilisierungseffekt hinzugenommen wird, der mit dem ersten auf geradezu oszillierende Weise konkurriert. Was die Medien bieten – und das gilt für das Fernsehen noch weit mehr als für den Hörfunk –, wird aufgrund der „Aufbereitung" zum Konsumgut, oftmals geradezu zur Show. Nur so ist es zu erklären, daß der Durchschnittsbürger beim Anblick von Katastrophenbildern ungerührt sein Abendbrot verzehrt, während ihm doch schon das Originalerlebnis eines vergleichsweise glimpflich verlaufenden Verkehrsunfalls den Appetit auf Stunden hinaus verschlagen würde. Zusammenfassend könnte man sagen, daß durch die elektronischen Medien immer nur die Reproduktion der Wirklichkeit vermittelt wird: eine auf ihren Informations- und Unterhaltungswert reduzierte Welt. Im Maß, wie dieser Zusammenhang durchschaut wird, erhebt sich die Frage nach der Regie. Das aber ist die von Postman aufgeworfene Frage nach denen, die keine Bücher mehr zu verbrennen brauchen, weil sie den von ihnen manipulierten Menschen das Verlangen nach Büchern abgewöhnt haben. Seine Frage steht freilich schon längst im Raum; und sie wurde auch schon wiederholt durch die These von dem bevorstehenden Ende der Schriftkultur beantwortet. Es sei bereits absehbar. so meint diese These, daß neue Medien wie insbesondere der Bildschirmtext und seine Derivate die alte Lesekultur verdrängen, und daß demgemäß auch mit schweren Rückwirkungen auf das Verlagswesen und, radikaler noch, auf die literarische Kreativität zu rechnen sei.[5] Wenn aber das Buch das Vorzugsopfer der heraufkommenden Medienwelt ist, stellt sich eine ebenso unbequeme wie unabweisliche Zusatzfrage. Spielt sich hier nur ein Konkurrenzkampf ab oder am Ende gar ein Streit zwischen ungleichen Brüdern? Und das heißt: geht es in dem angesprochenen Verdrängungsprozeß nicht um die Auseinandersetzung zwischen zwei unterschiedlichen, im Grunde aber durchaus strukturverwandten Medien? Muß also, wenn dieser Existenzkampf verstanden werden soll, nicht zuerst einmal der Mediencharakter von Buch und Schrift bedacht werden?

Mit anderer Stimme

Die Frage stellt sich mit besonderer Dringlichkeit auf dem Sektor, auf welchem sie bisher kaum Gehör fand, obwohl sie sich immer schon geltend gemacht hatte: auf dem Sektor der biblischen Schriften. Denn ein offensichtlich kurzschlüssiges Inspirationsverständnis brachte es mit sich, daß man zwar Schriften in Händen hielt, dessen ungeachtet jedoch sorglos vom „Wort Gottes" redete.[6] Dabei hätte man sich noch nicht einmal an den schweren Vorwurf *Lessings* zu erinnern brauchen, wonach das neuzeitliche Christentum zunehmend unter die Herrschaft des „toten Buchstabens" geraten und dadurch zu einer Reproduktion seiner selbst herabgesunken sei, um zu einer differenzierten Betrachtung zu gelangen. Denn in diesem Sinn war bereits *Luther* mit seinem erstaunlichen Wort von dem „großen Abbruch" und dem „Gebrechen des Geistes" vorstellig geworden, die zu Abfassung der biblischen Bücher geführt hätten: eine seiner Meinung nach von den Zeitverhältnissen erzwungene Notlösung.[7] Und doch ist das kaum mehr als ein Rückverweis auf *Paulus*, der als erster des Medium des apostolischen Briefs in den Dienst sein Verkündigung stellte und dabei „Glanz und Elend" dieser Ersatzlösung an sich erfuhr. Ihren bewegendsten Ausdruck fand diese Erfahrung in dem Satz des Galaterbriefs:

Auf's neue leide ich um euch, meine Kinder, Geburtswehen, bis Christus bei euch Gestalt gewinnt. Ich wollte bei euch sein, um mit anderer Stimme zu euch reden zu können; denn euretwegen bin ich ganz ratlos (Gal 4,19f).[8]

Anders als sein Geisteserbe *Augustinus* hält er seine Briefe keineswegs für einen „Sermo absentium"; vielmehr weiß er es aus der Sensibilität des ersten christlichen Medienverwenders, welche Grenzen ihm durch diese vermittelte Selbstdarstellung gezogen sind. Fast fühlt man ihn an den Gitterstäben des von im selbst gewählten „Gefängnisses" rütteln, wenn er im Bewußtsein dieser Grenzen in den Wunsch ausbricht, bei seinen Adressaten sein zu können, um wieder so wie bei seinem ersten Auftreten „von Angesicht zu Angesicht" zu ihnen reden zu können. Denn im Unterschied zu seinen früheren und späteren Epigonen ist dem Apostel die Differenz zwischen mündlichem Wort und brieflicher Äußerung noch voll bewußt. Nur vom aktuell gesprochenen Wort kann er sich letztlich die Wirkung versprechen, von der er in geradezu paradoxer Ignorierung der Situation im Zweiten Korintherbrief redet:

Unser Mund hat sich für euch aufgetan, ihr Korinther, unser Herz ist weit geworden...! Laßt doch als Antwort – ich rede wie zu meinen Kindern – doch auch euer Herz weit aufgehen! (2Kor 6,11.13).[9]

Was den von seinem missionarischen Elan fortgerissenen Apostel für einen Augenblick vergessen läßt, blieb in seiner christlichen Nachwelt fast ausnahmslos vergessen und verdrängt: die Differenz von Wort und Schrift. Dabei kann und darf es aber nicht bleiben. Denn es besteht keinerlei Hoffnung, daß die Christenheit der Herausforderung durch die totale Medienwelt zu begegnen weiß, wenn sie sich nicht zuvor der Differenz bewußt wird, mit der sie schon immer rechnen mußte, und die ihr nun, in geradezu beängstigender Vergrößerung, in der modernen Medienszene entgegentritt. Doch gilt dieses Postulat nicht nur im Blick auf die anstehende Aufgabe, sondern durchaus auch in seinem „selbstkritischen" Gegensinn. Denn es ist zu fürchten, daß eine Theologie, die sich des Mediencharkters der biblischen Schriften nicht bewußt wird, auch nicht im Vollsinn um das göttliche und menschliche Wort und seine Bedeutung weiß. Auch hier bietet sich niemand so unmittelbar wie Paulus als Helfer zu einem differenzierten Bewußtsein an.

Geist und Buchstabe

Denn Paulus beweist seine Größe nicht zuletzt darin, daß er aus seiner Medienerfahrung theoretische Konsequenzen zog. Die von ihm erfahrene Grenze ließ ihn ein Spannungsfeld erkennen, das er mit seinem Theorem von „Geist und Buchstabe" auf den Begriff brachte.[10] Am nachhaltigsten geht Paulus im Zweiten Korintherbrief auf dieses Begriffspaar ein – die eng

verwandte Römerstelle (2,25–29) wirkt im Vergleich dazu fast wie eine
Reminiszenz –, wenn er die Größe des apostolischen Dienstes mit dem
bekenntnishaften Wort verdeutlicht:

*Er hat uns fähig gemacht, Diener des Neuen Bundes zu sein, nicht des
Buchstabens, sondern des Geistes. Denn der Buchstabe tötet, der Geist
aber macht lebendig (2Kor 2,6).*[11]

Dieses grundsätzliche Urteil hindert Paulus freilich nicht, im gleichen
Zusammenhang auch von der „Herrlichkeit" des in Stein gemeißelten
Buchstabens zu sprechen (2Kor 3,7), auch wenn er im selben Atemzug hinzufügt, daß er „zum Tod führt" (ebd.). Dazu kommt es, weil der Buchstabe
das in und mit ihm Gesagte „verhüllt", so wie Moses sein im Gottesglanz
erstrahlendes Antlitz vor den Israeliten verhüllen mußte. Und diese Hülle
sei „bis zum heutigen Tag" auf dem Wortlaut des Alten Bundes liegen
geblieben, so daß seinen unmittelbaren Adressaten, den Israeliten, nicht
ersichtlich geworden sei, von wem in den heiligen Schriften tatsächlich die
Rede war, und noch weniger, daß sie aus diesen Schriften das Antlitz Christi anblickte (2Kor 3,13ff). Dieser pessimistischen Feststellung schließt er
jedoch unverzüglich das große Hoffnungswort an:

*Bis heute liegt die Hülle auf ihrem Herzen, wenn Moses vorgelesen
wird; sobald sich aber einer (von ihnen) dem Herrn zuwendet, fällt die
Hülle ab. Denn der Herr ist der Geist, und wo der Geist des Herrn waltet, da ist Freiheit. Wir alle aber spiegeln mit enthülltem Antlitz die
Herrlichkeit des Herrn und werden so in sein eigenes Bild verwandelt,
von Klarheit zu Klarheit, wie es dem Geist des Herrn entspricht (2Kor
3,15–18).*

Die Tiefe der Differenz, die das Begriffspaar „Geist und Buchstabe" ausmißt, wird erst mit dem Gedanken erreicht, daß das, was der Buchstabe
ausdrückt und durch das Walten des Gottesgeistes freigelegt wird, jene
antlitzhaft verfaßte Wahrheit ist, mit der sich Paulus, grundlegend für sein
ganzes Denken und Wirken, in seiner Damaskusvision konfrontiert sah.
Seitdem bewegt ihn nach Art eines Grund- und Leitmotivs die Überzeugung, daß sich durch Leben, Tod und Auferstehung Jesu etwas Grundlegendes im Verhältnis zwischen Gott und der Menschheit änderte. So viele
Beweise seiner Erbarmung und Liebe Gott seinem Bundesvolk Israel auch
immer gab; jetzt erst, in der Lebens- und Leidensgeschichte seines Sohnes,
trat er aus seiner ewigen Verborgenheit definitiv hervor, um in Christus
sein heilstiftendes, befreiendes und erlösendes Wort zur Welt zu sprechen.
Seitdem ist der Menschheit die Tür zu einer neuen, durch keine Forschung
und Spekulation zu gewinnenden Wahrheit aufgestoßen. Es ist die Wahrheit, um die nur Gott weiß, weil er sie ist. Doch bleibt sie gleichzeitig so
sehr an die Gestalt des Mittlers gebunden. daß sie sich nirgendwo vollständiger als in seinem Antlitz enthüllt. Wer wissen will, was es um den „neuen

Gott" Jesu Christi ist, muß sich deshalb das Antlitz des Auferstandenen vor Augen halten, richtiger noch, sich von ihm erblicken lassen. In ihm scheint die ewig verborgene Gotteswahrheit sichtbar auf; in ihm teilt sie sich hörbar mit. Deshalb kann Paulus bei der authentischen Deutung seiner Damaskusvision von sich sagen, daß ihm in dieser Berufungsstunde das Geheimnis des Gottessohnes „ins Herz gesprochen" worden sei (Gal 1,15f).[12]

Am Anfang der paulinischen Heilsverkündigung steht somit eine Erfahrung, die man, paradox genug, als die eines vernehmenden Erblicktseins oder auch als einer antlitzhaften Selbstzusage beschreiben kann. Doch gerade damit werden im Begriff „Wort Gottes", sofern er sich auf das göttliche Offenbarungsereignis bezieht, ungeahnte Dimensionen sichtbar. Es ist ein Wort, das gleichzeitig die Qualität des Erblickens hat. Wer es hört, weiß sich gesehen. und der Sehende ist der, den die Jüngergemeinde aufgrund der im lebendigen Umgang mit ihm gewonnenen Erfahrungen das menschgewordene „Wort Gottes" nannte, weil sie sich durch den Umgang mit ihm in sein Gottesbewußtsein einbezogen und, rückläufig dazu, von Gott angesprochen wußte.[13] Kaum braucht dem hinzugefügt zu werden, daß das so verstandene Offenbarungswort das menschliche Gottesverhältnis auf eine neue Basis stellt. Es zieht seinen Hörer in eine seinshafte Zugehörigkeit zu dem ihn anredenden und anrufenden Gott. Und es bringt ihn im selben Atemzug auch schon in ein neues Verhältnis zu sich selbst. Was der Begriff der „Gotteskindschaft" ausdrückt, nimmt hier, im Vernehmen des Offenbahungswortes, bereits seinen Anfang. Und damit ist auch schon gesagt, daß das Hören des Offenbarungswortes mit einem Evidenzgewinn verbunden ist. Wer es vernimmt, ist „seiner Sache", die gleichzeitig die Sache Gottes und die seiner selber ist, auf eine vorher nicht erreichbare Weise gewiß. Auch das ist eine – ganz selbstverständliche – Frucht der im Hören dieses Worts gewonnenen Zugehörigkeit.

Chancen und Grenzen der Schriftlichkeit

Es genügt bereits, sich diese auffälligsten Implikationen des gesprochenen Wortes vor Augen zu führen, um der Differenz zwischen ihm und seinem schriftlichen Niederschlag ansichtig zu werden. Um diese genauer zu erfassen, ist es lediglich noch erforderlich, der mit ihr verbundenen Stilisierung nachzugehen. Denn mit der schriftlichen Fixierung verhält es sich im Prinzip nicht anders als mit der Rückwirkung der elektronischen Medien auf die von ihnen vermittelte Botschaft. Nur folgt sie anderen Strukturgesetzen, die bereits mit aller Deutlichkeit den mit „schreiben" gebildeten Komposita zu entnehmen sind. Derartige Bildungen sind etwa „aufschreiben", „beschreiben", „vorschreiben" und „zuschreiben". Um beim letzteren einzusetzen, so ist alle Schrift der Intention des Vorgangs zufolge „Zuschrift". Niemand schreibt im strengsten Sinn des Wortes für sich selbst; und selbst im Fall eines geheimgehaltenen Tagebuchs hat die Niederschrift die hypothetische Trennung zuwischen dem Ich als schreibendem Subjekt und als

Adressat dieser Niederschrift zur Voraussetzung. Insofern liegt jeder Schrift eine „zentrifugale" Tendenz zugrunde: weg vom schreibenden Subjekt und hin zum Empfänger der verschrifteten Mitteilung. Das verleiht dem Vorgang des Schreibens die ihm eigentümliche elliptische Grundform. Er folgt, wie der Ausdruck sagt, einer „kreisenden" Grundstruktur, die jedoch zwei Zentren, das schreibende Ich und den „angeschriebenen" Adressaten, umschließt.

Ungleich wichtiger sind jedoch die zunächst genannten Wortbildungen. Dabei erinnert das Kompositum „aufschreiben" daran, daß die Erfindung der Schrift ursächlich mit den raum-zeitlichen Gegebenheiten des Menschseins und ihren Folgen zu tun hat. Wir schreiben, um Raum und Zeit zu überwinden; im ersten Fall also zum Ziel, einen außerhalb des Radius unserer Stimme befindlichen Adressaten zu erreichen. Noch wichtiger ist die zeitüberwindende Tendenz der Schriftlichkeit. Was aufgeschrieben ist, ist eben damit „dokumentiert" und als Dokument dem kulturellen Gedächtnis „eingeschrieben". Insofern imitiert der Prozeß des Schreibens die im menschlichen Gehirn gespeicherten „Engramme", dies jedoch so, daß die Inhalte nunmehr im Gedächtnis des „objektiven Geistes" gespeichert sind. Verallgemeinernd könnte man sagen, daß alle Schrift um dieser Funktion willen „Chronik" ist.

Die entgegengesetzte Tendenz verfolgt der Vorgang in dem mit dem Kompositum „beschreiben" bezeichneten Fall. Dabei geht es nicht so sehr um die vergegenständlichende Imitation eines inneren Gehalts als vielmehr um die darstellende Reproduktion einer welthaften Gegebenheit. Schreibend bilden wir – zumindest im Regelfall – unsere Außen- und Umwelt ab. Das gilt auch dann, wenn es uns beim Schreiben weniger darum zu tun ist, die uns begegnenden und betreffenden Gegenstände darzustellen als vielmehr die von ihnen ausgehenden Eindrücke und Reize. Auf die grundlegende Bedeutung dieser „Schreibweise" macht erst die moderne Sprachforschung mit der Identifizierung des „narrativen" Erzählstils aufmerksam. Damit hob sie gleichzeitig hervor, daß die „beschreibende" Schreibweise eine besondere Nähe zur Mündlichkeit aufweist. Daraus mag es sich auch erklären, daß die vor allem von *Harald Weinrich* betriebene Forschung auf diesem Sektor stärker als jede andere von der Gegenwartstheologie, in erster Linie durch *Metz* und *Baudler*, rezipiert wurde.[14] Für den anstehenden Bestimmungsversuch schlägt diese Rezeption jedoch kaum zu Buch, da unter der Voraussetzung seiner besonderen Affinität zur Mündlichkeit der deskriptive Schreibstil am wenigsten Aufschluß über den Unterschied von Wort und Schrift zu geben vermag.

Um so mehr ist dies jedoch von jenem Schreibstil zu erwarten, der mit dem „Vorschrift-Charakter" der Schriftlichkeit zu tun hat. Daß er, zusammen mit dem von der Chronik verfolgten Interesse, für die Erfindung der Schrift bestimmend wurde, ergibt sich schon daraus, daß mit die ältesten Dokumente der Schriftlichkeit wie etwa der Codex Hammurabi oder der mosaische Dekalog Gesetzestexte bieten. Das steht auch Paulus vor Augen, wenn er das strenge Wort vom „tötenden Buchstaben" auf den

Wortlaut des alttestamentlichen Gesetzes bezieht.[15] Im Interesse der Strukturerhellung – wenn freilich auch im Bewußtsein der damit betriebenen Verallgemeinerung – könnte man wiederum sagen, daß alle Schrift von ihrer Grundtendenz her „Vorschrift" ist. Damit käme zum zweiten Mal ein soziales Element zum Vorschein. Denn wie sich die Schriftlichkeit an das kulturelle Gedächtnis der Menschheit wendet, steht sie angesichts ihres Vorschrift-Charakters im Dienst der Gesellschaftsordnung. Sofern sie die besondere Domäne der Grammatik ist, spiegelt sich in ihr – ungleich deutlicher als im mündlichen Wort – das Reglement der gesellschaftlichen Verhältnisse. In der strengen Über- und Unterordnung, der ein schriftliches Satzgebilde folgt, drückt sich, schon vor jedem strukturalistischen Vergleich, etwas von den Herrschaftsverhältnissen und hierarchischen Strukturen der gesellschaftlichen Lebensordnung aus.

Damit ist aber auch schon etwas über die Grenzen und die restriktiven Rückwirkungen der Schriftlichkeit gesagt. Im Einzelfall gehen die Chancen sogar so unmittelbar mit der Restriktion zusammen, daß mit der Vergünstigung zugleich der Nachteil bezeichnet ist. Das gilt vor allem von dem durch *Walter Wimmel* herausgestellten Prinzip der „Komparativität", mit dem gleichzeitig die dem Geist durch die Schriftlichkeit eröffnete Chance, nicht weniger aber auch die ihm durch sie angelegte Fessel angesprochen ist. [16] Denn mit der – nur durch die Schriftlichkeit gegebenen – Möglichkeit des extensiven Rückvergleichs ist auf der einen Seite der Grund für alles gelegt, was mit Geschichtsschreibung, Rechtswissenschaft, Literatur, Philosophie und Theologie zu tun hat, auf der anderen Seite ist aber gleichzeitig auch darauf abgehoben, in welch hohem Maß der auf diese Weise kreativ gewordene Geist an die auf dem Weg dazu entwickelten Gesetze und Normen zurückgebunden und, allgemeiner noch gesagt, von den Gewichten der Vergangenheit beschwert ist. Für das Christentum – wie für jede Schriftreligion – schlägt in diesem Zusammenhang vor allem aber die Tatsache zu Buch, daß die Schriftlichkeit nicht nur den Anstoß zu theologischem Denken gibt, sondern dieses Denken zugleich dem Systemzwang unterwirft, so daß es sich dem lebendigen Glauben gegenüber zu einer ihm eigengesetzlich gegenüberstehenden Größe fortentwickelt. Und selbst wenn man dies noch als echte Bereicherung gelten lassen könnte, so müssen doch die von Paulus beklagten Grenzen als echte Einschränkungen in Anschlag gebracht werden. Obwohl ihm sogar die Feinde zugestehen müssen, daß ihm in Form seiner Briefe ein Instrument von „wuchtiger" Fernwirkung zu Gebote steht (2Kor 10,10), denkt er nach Ausweis der Galaterstelle (4,20) in dieser Frage selbst ungleich skeptischer. Seinem Briefwort fehle gerade das, wovon er seine mündliche Verkündigung getragen und ausgezeichnet wußte: der mitreißende „Erweis des Geistes und der Kraft" (1Kor 2,4). Deshalb der brennende Wunsch, persönlich bei seinen Adressaten zu sein und ihnen „von Angesicht zu Angesicht" zureden zu können. Wenn man das auf den Begriff zu bringen sucht, wird man in erster Linie an die evidenz- und empirievermittelnde Effizienz des gesprochenen Wortes zu denken haben. Denn das dialogisch gesprochene Wort erschöpft sich nicht in seinem Mitteilungswert. Nicht der Veranlassung nach; denn schon das Mißverhältnis zwischen den von uns verwendeten Sprachzeichen und der Menge der tatsächlich gebotenen Mitteilungen zeigt, daß wir primär nicht aus informativem Interesse miteinander reden. Was uns veranlaßt, aus dem Elfenbeinturm unserer Individualität hervorzutreten und uns mit unserem Wort an den Gesprächspartner zu wenden, ist nicht unser Verlangen nach Wissen, sondern nach Gemeinschaft und Verbundenheit. Wir reden primär, um unsere Einsamkeit zu überwinden und, wenn auch nur für die Dauer des Gesprächs, Fühlung mit dem Mitmenschen zu gewinnen. Doch geht das dialogisch gesprochene Wort auch hinsichtlich seiner Wirkung nicht in dem von ihm geleisteten Informationstransfer auf. Wer spricht, vollzieht dabei einen Akt der „Bewußtseinsübertragung", indem er dem anderen zum Kontakt mit seinem Selbstverständnis und seiner Selbstgewißheit verhilft. Wenn irgendwo, liegt hier der Grund für den überragenden Wert, den Paulus – und mit ihm das ganze Neue Testament – dem Glaubens-Bekenntnis zumißt. Noch bevor er in der Schlüsselstelle des Römerbriefs auf die „Sache" des Glaubens zu sprechen kommt, hebt er deshalb die Bekenntnispflicht hervor:

Wenn du mit deinem Mund Jesus als den Herrn bekennst und in deinem Herzen glaubst, daß Gott ihn von den Toten erweckt hat, erlangst du das Heil. Denn mit dem Herzen glaubt man zur Gerechtigkeit, und mit dem Mund bekennt man zum Heil (Röm 10,9f).

Zweifellos hat der schriftliche Text dem mündlichen Wort vieles voraus, was sich mit den Begriffen Klarheit, Struktur, Übersichtlichkeit und Systematik freilich mehr andeuten als wirklich beschreiben läßt. Hier jedoch, auf dem Sektor der transinformativen Sprachleistungen, ist er dem mündlichen Wort gegenüber eindeutig im Rückstand. Keine noch so artifizielle Gestaltung kann das jemals kompensieren, was nur dem „von Angesicht zu Angesicht" gesprochenen Wort zu sagen möglich – und gegeben – ist. Der Text kann einleuchten; doch nur das Wort „überzeugt". Der Text kann belehren; doch nur das Wort beglückt und befreit. Der Text kann anregen; doch nur das Wort „bewegt". Der Text stiftet Kultur; doch nur das Wort schafft Leben. Doch was ergibt sich daraus für die Theologie?

Theologische Konsequenzen

Nichts wäre törichter als die – doch bereits reichlich naheliegende – Konsequenz, daß hinter die christliche Schriftkultur zurückgegangen und einem anarchischen Charismatikertum, um nicht zu sagen, einer „charismatischen Anarchie" das Wort geredet werden müsse, wie sie Paulus in den von ihm kritisierten Gruppen der Gemeinde von Korinth vor Augen hatte.[17] Denn das Christentum ist von seiner Grundbestimmung her zwar nicht primäre, aber doch sekundäre Schriftreligion und nur durch die schriftliche Dokumentation seiner Heilsbotschaft in seiner Identität gesichert. Dagegen kommt auch der Gedanke nicht auf, daß Jesus weder selber geschrieben noch Anstöße zur schriftlichen Fixierung seiner Lehre gegeben hat.[18] Denn wenn er auch nicht als Initiator der Verschriftlichung gelten kann, zeigt ihn doch eine der suggestivsten Szenen des Evangeliums in der Rolle des Lesers, der die – freilich alttestamentliche – „Schrift" benutzt und damit voraussetzt. Es handelt sich um die lukanische Perikope von seinem ersten und einzigen Auftreten im heimatlichen Nazaret, die ihn als den authentischen Rezipienten des biblischen Schriftwortes beschreibt, jedoch mit dem Bericht von einem völligen und bereits auf die Passion vorausweisenden Fehlschlag endet.[19] Nie wurde ein Schriftwort – es handelt sich um die jesajanische Ankündigung der geistgewirkten Heilstätigkeit des Messias (Jes 61,1f) – gültiger gedeutet als mit dem Kommentar, den Jesus mit dem Zeugnis gibt: „Heute ist dieses Schriftwort vor eueren Ohren in Erfüllung gegangen!" (Lk 4,21). Nie aber schlug die damit eröffnete Chance auch so radikal in ihr Gegenteil um wie hier. Als Jesus gar noch seinen zunächst betroffenen, dann verbitterten Zuhörern die aufgestauten Einwände aus dem Mund nimmt, bricht der offene Widerstand gegen ihn aus:

> *Als sie das hörten, gerieten alle in der Synagoge in Wut. Sie erhoben sich und stießen ihn zur Stadt hinaus. Und sie drängten ihn bis an den Abhang des Berges, auf dem ihre Stadt erbaut war, um ihn hinabzustürzen. Er aber schritt mitten durch sie hindurch und ging weg (Lk 4,28ff).*

Mit diesem tragischen Ausgang weist die Perikope, sofern sie von einem böswilligen Mißverständnis handelt, wenigstens mittelbar auf jene Szene des Buchs Jeremia zurück, die ihrerseits beziehungsreich von der Passion eines Buches handelt. Die Rede ist von der Beschlagnahmung der Schriftrolle mit den Drohweissagungen des Propheten durch König Jojakim, der sich das Buch zunächst vorlesen läßt, um es dann, abschnittsweise, in das Kohlenfeuer vor ihm zu werfen (Jer 36,9–32). Im vorliegenden Kontext läßt diese Szene aber nicht nur an die lange Serie der Bücherverbrennungen denken, sondern nicht weniger auch an die „innere Passion", die das frei gesprochene Wort durch den Akt seiner Verschriftung erleidet. Denn bei aller Straffung und Präzisierung, die das Wort bei seiner Niederschrift erfährt, wird es zugleich auch ganz unvermeidlich den restriktiven Bedingungen der Schriftlichkeit unterworfen. Davon macht auch das Offenbarungswort keine Ausnahme. Sofern die dem Wort durch die Niederschrift auferlegte Straffung stets auch einer „Verknappung" gleichkommt – ein Tatbestand, der besonders bei der meist resümierenden Wiedergabe der Gleichnisreden Jesu in die Augen springt –, steht zur Verdeutlichung dessen auch eine schon in der Frühpatristik aufgekommene Kategorie bereit. Im Blick auf die Selbstentäußerung, die das ewige Wort im Akt seiner Menschwerdung auf sich nahm, sprachen die Väter von der „Abbreviatur" des menschgewordenen Gotteswortes. Selbstverständlich muß dieser Effekt auch dort in Rechnung gestellt werden, wo, wie es neuerdings durch

Paul-Gerhard Müller geschieht, der Versuch unternommen wird, der „Versprachlichung des Jesusphänomens" und der genuinen Heilsbotschaft auf die Spur zu kommen.[20] Dabei darf nicht übersehen werden, daß damit lediglich das „extensive" Defizit in Betracht gezogen ist, nicht aber jene Minderung, die das eingangs angesprochene „Sprachvolumen" betrifft. Denn in der Schriftlichkeit kommt, wie erinnerlich, all das nur bedingt zum Zug, was die dialogische Mitteilung oft mehr als ihr Informationswert bestimmt.

Die Konsequenzen ergeben sich daraus fast von selbst. Sie seien in diesem Zusammenhang lediglich in zwei Richtungen durchgezogen: einmal im Blick auf die private Text-Rezeption, sodann im Blick auf die liturgische Umsetzung des Schriftworts in Gestalt der Predigt. Was zunächst die private Rezeption anlangt, so läuft die Konsequenz auf das Postulat einer neuen „Lesekultur" hinaus. Der Anfang dazu kann nur in einem entschiedenen Bruch mit dem von langer Hand eingespielten durchschnittlichen Leseverhalten bestehen. Denn der an Zeitungs- und Zeitschriftenkonsum gewöhnte Leser, dem schon bei einer „diagonalen" Lektüre kaum etwas Wesentliches entgeht, ist aufgrund dieser Gewöhnung außerstande, die Inhalte eines Paulustextes aufzunehmen, weil in ihnen oft Wichtiges und Wichtigstes in Nebensätzen gesagt ist.[21] Ihre Mitte aber hat die geforderte Lesekultur zweifellos in dem insistenten Bemühen des Rezipienten, die Restriktionen des Verschriftungsprozesses, soviel an ihm liegt, rückgängig zu machen. Wenn die Verschriftung eine metaphorische „Passion des Wortes" genannt werden konnte, wird sich der Leser somit darauf konzentrieren müssen, das Wort in seiner Fülle wiederherzustellen und es so in sich „auferstehen" zu lassen. Ihre Spitze erreicht die geforderte Lesekultur jedoch erst in dem Versuch des Rezipienten, „zwischen den Zeilen" der biblischen Texte zu lesen und so den Ausblendungen des kursorischen Leseverhaltens zu entgehen.[22] Das aber ist gleichbedeutend mit dem Bemühen, sich auf den seiner Botschaft zugrundeliegenden Akt der Selbstmitteilung Jesu einzustimmen und ihn als Orientierung, Regulativ und „Lesehilfe" zu nutzen.

Von hier aus ergibt sich dann eine ebenso plausible wie umstürzende Deutung der Predigt. Wurde sie im traditionellen Verständnis hauptsächlich als orientierende und stabilisierende „Auslegung" des Schriftworts verstanden, so legt sich nunmehr eine dazu gegensinnige Auffassung nahe, die in ihr die „Rückübersetzung" des Ausgangstextes erblickt.[23] Selbsversändlich kann es sich bei diesem Akt nicht darum handeln, die originäre Sprachform Jesu tendenziell wiederherzustellen. Sie gehört wie alles, was mit der äußeren Faktizität seiner Erscheinung zu tun hatte, unwiderruflich der Vergangenheit an. Wohl aber ist es darum zu tun, dem Schrifttext die volle Kompetenz der Mündlichkeit zurückzuerstatten. Wie sich das konkret ausnimmt, wurde von der Literatur der Gegenwart schon wiederholt veranschaulicht. So findet sich bei *Gertrud von le Fort* eine Stelle, die sich wie die Umsetzung des Schlußworts der johanneischen Abschiesreden in die Gegenwartssprache ausnimmt. Dort heißt es, zumindest nach der Luther-

Übersetzung: „In der Welt habt ihr Angst; doch habt Vertrauen, ich habe die Welt überwunden!" (Joh 16,33) In der dichterischen Umsetzung erhält dieser Satz folgenden Wortlaut:

> *Furcht ist ein großes Kapitel; wir haben uns alle nicht genug gefürchtet! Eine Gesellschaft soll sich fürchten, ein Staat soll sich fürchten, eine Regierung soll zittern: Zittern ist Kraft!*[24]

Ein erstaunliches Gegenstück dazu findet sich in dem „für Atheisten" verfaßten Jesusbuch von *Milan Machovec*, der sich zum Ziel setzte, die markinische „Kurzformel" vom Beginn der Reich-Gottes-Verkündigung Jesu (Mk 1,15) in eine auf die Verfassung des heutigen Menschen abgestimmte Gegenwartssprache zu übersetzen. In einem ersten Schritt behält er den neutestamentlichen Wortlaut weitgehend bei; demgemäß lautet seine Version:

> *Die Stunde ist gekommen! Gottes Herrschaft bricht an! Ändert euch! Verlaßt euch auf mein Wort!*

In einem zweiten radikaleren Schritt stößt er das biblische Sprachgewand dann aber völlig ab, um mit dem Bedürfnis des heutigen Menschen vollständiger gleichzuziehen. Jetzt lautet seine Neufassung:

> *„Lebt anspruchsvoll, denn vollkommene Menschlichkeit ist möglich.*[25]

Keiner dieser Modellversuche erhebt den Anspruch, das Ziel der Rückübersetzung auch nur annähernd erreicht zu haben. Angesichts des Wagnisses, auf das sich diese „Sprachversuche" einlassen, ist aber die von ihnen ausgehende Ermutigung kaum hoch genug zu veranschlagen. Daß sich diese Versuche durchaus in keinem Neuland bewegen, zeigt die Forderung, die *Romano Guardini* im Geleitwort seiner Schrift „Vom lebendigen Gott" an seine Leser richtete. Da seine Erwägungen aus Akten lebendiger Verbundenheit hervorgegangen seien, müsse er sich fragen, ob es denn überhaupt möglich sei, derartige Worte zu Papier zu bringen, oder ob bei ihrer Verschriftung nicht ihr Eigenleben zerstört werde. Aus dieser Selbstbefragung zieht er dann jedoch die erstaunliche Folgerung:

> *So wird denn diesen Ansprachen nur der ihr Recht geben, der willig und fähig ist, sie vom Papier wegzuheben und wieder zum lebendigen Wort werden zu lassen. Gesprochen gerade zu ihm, so daß er sich persönlich gemeint weiß... So zu tun, ist nicht immer leicht. Wir sind das Papier gewöhnt und die kalten, nur vermittelnden Zeichen. Wir sind gewöhnt, im flüchtigen Dahingleiten Gedanken und Bilder aufzunehmen, unpersönlich und von irgendwoher kommend. Es bedarf schon einer besonderen Bemühung, nicht geschriebene, sondern gesprochene Rede als solche zu vernehmen und aus einem Leser zum Hörer zu werden.*[26]

Treffender könnte der Brückenschlag, der über die Differenz von Wort und Schrift hinwegträgt, kaum umschrieben werden. Wenn diese Differenz, unbeachtet und unausgetragen, die religiöse Besinnung und Verkündigung nicht ständig behindern soll, muß das bisherige Leseverhalten in dem von Guardini geforderten Sinn revidiert werden. In stets neuem Anlauf muß sich die oberflächliche Rezeption des Lesens in die insistente des intentionalen „Hörens" verwandeln. Dann – und nur dann – ist auch die Voraussetzung dafür geschaffen, daß dem Schriftwort in Akten der Rückübersetzung wieder zur vollen Kompetenz seines aktuellen Gesprochenseins verholfen wird.

Die beengende Pforte
Chancen und Gefahren des Glaubens im Medienzeitalter

Die glaubensgeschichtliche Wende

Wenn man in Erinnerung an *Alexander Rüstows* ‚Ortsbestimmung der Gegenwart' den Versuch einer ‚Ortsbestimmung des Glaubens' unternimmt, kommt man, auch bei voller Gewichtung aller kritischen Erscheinungsformen und bedenklichen Tendenzen, schließlich doch zur Überzeugung, daß die Gegenwart durch eine glaubensgeschichtliche Wende erster Ordnung gekennzeichnet ist. Daran ändert auch die strenge Diagnose *Karl Rahners* nichts, daß sich die Gegenwartskirche in einem Zustand winterlicher Erstarrung befinde. Denn unter der Decke der vielfach stagnierenden Verhältnisse geriet eben doch in Dingen des Glaubens soviel in Bewegung, daß das Wort von der glaubensgeschichtlichen Wende nicht zu hoch gegriffen ist. Sie hat sowohl die Struktur wie die Thematik des Glaubens erfaßt und läßt sich in beiden Hinsichten belegen.

Was zunächst die Struktur betrifft, so lief der Vorwurf *Martin Bubers*, daß der Christenglaube, besonders in seiner katholischen Ausprägung, ein ausgesprochener Satz-Glaube sei, insofern offene Türen ein, als eine deutliche Verschiebung vom Glaubensgehalt (der fides quae creditur) zum Glaubensakt (der fides qua creditur) eintrat und als in der Frage des Glaubensvollzugs eindeutig das Erfahrungsmoment in den Vordergrund trat.[1] Doch damit war nur ein Anfang gemacht. Denn gleichzeitig rückte das gegenwärtige Glaubensbewußtsein, vermutlich unter dem Eindruck der bis in die religiöse Sphäre vordringenden Autoritätskrise, vom traditionellen Modell des Gehorsamsglaubens ab. Während Rahner deutlich machte, daß sich die Gottesoffenbarung, auf die sich das Christentum als Offenbarungsreligion zentral bezieht, weniger auf Informationen über Weltbeginn und Weltende oder über Himmel und Hölle als vielmehr auf das bezieht, was für den Menschen im Interesse seiner Sinnfrage zu wissen unerläßlich ist, nämlich auf das Geheimnis Gottes, so daß Gottes Offenbarung von ihrem Wesen her als ‚Selbstoffenbarung' verstanden werden muß, setzte sich gleichzeitig die Erkenntnis durch, daß die sie verbürgende Autorität nicht die Oberhoheit dessen ist, der über eine unendliche Machtposition verfügt, sondern die Überlegenheit dessen, der dem Menschen das denkbar Wichtigste zu sagen hat: sich selbst![2] Damit aber waren bereits die Voraussetzungen für eine neue Modellvorstellung gegeben, die den Glauben als die menschliche Zustimmung zu diesem Offenbarungsereignis und damit als ein ‚Gott verstehen' deutete.[3]

Fast gleichzeitig mit dieser strukturellen Umschichtung vollzog sich aber auch eine entscheidende Verlagerung des thematischen Schwerpunkts. Zu seiner Verdeutlichung braucht man sich nur an das Stichwort zu erinnern, das *Romano Guardini* der geschlagen und orientierungslos aus dem Ersten Weltkrieg zurückgekehrten Jugend zugerufen hatte und mit dem er ihr auf Jahrzehnte hinaus zu ihrer religiösen Identifikation verhalf: „Die Kirche erwacht in den Seelen!"⁴ Was damals wirksame Identifikationshilfe war, ist heute zum häufigsten Anlaß religiöser Konflikte geworden, wie sie sich etwa in der Rede von der ‚Teilidentifikation' vieler mit ihrer Kirche oder in dem Slogan ‚Jesus ja – Kirche nein' bekunden. Damit ist nun aber auch schon der neue Schwerpunkt angesprochen. Von den institutionalisierten Kirchen zunächst fast unbemerkt, vollzog sich seit Beginn der siebziger Jahre, also in erstaunlicher Korrespondenz zur Studentenrevolte, von der religiösen Randszene Nordamerikas her eine geradezu enthusiastische Neuentdeckung Jesu, die, weil sie an das Szenarium der biblischen Ostergeschichten erinnert, am zutreffendsten als seine ‚Auferstehung im Glaubensbewußtsein der Gegenwart' bezeichnet werden kann.⁵ Daß es sich dabei um mehr als nur eine Wiederentdeckung handelt, ergibt sich schon daraus, daß sich an diesem ‚Disput um Jesus' (Kern) nicht nur Christen aller Konfessionen, sondern auch Philosophen und Atheisten. Literaten und Regisseure und, erstmals in der ganzen Christentumsgeschichte, auch jüdische Gelehrte beteiligten.

Wenn von der Bewegung der ‚Jesus people' heute auch nicht mehr die Rede und die Welle der Jesus-Literatur in deutlichem Abebben begriffen ist, spricht doch schon die Tatsache, daß die etablierte Theologie bisher lediglich mit dem Entwurf von kontrastierenden Modellen, einer beim traditionellen Dogma ansetzenden ‚Christologie von oben' und einer vom gesellschaftskritischen Verhalten Jesu ausgehenden ‚Christologie von unten', reagierte, dafür, daß von einem ‚Abschluß der Debatte' nicht von ferne gesprochen werden kann. Ein sensibler Beobachter der Szene könnte eher den Eindruck gewinnen, daß das Glaubensgespräch um Jesus erst in seiner Anfangsphase steht. Doch bestätigt schon das, was bisher geschah, daß das Wort von einer glaubensgeschichtlichen Wende nicht zu hoch gegriffen ist.

Der gestörte Kommunikationsraum

Wie jede Wende stößt auch diese auf Hemmnisse, die vor allem den religiösen Kommunikationsraum betreffen, und dies gerade dort, wo er sich auf eine bisher ungeahnte – oder doch allenfalls in Märchen wie in dem von den eingefrorenen Tönen erträumten – Weise zu öffnen schien. Die Rede ist von seiner Öffnung durch die modernen Medien. Um deren Rolle jedoch genauer bestimmen zu können, tut man gut daran, auch auf die übrigen ‚Störfaktoren' im religiösen Kommunikationsraum zu achten.

Einer der wichtigsten wurde durch den ‚Fall Küng' ins Bewußtsein einer breiten und keineswegs nur christlichen Öffentlichkeit gerückt. Zwar verlief die Debatte, die um seine teilweise überspitzten, teilweise auch defizitären Positionen entbrannte, keineswegs so hitzig wie bei vergleichbaren Anlässen in altchristlicher Zeit, als sich ein heidnischer Beobachter der Szene, der Rhetor Kelsos, zu dem Urteil veranlaßt sah: „Sie greifen sich gegenseitig mit so schlimmen Lästerungen an, daß sie sich kaum wiedergeben lassen; und sie dürften sich wohl auch um des Friedens willen nicht die geringsten Zugeständnisse machen, da sie sich zutiefst verabscheuen."[6] Vergleichbar ist der angesprochene Fall mit den großen ‚Streitfällen' aus der Frühgeschichte der Kirche jedoch hinsichtlich seiner Folgen. Denn noch immer trat, nach dem hohen Wogengang der Kontroversen, eine lähmende Windstille ein, die den religiösen Disput wenigstens zeitweise zum Erliegen brachte; noch immer waren Stagnation und Verödung die Folgen der Polemik. Und zweifellos hängt es, wenn sicher auch nicht ausschließlich, mit den Nachwirkungen des Streits um Küng zusammen, daß sich *Karl Rahner* kurz vor seinem Tod zu dem schmerzlichen Wort von der „winterlichen Kirche" veranlaßt sah. Das aber heißt, daß unter den die religiöse Kommunikation behindernden Störfaktoren an erster Stelle die Polemik genannt werden muß, und dies auch aus der grundsätzlichen Erwägung, daß die christliche Sache, die von ihrer innersten Sinnbestimmung her die Sache der Liebe ist, unvermeidlich auf der Strecke bleiben muß, wenn der Versuch unternommen wird, sie mit den ihr wesensfremden Mitteln polemischer Auseinandersetzung zur Geltung zu bringen.

Weniger auffällig, deshalb aber nicht weniger wirksam, ist der verzögerte Gang der theologischen Rezeption. Während es im literarischen Bereich immer wieder dazu kommt, daß Autoren vorschnell zu Ruhm und Ansehen gelangen, so daß sie unter einen für die Ausbildung ihres Talents tödlichen Erwartungsdruck von seiten der Öffentlichkeit geraten und schließlich an ihrem vorzeitigen Ruhm buchstäblich zugrunde gehen, ist im Raum des religiösen Bewußtseins das genaue Gegenteil zu verzeichnen. Eklatantes Beispiel dafür ist *Hans Urs von Balthasar,* der im Lauf der letzten Jahrzehnte ein Werk von stupendem Ausmaß auftürmte, überragt wie von einem steil ansteigenden Felsmassiv von der monumentalen Trilogie in Gestalt der ‚Herrlichkeit', der ‚Theodramatik' und der ‚Theologik', ohne daß er bisher auf eine wirklich nennenswerte Weise beachtet und ins Gespräch gezogen worden wäre.[7]

Indessen ist das nur die Spitze des ‚Eisbergs' von unaufgenommenen Anregungen, unaufgerufenen Impulsen und ungenutzten Energien im träge dahinfließenden Strom des theologischen Disputs der Gegenwart. Gerechtfertigt wird dieser stagnierende Gesprächsgang auch nicht durch die Tatsache, daß eine Offenbarungsreligion von Haus aus eine Art ‚natürliche' Skepsis gegen alles entwickelt, was auch nur den Anschein einer Neuerung hat. Denn schon eine flüchtige Motivanalyse ergibt, daß die mangelnde Rezeptionsbereitschaft heute weit weniger mit der Sorge um die Identität der christlichen Sache, weit mehr jedoch mit der Angst des gegenwärtigen Menschen vor jeder Art von Veränderung zu tun hat. Das aber gibt der stagnierenden Rezeption, wie sie im Erscheinungsbild der Gegenwart zu beobachten ist, eindeutig ein pathologisches Gepräge.

Mit der spezifischen Struktur des christlichen Kommunikationsfeldes hat dagegen das zu tun, was man seine ‚einseitige Kanalisierung', also die Privilegierung des Informationsstroms von oben nach unten, nennen könnte. Denn es hängt nun tatsächlich mit dem Wesen des Christentums als Offenbarungsreligion zusammen, daß in seinem Gesprächsraum primär die für die Bewahrung dieser zugesprochenen Wahrheit eingesetzte Instanz ‚das Sagen hat', während die Basis des Kirchenvolks zunächst einmal in die Rolle eines ‚Auditoriums' verwiesen ist. Da sich dieses ‚Hören' aber unverzüglich in den Akt des Glaubens umsetzt, dem zumindest nach seinem paulinischen Verständnis vor allem die Bekenntnispflicht eingestiftet ist, geht von diesem ‚gläubigen Vernehmen' immer schon der Impuls zu responsorischen Äußerungen aus. Für die Theologie aber ist das insofern lebenswichtig, als sie sich keineswegs als das Sprachrohr des Lehramts, sondern als die Spiegelung des in der ganzen Kirche, also auch in ihrer Basis lebendigen Glaubens verstehen muß. Sosehr sie an die Direktive des Lehramts gebunden ist, kann sich daher letztlich nichts in ihr ausgestalten, was nicht auch vom Glauben der Basis getragen wäre. Ein Verstummen der Basis muß sich daher lähmend auf Konzeption und Ausgestaltung des theologischen Gedankens auswirken.

Daß heute eine Störung dieser Art vorliegt, ergibt sich schon daraus, daß sich die kirchliche Basis vielfach auf aggressive Weise, durch Resolutionen von ‚Basisgruppen' und gezielte Gegenaktionen nach Art der ‚Kirchentage von unten', Gehör zu schaffen versucht. Die Gefahr ist groß, daß es dabei gerade nicht zu einem Gespräch, sondern zu einem institutionalisierten ‚Aneinander-Vorbeireden' kommt. Dann aber wäre es hohe Zeit, den kirchlichen Kommunikationsraum so zu strukturieren, daß der Kanalisierung von oben nach unten eine gegenläufige entspricht, durch die sich das Kirchenvolk responsorisch und initiatorisch zu äußern vermag.

In diesem Zusammenhang muß aber insbesondere die Barriere erörtert werden, die durch eine chronische Unterbewertung der Medien zustande kam. Nachdem die Reformation die durch den Buchdruck gebotenen Publikationsmöglichkeiten optimal zu nutzen und gegen die alte Kirche auszuspielen verstand, scheint diese einer tiefsitzenden Skepsis gegenüber den modernen Medien verfallen zu sein, die sich insbesondere auch in ihrem Umgang mit den elektronischen Medien bemerkbar macht, und dies selbst dort, wo echte Initiativen zu ihrer Nutzung gestartet werden. Das zeigt sich nicht nur in dem ebenso verständlichen wie bedenklichen Unbehagen, das kirchliche Stellen gegenüber der in Amerika entstandenen ‚electronic Church' bekunden; vielmehr zeigte es sich früher schon an ihrer Reaktion auf das große Sterben christlich orientierter Publikationsorgane wie ‚Wort und Wahrheit', ‚Hochland' und ‚Publik'. Sofern überhaupt eine Reaktion zu verzeichnen war, bewegte sie sich zwischen Gelassenheit und Erleichterung, ohne daß gleichzeitig auch der ungeheure Verlust angesprochen worden wäre, den dieses bestürzende Verstummen unweigerlich nach sich zog. Was aber die elektronischen Medien anlangt, so zeigt sich das Defizit nicht nur in ihrer offensichtlich immer noch unzureichenden Einschätzung, sondern vor allem auch darin, daß ihrer Struktur und Wirkungsweise noch viel zuwenig Beachtung geschenkt wurde, so daß die Frage nach ihrer möglichen Rückwirkung auf die vermittelte Botschaft noch nicht wirklich ins Bewußtsein drang.

Macht und Effizienz der Medien

Von der ungeheuren Macht der Medien vermittelt ein Ereignis vom Frühsommer 1984 einen Eindruck, das nicht nur stärkeres Aufsehen erregte, sondern auch heftige Diskussionen nach sich zog. Der bekannte Medizinkritiker *Hackethal* hatte nicht nur einer an einem unheilbaren und insbesondere auch ihr Gesicht entstellenden Krebsleiden erkrankten Patientin eine Dosis Zyankali verschafft und dadurch ‚aktive Sterbehilfe' geleistet, sondern auch Vorkehrungen getroffen, daß von der letzten Konsultation eine Videoaufzeichnung angefertigt wurde. Wie die Reaktion der Öffentlichkeit zeigte, hatte sich dadurch der ‚soziale Stellenwert' seines Verhaltens signifikant verändert. Was im Normalfall entweder der Öffentlichkeit ganz verschwiegen oder, im Fall einer nachträglichen Publikation, allenfalls in Fachkreisen diskutiert worden wäre, wurde zu einem spektakulären ‚Medienereignis' und damit zu einer Anfrage an die gesamte Öffentlichkeit, ob sie aktive Sterbehilfe als ärztliche Dienstleistung akzeptiere oder in Erinnerung an den hippokratischen Eid als gravierende Verletzung des ärztlichen Berufsethos bewerte. Ohne daß die Natur der Handlung durch die mediale Publikation verändert worden wäre, gewann sie durch die Medien doch eine völlig neue Qualität.

Was diese Art der Veröffentlichung unberührt ließ – die Natur des Sachverhalts –, rückt nun aber im Fall der kerygmatischen Medienverwendung ins Zentrum des Interesses. Denn in diesem Fall handelt es sich eben nicht nur um die an eine breite Öffentlichkeit herangetragene Information über einen Sachverhalt, sondern um die Übertragung und möglichst breiträumige Veröffentlichung einer Botschaft.

Daß in diesem Zusammenhang Probleme auftreten, ergibt sich schon aus der Tatsache, daß am Ziel einer elektronischen Übertragung die Rückverwandlung von elektrischen Impulsen in akustische und im Ergebnis dessen immer nur eine Reproduktion dessen entsteht, was im Sprechakt mitgeteilt worden ist. Zwar bringt es die moderne Radiotechnik zu einem solchen Grad der Perfektionierung, daß sich der Normalverbraucher in der Regel über den Reproduktionscharakter des Resultats hinwegtäuscht. Sensible Beobachter der Medienszene wie der Dirigent *Sergiu Celibidache* machten aber schon vor Jahren auf den fundamentalen Unterschied zwischen einer Originalaufführung und deren Aufzeichnung auf Schallplatte oder Kassette aufmerksam. Dabei wiederholte er nur, was Jahrzehnte zuvor schon *Walter Benjamin* in seinem Essay über das „Kunstwerk im Zeitalter seiner technischen Reproduzierbarkeit" (von 1934/35) ausgesprochen hatte. Danach erleidet das Kunstwerk ungeachtet der Tatsache, daß es immer schon Gegenstand der Vervielfältigung und Nachahmung war, in der massenhaften Verbreitung durch die modernen Reproduktionsverfahren das, was er den ‚Verfall der Aura' nennt.[8]. Zum Gegenstand einer massenhaften Verbreitung geworden, so meint Benjamin, verliere das Kunstwerk seinen Kultwert, so daß nun an die Stelle seiner „Fundierung aufs Ritual" die seiner „Fundierung auf Politik" trete.[9] Aus seinem ursprünglichen Kontext gelöst, gerate es so in die Verfügungsgewalt der Öffentlichkeit und der sie kontrollierenden und manipulierenden Mächte. Doch verkennt Benjamin keineswegs, daß sich mit dieser Entwicklung auch die Möglichkeiten einer neuen ‚Bildverwendung' ergeben. In diesem Zusammenhang zitiert er *Paul Valéry* mit dem Satz: „Wie Wasser, Gas und elektrischer Strom von weither auf einen fast unmerklichen Handgriff hin in unsere Wohnungen kommen, um uns zu bedienen, so werden wir mit Bildern oder mit Tonfolgen versehen werden, die sich, auf einen kleinen Griff, fast ein Zeichen hin einstellen und uns ebenso wieder verlassen."[10] Im Grunde ist damit schon die Möglichkeit angedeutet, die Bilder im Rhythmus der Sprachzeichen aufeinanderfolgen zu lassen: die Möglichkeit des Tonfilms, der mittlerweile durch das Fernsehen zu einem die gegenwärtige Lebenswelt beherrschenden Faktor erster Ordnung geworden ist. Um den Wirkungen der modernen Medien auf die Spur zu kommen, ist es ratsam, sich über diese ‚synchrone Illustration' der sprachlichen Mitteilung Gedanken zu machen. Im Licht einer sprachlichen Strukturanalyse gesehen, geschieht hier eine Duplizierung dessen, was mit der Bildhaftigkeit eines jeden Wortes ohnehin schon gegeben ist.[11] Die Frage ist nur, wie sich diese Duplizierung auf das Rezeptionsverhalten auswirkt und wie sich darauf auch schon die Aufbereitung der Inhalte abstimmt.

Vom Kult- zum Konsumwert

Die Duplizierung des Bildmoments hat zweifellos eine Steigerung der Passivität des Rezipienten im Gefolge. Nicht nur, daß er von der aktiven Rekonstruktion des sprachlichen Bildmomentes abgehalten wird; vielmehr sieht er sich auch wie sonst nirgendwo der Suggestivität der auf ihn einstürmenden Bilder und Bildsequenzen ausgesetzt. Das bestärkt ihn in seinem Konsumverhalten, auf das er sich als Film- oder Fernsehzuschauer ohnehin schon eingestellt hat. Weil sich daran nun aber auch die bei der Filmbranche wie bei den Fernsehanstalten gleicherweise als höchstes Kriterium geltende Besucher- und Einschaltquote bemißt, wird der Konsumwert rückläufig auch zum obersten Gesetz, an dem sich die Produzenten bemessen. Selbst wenn sie politische und propagandistische Zwecke verfolgen, erreichen sie dies nur, wenn sie ihren Gegenstand zum Unterhaltungsobjekt stilisieren.

Davon macht auch der ‚Dokumentarfilm' keine Ausnahme. Auch seine Herstellung verfolgt, reflex oder unbewußt, das Ziel, der auf ‚Unterhaltungskonsum' ausgerichteten Erwartungshaltung des Rezipienten nach Möglichkeit entgegenzukommen. Sogar die Nachrichtensendungen des Fernsehens unterstehen demselben Gestaltungszwang. Sie werden von den Zuschauern sofort als langweilig abgetan, wenn sie seiner auf Abwechslung und Reizüberhäufung ausgerichteten Neugierde nicht entsprechen. Kulturelle Informationen oder gar Mitteilungen aus dem Bereich des Geisteslebens ziehen dabei automatisch den kürzeren. Um so wirksamer sind dagegen Mitteilungen aus dem Bereich der menschlichen

Tragödien, handle es sich nun um Bildberichte von Kriegsschauplätzen, Naturkatastrophen oder von kriminellen Handlungen. Das bringt es dann mit sich, daß sie im Fernsehen die Nachrichten über Beweise menschlicher Hilfsbereitschaft und Solidarität nahezu verdrängen, da das Verwerfliche fast immer auch den Reiz des Sensationellen und Interessanten mit sich bringt und insofern den stets höheren „Informationswert" besitzt.
Diese Erwartungshaltung machen sich insbesondere Reklame und Propaganda zunutze. Die Reklame, indem sie an die im Arbeitsprozeß zurückgestauten Privatwünsche des Zuschauers appelliert; die Propaganda, indem sie sich seine Ansprechbarkeit für Sozialutopien zunutze macht. Doch damit kommen auch sie seiner Grunderwartung entgegen, die auf ‚Unterhaltungskonsum' gerichtet ist. Dabei weiß jedes Kind, daß beide Formen der Beeinflussung mit der Wahrheit denkbar großzügig umgehen und, um den angestrebten Effekt zu erreichen, nicht davor zurückscheuen, das ‚Blaue vom Himmel herabzulügen'. Dieses Wissen hindert den Normalverbraucher freilich nicht, im Fall des Einkaufs oder einer Wahlentscheidung dann doch so zu handeln, wie es ihm durch die Reklame- und Propagandasendungen insinuiert worden ist.

Rezeption und Produktion

Der Gedanke *Benjamins,* daß bei dem, was er die Herabstufung des Kultwerts zum ‚Gebrauchswert' nennt, Kategorien der negativen Theologie ins Spiel kommen, kann als Anlaß dafür genommen werden, dem durch Film und Fernsehen bedingten Rezeptionsverhalten noch genauer nachzugehen. Was geschieht, wenn der Filmbesucher in das Dunkel des Kinoraums eintaucht oder wenn der Fernsehkonsument sich in seinen Zuschauersessel zurückzieht? Ungeachtet der Tatsache, daß er sich im ersten Fall mit vielen, im zweiten meistens doch mit einigen Mitkonsumenten im gleichen Raum befindet, fühlt er sich in einer Weise isoliert und auf sich selbst zurückgeworfen, daß er die Wahrnehmung seiner Partner fast durchweg als störend und höchstens in Ausnahmefällen als hilfreich und bestätigend empfindet. Das aber erklärt sich daraus, daß er in einer Weise an die ihm gezeigten Wort- und Bildfolgen ‚hingegeben' ist, wie sie sonst nur beim mystischen Erlebnis vorkommt. Das Bild nimmt von ihm nach Art einer ekstatisch-visionären Erfahrung Besitz, so daß ihm über seinem Bilderlebnis buchstäblich „Sehen und Hören" vergeht. Deshalb greift man nicht zu hoch, wenn man von der „quasimystischen" Situation des Film- und Fernsehkonsumenten spricht.
So entspricht es dann auch vollauf der Struktur seines Verhaltens. Es ist das Verhalten eins Drogenkonsumenten. Zwar legt es sich im Blick auf seine Erwartungshaltung nahe, zunächst im Anschluß an den durch sein Buch „The secular City" (von 1965) bekannt gewordenen Theologen *Harvey Cox* von der durch Film und Fernsehen entstandenen „elektronischen Ikone" zu sprechen; doch trifft das Wort von der „elektronische Droge" nicht weniger den Standard des durchschnittlichen Rezeptionsverhal-

tens.¹² Wie dringend das Bedürfnis danach ist, wird in dem Maß einsichtig, wie man sich die elementaren Nöte des heutigen Menschen vor Augen hält: Angst und Einsamkeit. Sie sind gleicherweise die Antriebe des krimininellen wie des gesellschaftlich institutionalisierten Drogenkonsums, vor allem in Gestalt des Fernsehens. Ausgelaugt von einem strapaziösen Arbeitstag, unfähig und unwillig, sich mit den Fragen und Problemen seiner Familie auseinanderzusetzen, ‚tröstet' sich der Durchschnittskonsument mit Hilfe der elektronischen Droge über seinen inneren Leerlauf hinweg, zumal er sich gleichzeitig vom Schatten der Angst und Einsamkeit berührt fühlt. Nur zu dankbar ist er dann insgeheim dafür, wenn ihm das Programm durch ein möglichst suggestives Angebot entgegenkommt.

Tatsächlich wird seine Erwartung nur deshalb erfüllt, weil sich die Produktion von vornherein darauf abstimmt. Das aber geschieht nicht etwa nur in Form der jeweils bewußt betriebenen Inszenierung, sondern aufgrund einer prinzipiellen Stilisierung, die mit der praktischen Handhabung des Mediums, also mit seiner subjektiven Verwendung, zusammenhängt. Dabei ist die Vokabel ‚subjektiv' nicht etwa in der Absicht gewählt, auf die Eigenleistung der jeweiligen Regie abzuheben, sondern zu dem Zweck, die objektive Eigengesetzlichkeit des Mediums möglichst klar von der Art seiner Handhabung zu unterscheiden. Denn schon diese untersteht einer ganzen Reihe von ‚Zwängen', auch wenn diese eher den Charakter einer Inklination als den einer Pression haben. Sie bestehen etwa darin, daß sich der Verfasser von Bildschirmtexten genötigt sieht, seine Information, auch im Fall eines vergleichsweise komplexen Sachverhaltes, auf relativ wenige Zeilen zusammenzudrängen und sie gleichzeitig mit Rücksicht auf den relativ niedrig anzusetzenden Bildungsstand seiner Zuschauer so verständlich wie nur möglich zu halten. Obwohl ihm dabei der Unterhaltungseffekt keineswegs vor Augen steht, ergibt sich daraus doch der Trend zu jener Banalität, die auch für die gehobene Unterhaltung kennzeichnend ist. In allen anderen Fällen, die Sendungen wissenschaftlichen oder gar religiösen Inhalts keineswegs ausgenommen, steht dagegen der Unterhaltungseffekt im Vordergrund des gestalterischen Interesses.

Einem ungeschriebenen, aber allseits geachteten Kanon zufolge soll eine Sendung zwar spannend, aber nicht provokativ sein und auch dort, wo sie sensationelle oder gar schockierende Inhalte vermittelt, den Rezipienten keinesfalls aus der Gleichgewichtslage seiner Gefühle bringen. Insofern untersteht die Handhabung des Mediums dem, wie man mit *Herbert Marcuse* sagen könnte, ungeschriebenen Gesetz, den Rezipienten im Einverständnis mit den bestehenden Verhältnissen zu halten.¹³. Sie dient, noch im selben Vokabular gesprochen, der Auferbauung des ‚glücklichen', mit dem Bestehenden versöhnten Bewußtseins. Wie die Erfahrungen dieses Jahrhunderts zeigten, ist nur eine diktatorische Staatsmacht imstande, dieses Gesetz aufzuheben und das Medium, zumindest vorwiegend, in den Dienst ihrer Propaganda zu stellen. Je entschiedener sie diesen Willen durchsetzt, desto sicherer tritt der von ihr am wenigsten gewünschte Effekt ein: ein Programm, das von der Bevölkerung wenn nicht als abstoßend, so doch als langweilig empfunden und instinktiv abgelehnt wird. Das aber zeigt, daß es sich im Grunde keine Macht der Welt erlauben kann, gegen das Gesetz der Verwandlung aller Inhalte in Unterhaltungsobjekte zu verstoßen.

Die Wirkung der Eigengesetzlichkeit

Allzu lange wurde die Erforschung der Binnenstruktur der modernen Medien durch die Illusion verhindert, daß sie nichts weiter als der ‚verlängerte Arm' der natürlichen Mitteilung und als solche für die von ihnen vermittelten Inhalte irrelevant seien. Dabei hätte schon jedem Benutzer eines Telefons längst bewußt werden müssen, daß sich von der Palette möglicher Inhalte längst nicht alle zur Übermittlung durch dieses Medium eignen. Inzwischen bedarf es derartiger Beobachtungen nicht mehr, nachdem *Marshall McLuhan* die angesprochene Illusion mit dem Satz zerstörte: „The Medium is the Message – Das Medium ist die Botschaft."[14] Nur im Vorbeigehen sei daran erinnert, daß dieser Satz eine verblüffende Ähnlichkeit zum Eingangssatz des Johannes-Evangeliums aufweist, der entgegen aller Erwartungen nicht etwa johanneisch „Im Anfang war die Wahrheit" oder im Sinn der Johannes-Schule „Im Anfang war die Liebe" oder schließlich paulinisch „Im Anfang war die Freiheit" lautet, sondern, aufgrund einer alle Erwartungen durchkreuzenden christologischen Urerfahrung „Im Anfang war das Wort" (Joh. 1,1).[15] Doch sei diese Übereinkunft wenigstens angedeutet, weil sie zeigt, daß das kritische Medienbewußtsein eine ungleich längere Vorgeschichte aufweist, als seine Provokation durch die neu entstandenen Medien vermuten läßt.

Wichtiger ist die Feststellung, daß der Schlüsselsatz McLuhans den Versuch unternimmt, die emotionale Einschätzung der modernen Medien und insbesondere des Fernsehens als ‚elektronische Droge' auf die Basis einer Strukturanalyse zu stellen und damit rational aufzuhellen. Nach der mit diesem Satz bekundeten Überzeugung ist die strukturbedingte Eigengesetzlichkeit im Fall der modernen Medien offensichtlich so dominant, daß durch sie die jeweils mitgeteilten Inhalte wenn schon nicht irrelevant, so doch in ihrem Bedeutungsgehalt entscheidend relativiert werden. Man könnte auch sagen: stärker als die jeweils vermittelten Inhalte ist der vom Medium ausgehende Konsumzwang, aufgrund dessen sich der Konsument der Berieselung durch das Medium auch dann aussetzt, wenn ihm das inhaltliche Angebot uninteressant oder gar gleichgültig ist. So erweist sich gerade das elektronische Medium als eine jener persuasiven Restriktionen und unsichtbaren Fesseln, durch die sich der heutige Mensch manipuliert und in seinem Freiheitsraum beschränkt sieht, ohne daß er die Kraft dazu aufbrächte, sich ihrer zu entledigen.

Doch worin besteht die Eigengesetzlichkeit der modernen Medien? Um diese Frage beantworten zu können, muß man sich vergegenwärtigen, daß am Anfang der zur heutigen Medienwelt führenden Entwicklung die militärische Nachrichtenübermittlung steht.[16] Um große Abstände in einer möglichst kurzen Zeitspanne zu überbrücken, wählte sie anfänglich optische Signale (Blinkzeichen, Semaphore), die dann später, im Zeitalter der Telegraphie, von Morsezeichen abgelöst wurden. Dabei mußten am Ende des Vorgangs die übermittelten Signale decodiert und auf dem Weg dieser Entschlüsselung in das ursprüngliche Zeichensystem zurückübersetzt werden. Mit der Erfindung des Telefons und des Rundfunks erübrigte sich die bisweilen recht zeitraubende und mit Fehlerquellen verbundene Dechiffrierung, es sei denn, daß man aus Gründen der Geheimhaltung verschlüsselte Botschaften aussandte. Denn es gehörte zu dem ausschlaggebenden Fortschritt dieser Medien, daß sie die elektronischen Signale selbsttätig in akustische Sprachzeichen zurückverwandelten, und dies schließlich, wie schon eingangs bemerkt, mit einer derartigen Perfektion, daß sie mit dem originalen Wortlaut verwechselt werden konnten. Tatsächlich empfindet beim heutigen Stand der Technik kaum ein Telefon- und Radiobenutzer mehr die Abkünftigkeit der von ihm empfangenen Zeichen. Er hält sich für den Rezipienten einer originären Mitteilung, obwohl ihm schon ein rudimentär entwickeltes Medienbewußtsein sagen müßte, daß er anstelle des vermeintlichen Originals lediglich eine Reproduktion empfängt.

Inhalt und Qualität

Nun gibt es tatsächlich eine Kategorie von Inhalten, bei denen der Reproduktionscharakter der übermittelten Zeichen vernachlässigt werden kann. Das aber ist jene Kategorie, in deren Interesse das ganze Medienwesen überhaupt entwickelt wurde: die Kategorie der Nachrichten. Das hängt damit zusammen, daß der Übermittler von Nachrichten nur in den seltenen Fällen, in denen er persönliche Informationen weitergibt, als genuiner Urheber in Erscheinung tritt. Und selbst hier kommt es ihm nur auf die korrekte Weitergabe des Informationsgehaltes, nicht jedoch auf die Übermittlung sonstiger Qualitäten an. Im ungleich häufigeren Fall übermittelt er überdies nur das, was er aus fremder Quelle selbst erfahren hat, so daß es im Grunde gleichgültig bleibt, ob sich dieser ‚Traditionskette' noch weitere, womöglich auch technische Zwischenglieder anschließen.
Schon daraus können zwei grundlegende Folgerungen abgeleitet werden: einmal die Erkenntnis, daß sich die modernen Medien optimal für Nachrichtenübermittlung eignen; zum andern die darauf aufbauende Vermutung, daß sich diese Tatsache auf die Strukturierung ihrer Vermittlung insgesamt auswirkt. Im einzelnen besagt das, daß grundsätzlich eine kritische Reserve gegenüber der verbreiteten Tendenz geboten ist, die für den gottesdienstlichen Gebrauch entwickelten Formen der Lesung und Predigt, die eine präsente Gemeinde voraussetzen, unbesehen für Rundfunk- und Fernsehsendungen zu übernehmen.
Hier werden vielmehr viel bewußter als bisher neue Formen entwickelt werden müssen, die sich die medienspezifischen Möglichkeiten so zunutze machen, daß trotz seiner ausfilternden Wirkung am Ende doch ein spiritueller Effekt zustande kommt. Daß dabei im Fall des Rundfunks die Musik,

im Fall des Fernsehens das Bild ungleich stärker als bisher genutzt werden müßten, sei nur am Rand vermerkt.[17] Am schwierigsten gestaltet sich schließlich die Beantwortung der Frage, ob mit alledem letztlich nicht eine Rückzugsposition bezogen und das Feld einer säkularistischen Medienwelt überlassen wird. Nach den bisherigen Ausführungen besteht dieser Eindruck mindestens teilweise zu Recht. Deshalb ist in einem letzten Anlauf der ‚Stier' der elektronischen Medien – bekanntlich sprach *Thomas Mann* in seiner Erzählung „Das Gesetz" im Blick auf die Eingebung des Moses, seinem Volk ein geschriebenes Gesetz zu überreichen, von einer „Idee mit Hörnern" – bei den Hörnern zu packen. Das aber heißt, daß gegen den strukturellen Trend des Mediums der Versuch unternommen werden muß, etwas von der vollen Sprachqualität des gesprochenen Wortes, und sei es auch nur in gebrochener Form, an den Rezipienten weiterzugeben. Das aber kann niemals gelingen, wenn sich dieses Wort im Rahmen der üblichen Bibelauslegung bewegt, weil diese die Tatsache, daß die Bibel selbst schon Medium ist, so gut wie völlig unberücksichtigt läßt. Vielmehr gilt es, im Bewußtsein der medienkritischen Zeugnisse das Wort der biblischen Texte so nachzusprechen, daß dies einer Rückübersetzung in die ursprüngliche Mündlichkeit gleichkommt. Denn in diesem Fall hat das Wort die vom Medium selbst gebildete Sprachbarriere bereits hinter sich gebracht. Nachdem ihm aber dies hinsichtlich der Barriere der Schriftlichkeit gelang, ist anzunehmen, daß es aufgrund der dabei gewonnenen Kompetenz auch die sich ihm in Gestalt der elektronischen Medien entgegenstellende Barriere zu durchbrechen vermag.

Daß dies keine utopische Vertröstung ist, läßt sich abschließend an einem klassischen und einem modernen Beispiel verdeutlichen. Herausgefordert durch die Klage Lessings, daß das Christentum im Laufe seiner Geschichte zu einer Reproduktion seiner selbst herabgesunken sei, unternahm *Kierkegaard* den Versuch, die von ihm als Schlüsselsatz des ganzen Evangeliums verstandene Einladung Jesu an die Bedrückten und Bedrängten (Mt 11,28) so nachzusprechen, daß darin die Stimme eines Gegenwärtigen hörbar wurde. Das gelang ihm mit der Formulierung des Satzes „Der Helfer ist die Hilfe", der sich der nachvollziehenden Betrachtung als der Kernsatz seiner „Einübung im Christentum" erweist.

Tatsächlich macht dieser Satz einem jeden, der hören kann, klar, daß die Lebensleistung Jesu weder in einem Beitrag zur ‚Weltorientierung' oder zur Optimierung der Sittlichkeit noch zur Revision der gesellschaftlichen Verhältnisse bestand, sondern in dem, was vor und außer ihm kein anderer zu geben vermochte: in einem geschichtsübergreifenden Akt der Selbstmitteilung und Selbstübereignung. Und indem dies klar wird, ergibt sich überdies, daß der heutige Mensch in seiner Angst und Einsamkeit auf keine Hilfe so radikal angewiesen ist wie auf diese. Das verdeutlicht die aktualisierende Umsetzung des Heilandsrufs, die *Milan Machovec* in seinem „Jesus für Atheisten" (von 1972) vorschlug. In seiner Ausdrucksweise ist die Große Einladung gleichbedeutend mit dem Aufruf: „Aufatmen sollt ihr und frei sein. Dient Gott, wie ich ihm diene, ich will es euch lehren. Ich herrsche nicht über euch, und Gott ist in mir nahe in liebender Demut. Aufatmen sollt ihr... Denn Gott zu dienen wie ich ist schön, und leicht ist die Last, die der Glaube euch nachträgt".[18] Um den vollen Zusammenhang herzustellen, muß nur noch ausdrücklich bedacht werden, daß Kierkegaard mit seiner Rückübersetzung bewußt auf Lessings medienkritische Äußerung reagierte. Deshalb wird im Sinn dieses Paradigmas verfahren werden müssen, wenn die mit den modernen Medien gesetzte Barriere überwunden und der Rezipient so von der durch sie vermittelten Botschaft erreicht werden soll, daß sie ihn wie die Hörer der Pfingstpredigt des Petrus „mitten ins Herz trifft" (Apg 2,37).

Intuition und Innovation. Zur Bedeutung der religiösen Intuition für den theologischen Erkenntnisfortschritt

Kategorienkritische Vorbesinnung

An der Schwelle zu einer neuen Phase ihrer Geschichte sieht sich die Theologie unausweichlich vor die Frage ihres Selbstverständnisses gestellt und damit zugleich, wie eine Grundsatzreflexion von *Balthasars* Theodramatik deutlich macht, vor die nach dem Zusammenhang von beiden, also vor die Frage nach ihrem Erkenntnisfortschritt.[1] Sie stellt sich ihr mit der Unausweichlichkeit einer Lebensfrage. Denn mehr als jede andere Wissenschaft ist die Theologie auf einen ständigen Zuwachs an Erkenntnis angewiesen. Sofern sie Interpretationswissenschaft ist, die das ihr zugesprochene – und im Modus des Zugesprochenseins gegebene – Gottesgeheimnis auszulegen hat, muß es ihr angelegen sein, den seiner Herkunft wie seinem Inhalt nach unendlichen Gegenstand ihres Forschens im unabschließbaren Gang ihrer Denkbewegung einzuholen.[2] Sofern sie gleichzeitig Reflexionswissenschaft ist, die sich auf die inneren und äußeren Bedingungen ihres Verfahrens besinnt, muß sie dem unablässigen Wandlungsprozeß Rechnung tragen, der sich aus der Wechselbeziehung des Glaubens mit der in ständiger Veränderung begriffenen Weltwirklichkeit ergibt.[3] Sofern sie schließlich – nach einer altertümlichen, aber zutreffenden Kennzeichnung – Gotteswissenschaft ist, muß sie überdies mit der Bewegung Schritt zu halten suchen, in der sich die als der fortlebende Christus verstandene Kirche befindet. Denn eine Theologie, die mit diesem sich nach Maßgabe der Lebens- und Leidensgeschichte Jesu fortbewegenden Strom der Sinnzuweisung nicht Schritt hielte, geriete auf verhängnisvolle Weise aus dem Takt ihres ureigenen Lebensrhythmus.[4]

Aktuelle Sinnkrise

Dennoch fällt es dem theologischen Denken gerade heute zunehmend schwer, ein affirmatives Verhältnis zum Gedanken ihres ständigen Fortschritts zu gewinnen, seitdem *Burckhardt* die für sie besonders prekäre Aufspaltung der Fortschrittsidee vornahm, die zwar einen wissenschaftlich-technischen Fortschritt anerkannte, jede Fort- und Aufwärtsentwicklung im ästhetischen, ethischen und religiösen Bereich dafür aber umso energischer bestritt,[5] und seitdem *Löwith* die Fortschrittsidee mit der – von Balthasar bekräftigten – Formel vom „Verhängnis des Fortschritts" vollends in das Arsenal der weg- und sinnverwirrenden Trugbilder verwies.[6] Indessen: soviel für ein negatives Votum in einem geschichtlichen Augenblick zu sprechen scheint, der durch eine tiefgreifende Verunsicherung gegenüber den Hervorbringungen der wissenschaftlich-technischen Kultur und ihrer Leitkategorie, dem Fortschrittsgedanken, gekennzeichnet ist, wird sich die theologische Vernunft doch vor jeder vorschnellen Festlegung fragen müssen, ob sie dem Interesse der Zeitnähe ausgerechnet die

Sache ihres „Wachstums" opfern kann. Bei aller Faszination durch zeitkritische Tendenzen wird sie auch nicht übersehen können, daß sie gerade in dieser Frage über Entscheidungshilfen verfügt, die, wie das Wissen um ihren Gegenstand oder ihre ekklesiale Funktion nicht von außen, sondern von innen kommen und als solche von geradezu zwingender Natur sind. Denn noch nicht einmal die Astrophysik in ihrer Konfrontation mit immer neuen Einblicken in die Tiefen des Kosmos ist gegenstands-theoretisch gesehen vor eine vergleichbare „Überholungssituation" gestellt wie sie in ihrem Verhältnis zum Mysterium des jede Einsicht grenzenlos übersteigenden *Deus semper maior*. Und keine Wachstumstheorie ist so sehr wie sie an einen fortwährenden Wachstums- und Reifungsprozeß verwiesen, nachdem der Epheserbrief mit jeder andern Dienstleistung zusammen auch die wissenschaftliche mit dem Ziel verknüpfte: „damit wir alle zur vollen Erkenntnis des Gottessohnes gelangen, zum Vollmaß der Altersreife Christi" (4, 13). Bedingt diese Rückbindung der Theologie an einen Prozeß, der nur als der des zum vollen Selstbewußtsein fortschreitenden Glaubens zulänglich beschrieben ist, aber nicht eine „progressive" Grundeinstellung, unabhängig von der Konjunktur des Fortschrittsgedankens im jeweiligen Zeitbewußtsein?

Mögliche Lösungswege

Doch gibt es neben diesem gegenstandstheoretischen Weg einen zweiten, womöglich noch überzeugenderen, die angesprochene Frage zur Entscheidung zu bringen. Er besteht in einer ideengeschichtlichen Befragung der theologischen Innovationen. Wie kam es im Lauf der Theologiegeschichte denn überhaupt zu den ihren Gang bestimmenden Umschwüngen und Durchbrüchen? Was führte etwa zur Ausarbeitung einer Inkarnationstheologie bei *Athanasius*, mit der er die Kreuzes- und Auferstehungstheologie der Vorzeit beiseiteschob und damit einen der nachhaltigsten Paradigmenwechsel im theologischen Denken einleitete?[7] Was bewog *Augustinus*, im Bruch mit dem Seinsdenken des Mittelplatonismus, erstmals geschichtliche Kategorien zur Aufhellung der „Gemengelage" von Gottesreich und Weltstaat einzusetzen?[8] Und was steht, um nur noch dieses dritte Beispiel anzuführen, hinter dem – nach *Grabmann* als „weithin strahlende Aufschrift über dem Portal" der Scholastik aufscheinenden – Programm der „*Fides quaerens intellectum*", durch dessen Wegweisung die theologische Vernunft unzweifelhaft eine höhere Reflexionsstufe erreichte?[9]

Die anstehende Frage kann aber in einer noch engeren – erkenntnistheoretischen – Perspektive gestellt werden, so daß sie sich nicht mehr auf die eingesetzte Kategorie und die durch sie gewonnene Erkenntnisstufe, sondern auf den noetischen Vollzug und die ihn tragende Erkenntnisform bezieht. In der traditionellen Erörterung wurde der Erkenntnisfortschritt im Sinn seines frühesten Theoretikers *Vinzenz von Lerin* fast ausschließlich mit der theologischen Konklusion, einem aus (im wahrheitstheoretischen Verständnis) unterschiedlichen Prämissen bestehenden Syllogismus, in

Zusammenhang gebracht. Indessen reicht das höchstens für die Erklärung von regionalen Erweiterungen des Erkenntnisfeldes aus. In seinem Vollsinn erfaßt, schließt der Begriff des Erkenntnisfortschritts aber nicht nur die Vorstellung des kontinuierlichen Fortgangs, sondern auch die Gegenvorstellung des unkalkulierbaren Fort-Sprungs ein. Auf diesem Weg diskontinuierlicher Umbrüche, also der von *Thomas S. Kuhn* beschriebenen „wissenschaftlichen Revolutionen", werden dessen Strukturanalyse zufolge alle wegweisenden Innovationen, die theologischen eingeschlossen, erzielt.[10] Sie sind nicht die Folge abgewogener Denkschritte, sondern das Ergebnis scheinbar unmotivierter Eingebungen, spontaner Ein-Sichten, unverhoffter Intuitionen. Als solche gehen sie gerade nicht aus der logisch zwingenden Kombination verfügbarer Erkenntnisse, sondern aus der divinatorischen Wahrnehmung des noch Unausgedachten, allenfalls Geahnten, und darum aus dem Griff in den Fonds des Wißbaren, aber faktisch noch nicht Gewußten hervor.[11]

Systemkritischer Aufweis

Für die thematische Problemstellung ergibt sich damit ein noch kürzerer Lösungsweg. Wenn Innovationen, wie im Titel postuliert, durch Intuition zustandekommen, genügt der Nachweis intuitiv gewonnener Erkenntnisse, wenn es darum zu tun ist, Recht und Sinn des theologischen Erkenntnisfortschritts sicherzustellen. Denn intuitiv entworfene Programme, Konzeptionen und Systeme nötigen nachgerade dazu, unter den Begriff des Erkenntnisfortschritts subsumiert zu werden, weil sich erst durch diese Klammer der ihnen zunächst anhaftende Eindruck der Beliebigkeit und bloßen Improvisation verliert. Umgekehrt zeigt dann aber auch der Begriff des Erkenntnisfortschritts eine – zuvor unersichtliche – Neigung, auf den intuitiven Denkakt zurückgeführt zu werden. Wie die Intuition dem Fortgang des Erkenntnisprozesses dient, weist dieser auf sie als seine kognitive Ermöglichung zurück. Wie aber steht es – so ist gerade angesichts der modernen Anfechtung der Fortschrittskategorie zu fragen – um den Tatsachenaufweis? Gibt es überhaupt theologisch relevante Intuitionen? Und falls sie sich nachweisen lassen – befindet sich die Theologie in einer Verfassung, die ihnen Raum gibt und sie auch wirklich zum Zug kommen läßt? Der Suche nach paradigmatischen Fällen intuitiver Einsichten, die sich direkt oder indirekt auf den Gang der theologischen Erkenntnis auswirkten, muß, wenn sie erfolgreich sein soll, wenigstens ein Vorbegriff von Intuition voranleuchten. Er kann sowohl auf sprach- wie auf wahrheitstheoretischem Weg gewonnen werden. Dabei muß der wahrheitstheoretische Aufweis so erfolgen, daß mit ihm, wie *Ingarden* betonte, der gegen die Erkenntnis geäußerte Zirkelvorwurf ausgeräumt wird.[12] Das leistet die Umkehrung des Plotinsatzes von der „Sonnenhaftigkeit" des Menschenauges, also von der zwischen der menschlichen Erkenntniskraft und ihrem letzten Erkenntnisgrund waltenden Strukturverwandtschaft.[13] Wenn sie besteht, gilt, wie das Augustinuswort von der „*facies veritatis*" zu verstehen gibt, auch das Umgekehrte: dann ist die Wahrheit nicht nur im Sinn der Rede von einem *kósmos noetós* strukturiert, sondern antlitzhaft, so daß sich der Erkennende von ihr eingeweiht, erblickt und erkannt sieht. Was das Hohelied der Liebe (1 Kor 13,12) vom letzten Erfüllungsziel aller Erkenntnis sagt, schattet sich dann bereits in ihrem Ansatz voraus. Dort schon erfährt sie sich als ein erkennendes Erkanntsein, oder genauer noch: als ein schauendes Erblicktsein. Insofern beginnt alle Erkenntnis mit einem Akt der Intuition, die dieser Initialfunktion dadurch verhaftet bleibt, daß sie sich auch in ihrem expliziten Vollzug stets als ein detektorisches und divinatorisches Vermögen, als eine Erkenntnisform der Initiation, des Überblicks und der Zusammen-Schau erweist.[14]

Zum gleichen Ergebnis führt der sprachtheoretische Aufweis. Da alle Erkenntnis sprachlich vermittelt ist, spiegelt sich der sinn-bildliche Selbstausweis der Wahrheit auch in der Sprachstruktur.[15] Deshalb verdichtet die Sprache das, was sie zu sagen hat, zugleich ins Bild, so daß der durch sie mitgeteilte Sinn „ersehen" werden kann, noch bevor er begriffen wird. Insofern entspringt alles Sprachverstehen einer intuitiven Wahrnehmung, durch die der Rezeptionsakt überhaupt erst auf den Weg der Sinnaneignung gelangt. Hier, in dieser intuitiven Sinn-Gewahrung, kommt es zu der den Verstehensakt allererst ermöglichenden Identifikation von Aussage und Verständnis, Sprecher und Rezipient, und in ihrem Gefolge dann auch zu der gerade auch in theologischer Hinsicht bedeutsamen Möglichkeit, daß der Rezipient die Aussage im Optimalfall besser versteht, als sie von ihrem Urheber verstanden worden war.

Legt man diesen Vorbegriff zugrunde, so erscheint die Selbstabriegelung, die das theologische Denken seit langem betreibt, doppelt – also auch in erkenntnistheoretischer Hinsicht – bedenklich. Denn es läßt sich nicht übersehen, daß dieser im Interesse seiner argumentativen Stringenz und systematischen Geschlossenheit eingeleitete Prozeß gerade jene Bereiche ausgrenzt, aus denen die Theologie der Vorzeit entscheidende Impulse, Wegweisungen und Anstöße – nicht zuletzt auch im kritischen Sinn der Wortes – empfing.[16] Obwohl die Ausklammerung der therapeutischen Dimension, wie schon *Lessings* Klage über die zu bloßen Heilungsberichten herabgesunkenen Wunderheilungen zu erkennen gibt, die vergleichsweise gravierenderen Folgen nach sich zog,[17] steht in diesem Zusammenhang doch vor allem der durch *Balthasars* großangelegten Wiedereinholungsversuch ins Bewußtsein gehobene Verlust des ästhetischen Bereichs im Vordergrund.[18] Wie der im Stil einer Kulturrevolution vollzogene Bruch im byzantinischen Bildersturm vermuten läßt, rührte der Vorgang an das kategoriale Grundgerüst, konkret gesprochen, an das Mitspracherecht der Bilder, denen das theologische Denken in der Folge mit wachsendem Mißtrauen begegnete.[19] Demgemäß trug die Theologie, die nach Beendigung des Bilderstreits und einem jahrhundertelangen Vakuum schließlich mit *Anselm von Canterbury* heraufkam, ein mehrheitlich bildabgewandtes, wissenschaftlich-spekulatives Gepräge[20]. Das brachte ihr zwar einen erheblichen Gewinn an szientifischer Klarheit ein, der ihr vor allem beim Aufbau ihrer Systeme und beim Nachweis ihrer Wissenschaftlichkeit zustatten kam, dies jedoch um den – allzu hohen – Preis jener Dimension, der, zusammen mit dem Bild, auch der intuitive Blick und der divinatorische Sinn zugeordnet war, also jener Dimension, der sie, solange sie noch einbehalten war, gerade die wichtigsten Anstöße zum Perspektiven- und Paradigmenwechsel verdankte.

Ungenutzte Impulse

Nur an drei – nach Aktualitätsgraden gestuften – Beispielen sollen die Folgen dieser Ausgrenzung aufgewiesen werden. Im Gegenzug zum Subjektivismus der anbrechenden Neuzeit hatte die Romantik, gestützt auf kusanisches und pietistisches Gedankengut, die Allverbundenheit der Individuen, die den gesellschaftlichen Atomismus übergreifenden Einheitsstrukturen und damit nicht zuletzt das Konzept einer zuständlichen Mitmenschlichkeit wiederentdeckt. Im Schlußchoral seiner „Hymnen an die Nacht" (von 1800) dichtete der davon besonders stark bewegte *Novalis:*

> *Nur eine Nacht der Wonne*
> *Ein ewiges Gedicht –*
> *Und unser aller Sonne*
> *Ist Gottes Angesicht*[21].

Zwar hatte sich die romantische Theologie aus ähnlichen Impulsen in *Möhler* gleichfalls dafür ausgesprochen, daß der Schöpfer des Ganzen nur im Ganzen erkannt werde, daß also erst die konzentrative Vereinbarung aller denkerischen Energien das zulängliche Subjekt des Gottesgedankens ergebe;[22] doch blieb diese Einsicht nicht nur theoretisch, sondern insbesondere auch auf dem Feld ihrer praktisch-politischen Bewährung in der Herausforderung der Christenheit durch die soziale Frage folgenlos.[23]
Es entsprach somit einem vordringlichen Desiderat, als *Guardini* der vom Erlebnis des Ersten Weltkrieges erschütterten Jugend mit dem Satz vom „Erwachen der Kirche in den Seelen" das Kenn- und Leitwort ihrer Frömmigkeit zurief.[24] Nur folgte dabei die theoretische Klärung und spirituelle Wegweisung der mit der sozialen Frage geforderten Bewährungsprobe anstatt ihr, wie es der sachgerechten Konsekution entsprochen hätte, voranzugehen. Auch hinsichtlich dessen, was nach dem literarisch bezeugten Glaubensbewußtsein „an der Zeit" war, kam ein von Guardini – mit seinem Jesusbuch „Der Herr" (von 1937) – gesetztes Signal bei aller Bedeutung für die spätere Neuorientierung zu spät. Denn im Gegenzug zur „Toterklärung" Gottes bei *Jean Paul* (Rede des toten Christus vom Weltgebäude herab, daß kein Gott sei) und *Nietzsche* (Der tolle Mensch) hatte sich in der Literatur der Jahrhundertwende längst schon eine Art „Auferweckung" Jesu vollzogen, nachdem bereits *Dostojewskij* zwei seiner wichtigsten Romanfiguren, den Fürsten Myschkin in „Der Idiot" und Aljoscha, den „cherubgleichen" der „Brüder Karamasow", zumindest indirekt auf

die Gestalt Jesu hin stilisiert hatte.[25] Zusammen mit der literarischen Bezeugung Jesu in der Folgezeit, angefangen von Hauptmanns „Narr in Christo Emanuel Quint" (von 1905) über die Trilogie der die Idee der Konsubstantialität von Vater und Sohn umkreisenden Erzählwerke von *Rilke* (Die Aufzeichnungen des Malte Laurids Brigge), *Joyce* (Ulysses) und *Musil* (Der Mann ohne Eigenschaften)[26] bis hin zu *Faulkners* streng verschlüsselter Passionsdichtung „A Fable" (von 1954)[27], ergab das ein Signal von solcher Eindringlichkeit, daß die christologische Wende in der Gegenwartstheologie, wäre es beachtet worden, weit früher eingetreten wäre, als dies tatsächlich der Fall war, und dies nicht nur zum Segen des Glaubensbewußtseins, sondern ebenso auch der Glaubensverteidigung, wie sie vor und nach der Jahrhundertmitte gefordert war.[28]

Ein dritter Anstoß zu einem theologischen Paradigmenwechsel hätte schließlich von *Beethovens* „Missa Solemnis" (Op. 123) ausgehen können, also von jenem Werk, das der Komponist, zweifellos nicht nur im Sinn einer additiven Bekräftigung, als sein „größtes" bezeichnete.[29] Der Schwerpunkt seiner glaubensgeschichtlichen Relevanz liegt eindeutig im Credoteil der Messe. Nach den fanfarenhaft herausgestoßenen Eingangssätzen blüht hier – um eine früher gebrauchte Wendung aufzugreifen – das „Et incarnatus est" wie eine mystische Rose auf, eingetaucht in das irisierende Licht, das durch das verschwebende Filigranwerk der Flötenfiguren einbricht.[30] Mit umso größerer Wucht kehren dann aber die aufgestauten Energien in dem „Et homo factus est" auf den festen Boden der Grundtonart zurück. An der Schwelle zur Moderne schuf Beethoven damit ein Klangsymbol, das einen Fundamentalgedanken heutiger Theologie vorwegnimmt: die Überzeugung von der anthropologischen Rückbezüglichkeit der Glaubensaussagen und damit das, was als die „anthropologische Wende" in der Gegenwartstheologie bezeichnet zu werden pflegt.[31] Danach ist in jedem Satz über Gott der Mensch mitgesagt; anders ausgedrückt: die Glaubensgeheimnisse sind nicht nur die Fenster, die einen Blick in die „Tiefen der Gottheit" (1 Kor 2,10) verstatten, sondern gleicherweise auch die Spiegel, in denen sich der Glaubende auf immer neue Weise selber ansichtig wird. Und wiederum ist zu fragen, ob – um dies am radikalsten Gegenbeispiel zu verdeutlichen – die Feuerbachsche Umdeutung des Religiösen zu einer Projektion des durch die Lebensverhältnisse frustrierten Menschen in der ideengeschichtlich wirksam gewordenen Form möglich gewesen wäre, wenn die Theologie des vorigen Jahrhunderts den Wink Beethovens beachtet und die Menschlichkeit des Glaubens deutlicher, als es tatsächlich geschah, zum Vorschein gebracht hätte.

Spontaner Paradigmenwechsel

So folgenschwer sich die Vernachlässigung des religiösen Quellenwerts von Literatur und Kunst auf die Fortbildungsfähigkeit der Theologie auch auswirkt, verfügt sie doch über so starke innere Antriebskräfte, daß es im Lauf ihrer Geschichte zwar immer wieder zu Phasen der Stagnation, niemals aber zu einem völligen Stillstand der Gedankenentwicklung kam. Zwar standen die großen Durchbrüche und Paradigmenwechsel wie etwa die Ausbildung einer theologischen Systematik bei *Origenes* oder die Konstituierung einer spezifischen Inkarnationschristologie bei *Athanasius* unverkennbar in einer Wechselwirkung mit dem Zeitgeschehen; doch hätte (um bei den genannten Beispielen zu bleiben) weder der Druck der Verfolgungssituation noch die Spannung gegenüber dem Arianismus zu derartigen Innovationen führen können, wenn nicht innere Kräfte auslösender und ausarbeitender Art mit ins Spiel gekommen wären. Die Frage ist nur, worin sie konkret bestanden.

Wenn man die Frage verallgemeinert und demgemäß grundsätzlich nach den Antrieben theologischer Innovationen Ausschau hält, kommt erst die ganze Komplexität des Problems zum Vorschein. Denn kaum etwas ist schwieriger als die Nennung verläßlicher Kriterien für das, was tatsächlich als weiterführend zu gelten hat. Offensichtlich kommt dafür neben der ideellen Wertigkeit auch ein Zeitmoment in Betracht. Wie etwa die *anselmische* Werkbiographie zeigt, wurde von den Zeitgenossen das für den Fortgang der theologiegeschichtlichen Entwicklung besonders wichtige „Proslogion" bis auf den Kontrahenten *Gaunilo* so gut wie nicht beachtet[32], während Beispiele aus dem neueren und neuesten Disput den entgegengesetzten Tatbestand belegen, daß zunächst heftig umstrittene Ansätze wie etwa die *Blondelsche* Immanenzmethode oder der *Schellsche* Reformkatholizismus im Augenblick ihrer „offiziellen" Rezeption deutlich an Wirkkraft verloren.[33] Tatsächlich stellt sich der Vorgang theologischer Innovationen weit komplexer als der Paradigmenwechsel im profanwissenschaftlichen Bereich dar, zumal über den Rezeptionsprozeß noch keine Klarheit besteht.

Doch die Schwierigkeit ist nicht nur faktischer, sondern prinzipieller Art. Angenommen, daß der titelgebenden These zufolge der theologische Erkenntnisfortschritt wesentlich mit Intuition zu tun hat – wie steht es dann um ihre Verifizierung? Bestünde sie in einer bloß deskriptiven Erkenntnisleistung, dann fiele sie ihrerseits aus der Fortschrittskategorie heraus und wäre, an ihr gemessen, unerheblich. Erhöbe sie aber den Anspruch, als verifizierte These selbst einen Beitrag zu dem befragten Prozeß zu leisten, dann müßte ihrer ureigenen Voraussetzung nach ein intuitiver Ansatz glaubhaft gemacht werden können, und das um so mehr, als sich in diesem Fall ein Rückzug auf die Position der Unerweislichkeit, der in vielen theologiegeschichtlichen Fällen unumgänglich ist, grundsätzlich verbietet. Denn wenn je einmal, dann kann in diesem Fall die Genese des Gedankens bis auf ihren Ursprung zurückverfolgt werden, weil sich der Autor unausweichlich im Zeugenstand befindet.

Intuition und Konfession

Gleichzeitig bringt es in diesem Fall aber die Denkökonomie mit sich, daß der Verzicht auf die insistierende Befragung weiterführt als diese selbst, weil er – und nur er – die Möglichkeit der Verallgemeinerung eröffnet.

Denn mit der Entlassung des Autors aus dem Zeugenstand wird klar, daß über intuitive Einsichten – man könnte mit einer höher gegriffenen Vokabel auch sagen: über Erleuchtungen – nur unter der Voraussetzung eines konfessorischen Verhaltens ihres Trägers Klarheit zu gewinnen ist. Und damit kommt spontan der zunächst ganz unersichtliche Zusammenhang von Intuition und Konfession zum Vorschein.
Mit geradezu paradigmatischer Deutlichkeit stehen die augustinischen „Bekenntnisse" für diesen Zusammenhang ein. Von Intuition ist hier, abgesehen von dem, was *Windelband* Augustins „Metaphysik der inneren Erfahrung" nannte,[34] sogar wiederholt in ihrer visionären Höchstform die Rede.[35] Der im mystischen Gespräch mit der Mutter in Ostia erreichte Höhepunkt dieser visionär-ekstatischen Aufschwünge – die danach benannte Ostia-Vision – gibt zugleich darüber Auskunft, daß es sich dabei um die intuitive Erfassung des mit dem Gottesgedanken gegebenen noetischen Grenzwerts handelt, der, typisch für die Struktur eines Paradigmenwechsels, als die in der leidenden Fühlung der äußersten Erkenntnisschranke berührte ewige Weisheit erfahren wird.[36]
Bezeichnend für die Grundkonzeption des Werks ist aber die Tatsache, daß *Guardini*, der in den „Confessiones" nicht nur das Modell seines deutenden Umgangs mit den biblischen Schriften vorfand,[37] sondern das große, die eigene Denkwelt spiegelnde Selbstzeugnis eines Geistesverwandten,[38] seinen Ansatz in dem unter dem „Zauber des augustinischen Denkens" entstandenen Augustinus-Buch (von 1935) zunächst in eine „handlungstheoretische" Perspektive rückt. „Das Bekennen" ist, mit dem Eingang des zehnten Buchs gesprochen, jenes „Tun", das (nach Joh 3,21) zur Wahrheit führt. So ist das Bekennen „der Akt, durch welchen der geschaffene Mensch sich in das Erkennen Gottes stellt",[39] um – und damit erhebt sich die Konfession zur Vision – im Kraftfeld dieses vorgängigen Erkanntseins stufenweise über den Bilderschatz des eigenen Bewußtseins zu dem emporzusteigen, dessen Abbild er ist und den er nun, in der Widerspiegelung mit dem Urbild, als das Erfüllungsziel seiner Wesensbewegung und Werdegeschichte begreift.

Vision und Existenz

Der Zusammenhang von Vision und Konfession rückt einen Tatbestand ans Licht, der die Zuordnung des visionären Moments – und mittelbar damit auch des durch Intuitionen inaugurierten Paradigmenwechsels – zu einem bestimmten Denkertypus betrifft. Veranlasser dieser Suche ist *Kierkegaard*, der wiederholt, sowohl in einer Tagebuchaufzeichnung (von 1846) als auch in der „Krankheit zum Tode" (von 1849), zwischen dem – anstatt in dem von ihm errichteten „hochgewölbten Palast" nebenan, „in einer Hundehütte oder, wenn es hochkommt, in der Portierwohnung" hausenden – Systemdenker und dem Existenzdenker unterscheidet, der sein Unterkommen nirgendwo anders als in seiner eigenen Denkwelt sucht.[40] Legt man diese Unterscheidung zugrunde, so erscheint das visionäre Ele-

ment in seinem genuin menschlichen Kontext. Ohne daß seine religiöse Bedeutung in Frage gestellt zu werden braucht, wird die Vision jetzt zu dem schauend-erschauten Inbegriff der Tatsache, daß das Denken vom Leben eingeholt und dieses kognitiv durchlichtet wurde. Nicht umsonst sind die für die Offenbarungsgeschichte so bedeutsamen Berufungsvisionen wiederholt von Identifikationserfahrungen begleitet. Am Schluß der jesaianischen Berufungsvision bricht der Prophet, der sich unter dem Eindruck des Erschauten zu ratlosem Schweigen verurteilt sah – vor dem Hintergrund der Qumrantexte muß sein Wehruf (Jes 6,5) mit „ich muß verstummen" übersetzt werden[41] – spontan in die Zusage aus: „Hier bin ich: sende mich!" (6,8). Und Paulus umschreibt sein Ostererlebnis mit drei Fragen, in denen sich gleicherweise seine Freiheitserfahrung wie das Wissen um seinen definitiven Lebenssinn bekunden: „Bin ich nicht frei? Bin ich nicht Apostel? Habe ich nicht unseren Herrn Jesus gesehen?" (1 Kor 9,1). Nimmt man hinzu, daß sich im Bereich dieser genuinen Offenbarungsträger erstmals Zeugnisse eines konfessorischen Redens finden – zum Beleg sei lediglich an die „Konfessionen" des Propheten Jeremia und die emphatischen Ich-Aussagen der Paulusbriefe erinnert –, so neigt sich die Waagschale in der Frage nach dem innovatorischen Denkertypus eindeutig dem des Existenzdenkers zu. Das hängt ursächlich mit dem Modus seiner Selbsterfahrung zusammen. Im Augenblick der vom visionären Durchbruch besiegelten Koinzidenz von Denken und Leben erfährt er sich als neu geboren und zu seiner wahren Bestimmung gelangt. Um es im Blick auf Paulus zu sagen: jetzt erst beginnt der Lebensabschnitt, der wirklich zählt. Gleichzeitig erscheint der visionär erschaute Sinn im Licht einer „zwingenden" Allgemeingültigkeit. Er will – mit betont innovatorischer Tendenz – mitgeteilt und, je nach Inhalt, in die Lebensgeschichte der andern oder in den Kontext der Wissenschaften eingebracht werden.[42]
Im religiösen Bereich nimmt diese „Übertragung", wie vor allem dem Modellfall des Apostels Paulus zu entnehmen ist, missionarischen Charakter an. Obwohl Paulus dabei an der Übereinkunft mit der Lehre der „Altapostel" (Gal 2,1–10) und den Zeugnissen der ältesten Tradition (1 Kor 15,3–11) gelegen ist, verläßt er sich zuletzt doch ausschließlich auf die Evidenz seiner Vision. In der Frage der Legitimierung seiner Predigt macht er demgemäß auch keinen Versuch, die ihm zugefallene Einsicht in argumentative Zusammenhänge mit vorgegebenen Daten zu bringen: So wenig er (bei aller Betonung der Identität und Kontinuität) Interesse am vorösterlich-historischen Jesus nimmt (2 Kor 5,16), ist für ihn die „Vorgeschichte" der führenden Persönlichkeiten in der Gemeinde von Belang (Gal 2,6).[43] Statt dessen bezieht er sich in seiner Verkündigung immer wieder auf seine mystisch-visionäre Erfahrung zurück. Wie der Vergleich seines fundamentalen Selbstzeugnisses (Gal 1,15 f) mit dem dreifachen Bericht der Apostelgeschichte von der „Damaskusvision" lehrt, bleibt die Explikation der tradierenden Berichterstattung überlassen. Doch entwickelt der Visionär vielfach eine deutliche Neigung, in autobiographischen Berichten Auskunft über seine Lebensgeschichte zu geben, wie vor allen andern Augusti-

nus, der Verfasser der „Bekenntnisse"; und sein später Nachahmer, Rousseau, beweisen. Diese konfessorische Neigung wirkt wie eine Umkehrung des Vorgangs, der zum visionären Durchbruch führt. Wird dort das Denken vom Leben eingeholt, so besinnt sich hier das Denken auf seinen biographischen „Hintergrund".

Exemplarische Fälle

Das glaubensgeschichtliche Paradigma einer aus visionärer Erfahrung hervorgegangenen Innovation ist *Paulus*. Nachdem der Apostel im Galaterbrief mit wenigen – und im Vergleich zu der expansiven Berichterstattung der Apostelgeschichte geradezu frustrierend knappen, dafür jedoch sorgfältig gewählten und mit der Verkoppelung von Auferstehung und Offenbarung an letzte Zusammenhänge rührenden – Worten über seine Ostererfahrung Auskunft gab[44], hebt er im Philipperbrief die innovatorische Bedeutung des Erfahrenen aufs nachdrücklichste hervor:

Was mir früher als Gewinn galt, habe ich um Christi willen als Verlust erkannt. Mehr noch: alles gilt mir als Verlust, verglichen mit der überwältigenden Erkenntnis Christi Jesu, meines Herrn. Seinetwegen habe ich alles aufgegeben und als Unrat angesehen, um Christus zu gewinnen und in ihm zu sein (Phil 3,7 ff).

Und die Stelle läßt auch keinen Zweifel an dem bestehen, worauf sich dieser umfassende Umbruch der gesamten Sehweise bezieht. Was Paulus in seiner Ergriffenheit durch Christus (Phil 3,12) erfuhr, war die zugleich beseitigende und bewahrende „Aufhebung" des Gesetzes, dessen provozierende Normativität für ihn nun an das übergeht, was er im weiteren Kontext der Stelle das befriedende „Bewahrtsein der Herzen und Gedanken in Christus Jesus" nennt (4,7). Wenn irgendwo, liegt hier der (theoretische) Beginn der christlichen Freiheits- und Friedensgeschichte.

Kaum weniger einschneidend war der von *Augustinus* heraufgeführte Paradigmenwechsel, der zudem noch dadurch herausragt, daß er von einem reflexen Bewußtsein seiner selbst begleitet ist. In betonter Abkehr von der kosmischen Ausrichtung des vorchristlichen Denkens erklärt Augustinus an einer Schlüsselstelle seiner „Bekenntnisse":

Jetzt erforschen wir nicht mehr die Himmelskreise, noch messen wir die Zwischenräume der Gestirne aus oder fragen nach dem Horizont der Erde: Ich bin es vielmehr, der über sich nachdenkt, ich der Menschengeist (ego sum, qui memini, ego animus)[45].

Man greift sicher nicht zu hoch, wenn man die Epoche des zum Bewußtsein seiner selbst und damit zu frömmigkeits- und theologiegeschichtlicher Wirksamkeit gelangenden christlichen Subjektivismus mit dieser Aussage beginnen läßt. Der zunächst kaum ersichtliche Zusammenhang mit der

Ostia-Vision stellt sich dadurch her, daß Augustinus in der den Bericht von seinem visionären Erlebnis beschließenden Reflexion den Aufstieg zur ewigen Weisheit als eine stufenweise Überschreitung der Weltbereiche beschreibt, so daß sich der von ihm vollzogene Paradigmenwechsel der Grundkonzeption nach hier schon ankündigt.[46]

Um so offener liegt die visionäre Herkunft im Fall von *Anselms* „Proslogion" zutage, das in der Vorrede nicht nur über seine dramatische Entstehungsgeschichte berichtet, sondern sich auch durch den ursprünglich vorgesehenen Titel – Fides quaerens intellectum – als Exemplifikation des damit aufgestellten Programms einer als Reflexions- und Argumentationswissenschaft konzipierten Theologie (im Sinne der mit dem „Proslogion" eröffneten Scholastik) zu verstehen gibt.[47] Auch wenn Anselm, schon angesichts der anfänglichen Resonanzlosigkeit des Werks, die epochemachende Effektivität seines Ansatzes nicht absehen konnte, empfand er doch die im Zusammenhang damit gefundene Problemlösung als beglückende Vergünstigung, die ihn zur Veröffentlichung des Gefundenen verpflichtete.[48]

Den Ausnahmefall einer „übernommenen Vision" bildet *Bonaventuras* „Itinerarium" (von 1259), das nach Auskunft des Prologs seine Entstehung der intensiven Versenkung seines Autors in die Vision eines gekreuzigten Seraphs verdankt, die seinem Ordensvater Franziskus kurz vor seinem Tod auf dem Alverna-Berg zuteil wurde.[49] Von einem damit verbundenen Paradigmenwechsel kann insofern gesprochen werden, als Bonaventura gerade mit dieser Schrift – in entschiedener Abkehr von der aristotelisch ausgerichteten Scholastik – das Modell einer auf mystische Erfahrung gegründeten Theologie entwarf.[50] Eine gleichsinnige Fernwirkung seines Ansatzes kann man in der auf die frühpatristische *(Justin, Theophil, Irenäus)* Rekapitulationslehre zurückgreifenden These des *Duns Scotus* von der „unbedingten Prädestination Christi" erblicken,[51] die faktisch auf eine christologisch konzipierte Dogmatik hinarbeitet.[52] Als das „summum opus Dei" steht die Menschwerdung Gottes so sehr über jedem denkbaren Abhängigkeitsverhältnis, daß mit ihr theologisch der Anfang gemacht werden muß.

Vermutlich wirkte – und wirkt – sich auch die intellektuelle Vision, von der *Nikolaus von Kues* gegen Ende seiner „Docta ignorantia" (von 1440) berichtet, im selben Sinne aus, obwohl es die Dunkelheit der Wirkungsgeschichte mit sich bringt, daß in diesem Fall die theologischen Konsequenzen weit schwerer auszumachen sind. Immerhin klingt das abschließende Widmungsschreiben (an Kardinal *Julianus Cesarini*), das zunächst mit einer an die Proslogion-Vorrede erinnernden Wendung davon spricht, daß Cusanus nach langer und vergeblicher Suche auf der Überfahrt von Griechenland wie durch eine Gewährung von oben dazu geführt worden sei, „das Unbegreifliche auf unbegriffliche Weise in der wissenden Unwissenheit zu erfassen", in einen Gedanken aus, der sich wie die Gewissensfrage an die gesamte Theologie der Folgezeit, insbesondere aber an die heutige ausnimmt:

Wer in Jesus eindringt, dem muß alles weichen, und nichts kann ihm Schwierigkeiten bereiten, weder die Schriften noch diese Welt, da er dadurch in Jesus hineinverwandelt ist, daß der Geist Christi in ihm wohnt, der das Ziel aller geistigen Sehnsucht (intellectualium desideriorum) ist.[53]

So unklar sich der lebensgeschichtlich-psychologische Kontext von *Luthers* „Turmerlebnis" auch darstellt, ging von ihm doch der zweifellos nachhaltigste Paradigmenwechsel im Entwicklungsgang der abendländischen Glaubensgeschichte aus.[54] Denn mit der Neuinterpretation der „Gottesgerechtigkeit", die den Inhalt dieses „Durchbrucherlebnisses" bildet, sah er sich dazu geführt, mit einer in der Christentumsgeschichte vor ihm nicht erreichten Radikalität, den Anfang mit dem Glauben zu machen. Dem entspricht der von ihm beschriebene Umschlag der Gefühle. Während er zuvor mit stockendem Blut das ihm verhaßte Wort von der Gerechtigkeit Gottes gelesen habe, sei er sich durch das neue Sinnverständnis, das ihm nach tage- und nächtelangem Nachdenken aufging, wie „neugeboren" vorgekommen, ganz so, als wäre er „durch die geöffneten Pforten ins Paradies selbst eingetreten".[55]

Während bei Luther eher ein Erleuchtungserlebnis vorliegt, das bis in die Struktur und Beschreibung hinein an die Eingebungen Anselms und des Kusaners erinnert, tritt mit *Jakob Böhme* ein echter Visionär auf den Plan, der sich von seiner christosophischen Botschaft zwar eine theologische Reformation, den Anbruch der „Lilienzeit", erwartet, diese Hoffnung aber schließlich auf den von ihm selbst durchlaufenen Prozeß der inneren Wiedergeburt zurücknehmen muß.[56] Gestützt auf den dialogisch-visionären Umgang mit der himmlischen Weisheit, arbeitet er mit aller Kraft auf eine Überwindung der durch Kontroversen belasteten und in Doktrinalismus erstarrten Theologie seiner Umwelt hin; doch erlangt er, vermittelt durch Baader und Schelling, wirklichen Einfluß nur auf die ostkirchliche Denkweise, vor allem in Gestalt der durch *Florenski* und *Solowjew* entwickelten Alleinheitslehre[57], die bei dem letzteren freilich mehr noch durch die drei Begegnungen mit der Lichterscheinung seiner „himmlischen Freundin" motiviert ist.

Noch schwerer ist der Einfluß *Pascals* auf die Entwicklung des theologischen Gedankens auszumachen, obwohl das vom „Memorial" dokumentierte Erlebnis seiner „Feuernacht" (von 1654) ganz darauf angelegt war, eine Transformation der Denkweise herbeizuführen:

FEUER
Gott Abrahams, Gott Isaaks, Gott Jakobs,
nicht der Philosophen und Gelehrten.
Gewißheit, Freude, Gewißheit, Empfinden, Friede.
Gott Jesu Christi.

In diesem Erlebnis gewann Pascal den Anstoß zur Ausarbeitung seiner in der Fragmentensammlung der „Pensées" vorliegenden Apologetik, mit der er das, wenn lange Zeit auch kaum beachtete, Modell einer in ihrer anthropologischen Rückbezüglichkeit akzentuierten Glaubenslehre schuf.[59] Wie *Harding Meyer* nachwies, ist sie insgesamt als eine „Kunst zu überzeugen", also in ständiger Rücksicht auf die Schwäche und Trostbedürftigkeit des Menschen entwickelt.[60] In dieser positiven Kopflastigkeit wartet sie immer noch auf eine angemessene Rezeption im theologischen Denken. Immerhin gewann Pascal auf dem Umweg über die fundamentaltheologische Methodendiskussion Einfluß darauf, da der Schöpfer der Immanenzmethode, Maurice Blondel, wie *Eugen Seiterich* hervorhob, unter den wenigen Namen, die für ihn bestimmend wurden, denjenigen Pascals aufführt.[61]

Auch für das romantische Gegenstück zu Pascals apologetischem Entwurf, für *Schleiermachers* Reden „Über die Religion" (von 1799), die sich – wie die „Pensées" an die „pyrrhonistischen" Skeptiker – „an die Gebildeten unter ihren Verächtern" wenden und als die Grundlegung seiner „Philosophischen Theologie" zu gelten haben, läßt sich eine visionäre Herkunft, wenngleich nur sekundärer Art, glaubhaft machen. Bei der Ausarbeitung der dritten Rede klagt er Henriette Herz, daß sie ihm noch unfertig „im Kopfe liege, da ihm noch die Inspiration fehle, ohne die er nicht beginnen könne[62]". Und *Rudolf Haym* gibt in seiner einfühlsamen Charakteristik *Schleiermachers* zu verstehen, daß sich in diesem Selbstzeugnis die Grundfigur des ganzen Entwicklungsgangs des Heranreifenden darstellt, wenn er auch jeden Hinweis auf die den Schaffensprozeß insgesamt auslösende „Inspiration" schuldig bleibt.[63] Dafür macht er glaubhaft, daß sich für den jungen Schleiermacher die anfängliche Lebensbedrängnis zu einem „Weisheitsweg" gestaltete, der ihn die entscheidende Sinnfindung von Akten anschauender Versenkung erwarten läßt. Nicht umsonst sind für ihn „Selbstanschauung" und „Anschauung des Universums", die Prinzipien der „Monologen" und „Reden", sich gegenseitig fordernde und bedingende „Wechselbegriffe". Das spricht um so mehr für seine Zugehörigkeit zum Typus der für die theologischen Innovationen ausschlaggebenden Existenzdenker, als er sich der autobiographischen Verankerung seiner Ideen bewußt ist. Um seine Reden über die Religion nicht mißzuverstehen, so versichert er in einem Briefwort, „müsse man außer der Religion auch ihn selbst kennen".[64]

Wenn *Georg Baudler* mit seiner These von der Beeinflussung Kierkegaards durch *Hamann* recht behält,[65] muß dieser visionäre Denker schon um dieser Wirkung willen im vorliegenden Zusammenhang aufgeführt werden. Seine Einbeziehung ist um so wichtiger, als bei ihm das visionäre Moment eindeutig gegenüber dem verbal-auditiven zurücktritt, so daß die Hinkehr der modernen Theologie zu Wort und Sprache – gleichzeitig dokumentiert durch Barths „Theologie des Wortes Gottes" und die theologische Hermeneutik – erst von ihm her voll erklärbar wird. Denn während noch in Luthers „Turmerlebnis" der intuitiv erschaute „Sinn" im Vordergrund steht, vollzog sich die visionäre Denkwende Hamanns, mit Baudler gesprochen, „nicht im Schauen, sondern im Hören".[66] Kern dieses „Londoner Erlebnisses" (von 1758) ist die Erfahrung eines jedem ausdrücklichen Wort vorangehenden Angesprochenseins, eines Zuspruchs „in der Tiefe des Herzens", der ihm den „eigenen Lebenslauf" und mit ihm zusammen den Sinn im „Labyrinth der Welt" auf befreiende Weise lesbar macht. So wird er, mit dem Schlüsselwort von Baudlers Abhandlung ausgedrückt, „im Worte sehend".

Hamanns Erlebnis steht in einem weitgespannten geistesgeschichtlichen Zusammenhang. Es weist zurück auf die – auch für die Geschichte des menschlichen Selbstbewußtseins wichtige – Stelle in „De visione Dei" (von 1453) des *Nikolaus von Kues*, die in der Jasperschen Wiedergabe lautet:

> *Du sprichst in mein Herz hinein zu mir: Sei dein eigen, dann bin auch ich dein eigen (sis tu tuus, et ego ero tuus).*

Doch führt von Hamann auch in dieser Hinsicht eine Linie zu *Kierkegaard*. Schon in einer frühen Tagebuchaufzeichnung (vom 10. September 1836) bemerkt dieser, offensichtlich im Sinn eines kaum verhüllten Selbstzeugnisses, daß, selbst wenn Gott vom Himmel her zum Menschen sprechen wolle, zuvor das gebieterische und wirkmächtige Wort an ihn ergehen müsse: „Erwache, du, der du schläfst!"[69] Wie eine spiegelbildliche Wiederholung dessen wirkt Kierkegaards „Ostererlebnis" (von 1848), in dem man mit *Walter Lowrie* den inspiratorischen Anstoß zu seiner „Einübung im Christentum" (von 1850) und damit zu dem Werk seiner intensivsten und noch immer fortdauernden Einwirkung auf die Theologie der Folgezeit erblicken muß:

> *Mittwoch, 19. April. – Mein ganzes Wesen ist verändert. Meine verschwiegene Heimlichkeit, meine Verschlossenheit ist aufgebrochen – ich muß reden!*

Der Einfluß, den Kierkegaard auf die Fortentwicklung des theologischen Gedankens nahm, ist so vielschichtig, daß sich außer der dialektischen Theologie, der „Christologie von innen" und der theologischen Methodenkritik[70] selbst *Gerd-Günther Grau* mit dem Versuch auf ihn berufen konnte, ihn als Kronzeugen für die von *Nietzsche* proklamierte „Selbstauflösung des christlichen Glaubens" in Anspruch zu nehmen.[71] Das lenkt am Ende dieser bruchstückhaften Übersicht schließlich den Blick auf diesen selbst, zumal Nietzsche die drei Bedingungen des „Paradigmenveränderers" auf geradezu exemplarische Weise erfüllt: er ist Visionär, der sein Denken als die wissenschaftliche Konfession seines Lebens begreift und, ungeachtet seiner atheistischen Attitüde, wie kaum ein anderer die Gegenwartstheologie beeinflußte, wenn er sie auch in eine ausgesprochene Endposition, signalisiert durch die Radikalform einer „Theologie nach dem Tode Gottes" *(Sölle)*, hineintrieb.[72] Und er ist Existenzdenker, der sich als solchen in den Konfessionen seines „Ecce homo" (von 1888) präsentiert. Inbegriff seines antichristlichen Inspirationserlebnisses ist, der Auskunft dieses übersteigerten Selbstzeugnisses zufolge, der „Ewige-Wiederkunft-Gedanke", der sich für ihn zugleich zum „Typus" der Zarathustra-Figur verfaßt.[73]

In der – dem Schluß der „Fröhlichen Wissenschaft" (von 1882) entnommenen – Beschreibung dieses Typus hebt Nietzsche vor allem das Moment der Überschreitung aller bekannten Wertsetzungen und Horizonte, den Ausbruch in ein „Jenseits aller bisherigen Länder und Winkel des Ideals" hervor, so daß der Zusammenhang mit der durch das „Gott ist tot" des „tollen Menschen" betriebenen Tilgung des Gott-Horizonts offensichtlich wird.[74] Nun führen Visionen aber nie „ins Nichts". Selbst die Erleuchtung, durch welche Buddha der Leidverkettung alles Seienden ansichtig wird, bildet keine Ausnahme von dieser Regel. Darum spricht schon die visionäre Herkunft der Toterklärung Gottes dafür, daß Nietzsche selbst mit diesem dezidiert „neinsagenden" Vorstoß bei aller gewollten Destruktivität etwas Positives im Sinn hatte, das die „Radikale Theologie" berechtigte, sein „Gott ist tot" als ein innertheologisches Ereignis zu behandeln.[75]

Vision und Intuition

Es stünde schlecht um die innere Wandlungs- und Erneuerungsfähigkeit der Theologie, wenn sie die innovatorischen Impulse nur visionären Durchblicken und Durchbrüchen zu verdanken hätte. Auch wenn man bei ihr, besonders in Zeiten gleichbleibender soziokultureller Bedingungen, schon wegen ihrer Rückbindung an das kirchliche Dogma, mit längeren Phasen der Beharrung als bei andern Wissenschaften rechnen muß, steht doch die nachweisbare Menge der visionär bedingten Innovationen in keinem Verhältnis zu dem von ihr tatsächlich erzielten Fortschritt. Zudem besteht zwischen diesen und der Geschichte der religiösen Visionen ein nur sehr lückenhafter Zusammenhang. Nicht nur, daß die weitaus meisten der in der Geschichte der Ekstatiker und Mystiker überlieferten Visionen ohne erkennbare Auswirkungen auf den Gang der theologischen Erkenntnis blieben; vielmehr kommt es in diesen immer wieder zu Perspektiven- und Paradigmenänderungen, für die sich keine Veranlassungen visionärer Art nachweisen lassen. So machte die theologische Sprachtheorie auf die grundlegende Bedeutung der Athanasius-Schrift „De incarnatione" (von 320) aufmerksam, die durch ihre programmatische Bedeutung für die Konstituierung einer (im Gegenzug zur paulinischen Kreuzeschristologie entworfenen) Inkarnationschristologie als eine der folgenschwersten Weichenstellungen der Theologiegeschichte zu gelten hat, ohne daß eine visionäre Veranlassung dafür ersichtlich wäre.[76] Ähnliches gilt für Anselm, der mit der Begründung der Satisfaktionstheorie in „Cur Deus homo", von dem die Vorrede lediglich berichtet, daß es unter drängenden und betrüblichen Umständen „auf Bitten hin" verfaßt worden sei, eine – zumindest anfänglich – weitaus größere theologiespezifische Wirkung erzielte als mit seinem „Proslogion".

Der naheliegende Gedanke, in der „theologischen Konklusion", die einen Glaubenssatz mit einer philosophischen Proposition syllogistisch verknüpft, die gesuchte Lösung zu finden, führt tatsächlich nicht aus dem angedeuteten Dilemma heraus.[77] Näher besehen erweist sich das Konklusionsverfahren nämlich nicht als das in ihr vermutete Instrument der Wahrheitsfindung, sondern als eine kognitive Strategie, die zur argumentativen Verifizierung eines auf divinatorischem Weg bereits entdeckten Sinnverhalts eingesetzt wird.

Diese „divinatorische" Erfassung von Wahrheiten, die das Moment der Spontaneität enthält, ohne – wie die Vision – aus dem durchschnittlichen Erkenntnisprozeß herauszufallen, ist gleichbedeutend mit der Intuition. Sie entspricht auf seiten des menschlichen Erkenntnisvermögens dem manifestatorischen Moment auf seiten der Wahrheitsereignung. Wie sich diese aus der Seinstiefe spontan entbirgt, wird sie in einem gleichsinnigen Zugriff wahrgenommen. Damit wird der Beitrag diskursiver Denkschritte zur theologischen Wahrheitsfindung keineswegs verneint. Wie gerade die von Anselm entwickelte Satisfaktionstheorie zeigt, gibt es unbestreitbar theologische Konstrukte, die auf dem Weg konklusionshafter Verarbeitung hypothetischer Annahmen zustande kommen.[78] Doch läßt der unverkennbar „konstruktivistische" Charakter der Ableitung nicht weniger klar erkennen, daß Theorien dieser Art die Ausnahmen vom Regelfall jener Sinngebilde sind, die ihre Entstehung intuitiven Durchblicken und Zuordnungen verdanken.

Ort und Effizienz der Intuition lassen sich gestaltanalytisch an jenem Denker darstellen, der, ohne selbst Existenzdenker zu sein, einen Großteil seiner Lebensarbeit der Interpretation ausgesprochener Repräsentanten dieses Typs widmete: an *Guardini*. In seinen Monographien über Augustinus, Dante, Pascal, Hölderlin, Dostojewskij und Rilke versenkte er sich Mal um Mal in geistesgeschichtliche Gestalten, die durch eine Affinität zur schauenden Denkweise gekennzeichnet sind, sofern sie nicht sogar in die Reihe der großen Visionäre gehören.[79] Die Intensität der interpretatorischen Bemühung spiegelt den Grad der Betroffenheit, die Guardini, strukturell gesehen, eine abkünftig-sekundäre Zugehörigkeit zu dem von ihm vorzugsweise gedeuteten Denkertypus sichert. Am unmittelbarsten drückt sich das in seiner kognitiven Grundeinstellung aus, die durch eine betonte Inklination zur intuitiven Erkenntnisweise gekennzeichnet ist. Die Initiation aller Sinnerfassung besteht für ihn demgemäß, wie er in einer erkenntnistheoretischen Reflexion erklärt, in einem unmittelbaren „Hinblicken und Sehen", wobei der Blick des Geistes der Selbstmanifestation der Sache antwortet, so daß der intuitive Akt genauer besehen den Tatbestand eines Blick-Dialogs erfüllt, der auf die Übereinkunft von „Her-Blick und Hin-Blick" abzielt:

Mein Blick sieht das Wesen; und zwar so, daß dieses sich selbst bezeugt. Das Wesen ist „evident", herausblickend: es blickt an, und sein Anblicken macht erst das meinige möglich, ja ruft es. Mit seiner Eigenschaftlichkeit, damit, daß es ist, was es ist, trifft es die Empfänglichkeit meines Auges. Mit der Sinnmacht seiner Bedeutung bestimmt es mein Sinngefühl, trägt es sich mir auf. Beim Sehen verhalte ich mich gegen diese Selbstmitteilung empfangend; gegen diesen Sinnbefehl gehorchend.[80]

In spannungsreicher Übereinkunft mit Guardini hatte bereits *Joseph Bernhart* ähnlich votiert. Für ihn ist alles Sein „in Bewegung zu seiner Selbsterfassung", zumal aber dort, wo es im Menschengeist zur Höhe der Erkenntnis gelangt. So kommt auch der Geist

> *auf sich selbst zurück, sei es, daß er nach innen geht und sich mit sich befaßt, sei es, daß er die Welt ihm gegenüber vernimmt, sei es, daß er aus empfangener Welt Neues, Ungewesenes hervorbringt, das doch wiederum nicht von nirgends kommt, sondern aus schlafender Möglichkeit in ihm durch erweckendes Tun in ihm zur Wirklichkeit ersteht.*[80a]

Für Bernhart geschieht das jeweils beim „Hervorbrechen einer echten Intuition aus den verdeckten Gründen der Geistseele". Denn auch der „tätige Intellekt hat sein Unterhalb, und auf dieser Nachtseite erquillt ihm spontan das Beste seiner Habe". Daran – und an die metaphysisch-theologischen Bedingungen dieser Gegebenheit – sollten gerade „wir Heutigen in dieser Weltstunde der Zerfahrenheit uns erinnern, damit am Fuße seines babylonischen Turmes nicht auch der Mensch im Stich gelassen werde – im Stich gelassen von sich selbst".[80b]

Man braucht sich nur die paulinische Verdeutlichung der Glaubenserkenntnis vor Augen zu führen – der Zweite Korintherbrief spricht von einem schauenden Anverwandeltwerden an das Herrlichkeitsbild Christi (3,18) –, um einzusehen, wie sehr diese Konzeption dem neutestamentlichen Erkenntnismodell entspricht. Es kommt nur noch darauf an, die Sinnverhalte auszugrenzen, die dem intuitiven Erfassungsakt besonders nahliegen und sich von daher als seine bevorzugten „Gegenstandsfelder" erweisen.

Felder der Intuition

Auch wenn man davon ausgeht, daß jeder Erkenntnisakt, selbst der streng syllogistisch oder argumentativ operierende, ein intuitives Moment impliziert, das sich auf den zentralen Ideationsgrund bezieht, ist die Suche nach den „Vorzugsfeldern" der Intuition, schon aus gegenstandstheoretischen Gründen, unumgänglich. Wie die theologischen Konstrukte im „Einzugsgebiet" der ausfolgernden und systematisierenden Denkoperationen liegen, sind Hypothesen, Analogien und Konfigurationen die von Haus aus der schauenden Denkweise zugeordneten Sinngebilde. Wenn von der divinatorischen Kraft der Intuition ein ökonomischer – und erfolgversprechender – Gebrauch gemacht werden soll, muß der Versuch unternommen werden, das angesprochene „Gegenstandsfeld" genauer zu sichten, um dem intuitiven Blick dadurch von vornherein die strukturgemäße Zielrichtung

zu geben. Ein Strukturwandel im theologischen Denken der Gegenwart kommt diesem Interesse wirksam entgegen.[81] Wie *Walter Kern* deutlich machte, ist dieser Wandel durch drei Tendenzen gekennzeichnet, zu denen er außer der Wende von der Überlieferung zur Entscheidung und von der Definition zur Kommunikation insbesondere auch diejenige vom Spektrum zum Brennpunkt, also zur konzentrativen Figur und Formel rechnet.[82] Unausgesprochen liegt dieser Beobachtung die Einsicht in die Relevanz der intuitiven Denkweise zugrunde. Denn die Entscheidung lebt von normativen Gesichtspunkten, die Kommunikation von Korrespondenzerfahrungen, die Konzentration von der Fähigkeit der Zusammenschau. Im Gegensinn gelesen gibt diese Strukturbestimmung einige Kriterien an die Hand, die zu einer, wenn auch noch so groben Auffächerung des intuitionsbezogenen Gegenstandsfelds verhelfen. Das Entscheidungsinteresse der Gegenwartstheologie ruft, um damit die nur ganz fragmentarische Aufzählung zu eröffnen, die theologischen Rechtskriterien in Erinnerung, mit denen die Theologie von ihren biblischen Anfängen und mit besonderer Betonung aber seit der anselmischen Genugtuungslehre operiert und mit denen sich, wie in Luthers „Turmerlebnis", nicht selten ein intuitives Moment verbindet. Ein besonders eindrucksvolles Beispiel bietet dafür der vorletzte von *Guardinis* nachgelassenen „Theologischen Briefen" (von 1976), der von Gottes Streit um sein Recht handelt und mit der Bemerkung, daß seinem Verfasser etwas aufgegangen sei, das die ganze Theologie, ohne sie sachlich zu ändern, „unter ein anderes Licht stellen könnte", dem Postulat eines Paradigmenwechsels gleichkommt.[83]
Handelt es sich hier um intuitiv „erfaßte" Blickpunkte, so richtet sich die Intuition in einem zweiten Fall auf die zunächst unersichtlichen Konsequenzen theologischer Positionen und Propositionen. So wirkt es wie die Wahrnehmung eines in seiner Inversionsstruktur anfänglich verborgenen Sinnverlaufs, wenn der Christushymnus des Philipperbriefs von dem bis zum Kreuzestod Gedemütigten versichert: „Deshalb hat ihn Gott erhöht und ihm einen Namen verliehen, der alle Namen überragt" (2,9). Dieselbe Grundfigur zeichnet sich im Eingangsgedanken der achten Weihnachtspredigt *Leos des Großen* ab, demzufolge der ewige Gottessohn Knechtsgestalt annahm, um uns in seiner Natur zu sich zu erheben.[84] Daß es sich dabei um einen zunächst als Gestaltwahrnehmung gefaßten Gedanken handelt, läßt die fünfte Weihnachtspredigt vermuten, wenn sie den menschgewordenen Gottessohn als die „Leiter" bezeichnet, „auf der wir durch ihn zu ihm aufsteigen" können.[85]
Demgegenüber entsprechen der heutigen Abkehr von der begrifflich operierenden Argumentations- und Disputationstheologie zugunsten theologischer Kommunikation strukturelle Analogien, da alles Verstehen auf Konvergenzerfahrung zurückgeht.[85a] Damit ist freilich nicht gesagt, daß nach einer Zeit der dominierenden Dialektik (mit dem Paradox als bevorzugtem Denkmodell) eine Wiederkehr des Analogiedenkens (und womöglich der Allegorese) bevorstehe, da der – intuitiv erfaßte – Konvergenzpunkt durchaus auch in einer gemeinsam offengehaltenen Negativität

liegen kann. Ebensowenig besagt die Wende von der Definition zur Kommunikation, daß die Gegenwartstheologie den geheimen Ikonoklasmus, dem sie im Gefolge formalisierender und analytisch-kritischer Tendenzen verfallen war, bereits überwunden habe. Denn die radikale Entbildung kann zwar, wie *Gertud von le Fort* in ihrem literarischen Vorfeld deutlich machte, am Ende der Destruktion aller Bildgehalte selbst wieder zum Bild und damit zum Gegenstand schauender Sinngewahrung werden[86], doch ist damit noch keine allgemeine Restauration des Aufgegebenen verbunden. Schon ein kleiner Schritt führt von hier zu den vom Anschein ihres Gegenteils verhüllten Sinngehalten, wie sie von Formeln nach dem Modell des reformatorischen *„simul iustus et peccator"* behauptet werden. Eine vergleichbare Konzeption lag bereits der dreizehnten Strophe des Hymnus *„Lauda Sion"* zugrunde:

> *Sub diversis speciebus,*
> *Signis tantum, et non rebus,*
> *Latent res eximiae.*

Obwohl das „Sehen" der erhabenen „*res*" ausdrücklich verneint wird, ist es durch die angesprochene Zeichenhaftigkeit der sakramentalen Gestalten doch wieder zugelassen; als Wahrnehmung des zeichenhaften Verweises auf das, was sich als ungreifbares Geheimnis dem Blick entzieht. Exponent dieser dialektisch gebrochenen Sehweise ist das christologische Konzept, das Kierkegaard in den „Philosophischen Brocken" (von 1844) von dem „Gott in Knechtsgestalt" entwirft: aus liebender Rücksicht bis zur Unkenntlichkeit verhüllt und dem vom Leid dieser Liebe berührten Herzen doch gerade so in seiner unendlichen Wahrheit ersichtlich.[87] Wenn man davon ausgeht, daß der intuitive Blick – im Unterschied zum Begriff – auch gegensinnige Strukturen und Sinnüberlagerungen zu erfassen vermag, läßt sich die Vermutung, daß Konstrukte der beschriebenen Art auf Intuitionen zurückgehen, kaum von der Hand weisen.

Da Kierkegaard im größeren Kontext der Stelle Gott das „absolute Paradox" der sich selbst aufhebenden Grenze nennt[88], muß von hier aus noch der Bereich der Paradoxien in Betracht gezogen werden. Wie sehr das Paradox, ungeachtet seines extremen Abstraktionsgrads, ins Bild drängt und dadurch zu schauender Erfassung anregt, zeigt ein Beispiel aus frühpatristischer Zeit, das im Interesse der (visuellen) Verdeutlichung des Christusgeheimnisses paradoxe Wendungen aufeinanderschichtet, um so, nach Art eines Clustereffekts, eine möglichst umfassende Wirkung zu erzielen:

> *Einer ist unser Arzt,*
> *aus Fleisch zugleich und aus Geist,*
> *gezeugt und ungezeugt,*
> *Gott, der im Fleisch erschien.*
> *Im Tod – wahrhaftiges Leben,*
> *aus Maria sowohl als aus Gott,*
> *leidensfähig zuerst, dann leidentrückt:*
> *Jesus Christus, unser Herr*[89]

Auch hier spiegelt der Aufbau eher die Kontur einer Bildlogik als die einer spekulativen Ableitung, so daß wiederum auf die Herkunft aus einer intuitiven Konzeption geschlossen werden kann. Keine der von *Kern* herausgestellten Tendenzen prägt das religiöse Bewußtsein und mit ihm das theologische Denken so nachhaltig wie das dem herrschenden Pluralismus entgegenwirkende Moment der Vereinfachung und Konzentration.[90] Am offenkundigsten entsprach dem das – anfänglich heftig attackierte – Bemühen *Rahners,* einprägsame „Kurzformeln" des Glaubens zu entwickeln, welche die Pluralität der Mysterien ohne Abstriche an der Substanz auf einen möglichst einfachen Nenner brachten.[91] Wie Rahner zu verstehen gibt, sind derartige Formeln in erster Linie das Werk sprachlicher Gestaltung; doch vermöchte die Formulierungskunst nichts, wenn sie nicht von einer Sinnfigur ausginge, die sich nur dem intuitiven Durchblick durch die Vielzahl der Glaubensgeheimnisse zeigt.[92]

Dem Konzentrationsbedürfnis entspricht im heutigen Glaubensbewußtsein aber ein nicht minder ausgeprägtes Verlangen nach Expansion und Emanzipation. Im Bereich des theologischen Denkens entzündet es sich vorzugsweise an jenem „Halt", den gerade der auf das Absolute zielende Gedanke „im Begrenzten" sucht und den *Jaspers,* der diesen Vorgang als erster beschrieb, das „Gehäuse" nennt.[93] Bekannteste und zugleich effizienteste Erscheinungsform dieses Gehäuses ist das theologische System und dessen Baustein, der systembezogene Begriff. Im Blick auf den Gottesbegriff gab Nietzsche dem systemsprengenden Expansionswillen den vehementesten – und zugleich bildmächtigsten – Ausdruck: „Wenn es Götter gäbe, wie hielte ich's aus, kein Gott zu sein!" Und: „Wer gab uns den Schwamm, um den ganzen Horizont wegzuwischen?" Doch gab er damit nur der Systemkritik ihre letzte Zuspitzung, wie sie kaum weniger radikal, nur allgemeiner, schon Kierkegaard geübt hatte.[94] Auch hier liegt der Intuitionsbezug auf der Hand; denn das System könnte nicht als Horizont und Gehäuse denunziert werden, wenn es der sinnsuchende Blick nicht auf das Übergreifend-Größere hin durchdrungen und damit als Ort der Wahrheitsfindung in Frage gestellt hätte.

Zum „expansiven" Zug der Denkentwicklung gehören auch die – gleichfalls von intuitiven Sinngewahrungen eingegebenen – Versuche der offensichtlich in ein Stadium der Selbstkorrektur eingetretenen Theologie, die im Lauf ihrer Ausformungsgeschichte abgestoßenen Dimensionen im Interesse ihrer Glaubhaftigkeit und Menschennähe zurückzugewinnen.[95] Um die Wiedereinholung des Ästhetischen bemüht sich, wie bereits betont, das großangelegte Triptychon *Balthasars,* besonders in seinem ‚Herrlichkeit' betitelten „linken Flügel". [96] Einem vergleichbaren Interesse dient die Konzeption einer „therapeutischen Theologie", die, stimuliert durch die Entdeckung der schon in den neutestamentlichen Berichten auftretenden Neigung zu apologetischer Umdeutung der Wundergeschichten[97] und dem von Lessing beklagten Schwund der ursprünglichen Zeugniskraft, auf die Rückgewinnung des mit der Heilszusage gegebenen

Potentials an heilenden Energien abzielt. Mit einer emanzipatorischen Tendenz verbindet sich das Expansionsstreben schließlich dort, wo im Gegenzug zu den das kirchliche Zusammenleben bisweilen belastenden Zwängen das Bild einer als „Raum der aufgehobenen Entfremdung" verstandenen Kirche entworfen wird.[98]

Intuition heute?

Die Herausforderung, der sich die Gegenwartstheologie durch Wissenschaftstheorie, philosophische Sprachanalyse und Kritischen Rationalismus ausgesetzt sieht[98a], scheint dem intuitiven Denken heute um so weniger eine Chance zu lassen, als in der Hektik des herrschenden Wissenschaftsbetriebs für die elementaren Voraussetzungen der Intuition, Besinnlichkeit und Sammlung, immer weniger Raum bleibt. Doch ungeachtet der offensichtlichen Dominanz der desintegrativen Kräfte wird auch heute der theologische Erkenntnisfortschritt an die Intuition gebunden bleiben. Die durch die wissenschaftliche Verfahrensweise heraufbeschworene Gefahr liegt darin, daß der – nur durch Intuition ermöglichte – Fortschritt mit Progression und dadurch mit einer letztlich organisierbaren Größe verwechselt wird. Wenn diese Verwechslung nicht um sich greifen und zu strukturverändernden Folgen führen soll, bedarf es eines Korrektivs. Doch worin kann diese bestehen?
Schwerlich in binnentheologischen Gegengewichten. Sofern sie wie etwa in *Heribert Mühlens* insistentem Eintreten für das Recht des Pneumatischen[99] oder in dem Plädoyer von *Johann Baptist Metz* für das Wagnis einer Synthese von Theologie und Biographie gegeben sind, wirken sie eher wie Dammbauten, die den desintegrativen Faktoren zu wehren und neue Energien zu speichern suchen.[100] Wohl aber kommt in Gestalt der Resonanz, welche die Gegenwartstheologie im kirchlichen Glaubensbewußtsein findet, ein, systemimmanent gesehen, „äußeres" Korrektiv ins Spiel. Denn auf bloße Progression reagiert dieses Bewußtsein mit Anzeichen der Verunsicherung und des Unbehagens und damit eindeutig kritisch. Einer sich immer nur schrittweise aber ständig ändernden Theologie gegenüber hat das gläubige Kirchenvolk den Eindruck, mit einer fortwährenden Kursänderung befaßt zu sein, die, ohne zu erkennbaren Zielen zu führen, jede Stabilisierung verhindert.
Gleichzeitig hegt das allgemeine Glaubensbewußtsein, schon aufgrund seiner engeren Verflochtenheit mit dem geistigen Zeitgeschehen, aber doch die Erwartung, von der heutigen Theologie neue Impulse zu empfangen, die einen umfassenderen Überblick, ein vertieftes Selbstverständnis und zumal eine intensivere Konzentration der eigenen Kräfte ermöglichen. Was es an der Theologie der Gegenwart, ungeachtet ihrer immensen Produktivität vermißt, ist die programmatische Aussage, der integrierende Leitgedanke, das zündende Wort, dem es allein gegeben wäre, die ungenützten Reserven zu mobilisieren und die resignative Stimmung, die sich immer breiterer Schichten des Kirchenvolks bemächtigt, in ihr positives

Gegenteil zu verwandeln. In seinen „Gedanken zum Tauftag von D. W. R." bekannte sich *Dietrich Bonhoeffer*, knapp ein Jahr vor seiner Hinrichtung, zu der Hoffnung, daß es eines – unvorhersehbaren – Tages gelingen werde, das Wort Gottes wiederum „so auszusprechen, daß sich die Welt darunter verändert und verwandelt".[10]

Wenn das kein leeres Wunschbild bleiben soll, muß sich die Theologie auf diese Aufgabe konzentrieren. Um sich sammeln zu können, bedarf sie aber der integrativen Blickpunkte. Zu derartigen Blickpunkten verhilft ihr nach Ausweis ihrer eigenen Geschichte nur die Intuition. Sie gewahrt die Zentren, in welche die Sinnlinien des geistigen Kraftfelds zusammenlaufen, um sich dort zu neuen, noch unbekannten Bedeutungen zu klären. Und sie schafft, zusammen mit diesen Klärungsprozessen, den semiotischen Druck, unter dem, im unkalkulierbaren Glücksfall, das zündende Wort zustande kommt. Dieser Glücksfall rechtfertigt jede vorbereitende Anstrengung, auch diejenige, deren es bedarf, um der fast schon obsolet gewordenen Intuition wieder zu ihrem Recht zu verhelfen.

Der Spiegel des Glaubens
Zum Prozeß der theologischen Selbstkorrektur

Pathologische Symptome

Wer sich über die Situation des Glaubens Gedanken macht, sieht sich mit einer ganzen Reihe von pathologischen Symptomen konfrontiert. Sie lassen sich auf drei Haupterscheinungen zurückführen; denn der Glaube der Gegenwart leidet sowohl an einer auffälligen Randunschärfe als auch an einer offensichtlichen Kontakthemmung und insbesondere an einer bedenklichen Konzentrationsschwäche.

Mit dem Begriff „Randunschärfe" ist jene Verunsicherung angesprochen, die in erster Linie die sich aus den zentralen Glaubensgeheimnissen ergebenden „Folgerungen" betreffen. So geriet etwa der Glaube an die Jungfrauengeburt unversehens ins Spannungsfeld einer feministisch akzentuierten Diskussion. Und es ist wohl nur eine Frage der Zeit, bis dem Glauben an die Aufnahme Mariens ein ähnliches Mißgeschick zustößt. Vor allem aber ist die sich aus dem Glauben an die Wiederkunft Christi ergebende Lehre von den Letzten Dingen ins Zwielicht geraten. Dabei mag es mit der – neuerdings infolge der politischen Entspannung etwas abgeflauten – Befürchtung einer atomaren Weltkatastrophe und der damit stimulierten Weltend-Angst zusammenhängen, daß sich das Interesse der bisweilen recht hitzig geführten Debatte mehr auf die Existenz des Teufels und die Besiedlung der Hölle als auf deren lichten Gegenpol, also auf die Frage nach dem Himmel und dem ewigen Leben konzentrierte. Denkbar ist freilich auch, daß diesen Diskussionen nicht nur eine Verunsicherung, sondern eine offenbarungstheoretische Einsicht zugrundeliegt. Sie brachte *Karl Rahner* mit der These auf den Begriff, daß die Gottesoffenbarung nicht der religiösen Neugierde, sondern der menschlichen Sinnsuche entgegenkommt und deshalb den Tatbestand einer göttlichen Selbstoffenbarrung erfülle. Wenn Gott redet, dann also nicht, um die durchaus begreiflichen Fragen nach den jenseitigen Bereichen, ihrem Aufbau und den in ihnen herrschenden Verhältnissen zu beantworten, sondern um dem Menschen das zu sagen, ohne das er nicht sinnvoll und glücklich leben kann: sich selbst!

Ebenso unverkennbar ist die „Kontakthemmung", unter welcher der Glaube der Gegenwart leidet. Sie zeigt sich schon in der einseitigen Kanalisierung des religiösen Kommunikationsfeldes, bei dem das „Wort von oben" eindeutig gegenüber der möglichen „Rückmeldung" favorisiert ist. Doch fällt dabei noch schwerer die Sprachlosigkeit der „Basis" ins Gewicht, an der sich nach neutestamentlicher Vorstellung fortwährend eine gegenseitige Bestärkung im Glauben abspielen müßte. Denn die vielzitierte Mahnung des Ersten Petrusbriefes: „Seid jederzeit bereit, euch einem jeden gegenüber zu verantworten, der von euch Rechenschaft über eure Glaubenszuversicht verlangt" (3,15), bezieht sich zweifellos nicht nur auf Anfragen „von außen", sondern mindestens ebensosehr auf das

„domesticum colloquium" *(Paul VI.)*, das im Binnenraum der geistgewirkten „Gotteswohnung" (Eph 2,21) zu führen ist. Eine bedenkliche Entsprechung hat diese Stagnation des Glaubensgesprächs im theologischen Ideentransfer, der durch auffällige Engpässe gekennzeichnet ist. Allzu leicht gerät über dem gewaltigen Nachruhm, den das Werk *Karl Rahners* trotz aller Unterstellungen und Kritik erntete, die lange Zeit in Vergessenheit, während der es sich nur langsam und gegen eine ganze Reihe von Widerständen durchsetzte. Und immer noch gilt die Bemerkung, daß sich das unlängst abgeschlossene „Triptychon" *Hans Urs von Balthasars*, bestehend aus der ‚Herrlichkeit', der ‚Theodramatik' und der ‚Theologik', steil und einsam wie ein Felsmassiv über der theologischen Tageslandschaft erhebt. Wie aber sollte es hier, im Bereich der Theologie, zu einem lebendigen Ideenaustausch kommen, wenn es um das Glaubensgespräch des Kirchenvolkes so prekär bestellt ist?

Auf die schwerste Krise verweist jedoch das mit dem Begriff ‚Konzentrationsschwäche' gekennzeichnete dritte Symptom, das die Verunsicherung im Auferstehungsglauben betrifft. Wenn es zutrifft, daß eine wachsende Anzahl von Christen geneigt ist, den Glauben an die Auferstehung Jesu und dessen Konsequenzen gegen die asiatische Reinkarnationsvorstellung einzutauschen, liegt hier der Herd der angesprochenen Pathologie. Wenn es sich aber darum handelt, muß nach den Gründen dieser Verstörung gefragt werden. Und diese liegen, wenn man das mit der Vernachlässigung des paulinischen Osterzeugnisses gegebene Defizit beiseite läßt, im Bereich der umsichgreifenden Identitätskrise, die den heutigen Menschen dazu bringt, sein Leben als eine wiederholt durchzuspielende „Rolle" zu begreifen und ihm dadurch den mit dem Christusglauben gegebenen Ernst *(Guardini)* abzusprechen. Wo sich eine Indifferenz gegenüber der unvertretbaren Personwürde des Menschen ausbreitet, schwindet die Bereitschaft, das Menschsein dort zu verankern, wo seine Todverfallenheit ein für allemal überwunden wurde. Am bedenklichsten wäre es, wenn sich beim Versuch einer zeitgeschichtlichen Erklärung herausstellen würde, daß das für das postmoderne Denken bestimmende Prinzip „Beliebigkeit" im Begriff steht, auch den Christenglauben zu unterwandern und ihn in seinem Zentralgeheimnis auszuhöhlen.

Therapeutische Impulse

So alarmierend sich diese Diagnose ausnimmt, dürfen darüber die Heilungskräfte nicht übersehen werden, die eine genauere Überprüfung der Glaubenssituation erkennen läßt. Sie aber berechtigen um so mehr zu einer positiven Gesamtbeurteilung, als sie im Unterschied zu den Krisenerscheinungen ihren Ursprung nicht im Zeitgeschehen, sondern im Glauben selber haben. Die zweifellos zu registrierende Therapie hat somit den Charakter einer Selbstheilung, durch die sich der Glaube dem von außen her auf ihn eindringenden Erosionsprozeß widersetzt. Wie eine nähere Situationsanalyse lehrt, vollzieht sich diese Selbstheilung dadurch, daß sich der

Glaube auf seine ureigene Mitte konzentriert. Der angedeuteten Konzentrationsschwäche wirkt somit eine „konzentrative" Bewegung im Glauben selbst *(Kern)* entgegen.[2]

Um an der „Peripherie" dieses Vorgangs einzusetzen, so ist ein dreifacher Übergang zu verzeichnen, durch den sich der Glaube der Gegenwart vom Wissens- zum Erfahrungsglauben, vom Satz- zum Vertrauensglauben und vom Gehorsams- zum Verstehensglauben wandelt. Im Kern des ersten Übergangs geht es um die Verlagerung des Glaubensvollzugs auf das Erfahrungsmoment, das trotz der Skepsis des späten *Guardini,* der sich in seinen früheren Jahren nachdrücklich dafür ausgesprochen hatte, heute zu bestimmender Bedeutung gelangt. In seinem Schwerpunkt begriffen hängt der zweite Übergang damit zusammen, daß der Glaube zunehmend als ein Akt der Wiedergeburt begriffen wird, der als solcher der Erweckung des Urvertrauens auf Gott gleichkommt. Demgegenüber wurde der dritte Übergang durch die – zweifellos als die schwerste Zäsur im heutigen Geistesleben anzusehende – Autoritätskrise erzwungen und durch die philosophische Hermeneutik strukturiert. Ihr ist es zu danken, daß die von der Glaubensdefinition des Ersten Vatikanums hervorgehobene Gottesautorität in eine hermeneutische Beleuchtung gerückt und dadurch für ein neues Glaubenskonzept fruchtbar gemacht werden konnte. Danach ist Glaube ein „Gott-verstehen", das sich rezeptiv auf den bezieht, der dem Menschen das für seine Sinnfindung Wesentlichste zu sagen hat: sich selbst.

Damit ist dann aber auch schon die Mitte dieser konzentrativen Bewegung berührt. Sie ist mit dem gegebenen, der ebenso in seinem Wort wie in seinem Schweigen, ebenso in seinem Handeln wie in seinem Leiden, zumal aber im Ereignis seiner Auferstehung die krönende und unüberholbare Gottesoffenbarung ist. Als Mitte des Glaubens ist Jesus aber zugleich jener „Grund", außer dem (nach 1 Kor 3, 11) kein anderer gelegt werden kann. Sofern sich der Glaube der Gegenwart auf ihn bezieht, hält er somit Einkehr in seinem ureigenen Grund, so daß er wie kaum einmal zuvor im Begriff steht, sich selber durchsichtig und bewußt zu werden. Doch sprechen auch nachweisbare Fakten dafür?

Der Beweis erbrachte sich, so merkwürdig dies klingt, von selbst. Gemeint ist damit die mit Beginn der siebziger Jahre wie auf geheime Verabredung hin einsetzende Neuentdeckung Jesu, die einen intensiven christologischen Disput nach sich zog und sich in einer erstaunlich großen Anzahl von Jesusbüchern niederschlug. Da sich die theologische Interpretation dieses einhelligen Vorgangs zu zwei gegensätzlichen Modellen entzweite, verlor das Gespräch zusehends an Intensität, nicht zuletzt auch infolge der um die Befreiungstheologie und die Unfehlbarkeitsfrage entbrannten Debatten, die in den sich anbahnenden Konsens wie ein Störfeuer einfielen. Indessen sieht sich die Prognose, daß die Neuentdeckung als das glaubensgeschichtliche Zentralereignis der Gegenwart zu gelten hat, durch die Entstehung einer neuen Generation von Jesusbüchern seit Beginn der achtziger Jahre vollauf bestätigt. Obwohl es für eine abschießende Bewertung noch zu früh ist, läßt sich doch eine beziehungsreiche Akzentverlagerung beobachten.

Stand bei der Mehrzahl der Jesusbücher der ersten Generation, die das Zielbild einer „Christologie von unten" verfolgten, das sozialkritische Verhalten Jesu im Vordergrund, so heute eher seine Bedeutung für die Lebensorientierung und die Entwicklung einer genuin christlichen Spiritualität. Wie ein Gegengewicht zur Reinkarnations-Anfälligkeit wirkt überdies die Konzentration des Interesses auf das Ereignis der Auferstehung Jesu und, soweit das Identitätsproblem mit ins Spiel kommt, seine Gestaltwahrnehmung im Spiegel der Gleichnisse *(Baudler).* Wenn diese Fakten auch nur den Stellenwert von Indizien haben sollten, spräche doch alles dafür, daß mit der Neuentdeckung Jesu die Achse gefunden ist, um die sich die glaubensgeschichtliche Wende der Gegenwart bewegt.

Theologiegeschichtlich gesehen stellt sich das alles wie eine Gegenbewegung zum zentralen Vorgang des vorigen Jahrhunderts dar. Wie damals der romantische Aufbruch durch die siegreiche Neuscholastik eingeebnet wurde, vollzieht sich heute eine Freisetzung „romantischer" Motive aus dem „Komplex" der Systemtheologie, die noch weit über das Zweite Vatikanum hinaus die Glaubensreflexion bestimmt hatte. Auffällig ist in diesem Zusammenhang vor allem die wiederholte Entsprechung zu Modellen und Programmzielen, wie sie von *Möhler, Hirscher, Schell* und *Deutinger* entwickelt worden waren. Auf beträchtliche Strecken nimmt sich die skizzierte Situationsbeschreibung wie eine Erneuerung der von *Erwin Keller* herausgestellten Grundanliegen *Johann Baptist Hirschers* aus[3]. Insbesondere gilt das von seiner Bemühung um Überwindung „kasuistischer Ängstlichkeit" zugunsten einer geistgewirkten Gottesfreundschaft, von seinem Verständnis der christlichen Moral als einem „Sich-ausgestalten" Jesu Christi im Leben des Menschen und von seiner Deutung des Glaubens als „Neugeburt des inneren Menschen" und seiner Wertung der Tugenden als „Früchte" der vom Gottesgeist bewirkten Wiedergeburt. Doch damit ist auch schon ein gegensinniger Ablauf behauptet, der die Frage nach den strukturellen Verhältnissen im Erscheinungsbild der Gegenwartstheologie aufwirft. Wenn Theologie, wie bereits unterstellt wurde, der spekulative Spiegel dessen ist, was sich im Glaubensleben des Kirchenvolks abspielt, müßte sich auch ein theologischer Reflex der beschriebenen „Glaubenswende" nachweisen lassen. Doch läßt sich dieser Nachweis auch tatsächlich erbringen?

Theologische Selbstkorrektur

Zweifellos bietet die theologische Landschaft der Gegenwart das Bild starker Gegensätze und Verwerfungen. Doch fehlt es ebensowenig an Konstanten, die vermutlich nur deswegen nicht genügend wahrgenommen werden, weil sie nicht so sehr in festen Strukturen als vielmehr in dynamischen Abläufen bestehen. Versucht man, hauptsächlich auf diese zu achten, so stellt sich sogar ein überraschend einheitliches Gesamtbild dar, das den Eindruck erweckt, als sei die Gegenwartstheologie insgesamt im Akt einer umfassenden Selbstkorrektur begriffen, die letztlich darauf abzielt, die im

Zug der vorwiegend wissenschaftlichen Ausformung des theologischen Gedankens abgestoßenen Bereiche zurückzugewinnen. Daß von einem regelrechten „Stadium" dieser Selbstkorrektur gesprochen werden kann, ergibt sich aus der Beobachtung, daß die darauf hinzielenden Tendenzen in auffälliger „Synchronie" das Werk der „Wiedereinholung" betreiben. Im Stil der verschiedenartigen Strategien heben sich insbesondere drei derartige Tendenzen ab, die wenigstens in ihren Hauptvertretern angesprochen seien.

Wie es dem subjektivistischen Denkansatz des neuzeitlichen Bewußtseins entsprach, gestaltete sich auch die auf ihren szientifischen Charakter bedachte und um ihr Mitspracherecht im wissenschaftlichen Disput bemühte Theologie immer stärker in diesem Sinne aus. Sie war und blieb bis in die unmittelbare Gegenwart hinein die Theologie der sie jeweils entwerfenden Einzelpersönlichkeiten, durch deren Namen sie dann auch aufgrund einer zur Selbstverständlichkeit gewordenen Sprachgewöhnung gekennzeichnet wurde. Es lag dann durchaus in der – paradoxen – Konsequenz dieser Entwicklung, daß sie durch nicht weniger ausgeprägte Einzelgestalten korrigiert wurde, von denen *Moltmann, Metz* und *Boff* zu überregionalem Ansehen gelangten. Damit ist auch schon gesagt, daß die Gegensteuerung von der Politischen Theologie und ihrem lateinamerikanischen Derivat, der Befreiungstheologie, ins Werk gesetzt wurde. Wie *Claus Bussmann* herausstellte, ging es ihr zentral um ein neues Verständnis des theologischen Subjekts, das ihrer erkenntnistheoretischen Prämisse zufolge nicht so sehr in der Persönlichkeit des entwerfenden Theologen als vielmehr im Kollektiv der hinter ihm stehenden Glaubensgemeinschaft besteht.[4] Aus der Verknüpfung der in ihr lebendigen Überzeugungen und aufbrechenden Intuitionen reifen die Erkenntnisse, auf die er so zurückgreift, daß sie in ihm ihren wissenschaftlichen Sprecher finden. Wenn man dem hinzufügt, daß sich gerade die Befreiungstheologie ausdrücklich als eine „Theologie des Volkes" versteht, wird zudem deutlich, daß hier eine Korrektur in Gang kam, die auf die Zurückgewinnung der durch den Subjektivierungsprozeß verlorenen Sozialdimension abzielt.

Demgegenüber hat die theologische Bemühung, die dem Triptychon *Balthasars* zugrunde liegt, die Wiedergewinnung der ästhetischen Dimension zum Ziel, deren Recht schon aus der Tatsache erhellt, daß sich die Verkündigung Jesu vornehmlich der Bildworte und Gleichnisse bedient, um den Gedanken des Gottesreichs zur Geltung zu bringen, und daß die auf Bildvergleichen beruhende Analogie von *Origenes* bis *Cusanus* das beherrschende Prinzip des theologischen Denkens blieb. Man übertreibt mit der Feststellung nicht, daß sich im Bereich der Theologie mit der Ausgrenzung der ästhetischen Dimension ein innerer Bildersturm abspielte, der vermutlich damit begann, daß der Gedanke der „Argumentationsunfähigkeit" des Bilddenkens an Boden gewann. Mit dem Grundsatz „theologia parabolica non est argumentativa" war für die zunehmend auf die Strenge der Argumentation abhebende Vernunft der Stab über die Bilder gebrochen. Das läuft dann freilich auch auf die Einsicht hinaus, daß der Entwurf einer ästhetischen Theologie nicht nur auf die Veränderung der regionalen Verhältnisse ausgeht, sondern von seiner Gesamtanlage her eine Revision der Denkformen betreibt, auch wenn dies im konkreten Fall nicht in der Absicht ihres Initiators liegt.

Während die Situationsbeschreibung im Blick auf die soziale und ästhetische Korrektur auf ausgearbeitete Modelle verweisen konnte, steckt die Wiedergewinnung des therapeutischen Bereichs noch in den Anfängen. Gleichwohl darf sie angesichts der menschlichen Notsituation die höchste Dringlichkeitsstufe für sich beanspruchen. Denn seit der insistenten Anrufung Hiobs durch *Kierkegaard* – „Wenn ich Hiob nicht hätte!" – müßte es allen, insbesondere den Erziehern und Seelsorgern klargeworden sein, daß der heutige Mensch seine zentrale Schwierigkeit nicht mehr so sehr mit dem göttlichen Gesetzgeber und Richter als vielmehr mit Gott dem Schöpfer hat. Ihm ist das Faktum seines Daseins zur Last und Zumutung geworden; er leidet an einem konstitutionellen Selbstzerwürfnis, an einer Unfähigkeit zu sich selbst; und er fühlt sich in einem existentiellen Sinn des Ausdrucks „krank". Instinktiv hält er deshalb nach einer möglichen Heilung dieser ihn im Innersten versehrenden Wunde Ausschau. Die besondere Tragik der gegenwärtigen Situation bringt es mit sich, daß ihm sein gestörtes Verhältnis zu Christentum und Kirche den Blick auf die rettende Instanz verstellt. Umgekehrt wird man sagen können, daß sich dieses gestörte Verhältnis in dem Maß normalisieren wird, wie sich die authentische Sprecherin von beiden, die Theologie, dazu durchringt, ihm nicht nur lehrhafte Auskünfte über Rettung und Heil zu bieten, sondern ihm dieses nach dem Vorbild Jesu unmittelbar zuzusprechen. Das ist gleichbedeutend mit ihrer Bereitschaft, ihm im Haus ihrer Gedanken einen Ort des Aufatmens, der Geborgenheit und der Erhebung einzuräumen. Indessen fehlt es nicht an Indizien dafür, daß auch dieser Prozeß bereits in Gang gekommen ist.[5]

Der Kategorienwechsel

Mit dem Stichwort „Bewohnbarkeit" wurde im Grunde schon angedeutet, daß die Einbeziehung der verlorenen Bereiche eine tiefgreifende Umstrukturierung des theologischen Ideengebäudes nach sich zieht. Diese aber hat ihrerseits einen mehr oder minder einschneidenden Wechsel im kategorialen Instrumentarium zur Voraussetzung. Der in dieser Richtung bestehende Sinndruck macht sich offensichtlich am nachhaltigsten im Feld der therapeutischen Theologie bemerkbar, und er wurde auch tatsächlich, bezeichnend für den Tatbestand, von einem Schwerkranken und von ihm in einem diagnostisch-therapeutischen Kontext wahrgenommen: von *Franz Rosenzweig* in seinem als Prolegomena zum ‚Stern der Erlösung' konzipierten, jedoch erst posthum veröffentlichten ‚Büchlein vom gesunden und kranken Menschenverstand' (von 1964).

Für Rosenzweig beginnt die „Erkrankung" des Denkens schon mit dem Initiationsakt des philosophischen Staunens, das nicht nur hellsichtig, sondern, wie die bekannte Redewendung sagt, auch „starr" macht und darin die Starrheit der vergegenständlichten Sache widerspiegelt. Was aber vergegenständlicht wurde, ist aus dem lebendigen Kontext seiner Geschichte herausgebrochen und dadurch um seine Dignität und Seinsmächtigkeit gebracht. Dem Zugriff des Wesensdenkens unterworfen, ist es auch immer schon ins „Gewesene" zurückgestoßen. „Heilsam" wäre demgegenüber ein Denken, das in Akten der Geistesgegenwart die Dinge aus dem Geschichtsgang „aufruft", ein Denken in Namen, wie es der biblische Schöpfungsbericht beschreibt, wenn der Mensch die ihm zuerschaffene Welt durch Akte der „Benennung" ordnet (Gen 2,19 f).

Gegen den Einspruch seines Schöpfers muß daran festgehalten werden, daß auch das Balthasarsche Triptychon den Tatbestand eines Kategorienwechsels erfüllt, wenn das Mittelstück, die ‚Theodramatik', die für die traditionelle Theologie maßgeblichen Denkformen der platonisch-aristotelischen Metaphysik durch theatralische Kategorien wie Bühne, Spiel, Handlung und Rolle ersetzt und demgemäß den Gang der Heilsgeschichte und ihre Ereignungen als ein sich zwischen Gott und Menschheit abspielendes Drama begreiflich zu machen sucht.[6] Denn nur unter dieser Annahme entgeht das Werk der Gefahr, lediglich eine pittoreske Abschilderung der Heilsgeschichte zu bieten, anstatt, wie es doch offensichtlich in seiner Intention liegt, sie in ihrem konfliktreichen Ablauf, in ihren „Akten" und „Pausen", in ihren Verflechtungen und Entscheidungen, Gewährungen und Reaktionen auf neue und zeitgerechtere Weise denkbar zu machen. Vom Ansatz zu einem Kategorienwechsel wird man auch dort sprechen können, wo sich im Zug narrativer Theologiemodelle die Tendenz durchsetzt, die biblischen Berichte im Interesse einer Aktualisierung zu „übertexten" und wo in bewußter Abwendung von einer fixierenden Begrifflichkeit dem Bild und Bildbezügen ein Mitspracherecht bei der Formung des theologischen Gedankens eingeräumt wird.

Eine verblüffende Sachlage ergibt sich auch im Feld der Sozial-Korrektur. Denn hier ist, insbesondere in der Frage einer möglichen Wiederherstellung des Kollektivsubjekts, die romantische Theologie eindeutig dem heute erreichten Entwicklungsstand voraus, so daß der Rekonstruktionsversuch im Grunde nur auf längst Erkanntes zurückzugreifen braucht. Noch bei dem Nachzügler der Schule *Friedrich Pilgram* finden sich eindeutige Aussagen, die bei der Bestimmung des Glaubenssubjektes die Totalität des Gottesvolkes im Auge haben. „In der communio und communicatio mit Gott", meint er, ist nicht einmal die Menschheit etwa Selbständiges, „sondern eben nur Moment, ein Moment, das innerhalb der ganzen Wirklichkeit des Reiches Gottes steht und aus ihr erst geworden ist, in ihr – auch in ihrer ganzen Entwicklung – enthalten ist und von ihr umspannt wird".[7] Unüberhörbar klingt in diesem Satz die Überzeugung des frühen *Johann Adam Möhler* nach, daß Gott, der das Ganze schuf, nur von der in Liebe geeinten Glaubensgemeinschaft zulänglich erkannt werden könne. Freilich unterbaut Pilgram diese Konzeption noch durch den der aristotelischen Anthropologie entnommenen, insgeheim aber christologisch vertieften Gedanken, daß der Mensch deshalb das Subjekt von Welt und Geschichte sei, weil er als Geistwesen zu allem Seienden in Beziehung stehe und insofern als das „konkret-Allgemeine" oder, wie Pilgram formuliert, das „positive Allgemeine" zu gelten habe. Daß Pilgram überdies der Position einer das Soziale einbegreifenden Theologie nahesteht, beweist er mit seiner Forderung, daß eine christliche Gesellschafts- und Staatslehre auf den Gedanken des Gottesreiches gegründet werden müsse; denn das Christentum sei „das Reich Gottes, an sich und faktisch auf Erden, soweit es verwirklicht, selbst wirklich und Wirklichkeit ist". Eindrucksvoll bestätigt er damit den einem moraltheologischen Paradigmenwechsel gleichkommenden Ansatz *Hirschers*, daß eine Sittenlehre, die der Gefahr der Heteronomie entgehen wolle, auf das Programmziel Jesu, das von ihm verkündete und in ihm angebrochene Gottesreich, begründet werden müsse.

Der Paradigmentausch

Im Blick auf die von ihm geforderte Selbstüberschreitung der Gegenwartstheologie sprach *Hans Küng* in seiner Programmschrift ‚Theologie im Aufbruch' (von 1987) von einem notwendigen Paradigmenwechsel, ohne allerdings den damit geforderten „Wechsel" eindeutig zu bestimmen. Wer ihm darin gegen die von *Metz* geltend gemachten Bedenken recht geben möchte, sieht sich genötigt, über das bisher herrschende Paradigma Auskunft zu geben und überdies zu sagen, gegen welches andere es ausgetauscht werden müßte. Wie so oft, hilft auch in dieser Frage der ideengeschichtliche Rückblick weiter.[8]

Wenn man bedenkt, daß die seit der Reformation auseinanderdriftenden Theologien durch die Übereinkunft in der – wenngleich unterschiedlich ausgelegten – Rechtfertigungslehre verklammert blieben, wird man sich spontan an die Abhandlung ‚Cur Deus homo' zurückverwiesen sehen, mit der *Anselm von Canterbury* diese Lehre gegen andere Modellvorstellungen von der Erlösung wie etwa die von der ‚Recapitulatio mundi' zum Sieg führte. Hier ist die Rechtfertigung zwar die Frucht des Kreuzes, das Kreuz jedoch der Zweck der Menschwerdung: Gott wurde Mensch, um sich durch das Opfer seines Sohnes mit sich selbst zu versöhnen. Nimmt man hinzu, daß Anselm mit diesem Theorem lediglich eine längst schon vorgegebene Modellvorstellung systematisierte, so zeigt sich, daß das die abendländische Theologie beherrschende Paradigma im Motiv der Inkarnation bestand. Sie war von ihren Anfängen her das, was sie bis heute trotz wiederholter Versuche einer Kursänderung blieb: Inkarnationstheologie.

Das Wort vom Anfang gilt indessen nur bedingt. Denn bei ihrer paulinischen „Vorform" stand nicht die Menschwerdung, sondern das im Osterlicht aufleuchtende Kreuz Jesu im Zentrum der Interpretation. In dieser Vorform war sie „Passionstheologie", getragen von dem Willen ihres Initiators, nichts anderes zu kennen als Christus und ihn als den Gekreuzigten (1 Kor 2,2). Der Übergang zum Inkarnationsparadigma hängt offensichtlich mit dem Eintritt des Christentums in die hellenistische Denkwelt und dem Bedürfnis nach wissenschaftlicher Verständigung mit ihr zusammen. Tatsächlich trat jetzt an die Stelle der paulinischen Paradoxien das Denken in Sinnvergleichen und Analogien, an die Stelle des Zeugnisses das Argument, an die Stelle der Vergegenwärtigung das System. Verborgen blieb jedoch der – allenfalls von *Luther* und *Kierkegaard* gefühlte – Kompensationsvorgang, der mit diesem szientifischen Gewinn einherging. Denn die Auferstehung des Gekreuzigten konnte als Lebensinhalt aufgenommen, als Offenbarung entgegengenommen, als Weisheit erschaut, als Hoffnung eratmet und als Friede empfunden werden, nachdem *Paulus* bezeugte, daß ihm in der Damaskusvision, also in der Stunde seiner Heimsuchung durch den Auferstandenen, das Geheimnis des Gottessohnes ins Herz gesprochen worden sei (Gal 1, 15 f). Von der Inkarnation gilt dagegen das Irenäuswort, das sich diejenigen „übernehmen", die – wie die Gnostiker – versuchen, das Geheimnis der Geburt Jesu aus Gott, das unaussprechlich ist, auszuloten; zwar wisse ein jeder, wie aus der Denkkraft des Geistes das menschliche Wort hervorgeht. Wer aber versucht, diesen Hervorgang auf den eingeborenen Gottessohn zu beziehen und vorgibt, dadurch sein Geheimnis erschlossen zu haben, bringe sich geradezu in den Anschein, „Geburtshelfer bei seiner Hervorbringung gewesen zu sein", obwohl er doch nur seine ewige Geburt dem Hervorgang des Menschenwortes gleichgestellt habe (Adversus haereses II, 28,6).

Wenn es nun aber zutrifft, daß das Glaubensgeschehen der Gegenwart durch eine „Wende" gekennzeichnet ist, und wenn diese Wende sich in der dreifachen Selbstkorrektur der Theologie dieser Zeit spiegelt, ist damit die Rückkehr vom herrschenden, aber zur Systemtheologie führenden Paradigma zu dem des Kreuzes und seiner kerygmatischen Vergegenwärtigung gefordert. Denn mit der theologischen Selbstkorrektur geht ein Umbau des Systemgebäudes zugunsten einer „bewohnbaren" Theologie einher, während die durch den Übergang vom Wissens- zum Erfahrungsglauben bestimmte Glaubenswende auf ein Paradigma hinarbeitet, das Erfahrung vermittelt. Auch im Hinblick darauf wird man vom Anbruch der „paulinischen Stunde" sprechen müssen. Denn die Verkündigung des Apostels hat ihre Mitte in einem Erlebnis, das ihm gleicherweise zur Identitätsfindung wie zu seiner theologischen Grundkonzeption verhalf. Deshalb legt er sein grundlegendes Zeugnis, wonach ihm das seit Urzeiten verborgene Gottesgeheimnis ins Herz gesprochen worden sei (Gal 1,15 f), dreifach, protologisch (in 2 Kor 4,6), eschatologisch (in Phil 3,12) und mystisch (in Gal 2,20) aus. Auf diese Zielmarke hin muß der von der theologischen Situation geforderte Paradigmenwechsel erfolgen. Wie eine Ankündigung dessen wirkt die Stelle, an welcher *Herman Schell* in seinem Jesusbuch (von 1903) Paulus, der keinesfalls als Stifter des Christentums gelten könne, von Jesus distanziert, um ihn dann um so großartiger zu würdigen: „Ob Paulus in seinem Leben oder in seinen Schriften betrachtet wird: er ist ein Feuerbrand, der von Christus glüht, er ist ein Sturm, in dem Christus seine Macht offenbart; er ist ein Buch: aber dieses Buch enthält nichts und will nichts enthalten als Jesum Christum den Gekreuzigten. Jesus ist der ganze

Lebensinhalt des Apostels Paulus. Dadurch ist er zum Weltapostel geworden, daß Jesus sein Lebensinhalt geworden ist und daß er diesen Lebensinhalt als so groß empfunden hat, daß er, der Pharisäer, die nationalen Schranken des überlieferten Heilsglaubens sprengen mußte... In Paulus ist Jesus gewissermaßen für die Durchschnittsmenschen flüssig geworden, um auch in ihnen als Lebensinhalt wirksam zu werden: für jene Vielen, Allzuvielen, für jene Mühseligen, Verwahrlosten, denen gerade ... der Heiland not tut und nahegebracht sein will. Paulus ist die weitläufigste Übersetzung Christi: in ihm ist das Leben und Sterben Jesu, seine Lehre und Liebe zum lebhaftesten, kräftigsten, bewegtesten, innigsten Menschenleben geworden – und allen ein Muster, wie ihnen Jesus Lebensbrot, Lebensinhalt, Lebensziel werden kann und soll. Paulus ist ohne Jesus nichts, als Christusträger ist er der große Weltapostel für alle Zeit".[9]

Hinter Schell aber taucht hier, kaum vermutet, erneut die Gestalt *Hirschers* auf, der im Zug einer biblischen Neubegründung der Moraltheologie zumindest mittelbar auf den anstehenden Paradigmenwechsel hinarbeitete. Er spricht zwar nicht von der paulinischen Kreuzespredigt, wohl aber vom Zentralthema der Verkündigung Jesu, vom Gottesreich, dessen Proklamation Jesus, wie gerade die heutige Deutung erkennen läßt, mit innerer Konsequenz in den Tod führte und so im Kreuz ausmündet. Wenn das noch einer zusätzlichen Vergewisserung bedürfte, so ginge sie von dem Leitwort aus, das unübersehbar über der geistigen Lebensarbeit und dem sie krönenden Martyrium *Edith Steins* steht und als das ihr zugesprochene „Paßwort" zu gelten hat: Kreuzeswissenschaft. Mit ihm verweist sie für einen jeden, der sehen kann, die Gegenwartstheologie auf den von ihr zu beschreitenden Weg.

Das mystische Stadium

Mit der Aufhellung des sich anbahnenden Kategorien- und Paradigmenwechsels ist die gegenwärtige Glaubenswende aber noch keineswegs ganz ausgeleuchtet. Denn es wäre schwerlich dazu gekommen, wenn nicht das Christentum insgesamt in jenem Übergang begriffen wäre, den *Karl Rahner* mit dem lapidaren Satz umschreibt, daß der Christ der Zukunft entweder ein Mystiker oder – überhaupt nicht sein werde. Ihr volles Profil gewinnt diese These erst im Zusammenhang mit *Nietzsches* destruktiver Stadienlehre, derzufolge das Christentum zunächst „als Dogma" zugrunde ging, um dann jedoch eine um so größere Macht über das Verhalten der Menschen zu gewinnen; jetzt aber stehe es im Begriff, auch seine moralische Autorität zu verlieren, da seine gegenwärtige Verfassung seiner Selbstauflösung „als Moral" gleichkomme.[10] In die Rahnersche Perspektive gerückt, folgt jedoch auf das dogmatische und moralische Stadium nicht die von Nietzsche erwartete Selbstaufhebung, sondern – und dies aus innerer Notwendigkeit – das mystische. Inzwischen deutet vieles darauf hin, daß sich das spannungsreiche Verhältnis von kirchlicher Führung und

Kirchenvolk letztlich aus dem dramatischen Übergang des moralischen Stadiums in das mystische erklärt und dadurch auch seine zu erhoffende Lösung findet. Auch das wirkt wie eine längst schon vorgegebene, bei ihrer Entstehung aber nicht zum Zug gekommene Tendenz. Sie tritt in aller Offenheit schon in den dichterischen Zeugnissen der Romantik zutage. Im Entwurf zu seiner Friedenshymne erlebt *Hölderlin,* wie der „Versöhnende", Christus, der Ursprung und Inbegriff des Friedens, „Freundesgestalt annimmt" und so das Verheißungswort, daß er die Seinen aus dem Stand der Knechtschaft erheben und in ein Freundschaftsverhältnis zu sich ziehen wolle, einlöst. Und der Nachgeborene der romantischen Schule, *Martin Deutinger,* spricht sich mit großer Entschiedenheit gegen ein „knechtisches", nur der Legalität verschriebenes Christentum aus, um nicht weniger nachdrücklich für ein Christentum im Geist der Gottesfreundschaft einzutreten.[11] Für eine stärkere Einbeziehung des Erfahrungsmoments plädiert noch eine Generation später der derselben Denkrichtung verpflichtete Systematiker *Alois von Schmid,* indem er dem „mystischen Postulat" die erkenntnistheoretische Begründung nachschob. Für ihn ist es mit dem formalen Glauben noch nicht getan; vielmehr müsse das Geglaubte „auch innerlich in seinen Wirkungen" erfahren werden, da Erfahrungen dieser Art nicht nur „auf einzelne, sondern auch auf die menschliche Gesellschaft" regenerierend zurückwirken. Sie könnten sogar dazu verhelfen, die „so zerrissene, aus vielen Wunden blutende moderne Menschheit, wenn die Not aufs höchste gekommen, wieder zu erobern für ein lebendiges Christentum und dadurch eine „Periode neuen Kulturfortschritts" heraufzuführen.[12]
Aus dieser Zeugenreihe ragt aber wiederum die Gestalt *Hirschers* hervor, der aufgrund seiner theologischen Position ohnehin den leichteren Zugang zur Mystik hatte. Mit seinem Reich-Gottes-Konzept verpflichtet er die Moraltheologie auf ein ausgesprochen mystisches Programm. Denn mit der Ansage „das Reich Gottes ist nahe herbeigekommen" (Mk 1,15) erhebt Jesus zwar den Anspruch, das ganze Dasein, angefangen von der persönlichen Lebensgestaltung bis zur politischen Ordnung nach Gott auszurichten und seiner Herrschaft zu unterwerfen; doch geschieht das in der Sprache einer Verheißung, die zudem von dem „nahegekommenen" Gottesreich wie von einer Person redet. Auch überrascht die Tatsache, daß Jesus in diesem Programmwort nicht, wie man von seinem Tauferlebnis her erwarten könnte, von Gott, seinen Ratschlüssen, seinen Willensverfügungen und vom Verhältnis des Menschen zu ihm spricht, sondern statt dessen einen Mittelbegriff – „Reich Gottes" – gebraucht, in dem die Beziehung Gottes zur Welt und der menschlichen Gemeinschaft zu ihm im Vordergrund steht. Darin kommt der utopische Zug dieses Programms zum Vorschein. Es will die Verwandlung des Menschen, deutlicher noch gesagt: seine Anverwandlung an den, der Inbegriff der Wahrheit, der Gerechtigkeit und des Friedens ist. Von diesem mystischen Prozeß verspricht sich Jesus die Rettung des „Hauses Israel", das er bereits vom Feuer des Zeitgerichts bedroht sieht. Für ihn stehen nach einer von *Martin Buber*

wieder aufgenommenen Tradition Mystik und Politik in einem engeren Verhältnis, als die gängige Begriffsbestimmung vermuten läßt. Für ihn braucht die Politik bisweilen mystische Direktiven und Impulse, wenn sie nicht in die Irre gehen und ins Verderben führen soll.[13]

Wenn es sich aber so verhält, haben *Hirscher* und die Erneuerer seines Grundgedankens als die Wegbereiter der Idee zu gelten, daß das Christentum im kommenden Jahrtausend nur überleben kann, wenn es ihm gelingt, seine spirituellen Reichtümer zu aktivieren, um sich aus einem noch weithin von heteronomen Strukturen bestimmten Zustand in sein mystisches Stadium zu erheben. Im Maß wie ihm dies gelingt, wird auch das Bestreben jener Denker die längst verdiente Rechtfertigung erfahren, die, mit *Hirscher* und *Deutinger* gesprochen, darauf ausgingen, den Geist der knechtischen Furcht durch den der Freiheit, der Liebe und der Gottesfreundschaft zu überwinden.

II.

Gottsuche und Sinnfindung

Der Gang der Gottesfrage

Vom spekulativen Kern der Meditation

Kaum einmal wurde der Zusammenhang von denkender und betender Erhebung zu Gott so kraftvoll angesprochen wie in der Stellungnahme *Raymund Klibanskys* zum anselmischen Gottesbeweis:

> *Wie oft hat man daher geredet, daß Anselms Werk die Form eines Gebets habe. Ist dieses Gebet nur eine Form? Gehört das Gebet nicht wesentlich zum Anliegen Anselms?*[1]

Wenn diese Fragen bejaht werden sollen, wird man sich zunächst im Anschluß an wichtige Bezeugungen des Gottesgedankens Rechenschaft über dessen Zustandekommen geben müssen. In seinem Roman ‚Hesperus' (von 1974) ruft *Jean Paul* zur Konzeption des „größten Gedankens der Menschen" auf, den er in der Folge – gut anselmisch – als das Umgriffensein des Daseins durch den unendlichen Gottesgeist und damit als den Gottesgedanken erweist[1]. Der Begriff ‚Größe' ist hier tatsächlich aus sachlichen wie noetischen Gründen am Platz. Denn angesichts des mit dem Gottesgedanken Gedachten, weiß man wirklich nicht, worüber man mehr staunen soll: über die Kühnheit, mit der das Denken den Erfahrungsbereich überschreitet, um jenseits davon den Inbegriff des Seins zu bilden, oder über das Wagnis, auf das sich der Denkende einläßt, wenn er von der Endlichkeit, die ihn umringt und die er ist, auf ein Unendliches und Absolutes schließt. Versprengt in einen abliegenden Winkel dieser Welt, wie Pascal (in Fragment 72) sagt, und zugleich von innen her in Frage gestellt, ist der Mensch darauf angewiesen, einen Halt von absoluter Größenordnung zu gewinnen. Mit andern Gründen zusammen mag ihn das veranlaßt haben, das zunächst als ‚Tiefe im Antlitz der Welt' (Weischedel) erfahrene Göttliche zu verselbständigen und der Welt als deren Ursprung und Krone gegenüberzustellen. So wurde der anfänglich als bloßes Weltattribut gedachte Gott in einem Akt radikaler Umgewichtung zum Urheber dessen, was er zuvor nur ausgezeichnet und mit der Gloriole des Numinosen umgeben hatte. So sehr er aber jetzt, zusammen mit der Welt, auch den Menschen überstieg, kam er ihm in seiner Ferne zugleich näher, als er es als Weltattribut jemals gewesen war. In seiner Ferne war er zugleich tiefster Grund und höchstes Ziel des Menschen, einzig zulängliche Antwort auf die Sinnfrage seines Lebens. Alles lag deshalb daran zu klären, ob die Antwort tatsächlich die eines Lebenden und Wirklichen und nicht nur das Echo der eigenen Stimme war. Nicht weniger aber kam es darauf an, die rechte Form der Annäherung zu finden. Wurde sie verfehlt, so lief der Suchende Gefahr, anstatt des Letzten nur ein Vorletztes zu erreichen und den lebendigen Gott, zu dem er unterwegs war, mit der bloßen Idee von ihm zu verwechseln.

Als warnendes Signal ist in diesem Zusammenhang die Glosse zu beachten, die Jean Paul seiner Schattenbeschwörung des Atheismus, in Gestalt der ‚Rede des toten Christus vom Weltgebäude herab, daß kein Gott sei' (von 1796), voranstellte. Nachdem er zunächst auf die Gefahr hinwies, daß „das ganze geistige Universum ... durch die Hand des Atheismus zersprengt und zerschlagen" werden könne, fährt er fort:

> *auch hab' ich die Absicht, mit meiner Dichtung einige lesende oder gelesene Magister in Furcht zu setzen, da wahrlich diese Leute jetzo, seitdem sie als Baugefangene beim Wasserbau und der Grubenzimmerung der kritischen Philosophie in Tagelohn genommen worden, das Dasein Gottes so kaltblütig und kaltherzig erwägen, als ob vom Dasein des Kraken und Einhorns die Rede wäre*[2].

Danach kann die Annäherung nicht auf dem Weg der durchschnittlichen Welterfahrung erfolgen. Gott ist nicht Gegenstand unter Gegenständen, die man notfalls auch auf sich beruhen lassen kann. An ihm entscheidet sich, wenn es ihn gibt, das Dasein von Grund auf. Deshalb kann die Frage seiner Existenz auch nicht ‚kaltblütig und kaltherzig', also wertneutral, diskutiert werden. Das aber wäre schon der Fall, wenn man das Gottesproblem nach Art einer ‚Denkaufgabe' angehen würde. Dann ginge es dem, der die Gottesfrage stellt, nicht um ‚Sein oder Nichtsein', sondern um eine Gelegenheit, die Leistungskraft seiner Vernunft und der von ihr gesteuerten Denkoperationen unter Beweis zu stellen. Doch damit würde das Problem schon beim Versuch der Annäherung verfehlt. Aber gibt es, so ist nun zu fragen, ein engagiertes – und das besagt doch: auf die Existenzfrage zurückbezogenes – Denken, das den Bereich der welthaften Gegebenheiten und der Gravitationskraft des eigenen Daseins auf Überweltliches hin durchbricht? Und gibt es überdies ein engagiertes Denken, das trotz seines Engagements die Treue zu sich selbst, zur Strenge rationaler Beweisführung, wahrt?

Was die Tore zur Welt betrifft, so sind sie nach *Hans-Dieter Bastians* ‚Theologie der Frage' (von 1969) „nur zeitweilig geöffnet, und zwar jeweils dann, wenn Fragen sie aufstoßen"[3]. Und was die Frage nach der Einheit von engagiertem und zugleich strengem Denken anlangt, so antwortet *Martin Heidegger* darauf mit dem Satz: „das Fragen ist die Frömmigkeit des Denkens"[4]. Wo zwei Bahnen zu erwarten waren, verweisen die gefundenen Auskünfte statt dessen auf einen einzigen Weg, den Weg der Frage. Fragend vollzieht das Denken, wie nun angenommen werden darf, jene Annäherung, in der sich echtes Engagement mit rationaler Strenge verbindet und zudem die volle Offenheit zum Überweltlichen gewonnen wird. Wie kommt diese überraschende Einheit zustande? Oder anders gewendet: was geschieht, wenn wir fragen?

Der Vorgang des Fragens

In Abwandlung des Heidegger-Satzes könnte man sagen: Das Fragen ist der zur Sprache gebrachte Hunger des Geistes. Nun gibt es bekanntlich einen Hunger, der auf normale Sättigung zielt, und einen andern, der nach dem Wort aus der Versuchungsgeschichte nicht durch Brot, sondern nur durch das göttliche Wort gestillt werden kann, in dem sich also die radikale Bedürftigkeit des Menschseins bekundet. Demgemäß gibt es zwei Grundformen des Fragens. Bei der ersten, der ‚kategorialen‘, stößt die Frage in eine ‚Bildungslücke‘, und das besagt, sie zielt darauf ab, ein Informationsdefizit zu beseitigen. Weil sie sich auf einzelnes richtet, wird sie in der Regel voll drängender Unruhe gestellt. Doch ist die Beunruhigung nur oberflächlicher Natur, so daß sie alsbald wieder zum Stillstand kommt, wenn die gesuchte Auskunft gefunden wurde. Ganz anders das Gegenstück in Gestalt der ‚transzendentalen‘ Frage, die buchstäblich aufs Ganze geht. Sie nimmt einen weniger erregten Verlauf; dafür kommt sie lange nicht zur Ruhe, so wie sie umgekehrt einer umfassenden Beunruhigung des ganzen Daseins entspringt. Wenn sie sich stellt, ging dem eine umfassende Verunsicherung des ganzen Welt- und Selbstverständnisses voraus. Zwar bleiben die Einzelpositionen davon anfänglich unberührt, da der Verlust nicht das Detail, sondern das Ganze und seine Zusammenhänge betrifft. Das läßt sich in etwa mit dem Bewußtseinsstand eines Paranoikers vergleichen, der zwar noch angeben kann, von wo er stammt und wie sein Lebensweg verlief, dabei aber nicht mehr weiß, wer er ist. Aus diesem Grund hat die transzendentale Frage in der Regel auch eine lange Vorgeschichte. In ihr kommt schließlich zum Durchbruch, was sich in einem Prozeß allmählicher Aufstauung angesammelt hatte. Am eindringlichsten vermag das der unglücklich-schuldige Mann in Kafkas Legende ‚Vor dem Gesetz' (1925) zu verdeutlichen, der sich lebenslang, wenn auch vergeblich, um den „Eintritt in das Gesetz" bemühte.

> *Vor seinem Tode sammeln sich in seinem Kopfe alle Erfahrungen der ganzen Zeit zu einer Frage, die er bisher an den Türhüter noch nicht gestellt hat. Er winkt ihm zu, da er seinen erstarrenden Körper nicht mehr aufrichten kann. Der Türhüter muß sich tief zu ihm hinunterneigen, denn die Größenunterschiede haben sich sehr zuungunsten des Mannes verändert. „Was willst du denn jetzt noch wissen?" fragt der Türhüter: „Du bist unersättlich". „Alle streben doch nach dem Gesetz", sagt der Mann, „wie kommt es, daß in den vielen Jahren niemand außer mir Einlaß verlangt hat?" Der Türhüter erkennt, daß der Mann schon am Ende ist, und um sein vergehendes Gehör noch zu erreichen, brüllt er ihn an: „Hier konnte niemand sonst Einlaß erhalten, denn dieser Eingang war nur für dich bestimmt. Ich gehe jetzt und schließe ihn."*

Ganz so wird man sich das Zustandekommen transzendentaler Fragen vorzustellen haben. Nach Art einer Kettenreaktion zieht eine Verunsicherung die nächste nach sich, bis sich der entstehende Problemdruck schließlich zu ausdrücklichen Fragen verfaßt. Auch wenn man sie nicht ausdrücklich stellt, liegen sie, wie die folgenden, doch geradezu in der Luft:

Hat das alles einen Sinn?
Wozu die ganze Mühe, Sorge und Hetze?
Lohnt denn das Ergebnis den Aufwand?
Wo will es mit alledem zuletzt hinaus?
Warum gerade ich?

Oder nun, mit der berühmt gewordenen Schlußwendung von *Heideggers* Freiburger Antrittsvorlesung ‚Was ist Metaphysik?'(von 1929) gefragt:

Warum ist überhaupt Seiendes und nicht vielmehr Nichts?[5]

Der Vergleich mit dem Hunger, der zur Unterscheidung der beiden Grundformen des Fragens führte, hilft aber auch noch in anderer Richtung weiter. Wie der Hunger das (wenigstens potentielle) Vorhandensein von Brot beweist, so lebt die Frage von einem wenn auch noch so diffusen Vorwissen um das, wonach sie fragt. Nur deswegen können wir im Fall des kategorialen Fragens so genau in die Lücken zielen, auf deren Schließung es für uns ankommt. Im Fall der transzendentalen Fragen ‚beweist' dieser Hunger das, worin alle Sinnfrage ausmündet, wo jedes Warum Antwort findet, wohin die Verunsicherung drängt, um darin zur Ruhe zu kommen. Weil es sich dabei um ein bloßes Vorwissen handelt, ist damit noch nichts über den Ausgang dieser Option entschieden. Wohl aber kommt es dazu, daß die unterschiedlichen Fassungen des transzendentalen Fragens schließlich in eine einzige Fragestellung zusammenlaufen, in die Frage nach Gott. Sie ist, mit *Hermann Cohen* gesprochen, der „Hebel des Ursprungs", „der Anfang der Erkenntniß"[6]. Wenn das aber zutrifft, kommt alles darauf an, diesen Hebel in Bewegung zu setzen und sich von dem, was dann in Bewegung gerät, mitbewegen zu lassen.

Option und Krise

Was es aber mit der radikal gestellten Gottesfrage auf sich hat, sagt mit großer Eindringlichkeit die Erklärung, die *Heidegger* der Toterklärung Gottes durch Nietzsches ‚tollen Menschen' gab:

Der tolle Mensch... ist eindeutig derjenige, der Gott sucht, indem er nach Gott schreit. Vielleicht hat da ein Denkender wirklich de profundis geschrien? Und das Ohr unseres Denkens? Hört es den Schrei noch immer nicht?[7]

Wie mit dem Hinweis auf das De profundis gesagt sein soll, bricht die Gottesfrage nicht nur ein Tor in die Umgrenzung der Welt; sie reißt vielmehr

153

den Weltkontext von seinen Wurzeln her auf, um aus der erlittenen Bedrängnis Zuflucht zum ewig Unverbrüchlichen zu nehmen. Wer nach Gott – und wäre es mit noch so leiser und zurückhaltender Stimme – fragt, schreit in Wirklichkeit nach ihm. Oder anders ausgedrückt: die Gottesfrage hat von ihrer innersten Signatur her den Charakter eines äußersten Not- und Hilferufs. Deswegen kann man sie, wie Jean Paul den Transzendentalphilosophen seiner Zeit vorhielt, nicht wertneutral stellen. Mit großer Schärfe bringt das der durch eine „fast zynische Rationalität" (Guardini) gekennzeichnete Gedankengang *Pascals* zum Ausdruck, der unter dem Titel ‚Argument der Wette' bekannt wurde und seinen literarischen Ort in dem mit den Worten ‚Unendlich (Infini) – nichts (rien)' überschriebenen Fragment 233 der ‚Pensées' gefunden hat[8]. Dem Kerngedanken dieses Textes zufolge führt die Frage nach dem Dasein Gottes in ein nur dezisionistisch zu behebendes Dilemma:

Prüfen wir also, nehmen wir an: Gott ist oder er ist nicht. Wofür werden wir uns entscheiden? Die Vernunft kann hier nichts bestimmen: ein unendlicher Abgrund trennt uns. Am äußersten Rand dieser unendlichen Entfernung spielt man ein Spiel, wo Kreuz oder Schrift fallen werden. Worauf soll man setzen? Aus Gründen der Vernunft kann man weder dies noch jenes tun, aus Gründen der Vernunft kann man aber auch weder dies noch jenes abtun.

An und für sich spricht ebensoviel für wie gegen die Annahme, daß Gott ist; da es dabei aber, wie Pascal mehr voraussetzt als nachweist, zugleich um die Sinnfrage des Menschen geht, kann sich dieser des Urteils nicht enthalten. Sofern er sich mit allen andern zusammen ‚an Bord' des Lebenschiffes, condition humaine genannt, befindet, muß er sich so oder so entscheiden. Der Glaube setzt, wie es der Vernunft des Spielverhaltens entspricht, auf die Existenz Gottes. Das ist sein gutes, wenn freilich auch durch nichts zu beweisendes Recht. Nur eine futurisch-jenseitige Verifikation kommt in Betracht. Wenn sich in einer jenseitigen Welt herausstellt, daß Gott existiert, hat der auf ihn Setzende eine unendliche Vervielfachung seines Einsatzes gewonnen. Stellt sich das Gegenteil heraus, so ist nicht mehr verloren, als ohnehin verloren war. In dieser Kalkulation liegt der von *Guardini* beanstandeten Zynismus des Arguments, das sich tatsächlich zu dem Rat versteigt:

Wägen wir Gewinn und Verlust für den Fall, daß wir auf Kreuz setzen, also darauf, daß Gott ist. Schätzen wir diese beiden Möglichkeiten ab. Wenn man gewinnt, gewinnt man alles, wenn man verliert, verliert man nichts. Darum darf man getrost darauf setzen, daß er ist.

Dem Zynismus-Vorwurf brach neuerdings der marxistische Pascalinterpret *Lucien Goldmann* dadurch die Spitze ab, daß er unter Hinweis auf den synonymen Gebrauch von ‚wetten' und ‚glauben' Pascal selbst in die Rolle des Wettenden verwies[9]. Das entspricht durchaus dem Epilog des Fragments, in welchem Pascal seinem Adressaten versichert, daß er vor und nach der Niederschrift des Textes „auf den Knien lag, um zu dem Wesen, das unendlich und ungeteilt ist und dem er alles übergeben hat, zu beten, daß er auch Sie zu Ihrem eigenen Nutzen und seinem Ruhm unterwerfen möge und so die Macht sich mit der Niedrigkeit verbünde."

Weniger als jede andere Frage ist die Gottesfrage ein Angelwurf ins Leere. Man stellt sie auch nicht in der Erwartung, daß sie ‚zu etwas führt' und schließlich sogar von dem gefundenen Ziel her beantwortet wird. Mit ihr kommt vielmehr, wie Pascals ‚Wette' verdeutlicht, ein geistiges Drama in Gang. Denn die Eigenbewegung dieser Frage gravitiert immer schon auf ihre positive Beantwortung hin. Wer sie auch nur stellt, hegt insgeheim die Erwartung, daß sie nicht ins Leere auslaufen, sondern zur Gewißheit über das Frageziel führen möge. Damit befrachtet er sie aber nicht etwa mit seiner subjektiven Wunschvorstellung; vielmehr folgt er lediglich der ihr als (transzendentaler) Frage zugrundeliegenden Option. Deswegen setzt er sich mit ihr dann aber auch, ob er sich dessen bewußt wird oder nicht, selbst aufs Spiel. Näherhin besteht das mit ihr eingegangene Risiko darin, daß man, um überhaupt voranzukommen, den Boden der ‚festen Tatsachen' aufgeben und sich auf Gott begründen muß, bevor man über ihn absolute Gewißheit erlangte. Denn wer auch nur einmal ernsthaft nach Gott fragte, kann sich nie mehr so auf seine Weltlichkeit zurückziehen, als ob es Gott für ihn niemals (zumindest hypothetisch) gegeben hätte. Er hat sich zu weit vorgewagt, als daß er noch einmal ‚Weltbürger' in der Unangefochtenheit dieses Begriffes sein könnte. Die Naivität des Daseins ist für ihn – und das ist der Preis seines Risikos – ein für allemal verloren.

Hier verschärft sich das Risiko zur Krise. Nie wäre die Gottesfrage in Gang gekommen, wenn Gott nicht als der Erfüllungsgrund aller Sinnerwartung, als die Lichtung aller Finsternisse, als der Inbegriff aller Sicherheit, kurz, als die absolute Position des Menschseins, als ‚Ort' einer höchsten Aufgipfelung, biblisch gesprochen, als Fels und Hilfe, Burg und Zuflucht, Schirm und Schild, vorgewußt worden wäre. In dem Augenblick, da das beginnende Übergewicht zum Göttlichen hin jedoch die menschliche Verankerung im Welthaften zu lockern beginnt, verdüstert sich die Szene fast schlagartig. Der sehnsüchtig Gesuchte, von dem Augustinus sagt, daß man ihn nicht nur sucht, um ihn zu finden, sondern auch findet, um ihn aufs neue und sehnsüchtiger noch zu suchen, tritt mit einem Mal in eine befremdliche Distanz. Nicht nur, daß der Erfolg der Suche fraglich wird; auch das sich anbahnende Gottesverhältnis selbst gerät in eine dramatische Spannung. Schon immer hat die religionspsychologische Ausdeutung des religiösen Aktes um diese Doppelwertigkeit gewußt. Danach fließen im menschlichen Gottesbild höchst gegensätzlich Züge, strahlend-hinreißende Schönheit (im Sinne des mysterium fascinosum) und schreckenerregendes Grauen (im Sinne des mysterium tremendum) unentflechtbar zusammen. Als höchste Verheißung, die vollkommenes Bestätigt- und Geborgensein verspricht, enthüllt dieses Bild Gott zugleich als den reißenden Abgrund, der den Menschen im Maß der Annäherung an ihn zu verschlingen droht. Dem entspricht die Konkurrenz der die Gottesfrage emotional aufladenden Gefühle. In das Vorgefühl des reinen Glücks mischt sich der Eindruck eines tödlichen Überholt- und Erledigtseins, die Vorahnung des radikalen Endes.

Indessen erweist sich der lähmende Schrecken[10], der jeden weiteren Schritt zu verhindern droht, genauer besehen als Folge des eingeschlagenen Wegs und gerade nicht als Reflex des angestrebten Ziels. Auch das verdeutlicht die hintergründige Parabel *Kafkas* ‚Vor dem Gesetz', die zunächst nur als Modell für die Entstehung transzendentaler Fragen herangezogen wurde. Im Schlußwort des Türhüters, das dem Sterbenden wie ein Gerichtsspruch in die Ohren dröhnt, wird deutlich, daß dieser sich von dessen Schreckgestalt unter keinen Umständen am Eintritt hätte hindern lassen dürfen; denn der Eingang war für ihn – und sogar für ihn allein – bestimmt. Nicht um ihn abzuschrecken, sondern um seine Entschlußkraft zu stimulieren, war ihm die bedrohliche Gestalt des Türhüters vor dem Portal entgegengetreten. Dieselbe Szene findet sich, lange vor Kafka, bereits bei *Nikolaus von Kues*, der sie zudem ausdrücklich auf das Problem der Gottsuche bezieht. Von dem paradiesischen Wohnort Gottes heißt es in seiner Meditation ‚De visione Dei' (von 1454):

Ich habe den Ort entdeckt, wo du unverhüllt gefunden wirst. Er ist umgeben vom Zusammenfall der Gegensätze. Das ist die Mauer des Paradieses, das dir zur Wohnung dient. Seine Pforte bewacht der höchste Verstandesgeist (spiritus altissimi rationis). Solange dieser nicht überwunden wird, öffnet sich der Eingang nicht. Jenseits des Zusammenfalls der Gegensätze kann man dich somit erblicken, diesseits aber nicht[11].

Wenn die Verdüsterung aber die Folge der Frage – und insbesondere des in ihr nistenden Zweifels – ist, kommt es im Interesse der Überwindung darauf an, die Dialektik der Frageform mit einem Weg der ungebrochenen Zusage zu vertauschen. Von der Frage bliebe zwar das Spannungsmoment, doch wäre dieses aufgehoben in ein Verhältnis, das die Schrecken der mit dem Mysterium tremendum heraufbeschworenen Krise hinter sich gelassen hätte. Die Alternative liegt näher, als es der formalen Ableitung zufolge den Anschein hat. Es kommt nur darauf an, sie in Zusammenhang mit der Gottesfrage, oder deutlicher noch, als deren legitime Endgestalt, zu begreifen.

Anrede und Gewißheit

Die Legitimität der Frageform ist damit sowenig in Abrede gestellt wie die der Exposition einer Sinfonie durch die abschließende Reprise. Anfänglich mußte nach Gott gefragt werden, weil nur so die Option für seine Existenz angemeldet werden konnte, ohne daß die Denkoperation von vornherein einem Zirkelschluß verfiel. Denn die Option des Fragenden ist zugleich affirmativ und hypothetisch. Nachdem diese Klippe nun aber vermieden wurde, muß der ganze Vorgang auf seinen ‚Sitz im Leben' zurückgeführt werden. Nun ist dieser ‚Sitz' aber nicht die Frage, sondern das Gebet, oder, im negativen Gegenfall, der Fluch. Da diese beschämende Fehlform außer Betracht bleiben kann, spitzt sich die Aufgabe darauf zu, die Gottesfrage in eine ‚Gebetsform' zu übersetzen, weil erst sie der Sache wirklich angemessen ist. Daß damit weder etwas Ungewöhnliches noch Neues geschieht, beweist das ‚Proslogion', das *Anselm von Canterbury* aus durchaus vergleichbarem Anlaß, auf das ‚Monologion' mit seiner pluralistischen Argumentation für die Existenz Gottes folgen ließ. Denn der Beweggrund bestand wohl nicht nur darin, die Vielzahl der anfänglich entwickelten Beweisgänge durch einen einzigen, der Einzigkeit des Beweisziels angemessenen zu ersetzen. Vermutlich ging es Anselm weit mehr darum, den Beweisgang auf einer gemäßeren Sprachebene, in Gestalt einer nennenden Anrede, zu entwickeln[12].

Die von Anselm gewählte Gebetsform steht aber nicht etwa im Widerspruch zum argumentativ-spekulativen ‚Kern' des Werks; vielmehr weist sie als solche schon spekulative Züge auf. So heißt es etwa im Eingangskapitel:

Herr, wenn du nicht hier bist, wo soll ich dann dich, den Abwesenden, suchen? Wenn du aber überall bist, warum sehe ich dich dann nicht anwesend vor mir?

Und ebenso heißt es im 16. Kapitel, nachdem das vorangegangene den Kern des Arguments im Gebetsstil wiederholte:

O höchstes und unzulängliches Licht, o ganze und selige Wahrheit, wie weit bist du von mir, wie nah bin ich dir. Wie entrückt bist du meinem Blick, wie gegenwärtig bin ich deinem Blick!

Demgegenüber hatte die Wiederholung im 15. Kapitel folgenden Wortlaut:

Herr, du bist also nicht nur der, im Vergleich zu dem Größeres nicht gedacht werden kann, sondern du bist etwas Größeres, als gedacht werden kann. Wenn du nämlich das nicht bist, was in dieser Weise gedacht werden kann, könnte etwas Größeres als du gedacht werden; und das ist unmöglich.

Von daher tritt der Zusammenhang von Anredeform und spekulativem Kern in ein neues Licht. Bei aller Distanz lebt die Anrede von einer unverbrüchlichen Gottesgewißheit. Sie weiß sich Gott fern und muß sich deshalb an ihn wenden. Indem sie sich aber an ihn wendet, weiß sie sich von ihm angenommen und weiß sie ihn, den Annehmenden, als wirklich. Man spricht nicht zu Phantomen, sondern zu lebendig entgegnenden Personen. Wer redet, steht damit auch schon für die Existenz des Angeredeten ein. Verhält es sich aber so, dann kommt die Gebetsform keinesfalls zu dem spekulativen Kern als nachträgliche Einkleidung hinzu; vielmehr arbeitet das Argument umgekehrt das der Anrede eingestiftete spekulative Element heraus. So gesehen, macht der Anselmische Gottesbeweis den zunächst nur als dramatisch bewegte Meditationsform erscheinenden religiösen Akt, der nach Max Scheler seiner Grundstruktur zufolge ein Akt des Aufschwungs ist, auf seinen kognitiv-argumentativen Gehalt hin durchsichtig[13]. Wer betet, hat das Denken nicht verabschiedet, er hat es lediglich in einen ganzheitlichen Lebensvollzug integriert, in welchem es nach wie vor am Werk ist. Demgemäß läßt sich der Gedankengang Anselms als eine analytische Rekonstruktion des spekulativen Vorgangs im Grund der anbetend-anredenden Erhebung zu Gott deuten.

Im Grund untersteht schon jedes Gespräch, erst recht aber die Anrede an Gott der Dialektik, die Anselm mit dem Doppelsatz verdeutlicht:

> *Wie weit bist du von mir,*
> *wie nah bin ich dir!*
> *Wie entrückt bist du meinem Blick,*
> *wie gegenwärtig bin ich deinem Blick!*

Die Erfahrung der Distanz lichtet sich in die des Angenommenseins durch den Partner; im Eindruck seiner Unerreichbarkeit bleibt die Gewißheit, von ihm erreicht, angenommen und bestätigt zu sein. Daraus folgt die dreifache Vergewisserung, die jeden wesentlichen Sprechakt begleitet. Denn ebenso unzweifelhaft wie die Tatsache des Gesprächs ist die Tatsächlichkeit der miteinander Redenden, des Anredenden sowohl wie des Angesprochenen. Wer spricht, kann dabei weder das Faktum seines Redens noch die Tatsächlichkeit seiner selbst und seines Partners wegdenken. Das gilt unverkürzt auch von der Anrede Gottes, sofern sie sich nur zum Eindruck einer echten Gesprächsbeziehung verfaßte. Die Unmöglichkeit, den angeredeten Gott nur noch als Idee oder gar als irreales Phantom gelten zu lassen, wird von Anselm in einem konklusionsartigen Gedankengang entfaltet. Insofern ist sein Beweis nichts weiter als die spekulativ aufgewiesene Unmöglichkeit, den Gott der betenden Anrede wegdenken oder doch ins Reich der Gedankendinge verweisen zu können.

Wie die von Anselm ausgearbeitete Dialektik lehrt, bleibt in dieser gewißheitserfüllten Nähe aber doch ein Rest von Distanz. Zwar ist der Schrekken, der anfänglich den Eintritt in die Paradiespforte zu verwehren drohte, gebannt. Doch hält er sich, gemildert zu einem Schatten von Trauer, durch. In das Glück der Gottesnähe mischt sich jene Spur von Bitterkeit, die jeder menschlichen Beglückung beigemischt ist, sei es im Wissen um ihre Vergänglichkeit oder um ihre Unzulänglichkeit. Denn das Glück trauert nicht nur um die ihm verwehrte Ewigkeit, sondern auch um die ihm versagte Vollkommenheit. Das gilt auch von der Gebetserfahrung, die das

Anselmische Argument spekulativ umkreist. So sehr sie zu echter Gottesgewißheit führt, bleibt doch ein Rest von Furcht, die Spur eines Schattens, die dann erst weicht, wenn sich im angesprochenen Gottesgeheimnis das Antlitz des Vaters enthüllt.

Wiedergewinnung der Zukunft
Christsein in der glaubensgeschichtlichen Wende

I. Der Verlust der Zukunft

Zur Signatur der Zeit

„Die Zukunft hat schon begonnen" – „No future", das sind die beiden Ungeheuer Skylla und Charybdis, zwischen denen die Frage nach dem Verhältnis des heutigen Menschen zu seiner Zukunft hindurchgesteuert werden muß.[1] Auf der einen Seite lockt eine technisch vermittelte Zukunft von utopischem Glanz, von der doch jedermann weiß, daß sie von der Fatalität des technischen Fortschritts zutiefst in Frage gestellt ist. Auf der anderen Seite droht eine kollektive Resignation, die sich nicht nur auf die Frage des beruflichen Fortkommens, sondern eines sinnvollen Menschseins unter den Bedingungen dieser Zeit erstreckt und diese Erwartung im Grunde schon aufgegeben hat. Wer sich diesen Gegensatz vor Augen führt, sieht, ohne daß er es sich noch eigens klarzumachen bräuchte, daß die Frage nach der Zukunft so wenig wie die Gottes- oder Sinnfrage wertneutral gestellt werden kann. In und mit ihr geht es um die Möglichkeit des Menschseins in dieser Zeit. Wer sie stellt, rührt darum, bewußt oder unbewußt, an die Wurzeln des Menschseins. Das aber kann und darf niemals aus nur theoretischem Interesse geschehen. Wer sich lediglich von diesem Interesse leiten ließe, gäbe Steine statt Brot. Das aber heißt, auf die thematische Frage zurückbezogen: Wer nach dem Verhältnis des Menschen zur Zukunft fragt, muß ihm zur Zukunft verhelfen wollen. Und das heißt des weiteren, daß er ihn nicht aus dem Kreis dieses Fragens entlassen darf, bevor es ihm nicht gelang, Wege zur Zukunft aufzustoßen und Impulse der Ermutigung zu ihr zu vermitteln. Jeder vorzeitige Abbruch wäre fahrlässig. Denn es hieße, eine Wunde aufreißen, ohne sich ihrer mit dem Öl und Wein des barmherzigen Samariters anzunehmen.

Wie jede wirksame Therapie an die Voraussetzung einer exakten und verläßlichen Diagnose gebunden ist, kann auch die Frage nach der Zukunft auf eine wenn auch noch so knappe Zeitanalyse nicht verzichten. Denn nur vor diesem Hintergrund ist das Problem der „Zukunftsfähigkeit" des Menschen dieser Zeit zu klären. Unter den zahlreichen Zeitdiagnosen, die unter dem Eindruck der stürmischen Wandlungsprozesse dieses Jahrhunderts entstanden und, je nach Position, von der „Flucht vor Gott" *(Picard)* oder vom „Verlust der Mitte" *(Sedlmayr)* sprachen, wirkt kaum eine so suggestiv und überzeugend wie diejenige, die *Sigmund Freud* in seinem Essay über "Das Unbehagen in der Kultur" (von 1930) entwickelte. Schon damals war die Epoche seinem Eindruck nach dadurch gekennzeichnet, daß sich in ihr zusehends uralte Menschheitsträume verwirklichten, obwohl von den realisierten Utopien der Gegenwart wie der Freisetzung der Kernenergie, der Raumfahrt oder der Genmanipulation noch nicht einmal ansatzweise die Rede war. Mit Hilfe der technischen Apparaturen sah Freud den Menschen dieser Zeit in geradezu göttliche Proportionen emporwachsen, doch ohne daß er dieser usurpierten Gottähnlichkeit bis zur Stunde hätte froh werden können. Denn er komme damit nur mühsam und unvollkommen zurecht und habe es deswegen lediglich zu „einer Art Prothesengott" gebracht.[2]

Inzwischen hat sich nichts an diesem von Freud vermerkten Unvermögen geändert; um so klarer aber trat der utopische Zug des Zeitalters in Erscheinung, nachdem die Entwicklung inzwischen jene „kritische Größe" erreichte, die dadurch gekennzeichnet ist, daß der Mensch der Gegenwart gleichzeitig Hand an seine eigene Evolution zu legen beginnt und sich in die Lage versetzt sieht, die Apokalypse aus eigener Machtvollkommenheit herbeizuführen und damit die Endregie über seine Geschichte zu übernehmen.[3] Daß es zur Stunde auch auf ganz anderen Sektoren zu durchaus gleichsinnigen Vorgängen kommt, bestätigt eine Äußerung *Ben-Chorins*, der die Beschäftigung jüdischer Neutestamentler mit Jesus und Paulus, gemessen an der fast zweitausendjährigen Abstinenz, als eine „realisierte Utopie" bezeichnete. Das aber legt den Schluß nahe, daß die Gegenwart, metaphysisch gesehen, durch eine signifikante Verkürzung der Distanz von Utopie und Realität gekennzeichnet ist und daß sich ihr inneres Profil, das bei jeder Beschäftigung mit ihr in Rechnung gestellt werden muß, entscheidend von diesem Vorgang her bestimmt.

Die Rede von dem „Prothesengott" läßt aber auch erkennen, daß man diesen Zug im Erscheinungsbild der Gegenwart nur dann wirklich getroffen hat, wenn man gleichzeitig auch die ihm offensichtlich anhaftende „Rückschlägigkeit" vermerkt. Denn ebensoweit, wie die wissenschaftlich-technische Entwicklung über die ihr zugedachten „Planziele" hinausschießt, bleibt sie in anderen Feldern hinter ihnen zurück. Es genügt, an die Hilflosigkeit der heutigen Technik gegenüber Erdbeben-, Dürre- und Überschwemmungskatastrophen zu erinnern oder an die nicht minder bestürzende Hilflosigkeit der modernen Medizin gegenüber alten und neuen Krankheitsbildern wie Krebs, Rheuma und Multiple Sklerose auf der einen, Allergien und *Aids* auf der anderen Seite, um diese eigentümliche Rückschlägigkeit vor Augen zu haben. Das aber heißt, auf die Frage nach der angemessenen Zeitdiagnose zurückbezogen, daß es nicht genug ist, auf den utopischen Zug der Epoche abzuheben, weil sie sich in Wahrheit als die utopisch-anachronistische darstellt. Auf geradezu verblüffende Weise entspricht dem die literarische Qualifizierung des heutigen Menschen. Während *Ortega y Gasset* in einem denkwürdigen Essay „Vom Menschen als utopischem Wesen" (1951) sprach, veröffentlichte *Günther Anders* relativ kurz danach ein Buch mit dem Titel „Die Antiquiertheit des Menschen" (1961). Noch nie, das wollte der erste ausdrücken, war sich der Mensch des Spielraums seiner Möglichkeiten so sehr bewußt wie heute, und gleichzeitig war er, so fügte der zweite hinzu, noch nie so wenig wie gerade heute zur Ergreifung der sich ihm dadurch eröffnenden Chancen disponiert und fähig. Im Blick auf die sich vor ihm auftuende „Ferne" fällt er unvermeidlich unter sein eigenes Niveau zurück. Weder moralisch noch existentiell ist er der ihm mit seinem Dasein gebotenen Chance gewachsen. Unentschieden schwebt er zwischen dem „Noch nicht" und „Nicht mehr", wobei sich die Waagschale deutlich nach unten, dem

„Nicht mehr" zuneigt. Dadurch entscheidet sich dann auch sein Verhältnis zur Zeit.
Worauf gründet sich dieses Verhältnis? Die naheliegende Antwort, die auf die Geschichtlichkeit des Menschen verweist, greift offensichtlich zu kurz. Denn es bleibt zu klären, weshalb gerade sein Leben in der Zeit den Charakter von „Geschichte" hat und nicht nur Evolution ist. Das aber folgt letztlich daraus, daß der Mensch das, was er von Natur aus ist, im Sinn personaler Selbstverwirklichung erst noch aus sich machen muß, daß er also vor jeder Beteiligung an dem Geschehen um ihn eine Geschichte mit sich selbst durchlebt. Von ihr aber gilt genauso, wie es *Novalis* von der „kleinen Welt in Zeichen und Tönen", der Sprache, sagt, daß sie der Einübung in die „große Welt" der Geschichte dient.[4]

Zur Vollständigkeit dieses Befundes gehört aber auch die Wahrnehmung, daß sich der Mensch bei der Lösung dieser fundamentalen Aufgabe an sich selbst vergreift und im Gefolge dessen auch die geschichtliche „Einübung" mißlingt. Dann bringt er es nur zu einem gebrochenen Verhältnis zu Geschichte und Zeit, wie es, im Blick auf die besondere Verfassung des deutschen Menschen, das bekannte *Mitscherlich*-Wort von seiner „Unfähigkeit zu trauern" registriert. Wie auch andere Symptome bestätigen, sieht er sich tatsächlich daran gehindert, seine zeit- und lebensgeschichtlich aufgehäufte „Hypothek" sittlich und religiös aufzuarbeiten. Indessen ist damit nur die eine Seite dieses gestörten Zeitverhältnisses erfaßt. Der „Geschichtsblindheit" entspricht die Unfähigkeit des heutigen Menschen „zu hoffen". Denn gleichzeitig gilt für ihn unbestreitbar das, was *Walter Benjamin* in dem von *Paul Klee* geschaffenen und von ihm als kostbarsten Besitz gehüteten Zeitbild des „Angelus Novus" ausgedrückt sah.[5] Das Bildwerk ist für ihn ebenso der Inbegriff seines eigenen Lebenssinns wie der des Geschichtsgangs; denn der „Engel der Geschichte", wie er ihn nennt, wird, mit weit ausgespannten Flügeln, rücklings in die Zukunft hineingeweht, während er mit aufgerissenen Augen auf den Trümmerberg des Vergangenen vor seinen Füßen blickt. Vom „Sturm des Fortschritts" ergriffen, kehrt er doch zugleich der Deutung *Gershom Scholems* zufolge „der Zukunft ... den Rücken".[6] Genauer könnte das Mißverhältnis des heutigen Menschen zur Zukunft nicht mehr beschrieben werden. Vom Sog der stürmisch vorwärtsdrängenden wissenschaftlich-technischen Entwicklung, nicht weniger aber auch von den auf eine „Wende" hinarbeitenden geistigen Tendenzen ergriffen, bleibt er doch so sehr dem Vergangenen verhaftet, daß er faktisch mit dem Rücken zur Zukunft lebt. Lieber noch läßt er sich von dem, was sie bringt, im buchstäblichen Sinn des Wortes überfallen, als daß er ihr ins dunkle Antlitz zu blicken vermöchte. Außerstande, sich in vertrauender Ausschau auf ihre Eventualitäten auch nur gefaßt zu machen, und eingeschüchtert durch die Vorzeichen dessen, was sich allenthalben, nicht zuletzt auf dem Sektor der modernen Medien anbahnt, empfindet er die Zukunft als den Inbegriff dessen, was über seine Kräfte geht, was ihn bedroht und schreckt. Unwillkürlich drängt sich zur Beschreibung dieses Tatbestands ein zweites Bild auf: wie ein Damoklesschwert hängt der Gedanke an die Zukunft über dem Haupt des heutigen Menschen. Demge-

mäß fühlt er sich von kaum einer der zahlreichen Spielformen im Panorama der heute umlaufenden Ängste so akut betroffen, wie von der Angst vor dem, was die Zukunft bringt. Die den heutigen Menschen in besonderem Maß „auf den Leib geschnittene" Form der Angst ist die „Zukunftsangst".
Nahezu überflüssig, dazu noch anzumerken, daß diese Zukunftsangst unvermeidlich gerade auf die zukunftsweisenden Errungenschaften der Gegenwart zurückschlägt. Durch sie wird die Rezeption dieser Leistung, kaum daß sie in Gang kam, auch schon wieder blockiert, wenn nicht geradezu vergiftet. Deutlichstes Indiz dessen ist das Ausbleiben jeder bewußtseinsverändernden, geschweige denn bewußtseinserweiternden Wirkung der Raumfahrt. So war die Hoffnung der amerikanischen Astronauten, die vor zwanzig Jahren erstmals den Fuß auf die Oberfläche des Mondes setzten und sich davon den Anbruch einer „perspektivischen" Beurteilung der irdischen Problemfelder, eine Verbesserung der gegenseitigen Verständigung unter den Völkern und mehr Verantwortung für das „Juwel Erde" erwarteten, buchstäblich in das „Schweigen der unendlichen Räume", unter dem schon *Pascal* erschauerte, hineingesprochen. Womöglich könnte man sogar diesen tragischen Tatbestand, daß von den modernen Argonauten keine mythenbildende Wirkung ausging, unberücksichtigt lassen, wenn sich damit nicht auch religiöse Folgen von beängstigenden Dimensionen verbänden. Denn wie soll der Christ, der mit dem Rücken gegen seine eigene Zukunft lebt, mit dem eschatologischen Ausklang seines Glaubensbekenntnisses, also mit dem Glauben an die Wiederkunft des Herrn, an das endzeitliche Gottesgericht, an die Auferstehung der Toten und an das ewige Leben einen sinn- und hoffnungsvollen Begriff verbinden? Muß sein Glaube unter der Rückwirkung der Zukunftsangst nicht einen ihn zuinnerst bedrohenden Rückschlag erleiden?

Der retrospektivische Zwang

Schon die Tatsache, daß so gefragt werden muß, macht die Suche nach den Schwergewichten, die den Blick des heutigen Menschen in die Retrospektive zwingen, unumgänglich. Nur am Rand erwähnt sei dabei der Faktor, der sich aus dem kalendarischen Zusammentreffen der Proklamation des „Tags der Raumfahrt" durch den amerikanischen Präsidenten – ausgerechnet am vierzigsten Jahrestag des gescheiterten Attentats auf *Hitler* – ergab.[7] Was somit gerade die Deutschen in der Retrospektive festhält, ist die noch immer nicht aufgearbeitete geschichtliche Hypothek, die von der Vorgeschichte und dem grauenvollen Verlauf des Zweiten Weltkriegs zurückblieb. Von weit umfassenderer Bedeutung ist demgegenüber die rückwärts gewandte Blickrichtung der Denkweise, die im abendländischen Kulturraum bestimmend wurde. Dem Ariadne-Faden der „Was-Frage" folgend, ist sie, wie schon *Hegel* selbstkritisch erkannte, auf das „Wesen" der Dinge gerichtet und damit dem „Gewesenen" verhaftet.[8] Was es damit auf sich hat, hat Hegel eindrucksvoll in der berühmten Vorrede zu seinen „Grundlinien der Philosophie des Rechts" (1821) bekundet. In der Belehrung darüber, wie die Welt sein soll, komme die Philosophie ohnehin „immer zu spät"; denn als Welt-Gedanke

bilde sie sich immer erst zu einem Zeitpunkt aus, an dem die Gestaltung der
Dinge bereits ihren Abschluß erreicht habe; und er fügt dem die suggestiven
Worte hinzu:

> *Wenn die Philosophie ihr Grau in Grau malt, dann ist eine Gestalt des
> Lebens alt geworden, und mit Grau in Grau läßt sie sich nicht verjüngen, sondern nur erkennen; die Eule der Minerva beginnt erst mit der
> einbrechenden Dämmerung ihren Flug.*[9]

Deshalb besteht für Hegel die zentrale Denkbewegung in der „Reflexion",
in der das wissend gewordene Sein in seine eigene Vergangenheit zurückgeht und „als das in sich gegangene" im Aufscheinen der Wahrheit sichtbar
wird.[10] Wie schon daraus hervorgeht, bleibt diese „Retrospektive" keineswegs auf den philosophischen Denkakt beschränkt; vielmehr betrifft sie im
gleichen Umfang die Kunst, von der Hegel in unübersehbarer Anspielung
auf den Orpheus-Mythos in seiner „Phänomenologie des Geistes" (1807)
sagt, daß ihr der Verstand das denkbar Schwerste zumute, nämlich „die
ungeheure Macht des Negativen" zu brechen und „das Tote festzuhalten". Das bringt sie zum Initiator dieser Zumutung, dem Verstand, in
einen bitteren Konflikt:

> *Die kraftlose Schönheit haßt den Verstand, weil er ihr dies zumutet,
> was sie nicht vermag. Aber nicht das Leben, das sich vor dem Tode
> scheut und von der Verwüstung rein bewahrt, sondern das ihn trägt und
> in ihm sich erhält, ist das Leben des Geistes.*[11]

Mehr noch als die Philosophie hat also die Kunst in der Frage der Wirklichkeit stets „das Nachsehen". Wie Orpheus entzieht sich ihr das unwiederbringlich, was sie mit ihrem Blick umfängt und mit ihren Händen gestaltet.
Es war *Franz Rosenzweig* vorbehalten, die letzten Wurzeln dieses Versagens
aufzudecken. In seinem nachgelassenen „Büchlein vom gesunden und kranken Menschenverstand" (1964) sieht er den Grund dieses „furchtbaren Verhängnisses" in der „Was-Frage", die ihrerseits von der „Starrheit des Staunens" eingegeben ist.[12] Wie keiner vor ihm sieht Rosenzweig damit der
abendländischen Denkweise auf den Grund. Und er entdeckt in ihrem Ausgangspunkt, dem Akt des Staunens, eine pathologische Komponente, die
sich in der Was-ist-Frage äußert und zur Vergegenständlichung der Sachverhalte drängt.[13] Um diese exakt erkennbar und im Gefolge dessen dann auch
technisch verfügbar zu machen, bricht sie die Was-Frage im Akt der Vergegenständlichung aus ihrem geschichtlichen Kontext heraus. Damit bringt sie
zwar ihr „Wesen" zum Vorschein, dies jedoch um den Preis, daß sie durch
den abstrahierenden Eingriff von ihren Werdemöglichkeiten abgeschnitten
werden. Es ist, trotz aller Triumphe der Forschung, letztlich eine museale
Welt des „Gewesenen", die in diesem Laboratorium der wissenschaftlichen
Erkenntnis entsteht und der auch der verklärende Blick der Kunst kein wirkliches Leben einzuhauchen vermag.
Auf die Rückwirkung der aus dieser Retrospektive entstandenen Kultur
machte als erster *Sigmund Freud*, aufs nachdrücklichste bestätigt durch *Her-*

bert *Marcuse*, aufmerksam. Während der eine in dem bereits erwähnten „Unbehagen in der Kultur" die grundlegende These vom Hervorgang der Kulturleistung aus der menschlichen Bereitschaft zum „Triebverzicht" aufstellte, ging der zweite in seiner Untersuchung über „Triebstruktur und Gesellschaft" (1957) ausführlicher auf den Mechanismus der angesprochenen „Rückwirkung" ein.[14] Danach kommt es im Gang der Kulturgeschichte zu einem immer stärkeren Konflikt zwischen dem „Lustprinzip" und dem „Realitätsprinzip", der über die Einsicht in die Destruktivität des ungezügelten Luststrebens in dessen immer vollständigere Domestizierung ausmündet. So ist die durchgehende „Schwächung der Triebstruktur" der Preis, den der Mensch für die Vergünstigungen der Kultur erlegt. In dieser Auffassung sieht sich Marcuse durch signifikante Strömungen der „westlichen Philosophie" bestätigt, so daß die Freudsche Kulturanalyse schließlich wie eine psychologische Spiegelung der von Rosenzweig vorgetragenen Philosophiekritik erscheint.[15]

Man könnte diese psychoanalytische Perspektive auf sich beruhen lassen, wenn sie nicht durch den späten *Reinhold Schneider* eine religiöse Bestätigung von großer Tragweite erfahren hätte. In seinem fast gleichzeitig mit Marcuses „Eros und Kultur" – dem ursprünglichen Titel von „Triebstruktur und Gesellschaft" – entstandenen „Winter in Wien" (1958) ruft sich Schneider zwar eingangs das an Orpheus ergangene Verbot in Erinnerung: „Kein Rückblick! Keine Sehnsucht! Besser die Erschütterung unter untragbarer Dissonanz"; doch ist sein letztes Lebenszeugnis unverkennbar aus der Rückschau dessen verfaßt, der bereits die „Paßhöhe" des endgültigen Abschieds erreicht hat.[16] So ist Schneiders nachgelassene Spätschrift zugleich Zeugnis und Bestätigung: Zeugnis, weil sie auf geradezu traumatische Weise der Rückschau verhaftet ist; aber auch Bestätigung, weil sie mit bestürzender Offenheit den von ihr bekundeten „Glaubensentzug" auf einen Schwund an Lebenskraft und „Überlebenswillen" zurückführt. Es genügt, zum Beweis dafür die Schlüsselstelle des Werks in Erinnerung zu rufen:

Ich weiß, daß Er auferstanden ist; aber meine Lebenskraft ist so sehr gesunken, daß sie über das Grab nicht hinauszugreifen, sich über den Tod hinweg nicht zu sehnen und zu fürchten vermag. Ich kann mir einen Gott nicht denken, der so unbarmherzig wäre, einen todmüden Schläfer unter seinen Füßen, einen Kranken, der endlich eingeschlafen ist, aufzuwecken. Kein Arzt, keine Pflegerin würde das tun, wieviel weniger Er![17]

In der Übereinkunft mit der tiefenpsychologischen Kulturanalyse zeichnet sich hier fast überdeutlich die rückläufige Auswirkung der „geschwächten Triebstruktur" auf die Akzeptanz der Glaubensinhalte ab. Der gesunkene Lebenswille ist außerstande, den Glauben an das christliche Zentralgeheimnis so „aufrechtzuerhalten", daß der Glaubende davon ergriffen und zu eigener Auferstehungshoffnung bewogen würde. Ohne daß sich auch nur eine Spur von Widerspruch oder Protest abzeichnet, kommt es zu einer stillschweigenden „Halbierung" des Glaubens. Mit unverhohlener Bestürzung muß die theologische Glaubensbegründung angesichts dessen zur Kenntnis nehmen, daß sie mit ihrer Argumentationshilfe bisher stets zu spät einsetzte, weil sie den Zusammenhang von Glaubensbereitschaft und Lebenswillen unbedacht ließ. Und sie wird sich damit vor eine um so dringlichere Aufgabe gestellt sehen, als sich inzwischen herausstellte, daß das Zeugnis des einsamen Grenzgängers der ausgehenden fünfziger Jahre etwas zum Ausdruck brachte, was mittlerweile die Dimension eines universalen Notstands angenommen hat. Die Hoffnungslosigkeit der heutigen Jugend, so zeigt sich immer deutlicher, ist die Folge einer signifikant gesunkenen Lebenskraft, die Auswirkung eines Schwergewichts, das ihren Blick nach rückwärts zieht.[18]

Der Zwang zur Rückschau hängt aber noch mit einer dritten Gegebenheit zusammen, auf die der Romanist und Kulturanalytiker *Walter Wimmel* aufmerksam machte, nachdem sie der breiten Öffentlichkeit durch den Siegeszug dessen, was er die „Nachfolgemedien der Schriftlichkeit" nannte, in Form eines „kollektiven Schocks" zum Bewußtsein kam.[19] Unter dem Eindruck, daß die elektronischen Medien in einem noch nicht von ferne abzusehenden Umfang die menschliche Lebenswelt zu bestimmen beginnen, gewinnt langsam die Erkenntnis an Boden, daß die gesamte Kultur, die auf der Basis der Schriftlichkeit entstand, von Grund auf durch mediale Strukturen geprägt ist. Doch gelang es erst Wimmel, die das Kulturgeschehen prägenden Tendenzen auszugrenzen, die er als die der „Komparation und Reduktion" bestimmte.[20] Dabei bringt das, was er das „Reduktionsgebot" nennt, die retrospektive Tendenz der Gesamtkultur besonders klar zum Vorschein.[21] Zu einem ähnlichen Ergebnis führt aber auch schon die einfache Erkenntnis, daß jede schriftliche Aufzeichnung von ihrer strukturellen Grundbestimmung her entweder „Vorschrift" (Gesetz) oder „Nachschrift" (Chronik), im Einzelfall auch eine Mischform von beiden ist. So ergibt es sich aus dem medialen Wesen der Schriftlichkeit, die immer nur eine fixierende Reproduktion von dem vermittelt, was sich im ständigen Wandel des konkreten Geschehens „zuträgt". Wenn man den Zusammenhängen auch nur so weit nachgeht, wird bereits deutlich, daß in der Reproduktion der Schriftlichkeit eben dieses Moment des Sich-Zutragens bis zur Unkenntlichkeit verstümmelt und in den Modus des „Gewesenseins" umgefälscht wird. Insofern lebt die auf die Schriftlichkeit gegründete Kultur immer schon aus einer Vorentscheidung, die sie gleicherweise zukunftsblind wie „vergangenheitssüchtig" macht. Zumindest aber hat das Gewesene in ihr eindeutig das Übergewicht gegenüber dem Kommenden.[22]

Impulse und Initiativen

Es hätte seltsam zugehen müssen, wenn die wachsende Einsicht in die aus so unterschiedlichen Gründen herrschend gewordene Retrospektive nicht Impulse freigesetzt hätte, die auf einen Prozeß der kulturellen „Selbstheilung" abzielen. Die spontane Erwartung freilich, daß diese Impulse in erster Linie von der an die „Zeichen der Zeit" verwiesenen christlichen Theologie ausgehen müßten, sieht sich enttäuscht. Dafür zeichnet sich freilich eine Abfolge der korrigierenden Initiativen ab, die sich zu der Reihe der aufgeführten Ursachen geradezu spiegelbildlich verhält. Demgemäß steht am

Anfang ein Vorstoß aus der Mitte des Neomarxismus, der das durch die leninistisch-stalinistische Diktatur desavouierte Vermächtnis des frühen *Karl Marx* unter den Bedingungen der Gegenwart neu zur Geltung zu bringen sucht: das „Prinzip Hoffnung" von *Ernst Bloch* (1938–1947).[23]
Das kann insofern nicht verwundern, als Bloch von der berühmten These über Feuerbach ausgeht, mit der sich Marx zu der ganzen auf das Prinzip der Komparativität gegründeten abendländischen Kultur querstellt; denn in ihrem Bereich haben die Philosophen „die Welt nur verschieden interpretiert, es kömmt darauf an sie zu verändern".[24] Dabei besteht für Bloch der „archimedische Punkt" darin, daß der Forderung von Marx zufolge das „Wissen nicht nur auf Vergangenes, sondern wesentlich auf Heraufkommendes bezogen" werden muß.[25] Denn es gehe nicht an, daß sich der Geist noch länger, wie ihm durch die platonische Anamnesis-Lehre zugemutet wurde, „in der Abgeschiedenheit des Präteritum" zu Hause fühlt, da seine wahre Heimat der Spielraum des Möglichen, der entwerfenden Phantasie, der hoffenden Selbstüberschreitung und der damit ausgeloteten Zukunft sei. Der auf Rückvergleich gegründeten bürgerlichen Wissenschaft müsse sich deshalb der Marxismus mit seiner „durchgängigen Geschehens- und Veränderungs-Wissenschaft" entgegenwerfen.[26] Und es ist mehr als nur eine verblüffende Entsprechung mit *Rosenzweig,* wenn Bloch in der Folge den philosophischen Urakt des Staunens einer marxistischen Revision unterzieht und ihm jene unstillbare Frage Fausts abzulauschen sucht, die erst im Erlebnis des allerfüllenden Augenblicks, in dem „Verweile doch, du bist so schön" an ihr Ziel und Ende käme.[27]
Um die Spiegelbildlichkeit vollends zum Vorschein zu bringen, muß nur noch hinzugenommen werden, daß sich Marx mit der Veränderungs-These zugleich dem Prinzip der Komparativität, der Schriftlichkeit, widersetzt. Wer verändern will, wird zwar immer auch von den durch die Textualität gebotenen Möglichkeiten Gebrauch machen, wie es Marx dann schließlich selbst mit der Ausarbeitung des „Kommunistischen Manifestes" tat; doch wird er sich bei kritischer Würdigung seines Unterfangens schließlich eingestehen müssen, daß sich das Werk der Veränderung unter seinen Händen in das der Stabilisierung verwandelt. Nach Art eines geschichtlichen Paradigmas zeigt das der Entwicklungsgang der Reformation, die mit Hilfe der Buchdruckerkunst zu rapider Breitenwirkung gelangte, dann aber, wie mit großem Nachdruck schon *Lessing* bemängelte, zum sterilen „Buchstabendienst" erstarrte und schließlich, in ihrer spekulativen Umdeutung durch *Hegel,* zu einem Grundpfeiler des preußischen Staatswesens und dem ideologischen Garanten seiner inneren Stabilität wurde.[28] Wenn man Lessings Kritik voll gewichtet, derzufolge das unter die Herrschaft des „toten Buchstaben" geratene Christentum im Lauf seiner Geschichte zu einer Reproduktion seiner selbst herabsank, wird man sogar sagen müssen, daß kaum ein Element des abendländischen Kulturraums so sehr auf die Erhaltung des Status quo im Ganzen einer stabilisierten Gesellschaftsordnung hinwirkt wie die von ihrer Struktur her auf Konservierung (als Chronik) und Stabilisierung (als Gesetz) angelegte Schriftlichkeit.

Es waren dann auch tatsächlich direkt oder indirekt von Marx beeinflußte Theologen, die sich der perspektivischen Rückbindung an das Gewesene entgegenstellten und von christlichen Prinzipien her den Sinn für das Kommende wiederzubeleben suchten. Nur mittelbar an Marx, dafür aber um so stärker an Bloch orientiert ist der vor allem durch sein Buch „Stadt ohne Gott?" (1966) bekannt gewordene Harvard-Theologe *Harvey Cox,* der die verschüttete Dimension des Kommenden mit dem Appell „Stirb nicht im Warteraum der Zukunft!" aufzubrechen suchte.[29] Ausgangspunkt ist für ihn die Feststellung, daß auch Bloch „keinen klaren Weg aus dem ‚Gott-ist-tot'-Sumpf gewiesen habe, daß aber andererseits auch nicht mehr hinter die „Toterklärung" Gottes zurückgegangen werden könne, „solange die Christen an dem statischen ‚ist' als dem normativen Prädikat Gottes festhalten".[30] Statt dessen müsse es eine moderne Theologie als ihre Aufgabe begreifen, den „Ort" Gottes im gesellschaftlichen Disput offenzuhalten, da ihr von ihrer Herkunft und Bestimmung her eine primär prophetische Aufgabe gestellt sei.[31] Dabei beruft er sich ebenso auf *Karl Rahner,* der das Christentum „die Religion der absoluten Zukunft" nennt, wie auf *Gerhard Sauter* mit dessen Versicherung, „daß die ‚ontologische Priorität der Zukunft' die einzigartige Komponente im biblischen Glauben sei".[32] Dem stimmt er – im Bewußtsein dieser Solidarität – mit seiner Deutung der Frage nach der Transzendenz zu:

> *Theologen von heute haben begonnen, diese Frage mit dem Begriff der ‚Zukunft' zu beantworten. Der entschwindende Augenblick, in dem alles, was war und ist, vor dem steht, was sein wird – das ist der Punkt, wo das Transzendente den säkularen Menschen trifft. Hier empfindet er unendliche Möglichkeiten, die Notwendigkeit der Entscheidung, die Wirklichkeit von Hoffnung und Geheimnis. In dieser Hinsicht wie in vielen anderen ist der säkulare Mensch, dessen Zukunftshorizont die Geschichte selbst ist, dem biblischen Menschen viel näher als dem ‚klassischen Christen'.*[33]

Nicht weniger eindringlich als Cox erhebt *Jürgen Moltmann* die Forderung einer „Umkehr zur Zukunft".[34] Schon dieser Titel spricht für sich; bringt er doch die gewaltige Anstrengung zum Bewußtsein, deren es bedarf, wenn ein affirmatives Verhältnis zur Zukunft gewonnen werden soll. Was sich dieser „Umkehr" entgegenstellt, sind nach Moltmann drei Erscheinungen der modernen Lebenswelt: die „Entfremdung des Menschen durch die mechanisierte und homogenisierte Gesellschaft", die Anonymisierung des Menschen in einer „Welt von Eigenschaften" und die „Kapitulation der Kirchen vor dieser Gesellschaft".[35] Orientierungsfigur ist dabei im gleichen Umfang wie bei Cox *Ernst Bloch,* mit dessen „Prinzip Hoffnung" zusammen aber vor allem auch *Karl Marx,* der ihm nach Art eines leibhaftigen Interpretaments zu seiner neuen, vorwärtsorientierten „Lesart" der biblischen Zeugnisse verhilft. Danach war es ein Irrweg, daß die Menschheit ihre Zukunft bisher immer in der Vergangenheit, im Rückgriff auf das „verlorene Paradies", suchte; denn nicht der „Traum nach rückwärts" bringt die Lösung ihrer Probleme, sondern nur jener revolutionäre Traum, der nach Bloch allem wirklich Neuen vorausgeht.[36] Das aber ist jener Traum, der, wie die neue Lesart enthüllt, die Heilsgeschichte von Anfang an begleitet, vor allem den Weg Israels, auf dem aus jeder Erfüllung „die Verheißung von noch Größerem" hervorgeht.[37] Hier gilt es neu einzusetzen, wenn die dem Christentum eingestiftete Kraft zur Neugestaltung der Dinge und damit die Zukunft wiedergewonnen werden soll.

Auch wenn man nicht übersehen kann, daß manches von dem, was *Cox* und *Moltmann* zur Zeit der Studentenrevolte bewußt im Stil eines theologischen „Bürgerschrecks" vortrugen, heute vergilbt und angestaubt wirkt, ist die von ihnen erhobene Forderung einer konsequenten „Umkehr zur Zukunft" noch von der gleichen, womöglich sogar von noch größerer Aktualität. Und zweifellos behalten sie auch darin recht, daß bei dem Versuch, die „Perspektivendrehung" in Gang zu setzen, der Anfang mit Gott gemacht werden muß. Deutlicher noch gesprochen: mit einer Anrufung Gottes, weil sie die im kategorialen Sinne „freieste" Form der geistigen Gottesbegegnung ist. Denn der Gott, der zur Zukunft verhelfen soll, wird unvermeidlich gerade darin verfehlt, wenn man ihn nach wie vor in den Kategorien der Vergangenheit zu denken sucht. Nun war aber die spekulative Theologie, wie Cox übereinstimmend mit Moltmann kritisiert, zutiefst der retrospektiven Denkweise verschrieben. In ihrem Erdenken Gottes huldigte sie dem auf das „verlorene Paradies" gerichteten „Traum nach rückwärts". Der Grundfrage des griechischen Denkens nach dem „Wesen" und, radikaler noch, der „arché" der Dinge verhaftet, verfiel sie von ihrem Prinzip her einem Ungleichgewicht, das die Protologie gegenüber der Eschatologie favorisierte.[38] Indem sie dann selbst Gott auf das, was er, wenngleich aus unendlicher Seinsfülle, „ist", festzulegen suchte, versperrte sie sich gegenüber dem, was durch die Machtvollkommenheit dieses Gottes „kommt" und „sein wird"[39]. Wenn diese Dimension nicht von vornherein ausgeblendet werden soll, muß deshalb jener ebenso neue wie alte Umgang mit dem Gottesgeheimnis gesucht werden, der ihm die Freiheit seiner Selbstpräsentation beläßt. Und das ist die Form, zu der schon die religiösen Sprecher des Alten Bundes instinktsicher ihre Zuflucht nahmen, wenn sie, wie immer wieder von ihnen gesagt wird, ihren Bundesgott anriefen. Wie aber trat ihnen der Angerufene entgegen? Wie antwortete er auf ihren Anruf?

II. DER GOTT DER ZUKUNFT

Die Logik der Anrufung

Wenn der Blick in die biblischen Glaubenszeugnisse etwas lehrt, dann die Tatsache, daß der einzig sachgerechte Umgang mit dem Göttlichen nicht in dem Versuch bestehen kann, es vor das „Gericht" des forschenden Disputs zu ziehen, sondern nur in einem Akt demütiger Anrufung. Denn diesem Akt liegt das stillschweigende Eingeständnis zugrunde, daß es mit der Sache des Menschen nicht seine volle Richtigkeit hat, zumindest aber das Wissen darum, daß sie sich nicht im Gleichgewicht befindet, weil sie durch überschwere Gewichte in den Abgrund ihres Gewesenseins gezogen wird. Um ein stillschweigendes Eingeständnis handelt es sich deshalb, weil es dem Beter in seinem Anruf in der Regel nicht zu Bewußtsein kommt. Um so bewußter ist ihm dagegen die Situation seines In-der-Welt-Seins, die er als bedrängend und ausweglos empfindet. Nie wurde das bewegender – und vernehmlicher – ausgesprochen als im Aufschrei zu Beginn des 130. Psalms, den *Heidegger*, bezeichnend für die zeitübergreifende Wirkungsgeschichte dieses Gebetsrufs, noch in *Nietzsches* „Gott ist tot" nachhallen hörte:

> *Aus der Tiefe, Herr, rufe ich zu dir.*
> *Höre, Herr, meine Stimme! (130,1)*[40]

Wer aus solcher „Tiefe" zu Gott aufschreit, geht nach Ausweis dieses Psalmworts von einer zweifachen Erwartung aus. Einmal davon, daß sein Ruf nicht im „Schweigen der unendlichen Räume" *(Pascal)* verhallt, sondern Erhörung findet. Sodann von der Annahme, daß der Adressat seines Anrufs fähig und willens ist, sein Elend zu wenden. Im Grunde ist diese zweifache Erwartung schon dort vorausgesetzt, wo die biblische Erzählung von der Urgeschichte der Menschheit ihren Bericht mit dem unmotiviert wirkenden Wort beschließt, das doch zugleich wie eine „Schlußfolgerung" aus den durch Auflehnung, Aggression und Trotz charakterisierten Geschehnissen klingt: „Damals begann man den Namen des Herrn anzurufen" (Gen 4,26).[41]

Wie sehr sich mit dieser Anrufung im Gebetsverständnis Israels die Gewißheit des Gehörtseins und das Vertrauen auf die Erhörung verband, zeigt das Herzstück des 18. Psalms, das sich wie eine narrative Vorwegnahme des *De profundis* ausnimmt:

> *Mich umfingen die Fesseln des Todes,*
> *mich erschreckten die Fluten des Verderbens.*
> *Die Bande der Unterwelt umstrickten mich,*
> *über mich fielen die Schlingen des Todes.*
> *In meiner Angst rief ich zum Herrn*
> *und schrie zu meinem Gott.*
> *Aus seinem Heiligtum hörte er mein Rufen.*
> *mein Notschrei drang an sein Ohr (18,5 ff.).*[42]

Eine letzte Steigerung dieses Moments bringt dann das Gotteswort, das an den Propheten *Jeremia* ausgerechnet zu einer Zeit ergeht, als er von seinen Gegnern am Königshof unter schmählichen Bedingungen gefangengehalten wird.[43] Wie ein Lichtstrahl fällt es in das Dunkel seiner verzweifelten Situation, wenn ihn Gott gerade jetzt an das Glück seines Einvernehmens mit ihm erinnert und ihm die Zusicherung gibt:

> *Rufe zu mir, so will ich dir antworten*
> *und dir große und wunderbare Dinge*
> *kundtun, von denen du nichts weißt (Jer 33,3).*

Deutlicher könnte kaum noch gesagt werden, wie sehr der Gott Israels der Anrufung seiner Macht und Nähe gewärtig ist. Und damit ist auch bereits klar geworden, wie sehr er dem zweiten Erwartungsmoment entspricht; denn er könnte den betenden Anrufern nicht in dieser zuvorkommenden Weise entgegenkommen, wenn er sich nicht in unendlicher Macht und Freiheit über alles Welthafte, auch in seinen numinosen Dimensionen, erheben, wenn er die Welt nicht als der Göttlich-Andere unendlich übersteigen würde.

Demgemäß gehört es zum Kern der alttestamentlichen Gottesverkündigung, daß der Bundesgott Israels, wie *Alfons Deißler* in schöner Zusammenschau sagte, die von ihm geschaffene Welt so sehr überragt, daß vor ihm sogar die „in den Gestirnen wirkmächtigen Himmelskräfte" zu bloßen „Leuchtern" herabsinken und daß vor seinem Glanz „selbst die mit den Blitzen verglichenen himmlischen Seraphim" ihr Gesicht verhüllen müssen.[44] Doch gilt diese „transzendente" Überlegenheit nicht nur im strukturell-räumlichen, sondern ebenso im geschichtlich-zeitlichen Sinn. Nach einem Wort des 90. Psalms ist vor dem Gott der Ewigkeit ein Jahrtausend „wie der gestrige vergangene Tag" (90,4). Und das heißt dann im Gegensinn dieses Wortes: Er steht in der unauslotbaren Fülle des Geheimnisses immer noch bevor; denn er ‚überkommt' sein Bundesvolk wie mit den Blitzschlägen seines Gerichts so auch mit den Erweisen seiner Liebe, durch die er Israel, nach dem eindringlichen Bildwort des Propheten *Hosea,* wie mit ‚Seilen' an sich gebunden hat (Hos 11,4).

Seinen innersten Grund hat das darin, daß der Gott Israels seinem Bundesvolk nicht als eine numinose Übermacht, sondern als lebendig-anrufendes und antwortendes, drohendes und richtendes, werbendes und liebendes Ich begegnet. Denn als der göttliche Partner seines Volks ist er, nochmals mit Deissler gesprochen, „die Spontaneität, die Selbstoffenheit, die Selbstverfügbarkeit in Person".[45] Doch ist er Person, wie *Piet Schoonenberg* dem in tiefsinnigen Bestimmungsversuchen hinzufügt, gerade nicht im Sinn subjektiver Selbstabgrenzung, sondern so, daß seine „Grenze" nur die des Menschen zu ihm, nicht aber seine Grenze im Verhältnis zum Menschen ist.[46]. Ohne sich zu verlieren, ist er bei allen und allem, so daß sich der Beter des 139. Psalms fragen muß, wohin er sich bei seinem Anruf wenden soll, da doch Gott ohnehin allen Bewegungen seines Herzens zuvorkommt und alle nur erdenklichen Fluchtpunkte im voraus besetzt hält:

> *Wohin könnte ich fliehen vor deinem Geist,*
> *wohin mich flüchten vor deinem Angesicht?*
> *Stiege ich zum Himmel hinauf, so bist du dort;*
> *bette ich mich in die Unterwelt, so bist zu zugegen.*
> *Nähme ich die Flügel des Morgenrots*
> *und zöge ich bis an die Grenzen des Meeres –*
> *auch dort ergriffe mich deine Hand*
> *und würde mich deine Rechte umfassen (139,7–10).*

Das Psalmwort, das bei aller Großartigkeit seiner Bilder in geradezu bestürzender Weise auf die Gotteskritik *Nietzsches* vorausweist, könnte den Eindruck erwecken, als falle der Beter buchstäblich „in die Hand" des von ihm angerufenen Gottes und als gewinne er die Verbindung mit diesem nur um den Preis des radikalen Freiheitsverzichts. Ja, er scheint die Geborgenheit in dem allgegenwärtigen Gott gegen seine souveräne Selbstbestimmung einzutauschen. Wie die Hinweise *Schoonenbergs* deutlich machen, ist jedoch das Gegenteil der Fall! Denn die sich abzeichnende Grenze, die nur den Menschen betrifft, ist von der Unbegrenztheit Gottes so sehr überholt, daß die Not der vermeintlichen Unentrinnbarkeit unverzüglich in das Glück grenzenloser Freiheit umschlägt. Was der Mensch an der ihn überwältigenden Gotteswirklichkeit erleidet, das leidet, tiefer besehen, Gott in und mit ihm: jener Gott, der sich auf das „Wagnis" einer Schöpfung endlichen Seins einließ, das doch nicht sein kann, ohne daß es von ihm getragen und umfangen wird, das also einerseits seiner Unendlichkeit zwar keine Grenzen setzt, andererseits aber doch nur, wie *Hans Jonas* in Erinnerung rief, aufgrund einer „tolerierenden" Selbstbeschränkung der göttlichen Allmacht existiert.[47]

Diesem Tatbestand entsprechen die alttestamentlichen Beter dadurch, daß sie mit ihrem Anruf die Erwartung der Freiheit verbinden. Was ihnen die Zwänge einer Lebensgestaltung unter den Bedingungen der Endlichkeit verweigern, das erhoffen sie gerade von dem, der ihnen vordergründig als allgewaltiger Herr und fordernder Gesetzgeber erscheint. Und ihre Erwartung täuscht sie nicht. An Abraham, den Vater des Glaubens, ergeht der Befehl: „Zieh weg aus deinem Vaterland, aus deiner Verwandtschaft und aus deinem Vaterhaus, und geh in das Land, das ich dir zeigen werde" (Gen 12,1). Und durch Mose, den von Gott berufenen Befreier (Ex 3,8 ff.), gestaltet sich die Volkwerdung Israels zu einer einzigen Emigrations- und Freiheitsgeschichte. Doch unterscheidet sich die gottgeschenkte Freiheit schon hier, am Anfang ihrer Geschichte, von der menschlich entworfenen und erstrebten dadurch, daß sie sich nicht in emanzipatorischen Aktivitäten erschöpft, sondern in ihrem innersten Sinnbezirk das Geheimnis dessen spiegelt, der gerade in seiner grenzenlosen Spontaneität und Selbstmitteilung – er selber ist. Was das besagt, kann aber nur ein genauerer Hinblick auf den Ursprung dieser Freiheit lehren.

Die antwortende Selbstübereignung

Wie ein Leitmotiv durchzieht die alttestamentlichen Schriften der Aufruf: Sucht den Herrn, dann werdet ihr ihn finden! Doch zeigt sich die alle menschlichen Proportionen übersteigende Größe Gottes nicht zuletzt darin, daß er sich, wie das Jesaja-Buch versichert, gerade auch von denen finden läßt, die nicht nach ihm fragen und suchen:

> *Ich ließ mich von denen finden, die nicht nach mir suchten. Zu einem Volk, das meinen Namen nicht anrief, sagte ich: Hier bin ich, hier bin ich!* (65,1)[48]

Obwohl als Gerichtswort gemeint, beschreibt diese Stelle exakt die Situation des Offenbarungsempfangs durch Mose. Wie *Amos*, der von seinem Gott von der Herde weggeholt und zum Prophetendienst bestimmt wurde – denn: „Wenn der Löwe brüllt, wer fürchtet sich nicht? Wenn der Herr spricht, wer wird da nicht zum Propheten?" (3,8) –, wird Mose beim Viehhüten von der Gotteserscheinung in Gestalt des brennenden Dornbuschs überrascht (Ex 3, 1f)[49]. Was er jedoch zu hören bekommt, als er in der Fehlhaltung des Neugierigen, der sehen möchte, „warum der Dornbusch brennt und doch nicht verbrennt" (3,3), nähertritt, ist fürs erste ein Wort der Einschränkung, fast der Zurückweisung: „Komm nicht näher, zieh deine Schuhe aus; denn der Ort, wo du stehst, ist heiliger Boden!" (3,5).[50] So entspricht es nicht nur der freien, unverfügbaren Gnadenwahl Gottes, für den die Israeliten, die er „wie ein Holzscheit aus dem Feuer herausholte" (Am 4,11), nicht mehr sind als die Philister und Aramäer, die er nicht weniger wunderbar führte (9,7); vielmehr spiegelt sich darin auch die Tatsache, daß der Mensch an Gott seine äußerste, unübersteigliche Grenze hat. Doch ist sie, um nochmals den Gedanken *Schoonenbergs* aufzunehmen, nur die Grenze des Menschen zu Gott hin, nicht jedoch die Grenze Gottes zur Welt. Mehr noch: es ist die Grenze, die Gott zu seiner Welt hin immer schon überschritten hat. Und das besagt: wo der Mensch an sein unübersteigliches Ende gelangt, macht Gott den neuen Anfang mit ihm!

Das ist der hochdramatische Kern des nunmehr beginnenden Wechselgesprächs, das der göttliche Rufer mit einer Bekundung seiner allwissenden Präsenz eröffnet und das in der alle Zweifel und Einreden des Mose überstrahlenden Mitteilung seines Geheimnis- und Offenbarungsnamens gipfelt. Dabei bildet den Drehpunkt des dramatischen Geschehens die von Mose im Bewußtsein ihrer Kühnheit nur interpretativ, im Namen seiner zweifelnden Stammesgenossen, gestellte Frage: „Da werden sie mich fragen: Wie heißt er? Was soll ich ihnen darauf sagen?" (Ex 3,13) Daß damit tatsächlich eine religionsgeschichtliche Wende erster Ordnung erreicht ist, zeigt nicht nur die Episode von Jakobs Kampf mit dem Gottesengel, der die Frage nach seinem Namen noch als eine Ungebührlichkeit zurückweist – „Warum fragst du nach meinem Namen?" (Gen 32,30) –, sondern kaum weniger deutlich das babylonische „Bußgebet an jeglichen Gott", das von tiefer Unsicherheit über die Identität des Göttlichen eingegeben ist:

Möge sich der Gott, den ich nicht kenne, mir beruhigen,
möge sich die Göttin, die ich nicht kenne, mir beruhigen,
möge sich der Gott, den ich kenne oder nicht kenne, mir beruhigen,
möge sich die Göttin, die ich kenne oder nicht kenne, mir beruhigen![51]

Da löst sich die ungeheure, von uralten Menschheitshoffnungen getragene Spannung in der antwortenden Namensübereignung durch Gott. Schon immer gab es das ursemitische Pronomen „Er", das nach Buber als „Tabuwort" für Gott stand. Immer schon wußten die Benutzer dieses Wortes, daß Gott nicht wirkmächtiger angerufen werden kann als mit dem Ruf „Er ist da". Jetzt erschließt Gott seinen Namen, indem er diesen Anruf „in die erste Person versetzt" (*Buber*), so daß sein Name nunmehr lautet: „Ich werde dasein"; doch fügt er dem ergänzend noch hinzu: „als der ich dasein werde".[52] Das ebenso Ungeheuerliche wie Unerhoffbare ist geschehen: der ewig Unbekannte und Unbenannte hat sich mit der Nennung seines Namens in die Hand des Offenbarungsträgers gelegt. Bewogen vom Elend seines Volkes stieg er vom Thron seiner Herrlichkeit herab, um ganz bei den Bedrängten zu sein und ihnen die Erfahrung seiner rettenden Gegenwart zu vermitteln. Mehr noch: Gott hat die unantastbare Tabugrenze aus freier Selbstentschließung durchbrochen und sich in einem einzigartigen Vertrauenserweis in die Verfügungsgewalt des geängsteten Menschen begeben, weil seine Angst und Skepsis nicht anders zu überwinden war.

Deshalb steht dieser große Augenblick der Offenbarungsgeschichte im Licht eines schöpferischen Neubeginns. Es ist, als lege Gott nochmals Hand an seine Welt, um sie aus greisenhafter Erstarrung einem neuen Anfang entgegenzuführen. Denn durch den Zusatz „als welcher ich dasein werde" sind die Türen zu einer gottgeschenkten Zukunft aufgestoßen. Schon hat die Hand des Retters das „Holzscheit" ergriffen, um es dem Feuerbrand zu entreißen. Schon ist etwas von jener göttlichen „Pädagogik" zu spüren, an die das fast nostalgisch klingende Prophetenwort erinnert: „Als Israel ein Kind war, gewann ich es lieb" (Hos 11,1). Ja, es ist, als gebe die göttliche Namensnennung bereits den Blick frei in das gelobte Land, dem alle Sehnsüchte der Geknechteten und Unterdrückten entgegendrängen. Mit einem Wort: die Stunde der Namensübereignung, in welcher Gott aus dem Dunkel seiner Verborgenheit hervortritt, ist die Geburtsstunde der Hoffnung. Freilich: das Volk, das zu dieser Hoffnung bewogen ist, wird sich die ihm zugesprochene Freiheit in bitteren und leidvollen Auseinandersetzungen erkämpfen müssen, und die göttliche Pädagogik wird nur zu oft zum „Stock" greifen, um ihre Ziele durchzusetzen. Dennoch verläuft hier, wie *Alfons Deissler* feststellt, die fundamentale Linie nicht wie bei den übrigen Religionen, vom Menschen zur Gottheit hin, sondern von Gott zum Menschen dieser Welt.[53] Das aber besagt, daß hier das, was dem Leben Sinn und Glanz verleiht, nicht von menschlichen Erfahrungsdaten her entworfen, sondern von Gott her erwartet wird, weil „er selbst dieses Zu-kommen, diese Zukunft ist".[54] So ist der Weg des Volkes Gottes – sein Weg mit ihm und deshalb seiner innersten Sinnbestimmung nach der Weg „aus der Enge in die Weite, aus der Tiefe auf die Höhe" bis hin zum Endziel des neuen Himmels und der neuen Erde, von denen in den prophetischen Visionen (wie Jes 65,17 und 66,22) die Rede ist.[55] Deshalb kommt der große Augenblick in der Offenbarungsgeschichte Israels auch in dem Sinn einer Wende gleich, daß er den Blick der mit der Gottesoffenbarung Beschenkten nach vorwärts lenkt, weil der Gott, der seinen Namen preisgab, der Gott der Zukunft ist.

Die erfüllte Hoffnung

Doch fügt sich auch die christliche Erfüllung in dieses Schema ein? Kann auch im Blick auf Jesus von einer Anrufung des rettenden Befreiers gesprochen werden? Sicher nicht, solange man sich an die Textgestalt der Evangelien hält, die – wie es sich ihnen durch das Prinzip der Komparativität nahelegt – Jesus aus je neuen Perspektiven als die große Einlösung der an Israel ergangenen Zusage, als die leibhaftige Erfüllung aller noch offenen Sehnsüchte zu verstehen geben. Demgemäß geht der Auferstandene dann auch mit den Emmaus-Jüngern alle von ihm handelnden Schriftstellen durch, um sie schließlich zu der Erkenntnis zu bewegen: „Mußte nicht der Messias all das erleiden, um so in seine Herrlichkeit einzugehen?" (Lk 24,26). In der Ausgestaltung dieses Ansatzes rücken die neutestamentlichen Autoren Jesus in die Perspektive ganz unterschiedlicher „Heilstypen" – wie Abraham, Mose, Salomon und Jona –, um ihn so als die große und leibhaftige Einlösung aller alttestamentlichen Verheißungen glaubhaft zu machen.[56]

Ganz anders, wenn man mit der neueren Forschung davon ausgeht, daß der berichtenden und interpretierenden Darstellung jene „Verarbeitung" der Fakten vorausgegangen sein mußte, die eine interpretierende Berichterstattung überhaupt erst ermöglichte.[57] In diese Richtung hatte, wenngleich in polemischer Verzerrung, bereits *Nietzsche* vorgedacht, als er in seinem „Antichrist" das Kreuz Jesu als das bestürzende Faktum ausgab, auf das sich das als eine einzige Auslegungsgeschichte begriffene Christentum begründete.[58] Wenn man versucht, den Spuren dieser Verarbeitung nachzugehen, stößt man auf ein ganz anderes Bild, das sich am deutlichsten in dem Passionswort des Hebräerbriefs erhalten hat:

In den Tagen seines Erdenlebens richtete er unter lautem Wehgeschrei und Tränen Bitten und Flehrufe an den, der ihn vom Tod erretten konnte. Und er ist erhört und aus seiner Todesnot befreit worden (Hebr 5,7).[59]

Hier erscheint Jesus nicht nur in der Gebärde des nach Gott Rufenden: vielmehr mündet seine ganze Lebensgestalt in seinen Notschrei am Kreuz aus. Wenn das Hebräerwort dem die geradezu ungeheuerliche Behauptung hinzufügt, daß er erhört und aus seiner Todesnot befreit worden sei, dann selbstverständlich, wie nicht zuletzt die Passionsaussage im Schlußkapitel (13,12 f.) zeigt, im Wissen darum, daß dem Gekreuzigten jede Rettung im Sinne menschlicher Heilserwartung versagt blieb. Die von ihm behauptete „Erhörung" kann daher nur besagen, daß sein Notschrei durch Gott selbst beantwortet wurde, durch den Gott, den er im Tod als den Inbegriff von Rettung, Befreiung und Leben erfuhr. Damit schlägt der Hebräerbrief, deutlicher als jede andere neutestamentliche Aussage, eine Brücke von der Passion zur Auferstehung, die jetzt als die empirisch schaubare Konkretisierung der schon dem Gekreuzigten gegebenen „Antwort" begriflich wird. So aber wird das Kreuz für einen jeden, der im Sinn der neutestamentlichen Denkweise sehen lernte, zur letzten Steigerung des Dornbuschs, der „brannte und doch nicht verbrannte"; und tatsächlich hilft der Hebräerbrief diesem Verständnis auch noch dadurch nach, daß er von dem Gott Jesu Christi im Rückbezug auf alttestamentliche Wendungen sagt: „unser Gott ist ein verzehrendes Feuer"(12,29).

Wenn man sich das vergegenwärtigt, treten hier, am Schluß des Neuen Testaments, dieselben Strukturen zutage, die sich bereits zu Beginn des Alten abzeichneten. Zwar hat Gott in der Zeitenfülle seine Verheißungen eingelöst, als er dieser Welt in der Menschwerdung seines Sohnes den leibhaftigen Frieden – *et in terra pax* – einstiftete (Lk 2,14; Eph 2,14), als er in den Sprach- und Tathandlungen Jesu sein Reich heraufführte (Mk 4,11; Lk 11,20) und als er der Welt im Opfer seines Sohnes den unüberbietbar größten Beweis seiner Liebe gab (Joh 3,16). Dennoch ist damit nichts festgeschrieben oder gar zum Abschluß gebracht. Schon der Friede, wie ihn Jesus (nach Joh 14,27) meint und gibt, ist keine sachlich von ihm zu trennende Gabe, sondern der „Raum" seiner fortwährenden Selbstgewährung, ja, nach der Ausdeutung des Epheserbriefs, Frucht und Inbegriff jener Heilstat, durch welche die Trennungswand der Feindschaft niedergelegt (2,14) und der freie „Zugang zum Vater" erschlossen wurde (2,18). Ebenso tritt das von Jesus verkündete und heraufgeführte Gottesreich in seinem Wirken und mehr noch in seiner Person machtvoll in Erscheinung; doch ist es seiner ganzen Bestimmung nach immer noch „im Kommen". Vor allem aber ist die Gottesverkündigung Jesu, wie *Helmut Merklein* deutlich machte, nur unter der Voraussetzung der von ihm eröffneten Zukunftsperspektive voll zu verstehen; denn die „radikale Güte Gottes, die Jesus verkündet, ist die Güte des eschatologisch handelnden Gottes".[60]

Wenn aber dies zutrifft, zeichnet sich eine erstaunliche und in den angesprochenen Konsequenzen noch kaum abgesehene Wechselbeziehung ab. Dann kann der beglückende Reichtum und, was noch wichtiger ist, der beseligende Trost der Gottesverkündigung Jesu gar nicht voll ermessen werden, solange diese nur unter den Bedingungen der Gegenwart gesehen wird. Denn im Horizont der bestehenden, durch Traditionen, Konventionen und geschichtliche Hypotheken bestimmten Verhältnisse kann es selbst Jesus nicht vermeiden, von dem Gott, aus dessen Selbstübereignung er lebt, auch in Worten der Drohung und des Gerichts zu reden.[61] Und es ist ein vergleichsweise geringer Trost, wenn man sich angesichts dieses Tatbestands von *Jürgen Becker* klarmachen läßt, daß „das *opus proprium* des Gottes Jesu die Güte und Liebe und das Richten nur das *opus alienum*" ist.[62] Ganz anders, wenn man das Gottesbild Jesu in die von ihm eröffnete Zukunftsperspektive rückt. Dann gehören Furcht und Drohung jener zurückgelassenen, durch die Entdeckung des „neuen Gottes" obsolet gewordenen Sphäre an, die vor dem uneingeschränkt und bedingungslos liebenden Gott Jesu Christi hinfällig wird; denn:

Furcht ist nicht in der Liebe; vielmehr treibt die vollkommene Liebe die Furcht aus (1 Joh 4,18).[63]

Wie ein Sonnenaufgang erhebt sich dann der Gott Jesu Christi über dem Dunkel der von Haß und Zwietracht zerrissenen Welt. Es kommt nur darauf an, mit dem von und mit ihm gegebenen „Prinzip Liebe" bedingungslos ernst zu machen; denn so lautet die Alternative Jesu:

Ich aber sage euch: Liebt eure Feinde und betet für die, die euch verfolgen, damit ihr Söhne eures himmlischen Vaters seid, der seine Sonne aufgehen läßt über Böse und Gute und regnen läßt über Gerechte und Ungerechte (Mt 5,44 f.).

Gewaltiger und eindringlicher wurde kaum einmal zur Zukunft überredet wie in diesem Herrenwort, es sei denn, daß man ihm jene „Überredung" zur Seite stellt, die sich daraus ergibt, daß er sich selbst als den „Kommenden" begriff, obwohl er sich mit diesem Selbstzeugnis vor dem Hohen Rat den Tod einhandelte (Mk 14,62). Auf einem Höhepunkt seiner Streitschrift „Zwei Glaubensweisen" (1950) kommentiert *Martin Buber* diesen Ausspruch mit den Worten:

‚Wer bist du?' Ist er nun selber gefragt worden, wie er einst die Jünger fragte, wer er sei, er aber, mit fernen Augen, antwortet dem Sinn nach: ‚Ihr werdet den sehen, der ich werden soll.' Er sieht ihn jetzt: ich bin's. Er sagt es nicht, aber es gibt Hörer, die es zu hören meinen, weil sie ihn, den Sehenden, sehen.[64]

Es war die Kraft des visionären, auf den Tag seiner Wiederkunft gerichteten Selbstverständnisses Jesu, das der Urgemeinde die zweifellos schwerste Prüfung, die sie in Gestalt der Parusieverzögerung erlitt, zusammen mit ihren Eigeninitiativen bestehen half.[65] Sie sollte auch den Christen der gegenwärtigen Stunde dazu bewegen, die Rückschau, der er aus vielerlei Gründen verhaftet ist, mit dem vertrauenden Ausblick auf seine gottgeschenkte Zukunft zu vertauschen.

III. DIE ZUKUNFT GOTTES

Der neue Blickpunkt

Angesichts der Heftigkeit, mit welcher *Theodor Haecker* in seiner – trotz *Heideggers* niederträchtiger Kritik – hinreißenden Streitschrift „Was ist der Mensch?" (1933) mit *Max Schelers* These von dem im Menschen zum Bewußtsein seiner selbst gelangenden und deshalb immer erst „werdenden" Gott ins Gericht ging, wird man die Frage nach der „Zukunft Gottes" nur mit größter Umsicht aufwerfen können.[66] Denn vergreift man sich nicht, so muß man sich unwillkürlich fragen, am Geheimnis der Unveränderlichkeit Gottes, bei dem es nach dem Wort des Jakobusbriefs „keinen Wandel und keinen Schatten der Veränderung" gibt (1,17), wenn man auch nur fragend an die Möglichkeit einer Zukunft Gottes rührt? Wenn man sich dann allerdings an die Bubersche Übersetzung des Jahwe-Namens erinnert, nach der sich Gott im brennenden Dornbusch als derjenige zu verstehen gibt, als der er „dasein werde", gewinnt der Gedanke an seine Zukunft, durch die er je neu zur Menschheit kommt, eine so zwingende Plausibilität, daß sich die anfängliche Besorgnis in nichts auflöst. Die bange Frage, ob überhaupt mit einer Zukunft

Gottes gerechnet werden dürfe, wird dann durch die Einsicht überstrahlt, daß der Modus des „Zukommens" der Gott gemäßeste ist.

Bevor jedoch darauf näher eingegangen werden kann, wird man sich zunächst die Aktualität des Gedankens vor Augen halten müssen. Zwar rief *Ernst Bloch* in einem Text aus den „Verfremdungen" (1933) den „Frommen" der damaligen Stunde den Appell des *Angelus Silesius* in Erinnerung: „Wach auf, gefrorener Christ!" – und dies vermutlich nicht ohne den Hintergedanken, daß die bedenklichste Gefahr des Christentums jederzeit in seiner Erstarrung liegt.[67] Und bekanntlich bestätigte das *Karl Rahner* für die Gegenwart mit dem diagnostischen Wort von der „winterlichen Kirche". Doch soviel an diesen Hinweisen richtig ist, wird man nicht übersehen können, daß sich im Zwischenfeld der beiden Worte einer der größten Umschwünge anbahnte, vor die sich die christliche Glaubensgeschichte jemals gestellt sah. Daß er bisher noch kaum registriert wurde, hängt zunächst mit dem bekannten „Relativitätseffekt" zusammen, dem es zuzuschreiben ist, daß der Beobachter in einem bewegten System die Bewegung viel schwerer wahrzunehmen vermag als ein Außenstehender. Doch ergibt es sich zweifellos noch mehr aus der Unklarheit, die über den christlichen Blickpunkt besteht. Im Entwurf zu einer „Vorrede", die von den Kompilatoren des „Willens zur Macht" als fanfarenhaftes Vorspiel zu ihrer zweifelhaften Edition eingesetzt wurde, versichert *Nietzsche:*

> *Was ich erzähle, ist die Geschichte der nächsten zwei Jahrhunderte. Ich beschreibe, was kommt, was nicht mehr anders kommen kann: die Heraufkunft des Nihilismus. Diese Geschichte kann jetzt schon erzählt werden: denn die Notwendigkeit selbst ist hier am Werke. Diese Zukunft redet schon in hundert Zeichen, dieses Schicksal kündigt überall sich an; für diese Musik der Zukunft sind alle Ohren bereits gespitzt. Unsere ganze europäische Kultur bewegt sich seit langem schon in einer Tortur der Spannung, die von Jahrzehnt zu Jahrzehnt wächst, wie auf eine Katastrophe los: unruhig, gewaltsam, überstürzt: wie ein Strom, der ans Ende will, der sich nicht mehr besinnt, der Furcht davor hat, sich zu besinnen.*[68]

Und er nennt im Anschluß daran sich selbst, der umgekehrt nichts anderes getan habe, „als sich zu besinnen", einen „Wage- und Versucher-Geist, der sich schon in jedes Labyrinth der Zukunft" verirrt habe und deshalb zurückblicken müsse, „wenn er erzählt, was kommen wird".[69] Das ist wie vieles bei Nietzsche so sehr aus dem extremen Widerspruch zum Christentum gesagt, daß daraus unmittelbar auf dieses selbst zurückgeschlossen werden kann.[70] Dann aber gilt erst recht vom Christentum, daß sein Blickpunkt so sehr im Zielgrund aller Geschichte liegt, daß es zurückschauen muß, um sagen zu können, was kommen wird. So jedenfalls ergibt es sich zwingend, wenn man sich die Perspektive des Apostels Paulus vergegenwärtigt, wie er sie etwa im Auferstehungskapitel des Ersten Korintherbriefs oder im Philipperbrief umreißt. Hier, im Schreiben an seine Lieblingsgemeinde, gesteht er:

Nicht als ob ich es schon erreicht hätte oder gar schon vollendet wäre; doch strebe ich danach, es zu ergreifen, so wie ich auch von Christus Jesus ergriffen bin... Das Ziel im Auge, jage ich dem Kampfpreis der himmlischen Berufung durch Gott in Christus Jesus nach (Phil 3,12.14).

Begreiflich, daß sich der Apostel, der unter dem Eindruck steht, daß „die Gestalt dieser Welt vergeht" (1 Kor 7,31), bei den Fragen der zeitlichen Daseinsgestaltung nicht aufhalten mag, sondern der anfragenden Gemeinde von Korinth den Rat erteilt, sich der Gegebenheiten ihrer Lebenswelt nur wie im Vorbeigehen anzunehmen:

Denn ich sage euch, Brüder, die Zeit ist kurz! Daher soll sich in Zukunft, wer eine Frau hat, so verhalten, als habe er keine; wer weint, als weine er nicht; wer sich freut, als freue er sich nicht; wer kauft, als besäße er nicht; wer sich die Welt zunutze macht, als nutze er sie nicht; denn die Gestalt dieser Welt vergeht (1 Kor 7,29 ff.).

Dem entspricht dann voll und ganz die heilsgeschichtliche Perspektive, die er der Gemeinde erschließt. Für ihn ist das Weltgeschehen eine einzige Unterwerfungsgeschichte, in der sich die Erhöhung dessen vollendet, der von Gott aus der Erniedrigung des Kreuzestodes erhoben und zum Vollender der Welt bestellt wurde. Hier aber kommt erneut die Dialektik der „Gottesgrenze" ins Spiel, auf welche *Schoonenberg* hingewiesen hatte. Deshalb mündet das Weltgeschehen in einen Unterwerfungsakt des Vollenders aus:

Wenn ihm dann alles unterworfen ist, wird auch er, der Sohn, sich dem unterwerfen, der ihm alles unterworfen hat, damit Gott alles und in allem sei (1 Kor 15,28).

Hier, in diesem vollendenden „Gott alles und in allem", liegt der Blickpunkt des christlichen Glaubens. Für ihn hat die Zukunft nicht nur begonnen, sie liegt ihm vor Augen. Weil das Herz des Christen, wie eines der schönsten Kirchengebete sagt, dort verankert ist, wo die ewigen Freuden sind, kann es sich nicht mehr ungeteilt an das Augenblicksgeschehen hingeben. Dasselbe gilt von der im Glauben gewonnenen Sehweise. Weil er zurückschauen muß, um das in Blick zu bringen, was geschehen wird, sieht er manches in perspektivischer Verkürzung – wie dies schon auf die „synchrone" Sehweise der Propheten zutrifft –, anderes in geminderter Deutlichkeit, selbst wenn es den Stand seiner eigenen Entwicklung betrifft. Um so dringlicher ist die Frage nach dem augenblicklichen Verlauf der Glaubensgeschichte.

Die glaubensgeschichtliche Wende

Zu den Folgen der perspektivischen Blickverkürzung gehört es nicht zuletzt, daß die glaubensgeschichtliche Entwicklung in einen negativen Anschein gerät und deshalb als Störung einer früheren Harmonie und als Ver-

lust einer bestehenden Sicherheit empfunden wird. Einen solchen „Störeffekt" signalisiert etwa die vieldiskutierte Identifikationskrise im Verhältnis vieler Gläubigen zur institutionalisierten Kirche. Sie bringen es, wie das bekannte Schlagwort sagt, nur noch zu einer „Teilidentifikation" mit ihr. Im Extremfall steigert sich dieses gestörte Verhältnis zu jener zweideutigen Absage, die sich in dem Slogan „Jesus ja – Kirche nein" ausdrückt. Daran ist soviel richtig, daß der Satz, mit welchem *Guardini* der durch den Ausgang des Ersten Weltkriegs erschütterten und verunsicherten Jugend das Stichwort ihrer religiösen Selbstfindung zurief – „Die Kirche erwacht in den Seelen!" – heute in dieser Form ins Leere gesprochen wäre. Wer aber die Themenentwicklung im Gesamtwerk Guardinis überblickt, wird unschwer erkennen, daß sich bei ihm schon vergleichsweise früh eine Verlagerung des Schwerpunkts bemerkbar macht, der eindeutig vom Themenkomplex Kirche zum Christus-Thema wandert, um schließlich auf anthropologische und ethische Themenstellungen überzugehen. Den Sinn dieser letzten „Kehre" hatte Guardini schon im Titel seiner Rede zum Berliner Katholikentag (1955) vorweggenommen: „Nur wer Gott kennt, kennt den Menschen".[71] Jetzt, in seinem Spätwerk, vollzog er in aller Form die anthropologische „Anwendung" seiner literarisch, dogmatisch und mystisch unterbauten Gotteslehre. Erstaunlich ist aber vor allem, daß er als einer der ersten die Richtung erkannte, in die sich die Glaubensentwicklung fortbewegte. Diese aus hoher Sensibilität geschöpfte Einsicht dokumentieren seine Schriften zum christologischen Themenkreis.[72]
Was Guardini vorausfühlte, wurde in erstaunlicher Gleichzeitigkeit zur Studentenrevolte zum theologischen Ereignis der Siebziger Jahre. Unterbaut durch die „Jesus-Bewegung" der durch die gesellschaftliche und politische Entwicklung desorientierten amerikanischen Jugend, setzte eine Neuentdeckung Jesu ein, an der sich alsbald außer Theologen auch Philosophen, außer Christen auch Juden und Atheisten und außer Gelehrten auch Literaten beteiligten.[73] Wenn inzwischen der Eindruck aufkommen konnte, daß der Höhepunkt der Jesus-Welle längst schon wieder überschritten und die Zeit für eine religiöse Neuorientierung gekommen sei, so hängt das wiederum nur mit der durch die Perspektive bedingten optischen Täuschung zusammen. Denn sie vermag nur zu sehen, daß die Theologie auf die Neuentdeckung – ähnlich wie die Physik auf die der subatomaren Phänomene – mit dem Entwurf gegensinniger, jedoch nicht harmonisierbarer Theorien reagierte. Einer vom traditionellen Christusdogma ausgehenden „Christologie von oben" stand eine moderne, im sozialkritischen Verhalten Jesu ansetzende „Christologie von unten" entgegen, ohne daß damit dem, was der Glaubenssinn entdeckt hatte, Genüge geschehen wäre. Nichts wäre freilich verkehrter, als der naheliegenden Versuchung nachzugeben, angesichts dieser theoretischen Pattsituation zu resignieren. Statt dessen spricht alles für eine positive Deutung des eingetretenen Dilemmas, wie sie sich aus dem Gedanken an die Zukunft Gottes ergibt. Es ist seine Zukunft im intimsten Bereich, seine Zu-Wendung zu den Menschen des gebrochenen Herzens, wie sie sich in der Großen Einladung Jesu

an die Bedrückten und Bedrängten verlautbart, denen er sich als den Inbegriff ihrer Identitätsfindung, der von ihnen erhofften „Ruhe" zusagt (Mt 11,28).[74] Unter dem Eindruck seines österlichen Bekehrungserlebnisses konzentrierte sich darauf, lange vor der gegenwärtigen Glaubenssituation, *Kierkegaard* in seiner „Einübung im Christentum" (1850), die dann auch tatsächlich das aus dem Dilemma herausführende Konzept entwickelte.[75] Denn mit seinem Fundamentalsatz: „Der Helfer ist die Hilfe" durchstößt er das Koordinatennetz der kategorialen Bestimmungen in einer Weise, daß das historische Heilsgeschehen gegenwärtig und die Gegenwart auf das Eschaton transparent wird. Deshalb ist für ihn die Einladung an die Bedrückten und Bedrängten gleichsinnig mit dem johanneischen Verheißungswort: „Wenn ich erhöht bin, werde ich alle an mich ziehen" (Joh 12,32), so wie dieses als Vorgriff auf die Zusage des endzeitlich Thronenden verstanden werden kann: „Seht, ich mache alles neu!" (Offb 21,5).

Damit zieht sich bereits eine Linie von der rettenden Selbstzuwendung Jesu in seinem Wirken und Leiden bis hinein ins Endziel der Welt- und Heilsgeschichte. Es blieb dem dichterischen Ingenium *Gertrud von le Forts* vorbehalten, diesen Gedanken in eine poetisch-religiöse Bildsprache umzusetzen und aus ihm die Idee einer „Geschichte der ewigen Liebe" zu entwickeln.[76] Ausgehend vom Gedanken an den im Weltgeschehen fortlebenden, fortwirkenden und fortleidenden Christus zeichnete sie in ihren Werken die in weltgeschichtliche Dimensionen geweitete Lebensgeschichte Jesu nach, angefangen vom Vorgefühl (Der Papst aus dem Ghetto) und dem ersten Aufleuchten der Menschwerdung (Das Gericht des Meeres), über die zum Geschichtsereignis gewordene Stunde von Getsemani (Die Letzte am Schafott) und Golgota (Die Abberufung der Jungfrau von Barby) bis hin zur „Intonation" der Auferstehung (Die Tochter Farinatas) und zu dem zeitgeschichtlichen Einbruch des Weltgerichts (Die Magdeburgische Hochzeit).[77]

Dieses Konzept ist insofern von höchstem Belang, als es dazu verhelfen kann, dem augenblicklichen Stand der glaubensgeschichtlichen Entwicklung die sachgerechte Deutung angedeihen zu lassen. Wenn man im Sinn der Dichterin davon ausgehen darf, daß der Gang der Glaubensgeschichte in den Ängsten des Bombenkriegs das Stadium „Getsemani" und im Grauen des nationalsozialistischen und bolschewistischen Konzentrationslager die Nacht von Golgota durchschritten hat, empfängt der gegenwärtige Augenblick seine mystische Sinnzuweisung aus dem Geheimnis der Auferstehung Jesu. Dann aber ist es möglich, das von Guardini in den Jahren nach dem Ersten Weltkrieg ausgegebene Stichwort auf eine Weise umzuformulieren, daß es der gegenwärtigen Glaubenssituation entspricht. Anstatt vom „Erwachen der Kirche in den Seelen" müßte dann von der „Auferstehung Christi im Glauben der Gegenwart" gesprochen werden. Und damit wäre die gegenwärtige Weltstunde, wie dem kaum hinzugefügt zu werden braucht, vollends an die Zukunft Gottes verwiesen.

Der Wandel der Auslegungsstadien

Dennoch hat das mystische Konzept der Dichterin nicht jenen konkreten Bezug, daß damit bereits dem Interesse der praktischen Anwendung Genüge geschehen wäre. Dazu verhelfen dann aber Gestalten, die wie *Nietzsche* die Gegenposition zum Christentum beziehen oder wie *Reinhold Schneider* sich als seine „Grenzgänger" verstehen.[78] Im Zug seiner Idee von der „Selbstauflösung des Christentums", die er komplementär zu seinen aggressiven Strategien entwickelte, glaubte Nietzsche Stadien unterscheiden zu können, die der von ihm behauptete Auflösungsprozeß durchlief. In diesem Sinn bemerkt er gegen Ende seiner „Genealogie der Moral" (1887):

> *Alle großen Dinge gehen durch sich selbst zugrunde, durch einen Akt der Selbstaufhebung: so will es das Gesetz des Lebens, das Gesetz der notwendigen, Selbstüberwindung: im Wesen des Lebens... Dergestalt ging das Christentum als Dogma zugrunde, an seiner eignen Moral; dergestalt muß nun auch das Christentum als Moral noch zugrunde gehn, wir stehen an der Schwelle dieses Ereignisses..*[78]

Und er begründet diese These mit einer Feststellung, die im Seitenblick auf die historisch-kritische Methode getroffen sein dürfte:

> *Nachdem die christliche Wahrhaftigkeit einen Schluß nach dem andern gezogen hat, zieht sie am Ende ihren stärksten Schluß, ihren Schluß gegen sich selbst; dies aber geschieht, wenn sie die Frage stellt: "was bedeutet aller Wille zur Wahrheit?"*

An diesem Sich-bewußt-Werden des Willens zur Wahrheit geht von nun an „die Moral zugrunde". Darin besteht „jenes große Schauspiel in hundert Akten, das den nächsten zwei Jahrhunderten Europas aufgespart bleibt, das furchtbarste, fragwürdigste und vielleicht auch hoffnungsreichste aller Schauspiele..."[80]

Was von Nietzsche als vernichtende Prognose gemeint ist, kann, auf seinen diagnostischen Kern reduziert, durchaus als Beitrag zu einer Standortbestimmung des Christentums gelesen werden. Dann aber gibt sein Wort zu bedenken, ob sich nicht tatsächlich Anzeichen dafür abzeichnen, daß das Christentum, großräumig gesehen, im Begriff steht, aus seiner dogmatischen und moralischen Phase in eine neue überzugehen, die aber keineswegs als seine Todesstunde, sondern als sein mystisches Stadium zu bestimmen wäre. Zur Bestätigung dessen könnte man auf den neuerwachenden Sinn für Spiritualität und Innerlichkeit hinweisen, mit aber wohl noch größerem Recht auf die spezifische Notlage des heutigen Menschen, der, wenn nicht alles täuscht, letztlich nur mit dem Einsatz mystischer Impulse zu begegnen ist. Denn schon lange steht im Zentrum des menschlichen Krisenbewußtseins nicht mehr der Komplex „Sünde", sondern die ihm vorgeordnete Noterfahrung, die auf einen gebrochenen Existenz- und Lebenswillen schließen läßt. So ist das Zentralproblem des heutigen Menschen, wie schon *Guardini* erkannte, das der „Annahme seiner selbst". Dahin geht auch der autobiographische Kommentar, den *Schneider* zu diesem Problemkreis hinterlassen hat. Für ihn ist die Glaubensbereitschaft nicht mehr nur eine Frage der Rationalität und Moralität, sondern vor allem der Vitalität, die, wie er sich ausdrückt, in seinem Fall so sehr gesunken ist, daß sie nicht mehr ausreicht, einen auf ein jenseitiges Leben gerichteten Glauben zu tragen.[81]

Vieles spricht, wie schon eingangs vermerkt, dafür, daß die Noterfahrung dieses Grenzgängers sich inzwischen zu einer kollektiven Krise ausgeweitet hat. Dann aber wird sich die christliche Theologie dazu verstehen müssen, die „Schwerter" ihrer apologetischen Argumentation in die „Pflugscharen" therapeutischer Hilfen umzuschmieden. Und diese therapeutischen Hilfen werden sich darauf konzentrieren müssen, die Menschen des „gebrochenen Herzens", von denen die Heilsbotschaft Jesu spricht (Lk 4,18), an jenen göttlichen Arzt zu verweisen, der sie dadurch aufrichtet, daß er selbst die ihnen zugewendete Hilfe ist. Daß das Christentum in seine mystische Phase einzutreten beginnt, heißt dann in letzter und tiefster Sicht, daß Gott im Begriff steht, durch die „Tür" der menschlichen Existenznot in seine Geschichte einzutreten, um sich als der Retter und „Arzt" der zu ihm Rufenden zu erweisen.[82] Und es heißt dann überdies, daß die Geschichte heute, fühlbarer als bisher, im Zeichen der „Zukunft Gottes" steht.

IV. ZUKUNFT DURCH GOTT

Die Gewährung des Kommenden

Zukunft durch Gott – das bliebe ein bloßes Konstrukt, wenn es nicht die aus der Mitte des göttlichen Heilswillens gesprochene Zusage gäbe: „Ich will euch Zukunft und Hoffnung geben" (Jer 29,11). Doch selbst sie ist etwas Vorletztes, gemessen an der Beobachtung, daß der spezifische Modus, wie Gott Welt und Mensch seine Nähe erfahren läßt, der seines „Kommens" ist. Das gilt so sehr, daß sogar das Kommen des Gottesreichs, um richtig verstanden zu sein, nach Art einer personalen Entgegenkunft gedacht werden muß. Daß es sich so verhält, ist keineswegs ein Ergebnis theologischer Konklusionen, sondern eine Einsicht, zu der das Sensorium des Gebets führt. Sie ist dem Neuen Testament ungleich vertrauter als dem Alten, obwohl sie auch dort nicht fehlt. Neutestamentlich aber ist sie vor allem durch die Anrufung des Modellgebets Jesu belegt: „Dein Reich komme!" (Lk 11,2). Wer sich sie zu eigen macht, erwartet die Nähe des Gottesreiches, wie dieses Wort erkennen läßt, tatsächlich wie die Ankunft einer Person. Dieselbe Auffassung spricht aber auch aus dem altchristlichen Gebetsruf, in den der Erste Korintherbrief ausklingt: „Maranatha – komm doch, Herr!" (16,22). Es ist derselbe Gebetsruf, den der Schluß der Apokalypse wiederholt, nur daß ihm dort die Zusage des Angerufenen zuvorkommt:

Er, der dies bezeugt, spricht: Ja, ich komme bald! Amen. Komm, Herr Jesus! (Offb 22,20)

Demgegenüber sprechen die alttestamentlichen Stellen, meist im Stil einer Ankündigung, vom Kommen des großen und schrecklichen Tages des Herrn (Joël 3,4), vor allem des messianischen Königs (Sach 9,9), der sich „bald" im Tempel des Herrn zeigen werde (Mal 3,1), bisweilen auch in Form einer betenden Anrufung des Ersehnten, wie etwa im Wort des 118. Psalms, das sich die begeisterten Volksscharen beim Einzug Jesu in Jerusalem zu eigen machten: „Gesegnet sei er, der kommt im Namen des Herrn!" (118,26)[83]

So gehört es zur spezifisch christlichen Gebets- und Heilserfahrung, daß die Nähe Gottes im Modus seines „Kommens" empfunden wird. Welche Dringlichkeit diese Erfahrung annehmen kann, zeigt das von der Augustinus-Vita her bekannte Wort des Römerbriefs:

Die Stunde ist da, vom Schlaf aufzustehen; denn jetzt ist das Heil uns näher gekommen als zu der Zeit, da wir gläubig wurden. Die Nacht ist vorgerückt, der Tag ist nah! (13,11 f.)[84]

Wenn vom Anbruch des Tages und der Ankunft des Herrn die Rede war, stand den antiken Lesern aus dem Bereich des römischen Imperiums die Erinnerung an kaiserliche Staatsbesuche – im Sinn der Grundbedeutung von *adventus* – vor Augen, so daß sich für sie mit dem Begriff „Ankunft" unwillkürlich die Vorstellung der Unberechenbarkeit, aber auch der unwiderstehlichen Machtfülle verband. Da es sich dabei aber um die „Epiphanie" ihres „Herrn und Retters" handelte (Phil 3,20), kam der Glaube an dieses machtvolle „Kommen" für sie der Erweckung von Hoffnung und Zuversicht gleich. Das wirft für den modernen Hörer der Botschaft die Frage auf, was das so eindringlich bezeugte „Kommen" für ihn bedeutet.

Die formale Antwort kann nur lauten: die Revision der retrovertierten Haltung, zu der ihn denkerische Konvention, gesellschaftliche Repression und technische Mediatisierung bewegen. Vermittelt durch den Glauben an die Wiederkunft Christi müßte es in ihm, anders ausgedrückt, zu einer Art „Kontaktmetamorphose" kommen, durch die sein ganzes Denken und Empfinden, mehr aber noch sein innerstes Seinsverhältnis „umgepolt" würden. Voraussetzung dessen wäre allerdings, daß er sich das göttliche „Kommen" nicht wie einen Lehrgehalt unter anderen vorstellt, sondern im Vollsinn des Wortes „gesagt sein läßt". Wenn es aber dazu kommen soll, müßte das Wort vom Kommen Gottes als Antwort auf seine betende Anrufung vernommen werden. Und so liegt es ja auch, tiefer besehen, in der Intention dieser Anrufung. Sie will – wie der „Anruf" eines vorbeigehenden Menschen –, daß Gott sich dem Beter zuwende und ihn seine hilfreiche Gegenwart erfahren lasse. Manches könnte der Glaube in diesem Zusammenhang von der Psychologie der Begegnung lernen, die schon aus diesem Grund aus dem Hintertreffen, in das sie durch ein einseitig gesellschaftsorientiertes Denken abgedrängt wurde, hervorgeholt werden müßte. Doch erwiese sich eine theologische Erinnerung vermutlich als noch effektiver. Sie betrifft die mystisch-eschatologische Geschichtsschau des *Joachim von Fiore*, der unter dem Eindruck eines stark anwachsenden Spiritualismus schon für die nahe Zukunft ein Reich des Geistes erwartete, dem die Zeit des Gesetzes und die der Gnade vorangegangen war.[85] So fragwürdig seine Unterscheidung der drei – den göttlichen Personen zugeordneten – Weltalter auch immer erscheint, lebt in ihr doch unverkennbar etwas von der Dynamik der urchristlichen Heilserwartung fort, zu schweigen von der Suggestivität der sich überholenden Bilder, die er zur Verdeutlichung seines Geschichtsentwurfs gebrauchte. Denn für ihn steht das Zeitalter des Vaters im Zeichen des Gesetzes, der Knechtschaft und der Wissenschaft, das Zeitalter des Sohnes im Zeichen der Gnade, der Kindschaft und der Weisheit, das Zeitalter des Geistes im Zeichen der Freiheit, der Gottesfreundschaft und der Erkenntnisfülle. Im ersten herrscht demgemäß die Furcht, im zweiten der Glaube, im dritten die Liebe. Das erste liegt im Sternenlicht, das zweite im Glanz der Morgenröte, das dritte in der vollen Tageshelle. Das erste bringt Nesseln, das zweite Rosen, das dritte Lilien. Im ersten keimt, wie Joachim im Anschluß an das Gleichnis Jesu sagt, die Saat, im zweiten wächst der Halm, im dritten reift der Weizen. Dabei erinnert der Begriff „Gottesfreundschaft" an die mystische Bewegung der Gottesfreunde im Spätmittelalter, das Stichwort „Freiheit" an *Hegels* These von der durch das Christentum bewirkten Umgestaltung der Weltgeschichte zu einer fortschreitenden Freiheitsgeschichte und die Gesamtkonzeption an die Vorstellung des Epheserbriefs von dem Heranreifen der Glaubensgemeinschaft zum „Vollalter Christi" (4,13). Bei aller utopischen Übersteigerung liegt hier, in diesem „Reifungsmodell", der legitime Ausgangspunkt des Gedankens, auf den sich der Christusglaube gerade in Stunden der um sich greifenden Resignation zurückbesinnen sollte.

Wenn aber das geschieht, steht der erhofften „Perspektivendrehung" nichts mehr im Weg. Durch das Vorgefühl der göttlichen Ankunft bewogen, müßte sich dann der Blick des Glaubenden, sosehr er auf das Gewesene fixiert ist, dem „Kommenden" entgegenrichten. Denn dem, was ihm die Zukunft Gottes bringt, gälte jetzt sein ganzes Interesse. Dort sähe er die „Positionslichter" der gesuchten Orientierung. Dort ginge ihm der Glanz der rettenden Wahrheit auf. Doch bliebe es nicht bei dieser kognitiven Neuorientierung. Dem Blick müßte das Empfinden und diesem die ganze Existenz folgen. Dann aber hätte der Mißstand ein Ende, daß ausgerechnet der Mensch einer „utopischen" Zeit mit dem Rücken zur Zukunft lebt. Statt dessen würde er sich ihr mit seiner ganzen Bereitschaft, seiner ganzen Sensibilität, seiner ganzen Entschlußkraft zuwenden, um sie mit dem, was sie ihm von Gott her bringt, anzunehmen. Und damit gelänge ihm auch die Lösung seiner schwersten und wichtigsten Lebensaufgabe: die „Annahme seiner selbst" (Guardini).

Hoffnung auf Herrlichkeit

In alledem fehlt noch das Stichwort, das die aufgerufenen Motive allererst zum Klingen bringt, das Wort von der Hoffnung. Denn sie ist die Gabe, mit der das Christentum die Welt beschenkte. Erst durch sie lernte die von der Schicksalsangst bedrückte Menschheit wieder aufatmen.[86] Um diesen Wandel zu ermessen, braucht man sich nur die ungeheure Aufwertung zu vergegenwärtigen, welche die Hoffnung durch das Christentum erfuhr. Im antiken Mythos war sie der Bodensatz in der unheilbringenden Büchse der Pandora und damit das schlimmste aller Übel. Jetzt, in der christlichen Urverkündigung, heißt es dagegen: „Auf Hoffnung hin sind wir gerettet" (Röm 8,24) und, wesentlicher noch: „Christus in euch – er ist die Hoffnung auf die Herrlichkeit" (Kol 1,27). Damit ist zugleich das Zentralprinzip der Hoffnung angesprochen. Es ist die Gegenwart dessen, der sich den Bedrückten und Bedrängten in seiner Zuwendung selber gibt, um ihnen zu neuer Identität zu verhelfen. In den Kategorien der Spiritualität hatte der Römerbrief schon dasselbe ausgesprochen, wenn er versichert:

> *Gerechtfertigt durch den Glauben, haben wir Frieden mit Gott durch Jesus, unsern Herrn. Durch ihn haben wir auch den Zugang zu der Gnade gewonnen, in der wir stehen, und wir rühmen uns unserer Hoffnung auf die Herrlichkeit Gottes. Mehr noch: wir rühmen uns ebenso unserer Bedrängnis; denn wir wissen: Bedrängnis bewirkt Geduld, Geduld Bewährung, Bewährung Hoffnung. Die Hoffnung aber läßt (uns) nicht zugrunde gehen; denn die Liebe Gottes ist ausgegossen in unsere Herzen durch den Heiligen Geist, der uns gegeben ist"* (5,1–5).

Mit den Begriffen Geduld, Bewährung und insbesondere mit der Vorstellung, daß die Hoffnung „nicht zugrunde gehen läßt", steckt die Römerstelle die praxisbezogene Peripherie des mystischen Kerngedankens ab, die geradezu danach drängt, in die Gegenwartssprache übersetzt und dadurch aktualisiert zu werden. Dieser Aufgabe unterzog sich, lange vor den modernen Vertretern einer Theologie der Hoffnung *Gabriel Marcel*, der es in seinen unter dem Titel „Homo Viator" zusammengefaßten Essays aus den Jahren nach dem Zweiten Weltkrieg unternahm, dem neomarxistischen Konzept Ernst Blochs das christliche „Prinzip Hoffnung" entgegenzustellen. Für ihn gehört Hoffnung in das Bedeutungsfeld von „Inbrunst", ein Indiz dafür, daß sie von ihrer innersten Sinnbestimmung damit zu tun hat, die Flamme des Lebens vor der „zerstörenden Einwirkung der Verzweiflung" zu bewahren.[87] Damit ist die Hoffnung nicht nur als Gegenpol zu den ab- und rückwärtsziehenden, den Lebenswillen schwächenden Kräften angesprochen, sondern auch schon in ihrer kommunikativen Effizienz deutlich gemacht. Darauf legt der Denker der dialogischen Existenz das Hauptgewicht. Demgemäß fragt er nach dem Zug *(nisus)* der Hoffnung, durch den sie die Gefangenschaft der Existenz durchbricht, um sich, gelöst aus der Verstrickung in die um Gewißheit ringende Selbstreflexion, anderen mitzuteilen.[88] Der Hoffende nimmt, gleichgültig ob er sich dessen bewußt ist oder nicht, den Mitmenschen in den Stromkreis seiner Zuversicht hinein. Deshalb heißt die volle Formel, die den Sinn der Hoffnung zum Ausdruck bringt, für Marcel nicht etwa „ich hoffe", noch nicht einmal „ich hoffe auf dich", sondern: „ich hoffe auf dich für uns".[89] Die von Marcel vorgeschlagene Formel schließt die Einsicht in die Unteilbarkeit der Hoffnung ein. Sie gehört zu jenen höchsten Qualitäten des Menschseins, die man – wie Freiheit und Frieden – entweder mit allen zusammen oder überhaupt nicht hat. Daran ist die Effizienz der Hoffnung gebunden. Denn jeder private Hoffnungsversuch muß früher oder später in sich zusammenbrechen, wenn er in einem von Resignation und Angst beherrschten Umfeld unternommen wird. Deshalb kann in sinnvoller Weise auch nicht desiderativ von der Hoffnung die Rede sein. Die ihr gemäße Sprache fordert vielmehr apodiktisch: Hoffnung muß sein![90] Wenn es sich aber so verhält, muß das Werk der Hoffnung durch Akte der Angstüberwindung unterbaut werden. Dann gehört es zu den unabdingbaren „Vorleistungen" zu diesem Werk, daß ein angstfreier Lebensraum entsteht, weil die Hoffnung nur so in ihrer Universalität zur Geltung gelangen kann.

Das Werk der Angstüberwindung

„In der Welt habt ihr Angst", sagt der johanneische Jesus in der Übersetzung Luthers; „doch seid getrost, ich habe die Welt überwunden!" (16,33)[91] Damit erklärt er sich nicht nur zum leibhaftigen „Prinzip Hoffnung"; vielmehr nennt er auch den Widerstand, der im Interesse seiner Inthronisierung gebrochen werden muß. Doch wie?
Die Antwort ergibt sich aus der Situation, in der das Trostwort nach der Regie des Johannes-Evangelisten erklingt. Es ist das Abschiedswort des scheidenden Herrn, der bereits die Schwelle von der Welt zum ewigen Vaterhaus überschritten hat, die in der Welt Zurückgelassenen aber nun erst recht mit seiner ganzen Macht und Liebe umfängt, so daß sein Zuspruch bereits von jenem fordernden „Vater, ich will!" (Joh 17,24) durchpulst ist, mit dem er aus der Rolle des Gottesknechts endgültig in die Position des „wesensgleichen" Sohnes übergeht. Innerstes Prinzip der Angstüberwindung ist somit der Gott, zu dem er sich und den Seinen Zugang verschafft, den er für sich und sie neu entdeckt hat. Es ist der Gott, der noch in seiner Andersheit geliebt werden kann, weil er der Inbegriff der bedingungslosen Liebe ist. Es ist gleicherweise die von diesem Gott eingegebene und entflammte Liebe, von der es heißt, daß sie die Furcht vertreibt. Und es ist in beidem die „Zukunft Gottes", die im Impuls seiner Liebe zu den geängstigten Herzen dringt, um sie aufleben und – hoffen zu lassen.[92]
Unversehens tritt aus dem Dunkel der „Angstszene" das Motiv der Hoffnung aufs neue hervor. Ohne sich ins Utopische zu verlieren, bestätigt es sich doch als jener „Mehrwert" des Daseins, der diesem insofern eignet, als

es sich zur gottgeschenkten Zukunft öffnet. Aus dieser Zukunft fällt durch die Hoffnung verklärendes Licht auf die verhärteten Verhältnisse. In ihm wird deutlich, daß es mit ihnen trotz aller pessimistischen Prognosen nicht zu Ende geht, weil sie durch die innerweltlichen Gesetze nicht endgültig definiert sind.

Denn hoffen heißt: sich in den Bedrängnissen des Daseins dem anvertrauen, der inmitten aller Zwänge der rettende Befreier, inmitten der Ängste der helfende Tröster, inmitten der Einsamkeit der liebende Vater und im Sog der vergehenden Weltgestalten der Gott der Zukunft ist.[93]

Die Suspendierung der Gottesfrage
Erwägungen zu einer innovatorischen These Karl Rahners

In seiner Pastoralkonstitution „Gaudium et spes" (vom 7. Dezember 1965) unterschied das II. Vatikanum, an dessen Aussagen *Karl Rahner* vielfältigen Anteil nahm, unterschiedliche Formen des gegenwärtigen Atheismus: einen Atheismus aus resignativer Einschätzung der menschlichen Erkenntniskraft, aus exzessiver Bewertung der wissenschaftlichen Erforschbarkeit der Welt, aus menschlicher Selbstbehauptung, der die Leugnung Gottes als Vorbedingung für die Optimierung des Menschseins erscheint, und schließlich aus theologischem Fehlverhalten, weil sich die Negation in diesem Fall gegen eine dem Evangelium völlig fremde Auffassung von Gott richtet (GS 19). Eingebettet in dieses Spektrum ist eine Spielart, die nach Auffassung des Konzils auf derart kritische Weise nach Gott fragt, daß die Gottesfrage dadurch schon im Ansatz als sinnlos erscheint. So kommt es, mitten in der Bestreitung der Möglichkeit, sinnvoll nach Gott zu fragen, zu einer kritisch-skeptischen Suspendierung der Gottesfrage, in der sie sich überhaupt nicht mehr stellt.

Die innovatorische These

Es trifft sich seltsam, daß Rahner im ersten Band seiner „Schriften zur Theologie" (von 1954) in einem schon fünfzehn Jahre vor der Konzilskonstitution veröffentlichen Beitrag dieselbe Vorstellung, nur aus der diametralen Gegenposition, entwickelt hatte[1]. Unter dem Stichwort „die *Selbstverständlichkeit* des Gottesbewußtseins" bemerkt er zu Beginn des zweiten Abschnittes des mit dem Titelwort ‚Theos im Neuen Testament' überschriebenen Essays:

> *Das erste, was uns auffällt, wenn wir nach dem Gottesbegriff der Männer des Neuen Testaments fragen, ist die Selbstverständlichkeit ihres Gottesbewußtseins. Eine Frage einfachhin ..., ob Gott existiere, kennen diese Männer eigentlich nicht. Eine Qual, erst nach Gott fragen zu müssen, sich erst langsam und besinnend überhaupt den Boden schaffen zu müssen, von dem aus so etwas wie ein Ahnen, Erfühlen oder Erkennen Gottes erst möglich wird, ein Gefühl, daß Gott sich dem fragenden Zugriff des Menschen eigentlich immer wieder entziehe, eine Furcht, ob nicht etwa Gott am Ende doch nichts sei als eine ungeheure Projektion der Sehnsüchte und Nöte des Menschen ins Objektive, ein Leiden an der Gottesfrage; von all diesen und ähnlichen Haltungen des modernen Gottesbewußtseins weiß das Neue Testament nichts (108).*

In einer für Rahner typischen Denk- und Sprachbewegung wird hier der thematische Gesichtspunkt zunächst einmal dadurch hervorgehoben, daß das Vorverständnis, mit dem der moderne Leser an das vom Autor gestellte Problem – Gott im Neuen Testament – unwillkürlich herangeht, Zug um Zug abgebaut wird. Weder gibt es in den neutestamentlichen Schriften die Gottesfrage „einfachhin", noch ist ihnen etwas von der „Qual", nach Gott fragen und für die Ausarbeitung dieser Frage zuerst einmal „den Boden schaffen zu müssen", bekannt. Sie wissen nichts von der, mit einer Nietzsche-Metapher gesprochen, den Menschen umstellenden „Lücke", die durch den Gottesgedanken oder eines seiner Surrogate ausgefüllt werden müßte. Und schon gar nicht sind sie von dem Gefühl angefochten, daß sich der erfragte Gott dem Zugriff der menschlichen Frage entziehen könne oder daß dieser am Ende lediglich die Hand der eigenen Sehnsucht, wie es *Hölderlin* in seinen ‚Hyperion' ausdrückt, zu fassen bekomme. Vor diesem Hintergrund entwickelt Rahner sodann die sich aus dem Neuen Testament und der Haltung seiner Autoren ergebende Alternative:

> *Gott ist zunächst einfach da. Er ist für sie eigentlich bei all seiner Unbegreiflichkeit und Erhabenheit, bei all der Furcht und dem Zittern und dem erschütternden Glück, das ihnen diese Gotteswirklichkeit bereiten mag, zunächst einfach einmal als die selbstverständlichste, eines Beweises und einer Erklärung nicht bedürfende Tatsache da (ebd.).*

Diese elementare „Gegebenheit" wird in der Folge zweifach kontrastiert: einmal mit dem spontanen, beim Faktum der Weltwirklichkeit einsetzenden Gang der Gottesfrage und dann mit dem religiösen Umfeld des Neuen Testaments. Was zunächst den spontanen Aufbruch der Gottesfrage anlangt, so verhält es sich für die neutestamentlichen Autoren mit ihrem „Boden" völlig anders, als sich das Problem des Ausgangspunkts etwa aus metaphysischer Sicht darstellt. Denn für sie stellt sich keineswegs das Problem, „ob die unmittelbar für sie greifbare Wirklichkeit der Welt etwa noch über sich hinaus in das unendlich Dunkle eines ganz Andren weise", sondern lediglich die Frage, „wie dieser für sie immer schon gegebene, selbstverständliche Gott handle, damit der Mensch daraus erst wisse und erkenne, was er eigentlich an sich und der Welt habe" (ebd.). Damit ergibt sich für sie ein von der durchschnittlichen Einstellung denkbar tief verschiedenes Verhältnis zur Weltwirklichkeit. Sie ist für sie nicht das Erstgegebene, von dem aus eine argumentative Ableitung im Sinn von Gottesbeweisen geführt werden kann, sondern eine „Gegebenheit", die umgekehrt erst von Gott her Profil und Evidenz gewinnt. Er ist für sie so sehr das Ausgangsdatum ihres Bewußtseins, daß sie die Welt immer erst in seinem Licht entdecken und – als die Schöpfung dieses Gottes – verstehen lernen.
Nicht als liege dem Neuen Testament die Idee eines metaphysischen Zugangs zur Gotteswirklichkeit fern! Zwar führt es nirgendwo Gottesbeweise; doch kennt es sehr wohl „eine an sich bestehende Möglichkeit der Gotteserkenntnis aus der Welt" (109). Danach können (nach Röm 1,20) die Macht und Göttlichkeit Gottes ebenso wie (nach 1 Kor 1,21) seine Weisheit sowohl aus den Verpflichtungen des natürlichen Sittengesetzes

als auch aus dem „Geschaffenheitscharakter der Welt" vom Menschengeist erkannt werden, so daß die Gottesblindheit der Heidenwelt im Grunde unentschuldbar ist. Denn ihr „Nichtkennen Gottes" ist, zumal für Paulus, „ein Nichtkennen*wollen*", dies jedoch so, daß es mit einem tatsächlichen „Doch-von-Gott-Wissen" einhergeht (110 f). Daß mit dem „Geschaffenheitscharakter" der kreatürlichen Welt deren Herkunft aus dem göttlichen Schöpfungswirken und damit letztlich auch die Wirklichkeit Gottes bereits vorausgesetzt ist, wird in diesem Hinweis freilich nicht mehr reflektiert.

Und selbstverständlich nimmt das Neue Testament auch von der Gottvergessenheit in seiner heidnischen Umwelt Kenntnis. Mehr noch: es trägt entscheidend zur analytischen Erhellung dieses Zustandes bei. Weil es seiner Auffassung zufolge weder ein „sittlich neutrales Nichtwissen oder Zweifeln an Gott" noch eine „rein theoretisch bleibende religiöse Problematik" gibt, handelt es sich bei dieser gottlosen Verfassung der Heiden um die Folgen eines schuldhaften Verhaltens. Eine Verhärtung (Eph 4,18) und Verfinsterung (Röm 1,21) des Herzens muß eingetreten sein, damit der Gott dieser Welt den Sinn für die wahre Gotteswirklichkeit verschütten konnte. Letzten Endes erklärt sich, besonders nach Paulus, der Verfall des Gottesbewußtseins daraus, daß dämonische Mächte und Gewalten verdunkelnd und verstellend zwischen die Gotteswirklichkeit und das Menschenherz traten und dieses dadurch von der Verehrung des wahren Gottes abbrachten. So hat der antike „Atheismus" nach neutestamentlicher Einschätzung eher den Charakter einer Pseudoreligion; er erklärt sich daraus, daß sich die Heiden, mit einer paulinischen Wendung gesprochen, von dem lebendigen Gott „zu den stummen Götzen fortreißen ließen" (1 Kor 12,2).

Dennoch verhält sich das Neue Testament ebensowenig reaktiv zu diesem in seiner Umwelt herrschenden Atheismus, wie es sich konstruktiv auf die Möglichkeit einer auf dem Argumentationsweg gewonnenen Gotteserkenntnis bezieht. In der Selbstverständlichkeit seines Gottesbewußtseins bleibt es von beiden Positionen letztlich unberührt. Mit seiner Botschaft setzt es einen Menschen voraus, „der trotz seiner sündigen, die Welt vergötzenden Verlogenheit und Verlorenheit doch eigentlich schon etwas von Gott weiß, und umgekehrt wird dieses verdeckte Wissen um Gott erst eigentlich durch die Verhärtung des Herzens hindurchbrechend seiner selbst bewußt, wenn es erlöst wird durch das Wort des sich über alle Welt hinaus offenbarenden Gottes" (112). Damit ist aber bereits der innerste Grund der Selbstverständlichkeit des im Neuen Testament vorherrschenden Gottesbewußtseins erreicht. Es besteht, wie Rahner formuliert, in der „einfachen und zugleich gewaltigen Tatsache, daß Gott selbst *sich geoffenbart* hat", daß er also handelnd in die vom Neuen Testament beleuchtete Geschichte eingriff und sich so in seiner Wirklichkeit bezeugte. Für die neutestamentlichen Autoren besteht dieses Aktionsfeld zunächst in der Geschichte Israels, in welcher Gott (nach Hebr 1,1) „vielfach und auf vielerlei Weise" zu Wort kam, so daß man ihn mit der Stephanusrede (Apg

7,2–53) in der ganzen Erstreckung dieser Geschichte „am Werke" sehen kann. Indessen wissen sie „von Gott nicht bloß durch seine Selbsterschließung in der vergangenen Geschichte ihres Volkes, sondern erfahren seine lebendige Wirklichkeit in seinem neuen Handeln in ihrer eigenen Geschichte" (112 f). Sie stehen unter dem Eindruck einer aktuell an sie ergehenden Gottesoffenbarung:

> *Jetzt hat Gott in seinem Sohn zu ihnen geredet (Hebr 1,2), seine rettende Gnade jetzt offenbar gemacht (Tit 2,11; 3,4; 2 Tim 1,10) durch den Sohn Gottes. Durch ihn sind sie zum Glauben an Gott gekommen (1 Petr 1,21). Er hat ihnen von Gott, den niemand gesehen, Kunde gebracht (Jo 1,18), ihn haben sie mit ihren Augen geschaut, ihn gehört und ihn mit Händen betastet (1 Joh 1,1). Im Angesicht Christi ist ihnen die Herrlichkeit Gottes aufgeleuchtet (2 Kor 4,6; Jo 12,45).*

Daraus leitet sich für Rahner insbesondere die „Fülle der Formeln" her, die Christus mit Gott zusammenfassen. Denn die beiden Namen bezeichnen nicht etwa zwei getrennte Wirklichkeiten des Numinosen; vielmehr sind sie für die gläubige Erfahrung so unlöslich miteinander verbunden, „daß, wer die eine aufgibt, auch die andere aufhebt" (114). Darum besteht das ewige Leben in der „Erkenntnis des allein wahren Gottes und dessen, den er gesandt hat" (Joh 17,3), in der Abkehr von den Götzen und der durch Christus vermittelten Hinkehr zum Dienst am lebendigen und wahren Gott (1 Thess 1,9 f) und in der Gemeinschaft mit dem Vater und seinem Sohn (1 Joh 1,3). In der lebendigen, handgreiflichen Erfahrung Christi, seiner Wirklichkeit, seiner Wunder und seiner Auferstehung ist den Männern des Neuen Testaments „in überwältigender Eindeutigkeit" die Gotteswirklichkeit aufgegangen:

> *Aus seinem lebendigen, machtvollen Handeln in Christus ... kennen sie ihn. Nicht eine philosophische Bemühung, die mühsam konstruierend einen Gottesbegriff sich aufbaut, ist für sie das erste, sondern das, was Gott selbst konkret in Christus von sich ... enthüllte (ebd.).*

Der theologische Kontext

Schon das bloße Referat der zentralen Textstellen macht deutlich, daß Rahner zu Beginn seiner Abhandlung eine These vorträgt, die weit mehr als nur eine „bessere bibeltheologische Fundierung" des Traktats „De Deo uno" bietet, wie er dies in der einstimmenden Anmerkung für sich in Anspruch nimmt. Vielmehr kommt in diesen Sätzen eine der großen innovatorischen Leistungen der Gegenwartstheologie zur Sprache, auch wenn die von Rahner entwickelte These in diesem Stellenwert bisher noch nicht wahrgenommen wurde. Vermutlich erklärt sich dieses rezeptionstheoretische Defizit daraus, daß sich der Gedanke des theologischen Erkenntnisfortschritts vor allem mit der Vorstellung von programmatischen Formeln und stichwortartigen Impulsen verband. Diese Einschätzung ist durchaus rechtens. Wenn man im Zug einer verbreiteten Auffassung davon ausgeht, daß der Erkenntnisfortschritt der Theologie primär aus einem dialogischen Zusammenspiel von basalem Glaubensbewußtsein und theoretischer Direktive zu erwarten ist, wird man sich das Zustandekommen innovatorischer Erkenntnisse vor allem so vorstellen, daß das, was sich im Glaubensbewußtsein des Kirchenvolkes unreflektiert anbahnt, von theologischen Sinnentwürfen aufgegriffen, durchlichtet und „auf den Begriff gebracht" wird. Dazu aber bedarf es kompakter, griffiger und präziser Formeln, die wie ein zündender Funke in die „Lauge" des noch unstrukturierten Glaubensbewußtseins fallen[2].

Begünstigt wurde diese Auffassung vor allem durch die Tatsache, daß „stigmatische Formeln" der genannten Art in der neueren Geschichte der Theologie wiederholt Epoche machten. Dazu gehört in erster Linie das von *Rudolf Bultmann* ausgegebene Stichwort der „Entmythologisierung", auch wenn sich sein Autor von der geradezu sturmflutartig einsetzenden Rezeption inhaltlich abgrenzen mußte. Ähnlich überrascht zeigte sich *Willi Marxsen* von der Resonanz, auf die seine Formel „Die Sache Jesu geht weiter" im theologischen Disput der Gegenwart stieß[3]. Nicht zuletzt aber wirkte sich Rahners eigener Beitrag sowohl in theoretischer wie in praktisch-konkreter Hinsicht in diesem Sinne aus: theoretisch durch den von ihm in die Debatte geworfenen Begriff der „Kurzformeln" des Glaubens; praktisch durch die von ihm eingeführte und nach anfänglich heftiger Bestreitung schließlich doch durchgesetzte Formel vom „anonymen Christentum"[4].

Soviel an diesem Modell richtig ist, gilt doch auch für den theologischen Erkenntnisfortschritt, daß er, wie jede wissenschaftliche Weiterentwicklung, von der Gewinnung neuer Einsichten und Erkenntnisse lebt. Nicht selten sind gerade diese weiterführenden Erkenntnisse so einfach, daß ihre Plausibilität ihrer Gewinnung im Weg steht. Den erklärten Extremfall dieses Tatbestandes aber stellt die These von der „Selbstverständlichkeit" des neutestamentlichen Gottesbewußtseins dar. Denn hier bezieht sich der Kern der These auf eine schlichte Grundgegebenheit, die gerade deswegen „entdeckt" werden mußte, weil sie in ihrer Plausibilität jeder Problematisierung zuvorkommt. Schon vor jeder spekulativen Vergewisserung und unbeirrt von aller atheistischen Bestreitung ist dem Neuen Testament die Existenz Gottes in unangefochtener Fraglosigkeit gewiß. Indessen ist diese Gewißheit ganz anderer Art als etwa die des anselmischen Arguments, obwohl sie in struktureller Hinsicht durchaus an diese erinnert. Sie kommt, wie Rahner mit großem Nachdruck hervorhebt, durch die offenbarende Selbstmitteilung Gottes zustande. Sie ist also, theoretisch gesehen, nicht spekulativer, sondern dialogischer Provenienz. Nicht zuletzt besteht darin die innovatorische Bedeutung der von Rahner entwickelten These. Bevor jedoch auf diesen Fingerzeig genauer eingegangen werden kann, gilt es, zunächst die These selbst genauer zu bedenken. Denn fürs erste hebt sich das Neue Testament auf eine höchst unzeitgemäße Weise von den alttestamentlichen Schriften und dem durch sie vermittelten Gottesbewußtsein ab. Sodann mißt sie dem biblischen Zeugnis in der Frage der Herleitung und Vergewisserung des Gottesgedankens einen im Vergleich zu den Positionen der „philosophischen Theologie" (*Schleiermacher*) ganz ungewöhnlichen Stellenwert zu. Und schließlich macht sie, wenngleich nur mittelbar, eine Aussage über den Glauben, die im Blick auf die Ausarbeitung einer modernen Glaubensanalyse nicht hoch genug veranschlagt werden kann.

Mit den nivellierenden Tendenzen eines mißverstandenen Ökumenismus hängt es zusammen, daß im theologischen Disput der letzten Jahre die Differenz der beiden Testamente zunehmend eingeebnet wurde, so daß das Neue Testament weitgehend als eine bloße Akzentuierung alttestamentlicher Vorgegebenheiten erschien[5]. Das führte dazu, daß auch der tiefgreifende Unterschied in dem jeweils vermittelten Gottesbewußtsein – ebenso wie der des Gottesbilds – übersehen wurde. Aber gerade in dem von Rahner ausgearbeiteten Fragepunkt ist eine tiefgreifende Divergenz zu verzeichnen. Sie geht noch weit über die von ihm selbst aufgezeigte hinaus. Denn vom Alten Testament her bleibt es nicht nur, wie an relativ nachgeordneter Stelle gesagt wird, immer fraglich, ob „Gott mehr sein will als bloß der Herr ..., ob er geliebter Herr oder herrlicher Geliebter sein will", vielmehr bleibt es, im Blick auf das Gesamtpanorama der alttestamentlichen Schriften, sogar offen, ob er ist[6]. Denn es gehört zum erstaunlichen Pluralismus der in diesen Schriften eröffneten Perspektiven, daß neben Zeugnissen höchster Gottesgewißheit auch Aussagen stehen, in denen diese radikal problematisiert und in Frage gestellt wird. So liegt das Auszeichnende des Alten Testaments nicht zuletzt in seiner Weite und Toleranz. Neben den Büchern der „Weisung" und „Preisung" (*Buber*) stehen solche der Empörung und Skepsis. Das heißt keinesfalls, daß sich das Alte Testament in der Gottesfrage zuletzt auf einen relativistischen Standpunkt zurückzieht, vielmehr besteht seine unvergleichliche Größe darin, daß es ungeachtet seiner durch unerschütterliche Glaubensgewißheit gekennzeichneten Grundposition auch den Stimmen des Widerspruchs und Zweifels Raum gibt. Auf keinen Komplex trifft das so sehr zu wie auf den der Weisheitsbücher. Hier folgt auf die subtile Spekulation des Weisheitsbuches das Zeugnis der Rebellion und Resignation: der Rebellion, in Gestalt des Buches Ijob, in dem ein durch unerträgliche Leiderfahrung beredt Gewordener seine Anklagen gegen den Himmel schleudert, dann aber auch der Resignation im Buch des Predigers, in dem der Gottesglaube allenfalls noch die Kraft zu einer verklärten Schau eines zu Tod und Nichtigkeit verurteilten Daseins aufbringt[7].

Gemessen an diesem erstaunlichen Pluralismus, bietet das Neue Testament ein geradezu monolithisches Bild. Nirgendwo findet sich auch nur die Spur einer Bestätigung der These *Nietzsches,* daß die Jünger das Kreuz Jesu als das „schreckliche Fragezeichen" empfanden, durch das ihnen ihr ganzer religiöser Besitz aus der Hand gewunden worden sei[8]. Und auch dem Aufschrei der Hingemordeten, die im Zug der Visionen der Apokalypse bei der Öffnung des fünften Siegels unter dem himmlischen Altar sichtbar werden und mit lauter Stimme die Beschleunigung des Gottesgerichts fordern (6,9–11), fehlt, anders als im Buch Ijob, jeder Unterton der Anklage oder gar der Rebellion. Statt dessen herrscht die von Rahner beobachtete „Selbstverständlichkeit" des Gottesbewußtseins, für die Gott auch in dem Sinn der Erstgegebene und Erstgewisse ist, daß kein Schatten einer Frage auf diese Gewißheit fällt, selbst nicht der Theodizeefrage nach der Herkunft und dem Sinn des Leids in dieser vom Gottesgedanken durchleuchteten Welt. Davon macht nicht einmal das „Warum" des Gekreuzigten eine Ausnahme, da ihm im Abgrund seiner Gottverlassenheit immer noch der Gott bleibt, von dem er sich verlassen weiß und an den sich demgemäß die Klage über seine Verlassenheit richtet[9]. Da nun aber kein Ereignis der gesamten Weltgeschichte dazu angetan ist, die Existenz eines allweisen, allmächtigen und gütigen Gottes so radikal in Frage zu stellen wie das Kreuz Christi, kommt in der Tatsache, daß diese Problematisierung nicht eintritt, das Proprium des neutestamentlichen Gottesbewußtseins zum Vorschein. Es besteht, wie Rahner erstmals in der Theologiegeschichte entdeckte und aussprach, in einem Wissen um die Wirklichkeit und Nähe Gottes, das nicht durch künstliche Immunisierungsstrategien, sondern durch sein primordiales Gegebensein allen Anfechtungen und Zweifeln überhoben ist. Das Neue Testament lebt, um es nun thetisch zu sagen, aus dem ebenso ungebrochenen wie unangreifbaren Wissen um die Wirklichkeit des von ihm bezeugten und verkündeten Gottes.

Was die Herleitung und Vergewisserung dieses Gottesbewußtseins anlangt, so unterscheidet es sich zutiefst von den durch Reflexion und Argumentation bezeichneten Bahnen. Sie beschreiben, wie Rahner im Blick auf die philosophische Gotteslehre deutlich macht, einen Argumentationsweg von der Welt zu Gott. Er führt, differenzierter gesprochen, „von der Welt zu einem Urgrund der Welt, von da zu einem geistigen Urgrund, von da zu einem welt-transzendenten Urgrund" und von da, wenngleich nur noch in Form einer Angrenzung, zur „Erkenntnis der Personalität Gottes" und so in letzter Konsequenz zu der Frage, „ob und wie etwa dieser personale Gott nicht bloß die Welt dauernd neu begründet, sondern auch – gleichsam neben sie tretend – mit ihr handeln wolle"[10]. Doch damit haben sich die Kompetenz und Fassungskraft der philosophischen Gottesfrage auch schon erschöpft, weil die Antwort auf die Frage nach einem derartigen Heilshandeln nicht mehr von ihr, sondern nur von der faktischen Erfahrung eines derartigen Handelns her gegeben werden kann. Grundlegendes Dokument dieser Erfahrung ist das Alte Testament, in dessen Aussagen sich der von ihm bezeugte Bundesgott Zug um Zug enthüllt: nicht bloß als der eine Gott, auch nicht nur als der mächtige Herr in der Geschichte, sondern als „*der* Herr der Geschichte aller Völker und daher auch der Herr der Natur, der weltüberlegene, über alle irdische Begrenztheit erhabene geistige Urgrund aller Wirklichkeit, der nun aber … dennoch nicht in einer leeren Verschwommenheit eines ungreifbaren metaphysischen Begriffes verschwindet, sondern auch in einer absoluten

Transzendenz über alles Irdische der konkrete, eindeutige Er bleibt, so wie Er sich in seiner souveränen Freiheit gerade in dieser einmaligen Geschichte seines Bundes mit diesem Volke zeigen wollte".[11]

Das könnte den sich in seinem Heilshandeln manifestierenden Gott in den Anschein einer sublimen Heteronomie bringen. Denn zur Gewißheit über ihn kommt es, mit dem Grundgedanken Rahners gesprochen, allein durch die „einfache und zugleich gewaltige Tatsache, daß Gott selbst *sich geoffenbart* hat", daß er also von sich aus die Initiative ergriff, um die Frage seiner Existenz auf eine jeden Zweifel übergreifende Weise zu klären. Indessen ist mit dieser Explikation des Problems auch bereits seine Lösung angegeben. Denn die Gottesoffenbarung bricht nicht wie ein Blitz aus heiterem Himmel in die menschliche Denkbewegung ein. Sie ist vielmehr zuinnerst auf diese Bewegung abgestimmt. Zwar kommt sie ihr, wie es bei einem geschichtlichen „Eingriff" nicht anders sein kann, bisweilen zuvor; doch zielt sie mit ihrer innersten Tendenz darauf ab, die Frage des Menschen durch sich zu Ende zu führen, so daß sie sich zu ihr wie die von Gott selbst gegebene Antwort verhält. Das unterstreicht Rahner mit dem Satz, daß das Offenbarungswort einen Menschen voraussetzt, „der trotz seiner sündigen die Welt vergötzenden Verlogenheit und Verlorenheit doch eigentlich schon etwas von Gott weiß", so daß dieses „unterschwellige" Wissen zu sich selbst durchbricht, wenn es durch das Wort des sich über alle Welt hinaus offenbarenden Gottes getroffen wird[12]. Von einer Heteronomie des aus dem Offenbarungsgeschehen erwachsenen Gottesverhältnisses kann somit nicht die Rede sein. Vielmehr knüpft das göttliche Offenbarungswort an eine kognitive Vorgegebenheit an; setzt es doch einen Menschen voraus, „der schon irgendwie von Gott etwas weiß, wenn er auch diese Wahrheit nicht wahrhaben will, wenn sie auch in ihm noch so sehr überlagert ist durch ein nur scheinbar in sich beruhigtes Nichtwissen"[13].

Nur scheinbar gerät damit das Offenbarungsgeschehen in eine wenn auch nur hermeneutische Abhängigkeit von den Vorgegebenheiten der natürlichen Gotteserkenntnis. Denn in diesem Fall müßte es bei der philosophischen Konsekution der Realitätserfahrungen und Vergewisserungsstufen bleiben, also beim Weg von der Welt über die Einsicht in ihre kreatürliche Abkünftigkeit bis hin zu dem absolut Anderen von ihr, zu Gott. Doch dabei bleibt es gerade nicht. Zwar gibt es, wie Rahner ausdrücklich vermerkt, gerade für Paulus ein Grundwissen um die Welt, dem ihr „Geschaffenheitscharakter" immer schon vor Augen steht; und insofern verweist die so gesehene Welt immer schon, wenn auch noch so dunkel, auf ihren göttlichen Sinn- und Werdegrund. Doch gehört es zum Proprium der biblischen und zumal der neutestamentlichen Gotteserfahrung, also der Erfahrung des sich in seinem Heilshandeln und zumal in Christus offenbarenden Gottes, daß sich dieses Verhältnis von Grund auf umpolt. Jetzt öffnet sich nicht mehr der Weg von der Welt zu Gott; vielmehr erweist sich dieser so sehr als der Grund alles Wissens um ihn, daß sich von ihm her auch das Weltwissen neu konstituiert; und das besagt: er reißt das Gesetz der Erkenntnis so sehr an sich, daß von ihm her nun auch klar wird, was es mit der Welt und dem Menschsein in ihr auf sich hat[14]. Mit dem idealistischen Ausgriff nach einem dem Weltsein übergeordneten Ideenkosmos, in dem sich die Weltverhältnisse in idealer Überhöhung darstellen, hat das nicht das geringste zu tun. Vielmehr steht diese durch das Offenbarungsgeschehen vermittelte Welterkenntnis im Zeichen eines ausgesprochenen und zum idealistischen Modell eher gegensinnig verlaufenden Realismus. Zwar ist in den neutestamentlichen Weltaussagen mit größter Sensibilität von der „Herrlichkeit der Lilien" die Rede, im gleichen Atemzug aber auch davon, „daß sie verdorren und in den Ofen geworfen werden"[15]. Was sich von Gott her ergibt, ist somit ein ausgesprochen „faktizistisches" Weltbild, das die dinglichen Konturen der Weltinhalte so deutlich hervortreten läßt, daß ihre Verklärung oder gar Vergöttlichung nach Art der polytheistischen Religiosität im Umfeld der Bibel schon vom Ansatz her ausgeschlossen ist. So liebevoll gerade auch die neutestamentlichen Weltaussagen auf die kreatürlichen Gegebenheiten eingehen, von denen der Sperling auf dem Dach ebenso Beachtung findet wie die Münze, die sich in der Stubenecke verlor, läßt dieses Weltwissen doch keinen Augenblick vergessen, daß es von Gott her gewährt und durch seine Selbstzusage vermittelt ist. Das aber kommt einer neuerlichen und endgültigen Bekräftigung der von Rahner bezogenen Ausgangsposition gleich. Danach unterscheidet sich das neutestamentliche Gottesbewußtsein von jedem philosophischen Zugang zur Transzendenz durch die fundamentale Tatsache, daß es im tiefsten Sinn des Wortes vor-gegeben ist: ein Bewußtseinsdatum, das schon vor jeder metaphysischen Reflexion dadurch zustande kommt, daß Gott zum Menschen spricht. Darin besteht zugleich der Grund der Umpolung. Denn wenn Gott die Initiative im menschlichen Verhältnis zu ihm aufgreift, indem er zum Menschen spricht, bedarf es auf seiten des von ihm Angesprochenen keiner argumentativen Denkschritte, sondern vor jeder kognitiven Anstrengung lediglich der schlichten Hinwendung zu dem, der zu ihm redet. Dann ist das Vordringlichste dessen, was der Mensch einzubringen hat, das Gewärtigsein für den göttlichen Anruf und die Zustimmung zu dem, was ihm durch ihn gesagt wird.

Auch wenn das Stichwort „Glaube" damit noch nicht gefallen ist, wird doch bereits an dieser Stelle der Rekonstruktion klar, wie sehr die Entdeckung Rahners für eine zeitgemäße Glaubenstheorie zu Buch schlägt. Denn wenn sich etwas im Erscheinungsbild der heutigen Religiosität abzeichnet, dann eine tiefgreifende Umschichtung im Glaubensbewußtsein[16]. Nicht nur daß sich der Schwerpunkt eindeutig vom Inhalt auf den Glaubensakt verlagerte, so daß sich das Interesse weitgehend auf die durch den Glauben vermittelten Erfahrungswerte konzentrierte; auch die Mitverantwortung des Glaubenden, seine Zeugnispflicht und Verantwortung für die noch Fernstehenden traten im Zug dieses Umschichtungsprozesses stark in den Vordergrund[17]. Es liegt ganz im Zug dieser Entwicklung, daß sich auch die Frage nach dem Verhältnis des Glaubens zum religiösen Akt und insbesondere zum Gebetsakt mit neuer Dringlichkeit stellt[18]. Vor allem brachte es der von der Umschichtung ausgehende Sinndruck mit sich, daß die dem Glauben logisch vorangehende Frage nach der Vergewisserung des göttlichen Seins nicht mehr in die Zuständigkeit einer Denkoperation fällt, die ihn in solcher Weise unterbaut, daß er an ihre Ergebnisse unmittelbar anknüpfen könnte. Wer so nachdrücklich wie der moderne Mensch auf dem Erfahrungsmoment des Glaubens besteht, meint vielmehr mit „Erfahrung" zugleich auch die kognitive Vergewisserung von der Wirklichkeit des den Glauben fordernden Gottes. Das heißt dann aber auch, daß im Sinn dieses umfassenden Glaubensverständnisses die Frage dieser Vergewisserung keiner vorgeordneten Instanz überlassen werden kann. Vielmehr muß der Glaube selbst für die Wirklichkeit des Gottes einstehen, auf dessen Anruf und Selbstmitteilung er sich mit seiner ganzen Aktgestalt bezieht. Diese Forderung macht sich Rahner in der Form zu eigen, daß sich ihm die Frage der Wirklichkeit und Identität Gottes ausschließlich aus dem Akt seiner Selbstoffenbarung beantwortet. Indem Gott redet, gibt er zugleich zu verstehen, daß er ist und daß er der geschichtlichen Menschenwelt aus der Position unendlicher Seins- und Machtfülle entgegentritt. Das läuft aber nicht etwa auf den Versuch hinaus, dem Glauben die Qualität einer metaphysischen Ableitung zuzugestehen, so daß von ihm das unausdrücklich vollzogen würde, was in reflexiver Ausdrücklichkeit durch die Gottesbeweise geschieht. Wohl aber wird dem Glauben zugute gehalten, daß er das Ziel der metaphysischen Gottesbeweise auf einem eigenen, nichtargumentativen Weg erreicht.

Im Blick auf ein umfassenderes Verständnis des religiösen Akts gesprochen, ist das der Weg des Gebets. Wenn Gott, wie Rahner in seinen Vorlesungen über den „Begriff des Geheimnisses" mit großem Nachdruck sagt, das den Menschen zugleich übergreifende und bedingende Geheimnis ist und wenn der Sinn des Gebets demgemäß vor jeder andern Zweckbestimmung darin besteht, daß sich der Mensch existentiell auf dieses Geheimnis einstimmt, muß im Gebet auch eine elementare Vergewisserung über seine Tatsächlichkeit erfolgen[19]. Denn das Gebet ist wie die Arbeit, das Gespräch oder die Liebe ein menschlicher Fundamentalvollzug, der auf keinerlei Vorleistung aufbaut, sondern die Elemente seiner Ermöglichung durch sich selbst erbringt. Das gilt dann vor allem auch für den Erweis der Wirklichkeit des Gottes, den es anruft und auf den es sich in der Anrufung bezieht. Es kommt, grundsätzlich gesehen, nicht zustande, weil es ein rationales Vorwissen um diese Gotteswirklichkeit gibt; vielmehr gewinnt es diese Gewißheit, indem es sich zum göttlichen Geheimnis hin vortastet. Insofern verbindet sich mit dem Gebetsakt die Zuversicht, daß es Gott als den Adressaten einer menschlichen Anrufung gibt und daß er auf diesen Anruf mit dem Erweis seiner Selbstzuwendung antwortet.

Das grenzt das Gebet ebenso weit von dem metaphysischen Argumentationsweg ab, wie es seinen Vollzug dem des Glaubens annähert. Denn mit der metaphysischen Vergewisserung wäre nichts gewonnen, weil mit dem Wissen um die Existenz Gottes noch nichts über seine Reaktion auf einen an ihn ergehenden Anruf gesagt ist. Dagegen hat es der Glaube fundamental mit dem Wissen um jenen Gott zu tun, der im Akt der Offenbarung aus der Verschwiegenheit seines ewigen Geheimnisses hervortrat, um dem nach ihm fragenden Menschen Auskunft über seine Identität zu geben. Zwar geht die damit aufgenommene Dialogbeziehung weit über alles hinaus, was der Beter in seinem Anruf je von Gott erwartet. Dennoch besteht zwischen beiden Vollzügen eine derart tiefgreifende Strukturverwandtschaft, daß man das Gebet geradezu als einen impliziten Glauben und diesen als ein über sein durchschnittliches Erwartungsziel hinausgeführtes Gebet bezeichnen könnte. Im Rahmen einer modernen Glaubensanalyse müßte diese Spur vor allem deshalb weiterverfolgt werden, weil der Glaube damit in einem umfassenderen, die Religionsgrenzen übergreifenden Kontext erschiene. Er wäre dann nicht länger der Spezialfall eines religiösen Verhaltens, das lediglich im Bereich der Offenbarungsreligionen gegeben ist, sondern in seiner Grundstruktur Ausdruck jener Hingabe an Gott, die sich ansatzweise schon dann vollzieht, wenn sich der Menschengeist betend zu Gott erhebt. So gesehen, ist das Gebet die Wurzel des Glaubens und dieser die Krone des Gebets.

Der hermeneutische Hintergrund

Eine Entdeckung lebt zunächst ganz von dem Staunen, das sie in denen erregt, die sie zur Kenntnis nehmen. Und die Entdeckung der Selbstverständlichkeit des neutestamentlichen Gottesbewußtseins hat ein elementares Anrecht darauf, mit allen Zeichen des Erstaunens und der Bewunderung zur Kenntnis genommen zu werden. Das gilt nicht nur angesichts der Tatsache, daß sie in expliziter Klarheit erst zu einem so späten Zeitpunkt gemacht wurde, sondern nicht weniger auch im Hinblick darauf, daß sie die Tat eines Systematikers und nicht etwa, wie man doch annehmen sollte, eines mit der Erforschung der Heiligen Schriften befaßten Fachexegeten ist. Beachtenswert ist schließlich auch der Umstand, daß sie zu den spezifischen Leistungen der in der Regel eher kritisch beleuchteten Gegenwartstheologie zählt. Dennoch müßte ihr eine nur kurzfristige Lebensdauer in Aussicht gestellt werden, wenn sie in ihrer Beachtung nur vom Staunen der Rezipienten getragen und nicht durch eine ausdrückliche Begründung unterbaut würde. Denn so wichtig die Feststellung ist, daß sich das Neue Testament in der Fraglosigkeit eines vorgegebenen Gottesbewußtseins bewegt, muß doch zugleich auch gezeigt werden, wie es zur Entstehung eines derartigen Bewußtseinsdatums kommt. Sonst entstünde der Eindruck eines Vorstoßes ins Bodenlose, und es wäre nur eine Frage der Zeit, bis die These in sich zusammenbräche.
Wenn dieser Gefahr heute, fünfunddreißig Jahre nach der Erstveröffentlichung, begegnet werden soll, muß der Versuch einer wenigstens nachträglichen Rechtfertigung unternommen werden, da sich Rahner selbst, wie es sein gutes Recht war, mit der Promulgation seiner Entdeckung begnügte. Ihrer inneren Logik nach muß diese Rechtfertigung auf zwei Ebenen erfolgen. Denn die These leitet sich, wie erinnerlich, von der ebenso einfachen

wie gewaltigen Tatsache her, daß sich Gott im Akt seiner Selbstoffenbarung mitgeteilt und dadurch handelnd in die Geschichte derjenigen eingegriffen hat, die mit ihrem Zeugnis für diese Tatsache einstehen. Damit ist aber in einer deutlich unterscheidbaren Weise von einem Sprachgeschehen und einem Heilsereignis die Rede. Um beiden Gesichtspunkten gerecht zu werden, wird man deshalb die heilsgeschichtliche Ebene von der sprachtheoretischen unterscheiden müssen. Und es legt sich von der Sache her nahe, bei dieser einzusetzen.

Dem Versuch einer sprachtheoretischen Verifizierung der Rahnerschen These stellen sich jedoch nicht unbeträchtliche Schwierigkeiten entgegen. Sie bestehen hauptsächlich darin, daß für die theoretische Aufhellung der religiösen Rede und Sprechakte nur die Modellvorstellungen der analytischen Sprachphilosophie zu Gebote zu stehen scheinen[20]. Dabei hätte der dogmatische Umgang der analytischen Philosophie mit dem Phänomen der religiösen Sprache, wie er etwa in dem berühmten Schlußsatz des „Tractatus" von *Wittgenstein* – „Wovon man nicht sprechen kann, darüber muß man schweigen" (7) – zum Ausdruck kommt, von vornherein den Verdacht einer gewaltsamen Selbstabschließung erwecken müssen. Nicht umsonst führt nach *McPherson* der Versuch, das von Wittgenstein verfügte Schweigegebot zu durchbrechen und das „Mystische" auszusagen, unvermeidlich zu parabolischen, paradoxen und „unsinnigen" Ausdrucksformen[21]. Zwar hatte schon der späte Wittgenstein den analytischen Ansatz liberalisiert, so daß *John L. Austin* unter dem programmatischen Fragetitel „How to do Things with Words" in dem gewonnenen „Freiraum" seine Theorie der Sprechakte entwickeln konnte[22]. Dabei richtet er seine Aufmerksamkeit allerdings, wie schon der Titel zu verstehen gibt, in erster Linie auf die „perlokutionären" oder, wie er sie zunächst genannt hatte, „performativen" Sprechakte, bei denen die ausgesagten Handlungen, wie Taufe oder Eheversprechen, durch den Sprechakt selbst vollzogen werden. Gleichzeitig biegt er seinen Theorieansatz von einem „illokutionären" Sprachgebrauch, der noch am ehesten in die von Rahner bezeichnete Richtung ginge, dadurch vorschnell ab, daß er seine „Rolle" (force) durch Konvention geregelt sieht[23]. Es versteht sich aber von selbst, daß dem, was die These Rahners zum Ausdruck bringt, am wenigsten durch den Rückgriff auf Konventionen beizukommen ist.

Das kommt geradezu einer Nötigung gleich, den von Austin entwickelten Ansatz so auszubauen, daß dem Gedanken Rahners sprachtheoretisch Genüge geschieht. Anstatt von „Konventionen" muß dann eher von ihrem Gegenteil, also von jenen kreativen Sprachleistungen die Rede sein, die zum Aufbau einer dialogisch gelebten Mitmenschlichkeit führen. Das aber hat zur Voraussetzung, daß zunächst einmal Klarheit über die innerste Motivation menschlichen Redens geschaffen wird. Wenn nicht alles täuscht, verfällt die philosophische Sprachanalyse schon hier einem fundamentalen Irrtum, weil sie ihrer ganzen Blickrichtung zufolge den Sprechakt in erster Linie im menschlichen Informationsbedürfnis begründet sieht. Doch zeigt schon das eklatante Mißverhältnis zwischen der Menge der verwendeten Sprachzeichen und der der tatsächlich getauschten Informationen, daß diese Herleitung in die Irre geht. Was Menschen zum Reden bringt, ist zwar vielfach auch das Bedürfnis nach Informationsaustausch, in erster Linie jedoch das nach Gemeinsamkeit. Wir reden vor allem, um der Einsamkeit zu entgehen, und erst in nachgeordneter Hinsicht im Interesse des Informationstransfers. Wer diese Konsekution der Motive beachtet, wird von selbst dazu geführt, den „illokutionären Rollen" ungleich mehr zuzutrauen als das, was durch Konventionen geregelt wird. Doch worin besteht dieser „Mehrwert"?

Wenn man vom Aufbau einer menschlichen Gemeinschaft ausgeht, kann die Antwort nur lauten: in Signalen der Selbstmitteilung, in Impulsen der Vergewisserung und in Akten der Solidarisierung. Wie der Rahnerschüler *Georg Baudler* in seiner grundlegenden Untersuchung zur Sprachtheorie *Johann Georg Hamanns* in Erinnerung rief, verbindet sich mit dieser in erster Linie der Gedanke an den einer unvordenklichen Tradition entstammenden Imperativ: „Rede, daß ich dich sehe!"[24] Danach erfolgt in jedem substantiell gesprochenen Wort eine sprachliche Selbstanzeige, durch die der Sprecher mit seiner ganzen Kompetenz, um nicht zu sagen: mit seiner personalen Autorität, auf den von ihm Angesprochenen „zugeht". Genauer besehen, fühlt sich dieser erst dadurch motiviert, seinerseits aus seiner individuellen Verschlossenheit hervorzutreten und den Initiator des Gesprächs als den gelten zu lassen, der ihm „etwas zu sagen hat" und auf dessen Wort er sich demgemäß einstimmt. Das gelingt ihm freilich nur deshalb, weil sich die an ihn gerichtete Anrede mit einem Impuls verbindet, den er unmittelbar als eine Bestätigung seiner selbst empfindet. Und aus beidem, dem Selbsterweis des Redenden und der Bestätigung des Angesprochenen, baut sich jene Solidarität und Gemeinsamkeit auf, die dem in Gang gekommenen Gespräch den Charakter einer „Begegnung" verleiht[25].

Schon diese wenigen Hinweise genügen, um das Sprachgeschehen in jener grundlegenden Funktion erscheinen zu lassen, die keinen Zweifel mehr an seiner konstitutiven Rolle beim Aufbau der menschlichen Elementarbeziehungen erlauben. Wenn *Nietzsche* gegen Descartes den Vorwurf erhebt, er sei mit seiner Vorsicht zu spät gekommen und im „Fallstrick der Worte" hängengeblieben, trifft er diesen Punkt[26]. Das Wort ist älter als das Denken; deswegen führt es auch früher – und radikaler – zu jener fundamentalen Vergewisserung, auf die sich der kartesianische Ansatz bezieht. Wer mit einem anderen spricht, ist außerstande, ihn und sich aus der mit ihm aufgenommenen Gesprächsbeziehung wegzudenken. Und das heißt positiv, daß mit dem dialogisch getauschten Wort eine dreifache Gewißheitserfahrung verbunden ist: Gewißheit über das Faktum des geführten Gesprächs und damit über ein Elementarfaktum von Welt, Gewißheit über die Existenz des Dialogpartners und Gewißheit über die Tatsache des eigenen Daseins. Zumindest für die Dauer des Gesprächs ist diese dreifache Gegebenheit so evident, daß sie noch nicht einmal ansatzweise in Zweifel gezogen werden kann. Und das besagt: im Gespräch ereignet sich die fundamentale Vergewisserung, von der alles geistige Leben, aber auch alle personale und soziale Interaktion ausgeht. Wenn die vom Neuen Testament bezeugte Grundtatsache, wie Rahner bei der Vertiefung seiner These sagt, darin besteht, „daß Gott selbst sich *geoffenbart* hat" ergibt sich die theologische Anwendung fast von selbst. Voraussetzung ist lediglich, daß die neutestamentliche Gottesoffenbarung tatsächlich als eine von Gott zur Menschheit hin aufgenommene Gesprächsbeziehung verstanden wird. Diese Voraussetzung darf deshalb nicht unerwähnt bleiben, weil Rahner seine Offenbarungstheorie in offenem Blick auf die von *Wolfhart Pannenberg* im Gegenzug zur „Theologie des Wortes" bezogene Position entwickelte[27]. Wie Rahner im „Grundkurs des Glaubens" (von 1976) zu verstehen gibt, ist zwar auch für ihn die Geschichte ein „Ereignis der Transzendenz" und Offenbarungsgeschichte insofern „koextensiv" mit Weltgeschichte; doch spitzt sich gleichzeitig sein Offenbarungsverständnis derart auf den Gedanken einer göttlichen Selbstoffenbarung zu, daß ihr substantieller Sprachcharakter eindeutig zutage tritt. Dann aber ist es auch in seinem Sinn erlaubt, die menschliche Gesprächsbeziehung mitsamt ihren empirischen Implikationen auf das von Gott im Offenbarungsgeschehen aufgenommene Gespräch mit der Menschheit zu übertragen. Nur dürfte diese Beziehung nicht im Sinn der extremen Vertreter der „Worttheologie" als eine einseitig von Gott her ergehende gedacht werden; vielmehr käme es darauf an, sie als eine spezifisch dialogische zu denken, in der das an den Menschen ergehende Offenbarungswort von diesem wirklich auch aufgenommen und mit dem Akt seines Glaubens beantwortet wird[28].

Dann aber besteht keine Schwierigkeit mehr, den Befund der allgemeinen Dialoganalyse auf die mit dem Offenbarungsgeschehen gegebene Gesprächsbeziehung anzuwenden. Auch angesichts der Tatsache, daß in dieser Gott eindeutig das erste und entscheidende Wort hat, ist sie für den rezipierenden „Hörer" dieses Wortes mit einer dreifachen Vergewisserung verbunden. Indem er glaubend auf das Offenbarungswort eingeht, ist ihm auch schon evident, daß Gott in diesem Wort tatsächlich zu ihm spricht, so daß er sich im Akt seines Glaubens, besonders wenn dieser biblisch, also im Sinn des Grundworts „emuna" verstanden wird, existentiell darauf gründen kann[29]. Und selbstverständlich ist für den Glaubenden damit auch rückläufig eine Erfahrung des Befestigt- und Bestätigtseins verbunden, so daß er von sich die an das kartesianische „Cogito sum" heranreichende Aussage des zweiten Korintherbriefes machen kann: „Ich glaube, darum rede ich" (4,13). Vor allem aber ist mit dem Glauben ein Element fundamentaler Gottesgewißheit gegeben. Denn um sich als Akt konstituieren zu können, muß der Glaube nicht nur um die Tatsächlichkeit einer Gottesoffenbarung wissen, sondern vor allem auch darum, daß der Ursprung dieses Offenbarungsgeschehens, der ihm dialogisch und partnerschaftlich entgegentretende Gott, tatsächlich existiert. Und dieses Wissen ist für ihn so unabdingbar, daß es keiner wie immer gearteten vorgängigen Herleitung überlassen werden kann. Es muß mit der Gesprächsbeziehung, auf die sich der Mensch mit seinem Glaubensakt einstimmt, selbst gegeben sein. Und es ist mit ihr ebenso spontan und unmittelbar gegeben wie das Wissen um die Existenz eines aktuell redenden menschlichen Gesprächspartners. Wer sich glaubend in einem Dialog mit dem Offenbarungsgott begriffen sieht, weiß darum auch spontan und, vor jeder zusätzlichen Vermittlung und Abstützung dieses Wissens, um die Existenz Gottes. Sie ist das tragende Bewußtseinsdatum, das den Dialog zwischen göttlicher Selbstzusage und menschlichem Glauben überhaupt erst ermöglicht.

An Rahners These gemessen, ist damit kein neues Element eingeführt, sondern lediglich eine Komponente aufgegriffen, die bereits in seinem Ansatz mitgegeben ist. Um so wichtiger ist die Feststellung, daß sich Rahner im Wortverständnis seiner These besonders deutlich auf die Aussagen des Zweiten Vatikanums zubewegt, das in der Dogmatischen Konstitution über die göttliche Offenbarung („Dei verbum" vom 18. November 1965) seinerseits eine Feststellung trifft, die geeignet ist, die sprachtheoretischen Implikationen der These nachdrücklich zu bestätigen: „Denn die Worte Gottes sind, in menschlicher Sprache ausgedrückt, der menschlichen Rede so ähnlich geworden, wie einst das Wort des ewigen Vaters durch die Annahme des menschlich-schwachen Fleisches in allem dem Menschen ähnlich geworden ist" (III § 13). Im übrigen betont die Konstitution, daß in der Vielfalt der literarischen Zeugnisse das eine Wort Gottes hörbar werde (VI § 24) und daß es deshalb für die Diener des Wortes darauf ankomme, durch gründliches Studium der biblischen Schriften zu einem „inneren Hörer" des Wortes zu werden (VI § 25). Besonders groß ist die Annäherung an Rahners Position, wenn das Konzil von dem der Kirche in Schrift und Überlieferung übergebenen Evangelium erklärt:

> *Diese heilige Überlieferung ist, zusammen mit der Schrift der beiden Testamente, gleichsam der Spiegel, in dem die auf Erden pilgernde Kirche Gottes ansichtig wird, von dem sie alles empfängt, bis sie dazu geführt wird, ihn von Angesicht zu Angesicht zu sehen, so wie Er ist (II § 7)*[30].

Die christologische Bestätigung

Rahner hat sich wiederholt vom Standpunkt seiner transzendentalen Theologie aus in einer Weise zu Fragen der Christologie geäußert, die ihm den Vorwurf eintrug, daß bei ihm die Gestalt Jesu Christi lediglich zum Exponenten des erlösten Menschseins geworden sei, ja daß sich in seiner Darstellung „die Auflösung des Besonderen ins Allgemeine" vollziehe[31]. Schon deshalb ist die Rückfrage nach Jesus Christus oder, was dasselbe besagt, der Versuch einer christologischen Rechtfertigung seiner These unumgänglich. Daß die These von der Selbstverständlichkeit des neutestamentlichen Gottesbewußtseins nach dieser Unterbauung geradezu schreit, ergibt sich schon aus dem Satz, daß für die Männer des Neuen Testaments eine „unlösliche Verbindung zwischen ihrer gläubigen Erfahrung der

Wirklichkeit Christi und ihrem gläubigen Wissen um Gott" bestehe[32]. Ihnen hat sich Gott dadurch „neu" geoffenbart, daß er „in seinem Sohn zu ihnen geredet" und so „seine rettende Gnade jetzt offenbar gemacht" hat. Durch ihn, Christus, sind sie zum Gottesglauben gekommen; er hat ihnen von Gott, den niemand zu sehen vermag, Kunde gebracht; ihn haben sie mit eigenen Augen geschaut, ihn gehört und mit ihren Händen betastet; in seinem Antlitz ist ihnen die Herrlichkeit Gottes aufgeleuchtet[33]. So ist er für sie die leibhaftige, unüberbietbare Gottesoffenbarung, das in seiner Person und geschichtlichen Erscheinung an sie ergangene wesenhafte Wort Gottes. In ihm ist ihnen Gott selbst begegnet; aus seinem lebendigen, machtvollen Handeln an Christus haben sie ihn kennengelernt[34]. Durch ihren unmittelbaren Umgang mit Jesus kamen sie somit zu jenem primordialen Gottesbewußtsein, das sich in ihrem Zeugnis niederschlug und das Proprium der von ihnen hinterlassenen Schriften bildet.

Da in diesen Sätzen, so eindrucksvoll sie klingen, paulinische, johanneische und spätapostolische Zitate fast nach Art einer Collage miteinander verwoben sind, muß der Versuch einer Rechtfertigung zunächst differenzierend, gleichzeitig aber auch strukturerhellend verfahren, da es nicht nur darum zu tun ist, „Historisches" von „Kerygmatischem", also Vorösterliches von Nachösterlichem, zu unterscheiden, sondern gleichzeitig auch das die beiden Ebenen Verbindende aufzuzeigen. Geradezu programmatisch wirkt dafür die Frage, die *Wilhelm Thüsing* in einer christologischen Gemeinschaftsarbeit mit Rahner stellte:

> *Wenn Jesus primär auf Gott bezogen ist – empfangend und antwortend und von daher die Liebe Gottes weitergebend –, muß dann nicht auch derjenige, der in Kontakt mit Jesus kommt, in diese Relation zu Gott hineingezogen werden, auch abgesehen davon, ob sie von seinem Bewußtsein her naheliegt oder nicht*[35]

Denn in dieser Frage geht es zunächst um das Gottes- und Selbstverhältnis des historischen Jesus, dann aber auch um seine Heilsbedeutung „für die vielen" und schließlich um die in der Rahnerschen Ausgangsthese erfragte Konstituierung des neutestamentlichen Gottesbewußtseins, nur daß dieses jetzt bereits explizit auf Jesus zurückgeführt wird. Auf die in diesem Sinn aufgefächerte Frage antworten die neutestamentlichen Zeugnisse freilich nicht spontan; vielmehr setzen sie, historisch gelesen, mit Aussagen über die Staunen und Bestürzung, freilich auch Befremden und Ärgernis erregende Resonanz des öffentlichen Auftretens Jesu (Mk 1,27; Lk 4,22 f; Mt 7,28) ein. Dabei bezieht sich die Erregung des Volks nach dem ältesten Bericht noch nicht einmal auf die Person, sondern auf die Sprachgewalt Jesu, der nach dem Urteil seiner Hörer eine neue, mit Vollmacht vorgetragene Lehre verkündet (Mk 1,27). Doch sieht nach der lukanischen Paralleldarstellung das vom Haß geschärfte Auge des Ärgernisses klarer: „Sie staunten über seine bewegenden Worte und sagten: Ist das nicht der Sohn Josefs?" (4,22). Damit konzentriert sich aber auch schon die Reaktion von der Verkündigung auf die Person des Künders. An ihr scheiden sich die Wege des Ärgernisses und des Glaubens.

Auch das Ärgernis erkennt noch, daß die von Jesus ausgehende Suggestion letztlich darauf zurückgeht, daß er, im Verzicht auf jeden spektakulären Effekt, aus der lückenlosen Hingabe an sein Werk, ja aus der Identität von Person und Werk lebt. Die Fraglosigkeit dieser Hingabe läßt ihn in den Augen seiner Kritiker in einer derartigen Präpotenz erscheinen, daß die Gestalt Jesu für sie in den Aspekt einer beängstigenden Andersheit tritt. Ganz anders das Auge des Glaubens, das im Grund dieser „Werktreue" die Figur dessen erblickt, der sich ganz an das Geheimnis Gottes hingab und aus seinem Anruf lebt. Schon als Kind weiß er sich dem zugewiesen, was seinem Vater gehört (Lk 2,49). Und die härteste Prüfung seines Lebens besteht er, weil für ihn gilt: „Den Herrn, deinen Gott, sollst du anbeten und ihm allein dienen" (Mt 4,10). Demgemäß bezeichnet es auch der johanneische Jesus als seine „Speise", den Willen dessen zu tun, der ihn gesandt hat, und sein Werk zu Ende zu führen (Joh 4,34).

Das entspricht so sehr dem Rahnerschen Ansatz, daß dieser lediglich als eine theologische Explikation des biblischen Befunds erscheint. Und dieser Ansatz ist sogar so glücklich gewählt, daß sich durch ihn nicht nur das Gottesverhältnis Jesu erklärt, sondern ebenso auch dessen innerste Herkunft aus dem Offenbarungsgeschehen und seine operationale Konsequenz in Gestalt seines einzigartigen Umgangs mit den Menschen. Sein Gottesverhältnis zunächst; denn die aktuelle Hingabe an Gott und seinen Willen, die sich in den neutestamentlichen Stellen bekundet, ist Ausdruck einer zuständlichen Selbstübereignung an den Gott, aus dessen Anruf Jesus denkt, entscheidet, handelt und lebt. Das aber erlaubt seinerseits den für Rahners Theologie zentralen Rückschluß auf Sinn und Wesen der Gottesoffenbarung. Wie er vor allem im „Grundkurs" mit größtem Nachdruck unterstreicht, ist der Sinn des Offenbarungsgeschehens so lange nur unzulänglich erfaßt, als er nur lehrhaft, als eine von Gott gegebene Auskunft über die „jenseitigen Dinge" aufgefaßt wird. Denn auch in ihren „kategorialen" Formen geht es in der Offenbarung immer um das, was Gott der Menschheit von seinem Wesen her zu sagen hat, weil es ihr nur durch ihn allein gesagt werden kann: um das Wort seiner Selbstmitteilung. Offenbarung ist daher ihrem Wesen nach ein transzendentales Geschehen, die alle menschliche Sinnerwartung zugleich total übersteigende und zuinnerst erfüllende „Selbstoffenbarung" des sich erschließenden, verschenkenden und mitteilenden Gottes[36].

Seine zentrale Sinnspitze aber hat Rahners Ansatz, exegetisch gesehen, wenn man ihm im Gegensinn zu dieser offenbarungstheoretischen Konsequenz auf die Frage nach der menschlichen Verhaltensweise Jesu bezieht. Nicht nur daß von ihm her verständlich wird, wie sehr es den aus der zuständlichen Hinwendung zu Gott Lebenden „drängt", sich ganz dem Anruf dieses Gottes zu unterstellen und sich im Dienst an den Menschen zu verzehren. Vielmehr wird auch deutlich, warum sich Jesus mit besonderer Liebe derer annimmt, die schutz- und haltlos am Rande der etablierten

Gesellschaft stehen, daß er sich zur Empörung der „Gerechten" an den „Tisch der Sünder" setzt, um die Mahlgemeinschaft mit ihnen aufzunehmen, daß er seine schützende Hand über Frauen und Kinder hält und daß er seine „Ruhe" in erster Linie den „Bedrückten und Bedrängten" verheißt (Mt 11,28).

Es ist im Grunde nur eine Frage der Symmetrie, wenn dieser Befund nun, kontrapunktisch zu seiner offenbarungstheoretischen Auswertung, auch auf die Frage nach dem Selbstsein Jesu und nach dem Grundakt seines Heilswirkens durchgezogen wird. Was die Struktur seines Selbstseins anlangt, kann sie nur der entsprechen, die sich im göttlichen Offenbarungsgeschehen abzeichnete. Wie sich Jesus mit seinem ganzen Existenzakt darauf einstimmt, lebt er auch in einer nicht nur okkasionellen, sondern zuständlichen Hinwendung zu den Menschen, so daß sich seine Existenz zur „Proexistenz" (*Nossol*) verausgabt. Damit ist im Grunde nichts anderes gesagt als das, was schon die Evangelisten aus seinem Dasein herauslasen, als sie ihn die Große Einladung an die Unterdrückten und Erschöpften richten ließen (Mt 11,28) und ihm die Hoheitsworte „Ich bin das Brot des Lebens" (Joh 6,35.48), „Ich bin das Licht der Welt" (8,12; 9,5) und „Ich bin der Weg, die Wahrheit und das Leben" (14,6) in den Mund legten. Nicht weniger wichtig ist aber die Antwort, die sich daraus auf die Frage nach der zentralen Heilstat Jesu ergibt. Denn im Licht dieser Hoheitsaussagen gesehen, besteht diese Heilstat darin, daß Jesus der Menschheit jenseits aller intellektuellen, ethischen, sozialen und therapeutischen Hilfen, die sich mit seinem Erscheinungsbild verbinden, das gab, was vor und außer ihm kein anderer zu geben vermochte: sich selbst! Zwar gehört diese Erkenntnis schon zum Grundbestand der patristischen Christologie, die Jesus im Rückgriff auf die paulinischen Formeln, die ihn die Weisheit (1 Kor 1,30), die Hoffnung (Kol 1,27) und den Frieden (Eph 2,14) nannten, als das Wort (autologos), die Weisheit (autosophia) und das Gottesreich (autobasileia) „in Person" bezeichnete [37].

Es bedurfte jedoch des religiösen Ingeniums *Kierkegaards*, damit diese großartige Intuition der alten Kirche wiederentdeckt und für die Gegenwartstheologie fruchtbar gemacht werden konnte. Und selbst Kierkegaard gelang es erst in den letzten seiner religionsphilosophischen Schriften, der ‚Einübung im Christentum' (von 1850), den Satz zu bilden, der als das moderne Äquivalent zu den altchristlichen Formulierungen zu gelten hat: „Der Helfer ist die Hilfe."[38] Nicht als lasse sich diese Position mit dem von Rahner entwickelten christologischen Konzept einfach zur Deckung bringen; wohl aber ist mit ihr die Antwort auf die Ausgangsfrage *Thüsings* gefunden, wie die Menschen der Umgebung Jesu in sein Gottesbewußtsein „hineingezogen" wurden. Denn wenn seine Heilstat, konkret gesprochen; seine hilfreiche Zuwendung zu den Menschen, in jener zuständlichen Selbstübereignung an sie bestand, die ihre innerste Herkunft in der Selbstoffenbarung Gottes hatte, bedingte sie zugleich auch eine Gemeinsamkeit im Gottesbewußtsein. Dann trat im Denken der Jünger, ohne daß es dazu einer eigenen Entschließung bedurfte, aber auch ohne daß sie es zu hindern vermochten, eine Umschichtung in dem Sinn ein, daß an die Stelle ihres Nachdenkens über Gott derjenige trat, der so sehr aus dem Impuls Gottes lebte, daß sie sich im Maß ihrer Annäherung an ihn von diesem Impuls ergriffen und mitgetragen wußten. Das aber hatte zur unvermeidlichen Folge, daß sie Jesus nicht nur als den erfuhren, durch den sie für Gott gewonnen und in Anspruch genommen wurden, sondern zugleich als den, durch den sie sich von Gott berührt, ergriffen und „angesprochen" fühlten. Was er zu ihnen sagte, was er tat und mit ihnen unternahm, brachte sie Gott näher und gab ihnen die Gewißheit, ins Einvernehmen mit Gott gezogen worden zu sein. So wurde Jesus für sie zunächst in seinem Reden, in seinem Verhalten und in seiner ganzen Existenz zu einer leibhaftigen Selbstbekundung Gottes. Und es war nur eine Frage der Zeit, bis sich ihnen die ungeheure Aussage auf die Lippen legte, ihr Meister und Herr sei das leibhaftige Wort Gottes, wie es dann der Eingang des ersten Johannesbriefs in die grundlegende Aussage faßte:

Was von Anfang an war, was wir gehört, was wir mit unseren Augen gesehen, was wir geschaut und mit unseren Händen berührt haben, das verkünden wir: das Wort des Lebens (1,1)[39].

Deutlicher kann nicht mehr gesagt werden, wie das neutestamentliche Gottesbewußtsein zustande kommt. Es ist der hörende, schauende und fühlende Umgang mit Jesus, der die Sprecher der gewaltigen Eingangsworte des Briefs zur Mitwisserschaft mit dem „Logos des Lebens" führte, und dies in einer Weise, daß sich ihnen darin das, „was von Anfang an war", enthüllte[40].

In Jesus wissen sie sich von Gott angesprochen und so, vor jeder Reflexion und Belehrung, zum Gottesbewußtsein gebracht. Gleichzeitig „klärt" sich in diesem Bewußtsein für sie endgültig, was sie an Jesus haben und was es heißt, von ihm gestützt, getragen und erfüllt zu sein. Und nicht nur dies: wie im Sinne der Eingangsbemerkung zu sagen ist, wird durch den Umgang mit Jesus überdies das unausdrückliche Gottesbewußtsein eines jeden von ihnen auf die Höhe eines reflexen Denkinhaltes gehoben. Jesus wird für sie zur existentiellen „Erinnerung" an das, was sie immer schon von Gott wissen (112). So fügt das neue Gottesbewußtsein nichts zu ihrer Lebensgemeinschaft mit Jesus hinzu; wohl aber hat diese in ihm ihre kognitive Spitze. In ihr überragt das Neue Testament jedes vergleichbare religiöse Zeugnis. Gegenüber allen gegensinnigen Stimmen, die von einer Verdunklung des Göttlichen oder doch von seiner Unerkennbarkeit sprechen, verweist es damit auf einen Weg, der jenseits aller Schattenzonen verläuft. Durch kaum ein anderes Kriterium kennzeichnet sich die Theologie Karl Rahners so klar wie dadurch, daß sie auf diesen Weg verwies; durch kaum einen anderen Beitrag erweist sie sich für das von Skepsis und Selbstzweifel erschütterte Denken der Gegenwart so hilfreich wie durch diesen. Es kommt nur darauf an, daß sich das religiöse Denken diese Entdeckung zu eigen macht und sich in dem durch sie eröffneten Horizont bewegen lernt.

Jesus und sein Gott
Die religionsgeschichtliche Revolution

Vorbemerkung

Die unendliche Frage nach dem Gottesverhältnis Jesu – „unendlich" schon deshalb, weil sie in seinem Fall, dem Fall des „wesensgleichen" Gottessohnes, bis in die „Tiefen der Gottheit" vorstößt – erfordert drei Vorbemerkungen, von denen die erste den Grund, die zweite das Recht und die dritte den Sinn der Fragestellung betrifft.

Der Grund, aus dem sich die Frage nach dem Gottesverhältnis Jesu stellt, besteht in seiner Neuentdeckung, also in dem, was sich immer klarer als das zentrale Ereignis in der Glaubensgeschichte der Gegenwart herausstellt. Auf vielfache Weise ist der Glaube der Christenheit während der letzten Jahrzehnte in ein Stadium der Verunsicherung und Krise geraten. Darüber hat man aber, bis in die besorgte Kirchenspitze hinein, die beglückende Tatsache aus dem Auge verloren, daß sich das Glaubensbewußtsein, synchron mit der kulturrevolutionären Erschütterung der siebziger Jahre, wie nie zuvor auf das „Mysterium Jesu" (Pascal) konzentrierte. Einem Zustand, den viele als die Agonie des Glaubens in unserer Zeit empfinden, steht somit das Wunder entgegen, daß sich im Glauben der Gegenwart eine spirituelle Auferstehung Jesu ereignete. Dadurch aber sieht sich das unruhige und aus dieser Unruhe nach Gott verlangende Menschenherz wie nie zuvor an Jesus verwiesen; denn wem könnte es mehr als ihm die Entscheidungsfrage stellen: Wo ist dein Gott? Wer ist dein Gott?

Bei der Frage nach dem Recht geht es demgegenüber buchstäblich um das Existenzrecht des Christentums. Denn es wird den heute vielfach geäußerten Verdacht, lediglich eine Variante, wenn nicht gar eine Fehlform des Judentums zu sein, solange nicht widerlegen können, als es sich nicht von seinem Sinngrund, dem christlichen Gottesbegriff her zu rechtfertigen vermag. Nur unter der Voraussetzung, daß es tiefer als andere Wege in das Gottesgeheimnis hineinführt, läßt sich sein Anspruch aufrechterhalten. Das aber nötigt zum Rückgang auf die lebendige Quelle seiner Gottesverkündigung, zur Rückfrage nach dem Gottesbewußtsein Jesu.

Und der Sinn dieser Rückfrage? Er bezieht sich auf uns selbst, insbesondere aber auf diejenigen, die mit der Frage nach dem Sinn ihres Daseins dessen höchstes, göttliches Sinnziel meinen. Unwillkürlich richtet sich ihr Blick auf den, der wie kein anderer Gott nahesteht. Denn soviel das Gedächtnis der Geschichte den Wohltätern der Menschheit nachrühmt – Hilfen auf dem Weg zur Wahrheit, zu höherer Moralität, zu mehr Menschlichkeit –, heißt es doch nur von ihm: „der eingeborene Sohn, der am Herzen des Vaters ruht, er hat uns Kunde gebracht" (Joh 1,18). So wird er als Botschafter Gottes zugleich zum Weg menschlicher Sinnfindung. Ein aktuellerer ‚Sinn' könnte sich mit der Frage nach seinem Gottesverhältnis nicht verbinden!

Die Entdeckung

Doch wohin gelangt man beim Durchgang durch dieses dreifache Tor? Formal gesprochen: zu einer Wiederholung dessen, was eingangs als das Zentralereignis der gegenwärtigen Glaubensgeschichte bezeichnet wurde, zur Neuentdeckung Jesu. Die aber vollzog sich, soweit es die frühesten Ansätze – etwa in der „Einstimmung" der *Sophie Scholl* auf ihren gewaltsamen Tod – erkennen lassen, jenseits aller ausgelegten Bahnen[1]. Was am Anfang stand, muß somit ein Anruf, eine Wahrnehmung, eine Herzensfühlung gewesen sein. So dann aber auch heute! Wer also das dreifache Tor durchschreitet, gelangt zu einer Gestalt, die ihm hinter dem Gitterwerk der Texte, der dogmatischen Formulierungen, ja sogar des eingespielten Menschenbilds sichtbar wird und ihn doch unmittelbar anrührt. Er gelangt zu dem, der durch seine Selbstzusage – „ich bin bei euch" – alle Räume und Zeiten durchdringt; der vor der Tür steht und Einlaß verlangt, der den Glauben fordert, indem er ihn gibt; der auch den nicht verläßt, der ihn verrät und unsre Untreue mit seiner Treue vergilt; der gefunden wird, um gesucht zu werden, und erkannt wird, um immer neu entdeckt zu werden; der befreit, indem er bindet, bewegt, indem er beruhigt, herrscht, indem er dient, siegt, indem er hilft und erlöst; der nie beredter ist als in seinem Schweigen, nie mächtiger als in seiner Selbstverschwendung; der sich einem jeden so zuwendet, als gäbe es für ihn nur diesen einen in aller Welt; der wie kein anderer weiß, was im Menschen ist, und dennoch keinen aufgibt, keinen aus dem Lichtkreis seiner Liebe entläßt.

Deutlichere Umrisse gewinnt diese Gestaltwahrnehmung, sobald man sie in die gegenwärtigen Zeitverhältnisse hineinstellt. Wahrgenommen wird, wie sich nunmehr zeigt, derjenige, der den geängsteten Menschen dieser Zeit beruhigt und ermutigt, indem er ihm zuruft: „In der Welt habt ihr Angst; doch faßt Vertrauen: ich habe die Welt überwunden!" (Joh 16,33). Wahrgenommen wird sodann derjenige, der in der Friedlosigkeit dieser Zeit wie kein anderer Frieden stiftet, weil nur von ihm gesagt werden kann, daß er „der Friede" ist (Eph 2,14). Wahrgenommen wird derjenige, der in der Hoffnungslosigkeit dieser Zeit die Tür zur Zukunft aufstößt, weil er nach den Schlüsselworten des Johannesevangeliums selbst „der Weg" und „die Tür" ist (Joh 10,9; 14,6)[2]. Und wahrgenommen wird insbesondere derjenige, der in der Einsamkeit dieser Zeit dadurch den Quell der Mitmenschlichkeit entsiegelt, daß er sich verschenkt und mitteilt und alle, die sich davon ergreifen lassen, in die Lebensgemeinschaft mit sich zieht. So ist er der Halt in der Angst, der Helfer zur Hoffnung, der Ursprung des Friedens, das Ende der Einsamkeit und in alledem die erfüllende Antwort auf die Frage der Gegenwart. Doch wie kommt er dazu? Wie konnte und kann er geben, was keinem aus der Reihe der großen Wohltäter der Menschheit jemals gelang? Woher nimmt er dieses Wissen um die Not und Bedürfnisse des Menschenherzens, und wie ist es zu erklären, daß die von ihm gegebene Antwort im Laufe der Geschichte nichts von ihrer Aktualität verlor? Eine Erklärung wird nur möglich sein, wenn man im Gegensinn zu dieser

Geschichte auf ihn selbst zurückgeht, um sich die gesuchte Auskunft von ihm selber geben zu lassen.

Die Lebensform

Freilich: die Frage ist so gestellt, daß sie von keinem einzelnen Herrenwort oder einer bestimmten Szene aus dem Leben Jesu beantwortet werden kann. Denn sie zielt nicht so sehr auf das, was er sagte oder tat, als vielmehr auf seine ganze Stellung zu Welt, Mensch und seinem eigenen Sein, also auf das, was man als seine Lebensform bezeichnen könnte. Sie freilich wird von den neutestamentlichen Schriften vielfach umschrieben, am knappsten und deutlichsten durch das Pauluswort: „sofern er lebt, lebt er für Gott" (Röm 6,10). Doch im Grunde ist das eine Auskunft, die kaum weniger deutlich aus jeder Äußerung, aus jeder Stellungnahme, aber auch aus jeder Reaktion und damit aus der gesamten „Gebärde" Jesu spricht. Er ist einer von uns, steht ganz auf unserer Seite, doch so, daß der Schwerpunkt seines Daseins „jenseits von uns", bei Gott, zu suchen ist. Sofern er „für ihn" lebt, gewinnt seine ganze Denk- und Gefühlswelt, sein ganzes Verhalten, Handeln und Leiden eine vom Normalfall tiefgreifend verschiedene Gestalt. Sein Denken geht nicht, wie das unsere, von der Welt zu Gott, sondern umgekehrt, von Gott zur Welt. Sein Herz schlägt für den, den er in einem ausschließlichen und doch zugleich alle miteinschließenden Sinn seinen „Vater" nennt. Sein Handeln erfolgt nicht so sehr aus eigener Entschließung als vielmehr aus einem „Geheiß", dem er sich handelnd unterwirft. Das verdichtet sich zu dem Eindruck, daß er seine Identität auf einem dem unseren entgegengesetzten Weg gewinnt. Wir gewinnen sie, indem wir uns von anderen und anderem abgrenzen und aus dieser ständig vollzogenen Unterscheidung die eigene Ichmitte definieren; er wird er selbst im Maß seiner Hinwendung zu den andern und seiner Selbstübereignung an sie. Das sind gewiß nur kümmerliche Versuche, das Wunder seiner Lebensform zu erklären; und doch nötigen schon sie, die Rückfrage nach der Ermöglichung nochmals zu stellen: Wie kam es dazu?
Wenn man so fragt, ordnen sich eine ganze Reihe von Daten und Hinweisen der Lebensgeschichte Jesu in einer Weise, daß sie wie eine lebenslang darauf gegebene Antwort lesbar werden. Am Anfang steht das Bewußtsein einer die Familienbindung durchbrechenden Zugehörigkeit, die den von der Mutter nach dem Grund seines Fernbleibens befragten Zwölfjährigen zu der Gegenfrage veranlaßt: „Wußtet ihr nicht, daß ich dorthin gehöre, wo mein Vater ist?" (Lk 2,49). Sogar aus dem Schweigen der Folgezeit läßt sich jetzt heraushören, daß sich die zunächst dunkel gefühlte Spannung schließlich in die Frage lichtet: Wer bin ich? Dies vorausgesetzt, gestaltet sich die ganze Lebensgeschichte zu einem einzigen Dialoggeschehen, das bei der Taufe Jesu seinen Ausgang nimmt und im Todesschrei des Gekreuzigten seine letzte Steigerung erfährt. Wie von einem Kompaß wird der von der Frage „wer bin ich?" Bedrängte zu den Bußfertigen geführt, die sich am unteren Jordan eingefunden haben, um sich von Johannes tau-

fen zu lassen. Da trifft ihn – wie der Blitz einer göttlichen Inspiration – der Anruf der Himmelsstimme: „Du bist mein geliebter Sohn; an dir habe ich mein Wohlgefallen!" (Mk 1,11). Und bei der auch szenisch als ‚Höhepunkt' der Lebensgeschichte stilisierten Verklärung Jesu bekräftigt die Himmelsstimme ihren Zuspruch mit der Versicherung: „Dies ist mein geliebter Sohn; hört auf ihn!" (Mk 9,7). Das ist mehr als nur eine feierliche Proklamation der Gottessohnschaft Jesu; denn mit diesem Zuspruch senkt sich der Kristallisationskern der Selbstfindung in seine Seele ein, und wir begreifen, wie tief Paulus in dieser Seele gelesen hat, wenn er betont: „sofern er lebt, lebt er für Gott". Doch die Evangelien belassen es nicht bei dieser formalen Bestimmung; sie gestatten uns auch einen Blick in die damit angestoßene Bewußtseinsbildung, wenn sie Jesus im Glück seines ‚Einvernehmens' mit dem Vater sagen lassen:

Alles ist mir von meinem Vater übergeben, und niemand kennt den Sohn als nur der Vater, und niemand den Vater als nur der Sohn und wem es der Sohn offenbaren will (Lk 10,22).

Wer so spricht, lebt und denkt aus dem Pathos der Selbstübereignung und Selbstmitteilung, nicht der Selbstabscheidung. Er macht vollen – und wenn es sein muß blutigen – Ernst mit der Aufforderung, durch die er die Seinen zur gleichen Lebensform zu überreden sucht: „Wer sein Leben zu erhalten sucht, wird es verlieren; wer es aber hingibt, wird es gewinnen" (Lk 17,33). Deshalb setzt sich sein Jubelruf unmittelbar in die große Einladung an die Bedrückten und Bedrängten um: „Her zu mir, ihr Bedrückten und Bedrängten, ich will euch Ruhe geben!" (Mt 11,28).
Wer diese Gebärde recht zu sehen vermag, sieht freilich auch, wie sich in ihr bereits das Kreuz vorausschattet. Denn die große Einladung gehört zu jenen „freudigsten" Worten Jesu, in denen – nach *Kierkegaard* – bereits der Unterton seines „inneren Leidens" durchklingt. Und der Grund liegt fast auf der Hand. In seiner Liebe hatte sich Jesus einfach zu weit vorgewagt, als daß er die verdiente Resonanz gefunden hätte. So erntet er mit seiner Einladung zuletzt den Protest derer, die sich von ihr überfordert fühlen. Und auf sein Anerbieten, für die hungernde Menschheit das „Brot des Lebens" zu sein, „antwortet" die Schar seiner anfänglichen Gefolgsleute mit dem Massenabfall von ihm. Das schlägt mit niederschmetternder Wucht auf sein hingegebenes, bloßgelegtes Herz zurück. Und es überkommt ihn eine jener – sogar vom Johannesevangelium registrierten – Stunden der Erschütterung und Verdüsterung, die sich wie eine Vorwegnahme des Gebetskampfs in Getsemani ausnehmen. Aber es gehört nun einmal zur Wahrheit der Lebensgeschichte Jesu, daß ihm Anfechtung, Enttäuschung und Verunsicherung nicht erspart blieben. Beim Massenabfall am Ende der großen Brotrede wäre nun nach der ganzen ‚Logik' dieses Lebens der Augenblick gekommen, an dem erneut die Himmelsstimme zu Wort kommen müßte. Doch der Himmel schweigt. Da es aber für die wirkliche Passion noch zu früh ist, kommt es zu einer wunderbaren ‚Ersatzlei-

stung'. Was ihm der Himmel schuldig bleibt, bekommt Jesus aus Freundesmund zu hören, wenn ihm Petrus versichert: „Du bist der Christus, der Sohn des lebendigen Gottes!" (Mt 16,16). Und die Reaktion Jesu läßt auch keinen Zweifel daran, daß er in diesem Bekenntnis den Zuspruch der Himmelsstimme vernimmt: „Selig bist du, Simon, Sohn des Jona; denn nicht Fleisch und Blut haben dir das geoffenbart, sondern mein Vater im Himmel!" (Mt 16,17).

Wenn Jesus den Petrus aber schon kurz danach einen „Satan" nennt, der ihn mit seinen Ratschlägen von der vorbestimmten Bahn abzubringen suche (Mt 16,22 f), ahnt man, auf welch brüchigem Boden die empfangene Tröstung steht; ja man ahnt schon den Abgrund, der sich in Bälde vor ihm auftun wird und der ihn nicht nur in namenlose Qual, sondern zuletzt sogar in die unfaßliche Not der Gottverlassenheit stürzen läßt. Aus dieser Not wird er wie nie zuvor nach dem schreien, von dem er sich verlassen weiß, ohne daß nur das geringste geschieht, was auf eine Antwort hindeutet. Doch der Hebräerbrief, in dem uns die älteste Passionsgeschichte erhalten blieb, weiß es anders, wenn er versichert:

In den Tagen seines Erdenlebens brachte er unter lautem Wehgeschrei und Tränen Bitten und Flehrufe vor den, der ihn vom Tod erretten konnte; und er ist erhört und aus seiner Todesnot befreit worden (Hebr 5,7).

So fand der Todesschrei Jesu doch eine Antwort, jedoch ein Antwort von solcher Unbedingtheit, daß sie in der Ordnung des Bedingten nicht zu vernehmen war: eine Antwort, die in Gott selbst bestand! Dem wird nur der Satz gerecht, daß Jesus am Kreuz in Gott hineinstarb; daß ihm die Antwort, die ihm Gott durch sich selber gab, zum Quellgrund unvergänglichen Lebens wurde; daß er also sterbend das mit seinem menschlichen Bewußtsein definitiv einholte, was er als der wesensgleiche Gottessohn von Ewigkeit her war. So aber stellt sich die ganze Lebensgeschichte Jesu als das Drama einer Geschichte mit Gott dar, die ihn gerade dort zur Höhe des Gottseins emporführte, wo er den Sturz in den Abgrund der Gottverlassenheit erlitten hatte. Was hat es mit dieser Geschichte auf sich?

Die Gottesgeschichte

Das klassische Menschenbild führte weithin zu der Ansicht, daß das Gottesverhältnis Jesu zu seinem ‚Wesensbestand' gehöre und als solches ein festes ‚Besitztum' darstelle. Soviel daran in dogmatischer Hinsicht richtig ist, verstellt diese Ansicht doch den Blick auf die Dramatik des Verhältnisses. Denn so sehr Jesus aus der Gewißheit seiner wesenhaften Gottzugehörigkeit lebt, ist es doch nicht minder richtig, von ihm zu sagen, daß er sich zu seinem Gott „durchgekämpft" hat. Das liegt naturgemäß nicht in der Blickrichtung der Evangelien, die zum Zweck der Erweckung und Festigung des Christusglaubens verfaßt wurden. Sobald man aber lernte, sie gegen den „Strich" ihrer Verfasserintentionen zu lesen, werden sie im Sinn dieser Dramatik beredt. Das zeigt sich schon an dem von ihnen skizzierten ‚Weltbild' Jesu. Danach hat auch er eine Welt vor Augen, über der Gottes Sonne auf- und untergeht (Mt 5,45). Doch wölbt sich über ihr nicht der Regenbogen eines göttlichen, Natur und Menschheitsgeschehen umspannenden Friedens; vielmehr ist es eine von Blitzen durchzuckte (Lk 10,18; 17,24), von den Gewalten der Finsternis bedrohte und ihrem Untergang entgegenfiebernde Welt (Mt 24,29 ff): eine Welt, in der sogar die Feldblumen und Raben von Gottes Vorsehung umsorgt sind (Lk 12,22–28), in der aber auch Kummer und Sorge am Menschenherzen zehren (Mk 4,18), in der das gute Saatkorn auf Felsengrund oder unter Dornen fällt (Mk 4,5 ff), in der das Unkraut zusammen mit dem Weizen aufwächst (Mt 13,24 ff), in der Unschuldige mit Schuldigen hingemordet werden (Lk 13,1 ff), und die in ihr Ende wie in eine Schlinge hineinzulaufen droht (Lk 21,35); eine Welt, in der die Menschen wie abgehetzte Schafe dahinleben (Mt 9,36), sofern sie nicht sogar von blinden Blindenführern in die Irre geleitet werden (Mt 15,14); eine Welt, in der die Tat des Barmherzigen die Ausnahme von der Regel (Lk 10,31 ff) und die Heimkehr des Verlorenen den unerhoffbaren Glücksfall bilden (Lk15,32); eine Welt, die nicht aus der Hand Gottes herausfällt und dennoch voller Bedrohung und Gefahren ist; eine Welt, von der der johanneische Jesus in seinem Abschieds- und Schlußwort – nach der *Luther*-Übersetzung – sagt: „in der Welt habt ihr Angst" (Joh 16,33)[3].

Für Jesus ruht aber die Welt viel zu sehr in der Hand Gottes, als daß ihre Krisenhaftigkeit nicht auf ihn, Gott selbst, zurückfiele. Obwohl das noch weniger in der Aussageintention der Evangelien liegt, tritt es doch an einigen Stellen zutage. Wenn etwa die lukanische Versuchungsgeschichte in der unheimlichen Aufforderung gipfelt: „Spring doch hinab!" (Lk 4,9) – dann stehen in der Tiefe des Abgrunds für den Versuchten nicht nur die Engel bereit, die ihn auf ihren Händen tragen; vielmehr tut sich für ihn dort auch jene „Tiefe der Gottheit" auf, die der Hebräerbrief mit dem beklemmenden Wort auslotet: „Es ist furchtbar, in die Hände des lebendigen Gottes zu fallen" (Hebr 10,31). Wie sehr die Erinnerung daran Jesus „nachgegangen" sein muß, zeigt seine Mahnung:

Fürchtet euch nicht vor denen, die den Leib töten, der Seele aber nichts anhaben können; fürchtet euch vielmehr vor dem, der Seele und Leib ins Verderben der Hölle stürzen kann (Mt 10,28).

Vor allem aber trat Jesus die unbegreifliche Andersheit Gottes in Gestalt dessen entgegen, was er den „Willen des Vaters" nannte. Wie tief es ihm in die Seele schnitt, daß ihm dieser Wille räumliche und zeitliche Grenzen zog, zeigen seine unerwartet harten Reaktionen auf Bitten, die ihn zur Überschreitung dieser Grenzen zu bewegen suchen. Die um Rettung ihrer Tochter bittende Frau aus dem halbheidnischen Nordgebiet bekommt das verletzende Wort zu hören: „Es geht nicht an, das Brot den Kindern wegzunehmen und es den Hunden hinzuwerfen" (Mk 7,27). Kaum weniger hart klingt die Antwort an die Mutter, die bei der Hochzeit von Kana doch nur um Abhilfe in einer für die Brautleute peinlich gewordenen Situation gebeten hatte (Joh 2,4). Wie schwer ihn diese Fessel drückte, gibt der johanneische Jesus zu verstehen, wenn er im Vorgefühl, daß seine „Stunde gekommen" sei, gesteht:

> *Jetzt ist meine Seele erschüttert. Was soll ich sagen: Vater, rette mich aus dieser Stunde? Aber deshalb bin ich ja in diese Stunde eingetreten: Vater, verherrliche deinen Namen! (Joh 12,27 f).*

Wie kaum ein anderes Herrenwort läßt dieses erkennen, wie der Schatten eines unbegreiflichen Gotteswillens von der Seele Jesu weicht, während er sich gleichzeitig zu diesem Willen „durchringt". Aus paulinischer Sicht wird man dem hinzufügen müssen, daß dies stellvertretend für alle geschah, für die der Gotteswille im jüdischen Gesetz Gestalt angenommen hatte und die sich von diesem Gesetz ebenso erleuchtet wie – überfordert fühlten. Und in noch stärkerer Verallgemeinerung wird man sagen dürfen, daß Jesus hier in Gemeinschaft mit der ganzen Menschheit die Last des Gottes auf sich nimmt, der gleichzeitig Gegenstand ihres höchsten Entzückens wie ihres tiefsten Entsetzens ist. Stellvertretend für alle arbeitet er hier – und nicht nur hier – den fundamentalen Zwiespalt aller Religionen auf, um das religiöse Gefühl in die Bahn der Eindeutigkeit zu führen. Und er vollbringt dies nicht etwa mit Hilfe einer Theorie oder einer revolutionären Aktion, sondern mit einem einzigen Wort, das aber doch von höchster Sinnfülle und Verwandlungskraft ist, mit dem Wort ‚Vater!' Mit ihm appelliert er, ebenso einfach wie kühn, an das Herz Gottes; stößt er dorthin vor, wo er von Anfang an hingehört; nimmt er für alle in Anspruch, was sein ewiges Eigentum ist. Indem er sich mit dem Zärtlichkeitswort ‚Vater!' an Gott wendet, vollzieht er die größte Revolution der gesamten Religionsgeschichte. Mit diesem Wort geht die Sonne des bedingungslos liebenden Gottes endgültig und unwiderruflich über der Menschheit auf. Es setzt der Zeit der Gottesangst ein Ende und stößt die Tür zu der neuen Weltzeit auf, die im Zeichen der Hoffnung und Liebe steht[4].

Was dieser „Kampf um Gott" besagt, wird am Anfang und Ende der Passionsgeschichte deutlich. Am Anfang, wenn der in Todesnot Geratene vergeblich um Abwendung des drohenden Leidenskelches bittet und sich schließlich ganz dem Vaterwillen unterwirft (Lk 22, 42 ff); vor allem aber am Ende, wenn er in seiner Kreuzesnot Gott die Verlassenheit von ihm klagt und wenn in seinem Todesschrei doch wie nie zuvor die Gewißheit der Erhörung durch Gott und der Zugehörigkeit zu ihm durchklingt. Zwar wendet er sich mit diesem Aufschrei, diesem inständigsten ‚De profundis', das jemals zum Himmel drang, wie je nur eine gequälte Kreatur an seinen „Gott" (Bernhart). Den so hart erkämpften und gerade jetzt zu erwartenden Vaternamen gebraucht er dagegen nicht. Dafür geschieht etwas vergleichsweise noch Wunderbareres: Der in Gott hinein Sterbende und vom

Tod Auferweckte wird seinerseits zur lebendigen Chiffre des ihm antwortenden und sich in ihm kundgebenden Gottes. So hat es Paulus erfahren, als ihm (nach Gal 1,15 f) in seiner Bekehrungsstunde das Geheimnis des Gottessohnes ins Herz gesprochen wurde und als er (nach 2 Kor 4,4) im Antlitz des Auferstandenen den Glanz der Gotteswahrheit erblickte.
Dem entspricht es vollauf, daß die von Jesus herbeigeführte „Wende" zuerst von Paulus wahrgenommen wurde. Zwar mahnt auch er seine Lieblingsgemeinde, sich „in Furcht und Zittern" um ihr Heil zu mühen (Phil 2,12); doch gehört das zu den Restbeständen eines abziehenden Gewitterhimmels. Dann aber bricht bei ihm die volle Sonne mit dem Ausruf durch: „Jetzt ist sie da, die Zeit der Gnade; jetzt ist er da, der Tag des Heils!" (2 Kor 6,2). Und im Rückblick auf die gesamte Heilsverkündigung der neutestamentlichen Schriften versichert der erste Johannesbrief im gleichen Sinn:

Furcht ist nicht in der Liebe; vielmehr treibt die vollkommene Liebe die Furcht aus! (1 Joh 4,18).

Der neue Gott

Erst wenn man diese religiöse Lebensleistung Jesu begriffen hat, hält man den goldenen Schlüssel für seine Wirkung damals und heute in Händen. Daß er die Menschen in seinen Bann zu schlagen und zum Verlangen nach dem Gottesreich und seiner Gerechtigkeit zu bewegen vermochte (Mt 6,33), hängt zweifellos mit der einzigartigen Ausstrahlung seiner Persönlichkeit und der Sprachgewalt seines Wortes zusammen; doch erklärt es sich letztlich nur aus dem Wissen um den „neuen Gott", zu dem er sie mit alledem „überredete". Und demselben Grund entstammt seine weltgeschichtliche Wirkung. Daß sich Christentum und Kirche im hektischen Gang der abendländischen Geschichte behaupten konnten, hat darin seinen innersten Grund, daß der christliche Gottesbegriff einen Raum des Aufatmens und der Beheimatung eröffnet, in dem sich der Mensch gleichzeitig frei und geborgen fühlt. Vom Blick dieses Gottes getroffen, ist er zu sich selbst aufgerufen und in seinem unvertretbaren Personsein bestätigt; von der Hand dieses Gottes berührt, ist er dem Sog der Lebensangst entrissen; ans Herz dieses Gottes gezogen, findet er zur Fülle des Friedens. Man kann sich das nicht klarmachen, ohne von einem doppelten Schmerz getroffen zu werden. Der eine betrifft die einzigartige Chance des Christentums, die ihm aus diesem Gottesbegriff erwächst. Auf ihn gestützt könnte es sich gerade dem heutigen Menschen auf einzigartige Weise verständlich machen, weil er in ihm, sofern er auch nur von einem Strahl dieses Gottesbildes getroffen würde, die Religion der Angstüberwindung, der Hoffnung und des Friedens erkennen müßte.
In das freudige Erschrecken über die Chance mischt sich aber unverzüglich die schmerzliche Betroffenheit darüber ein, daß sich das Christentum kei-

neswegs fortwährend auf der Höhe des von Jesus errungenen Gottesbildes zu halten vermochte, sondern in seiner Geschichte immer wieder mit der von ihm überwundenen Gottesangst paktierte. Anklägerische Bezichtigungen, wie sie in diesem Zusammenhang immer wieder vorgebracht wurden, sind jedoch völlig fehl am Platz. Denn die auf die Einschüchterung des Menschen abzielenden Strategien könnten nicht „greifen", wenn sie nicht mit einem dunklen Hang im Menschen selbst im Bund stünden. In ihm selbst ist ein rätselhaftes, vermutlich von seiner Todverfallenheit eingegebenes Verlangen, von dem Gott, den er sucht, ebenso beseligt wie in Schrecken gesetzt zu werden. Erst wenn man dies bedenkt, zeichnet sich das Bild des „neuen Gottes" in seiner vollen Leuchtkraft ab. Es ist nicht nur ein Bild, das gesehen und gewürdigt sein will, und schon gar nicht ein Geschenk, das uns einfach in den Schoß fällt, sondern ein Ziel, zu dem man sich durchkämpfen muß. Insofern will die von Jesus vollbrachte Großtat von einem jeden nachvollzogen werden. So ergibt es sich aber auch aus der Größe und Gewalt des von ihm verkündeten Gottes. Es ist der Gott, der, weil er selbst bedingungslos liebt, „mit ganzem Herzen, ganzer Seele und ganzer Denk- und Wesenskraft" geliebt sein will (Mk 12,30), der auch durch sein Schweigen spricht und in seiner Ferne nahe ist; der Gott, von dem die vielfach mißverstandene Spitzenaussage des Hebräerbriefs sagt: „Unser Gott ist ein verzehrendes Feuer" (Hebr 12,29). Doch gerade so ist er der Gott, für den sich zu leben lohnt und der selbst im Tod die Gewähr neuen und ewigen Lebens ist.

Der Helfer und die Hilfe
Plädoyer für eine Christologie „von innen"

In Logion 13 des gnostischen Thomas-Evangeliums, einer Variante der von den Synoptikern überlieferten Frage von Caesarea-Philippi (Mk 8, 27 ff parr), fordert Jesus die Jünger auf: „Vergleicht mich, und sagt mir, wem ich gleiche!" In dem Bericht über die einzelnen Reaktionen geht der apokryphe Text eigene, von den Synoptikern stark abweichende Wege:

> *Simon Petrus sprach zu ihm: du gleichst einem gerechten Engel. Mattäus sagte zu ihm: du gleichst einem weisen (philosophos), verständigen Menschen. Thomas sagte zu ihm: Meister, mein Mund wird es keinesfalls über sich bringen, daß ich sage, wem du gleichst. Da sprach Jesus: Ich bin nicht dein Meister, da du getrunken und dich an der sprudelnden Quelle berauscht hast, die ich ausgemessen habe (82,30–83, 7).*

Im Fortgang des Textes weiß das Logion noch zu berichten, daß Jesus Thomas, offensichtlich zur Entlohnung für seine Antwort, beiseite nimmt, um ihm ‚drei Worte' – seinen dreifach umschriebenen Geheimnisnamen – mitzuteilen, dessen Kenntnis ihn als den gnostisch Eingeweihten, den Geheimnisträger und Tradenten der ‚geheimen Worte Jesu, des Lebendigen' (Logion 1) bestätigt[1].
Der Text stellt nicht nur die von der kanonischen Überlieferung her gewohnte Abfolge um; er nimmt der Szene auch die von *Martin Buber* herausgestellte biographische Dramatik[2], die Jesus aus der Tiefe existentieller Verunsicherung nach dem Sinn seiner Sendung fragen und in der Antwort des Petrus die bestätigende Himmelsstimme vernehmen läßt[3]. Doch gerade so, in diesem weltanschaulich bedingten Profilverlust, wird er zum Spiegel einer andern Dramatik, die im Unterschied zur (innern) Biographie die (äußere) Wirkungsgeschichte Jesu betrifft. Denn in dem gnostischen Petrusbekenntnis läßt sich unschwer das Echo einer frühen ‚Engelchristologie' – für *Martin Werner* der Ausgangspunkt des christologischen Dogmas überhaupt[4] – erkennen, während der von Mattäus gezogene ‚Vergleich' an die von der altchristlichen Sarkophagplastik her bekannte Darstellung Jesu als ‚Lehrer' und an die Deutung seiner Botschaft als ‚wahre Philosophie' bei einer Reihe von Kirchenvätern erinnert.[5]

Die konkurrierenden Jesusbilder

Unschwer ließe sich die Serie dieser – unzulänglichen – Auffassungen bis in die Gegenwart hinein durchziehen. Dem ‚Engelfürsten' und ‚Weisheitslehrer' würde sich dann bruchlos der ‚Pantokrator' der byzantinischen Frömmigkeit, der ‚beau Dieu' der von den gotischen Kathedralen dokumentierten Christologie anschließen, dem der ‚Herzog' des ‚Heliand' voranging und der ‚Schmerzensmann' der devotio moderna folgte. Aus dem weiteren Verlauf der „wechselnden Bilder" (Bornkamm) sind zu nennen: das ‚maximum concretum' des *Nikolaus von Kues*, der ‚bittersüße' Christus des *Thomas Münzer*, der ‚Seelenfreund' des Pietismus, das Tugendvorbild der Aufklärung, das religiöse Genie der Romantik, der Anwalt der Unterdrückten des christlichen Sozialismus, der religiöse Reformer der liberalen Theologie, *Nietzsches* Botschafter eines ‚Gesamt-Verklärungs-Gefühls aller Dinge'[6] bis hin zum sozialrevolutionären, gesellschaftskritischen und antikirchlich-antireligiösen Jesus der sozialkritisch gestimmten Theologie und Antitheologie unsrer Tage.

Dazu kommt, wie im Sinn von *Albert Schweitzer* – und gerade auch im Blick auf heutige Jesusbücher wie die von Carmichael, Augstein und Lehmann – hinzuzufügen ist[7], der durch Liebe und Haß bedingte Unterschied: „Denn auch mit Haß kann man Leben-Jesu schreiben; und die großartigsten sind mit Haß geschrieben: das des Reimarus, des Wolfenbüttler Fragmentisten, und das von David Friedrich Strauß"[8] –, der Unterschied, in den die von kontroversen ‚christlichen' Standpunkten aus verfaßte Jesus-Literatur durch Monographien ‚für Atheisten' und Juden geriet[9], und schließlich, um noch auf eine neuerdings vielfach vermerkte binnentheologische Differenzierung hinzuweisen, der Unterschied zwischen einer (existenzanalytischen) Christologie ‚von unten' und einer ‚von oben' herabsteigenden Explikation des Christusdogmas, zu schweigen von dem Aufkommen ausgesprochen ‚rückschlägiger' Jesusbilder, in denen von der dogmengeschichtlichen Entwicklung längst überholte Deuteformen unversehens wiederaufleben[10].

Auf dem zerklüfteten Boden dieser divergierenden, oft sogar widerstreitenden Formen von Vorverständnis entsteht tatsächlich jene kaleidoskopartige Häufung von Christusbildern, auf die *Karl Adam* mit der ironischen Bemerkung hinwies:

> *Hier schreitet Christus in der Toga des Rationalisten, des biederen Aufklärers einher. Dort seufzt und schluchzt er wie Goethes Werther. Hier ist der strenge Sittenprediger und der Verkünder des kategorischen Imperativs, dort trägt er die Jakobinermütze. Oder er ist gar der einsame Träumer, der unverstanden durch die Welt geht und unverstanden stirbt.*[11]

Die Frage ist nur, ob sich, mit dem Eingangszitat gesprochen, in der bunten Reihe dieser Bilder eines findet, in dem sich der Dargestellte so wie in der Äußerung des Thomas wiedererkennt: erkannt in seiner Sendung, anerkannt in seinem Wesenswillen, beantwortet in seiner Sinnerwartung. Wen aus der langen Reihe der Schar der Darsteller und Interpreten wird er beiseite nehmen, um ihn in seiner Aussage zu bestätigen und ihn noch tiefer in sein Geheimnis zu ziehen? Wird er sich auf seinem Gang durch die ihm geltende Bildergalerie irgendwo wiedererkennen oder wird er sich davon ebenso abwenden wie von den Zerrbildern, die ihm in Gestalt des ‚Engelfürsten' und des ‚Philosophen' entgegengehalten wurden?

Der ‚instrumentelle Unglaube'

Sieht man von den ‚mit Haß' geschriebenen Jesusbüchern in Vergangenheit und Gegenwart einmal ab, so bleibt eine unüberschaubar große Anzahl von Darstellungen, die ihre Existenz, wenn schon nicht dem Glauben und der Liebe, so doch echter Betroffenheit durch die Gestalt Jesu verdanken. Gemessen an der Positivität des Grundverhältnisses und der Summe des gedanklich und literarisch Geleisteten, ist das Ergebnis jedoch überraschend gering. Kaum eines der oft mit großem Aufwand erstellten Werke, das ein Jahrzehnt überdauerte, und dies in auffälligem Gegensatz zu Handreichungen für das spirituelle Leben wie der ‚Imitatio Christi' oder der ‚Philothea', die bis zur Stunde noch nicht wirklich ‚überlebt' sind.
Von dieser Regel machen noch nicht einmal die enthusiastisch aufgenommenen Jesusbücher der Vorkriegszeit – Karl Adams ‚Jesus Christus' (von 1933)[12] und Romano Guardinis ‚Der Herr' (von 1937) – eine Ausnahme. Noch vor einem halben Lebensalter Marksteine der Glaubensgeschichte, sind sie – trotz aller Bemühung – keiner wirklichen Wiederbelebung fähig. Man bringt diese auffällige Kurzlebigkeit meist mit dem rapiden Methodenfortschritt im Bereich der Bibelexegese und insbesondere mit dem breiträumigen Einbruch der historisch-kritischen Denkweise in das katholische Schriftverständnis in Zusammenhang, wodurch den davon noch nicht berührten Werken gegenüber eine Art Bewußtseinsschwelle aufgeworfen worden sei. Tatsächlich kann man sich des Eindrucks nicht erwehren, daß sich die genannten Erfolgsbücher ihre Wirkung zu einem nicht unbeträchtlichen Teil dadurch sicherten, daß sie, streckenweise sogar mit einem schlechten intellektuellen Gewissen, über die Einreden und Forderungen der Methodendiskussion hinweggingen, die vernehmlich genug vor dem Portal ihres ‚Sakralbaus' ausgetragen wurde[13].
Wie aber stand es um die Methode, die das Portal bald danach doch aufsprengte und seitdem ein fast unbestrittenes Hausrecht in dem ihr vordem streng verschlossenen Denkraum beansprucht? Waren es neben der Angst nicht noch andere Gründe, die ihr so lange den Einzug in die kirchengebundene Christologie verwehrten? Und worauf bezog sich die von ihr zweifellos ausgelöste Angst: nur auf die analytische Schärfe ihres Verfahrens oder auf den von ihrer Anwendung befürchteten Kahlschlag? Oder stand im Hintergrund nicht noch etwas anderes, wenn zunächst auch nur dunkel Gefühltes? Etwas nach Art des ‚Argwohns', der – nach Nietzsche – eine besonders feine Witterung für Fremdstrukturen entwickelt? Worauf sich dieser Argwohn richtet, kann ein (von Adam angeführtes) Möhler-Wort verdeutlichen, das wie aus einer Vorahnung der durch den Einbruch des historisch-kritischen Denkens heraufgeführten Krise gesprochen ist: „Ohne die Schrift wäre uns die eigentümliche Form der Reden Jesu vorenthalten. Wir wüßten nicht, wie der Sohn Gottes sprach, und ich meine, leben möchte ich nicht mehr, wenn ich ihn nicht mehr reden hörte."[14]

Im Blick auf das – als unwiderruflich hingenommene – Ergebnis des historisch-kritischen Verfahrens, das kaum mehr als eine Handvoll authentischer Herrenworte übrigläßt, hätte sich *Möhler* damit buchstäblich das Todesurteil gesprochen. Wenn sich hinter seinem Votum mehr als ein nur nostalgisches Verlangen, möglicherweise sogar ein christliches Lebensinteresse verbirgt, heißt das, daß die historisch-kritische Methode den Glauben zumindest potentiell in eine tödliche Krise stürzt. Dann aber liegt es in seinem Lebensinteresse, sie ihrerseits kritisch zu durchleuchten und nach ihren unreflektierten Voraussetzungen zu befragen[15].

In der wissenschaftstheoretischen Diskussion der Nachkriegszeit bürgerte sich mehr und mehr das Wort vom ‚methodologischen Atheismus' der modernen Wissenschaften ein, wobei vor allem an die ohne die ‚Hypothese Gott' operierenden Naturwissenschaften gedacht war. Das schließt den Gedanken ein, daß die weltanschaulichen Vorentscheidungen nicht erst bei der Argumentation, sondern schon bei der Methodenwahl fallen, weil die Methoden selbst in weltanschaulicher Hinsicht nicht wertneutral sind. Als Organisationsformen und kognitive Strategien des Denkens gilt von ihnen Ähnliches, wie es *Walter F. Otto* gegen den ‚ungerichteten' Logosbegriff *Heideggers* geltend machte: sie ‚versammeln' das Denken unter bestimmte selektive Gesichtspunkte[16]. Mit diesen fallen dann notwendig auch die weltanschaulichen Vorentscheidungen, die im methodologischen Instrumentarium selbst nicht aufscheinen, wohl aber in den Ergebnissen des von ihm organisierten Denkens.

Das soll nicht heißen, daß auf dem ‚kalten Weg' der Methoden atheistische Prämissen in das theologische Denken eingeschleust worden seien; wohl aber, daß die Methoden, und gälten sie als so sakrosankt wie die historisch-kritische, nach den von ihnen ausgehenden Denkinklinationen und Denkhemmungen befragt werden müssen. Denn es könnte durchaus sein, daß die mit ihnen erzielten Resultate dem spirituellen Sinn deshalb so unerträglich erscheinen, weil sie die Denkbewegung gerade dort zum Erliegen bringen, wo, spirituell gesehen, die entscheidenden Quellen fließen. Und das läuft natürlich auf den Vorwurf einer methodologischen Behinderung des Glaubens oder, direkt gesprochen, eines ‚instrumentellen Unglaubens' hinaus. Wenn das zutrifft, kann von der historisch-kritischen Methode immer nur mit dem ‚Vorbehalt' Gebrauch gemacht werden: „Ich glaube, hilf meinem Unglauben!" (Mk 9, 24.) Ist er angebracht, und wenn er es ist, warum?

Die Konkurrenz der Methoden

Ihren Siegeszug verdankt die historisch-kritische Methode fraglos der Tatsache, daß sie als operationale Synthese der beiden Denkrichtungen zu gelten hat, aus denen das neuzeitliche Bewußtsein hervorging[17]. In ihr verbündete sich die kritische Vernunft dadurch mit der historischen, daß das Wahrheitskonzept der einen – der moderne ‚kosmos noetos' der universellen Nachprüfbarkeit – mit dem Verifikationsgrund der andern – dem ganz

gewiß von den Menschen gemachten und darum unbezweifelbaren ‚mondo civile'[18] – zur Deckung kommt. Damit schöpft die historisch-kritische Denkweise die kognitiven Möglichkeiten des neuzeitlichen Bewußtseins in einer Weise aus, die ihr den Anschein der Nichthinterfragbarkeit und, Hand in Hand damit, den Nimbus der Unumgänglichkeit und Unwiderstehlichkeit verleiht. Daher der Eindruck, nicht mehr hinter sie zurückgehen zu können, der sich bei *Ernst Troeltsch* zu dem Gefühl verdichtet, „nicht mehr ohne und gegen diese Methode denken" zu können[19].
Daß es sich dennoch um eine fatale, zentrale Glaubensinteressen frustrierende Denklenkung handelt, ist um so schwerer zu ersehen, als der Glaube selbst kritisch und in seinem Kern, mit *Karl Lehmann* gesprochen, historisch ist[20]. Was sich dem Glaubensinteresse widersetzt, sind somit nicht die Tendenzen der Methode als vielmehr die mit ihr verbundenen Fixierungen. Wider Erwarten wirkt sich dabei die historische Komponente verhängnisvoller aus als die kritische. Denn der Methodenzwang läßt nur die historischen Gegebenheiten als wahr gelten. Ihm zufolge ist nicht, wie für Hegel, das Wesen das Gewesene, sondern umgekehrt das Gewesene das ‚Wesen', verstanden als das einzige, was zählt und zu bewahren ist. Das aber zeigt ihn auf der Spur eines ausgesprochen historizistischen Geschichtsverständnisses, das die Geschichte als eine Summe von Fakten versteht, nicht aber als den Zug der ins Gegenwärtige drängenden Ereignisse und Ereignungen. So skelettiert er das Christliche zu dem, was ihm an historisch Erwiesenem zugrunde liegt. An zwei Stellen trat dieser Schrumpfungsprozeß besonders kraß in Erscheinung: in der Suche nach den originalen Jesusworten und in der Auferstehungsfrage. Hier zerrann das Ganze bis auf den ungreifbaren Restbestand eines bloßen ‚Widerfahrnisses' (Marxsen), während dort, auf der Suche nach den Worten, in denen die Stimme des historischen Jesus hörbar ist, nur eine kümmerliche Gruppe von (wenig ergiebigen) Aussprüchen der kritischen Prüfung standhält[21].
Zwar ist die ‚Sache Jesu' in ihrem Kernbestand geschichtlich, da sie sich ohne diesen ‚Kern' in Mythos oder Spekulation auflösen müßte. Gleichzeitig lebt sie aber davon, daß sie in ihrer Geschichtlichkeit vergegenwärtigt und zu unmittelbarer Aktualität gebracht wird, da sie sonst ohne kognitive und existentielle Verbindlichkeit bliebe. Indem der Methodenzwang die Sache Jesu auf die Faktizität ihres historischen Gewesenseins festzulegen sucht, tritt er ihrem ureigenen Verlangen nach Selbstvergegenwärtigung in den Weg[22]. So gesehen, entsteht an dieser Stelle eine regelrechte Methoden-Aporie. Die historisch-kritische Methode kommt der von ihr angegangenen Sache ebenso weit entgegen, wie sie ihr auf der von ihr selbst eingeschlagenen Bahn zuwiderläuft. Das eine, sofern sie auf ihren historischen Bestand zurückgreift; das andere, sofern sie sie auf diesen Bestand reduziert.
Im Spektrum des heutigen Methodenangebots kommt diese Aporie in der Weise zum Vorschein, daß sich konkurrierend zur historisch-kritischen Methode die hermeneutische ausbildete[23]. Wie die Entwicklungslinie über *Bultmanns* ‚existentiale Interpretation' erkennen läßt[24], verdankt sie,

wenn auch nicht ihre Entstehung, so doch ihren Einzug in die (erklärende) Theologie dem Interesse der Vergegenwärtigung, zurückhaltender gesagt, dem Aktualitätsbezug des biblischen Wortes. Denn dieses Wort will, wie sein Sprecher, jederzeit aus der Gruft seiner Historizität ‚erweckt' werden zu unmittelbarer Aktualität und Gegenwart. Eben darin kommt ihm die Hermeneutik zu Hilfe. Sie überbrückt die Distanz seiner Vergangenheit und löst die Bande seines Gewesenseins, weil sie ihr Ziel nur in der Gleichzeitigkeit zu erreichen vermag. Was wir verstehen, ist weder die Schrift (so sehr es, wie *Jacques Derrida* zuzugestehen ist[25], erst durch sie Sprachkultur gibt) noch das (in seiner Vermittlungsfunktion nicht zu überschätzende) Wort, sondern der sich in beiden bekundende Mensch, doch auch er nur, sofern er mit dem Verstehenden in ein aktuelles Wechselverhältnis tritt[26]. Erkenntnis gibt es auch von Vergangenem und Zukünftigem, Verständnis nur von Gegenwärtigem. Verstehen ist ein rein präsentisches Geschehen; es ereignet sich jetzt – oder nie.

Weil das den Christenglauben konstituierende Wort nicht nur in seinem historischen Ereignetsein erkannt, sondern in seinem allzeit aktuellen Zugesprochensein verstanden sein will, müßte, gegen den Totalitätsanspruch der historisch-kritischen Methode, die hermeneutische auf den Plan treten, weil nur sie diesem Interesse genügt.

Die Einheit von Wort und Botschaft

Mit einer bloß intentionalen Anwesenheit ist dem gläubigen Interesse freilich nicht gedient. Es erginge ihm sonst wie Faust, der beim Versuch, die hinschwindende Gestalt Helenas festzuhalten, nur Kleid und Schleier zu fassen bekommt[27]. Das heißt, in den Klartext der Methodenproblematik übersetzt, daß das Interesse des Wortes weiter reicht als die Kompetenz der hermeneutischen Methode. Von ihm gilt, wie der Eingangssatz des Johannesprologs nach Art eines Schlüsselworts bestätigt, die provokant-programmatische These *Marshall McLuhans*: „Das Medium ist die Botschaft"[28]. Und das besagt, als mitteilendes Wort bringt es die wortgestaltige Selbstmitteilung Gottes – und damit sich selbst zur Sprache[29]. Vor jedem andern Inhalt hat es somit ‚sich' zu sagen – sich zumal in jener Tiefe, die durch das menschgewordene Gotteswort ausgemessen wird.

Vor dieser Tatsache wird die fast schon wieder in Vergessenheit geratene Unterscheidung von Aszendenz- und Deszendenz-Christologie, so viel sie zur Klärung der Strukturfrage beizutragen vermochte, hinfällig. Das über Gelingen oder Mißlingen entscheidende Einstiegs- und ‚Anfangsproblem der Christologie' (Marxsen) entscheidet sich nicht an der Frage, ob von der menschlichen Selbstverwirklichung Jesu oder aber von seinem göttlichen Selbst-Sein her gedacht werden muß, sondern letztlich nur an der Weise seiner Selbstzuwendung, weil er in der Vollständigkeit seiner Realität nur so gegeben ist, wie er sich selber gibt. Insofern bleiben die Kategorien des Vorfindlichen, wie sie die auf das Feld der geschichtlichen Fakten abgestimmte historisch-kritische Methode gebraucht, um die entscheidende

Strecke hinter ihm zurück. Zwar ist ihr darin die hermeneutische überlegen. Doch wird auch sie der ‚Sache Jesu' nur teilweise gerecht, da sie um die vollen Konsequenzen ihrer Selbstgewährung weder weiß noch wissen kann.

Wo diese Methoden an ihre Grenzen stoßen, hilft der – medientheoretische – Satz weiter, daß hier, bei der Kunde von Jesus und seiner Bedeutung für die Menschheit, das Wort (als solches schon) die Botschaft ist. Indem der Satz den Unterschied von Inhalt und Mitteilung für aufgehoben erklärt, will er nicht etwa die Rolle der vermittelnden Strukturen herabsetzen, sondern umgekehrt so nachdrücklich wie nur möglich auf die Selbstvermittlung des Inhalts hinweisen. Bei aller Strukturähnlichkeit liegen die Akzente doch verschieden. Von den modernen Massenmedien ist im Sinn des medienkritischen Ausgangssatzes zu sagen, daß sie aufgrund ihrer übermächtigen Eigenstruktur ihre manipulatorische ‚Botschaft' ausrichten, gleichgültig, welche Inhalte sie jeweils vermitteln. In der Verkündigung Jesu wird der Botschafter des Gottesreichs umgekehrt zum Maß und Strukturgesetz der Verkündigung. Weil er, mit der paulinischen Christologie gesprochen, die auf seinem Menschenantlitz tagende Gotteshelle und in diesem Sinn das ‚Bild des unsichtbaren Gottes' ist (2. Kor 4, 4 ff: Kol 1, 15), redet er von dem, was ihm näher als alles geht, vom Gottesreich also, in Bildern und Gleichnissen. Sie ‚sind', was er zu sagen hat. Sie enthalten als Medium die ganze von ihm vertretene Sache.

Um sich davon zu überzeugen, muß man nur den viel zu wenig beachteten Widerspruch bedenken, in dem sich die Reich-Gottes-Verkündigung Jesu latent bewegt. Auf der einen Seite spricht er das ihm aufgetragene ‚Wort vom Reich' mit solchem Nachdruck, daß man den Eindruck gewinnt, als stehe und falle seine Sendung mit ihm. Auf der anderen Seite zeigt er sich auf eine fast befremdliche Weise unbekümmert um Sinn und Inhalt des Gesagten. Fast sieht man sich im Blick auf seine kerygmatische Praxis zu der Annahme veranlaßt, daß er die Inhaltsfrage bewußt offenläßt. Und dies sogar angesichts der naheliegenden Gefahr, daß die offenstehende Lücke einen Anreiz zu Fehlbesetzungen ideologisch-politischer Art bietet. Von den möglichen Erklärungen dieser Diskrepanz behilft sich die offenkundig schlechteste mit der Ausrede, daß Jesus den Inhalt als bereits bekannt voraussetzen konnte. Nichts entspräche seinem integralen Lebens- und Redestil weniger als dies. Zu modern ist demgegenüber die Vermutung, er habe mit dem Verschweigen des Inhalts diesen den Hörern seiner Botschaft ‚zugespielt', etwa im Sinn des von *Alexander Rüstow* erarbeiteten Übersetzungsvorschlags, der das Lukas-Wort von dem Reich ‚inmitten von euch' (17, 21) appellativ verstehen will, so daß es besagt: „es liegt an euch", „es ist euch in die Hand gelegt"[30]. Wenn man sich aber weder auf die eine noch auf die andere Weise behelfen kann, bleibt nur die Schlußfolgerung, daß sich Jesus deswegen über die Inhaltlichkeit des Gottesreichs ausschweigt, weil durch seine gleichnishafte Proklamation ‚schon alles gesagt ist'.

Das kann nur so verstanden werden, daß die Reich-Gottes-Botschaft darauf ausgeht (um nicht zu sagen: darin besteht), die Welt des Hörers in ein Gleichnis zu verwandeln, und das heißt, ihren semantischen Kontext zu lockern, so daß sie auf neue Weise, gedanklich und praktisch, artikuliert werden kann. Weil sie primär eine Botschaft an und für den Menschen ist, gilt das zunächst für den Sozialkontext, also für das seit grauer Vorzeit eingespielte Regelsystem der zwischenmenschlichen Beziehungen, um das es nach dem Urteil Jesu besonders schlimm bestellt ist, mittelbar dann aber auch für den Kosmos insgesamt. Was im Kontrast zu dieser Welt die ‚im argen liegt', entstehen soll, ist jenes neue, durch Gottes Nähe ermöglichte Zueinander von Menschen und Dingen, durch die das ‚Joch der Todesfurcht' abgenommen und die von ihm Verspannten zu wahrer Mitmenschlichkeit und Mitdinglichkeit freigegeben sind. Wenn es dazu kommen soll, muß zuerst die gewohnte Beziehungsnorm suspendiert und der Freiraum für neue Formen der Zuwendung und Gemeinschaft geschaffen werden. Das aber kann nicht wirksamer geschehen als durch die gleichnishafte Verkündigung des Gottesreichs, die schon durch die Form ihres Sagens das mit ihr Gesagte ins Werk setzt und insofern schon als Form der Inhalt oder, mit McLuhan gesprochen, schon als Medium die Botschaft ist.

Der Anfang der Christologie

Auf sprachtheoretischer Ebene löst sich das Anfangsproblem der Christologie somit im Sinne des johanneischen Schlüsselsatzes: „Im Anfang war das Wort" (Joh 1, 1), sofern sich darin zum einen die ‚Urerfahrung' der Jüngergemeinde niederschlug, in Jesus von Gott ‚angesprochen' worden zu sein, und sofern darin zum andern der Botschafter dieser göttlichen Anrede zu ihrem Inhalt erklärt wird. Am Anfang aller Christologie müßte demnach der Gedanke stehen, daß Gott in Jesus sein Schweigen – zumal auch das ihm durch seine philosophisch-begriffliche Nennung auferlegte – brach und daß er der teils aufhorchenden, teils unansprechbaren Welt dabei – sich selber zusprach, sich in der Einheit von Sagen und Aussage, von Sinn und Mitteilung[31].
Wie schon diese Wendungen zeigen, stellen sich diesem ‚Informationsprozeß' nirgendwo größere Sprachbarrieren in den Weg als hier, an seinem Ausgangspunkt. Nicht umsonst bildet gerade der Ausgangspunkt eine Konfliktstelle erster Ordnung, an der sich ebenso religionsphilosophische wie apologetische Kontroversen entzündeten. Denn es muß hier ebenso nach dem Wesen und der Erkennbarkeit von Offenbarung wie nach den Bedingungen und Horizonten ihrer Verstehbarkeit gefragt werden, von den Problemen ihrer theologischen und kerygmatischen Umsetzung ganz zu schweigen[32]. Und da sich nach der einleitenden Bemerkung des *Thomas von Aquin* in seinem Traktat ‚De ente et essentia' ein kleiner Irrtum am Anfang zu einem riesengroßen am Ende auszuwachsen pflegt, kommt es entscheidend auf eine möglichst sorgfältige Erörterung dieser Anfangsprobleme an.

Der Ausgangspunkt ist aber nicht nur die Stelle der größten Komplikation und Problemanhäufung, sondern auch die der größten Vereinfachung. Kompliziert stellt er sich nur in theoretischer Hinsicht dar, weil hier die göttliche Selbstzusage unvermeidlich mit dem System weltbezogener Denk- und Orientierungsformen in Konflikt gerät. Um so einleuchtender ist sie, wie *Pascal* erfuhr und klar zu machen suchte, den ‚Augen des Herzens', und das besagt, dem sehend gewordenen Selbstsein des Menschen[33]. Als theorie- und praxisbezogene Interpretation der Heilsbotschaft wird die Theologie, bei allem Interesse am Menschen, freilich nie auf die Theorie verzichten und demgemäß auch nie unter den dadurch bedingten Komplikationsgrad herabgehen können. Aufgrund ihrer Dienstfunktion gegenüber Mensch und Kirche wird sie jedoch ebensowenig ein selbstherrliches Auswuchern des Theoretischen hinnehmen dürfen. Dem kann sie nicht nachhaltiger als durch ständige Besinnung auf den Elementarakt der Heilszuwendung entgegenwirken. Doch worin besteht dieser?

Die unterscheidende Selbstgewährung

Die Antwort auf diese Frage ist wiederum am besten über das eingangs angeführte Logion des Thomas-Evangeliums zu gewinnen. Dort war die Aufforderung „Vergleicht mich, und sagt mir, wem ich gleiche!" gerade nicht zu dem Ziel an die Jünger ergangen, das Gemeinsame zwischen Jesus und andern Wohltätern der Menschheit hervorzuheben, sondern in der Absicht, seine Unvergleichbarkeit herauszustellen. Das hat nur der heimliche Mitwisser und Eingeweihte unter den Angesprochenen, Thomas, begriffen, während die beiden ungenügenden Antworten das Spezifische an Jesus noch ganz im Feld menschlicher Größe suchen: der Vergleich mit einem ‚gerechten Engel' unter den Entwürfen einer gerechteren Lebensordnung, die Bezeichnung als ‚verständiger Mensch' unter den Bemühungen um eine gültigere Daseinsdeutung. Indessen lehrte das Kommen und Gehen der ‚Jesusbilder' nicht zuletzt auch der jüngsten, die ihn zum ‚Sozialrevolutionär' oder gar, in extremer Antithese dazu, zum ‚Superstar' zu stempeln suchten, daß alle Vergleiche, und wären sie noch so hoch gegriffen, im Falle Jesu zu nichts führen[34].
Zwar ‚gab' auch er jeweils etwas von der Art der Leistungen, mit denen die wahrhaft Großen der Geschichte die Menschheit beschenkten. Auch seine Botschaft erschließt ein neues, wenn auch keineswegs philosophisches Daseinsverständnis. Auch ihm geht es um die Optimierung der menschlichen Sittlichkeit. Und er will aus ganzer Seele eine neue, auf Demut anstatt auf Gewalt gegründete Sozialordnung. Aber er ist, im Sinn der abgewiesenen ‚Vergleiche' gesprochen, weder Lehrer noch Gesetzgeber und schon gar nicht der Sozialrevolutionär oder das Menschheitsidol der jüngsten Deutungen. Von ihnen unterscheidet er sich so radikal wie seine Gabe von dem, was sie zum Wohl der Menschheit beitrugen. Denn er gab, was keiner vor und außer ihm zu geben vermochte: Sich selbst in der Radikalität einer Hingabe, die ihn gleichsam aus der Verankerung seiner Individualität riß

und zur Gabe ‚für die vielen' werden ließ; sich selbst in der Spontaneität einer Hingabe, die ihn das Selbstsein nicht in Akten der Abscheidung, sondern der Übereignung finden hieß: in einem zuständlich gewordenen, zur Lebensform verfaßten ‚Pro nobis'.

Im Blick auf die origenistische Rede von Jesus als der autobasileía und autosophía hieße das genauer noch: Er gab in allen seinen Lehren, Weisungen und Hilfen sich selbst – sich als den Inbegriff des Gottesreichs, sich als das Antlitz seiner Wahrheit, sich als die Sinnmitte seines Friedens, sich als die Norm seiner Weisungen, sich als die Gewähr seiner Verheißungen, sich als die Tür zu der von ihm eröffneten Zukunft. Darum geht es umgekehrt in seinem gesamten Vermächtnis, dem verbalen ebenso wie in dem sozialen und sakramentalen, um ihn in der Bedeutungsvielfalt seiner Selbstgewährung[35], die belehrt und erzieht, fordert und gebietet, heilt und tröstet und in alledem doch nur das übereignet, was er in und mit sich selber gibt. So berechtigt es daher ist, von der ‚Sache' Jesu zu reden, hat man damit doch nichts gesagt, solange man diese Sache nicht in der Einheit mit seinem Selbstsein denkt. Die Sache Jesu kann nur im Präsens verhandelt werden. Die Bedingung dieses Präsens aber ist die Realpräsenz Jesu in ihr.

Die Einheit von Helfer und Hilfe

Von *Origenes* abgesehen, hat niemand diese entscheidend-unterscheidende Identität klarer erfaßt und in ihrer Bedeutung besser begriffen als *Kierkegaard*, vermutlich deshalb, weil er deutlicher als alle andern den Glauben an Jesus an die Bedingung der Gleichzeitigkeit mit ihm geknüpft sah. Betroffen von *Lessings* Klage über den „breiten garstigen Graben" des durch religiösen Geist- und Kraftverlust verschärften Zeitenabstands, über den er trotz aller Bemühung nicht hinwegkommen könne[36], ging Kierkegaard mit aller Energie darauf aus, den Brückenschlag doch noch zu bewerkstelligen. Die spekulative Lösung, die er zunächst, in den ‚Philosophischen Brocken' (von 1844), mit dem Hinweis auf den ‚Gott in Knechtsgestalt' gegeben hatte, vor dem der Unterschied zwischen dem Schüler erster und zweiter Hand, also zwischen dem Augenzeugen und dem (nachgeborenen) Rezipienten seines Zeugnisses, hinfällig werde[37], konnte ihm auf die Dauer nicht genügen. Sie war zwar ‚geistvoll', aber ‚kraftlos'. Und auf einen ‚Krafterweis' kam es an, wenn die erzielte Gleichzeitigkeit die intentionale überbieten sollte, die, wie die Analyse des Verstehensaktes zeigt, schon durch den (vergegenwärtigenden) Grundakt der Interpretation erreicht wird[38].

Deshalb griff Kierkegaard in der letzten umfangreichen Arbeit aus seiner Feder, der ‚Einübung im Christentum' (von 1850), das Thema nochmals auf und jetzt am Leitfaden der Großen Einladung Jesu an die Bedrückten und Bedrängten aller Zeiten und damit am Leitfaden jenes Herrenworts, dessen Authentizität ihm zweifelhaft ist und das ihm doch als dasjenige gilt, das Jesus wie kein anderes aus der Seele gesprochen ist, in dem er ist, was er sagt: wesenhaftes Gotteswort, leibhaftige Selbstmitteilung Gottes[39]. Für die ‚Einübung ins Christentum', wie der Titel bisweilen auch übersetzt wird, genügt nach dieser Sicht einer letzten Einfachheit und Vereinfachung somit nur eine ‚systematische', und das besagt in diesem Zusammenhang: alle Möglichkeiten verstehender Aneignung ausschöpfende ‚Einfühlung' in Laut und Geist dieses einen Herrenworts. Denn in seinem Wortlaut ist – dieser exzessiven Deutung zufolge – der Herzschlag der ‚bis zum Äußersten' gehenden Liebe vernehmbar, einer Liebe, die der Bitte zuvorkommt, weil sie in erster Linie den in ihrem Lebensleid Verstummenden gilt, und die von keinem je wieder abläßt, dessen sie sich einmal angenommen hatte, einer Liebe, die sich, unmittelbar wie sie ist, in der Unmittelbarkeit der Herzenssprache bekundet, so daß man nur dem Zug ihrer Worte zu folgen braucht, um dorthin zu gelangen, wohin sie führt und trägt. Das statuiert für Kierkegaard den einzigartigen Fall letzter Einfachheit, wo die Deutung nicht zur Aussage hinzukommt, weil der Sagende sein eigener Deuter ist und das Gesagte deshalb unmittelbar zu Herzen geht:

Er folgt dem Trieb seines Herzens, indem er das Wort sagt, und sein Herz folgt dem Wort. Folgst du nun dem Wort, so folgt es dir zurück in dein Herz; das ist eine ganz selbstverständliche Folge. Eins folgt aus dem andern. Wenn du doch nur der Einladung folgtest![40]

Auch diese wahrhaft ‚zu Herzen gehende' Einfachheit hat ihren Preis. Anstelle der hermeneutischen Duplizität von Aussage und Deutung stellt sich eine ganz andere, ungleich irritierendere, ein: die Duplizität des Ärgernisses. Schon vor aller Berücksichtigung ihrer erschreckenden Konsequenzen – das Jüngerschicksal der Ausnahme und Vereinsamung – wirkt die Liebe, wie sie sich in der Großen Einladung bekundet, abschreckend: schreckenerregend gerade in ihrem Übermaß und in ihrer Intimität. Wo ein Sturm der Bedrückten und Bedrängten auf das einzigartige Hilfsangebot des Helfers hätte einsetzen müssen, bietet sich das radikal entgegengesetzte Bild: die panische Flucht der Eingeladenen, ganz so, als ob sie nicht gerufen, sondern unbarmherzig abgewiesen und zurückgestoßen worden seien.
Das Anstößige besteht darin, daß die Einladung bedingungslos ergeht und uneingeschränkt gilt. Sie kennt nicht den Wechsel von Systole und Diastole, nicht die Atemwende von bedrängender Über-Nähe zu schonender Freigabe, nicht das ablassende ‚Geht nun wieder!' nach dem einladenden ‚Kommt her!' Die sich in ihr bekundende Liebe bindet sich an kein Bedürfnis und keine Regel; sie läßt nicht nur von keinem wieder ab, dessen sie sich einmal annahm; nein, sie wendet sich ihm so ungeteilt und vorbehaltlos zu, als gebe es für sie in aller Welt nur ihn! So gerät sie, je länger desto mehr in den Anschein einer niederdrückenden Übermacht, vor der man um sein Innerstes und Eigenstes, die Freiheit der Selbstbestimmung und des Selbstseins, bangen muß und deren man sich, angesichts ihrer Totalität, höchstens durch die Flucht erwehren kann![41]

Auf seinem Fluchtweg gewinnt das Ärgernis jene Distanz, die es, bei aller Blickverengung, sein ‚Wovor' noch klarer als selbst die gläubige Einwilligung erkennen läßt. Was es fürchtet, ist der ‚Sinn- und Seinsdruck', der durch die Anwesenheit des Gebers in der Gabe, mit Kierkegaard gesprochen, durch die Einheit von Helfer und Hilfe, entsteht. Diese Furcht, die im Grund um den Bestand des ganzen kategorialen Ordnungssystems bangt, ist nur zu begreiflich. Denn dort, wo der Helfer die Hilfe und diese nicht eine von ihm unterschiedene Setzung ist, wo also die Hilfe in der Selbstgewährung des Helfers besteht, kommen die gewohnten Denk- und Verhaltensweisen ins Wanken. Schon das wäre für das durchschnittliche Empfinden kaum zu ertragen. Im Einzelfall bricht aber das ganze System der vermittelnden Ordnungsformen unter dem entstandenen Druck lautlos in sich zusammen. Das scheint alles ins Chaos zu stürzen.

Von ‚Chaos' kann aber höchstens wie am Schöpfungsmorgen die Rede sein. Denn aus dem schreckenerregenden Zusammenbruch erhebt sich, sanft und mächtig wie ein Sonnenaufgang, die Urgestalt jener ‚neuen Schöpfung' (2 Kor 5, 17), von welcher *Paulus* im Bewußtsein seiner mystischen Lebenseinheit mit Christus spricht. Von Kierkegaards Begriff des ‚Ärgernisses' wird in diesem Zusammenhang nur soviel zu behalten sein, daß es eines expliziten Bewußtseins des eingetretenen Umbruchs bedarf, wenn er wirklich − existentiell und spekulativ − zum Tragen kommen soll. Wenn irgendwo, ist hier, wie die ‚Einübung' unterstreicht, eine Scheidewegsituation gegeben[42]. Und sie nennt als die anstehenden Alternativen Leben und Tod, Unschuld und Sünde, Ruhe und Irrsal, Friede und Verlorenheit. Mit mindestens ebensoviel Recht hätte sie das Pascalsche Begriffspaar Integration und Zerstreuung anführen können[43], das noch in Heideggers Analyse der Alltäglichkeit und seinem vielgeschmähten Kontrastbegriff dazu, der ‚Eigentlichkeit'[44], nachklingt[45]. In diesen Spannungsfeldern muß die Entscheidung fallen. Denn nur Entscheidung schafft Bewußtsein. Und nur im Bewußtsein einer letzten lebenbestimmenden Entscheidung kann das aufgenommen werden, was durch die Selbstgewährung des Helfers gegeben ist.

Die Frage der Anknüpfung

Das Problem mußte bis in diese Konsequenzen durchgezogen werden, weil sich jetzt erst zeigt, warum sich die Einladung gerade an die Bedrückten und Bedrängten wendet und wo die mit ihr zugesprochene Hilfe in ihrem offensichtlich gestörten Lebensgefüge einsetzt. Die Frage der Anknüpfung aber muß geklärt werden, weil nur so die mit der Hilfe intendierte Lebensform dargestellt werden kann. Und eine Kenntnis der Lebensform ist nötig, weil sich der Neuansatz nur über sie für die theologische Spekulation geltend machen läßt.

Zwar beklagt sich Kierkegaard über die Unbestimmtheit, in der die Große Einladung Jesu die Adressaten ihres Zuspruchs beläßt[46], doch gibt er in der Folge selbst eine Charakteristik, die deswegen für sich selber spricht, weil sie aus der innersten Krisenerfahrung des Menschseins gesprochen ist und diese zudem in aller Form auf das rettende Hilfsangebot bezieht:

Wenn du dir bewußt bist, ein Sünder zu sein, wird er dich nicht danach fragen, das geknickte Rohr nicht zerbrechen, sondern dich aufrichten, wenn du nur dich ihm anschließt. Er wird dich auch nicht durch den Gegensatz bloßstellen, indem er dich mit sich konfrontiert, so daß deine Sünde noch schrecklicher erscheint. Nein, er wird dir bei sich ein Versteck bieten, und wenn du erst einmal in ihm geborgen bist, wird er auch deine Sünde verbergen. Denn er ist ein Freund der Sünder[47].

Unschwer ist unter der Hülle von biblischer Metapher (Mt 12, 20)[48] und reformatorischem Heilsverständnis (im Sinn der lutherschen Imputationstheorie) die Signatur jenes Notstands zu erkennen, der mit wachsendem Problembewußtsein wechselweise als ‚Selbstentfremdung' und als ‚Identitätskrise' bezeichnet wurde[49]. Anstatt den davon Betroffenen durch die Gegenüberstellung mit seiner Herrlichkeit bloßzustellen, nimmt ihn Jesus in diese auf, um ihn dadurch – mehr noch als vor der göttlichen Gerechtigkeit – vor seiner eigenen Hinfälligkeit zu schützen.
Zarter und zugleich treffender kann der ‚Einsatz' der vom Impuls der Selbstzuwendung Jesu getragenen Hilfe schwerlich umschrieben werden. Seine Hilfe setzt dort ein, wo es mit der für den Existenzakt benötigten Kraft des Menschen zu Ende geht, wo er sich von der ihm mit seinem Dasein zugemuteten Lebenslast überfordert sieht, unfähig zur ‚Annahme seiner selbst' (Guardini) und seines Schicksals[50]. Diesem Niedergebrochenen und halb schon Zerbrechenden bietet sich der Helfer als Stütze an. Aber er gibt ihm nicht Halt nach Art einer sachlichen Befestigung, eines ‚Impulses' etwa oder eines ‚Auftriebs', sondern dadurch, daß er sich mit dem Gebeugten zusammenschließt, um mit ihm zusammen die über seine Kräfte gehende Lebenslast zu tragen. Deshalb hat die in der Einladung verheißene ‚Ruhe', wie Kierkegaard mit drastischer Deutlichkeit sagt, auch nichts mit dem im Tod erlangten Ende aller Konflikte und Ängste, nichts mit ‚Grabesruhe', zu tun. Sie ist vielmehr Ruhe im Sinn jener ‚Beruhigung', die der Beter der Psalmen empfindet, wenn er sich unter den Flügeln und dem Schild Jahwes geborgen und auf ihn als seinen Felsen und seine Burg gegründet weiß.
Selbstverständlich behalten auch die Sachstrukturen ihr Recht, da sich das Personale stets aus der Verwandlung von Vorpersonalem, in Akten der Durchgeistigung, Aneignung und Identifikation, ereignet. Nicht umsonst spricht das Schlüsselwort im gleichen Atemzug mit dem Appell an die Bedrückten und Bedrängten von dem ‚Joch', das der Helfer den in die Lebensgemeinschaft mit ihm Eingetretenen aufbürdet. Das mit seiner Anwesenheit in der von ihm gewährten Hilfe statuierte Prinzip – dieses mystischoperationale Identitätsprinzip – besteht somit nicht in der Verneinung, sondern in der Aufhebung der gewohnten Vermittlungsstrukturen. Wie hinter einem Schirm bleibt der Helfer zunächst hinter dem verborgen, was

sich im Anschein von kategorialen ‚Zuwendungen' darstellt und in einem metaphysisch-dogmatischen Sinn auch tatsächlich ‚helfende Gnaden-Gabe' ist. Doch lebt das herausgestellte Prinzip davon, daß es immer wieder aus dieser Verborgenheit hervortritt und die vermeintlichen Sachgestalten als die Zeichen und Bekundungen seiner Anwesenheit erweist. Und darin beweist es umgekehrt seinen Charakter als Lebens-Prinzip.

Die Lebens-Gemeinschaft

Daß es bei der Zweiheit nicht bleibt, sondern die Erfahrung des Unterschieds immerfort in die der unmittelbaren Einheit und einigenden Unmittelbarkeit aufgehoben wird, ist nicht nur die Folge der Selbstgewährung des Gebers in der von ihm gewährten Gabe, sondern ebenso auch des elementaren Verlangens dessen, der sich von der Identitätskrise betroffen, um nicht zu sagen zerrissen fühlt. Ihm ist, wie die Begriffsgeschichte der weltbezogenen Deutung des Menschseins in Gestalt des Mikrokosmosgedankens lehrt, im Grund mit keiner Gabe gedient, und wäre sie so groß wie die ganze Welt, sondern nur mit der Präsenz eines Helfers, der unterstützend in seinen Existenzakt eingeht und ihn, mit dem komplementären Bild Kierkegaards gesprochen, in die Obhut seines (integralen) Selbstseins nimmt. Weil die Hilfe so, als Behebung eines elementaren Notstands, erfahren wird, setzt sie sich spontan in einen Lebensakt und durch diesen in eine Lebensform um – bevor sie in ihrer Funktion als Denkform zum Tragen kommt. Weil sie dabei Erfahrungen eines neuen Selbstseins auslöst, stellt sich zuvor noch die Frage nach der Art dieser Erfahrung, die Frage also, wie sie zu Bewußtsein kommt.
Die Frage ist um so vordringlicher, als das Schlüsselwort selbst bei der Zusicherung stehenbleibt und der beredteste Rezipient, Paulus, nicht über eine ‚formalmystische' Verhältnisbestimmung hinausgeht: Nicht mehr ich – Er in mir. Das wirkt wie eine bewußte Verheimlichung gerade des entscheidenden Vorgangs. Zusammengenommen mit Hinweisen der Paulusbriefe und der mystischen Tradition, bleibt das Zeugnis aber doch nicht ganz so stumm, wie es den Anschein hat, obwohl es in dem, was es verschweigt, auch auf diesem Weg nicht zum Reden zu bringen ist. Immerhin lassen sich zwei Momente verdeutlichen, die für den verstehenden Nachvollzug gleich wichtig sind und die sich näherhin als die der Stabilisierung und Zueignung bestimmen lasse. Das erste ergibt sich schon daraus, daß die normierenden und stabilisierenden Faktoren, die mit der Einschmelzung des Kategorialsystems in die Präsenzerfahrung fortfallen, auch nach dem Durchbruch in diese nicht völlig fehlen dürfen, so daß für sie vom Personalen her Ersatz geschaffen werden muß. Vor allem aber bedarf es der Stabilisierung im Blick auf die Verfassung des Adressaten der Einladung, dem sie Hilfe gerade in seiner Gebrochenheit zusichert. Das zweite Moment bildet als das der Zueignung den Kern des Vorgangs.
Von einem Stabilisierungserlebnis kann schon im Zusammenhang mit *Augustins* Ostia-Vision gesprochen werden[51]. Schon der mystische Auf-

schwung, der als progressive Überschreitung aller Seinsbereiche beschrieben wird, führt zu der, wenn auch nur flüchtigen Berührung des Ewig-Unverbrüchlichen in Gestalt der ‚über allem weilenden ewigen Weisheit'. In dieselbe Richtung geht vor allem aber die auf das Erlebnis zurückblickende Wendung von den ‚Erstlingen des Geistes'[52], die ‚festgebunden' (religatas) in jener Region des Wandellosen verblieben seien. Über die Jahrhunderte hinweg berührt sich Augustinus darin mit der Schilderung der nächtlichen Ekstase, in der *Dostojewskij* Aljoscha, die erklärte Zentralgestalt seines Romans ‚Die Brüder Karamasow', die entscheidende Prägung seines Wesens zuteil werden läßt. Ihm widerfährt, was in den Belehrungen seines Seelenführers, des Starzen Sossima, die ‚Berührung mit andern Welten' heißt:

Ihm war, als träfen von all diesen zahllosen Gotteswelten unsichtbare Fäden in ihm zusammen, und seine ganze Seele erschauerte, in der Berührung mit anderen Welten ... Und mit jedem Augenblick fühlte er immer deutlicher, wie etwas Festes und Unerschütterliches in seine Seele einzog.[53]

Gleichwohl handelt es sich um eine Fühlung, die zuletzt auf etwas Personales geht. „Jemand suchte meine Seele heim in jener Stunde", versichert Aljoscha später, im Rückblick auf sein Erlebnis. Zum Kern des Vorgangs, in dem es um die ‚Zueignung' des Helfers geht, die zugleich seine Selbstgewährung und Hilfe ist, führt jedoch erst eine Stelle aus der Meditation ‚Vom Sehen Gottes' (De visione Dei) des *Nikolaus von Kues* und auch sie eher mittelbar als unmittelbar. Nach einer ganzen Sequenz von Fragen, mit denen sich der Meditierende buchstäblich zum ‚Ort' der göttlichen Selbstgewährung ‚durchfragte', heißt es dort:

Und da ich in schweigende Betrachtung versinke, antwortest du mir, Herr, aus der Tiefe meines Herzens: Sein dein eigen, dann bin auch ich dein eigen (sis tu tuus, et ego ero tuus).

Ohne die Überlagerung durch das Interesse des frühneuzeitlichen Subjektivismus hätte der Zuspruch wohl umgekehrt – und bibelnäher – gelautet: etwa: „Übergib dich mir, dann kommst du zu dir!"
Doch wie sich die Wahrnehmung der überkategorialen Selbstgewährung Jesu auch immer artikuliert; sie muß auf jeden Fall zu Bewußtsein gebracht werden, wenn die paulinische Formel nicht unerreichbares Privileg eines Auserwählten bleiben, sondern zum Grundriß einer allgemein zugänglichen Lebensform werden soll. Mit ihrer kognitiven Erschließung ist damit auch schon der Anfang gemacht. Entscheidend ist dabei daran gelegen, daß die Hilfe – im Sinn der Cusanusstelle – mit dem menschlichen Existenzakt verknüpft und als die Bedingung der „Aneignung seiner selbst" angenommen wird. Das kommt dem Ansinnen auf Abkehr von dem ‚angestammten' Modus der Selbstverwirklichung gleich, der die Konsolidierung

des Selbst durch Akte der Abscheidung und Distanzierung betreibt – und dies in diametralem Unterschied zu Jesus, der seine einzigartige Individualität gerade umgekehrt, durch Selbstentäußerung und Selbsthingabe, erlangt. Er ist auf die freieste und konzentrierteste Weise er selbst, indem er sich dem Willen Gottes unterwirft und stellvertretend auf die andern und ihre Bedürfnisse eingeht.

Niemand wird es ihm darin je gleichtun können. Das Menschenmögliche ist aber schon dann getan, wenn sich die im Interesse des Selbstseins verriegelte Herzenstür ihm öffnet und wenn der Öffnende von seinem Eintritt das erhofft, was er sich sonst von der Verschlossenheit seiner selbst erwartete. Dann wird er, wie das Verheißungswort der Apokalypse sagt, bei ihm einkehren, um das Mahl der Lebensgemeinschaft mit ihm zu halten (3, 20).

Das christologische Prinzip

Wie das johanneische Begriffspaar ‚Geist und Leben' unterstreicht, ist im Christentum der Geist die Lichtung des Lebens und dieses die Konkretisierung des Geistes. Für die theologische Theorienbildung heißt das, daß das Prinzip der Spekulation kein anderes sein kann als das der existentiellen Verwirklichung, bildhaft gesprochen, daß Jesus durch die gleiche Tür in das sein Geheimnis umkreisende Denken eintreten will wie in die sich ihm erschließende Lebenswirklichkeit. Voraussetzung dieser Übertragung ist nur ein Akt der Verallgemeinerung. Denn dem Universalitätsanspruch des Denkens ist erst dann Genüge geschehen, wenn gezeigt werden konnte, daß die skizzierte Lebensform allen offensteht und damit ihrerseits von universaler Bedeutung ist. Der Beweis kann, ganz im Sinn heutiger Argumentation, am überzeugendsten durch den Rückbezug der Großen Einladung auf die genuine Botschaft Jesu, die Proklamation des in und mit ihm anbrechenden Gottesreichs, erbracht werden. Wie ihr Zusammenhang mit der „johanneischen Stelle bei den Synoptikern" (Mt 11, 25 ff; Lk 10, 21 f) erkennen läßt, hält sie inhaltlich wie stilistisch die Mitte zwischen der (synoptischen) Reich-Gottes-Verkündigung und den (johanneischen) Ich-bin-Aussagen, die durch diese ‚Vermittlung' mit jener in eine zunächst ganz unerwartete, bei näherem Zusehen aber sachlich motivierte Beziehung treten. Die Selbsterschließung Jesu unter den ‚Wort-Zeichen' Brot, Wasser, Licht, Weg, Tür, Hirt, Weinstock, Wahrheit, Auferstehung und Leben erweist sich dann nämlich als das zur Selbst-Zusage gewandelte Gegenstück zum Sach-Begriff des Gottesreichs, der dadurch seinerseits in seiner personalen Grundstruktur ersichtlich wird. Was besagt also ‚Reich Gottes' im Sprachgebrauch Jesu?

Wie im Fall des Menschensohn-Titels begnügt er sich auch hier nicht mit der Übernahme einer der alttestamentlichen Überlieferung entstammenden Vokabel. Vielmehr füllt er das übernommene Sprachgefäß mit dem Inhalt seines eigenen Seins, so daß es – wie die Hoheitstitel – zum Medium seiner Selbstdarstellung und Selbstmitteilung wird. Nur so ist die ‚geheime Identität' zu verstehen, in der sich Jesus fortwährend zu dem von ihm ver-

kündeten ‚Reich' bewegt⁵⁴; nur so erklärt es sich, daß er sich dafür mit dem Aufgebot seiner ganzen Kreativität und Energie verwendet, ganz so, als gehe es dabei um sein Lebensrecht, ja um ihn selbst. Wie schon die Vätertheologie wußte, hat diese Redewendung im buchstäblichen Wortsinn recht. In der ‚Sache' des Gottesreichs geht es tatsächlich um Jesus selbst. Sie steht und fällt mit ihm. In seinem Wort bricht sie an; im helfenden Zugriff seiner Hände gewinnt sie Gestalt; sie ‚naht' in der Weise seines Kommens und ‚ist da', so wie er ‚inmitten' der in seinem Namen Versammelten ist. Darum steht er zum Gottesreich in einem noch engeren Wechselbezug, als dies die Mikrokosmostradition vom Verhältnis Welt und Mensch wahrhaben wollte. Er ist das Reich in Person, die personale Real-Präsenz des Reiches und dieses die menschheitliche Vollgestalt Jesu, seine soziale Selbstauslegung, das zur Sozialgestalt verfaßte „Pro nobis".
In diesem Kontext gesehen, gewinnt die Große Einladung einen neuen Stellenwert, durch den sie aufs engste an die Reich-Gottes-Botschaft Jesu heranrückt. Wenn das Reich, mit der ersten Seligpreisung der Bergpredigt gesprochen, vor allem den ‚Armen' zugedacht ist, besagt die Einladung an die Bedrückten und Bedrängten nun nichts mehr außer und neben der Zentralverkündigung Jesu. Sie setzt innerhalb dieser nur einen besonderen Akzent, wie er sich aus der besonderen Verfassung der Erstberufenen ergibt. Weil sie sich, modern ausgedrückt, im Zustand der Selbstentfremdung befinden, muß ihnen erst dazu verholfen werden, auf die an sie ergangene Berufung ‚eingehen' zu können. Das geschieht, bezeichnend für das biblische Heilsverständnis, dadurch, daß das Gottesreich aus seiner Sachgestalt ‚herausgeht' und sein Innerstes nach außen kehrt. Dahin ist die Große Einladung zu verstehen. Sie bedeutet nichts außer und neben der Reich-Gottes-Verkündigung, sondern diese selbst, jedoch in ihrer zugleich intimsten und manifestesten Form. Mit seinem Appell „Her zu mir!" bekennt sich Jesus als derjenige, der ununterscheidbar, bis zur vollen Personal-Union, mit der Sache des Gottesreichs verschmolz, so daß er mit ihr gesucht und gefunden, mit ihr dann aber auch im negativen Fall verkannt und verfehlt wird.
Wie dem kaum noch hinzugefügt zu werden braucht, besteht darin – und in nichts anderem – das erfragte Prinzip der Christologie. Auch sie verfehlt den ihr von ihrer Thematik her zugewiesenen Sinn, solange sie bei Sachbestimmungen stehenbleibt, und sie erreicht ihn in dem Maß, wie sie die Sachgestalten als Äußerungen und Hilfeleistungen des Helfers glaubhaft und einsichtig macht.

Der ‚Unvergleichliche'

Auf das theologische Methodenproblem zurückgespiegelt, verlangt dieses Prinzip eine Lösung, die sich an der johanneischen Selbstbezeichnung Jesu als ‚Weg' zum Vater (Joh 14,6) orientiert. Dem bis in sein Wahrheitsverständnis hinein weltorientierten – und personfernen – Denken abendländischer Provenienz ist damit eine Aufgabe von einer fast unerschwinglichen

Größe gestellt, bei deren Lösung auch Anleihen bei fremden Traditionen kaum etwas eintragen. Im Grunde helfen dabei nur Selbsterfahrungen weiter, wie sie die durch Jesus eröffnete Lebensform in Aussicht stellt. Auch deshalb geht hier die Lebenspraxis der Theorie voran. Außerdem stellt sich im Zusammenhang damit ein Kommunikationsproblem von erheblichem Gewicht. Denn je weiter die Christologie auf dem Weg des personbezogenen und damit sachüberschreitenden Redens vorankäme, desto mehr müßte sie fürchten, nicht nur die Fühlung mit den vergegenständlichenden Aussagen und Formeln der eigenen Geschichte zu verlieren, sondern auch den Kontakt mit der bis auf wenige Ausnahmen gegenstands- und strukturbestimmten Denkwelt der Gegenwart. Angesichts dieser zweifach komplizierten Sachlage besagt es schon viel, wenn eine Spur in Gestalt von ersten Hinweisen auf das neue und im Grunde doch uranfänglich alte Prinzip ausfindig gemacht werden kann. Im weiten Feld der heutigen Jesusliteratur führt diese Spurensuche wenigstens an einigen Stellen zum Ziel.

Es ist das bleibende Verdienst von *Milan Machovec*, hierin mit seinem ‚für Atheisten' verfaßten Jesusbuch (von 1972) einen unübersehbaren Anfang gemacht zu haben – offensichtlich gerade dafür sensibilisiert durch politische Leiderfahrungen, die für ihn nach Ausweis des Eingangskapitels nur noch im Geist der Kreuzesnachfolge Jesu zu ertragen waren[55]. Von daher steht er – bei aller ‚ideologischen' Distanz – von vornherein jenseits der vergegenständlichenden Sehweise, auch wenn dies nie in betonter Abgrenzung von ihr zum Ausdruck kommt. Nach seinem Verständnis gewann Jesus wie kein anderer Macht über die Seelen, weil er war, was er lehrte, weil er die mit seiner Reich-Gottes-Botschaft angesagte Zukunft lebte und „mit seinem ganzen Wesen verkörperte". Denn, so begründet er seine These:

> *Auf Menschen kann nur ein Mensch wirken, mit der ganzheitlichen Kraft seines Geistes und seines Handelns. Der Gedanke allein, das Programm, die ‚Lehre' wirkt nur, soweit die Menschen bei jenem mitreißenden einzelnen eine überzeugende Harmonie von Gedanken und Persönlichkeit erleben, wenn also der ‚Verkünder des Gedankens' selbst Vorbild seiner Verwirklichung ist. Die ‚Lehre' Jesu... setzte die Welt in Brand nicht wegen irgendeiner offenkundigen Überlegenheit des theoretischen Programms, sondern vor allem, weil er selbst identisch mit diesem Programm war...[56]*

Wie eine Präzisierung dieses Ansatzes nimmt es sich aus, wenn *Walter Kasper*, gestützt auf eine von *Heinz Schürmann* aufgegriffene Kontroversaussage[57], in seiner Christologie (von 1974) von Jesu Verhältnis zum Gottesreich und seinem Kommen erklärt:

> *Bei Jesus von Nazareth lassen sich seine Person und seine ‚Sache' nicht trennen; er ist seine Sache in Person. Er ist die konkrete Verwirklichung und die personale Gestalt des Kommens der Herrschaft Gottes.*

Deshalb enthält die gesamte Verkündigung Jesu von der kommenden Herrschaft Gottes, enthalten sein Auftreten und Wirken eine implizite beziehungsweise indirekte Christologie, die nach Ostern ins explizite und direkte Bekenntnis gefaßt wurde.[58]

An der abschließend registrierten Tatsache ist nicht zu zweifeln: die Verkündigung Jesu wurde in die Lehre umgesetzt, durch die er, der Verkünder, zum Gegenstand der Verkündigung wurde. Auch läßt sich die Legitimität dieses Vorgangs nicht bestreiten. Die Frage ist nur, ob dies auch wirklich mit Hilfe des einleitend formulierten Prinzips geschah.

Der starke Pendelausschlag der gesamten neueren Christologie in Richtung auf das ‚vere homo' läßt das Gegenteil vermuten. Was der religiöse Sinn vermißt, ist nämlich nicht so sehr die integrale Menschlichkeit Jesu, auf die im Grunde sämtliche Neuansätze, angefangen von der devotio moderna des Spätmittelalters bis hin zur Jesusfrömmigkeit des Pietismus und der Jesus-people hinarbeiteten, als vielmehr die lebendige Präsenz des dogmatisch Umschriebenen und spekulativ Gedeuteten. Die Situation erinnert unmittelbar an das Wort der Emmaus-Jünger, daß am Ostermorgen einige von den Ihren zwar alles so, wie die Frauen berichteten, angetroffen, ‚ihn selbst' aber nicht gefunden hätten (Lk 24, 24). Zwar entsprechen die Lehraussagen genau den grundlegenden Glaubenszeugnissen. Ihn selbst, seine atmende Gegenwart, seine erfüllende, friedenbringende Selbstgewährung, findet man jedoch nicht in ihnen.

Dabei fehlt es keineswegs an Handreichungen für eine konstruktive Revision des kategorialen Apparats. Schon während der Inkubationszeit hatte *Hans Urs von Balthasar* in der ersten Skizze seiner Geschichtstheologie (von 1950) eine Bresche geschlagen, indem er dem mittelalterlichen Universalienstreit, in dem sich unterschwellig auch etwas von der christologischen Grundproblematik entlud, die christliche Lösung oder, besser gesagt, die Lösung in Jesus Christus entgegenstellte. In ihm „ist der Logos nicht mehr das die Geschichte regierende und ihren Sinn stiftende Reich der Ideen, Geltungen und Gesetze, sondern selber Geschichte". Es gibt keinen Sinn ‚vor' ihm oder ‚über' ihm. Er selbst ist der Weg und die Wahrheit und in beidem der Sinn. Nicht ein System von vorgegebenen Normen, sondern die Fakten seines geschichtlichen Lebens selbst „sind das Gültige"[59]. Und Balthasar bot in der endgültigen Ausführung seiner Programmskizze, ‚Das Ganze im Fragment' betitelt (von 1963), überdies eine differenzierte Explikation der zum Sinngrund allen Seins und Geschehens erhobenen ‚res' der geschichtlichen Existenz Jesu Christi, indem er die einzelnen Stadien dieser Geschichte nach den durch sie jeweils eröffneten Perspektiven des Sinnganzen befragt[60].

Ähnlich kann auch von der ontologischen Transzendentalienlehre her argumentiert werden, seitdem Vico, wie *Karl Löwith* zeigte, den klassischen Grundsatz von der Vertauschbarkeit von Wahrheit (verum) und Sein (ens) durch die Formel ‚verum et factum convertuntur' ersetzte[61]. Unter ‚factum' verstand Vico den „ganz gewiß von den Menschen gemachten" mondo civile, also die aus der Gesamtheit geschichtlicher Ereignungen und Taten hervorgegangene Menschenwelt. Nichts hindert, diesen Ansatz auf jenes heilsgeschichtliche Zentralereignis zu beziehen, das der Schlüsselsatz des Johannesprologs „Et verbum caro factum est" (Joh 1, 14) umschreibt und damit auf das ‚Faktum' des menschgewordenen Wortes. Mit ihm ist von Gott her das Faktum gesetzt, das nicht nur die Bedingung universaler Erkennbarkeit erfüllt, sondern den Inbegriff des Wahren bildet und das deshalb alles, auch das von der ‚Finsternis' Verdunkelte, in seinen sinnstiftenden Lichtkreis zieht. In ihm wird darum alles auf eine neue, nicht so sehr ‚lösende' als vielmehr ‚erlösende' Weise denkbar, vorausgesetzt, daß es gelingt, es im Feld der innerweltlichen Denkformen und Sinnentwürfe zur Geltung zu bringen.

Ein dritter – prinzipientheoretischer – Weg könnte über *Nietzsches* Versuch führen, das statische Identitätsprinzip der traditionellen Ontologie durch ein zyklisch-dynamisches in Gestalt der ‚Ewigen Wiederkunft des Gleichen' zu ersetzen[62]. Gemeinsam wäre der christlichen Entsprechung dazu der Gedanke einer vermittelten Identität, jedoch einer personal vermittelten, bei der die Lebensgeschichte Jesu an die Stelle des grenzenlosen Kreislaufs träte. Damit wäre zugleich ein neuer Gewißheitsweg gewonnen, im Unterschied zum kartesianischen jedoch ein Weg dialogisch-responsorischer Art. Denn die Selbstgewißheit entspränge dem Bewußtsein, im Existenzakt von der – mit dem Helfer identischen – Hilfe gestützt und dadurch in seine eigene Selbstverwirklichung einbezogen zu sein[63].

In alledem geht es nicht nur, oder richtiger gesagt, nicht erst um den Abbau der aus Sachkategorien gefügten Mauer und um die dadurch ermöglichte Einstimmung des Denkens auf die transkategoriale Selbstgewährung Jesu, mit der seine Sache, und stünde sie so fest wie das Gefüge der Hierarchie oder der Theologie, steht und fällt. Es geht zuvor um die Herzensfühlung seiner Präsenz, weil jeder Denkschritt auf sie hin erst durch solche Erfahrungen glaubhaft und vollziehbar wird. Und hier, bei dem Versuch, seine hilfreiche Präsenz oder, was dasselbe besagt, seine Präsenz als Helfer dem Herzen fühlbar zu machen, sind die ungleich größeren Hemmnisse zu überwinden. Hier handelt es sich nicht nur darum, eine in langer Arbeit und Gewöhnung aufgeschichtete ‚Denkmauer' zu durchbrechen, sondern um die ungleich schwierigere Aufgabe, sich dem ‚Kulturdruck' entgegenzustellen, der zur Ausbildung des uns geläufigen Stils von Selbstverwirklichung führte. Oder nun radikaler gesprochen: Es geht um die Suspendierung des Individuationsprinzips, auf das sich unsere im labilen Gleichgewicht von Individuum und Kollektiv befindliche Gesellschaftsordnung aufbaut.

Es wäre töricht, an diese Pfeiler und den von ihnen getragenen ‚Schlaf der Welt' auch nur zu rühren, wenn Jesus sie nicht im Prinzip bereits beiseite geschoben und – sich an ihren Platz gestellt hätte. Aber gerade dies ist Sinn und Ziel der von ihm gebotenen Hilfe. Es gäbe diese Hilfe nicht, wenn wir sie nicht bräuchten. Indem er sie uns gewährt, lehrt er uns, von unsern Möglichkeiten einen größeren als nur den durchschnittlichen Gebrauch zu machen. Indem wir sie annehmen, beginnen wir so groß von uns zu denken wie er. Christologie, wie sie heute zur Debatte steht, ist die Einübung dieses Denkens. Sie hat schon viel erreicht, wenn sie Jesus als ‚Lebenden‘ erweist[64] und sich in den Dienst seiner ‚Vergegenwärtigung‘ stellt. Zuletzt geht es bei der Deutung seines Geheimnisses aber nicht nur um sein Leben, sondern um sein Leben in uns[65].

Menschsein in utopisch-anachronistischer Zeit

Die Aktualität

Mit der Frage nach dem Menschen hat es eine eigene Bewandtnis. Sie ist von ständig gleichbleibender Gültigkeit und hat doch ihre Gezeiten. Denn auf Phasen relativer Beruhigung folgen alsbald solche, in denen sich ihre Fragwürdigkeit fühlbar aufstaut und gebieterisch auf Beachtung und Antwort drängt. Heute scheint sie sogar unter einen dreifachen Sinndruck geraten zu sein. Es ist zum ersten ein *Leidensdruck,* der sich aktuell mit dem Symbolnamen ‚Tschernobyl' verbindet. Was dieser Name und die durch ihn erweckte Erinnerung an die atomare Katastrophe in unmittelbarer Nähe der ukrainischen Metropole Kiew besagt, ist nicht weniger als ein anthropologischer Offenbarungseid. Fast schlagartig wurde klar, wie es um die von *Max Scheler* angesprochene „Stellung des Menschen im Kosmos" bestellt ist, näherhin um sein Verhältnis zur wissenschaftlich gedeuteten und technisch verwalteten Welt. Denn plötzlich enthüllte diese Welt ihr Gorgonenhaupt; die Menschen sahen es und erstarrten. Eine lähmende Panik bemächtigte sich breiter Kreise der Bevölkerung. Unversehens schlug die depressive Stimmung, die immer schon geherrscht hatte, in offene Angstneurose um.

Erschütterungen dieser Art haben nicht selten auch einen positiven Effekt. Sie wirken ernüchternd, aufrüttelnd, bisweilen sogar aufklärend. Nun ist die Angst freilich der schlechteste Berater der Vernunft: dennoch steht zu erwarten, daß der von der Tschernobyl-Katastrophe aufgeschreckte Mensch sein Verhältnis zur Natur neu überdenkt, ohne dabei von einem Extrem ins andere zu verfallen[1]. Daß der Fortschrittsgedanke, der die geistige ‚Achse' der wissenschaftlich-technischen Kultur bildet, in eine tiefgreifende Krise geriet, war schon seit längerem deutlich geworden. Jetzt aber wird klar, worauf diese Krise zurückgeht. Es war der „despotische" Zugriff auf die Natur, der ihrer fortschreitenden Erforschung und Bemächtigung zugrundeliegt. Durch immer umfassendere Kenntnis der Naturgesetze, so hatte schon der Begründer der neuzeitlichen Philosophie, *Descartes,* gesagt, komme der Mensch dazu, zum „Herrn und Besitzer der Natur" zu werden. Den von der ökologischen Welle Ergriffenen muß man in diesem Zusammenhang vor Augen führen, daß es sich dabei um keinen Willkürakt handelt, sondern um ein mit der Geistnatur des Menschen selbst gegebenes und vom biblischen Schöpfungsauftrag ausdrücklich bestätigtes Verhältnis. „Macht euch die Erde untertan!" (Gen 1,28) – dieses „Ermächtigungswort" ist dem Menschen ebenso von seinem Schöpfer zugesprochen wie ihm „aus der Seele" gesprochen. Dennoch besteht in diesem Verhältnis eine folgenschwere Einseitigkeit. Denn es liegt in der Konsequenz des damit inaugurierten Herrschaftswissens um die Natur und ihrer technischen Nutzung, daß sie dem Menschen bei allen Vergünstigungen zugleich den Boden entziehen, auf dem er steht. Dem kann er nur durch eine zweifache Korrektur begegnen: einmal durch eine intensive Erforschung der

Risiken und Gefahrenquellen, die mit dem technischen Fortschritt unvermeidlich verbunden sind; zum andern durch eine alternative Einstellung zu den naturhaften Gegebenheiten. Denn diese stehen ihm nicht nur „zur Verfügung"; sie sind ihm zugleich auch „überantwortet" und „anvertraut". Wie der Sonnengesang des heiligen *Franz von Assisi* in Erinnerung ruft, sind sie seine Brüder und Schwestern im Ganzen der kreatürlichen Gemeinschaft.

Doch dazu wird es erst dann kommen, wenn der an eine Hysterie grenzende Schrecken abgeklungen ist. Vorderhand hat der durch die Reaktion auf Tschernobyl geleistete Offenbarungseid etwas ganz anderes ans Licht gebracht: die extrem geringe Belastbarkeit des bundesrepublikanischen Menschen. Die russische Atom-Katastrophe hätte ihn nicht so tief treffen und verwirren können, wenn er sich nicht zuvor schon im Ungleichgewicht befunden hätte, wenn ihm also nicht das gefehlt hätte, was die für solche Zusammenhänge besonders feinfühlige *Simone Weil* die „Einwurzelung" nannte. Statt dessen bemächtigte sich seiner das gegenteilige Gefühl, auf schwankendem, wenn nicht gar auf doppeltem Boden zu stehen; und dieses Gefühl untergräbt mit seiner Lebensfreude sogar schon seinen Lebenswillen. So ist er denkbar weit entfernt von der euphorischen Ausgangsstimmung, die *Ulrich von Hutten* in den Jubelruf „Juvat vivere – Es ist eine Lust zu leben!" ausbrechen ließ: für ihn ist das Leben weit eher zur Last, zumindest zu einer lebenslang aufzuwendenden „Mühe" geworden. Und unter diesem Leidensdruck fragt er nach dem Sinn seines Daseins.

Der *Faktendruck,* der als zweites zu bedenken ist, ergibt sich demgegenüber aus der Tatsache, daß der Mensch noch nie in seiner Geschichte mit dem Faktum der von ihm erforschten, verwalteten und geschaffenen Welt so hart konfrontiert war wie heute. Dabei greift der Ausdruck „konfrontiert" noch viel zu kurz; denn die aktuelle Situation ist dadurch gekennzeichnet, daß die kulturelle Entwicklung auf den Menschen in aller Form „zurückschlägt". Was das besagt, kann erst im Fortgang der Überlegungen deutlich werden. An der vielleicht sensibelsten Stelle läßt es sich aber jetzt schon festmachen; denn nirgendwo schlägt die Kulturentwicklung den heutigen Menschen so sehr in ihren „Bann" wie in der Medienszene. Durch sie ist der Mensch, ihm selbst kaum bewußt, auf den Prüfstand gestellt. Durch sie wird er seiner Möglichkeiten ebenso wie seiner „Unmöglichkeit" überführt. Sie macht deutlich, wozu er fähig ist und wie es um ihn steht[2]. Es fehlt gewiß nicht an Versuchen, die mit dem Einzug der audiovisuellen Medien geschaffene Problemlage theoretisch aufzuarbeiten. Doch geschieht das vielfach ohne den Schlüssel, der im Grunde schon seit Jahrtausenden bereitliegt und sich insofern für die Problembewältigung geradezu anbietet. Denn die audiovisuellen Medien der Gegenwart haben eine lange Vorgeschichte, die in zwei ungleiche Teile zerfällt: in einen kürzeren Zeitraum, in dem die „Print-Medien" dominieren, und in einen weitaus größeren, der im Zeichen der „Schrift-Medien" steht. In diesem Zusammenhang kann man sich nicht entschieden genug darüber Rechenschaft geben, daß die gesamte abendländische – ebenso wie die indische und chinesische – Kultur den Charakter einer Schriftkultur aufweist, die als solche zutiefst durch die Erfindung der Schriftlichkeit geprägt ist. In den elektronischen Medien der Gegenwart geschieht nichts, was nicht in den Schrift- und Printmedien der Vergangenheit strukturell vorgegeben wäre; es geschieht nur auf eine weit intensivere und komplexere Weise. Da sich aber das Komplexe nur durch das Einfachere erklären läßt, ist die Rückblende auf die Schrift- und Printmedien unerläßlich. Diesen Rückgang zu unterlassen, käme dem widersinnigen Versuch gleich, eine festverschlossene Truhe gewaltsam öffnen zu wollen, anstatt mit Hilfe des dafür bereitliegenden Schlüssels.

Die besondere Tragik, die in diesem Zusammenhang zu vermerken ist, betrifft die Theologie. Zwar ist das Christentum, wie nicht deutlich genug gesagt werden kann, im Unterschied zum Islam keine „primäre Schriftreligion". Was ihm zugrunde liegt, ist die Gottesoffenbarung, die im Wort der Propheten und abschließend im Reden und Wirken, ebenso aber auch im Schweigen und Leiden Jesu an die Menschheit erging. Erst nachträglich, vor allem im Zug der Missionspredigt des Apostels Paulus, stellte sich die Notwendigkeit heraus, das Wort der Botschaft literarisch zu dokumentieren. So stellte sich das Christentum dann seinerseits auf den Boden der Schriftkultur, doch erst nachträglich, so daß es allenfalls als eine „sekundäre Schriftreligion" bezeichnet werden kann. Trotz dieses von einem leisen Zwiespalt überschatteten Verhältnisses zur Schriftlichkeit wurde kein Buch jemals so sorgfältig analysiert und interpretiert wie das „Buch der Bücher", die Bibel. Indessen macht sich der Zwiespalt im Grundverhältnis dadurch bemerkbar, daß dies – trotz annähernd zweitausendjähriger Bemühung – bisher ohne wirkliche Einsicht in den Mediencharakter der biblischen Schriften geschah. Man sprach im Gegenteil vom biblischen „Wort Gottes", obwohl man wußte, daß es sich dabei nur um den literarischen Niederschlag des Offenbarungswortes handelte. Hier könnte – und müßte – die gesellschafts- und bewußtseinsverändernde Wirkung der Medien zu einem theologischen „Rückmeldeeffekt" führen. An der Bibel wird sich dann zeigen, in welchem Sinn die Botschaft durch die Medien verändert wird. Und damit wäre auch schon der Schlüssel zur Bewältigung des modernen Medienproblems gefunden. Doch hätte dieser Schlüssel eine ausgesprochene Doppelfunktion; denn er würde, zusammen mit der Rückwirkung der Medien auf die Botschaft, auch die auf den Rezipienten erschließen. Und damit würde an einer besonders sensiblen Stelle deutlich, welch starken Faktendruck die wissenschaftlich-technische Welt auf den Menschen ausübt. Unter diesem Druck müßte er sich erst recht fragen: Wer bin ich?

Schließlich lastet auf dem heutigen Menschen ein *Erwartungsdruck,* der ihn mehr als bisher zur Beschäftigung mit sich selbst veranlaßt. Deutlichste Erscheinungsform dieses Erwartungsdrucks ist die *Sinnfrage;* sie ist das große Thema unserer Zeit. Wir möchten wissen, ob sich ein Menschsein mit seinen Mühen und vielfach enttäuschten Hoffnungen unter den Bedingungen der Gegenwart überhaupt noch lohnt. Es ist, als zerrissen vor unseren Augen die Nebel und als sähen wir uns unversehens vor einen Abgrund gestellt: vor die Abgründigkeit unseres eigenen Daseins. Viele von uns haben den Eindruck, als habe die Sache des Menschen heute eine Zuspitzung erfahren, von der man sagen kann, daß sie in dieser Form in der ganzen bisherigen Menschheitsgeschichte noch nie erreicht wurde. Was der Mensch der Gegenwart erleidet, ist, stichwortartig ausgedrückt, das Problem seiner Selbstentfremdung. Ein Riß geht durch ihn hindurch, der ihn mit sich selbst entzweit. Das Faktum seines Daseins ist für ihn nicht mehr die beglückende, nicht hinterfragbare Tatsache, die ihn in seinem Selbstsein trägt; vielmehr ist sie ihm wie eine fremde Last und drückende Hypothek aufgebürdet. In diesem Selbstzerwürfnis liegt das Zentralproblem des heutigen Menschen. Um dieses Problem ist es freilich so bestellt, daß mit dem von ihm geweckten Problembewußtsein auch schon eine wenngleich diffuse Vorstellung vom Lösungsweg gegeben ist. Wir ahnen zumindest, wodurch wir das Selbstzerwürfnis überwinden könnten. Es müßte uns gelingen, uns mit unserem Sein in die Hand zu nehmen und in die Tatsache unseres Daseins einzuwilligen; das aber besagt: zu akzeptieren, daß wir sind!

Dieser ‚Tat' müßte freilich ein ‚Wissen' voranleuchten. Und damit stellt sich die Sinnfrage zum zweiten Mal. Wir müßten um den Sinn unseres Daseins wissen, um die „Tat" der Zustimmung dazu setzen zu können. Nun aber zeigt sich, daß mit ‚Sinn' immer nur etwas Vorläufiges bezeichnet ist. Denn zur definitiven Sinnfindung wären wir erst dann durchgedrungen, wenn wir uns ganz geborgen, aufgehoben, bestätigt und angenommen fühlen würden. Und das wäre, wie einem jeden klar ist, nur in der Verbundenheit mit Gott erreicht. In dem ‚Lebenssinn', den wir erfragen, geht es somit letztlich um den Inbegriff des Religiösen, also um Gott. Daß wir statt dessen ‚Sinn' sagen, hängt offensichtlich mit dem Säkularisierungsprozeß zusammen, der die christlichen Positionen unseres Kulturkreises schon seit langem untergräbt und aushöhlt. Durch ihn ist das Christentum hierzulande weithin zu einer „anonymen" Größe geworden. Diese deprimierende Tatsache hat aber auch eine lichte Kehrseite. Viele denken und handeln, wie *Karl Rahner* deutlich machte, aus christlichen Motiven, ohne darum explizit zu wissen. Um das Kernstück des „authentischen Christentums" zieht sich ein weiter Kreis von „anonymen Christen". Wenn man dieser Gedankenlinie folgt, gelangt man schließlich zur Überzeugung, daß es zwar viele Bestreiter von Religion und Christentum, aber keine wirklichen Atheisten gibt. Denn solange ein Mensch die Sinnfrage aus innerer Betroffenheit und aufgewühltem Herzen stellt, ist er unterwegs zu Gott, auch wenn dieses Ziel für ihn aus ideologischen oder lebensgeschichtlichen Gründen im Dunkel liegt. Schlimm wäre es um einen Menschen in religiöser Hinsicht erst dann bestellt, wenn er sich aufgegeben hätte und, weil er einfach in den Tag hineinlebt, von der Sinnfrage nicht mehr berührt würde. Bei manchen Zeitgenossen hat man tatsächlich den Eindruck, daß sie dieses fatale Kunststück fertigbringen. Doch bei den meisten von ihnen genügt schon ein heftiger Stoß, eine ernsthafte Schicksalsprüfung, um die scheinbar so glatte Oberfläche aufzureißen und auch in ihnen das zum Vorschein kommen zu lassen, was unzerstörbar in ihnen lebt: das leidende, suchende, von ungestillter Sehnsucht umgetriebene und aus dieser Sehnsucht heraus fragende Menschenherz! Doch was hat es mit dieser Frage, die der Mensch nicht so sehr stellt als vielmehr ist, auf sich? Und vor allem: wie kann überhaupt nach dem Menschen gefragt werden?

Die Frageweisen

Wenn sich der heutige Mensch, erschrocken und fasziniert vor den Abgrund gestellt sieht, der er nach einem großen Augustinus-Wort sich selber ist, so erinnert das an eine Konstellation, die sich vor etwas mehr als einem halben Jahrhundert ergeben hatte. In der Vorahnung des kommenden Unheils veröffentlichte zu Beginn der dreißiger Jahre *Gertrud von le Fort* ihre Meisternovelle ‚Die Letzte am Schafott' (von 1931), während *Werner Bergengruen* gleichzeitig Hand an seinen großräumigen Roman ‚Am Himmel wie auf Erden' legte, mit dem er nicht weniger tief ins geistige Zeitgeschehen eingriff[3]. Denn die beiden Vertreter der christlichen Dichtung äußerten sich damit zum Thema der *Angst,* von der *Karl Jaspers* in seiner Schrift ‚Die geistige Situation der Zeit' (von 1931) gesagt hatte, daß sie zum „unheimlichen Begleiter" des modernen Menschen geworden sei[4]. Damit warf die Dichtung einen Blick in den Abgrund, der einen jeden, der ihn vor und in sich sieht, ebenso erzittern wie erwachen läßt. Dieses Erwachen zu sich selbst fand kurz danach Ausdruck in der Schrift des streitbaren Publizisten *Theodor Haecker* mit dem programmatischen Titel ‚Was ist der Mensch?' (von 1933), die allerdings die höhnische Bemerkung *Heideggers* auf sich zog, daß in ihr zu der im Titel aufgeworfenen Frage überhaupt nichts gesagt worden sei[5]. So gehässig sich diese Kritik aber auch gab, traf sie dennoch den „wunden Punkt". Denn schon in den beiden Dichtungen zu dem großen und noch längst nicht abgeschlossenen Thema der Angst klang durch, daß so, wie es im Titel der Haecker-Schrift geschah, nicht länger nach dem Menschen gefragt werden konnte. Und das gilt es auch angesichts der Tatsache festzuhalten, daß alle großen Kulturleistungen dieser Form menschlicher Selbstbefragung entsprungen waren. Sie entsprossen dem Boden, der von der Pflugschar der Frage ‚Was ist der Mensch?' aufgebrochen worden war. Niemand sah das klarer als der ‚Meisterdenker' der neuzeitlichen Philosophie *Immanuel Kant,* der sich zu der Überzeugung bekannte, daß mit der auf das „Wesen" des Menschen zielenden Wasfrage alle philosophischen Fragehorizonte mit aufgerissen werden. Danach läßt sich alles philosophische Fragen auf drei Problemkreise zurückführen:

> *Was kann ich wissen?*
> *Was soll ich tun?*
> *Was darf ich hoffen?*

Für Kant ist damit tatsächlich das gesamte „Feld der Philosophie" durchschritten: mit der ersten Frage das Forschungsfeld der Metaphysik, mit der zweiten das der Moral und mit der dritten das der Religion. Doch lassen sich diese Fragen, wie er hinzufügt, ihrerseits auf eine letzte, ihnen vorgeordnete zurückführen, auf die Frage: ‚Was ist der Mensch?' Wenn sie erst fündig wurde, so scheint es, ist mit dem Sinn des menschlichen Daseins zusammen auch das ganze unermeßliche Reich des Menschenmöglichen ausgelotet.

Bevor wir uns auf die Grenze dieser Fragestellung besinnen, sollten wir, dem gegenwärtig herrschenden Kulturdefätismus zum Trotz, einen dankbaren Blick auf die gewaltige Leistung werfen, die der abendländische Mensch im Blick auf sein gottebenbildliches Wesen hervorbrachte. Nicht zuletzt gibt der Ort dieser Veranstaltung dazu Anlaß. Denn jenseits der in der Sommersonne aufleuchtenden Wasserfläche liegt das Kloster Tegernsee, in dem der größte Geist des ausgehenden Mittelalters, der moselländische Kardinal *Nikolaus von Kues*, immer wieder Zuflucht und Ruhe fand, wenn er es auf einer seiner strapaziösen Visitationsreisen aufsuchte. Was es mit dem – von der Wasfrage eröffneten – Blick in die menschliche Wesenstiefe auf sich hat, wurde tatsächlich auch kaum einmal so tief ausgeleuchtet wie in seiner für die Mönche des Klosters verfaßten Schrift mit dem doppelsinnigen Titel ‚Vom Sehen Gottes' (von 1454), der ebenso den religiösen Sehakt wie das Gesehensein des Menschen durch Gott vergegenwärtigt. Das aber wirkt wie ein literarisches Symbol dafür, daß wir uns tatsächlich an einer Schnittstelle der abendländischen Kultur befinden, die als solche Anlaß ist, uns mit Bewunderung und Dankbarkeit auf das mächtige kulturelle Erbe zu besinnen, das unsern Händen übergeben ist, aber auch auf die Frage, die zu alledem den Anstoß gab, die Frage: Was ist der Mensch? Immer wieder klingt sie in den großen kulturellen Schöpfungen durch, angefangen von den Werken der griechischen Tragiker, dokumentiert etwa durch das Chorlied aus der ‚Antigone' des *Sophokles,* das mit den Worten einsetzt:

Viel Erstaunliches gibt's; doch nichts ist erstaunlicher als der Mensch!

Nicht anders verhält es sich in der mittelalterlichen Literatur, wenn sich *Wolframs* ‚Parzival' auf die Gralsuche begibt, oder wenn *Dante* auf seiner Reise durch die jenseitigen Bereiche zugleich die Abgründe und Höhen der eigenen Existenz durchmißt. Und wie könnte man sich in die Werke *Grünewalds* oder *Rembrandts* versenken, ohne dabei nicht seiner selbst ansichtig zu werden? Wenn sich *Goethe* im Blick auf seine ‚Iphigenie' zu der Überzeugung bekennt: „Alle menschliche Gebrechen sühnet reine Menschlichkeit", stimmt er sich damit auf den Grundton seines gesamten Schaffens ein. Und nicht anders verhält es sich mit dem Höhepunkt von *Beethovens* ‚Missa solemnis', wenn am Schluß des in mystische Sphären entrückten „Et incarnatus est" die Tenorstimme in den Jubelruf ausbricht: „Et homo factus est". Erst in der modernen Kunst setzt der Verfall, um nicht zu sagen die Demontage dieses Menschenbildes ein, dies jedoch so, daß dabei, wie etwa in *Thomas Manns* ‚Doktor Faustus' oder in *Picassos*

Frauenbildnissen ungeahnte Dimensionen des Menschlichen, Allzumenschlichen und – Unmenschlichen aufbrechen.

Nimmt man hinzu, was Menschen ihresgleichen in diesem Jahrhundert antaten – in diesem Jahrhundert des Massensterbens in den beiden Weltkriegen, der Vernichtungslager, der Deportationen und des „industrialisierten Todes" –, so kann man sich des Gedankens nicht erwehren, daß der Mensch dieser Zeit wie noch nie in seiner Geschichte auf den Prüfstand gestellt und nach seinen Möglichkeiten und Unmöglichkeiten befragt wurde. Man muß es ja geradezu als eine „geschichtliche Gnade" bezeichnen, daß das ‚Dritte Reich' noch nicht über die Technik der Genmanipulation verfügte; sonst wäre, kontrapunktisch zur industrialisierten Menschenvernichtung, eine Menschenzüchtung ins Werk gesetzt worden, deren Ungeheuerlichkeiten auch die kühnsten Phantasien hinter sich läßt. Zur Erkundung dessen aber reicht die klassische Wasfrage, die dem „Wesen" und „Wesensbild" des Menschen auf die Spur zu kommen sucht, offensichtlich nicht mehr aus. Es muß neu und radikaler nach dem Menschen gefragt werden. Und diese „neue" Frageweise entlarvt sich bei näherem Zusehen zugleich als die „älteste". Es ist die Frage der Bibel, die dem Menschen in dem Augenblick nachgerufen wird, da er das Glück seiner paradiesischen Geborgenheit verspielt und folgenschwere Schuld auf sich geladen hat: es ist die Gottesfrage: *„Wo bist du?"* (Gen 3,8) Freilich ist es auch eine „felix culpa", die diese Frage provoziert. Denn im Augenblick des Verlustes ist dem schuldig Gewordenen bewußt, was es mit seiner Existenz auf sich hat und wo er hingehört, wenn er zum Frieden der Identität mit sich selbst gelangen will. Deshalb klingt in der Gottesfrage, ebenso unausgesprochen wie unüberhörbar, auch dieses mit:

> *Begreifst du jetzt wenigstens, im Augenblick deiner Vertreibung, wo du letztlich hingehörst? Wird dir jetzt endlich klar, daß du Gott brauchst, um Mensch sein zu können? Und siehst du ein, daß deine künftige Geschichte nur in dem stets neu ins Werk gesetzten Versuch bestehen kann, das verlorene Paradies, wenngleich in Form von immer nur unzulänglichen Ersatzleistungen, zurückzugewinnen?*

Tatsächlich schafft sich der Mensch seitdem fortgesetzt neue Paradiese, legitime ebenso wie künstlich-illegitime, die sich als solche nicht selten in wahre Höllen verwandeln. Schon der babylonische Turm, von dem die Bibel berichtet, muß als der Versuch einer derartigen Ersatzhandlung angesehen werden. Doch greift dieser Wunschtraum weit über seinen biblischen Ursprung hinaus auf die ganze Menschheit über. Er wird fortgeträumt in der von *Augustus* verkündeten ‚Pax romana', in der Ankündigung der Geburt des göttlichen Kindes in *Vergils* ‚Vierter Ekloge', im ‚Gralskönigtum' des Parzival-Epos, in der ‚Utopie' des *Thomas Morus*, in *Campanellas* ‚Sonnenstaat', und er wird zum bedrängenden Alptraum in der Vorstellung vom ‚Sowjet-Paradies' und seinem literarischen Pendant, in *Orwells* Schreckensutopie des ‚Big Brother'. Der Wunschtraum vom wiedergewonnenen Paradies steht aber auch als letzter Antrieb hinter der wirklichkeitsfremden Ideologie der ökologischen Bewegung, sofern diese dem „Ausstieg" aus der wissenschaftlich-technischen Welt und einem nostalgischen „Zurück zur Natur!" das Wort redet. Und nicht umsonst verweisen auch die „künstlichen Paradiese" der Drogenszene, schon vom Ausdruck her, in diesen Zusammenhang.

Mit dem Traum vom wiedergewonnenen Paradies ist jedoch erst die eine Stoßrichtung der Wofrage angegeben. Die andere, entgegengesetzte, verweist auf die *Abgründigkeit* des Menschseins. Mindestens zweimal wurde die dem Menschen nachgerufene Frage in diesem Sinne aktualisiert. Ein erstes Mal durch den vom Verlust eines Jugendfreundes bis ins Innerste getroffenen *Augustinus*, dem der Schmerz dieses Todesfalles noch bis zur Zeit der Niederschrift seiner ‚Bekenntnisse' nachging; im Rückblick berichtet er, bewegt und bewegend:

Der Schmerz verfinsterte mein Herz, und was ich nur anblickte, war alles wie tot. Die Heimat wurde mir zur Qual, unselig das Vaterhaus, und alles, was ich gemeinsam mit ihm erlebt hatte, verwandelte sich ohne ihn zu grenzenloser Qual. Überall suchten ihn meine Augen, und er zeigte sich nirgends. Da ergriff mich ein Haß auf alle Dinge, weil sie ihn nicht enthielten und mir nicht sagen konnten: Bald wird er zurück sein, so wie es früher war, wenn er eine Zeitlang abwesend war. Ich selbst war mir zu einer großen Frage geworden, und ich durchforschte meine Seele, warum sie so traurig sei und mich so sehr verstörte; doch sie wußte mir nichts zu sagen (IV,4)[6].

So erlebt der sich selbst „zur Frage gewordene" Augustinus das, was er im Fortgang seines Berichts mit dem berühmten Wort vom „homo abyssus" die Abgründigkeit des Menschen nannte (IV 14). Vom „Schwindelblick der Angst", der den in seine eigene Abgründigkeit hinabschauenden Menschen ergreift, sprach Jahrhunderte später der dänische Religionsphilosoph *Sören Kierkegaard*, der die biblische Wofrage definitiv auf das „Problem des Menschen" (Buber) bezog. Bezeichnend für einen Denker, der seine Philosophie zur Theorie der eigenen Existenz und diese zur Gegenprobe seines Denkens machte, geschieht dies in der persönlichsten seiner Schriften, ‚Die Wiederholung' (von 1843) betitelt, in der er seinem „stummen Mitwisser" erklärt:

Mein Leben ist zum Äußersten gebracht, ich ekle mich am Dasein, es ist geschmacklos, ohne Salz und Sinn… Man steckt den Finger in die Erde, um zu riechen, in welchem Land man ist; ich stecke den Finger ins Dasein: es riecht nach – Nichts. Wo bin ich? Was will das besagen: die Welt? Was bedeutet dieses Wort? Wer hat mich in dieses Ganze hineingestellt und einfach stehenlassen? Wer bin ich?

Hier dringt nicht nur die Paradiesesfrage in den philosophischen Disput über den Menschen ein; vielmehr erklingt zum ersten Mal auch das große Leit- und Stichwort menschlicher Selbsterkundung, das Wort vom „Sinn" des Daseins. Doch hätte es dessen erst gar nicht bedurft, da diese Sätze dem heutigen Menschen nicht unmittelbarer aus der Seele gesprochen sein könnten. Vermittelt durch Kierkegaard, holt ihn nun die Paradiesesfrage definitiv ein, so daß er sich durch sie unausweichlich zur Rede gestellt fühlt und sich fragen muß: Wo bin ich? Wer bin ich?

Das Sensorium

Mit Fragestellungen allein ist es nicht getan; damit sie greifen können, muß im Menschen etwas gegeben sein, was darauf „anspricht": eine Bereitschaft, sich von ihnen erwecken und zum Einblick in die Wirklichkeit bewegen zu lassen! Schon für die klassische Fragestellung läßt sich eine derartige Bereitschaft nachweisen. Sie besteht, wie der Philosophie schon in ihren Anfängen bewußt war, im Akt des philosophischen *Staunens*. Die Verwunderung darüber, daß etwas ist – und nicht nichts, bildet den „Hebel", der den Erkenntnisprozeß in Gang setzt. Seiner ganzen Natur nach sucht dieses Staunen nach etwas Sichtbarem im Dunkel des Ungewissen und Verborgenen. Darauf achtet auch das Chorlied in der ‚Antigone' des *Sophokles,* wenn es vom Menschen sagt, daß er unter allem Staunenswerten das Erstaunlichste sei. Es sucht also, genauer gesagt, nach seiner ‚Idee', nach einem ‚Menschenbild'. Dem kommt wiederum schon die Bibel entgegen, wenn sie vom Menschen sagt, daß er zum „Bild und Gleichnis" Gottes geschaffen sei (Gen 1,26); und damit hängt es zusammen, daß sich die klassische Anthropologie immer wieder bildhaften Ausdruck schuf, angefangen von den Götter- und Heldenstatuen der griechischen Plastik und den oberägyptischen Mumienporträts bis hin zu *Michelangelos* ‚David' und *Nietzsches* ‚Übermensch'. Dabei steht Nietzsche aber auch schon an einer bemerkenswerten Wegekreuzung. Sofern er durch den Mund seines ‚Zarathustras' zu andern spricht, verkündet er ihnen die Lehre vom Übermenschen; seine späte Autobiographie dagegen überschrieb er mit dem Passionswort ‚Ecce homo'. Und er erläuterte dieses Wort mit dem bezeichnenden Untertitel „Wie man wird, was man ist". Doch damit tritt an die Stelle des Bildes ein Ausruf, der eher vom *Erschrecken* als vom Erstaunen über den Menschen eingegeben ist, ganz so, als könne seine Sache nur noch „exklamatorisch" verhandelt werden. Dem entspricht eine Äußerung *Romano Guardinis,* mit der er dem allzufrüh aus seinem philosophischen Schaffen gerissenen *Gerhard Krüger* den Unterschied der Grundeinstellungen zu verdeutlichen suchte. Im Unterschied zu ihm, meinte Guardini, habe der Philosoph das staunenswerte Wesen Mensch im Blick: er dagegen erblicke ihn mit der *Sorge* des Erziehers, und dieser Blick dringe tiefer, weil er der Geschichtlichkeit im Wesensgrund des Menschen ansichtig werde. Denn im Fall des Menschen sei es mit dem „Wesen" allein nicht getan, weil die *Geschichte* in seinem Fall zum Wesen hinzugehöre.

Machen wir uns diese Differenz im Blick auf das klar, was uns die sommerliche Natur in diesen Tagen bietet: eine Fülle von Blüten von geradezu berauschender Schönheit und Pracht! Und von einer jeden von ihnen gilt, was Angelus Silesius von der Rose sagt:

Die Ros' ist ohn' Warum, sie blühet, weil sie blühet,
sie acht' nicht ihrer selbst,
fragt nicht, ob man sie siehet.

Das aber heißt: eine jede dieser Pflanzen ist fraglos das, was sie ist. Sie lebt, wächst und blüht in voller, wenngleich unbewußter Identität mit sich selbst. Dasselbe gilt von dem Schmetterling, der sich von Blüte zu Blüte schwingt, und von der Kuh, die sie abweidet. Nicht so der Mensch! Der Stachel der Wofrage, der sich in sein Innerstes bohrt, bringt ihm zu Bewußtsein, daß er das, was er von Natur aus ist, im Sinne personalen Selbstseins immer erst aus sich machen muß. Darin besteht die Lebensaufgabe, die sich ihm lange vor jeder beruflichen und sozialen Herausforderung mit der Tatsache seines Daseins stellt. Das Kierkegaard-Wort ist uns aber deshalb so unmittelbar aus der Seele gesprochen, weil es um die Lösung dieser Aufgabe heute schwerer bestellt ist als unter den bisher gegebenen Bedingungen. Denn die gegenwärtige Lebenswelt ist so geartet, daß sie den Menschen unter sein eigenes Niveau drückt und ihn, mit *Herbert Marcuse* gesprochen, in ein Dasein der ‚Eindimensionalität' abzudrängen sucht. Nichts steht ihr so entgegen wie das personale Eigenprofil; deshalb setzt sie alles daran, die Kräfte der Repression ebenso wie die Mittel der Überredung und Betörung, um dieses Profil abzuschleifen und alle dem stromlinienförmigen Typus des „angepaßten" Menschen zu unterwerfen. Was die vielberedete – und von der sozialistischen Ideologie geradezu zum Idol hochgespielte – ‚Gesellschaft' interessiert, ist nicht die Person, sondern die Funktion, verstanden als die Leistungskraft des Menschen, die ohne Ansehen ihres Trägers von jedem beliebigen, sofern er nur qualifiziert ist, erbracht werden kann. Deshalb ergeht es uns wie dem bösen Weib in der bekannten buddhistischen Legende, die von den Totenrichtern zur Hölle verdammt wurde, der aber ein Spinnenfaden zugeworfen wird, an dem sie sich vor dem drohenden Feuer emporarbeiten kann, weil sie einmal in ihrem Leben eine Spinne verschonte. Da erblickt sie zu ihrem Entsetzen plötzlich eine ganze Schar von Leidensgenossen unter sich, die sich gleichfalls an den rettenden Faden klammern und schließlich mit ihr zusammen, weil sie ihnen die Rettung nicht gönnt, in den Abgrund stürzen. Auch hinter einem jeden von uns steht die mehr oder minder lange Reihe derjenigen, die darauf warten, unseren Platz einzunehmen, weil wir in dem, was wir an Leistungen erbringen, tatsächlich austauschbar sind und von andern abgelöst werden können. Aber auch nur darin! Denn unersetzlich sind und bleiben wir in dem, was wir im Sinne personaler Selbstgestal-

tung aus uns gemacht haben und machen: in unserem einmaligen, unvertretbaren Selbstsein, im personalen Antlitz unserer Individualität!
Indessen wäre es zu dieser umfassenden Funktionalisierung des Menschen gar nicht gekommen, wenn dem gesellschaftlichen Erosionsprozeß nicht *etwas in ihm* entgegenkäme. Es ist der dunkle Hang des Menschen, sich fallenzulassen, den Weg des geringeren Widerstands zu gehen, sich aufzugeben und die vorgefertigten Schablonen der Gesellschaft zu übernehmen, weil er sich der Mühe und Anstrengung, die das personale Selbstsein kostet, gar nicht erst unterziehen will. Wenn die mittelalterliche Tugend- und Lasterlehre von der ‚Hauptsünde' der Trägheit sprach, hatte sie diese Indifferenz, um nicht zu sagen diesen *Widerwillen* des Menschen *gegen sich selbst*, im Sinn. Insofern befindet sich eine auf den Abbau des Personalen bedachte Gesellschaft immer schon in einer Komplizenschaft mit dem Menschen, dem es nur zu sehr entgegenkommt, wenn ihm die Mühe des Selbstseins abgenommen wird. Doch ist damit nurmehr die halbe, die „tragische" Wahrheit vom Menschen zur Sprache gebracht. Zu deutlich verweist die Fallstrecke, auf der er sich nach unten, zum Endpunkt des Selbstverlustes hinbewegt, auch in die gegensinnige Richtung. Und dort öffnet sich über dem Abgrund des Menschseins der Himmel seiner personalen Selbstwerdung. Vom „Himmel" darf in diesem Zusammenhang zu Recht gesprochen werden; denn was es mit der unvertretbaren Personalität, dem individuellen Eigensein und der unverwechselbaren Personwürde des Menschen auf sich hat, wurde ihm erst durch die Botschaft des Christentums in vollem Umfang deutlich gemacht. Nur ihr verdankt er die Erkenntnis, daß ihm mit dem Gedanken seiner Gottebenbildlichkeit noch nicht das letzte und höchste Ziel seiner Selbstwerdung gezeigt wurde, weil ihm ein noch ungleich höheres Ziel gesetzt ist: die *Gotteskindschaft!* Mit dieser Zielvorstellung hat das Christentum insbesondere den abendländischen Kulturkreis beschenkt, so daß sich der Mensch in ihm zu seinen größten Möglichkeiten aufgerufen sieht. So jedenfalls sah es *Guardini*, der in diesem Zusammenhang von dem „neuen Ernst" sprach, den die Sache des Menschen in diesem Kulturkreis gewonnen habe:

> *Er stammt nicht aus einer eigenmenschlichen Reife, sondern aus dem Anruf, den die Person durch Christus von Gott her erfährt; sie schlägt die Augen auf und ist nun wach, ob sie will oder nicht. Er stammt aus dem jahrhundertelangen Mitvollzug der Christus-Existenz; aus dem Miterleben jener furchtbaren Klarheit, mit welcher Er „gewußt hat, was im Menschen ist" und jenes übermenschlichen Mutes, womit Er das Dasein durchgestanden hat*[8].

Die Binnengeschichte

So stellt sich die Sache des Menschen dem Blick der erzieherischen Sorge dar, der wie erinnerlich zugleich wahrnimmt, daß in seinem Fall die Geschichte zum Wesen hinzugehört. Doch damit kann wohl nicht die

Menschheitsgeschichte gemeint sein, sondern eine *Geschichte, die der Mensch mit sich selbst* durchlebt, und die als solche über seine Geschichtsfähigkeit entscheidet. Es ist eine Geschichte, in der keine Schlachten geschlagen, keine Friedensverhandlungen geführt und keine Bündnisse geschlossen werden und in der es dennoch wie im Geschichtsgang der Völker und Staaten Siege und Niederlagen gibt. Was das besagt, verdeutlicht eine Schrift des Kirchenvaters *Cassiodor* über die Menschenwürde (De anima), die schon einleitend davon spricht, daß man nicht weit über sich hinauszugreifen brauche, um die Seele zu finden, da sie doch dem Suchenden gegenwärtig sei; doch inmitten von ihm selbst „eine Unbekannte". Deutlicher noch wird darin das abschließende Gebet, in dem sich Cassiodor an Christus mit der Bitte wendet:

Entreiße mich mir selbst und bewahre mich in dir. Bekämpfe, was mein Werk ist, erobere dir wieder dein eigenes Werk! Denn mein bin ich nur, wenn ich dir gehöre. Weg ohne Irrsal, Wahrheit ohne Doppelsinn, Leben ohne Ende! Hilf mir hassen, was schadet, lieben, was nützt. In dich verlege ich alles Fördernde, mir selbst will ich das Hemmende zuschreiben. Möchte ich doch einsehen, wie nichtig ich bin ohne dich, laß mich erkennen, was ich mit dir sein kann. Wissen will ich, was ich bin, um zu erreichen, was ich nicht bin… Dich lieben heißt zum Heil gelangen, dich fürchten heißt sich freuen, dich finden heißt wachsen, dich verlieren, zugrunde gehen. Dir dienen ist vornehmer, als alle Reiche der Welt zu erraffen, und das zu Recht, denn aus Knechten werden wir Söhne, aus Frevlern Gerechte, aus Gefangenen Erlöste[9].

Unschwer ist vor dem Goldgrund dieser Gebetssprache der anthropologische Grundriß zu erkennen. Und von der Geschichte, die der Mensch mit sich selbst zu bestehen hat, wird klar, daß ihre „Niederlagen" in allem zu sehen sind, was den Menschen in die Selbstentfremdung treibt und, schlimmer noch, in die Versuchung zur Selbstaufgabe führt. Aus der Furcht vor diesem in ihm selber aufklaffenden Abgrund wendet sich der Augustinus-Schüler Cassiodor an den göttlichen Helfer mit der Bitte, ihn dem Sog dieses Abgrunds zu entreißen und ihm dorthin zu verhelfen, wohin er nur mit seiner göttlichen Hilfe gelangen kann. Die „Fallstrecke" zwischen *Selbstverlust* und *Selbstaneignung* aber mißt er mit der abschließenden Wendung aus, wonach unsere Berufung darin besteht, daß wir aus Knechten zu Söhnen werden. Wenn man dieses Begriffspaar auf seinen paulinischen Ursprung zurückverfolgt, wird klar, daß mit „Knechtschaft" ein Leben in der Verlorenheit und Selbstentfremdung gemeint ist, während mit „Sohnschaft" das Ziel des mit sich versöhnten, geeinten und zu sich selbst gebrachten Daseins anvisiert ist.

Blickt man von dieser Höhe in den Abgrund der Selbstentfremdung hinab, so wird nun vollends deutlich, was es damit auf sich hat. Es geht um das Elend eines Menschseins, das von sich selbst abgefallen und abgehalten und insofern in einen Zustand des Selbstzerwürfnisses geraten ist, so daß es sich allenfalls noch fragmentarisch auszuformen vermag. Wenn es dafür einer Illustration bedürfte, so würde sie in Überfülle durch die Literatur und Kunst der Gegenwart – man denke nur an die Figuren der Romane von *Thomas Bernhard* oder an die lemurenhaften Gestalten in den Nacht- und Höllenbildern *Beckmanns* – in Überfülle geboten. Indessen bedarf es dieser Verdeutlichung gar nicht erst, da jeder wach Empfindende den Stachel der von *Kierkegaard* gestellten Fragen in sich fühlt: Wie bin ich in dieses Ganze hereingekommen, und wer hat mich da einfach stehenlassen? So fragt er sich, während ihm gleichzeitig klar wird, daß er sich mit dieser Frage vom Lebensproblem früherer Generationen abhebt. Hatten jene ihr größtes Problem im Problemfeld „Sünde", also in ihrem Unvermögen, dem Hochbild ihres sittlichen Ideals zu entsprechen, so fühlt sich der heutige Mensch auf zweifellos pathologische Weise exkulpiert, während er sich gleichzeitig von einer früher unbekannten Existenznot betroffen fühlt. Sein Problem ist nicht mehr so sehr das Versagen gegenüber dem sittlichen Postulat als vielmehr der Riß, der ihn von sich selber trennt. Längst hat das Faktum seiner Existenz aufgehört, die selbstverständliche Prämisse seines Selbstgefühls zu sein; längst ist ihm die Lust am Leben vergangen. Statt dessen empfindet er das Dasein als eine unerbetene Verpflichtung, wenn nicht gar als eine Zumutung und drückende Hypothek.

Deswegen die weitverbreitete depressive Stimmung, gegen die keine politischen Programme und kirchlichen Appelle aufkommen. Deswegen die verbreitete Unfähigkeit zur Freude, die sich in seltsamer Komplizenschaft mit der von *Mitscherlich* angesprochenen Unfähigkeit zu trauern befindet. Doch nicht genug damit! Im Riß, der den Menschen von sich selber trennt, nistet die *Angst*. Im breitgefächerten Panorama der Ängste ist dies die „freisteigende" und als solche „grundlose" Angst, die in Wahrheit der Abgründigkeit des Menschen entstammt und sich als solche auf alles mögliche wirft: heute auf die Kernenergie und morgen auf die Raumfahrt, so wie sie sich vor Jahrhunderten mit dem Hexen- und Teufelswahn verbündet hatte. Tatsächlich aber sind die jeweils genannten Anlässe nur Vorwände, weil es nach einem aufschlußreichen Wort *Werner Bergengruens* zum Wesen der Existenzangst gehört, sich stets neuer Vorwände zu bedienen, und weil sie unter den möglichen Maskierungen stets jene zu wählen pflegt, die ihren Opfern am schrecklichsten einleuchtet[10].

Nun besteht aber auch kein Zweifel mehr daran, worin die Siege und Niederlagen der Geschichte bestehen, die der Mensch mit sich selbst durchlebt. Es sind die Niederlagen seiner Selbstentfremdung, die es im Extremfall dahin bringt, daß er sich fallen und treiben läßt und sich, anstatt sein Leben in die eigene Hand zu nehmen, der anonymen Diktatur der Gesellschaft unterwirft. Kaum einmal dürfte dieses Versagen auf eine so knappe Formel gebracht worden sein wie durch *Hans Erich Nossack,* als er seine Büchner-Rede mit dem Schlußwort von *Büchners* ‚Lenz' – „so lebte er hin..." – überschrieb und diesen Satz mit einem Eigenzitat aus seinem Bühnenstück ‚Der Hessische Landbote' (von 1935) verdeutlichte:

Am folgenden Morgen traf Lenz in Straßburg ein. Er schien ganz vernünftig, sprach mit den Leuten. Er tat alles, wie es die andern taten; es war aber eine entsetzliche Leere in ihm, er fühlte keine Angst mehr, kein Verlangen, sein Dasein war ihm eine notwendige Last. – So lebte er hin...[11]

Hier geht es, anders ausgedrückt, um die „unselige Unschuld" eines Lebens, das sich keine Schuld auflud außer der einen, daß es sich selber alles schuldig blieb. Dem entspricht dann aber auch die „Tat", die von der Geschichte des Menschen mit sich selbst gefordert ist. In ihr ist der menschliche Aktionswille auf sein innerstes Zentrum zurückgenommen, dorthin, wo es um den Willen zu sich selbst, um die Zustimmung zum Faktum des eigenen Seins zu tun ist: zu diesem Dasein, zum Dasein unter diesen Bedingungen, in diesem Umkreis, mitbestimmt von diesen bestimmten Verhältnissen, Beziehungen und Umständen, ausgezeichnet durch alle Mühen um seine personale Ausformung, aber auch beschwert von allen Fehlentscheidungen, durch die es gegen sich selbst verstieß. Damit ist aber auch schon angedeutet, daß es in dieser Geschichte keine reinen „Täter" und „Helden" gibt, sondern nur Betroffene, die sich immer wieder aus ihren größeren oder kleineren Niederlagen erheben und so versuchen, von ihren Möglichkeiten den jeweils besseren Gebrauch zu machen.

Das Zeitbild

Ein Faktor, der maßgeblich in diese Geschichte hineinspielt, wurde bisher nur beiläufig behandelt: die *Welt*, verstanden als die Summe aller vorgegebenen Bedingungen und Verhältnisse, unter denen sich ein Menschenleben abspielt. Wenn man sich vergegenwärtigt, daß die dem Menschen zugewandte Seite dieser Welt „Gesellschaft" heißt, braucht kaum noch begründet zu werden, daß die Sache des Menschen ohne Berücksichtigung dieses Faktors „Welt" nicht hinlänglich verhandelt werden kann. Im Grunde liegt schon in der Vokabel „Sinn" ein unübersehbarer Hinweis auf die welthaften Gegebenheiten, unter denen sich die menschliche Sinnfindung vollzieht. Wer nach dem Sinn seines Lebens fragt, erwartet keine ausformulierte Antwort. Denn der Sinn eines Menschenlebens kann von keiner Formel umschrieben und nicht auf einen Begriff festgelegt werden. Der Sinnfrage liegt vielmehr, wie der Blick auf die biblische Urgeschichte zeigte, die Suche nach dem Ort der ursprünglichen Geborgenheit zugrunde. Wer nach dem Sinn seines Lebens Ausschau hält, will wissen, wo er hingehört und zu Hause ist. Insofern sind mit dem Sinn eines Menschenlebens die mit seiner Welt gegebenen „Rahmenbedingungen" immer schon mit erfragt. Wie aber steht es um diese konkrete Welt, die uns ebenso fordert wie bedrückt, ebenso beheimatet wie ängstet?
Auf diese Frage gibt es eine Reihe von mehr oder minder radikal pessimistischen Antworten, angefangen von *Oswald Spenglers* Ankündigung ‚Der Untergang des Abendlandes' (von 1922), der sich *Guardini* mit der diffe-

renzierteren Prognose ‚Das Ende der Neuzeit' (von 1950) anschloß, bis hin zu *Max Picards* ‚Die Flucht vor Gott' (von 1935) und *Hans Sedlmayrs* ‚Verlust der Mitte' (von 1955). Im Blick auf sie würde sich die Diskussion im Grunde erübrigen; denn es ist sinnlos, sich angesichts eines sinkenden Schiffes noch Gedanken über die Funktionstüchtigkeit seiner Antriebsaggregate zu machen. Doch wenn man die Untergangsprognosen einmal auf sich beruhen läßt, zeichnet sich im Fall der zuletzt erwähnten Titelworte doch eine auffällige Gegenbewegung ab. So steht der Säkularismus, der zur vollständigen Abwendung von Gott zu führen schien, offensichtlich im Begriff einer wenn auch nur wenigen fühlbaren Umpolung. Und was den Verlust der Mitte anlangt, so ist zumindest im Feld des christlichen Glaubens eine konzentrative Bewegung zu verzeichnen, durch die er wie kaum einmal zuvor in seiner ureigenen Mitte Einkehr hält.

Das aber ist Grund genug, die Aufmerksamkeit der ungleich ausgewogeneren Zeitdiagnose zuzuwenden, die der späte *Sigmund Freud* in seinem Essay ‚Das Unbehagen in der Kultur' (von 1930) stellte. Für ihn ist die technische Entwicklung der Zeit – und dabei hatte er lediglich Telefon, Mikroskop, Teleskop und Photographie vor Augen – durch die erstaunliche Tatsache gekennzeichnet, daß uralte Menschheitsträume Zug um Zug in Erfüllung gehen. Um es im Blick auf den gegenwärtigen Stand dieser Entwicklung zu sagen: in der Freisetzung der Kernenergie der Mythos vom himmlischen Feuer des Prometheus, in der Raumfahrt und der Entsendung von automatischen Sonden bis über die Grenzen des Planetensystems hinaus der Traum von der Sternenreise, in der Herztransplantation der Märchentraum vom „Kalten Herzen" (*Hauff*). Die Spitze dieses „babylonischen Turms" bilden jedoch zwei Hervorbringungen der Hochtechnologie, die in ihrem inneren Zusammenhang noch längst nicht hinreichend erfaßt worden sind: der durch die Gentechnik ermöglichte Griff des Menschen nach seiner eigenen Evolution und die durch den atomaren „overkill" heraufbeschworene Möglichkeit, das bisher dem geschichtsmächtigen Gott vorbehaltene Weltende in menschliche Regie zu nehmen. Nicht umsonst spricht Freud in diesem Zusammenhang davon, daß der heutige Mensch im Begriff steht, mit Hilfe dieser „technischen Prothesen" ein göttliches Attribut nach dem andern an sich zu reißen und so, wie er ironisch sagt, den Rang eines „Prothesengottes" einzunehmen[12].

In dieser Ironie steckt jedoch bitterer Ernst. Denn dieselbe Technik, der es gelang, Menschen auf den Mond und Raumsonden zu den äußeren Planeten zu entsenden, zeigt sich außerstande, der periodisch auftretenden Dürre- und Überschwemmungskatastrophen dieser Erde Herr zu werden oder auch nur ein funktionstüchtiges Frühwarnsystem gegenüber Erdbeben und Vulkanausbrüchen zu entwickeln. Das läßt diese Technik in einem seltsam gebrochenen Verhältnis zum Menschen erscheinen. Sie hat es, vereinfachend gesprochen, mehr mit dem *träumenden* als mit dem *leidenden* Menschen zu tun. Was sie leistet, kommt mehr den utopischen Wünschen als den konkreten Bedürfnissen der Menschheit zugute. Ungeachtet dieser Einseitigkeit läßt sich aber doch sagen, daß es der technischen Entwicklung, wenngleich auf einem relativ schmalen Sektor, gelungen ist, die Distanz von *Utopie und Wirklichkeit* signifikant zu verringern. Wenn man hinzunimmt, daß im selben Maß, wie sich uralte Menschheitsträume erfüllen, gleich alte Menschheitsängste fortbestehen, und daß gerade durch die Hochtechnologie unserer Zeit die alten Schrecken um neue Gefahren und Bedrohungen vermehrt wurden, wird man eine im Vergleich zu *Spengler* und den ihm nahekommenden Diagnostikern optimistischere, im Vergleich zu *Freud* jedoch pessimisterischere Zeitdiagnose wagen können. Im Versuch, die Vergünstigungen mit den Gefährdungen auszubalancieren, wird man dann von einer *utopisch-anachronistischen* Zeit zu sprechen haben. Utopisch ist sie, sofern sie darauf ausgeht, die „Sterne" vom Himmel der Wunschträume auf den Boden der irdischen Realität herabzuholen; doch wirkt sie nicht weniger anachronistisch, weil sie von dieser Höhe immer wieder auf alte, unbewältigte Problemfelder zurückfällt. Wir sind, anders ausgedrückt, dem Himmel der Utopien nähergekommen; gleichzeitig aber ist der Boden, auf dem wir stehen, brüchiger geworden. Das Leben wurde – von den kulturdefätistischen Zeitgenossen freilich unbemerkt – in vielen Hinsichten reicher; nur wurde es dadurch nicht auch verläßlicher.

Fast unmerklich ging die kosmische Perspektive damit in die anthropologische über. Tatsächlich kann ein Zeitalter, das gleichzeitig so weit in die Ferne des Zukünftigen vorstößt und auf uralte Notstände zurückfällt, das also gleichzeitig so progressiv und rückschlägig wirkt, nicht ohne Folgen für den Menschen bleiben. Es wird ihn mit seinen Tendenzen der Selbstüberschreitung stimulieren, nicht weniger aber auch unter sein eigenes Niveau drücken und ihm so seinen zwiespältigen Charakter aufprägen. Daß es sich tatsächlich so verhält, läßt sich durch zwei Buchtitel verdeutlichen, die in zehnjähriger Abfolge nach der Jahrhundertmitte erschienen. Zunächst sprach der spanische Kulturphilosoph *Ortega y Gasset* ‚Vom Menschen als dem utopischen Wesen' (von 1951); dem ließ der umstrittene Publizist *Günther Anders* seine Betrachtung über ‚Die Antiquiertheit des Menschen' (von 1961) folgen. In diesen Titeln spiegelt sich der Zwiespalt der Zeit auf dem Gesicht des in sie hineingestellten Menschen. Dem Zeitbild entsprechend erweist er sich als das *utopisch-antiquierte* Wesen. Aufs neue kann er sich – im Sinn des alten Mikrokosmosgedankens – als eine individuelle Kurzform der Welt begreifen, jedoch nur noch so, daß er zugleich von ihrem Widerstreit gezeichnet ist. Doch gerade so entspricht es dem neuen Welt- und Lebensgefühl, das sich seit geraumer Zeit breiter Bevölkerungsschichten bemächtigte. Zwar hat die Welt für sie nicht aufgehört, das von der astrophysikalischen Forschung immer umfänglicher erschlossene Universum zu sein: ein System auseinanderstiebender Galaxien, in deren Fluchtbewegung die unvorstellbare Wucht der Urexplosion nachwirkt. Doch handelt es sich dabei um die vom Menschen abgewandte Seite des Universums, während er die ihm zugewandte Seite als die geschichtliche Welt der „Gesellschaft" erfährt. Und von ihr fühlt er sich weit mehr gefährdet als gefördert, unter einen oft unerträglichen Leistungsdruck gesetzt, offenen und geheimen Zwängen unterworfen und dadurch in seinem Selbstwert bedroht. Kaum daß er noch mit einem Seitenblick die Vergünstigungen der demokratischen Gesellschaftsordnung würdigt: die ihm verfassungsrechtlich garantierte Freizügigkeit, die freie Meinungsäußerung und das Recht, die politischen Verhältnisse mitbestimmen zu können. Was er statt dessen vor Augen hat, ist die gespenstische Gegenwelt von *Kafkas* Todes-Bürokratie, von *Orwells* ‚Big Brother' und einer total manipulierten Zukunft, wie sie *Huxley* in seiner ‚Brave New World' beschrieb. Und die Theoretiker seiner Lebenswelt lassen auch keinen Zweifel daran, daß in diesen dichterischen Phantasien nur zum Ausdruck kommt, was tendenziell bereits ins Werk gesetzt ist. Darin kommt *Heideggers* Analyse der von der anonymen Diktatur des „Man" beherrschten Alltäglichkeit mit *Gehlens* Beschreibung der vom Erfahrungsverlust bedrohten „Seele im technischen Zeitalter" und diese mit *Riesmans* Bild des „außengeleiteten" und zugleich in der Massengesellschaft vereinsamten Menschen überein.

Es fällt auf, daß diese Analysen mit wachsender Eindringlichkeit auf die Probleme der *totalen Mediengesellschaft* hinweisen. Am klarsten sah das der amerikanische Medientheoretiker *Neil Postman,* als er warnend darauf hinwies, daß nicht so sehr diejenigen zu fürchten seien, die Bücher verbrennen und die Wahrheit unterdrücken, als vielmehr diejenigen, die den Menschen das Bücherlesen abgewöhnen und die Wahrheit in einem Meer von Belanglosigkeiten untergehen lassen. Tatsächlich hat sich die Gesellschaft in den Medien das bisher perfekteste Instrument der Bewußtseinssteuerung geschaffen. Denn die Medien entwickeln eine Tendenz, mit dem für sie anfälligen Rezipienten zu einer „technischen Symbiose" zusammenzuwachsen. Der Mensch, der im Begriff steht, sich fallenzulassen, findet in ihnen die seiner Anfälligkeit entgegenkommende Entsprechung. Sie leihen ihm ein Auge, mit dem er buchstäblich die ganze Welt überblickt, nur daß es sich dabei nicht um die Bilder seiner Wahl, sondern um die einer Fremdregie handelt, die sein Sehen nahezu in ein manipulatorisches Gesehensein verwandelt. Was auf diesem Weg entsteht, ist eine förmliche „Medienabhängigkeit", die in ihrer gefährlichen Nähe zur Drogenabhängigkeit nur deshalb nicht erkannt wird, weil sie sich im Gegensatz zu jener der allgemeinen Duldung erfreut. Denn am Ende steht tatsächlich der „außengeleitete" und fremdbestimmte Mensch, der wie *Büchners* ‚Lenz' dahinlebt, weil er es längst verlernt hat, sein Leben aus eigener Entschlußkraft und Verantwortung zu gestalten. In der Lebensgeschichte des *Anselm von Canterbury,* dem die Nachwelt den Ehrennamen „Vater der Scholastik" gab, findet sich eine Szene, die diesen Tatbestand mit wahrhaft „traumwandlerischer" Sicherheit umschreibt. In einem Traum sieht er Menschen aller Stände in einem schmutzigen Strom dahintreiben, die aber zu seiner Verwunderung diesem Zustand nicht zu entrinnen suchen, sondern das Schmutzwasser gierig in sich hineinschlingen. Auf seine Frage nach der Bedeutung dieses Traumes wird ihm erklärt:

Wundere dich nicht: es ist der Wirbelstrom der Welt, den du siehst. In ihn werden die Weltmenschen hineingerissen, und sie lassen sich von ihm treiben[13].

Das Existenzgewissen

Noch einmal kam es zu einer fast unmerklichen Verschiebung der Perspektive. Ging es zunächst um die Bestimmung der Welt, so steht nun wieder die Geschichte des Menschen mit sich selbst im Vordergrund. Nun gehört zu jeder Geschichte ein Chronist. Was nicht aufgezeichnet wird, schlägt auch nicht zu Buch. Im Fall der menschlichen Binnengeschichte kann es sich bei dem gesuchten Chronisten nur um jenes innere Organ handeln, das den Grad der gelungenen oder verfehlten Selbstverwirklichung registriert und als solches die Garantie dafür bietet, daß auch der in Zustände des Selbstzerwürfnisses und der Selbstentfremdung geratene Mensch wieder zu sich findet. Aber gibt es ein derartiges Organ? Beim Versuch, diese Frage zu beantworten, kann die Erinnerung an *Kants* Durchleuchtung der philosophischen Forschungsfelder hilfreich sein. Für ihn können die drei Grundfragen auf eine letzte zurückgeführt werden: Was ist der Mensch? Genauso verhält es sich mit den Formen des *Gewissens*. Gemeinhin rechnen wir nur mit einer Gewissensform, der *ethischen*, die uns meistens nur in der kritischen Abwandlung des „schlechten Gewissens" vertraut ist. Nur zu gut kennen wir die Einsprüche, die unser besseres Ich erhebt, wenn wir von der sittlichen Norm abgewichen oder andern etwas schuldig geblieben sind. Doch läßt sich das Gewissensphänomen nicht auf diese eine, wenngleich allbekannte Form einschränken. Denn wir kennen sehr wohl auch Regungen eines *kognitiven* und *ästhetischen* Gewissens, auch wenn sich dafür andere Bezeichnungen eingebürgert haben. So sagen wir von einem für ästhetische Werte feinfühligen Menschen, er habe einen guten „Geschmack", während wir einem Banausen einen entsprechend „schlechten Geschmack" attestieren. Beidemale bringen wir damit etwas zum Ausdruck, das nichts mit der größeren oder geringeren kunsthistorischen Bildung zu tun hat: vielmehr meinen wir das Feingefühl, das dem einen zur sofortigen Unterscheidung von Kunst und Kitsch verhilft, während der andere trotz aller Bemühung in dieser Frage unsicher bleibt. Und „Geschmack" im Sinn einer Gewissensfunktion kommt auch ins Spiel, wenn wir schon beim ersten Blick die Qualität eines Gedichts oder schon beim ersten Hören den Rang einer Komposition erfassen.
Gleiches gilt von der kognitiven Gewissensfunktion, die wiederum nichts mit Wissen und Bildung, um so mehr jedoch mit dem Grundverhältnis zur Wahrheit zu tun hat. Wir sprechen in diesem Fall von einem „guten" oder „verkehrten" Urteil. Und wir meinen damit so etwas wie einen „Instinkt" für die Wahrheit, der im einen Fall hochentwickelt, im andern getrübt ist. Auch hierfür bietet die Erinnerung an das ‚Dritte Reich' sprechende Beispiele. So gab es damals eine Menge von Gebildeten und Gelehrten, die trotz ihrer Qualifikation der Verführung durch das Regime erlagen, wäh-

rend einfache Menschen, die sich durch ihr „gutes Urteil" gewarnt sein ließen, eine unüberwindliche Abneigung empfanden und kompromißlos auf ihrer Position beharrten. Wenn *Fichte* meinte, daß sich die philosophische Überzeugung daran entscheide, was einer für ein Mensch sei, blickt er damit in dieselbe Richtung. Denn offensichtlich gibt es so etwas wie ein menschliches Grundverhältnis zur Wahrheit, vermutlich sogar eine Disposition für den jeweiligen Weg der Annäherung an sie. Das aber heißt, daß das Gewissensphänomen breiter gefächert ist, als wir gemeinhin annehmen, und daß wir ihm erst gerecht werden, wenn wir nicht nur mit einem ethischen, sondern auch mit einem ästhetischen und kognitiven Gewissen rechnen. Ist damit in dieser Frage aber auch schon das letzte Wort gesprochen?

Diese Frage stellen, heißt sie verneinen. Wie *Kant* hinter den philosophischen Grundfragen eine letzte, die anthropologische, entdeckte, läßt sich auch hinter den drei Gewissensformen eine weitere ausfindig machen, in der es um das Verhältnis des Menschen zu sich selber geht. Es handelt sich um das „*Existenzgewissen*", das über die Geschichte des Menschen mit sich selber wacht. Demgemäß gibt es mit der Unbestechlichkeit einer Gewissensreaktion Auskunft über das, was ein Mensch aus sich selbst gemacht hat, wieweit er es bei der Lösung der sich ihm in seiner Existenz stellenden Aufgabe brachte. Es registriert ebenso die Taten seiner Selbstverwirklichung, die Mühen seiner Selbstbehauptung gegen den Trend der breiten Masse, wie die Niederlagen, die er sich dadurch zuzieht, daß er sich diesem Trend überläßt und den Weg des geringeren Widerstands geht. So bildet es die innerste Zitadelle, in der ein Mensch seinen eigenen Niedergang überlebt, und in der er ebensosehr seinen Weg zu sich selbst überwacht. Es trifft sich fast wunderbar, daß in diesem Zusammenhang noch einmal das Zeugnis des Kusaners in Anspruch genommen werden kann. Es entstammt, erstaunlicher noch, wiederum der Schrift, in der er seine schwierige Unendlichkeitslogik den ihm befreundeten Mönchen vom Kloster Tegernsee verständlich zu machen suchte, der Meditation ‚Vom Sehen Gottes'. An zentraler Stelle vermerkt er dort den Zuspruch, der in der Herzenstiefe an einen jeden Menschen ergeht und ihn zur Aneignung seiner selbst bewegt. Wie es dem Mystiker des ausgehenden Mittelalters naheliegt, gibt er diesem Zuspruch eine religiöse Deutung, so daß er in ihm die in der Herzenstiefe erklingende Gottesstimme zu vernehmen glaubt. Wörtlich versichert er:

Du sprichst in mein Herz hinein: Sei dein eigen, dann bin auch ich dein eigen (Sis tu tuus, et ego ero tuus)![14]

Klarer könnte kaum noch gesagt werden, was es mit dem Existenzgewissen auf sich hat. Denn im selben Maß, wie es den Menschen zu sich selber aufruft, erhebt es Einspruch gegen alles, was ihn von sich selber abhält und in die Gefahrenzone der Selbstentfremdung geraten läßt. Wenn man sich vergegenwärtigt, in welchem Umfang die repressiven und persuasiven Tendenzen unserer Lebenswelt darauf gerichtet sind, dem Menschen seine personale Würde auszureden und ihn auf die Schiene einer schablonisierten Eindimensionalität zu bringen, kann die Bedeutung dieser Gewissensform nicht hoch genug veranschlagt werden. Alles ist dann daran gelegen, daß diese Stimme vom Lärm des Alltags nicht übertönt und mit ihrem unmißverständlichen Spruch, so unbequem er auch sei, nicht überhört wird. Denn es ist die Stimme, durch die unser besseres Ich zu uns spricht; der Spiegel, der uns das Bild dessen entgegenhält, den wir aus uns machen sollen.

Die Akzeptanz

Das Sein ist die Basis des Sollens; das Sollen die Gegenprobe zum Sein. Was es mit der inneren Geschichte des Menschen auf sich hat, klärt sich deshalb vollends erst, wenn sie nun abschließend auch noch in die Sprache der sittlichen Verwirklichung umgesetzt wird. Zwar zeigte sich beim Durchgang durch die Stadien der Binnengeschichte, wie sehr *Heidegger* mit seiner Ansicht Recht hat, daß man die Frage des Seins nicht verhandeln kann, ohne dabei nicht auch schon die des Sollens zu berühren, daß also die Ethik in und mit der ‚Ontik‘ vorentschieden wird. In diesem Zusammenhang war von Siegen und Niederlagen, Taten und Unterlassungen die Rede. Indessen handelt es sich dabei doch nur um den Grundriß dessen, was jetzt zur Diskussion steht. Denn dort, wo es um die ‚Tat‘ der Selbstverwirklichung und damit um das personale Antlitz des Menschen geht, ist er mit seinem ganzen Einsatz, insbesondere aber auch mit dem seines sittlichen Willens, gefordert. Umgekehrt könnte man schwerlich davon sprechen, daß ihm die Lösung der sich ihm mit seinem Dasein stellenden Aufgabe wirklich „geglückt" sei, wenn er sich ihr nicht auch aus ethischen Motiven unterziehen würde. Doch worin bestehen sie?
Zweifellos in der *dreifachen Verantwortung* des Menschen! In seiner Verantwortung gegenüber Gott, gegenüber seinesgleichen und gegenüber sich selbst. Um die *erste* Verantwortlichkeit in den Blick zu bringen, wird man sich wiederum daran erinnern müssen, daß die Kultivierung des personalen Selbstseins zu den ausgesprochenen Vergünstigungen des abendländischen Kulturkreises gehört. Weder im afrikanischen noch im asiatischen Kulturkreis, von dessen Versenkungsmethoden sich eine wachsende Anzahl von Christen spirituelle Förderung erwartet, hat die menschliche Person einen Stellenwert, der dem ihr von der abendländischen Denktradition zugemessenen nahekommt. Sofern das individuelle Ich dort überhaupt zum Thema wird, geschieht es zum Ziel seiner Auslöschung, nicht aber seiner Auferbauung und Ausgestaltung. Gerade darauf aber ist seine Wertschätzung im abendländischen Denken gerichtet, das diese Ausrichtung schon den Impulsen des jüdischen Prophetismus, vor allem aber der Lebensleistung Jesu verdankt. Seiner Lehre entstammt auch der Begriff der Gotteskindschaft, mit dem der Mensch zu seiner höchsten per-

sonalen Möglichkeit aufgerufen ist. So ist es also letztlich der christliche *Gottesbegriff,* an dem der Mensch zu seiner Personwürde erwacht, durch den er sich aber auch seiner Verantwortung für dieses einzigartige Privileg bewußt wird. Denn zur menschlichen Person, wie sie das Christentum meint und kultiviert, gehört das Moment ihrer *Unvertretbarkeit und Unersetzlichkeit.* „Was nützt es dem Menschen, wenn er die ganze Welt gewinnt", sagt ein bekanntes Herrenwort, „aber an seiner Seele" – und gemeint ist damit seine unverletzliche Personwürde – „Schaden nimmt" (Mt 16,26); und der weniger bekannte Fortgang des Spruches fügt hinzu: „Oder was kann der Mensch als Ersatz für seine Seele geben?" In diesem Wort tritt der Gott Jesu Christi mit einer einzigartigen Forderung an uns heran. Sie betrifft keine besondere Leistung und schon gar nichts nach Art eines Opfers, sondern etwas, was man noch am ehesten mit dem Begriff ‚Entgegenkommen' umschreiben kann. Wir sollen ihm so entgegentreten, wie es seiner Liebeszuwendung entspricht: bereit und entschlossen zu uns selbst, gesammelt zu dem, was wir nur durch ihn sein können, Aug in Aug mit dem, der sich einem jeden von uns so zuwendet, als gebe es für ihn nur diesen einen in aller Welt. *Guardini* sprach von dem „neuen Ernst", der durch diesen Gottesglauben in das Selbstverständnis des abendländischen Menschen eingetragen worden sei. Mit mindestens gleichem Recht könnte man von dem unvergleichlichen Glück sprechen, mit dem dieser Glaube den Menschen überschüttet: vom Glück des *geglückten Selbstseins!*

In einer vergleichbaren Verantwortung stehen wir aber auch gegenüber unseren *Mitmenschen.* Gewiß, wir schulden ihnen unsere Leistung, unseren beruflichen Einsatz, unsere Anteilnahme an ihrem Geschick, unser verstehendes Wort und unsere helfende Tat. Und wir schulden ihnen dies wirklich, weil wir in einem viel tieferen Sinn auf sie angewiesen sind, als es uns gemeinhin bewußt wird. Was wir wissen, stammt zum geringsten Teil aus eigener Forschung und Erkenntnis, dagegen fast ganz aus dem, was andere vorgedacht und was wir durch sie gelernt haben. Nicht anders verhält es sich mit unserem Selbstgefühl: denn wir wären in eine Kältehölle verloren, wenn wir nicht vom Interesse und Mitgefühl der anderen leben würden, auch wenn wir diesen „Zustrom" in der Regel kaum wahrnehmen und uns, sicher zu Recht, über die unterkühlte Atmosphäre der heutigen Lebenswelt beklagen. Daß wir jedoch unter dieser Unterkühlung leiden, hat seinen eindeutigen Grund darin, daß wir uns viel zu selten persönlich exponieren und „vergeben". Die Funktionalisierung des gesellschaftlichen Zueinander hat es dahin gebracht, daß der Transfer der Leistungen reibungslos abläuft. Kaum ein Bedürfnis, das nicht befriedigt, kaum ein Anspruch, der nicht erfüllt wird. Und doch bleiben wir einander in alledem das Wichtigste schuldig – *uns selbst!* Daher die depressive Stimmung, die alles wie mit einem Grauschleier überzieht: daher das tiefsitzende Unbehagen, das keine Lebensfreude aufkommen und jede Verunsicherung in Angst und Panik ausufern läßt. Wenn sich daraus keine kollektive Neurose entwickeln soll, muß das mitmenschliche Verantwortungsbewußtsein neu geweckt werden. Es gilt, ein Gefühl dafür zu entwickeln, daß der

Anspruch, den der Mensch an den Mitmenschen erhebt, mit keiner noch so perfekten Leistung erfüllt ist, solange in der Leistung nicht ein Element von Selbstzuwendung mitschwingt. Zur Einübung dieser „integrierten Mitmenschlichkeit" aber könnte das Wort verhelfen, mit dem *Martin Buber* seine Erörterung ‚Urdistanz und Beziehung' (von 1951) beschließt:

> *Das Tier braucht nicht bestätigt zu werden, denn es ist, was es ist, unfraglich. Anders der Mensch: aus dem Gattungsreich der Natur ins Wagnis der einsamen Kategorie geschickt, von einem mitgeborenen Chaos umwittert, schaut er heimlich und scheu nach einem Ja des Seindürfens aus, das ihm nur von menschlicher Person zu menschlicher Person werden kann; einander reichen die Menschen das Himmelsbrot des Selbstseins*[15].

Wie aber steht es mit der *Selbstverantwortlichkeit* des Menschen, mit der Gefahr, sich an sich selbst zu vergreifen und der Möglichkeit, derartigen Fehlgriffen zuvorzukommen? Es war der schon wiederholt angesprochene *Guardini*, der sich in seiner Reflexion ‚Die Annahme seiner selbst' (von 1960) diesem Problemfeld stellte und Entscheidendes zu seiner Klärung beitrug. Für ihn beginnt die Lösung mit der Einsicht in den Anlaß des existentiellen „Fehlverhaltens", also in das sich bisweilen zum Widerwillen steigernden Unbehagen des Menschen gegenüber dem, was er faktisch ist. Er könne das Gefühl haben, in dieses ihm zugewiesene „Sein" eingeschlossen, ja sogar mit ihm betrogen worden zu sein. Denn er möchte sich und seine Lebensumstände anders, als er sie tatsächlich vorfindet. Hier nun muß der sittliche Wille einsetzen. Er muß versuchen, diesen „Mißmut" durch den *Mut zu sich selber* aufzuarbeiten. Damit ist der drohenden Weigerung Einhalt geboten und der entscheidende Schritt zur Einwilligung getan. Sie aber ist noch ohne klare Struktur. Die gewinnt sie erst, wenn sich zum Akt der förmlichen *Akzeptanz* verdichtet. Davon spricht Guardini schon im Titelwort: Annahme seiner selbst!
Mit dieser Formel gelang es ihm, ein zweites Mal in das geistige Zeitgeschehen einzugreifen. Zum ersten Mal hatte er dies mit der Wendung vom „Erwachen der Kirche in den Seelen" bewirkt, als er der durch die Niederlage des Ersten Weltkriegs aus der Bahn geworfenen Generation damit das Stichwort ihrer religiösen Identitätsfindung zurief. Mit der neuen Formel traf er – ebenso hilfreich wie genau – ins Zentrum der heutigen Existenznot. Doch bot er damit nicht nur die entscheidende Orientierungshilfe: vielmehr leistete er damit auch einen nicht minder wichtigen Beitrag zur Bereicherung des sittlichen Bewußtseins. Die Richtung hatte bereits *Max Scheler* mit seinem Aufruf zur ‚Rehabilitierung der Tugend' (von 1914) angegeben. Im Anschluß daran sprach sich *Josef Pieper* in seinen Schriften zur Tugendlehre insbesondere für die Erneuerung der klassischen Kardinaltugenden aus. Doch setzte er damit, gemessen am Krisenbewußtsein der Gegenwart, offensichtlich zu hoch ein. Denn bevor das ‚Viergespann' von Klugheit, Zucht und Maß, Gerechtigkeit und Starkmut in Bewegung

gesetzt werden kann, muß zunächst der Weg gebahnt werden. Das aber geschieht im Akt der von *Guardini* geforderten „*Annahme seiner selbst*". Sie ist die grundlegende *Kardinaltugend unserer Zeit*. Mit ihr widersteht der zu sich selbst entschlossene Mensch dem manipulatorischen Sog der Gesellschaft. Durch sie gewinnt das Dasein beides, Ernst und Freude. Mit ihr willigt die zu sich selbst erwachte Person des Menschen in die Aufgabe ein, die sich ihr schon vor jeder weiteren Bewährungsprobe mit ihrem Dasein stellt. Wenn diese Tugend Schule macht, brauchen wir um unsere Zukunft nicht mehr zu fürchten. Im Unterschied zu den klassischen Kardinaltugenden beginnt diese jedoch nicht mit einer menschlichen Selbstentschließung. Sie versteht sich vielmehr als Antwort und Entgegnung auf jenen Anruf, den *Nikolaus von Kues* in seiner Herzenstiefe vernahm und der einem jeden, der in sich hineinzuhören vermag, vernehmbar ist: Sei dein eigen!

Fallen wir ins Nichts?
Überlegungen zu einer Hermeneutik des Todes

„Sie fallen in die Tiefe" – so glaubte es ein schwedischer Funkamateur aus dem Zeichengewirr der Radiowellen herauszuhören, die er Nacht für Nacht nach angeblichen Stimmen aus dem Jenseits abhörte. Er verfuhr dabei genauso wie jene wissenschaftlichen und theologischen Dilettanten, die den Geheimnissen der Menschheit dadurch auf die Spur zu kommen suchen, daß sie ihre Entschlüsselung vom jeweils neuesten Stand der technischen Entwicklung erhoffen und so tun, als habe ausgerechnet das Atom- und Raumfahrtzeitalter den Schlüssel gefunden.[1] Aber die Toten bedienen sich zur Benachrichtigung der Lebenden so wenig der Radiowellen und damit der Mittel heutiger Technologie, wie sie in den Tagen des alternden und von Todesahnungen heimgesuchten Königs Saul von den Künsten einer Wahrsagerin Gebrauch machten.[2] Was der schwedische Radioamateur aus der vermeintlichen Äußerung aus dem Jenseits heraushörte, war – ganz unverkennbar – die Stimme seiner eigenen Angst. Denn eben das ist die Befürchtung, die uns beim Gedanken an den Tod befällt: daß wir ins Nichts fallen, daß am Ende ein bodenloser Abgrund auf uns wartet, und daß es für uns keine Chance der Rettung in diesem dunklen Endereignis unseres Lebens gibt.

Gesteigert wird diese Angst noch dadurch, daß der christliche Unsterblichkeitsglaube bei vielen aus ganz unterschiedlichen Gründen im Schwinden begriffen ist. Bei den einen deshalb, weil sie sich ein zweigeteiltes Menschsein in dem Sinn, daß die Seele weiterlebt, während der Leib zerfällt, aufgrund ihres Menschenbildes oder auch der Einsicht in den psychophysischen Lebenszusammenhang nicht vorstellen können. Bei den anderen deshalb, weil sie sich von der modernen Theologie darüber belehren ließen, daß vieles, was in der Bibel von einem jenseitigen Zustand zu sprechen schien, lediglich als Verbildlichung diesseitiger Probleme und Aufgaben gemeint ist. Bei einer dritten Gruppe einfach deshalb, weil ihnen die Auskünfte des Glaubens und der Religion als durchsichtige Vertröstung vorkommen, die eher von der harten Lebenswirklichkeit ablenken, als daß sie zu ihrer Bewältigung verhelfen; denn dafür, so meint dieser Einwand, komme der Unsterblichkeitsglaube eindeutig zu spät, wenn er sich auf die Formel der Totenpräfation zurückzieht: „Wenn auch das Gehäuse unseres irdischen Lebens in Staub zerfällt, steht für uns doch eine ewige Wohnung im Himmel bereit." Denn wie könne man den Zerfall des Alten und die Auferbauung des Neuen sinnvoll zusammendenken? Müßte sich die Chance eines Fortlebens, wie sie hier behauptet wird, nicht früher, also schon im Sterben, eröffnen, wenn sie gerade auch für den modernen Menschen glaubhaft werden soll? So wächst auch unter Christen insgeheim die Befürchtung, daß im Tod nicht etwa das Leben, sondern das Nichts das letzte Wort behält.

Der Gedanke an den Tod

Man mag diese Entwicklung bedauern, sie womöglich sogar als ein besonders bedenkliches Symptom für den Verfall der Glaubenskraft ansehen. Dennoch hat sie, wie viele Krisenerscheinungen auch ihr Gutes. Denn bei Licht betrachtet, war die bildhaft ausgemalte Jenseitshoffnung, mit der sich viele Christen trösteten, für sie doch insgeheim auch ein besonders griffiges Mittel, sich dem Todesgedanken zu entziehen. Der Tod, so scheint es, war lediglich das dunkle Tor zu einem lichten Neubeginn, das dieses Zieles wegen zwar durchschritten werden mußte, bei dem man sich aber nicht länger aufzuhalten brauchte. Zwar kam alles darauf an, sich möglichst gut auf die Sterbestunde vorzubereiten; doch konzentrierte sich das Hauptinteresse auf das, was danach kam. Am Tod selbst war nichts gelegen; es lohnte sich noch nicht einmal, über das Ereignis des Sterbens genauer nachzudenken und nach dem Sinn dieses Vorganges zu fragen.

Es konnte nicht ausbleiben, daß fragwürdige „Ersatzleute" aus dem Feld der Philosophie und der psychologischen Randszene in die Bresche sprangen und über das Sterben teils schockierende, teils phantastische Auskünfte gaben. Schockierend wirkte vor allem die existenzphilosophische Auskunft, das ganze Leben sei ein fortgesetztes Sterben, ein Vorlaufen in den Tod, der vom äußersten Ziel her das Ganze bestimme und so den Menschen zu einer höchsten Selbstverantwortung rufe. Denn hier wird dem Tod eine Rolle zuerkannt, die, wie dann die Kritik auch deutlich genug anmerkte, im Grunde nur Gott zukommt.[1a] Um so phantastischer muten die Gespräche mit angeblich Sterbenden oder aus der bereits eingetretenen Todesstarre Zurückgeholten an, die von einem wohligen Entrücktsein, wenn nicht gar von ihrem Widerwillen gegen die ihnen zugemutete Rückkehr zu berichten wissen. Das aber ist so offensichtlich auf eine Verharmlosung des Todes angelegt, daß sich diese angeblichen „Protokolle" nur allzu rasch als Produkte der menschlichen Selbstillusionierung entlarven. Hier wie dort handelt es sich somit um Strategien, die unter dem Anschein besonders intensiver Beschäftigung mit dem Tod in Wirklichkeit das Werk seiner Verdrängung betreiben: im ersten Fall dadurch, daß er nach Art eines Integrationsfaktors ins Lebensganze einbezogen wird; im zweiten Fall durch den Versuch, ihn in eine illusionäre Traumwelt zu entrücken. Wer aber so verfährt, gerät in den Verdacht, daß er sich selbst um das tiefste Lebensgeheimnis betrügt und, sofern er Christ ist, sich überdies in einen deutlichen Gegensatz zu den biblischen Schriften und damit zu den Quellen des Christentums bringt. Denn schon beim Lesen der Psalmen wäre er auf die erstaunliche Bitte gestoßen:

Lehre uns unsre Tage zählen, damit wir zur Weisheit des Herzens gelangen. (90,12)

Aber hat es denn überhaupt einen Sinn, sich auf den Tod, der doch nach aller Erfahrung soviel wie Ende, Abbruch und Vernichtung bedeutet, genauer einzulassen? Die Antwort ergibt sich im Grunde schon durch den existenzphilosophischen Gedanken, daß der Tod – mit dem ominösen Ausdruck Heideggers gesprochen – zur „Eigentlichkeit" des Daseins verhelfe. Erst recht aber ergibt sie sich durch die Kühnheit, mit der die Bibel dem, der seine Tage zählen und sich damit dem Todesproblem stellen lernte, die Weisheit des Herzens in Aussicht stellt. Und dieses Schriftwort wiegt um so schwerer, als es nur den Auftakt zu jener umfassenden Todesbesinnung bildet, um die es der Bibel von ihrem ersten bis zum letzten Buch zu tun ist, angefangen also von dem Gotteswort an den ersten Menschen: „Denn Staub bist du, und zum Staub mußt du zurückkehren" (Gen 3,19), bis hin zu dem gewaltigen Schlußstrich, den die Apokalypse mit den Worten zieht: „Der Tod und die Unterwelt aber wurden in den Feuersee geworfen." (20,14)

Um der Bibel auf dieser Bahn zu folgen, bedarf es freilich einer erheblichen Anstrengung. Denn der Gedanke an den Tod liegt dem Menschen nicht nur deswegen fern, weil er am Leben hängt; er wird von ihm auch durch den heutigen Zivilisationsbetrieb mit allen Mitteln ferngehalten. Längst schon haben es die Kritiker des Zeitalters durchschaut, daß es mit seinen Hervorbringungen unablässig um die Verdrängung des Todes bemüht ist und, wo dies nicht gelingt oder angeht, eine ausgesprochene „Todeskosmetik" betreibt. In den Todesanzeigen kommt bekanntlich das Schlüsselwort „Tod" so gut wie niemals vor. Die Friedhöfe, die einst mit der Kirche zusammen das Zentrum der Siedlungen bildeten, sind weit an den Rand unserer Städte hinausgerückt und weithin nach dem Modell von Parkanlagen gestaltet. In seinem Roman „Tod in Hollywood" hat *Evelyn Waugh* die absurden Auswüchse dieser Todeskosmetik ironisch in Szene gesetzt. Und er hat damit *Rilke* recht gegeben, der die „letzte Planke" unserer Lebenswelt mit Plakaten behängt sieht, auf denen das Wort „todlos" geschrieben steht. Es gilt, dieser trügerischen Verheißung und dem, was in ihr zum Ausdruck kommt, zu widerstehen, wenn der Tod wirklich zu Wort kommen soll. Doch wenn dies gelingt: was hat er dann zu sagen?

Schrecken und Trost

Aber gibt es denn überhaupt so etwas wie eine „Botschaft" des Todes? Meldet sich dieser ungebetene Gast nicht vielmehr ganz anders: unerwartet, unangemeldet, in Form eines jähen Einbruchs, etwa dadurch, daß wir plötzlich die Anzeichen einer Todeskrankheit an uns entdecken oder daß ein Mensch, der in einem ganz persönlichen Sinn zu uns gehörte, unversehens von unserer Seite gerissen wird? Ist das nicht sogar die Normalform unserer Konfrontation mit dem Tod? Kommt uns der Gedanke an ihn nicht überhaupt durch die Erfahrung fremden Sterbens? Wer so denkt, muß freilich eine Erklärung dafür anbieten, daß wir vom Sterben anderer auf unser eigenes schließen und beides mit dem Begriff „Tod" belegen. Doch dazu reicht keine Herleitung wirklich aus; denn es käme vermutlich weder zu dem spezifisch subjektiven Rückbezug noch zu der Begriffsbildung, wenn wir nicht einen dunklen Bescheid um unser Sterbenmüssen immer schon in uns trügen, wenn uns also der Tod nicht doch etwas „zu sagen" hätte. Nur handelt es sich dabei um eine so schwer zu entziffernde Botschaft, daß es verdeutlichender Hilfen bedarf, wenn sie tatsächlich zur Kenntnis genommen werden soll.

Bevor man sich diese „Lesehilfe" von der Bibel geben läßt, sollte man auf das Zeugnis der Dichtung achten, in der die „vox humana", die Stimme des Menschlichen, mit am reinsten erklingt. Sie überrascht schon dadurch, daß im Grunde alle Dichtung – Todesdichtung ist, vor allem aber die Dichtung der Antike und der Gegenwart. Angesichts der Nähe des Dichterischen zum Religiösen wirkt es dabei durchaus folgerichtig, daß der Tod, wie sonst nur noch das Gottesgeheimnis, in einem eigentümlichen Hell-Dunkel erscheint. Im Spiegel der Dichtung ist der Tod ebensosehr der Vernichter wie der Tröster. Was über seine Schrecken zu sagen ist, kleidete *Novalis* in seinen „Hymnen an die Nacht" in ein packendes Bild. Während sich die Menschheit zum Fest des Lebens versammelte, trat der Tod wie ein „entsetzliches Traumbild... zu den frohen Tischen", und schon umhüllten „wilde Schrecken" das Gemüt der frohgestimmten Gäste. Und der Dichter kommentiert dieses Bild mit den Worten:

> *Zerbrochen war die Woge des Genusses*
> *am Felsen des unendlichen Verdrusses.*[3]

Doch das ist nur die ängstigende Außenseite der Todeswirklichkeit. Wer diese durchstößt, gelangt, fast übergangslos, in die windstille Mitte des Taifuns. In ihrer Schilderung begegnet die älteste Dichtung der jüngsten. So erzählt die Odyssee, wie ihr Held, der nur knapp dem Verderben entronnen ist, auf einmal den einschmeichelnden Gesang der Sirenen vernimmt, in denen ihm wiederum nichts anderes als der Tod, jetzt aber in einer unerwartet verlockenden, ja betörenden Gestalt entgegentritt. Und in *Hermann Brochs* Roman „Der Tod des Vergil" gewahrt der sterbende Dichter, der rückläufig die Stufen des göttlichen Schöpfungswerks durchmaß, mit seinem letzten Blick den Inbegriff des Friedens, der ihm aufscheint im Bild der himmlischen Mutter mit dem göttlichen Kind auf ihren Armen[4]. Damit aber hat der Todesgedanke auch schon aufgehört, den Menschen zu ängstigen und zu erschrecken. Wo ihn der Abgrund des Nichts zu verschlingen schien, tritt ihm das Bild der endgültigen Erfüllungsruhe und Geborgenheit entgegen. Ist das aber mehr als ein bloßes Wunschbild? Diese Frage lenkt den Blick endgültig auf das biblische Todeszeugnis zurück.

Nicht als sinke der Tod für die Bibel zu einer Belanglosigkeit herab! Zwar geht sie davon aus, daß Gott den Tod nicht geschaffen und keine Freude am Verderben der Lebenden hat; doch weiß sie sehr wohl, daß es ebenso eine Zeit fürs Geborenwerden wie eine Zeit fürs Sterben gibt, jene bittere Stunde, in der, mit den hochpoetischen Bildern des Buchs Kohelet gesprochen, „die goldene Schale zerspringt, der Krug an der Quelle zerschellt und das Rad am Brunnen zerbricht" (12,6). Doch weiß sie mit Hiob zugleich:

Dort stehen die Frevler ab von ihrem Grimm, dort finden Ruhe die Erschöpften.
Dort dürfen die Gefangenen rasten, sie hören nicht mehr auf des Fronvogts Stimme.
Dort ist der Arme gleich dem Reichen, der Sklave ist dort frei von seinem Herrn. (3,17ff)

So ist der Tod für die Bibel, die nichts von seiner Härte verschweigt, zunächst einmal der „Ort" des großen Ausgleichs, der aufgehobenen Pressionen, der überstandenen Lebensqual, der unwiderruflichen Ruhe. Dann aber kommt es, insbesondere in den neutestamentlichen Schriften, zu einer bestürzenden Umwertung, die an Kühnheit einzigartig dasteht. Es ist das Kreuz Christi, das für die Autoren dieser Bücher, allen voran für *Paulus*, zur Quelle der Inspiration und zum Hebel der Umwertung wird. Zwar stellt auch Paulus die bange Frage: „Ich unglücklicher Mensch – wer wird mich von diesem todverfallenen Leib befreien?" (Röm. 7,24); doch überblendet er diese Frage bald darauf durch die zweite, die wie kein anderes Wort den Geist der Todüberwindung atmet:

Wer wird uns trennen von der Liebe Christi? Trübsal oder Bedrängnis, Gefahr oder Schwert? Nein, ich bin gewiß, daß weder Tod noch Leben, weder Gegenwart noch Zukunft, weder Höhe noch Tiefe noch irgendein anderes Geschöpf uns trennen können von der Liebe Gottes, die in Christus Jesus ist, unserm Herrn! (Röm 8,31-39)

Und was dabei das Erstaunlichste ist: Hier wird der Tod weder verdrängt noch beschönigt, sondern im Vollbewußtsein seiner Zerstörungsmacht – überwunden. Denn der Sprecher dieser Sätze schaut nicht etwa, wie es bei den Christen üblich geworden ist, über den Tod hinweg oder gar an ihm vorbei; er blickt ihm vielmehr ins Gesicht, wenn er versichert, daß er sich seinem Zugriff entrückt und überhoben weiß. Damit greift er gleichzeitig auf das entscheidende Heilsereignis, auf die Todüberwindung in der Auferstehung Jesu, zurück und auf das letzte Kapitel der Menschheitsgeschichte, die Auferstehung der Toten, voraus. Im Bewußtsein seiner Lebensgemeinschaft mit Christus nimmt er das für sich in Anspruch, was an dem gekreuzigten Gottessohn geschah, als er dem Bekenntniswort des Hebräerbriefes zufolge „erhört und aus seiner Todesnot befreit wurde" (5,7). Und er nimmt zugleich das in sich vorweg, was für ihn das Erfüllungsziel aller Geschichte sein wird. Denn dieses besteht für ihn in dem umfassenden Sieg Christi über alles, was sich seinem Liebeswillen entgegenstellt. Denn:

Er muß herrschen, bis Gott ihm alle Feinde zu Füßen gelegt hat. Als letzter Feind aber wird der Tod vernichtet! (1 Kor 15,25)

Abgeschieden und befreit

Wenn das keine schöne, wenngleich religiös unterbaute Hoffnung bleiben, sondern zu einer wirklichen Lebenshilfe werden soll, muß es gelingen, diese gläubige Todüberwindung gedanklich nachzuvollziehen. Das ist weniger schwer, als es beim ersten Blick den Anschein hat. Denn sobald man einmal mit der gesellschaftlich verordneten Todesverdrängung bricht, wird man gewahr, daß uns der Tod ebenso unheimlich wie vertraut ist. Wir tragen ihn nicht nur als dunklen Bescheid immer schon in uns; vielmehr stehen wir mit ihm, schon aus biologischen Gründen, in einem stillschweigenden Einvernehmen. Schon *Augustinus* fragte, ob jemand, dem die Rückkehr in seine Kindheit angeboten würde, davor nicht mit allen Zeichen des Entsetzens zurückschrecken und lieber den Tod wählen würde, als von diesem Angebot Gebrauch zu machen. Und wer wäre nicht von diesem Schrecken schon berührt worden, wenn er umgekehrt von den Verheißungen der modernen Medizin hört, die ihm eine Lebensverlängerung um ein Vielfaches des gewohnten Lebensmaßes in Aussicht stellt?

Doch so erwünscht der Tod angesichts derartig sinnloser Wiederholungs- und Verlängerungskonzepte erscheinen mag, so hört unser Lebenswille doch nicht auf, sich gegen ihn aufzubäumen. Denn der Tod ist für uns nun einmal der Inbegriff der Negativität, der für uns soviel wie Verlust, Abbruch, Vernichtung und Katastrophe bedeutet. Mit ihm geht nicht nur alles zugrunde, was wir erarbeitet, geleistet und aufgebaut haben; und mit ihm entgleitet uns nicht nur das Lebenswerk, auf das wir alle Phantasie, Intelligenz und Energie verwendeten; mit ihm reißen auch sämtliche Lebensbeziehungen ab, die uns Halt, Sicherheit und Geborgenheit vermittelten. Im Tod, so scheint es nun wirklich, fallen wir unaufhaltsam und unwiderruflich in den Abgrund des Nichts. Mit der vermeintlichen Jenseitsstimme: „Sie fallen in die Tiefe", von der eingangs die Rede war, scheint im Grunde nun doch das letzte Wort über unser Ende gesprochen worden zu sein.

Doch in diesem Dunkel leuchtet, je länger man hineinblickt, ein unerwartetes Licht. Denn in aller Mühe und Anstrengung, die wir in die Lösung unserer Lebensaufgaben investierten, ersehnen wir letztlich doch jenen Zustand der Ruhe, von dem es in der Bach-Kantate „O Ewigkeit, du Donnerwort" heißt: „Es ist genug! Herr, wenn es dir gefällt, so spanne mich doch aus!"[5] Und was das Lebenswerk betrifft, so scheint seine Fruchtbarkeit so sehr an den Tod seines Schöpfers gebunden zu sein, daß darauf geradezu das johanneische Herrenwort angewendet werden kann: „Wenn das Weizenkorn nicht in die Erde fällt und stirbt, bleibt es allein; wenn es aber stirbt, bringt es reiche Frucht." (Joh 12,24) Ähnliches gilt schließlich auch von den Lebensbeziehungen, in die wir hineingeboren wurden oder die wir aus eigener Initiative knüpften: Sie halten uns nicht nur, sie binden uns auch. Und nicht selten werden sie zu einem regelrechten Netz, in das sich ein Menschenleben unentrinnbar verstrickt. Erfahrungen dieser Art stehen vermutlich hinter dem Psalmwort, das von der Tradition in kühner

Zuordnung den Opfern eines gewaltsamen Todes in den Mund gelegt wurde:

Unsere Seele ist entkommen wie ein Vogel aus der Schlinge des Jägers. Die Schlinge ist zerrissen, und wir sind frei! (Ps 124,7)

Dabei braucht man nicht einmal an die Verstrickungen durch ausweglos gewordene Lebensverhältnisse zu denken. Ausweglos und unerträglich wird das Leben bekanntlich auch für den, der sich am Ende seiner Möglichkeiten angelangt fühlt und keinen Weg zu einem Neubeginn mehr vor sich sieht. Dann kann es dazu kommen, daß sich der ganze Wille eines Menschen in dem Wunsch sammelt, aus dieser Enge herausgeführt und ein für allemal befreit zu werden. Doch damit hat sich das unerbittliche Gesicht des Todes auch schon entscheidend gemildert. Wo wir auf den Vernichter gefaßt waren, tritt uns der – große und endgültige – Befreier entgegen. Sowenig uns die Härte der von ihm verfügten Trennung erspart bleibt, mischt sich in den Schmerz um den unwiederbringlichen Verlust doch eine Verheißung ein. Und die lautet: „Die Schlinge ist zerrissen, und wir sind frei!"

Geborgen und vereint

Nichts wäre jetzt verkehrter, als auf halbem Wege stehenzubleiben! Denn der zu Ende gedachte Tod hält eine noch größere Überraschung bereit als nur diejenige, die den Vernichter in den Befreier verwandelt. Mit der Einsicht, daß mit dem Erleiden des Todes auch alle Fesseln und Zwänge von dem Sterbenden genommen werden, ist erst das vorletzte Wort über ihn gesprochen. Zu einem letzten und entscheidenden Schritt verhilft wiederum das Zeugnis der Dichtung, das um so mehr zu beachten ist, als es von der Theologie noch viel zu wenig gewürdigt und für die Lösung ihrer Aufgaben in Anspruch genommen wird. Unter den zu Unrecht vergessenen oder doch in den Hintergrund gerückten christlichen Dichtern aber hat sich kaum einer so sehr in die Abgründigkeit des Todesgedankens vertieft wie *Gertrud von le Fort*. Sie weiß nicht nur um den „Schwindelblick der Angst", der das Denken im Angesicht des Todesabgrunds befällt; sie weiß vielmehr im Unterschied zu denen, die dabei, erschrocken und verunsichert, stehenbleiben, daß es in dieser Tiefe einen Grund gibt, der kein weiteres Fallen mehr zuläßt. Und sie hat an einer ihrer schönsten Mädchengestalten, an der Figur der kaum erst zum Bewußtsein ihrer weiblichen Aufgabe gelangten Anne de Vitré aus der Erzählung „Das Gericht des Meeres" gezeigt, was es damit auf sich hat. Vom Geheimnis der Menschlichkeit Gottes angerührt, bringt es Anne nicht über sich, die ihr zugedachte Rache an dem Kind des siegreichen Königs zu vollziehen, der ihre bretonische Heimat in tiefstes Leid gestürzt hat. Dafür muß sie sterben. Erbittert über ihr Verhalten, wirft sie einer ihrer Landsleute ins Meer. Sie erleidet die Qual des Ertrinkens; aber inmitten der Todesnot fühlt sie sich aufgefangen, mütterlich umarmt, unwiderruflich gerettet und geborgen[6]. Oder nun mit den eigenen Worten der Dichterin gesagt:

> *Sie erblickte noch das viel zu frühe Rosenrot des Morgens, das den Horizont bekränzte, sie sah noch, wie auf dem fernen Geleitschiff, das sie hergetragen hatte, ein Segel gehißt wurde, als steige ein Schwanenflügel über der Flut auf – dann ließ Budoc sie fallen. Die Wasser schlugen brausend über ihr zusammen, Anne stürzte ins Meer, hinab in die bodenlose Tiefe – dort hinab, wo man alle Dinge mit demselben Namen rufen kann. Es kam die Qual des Ertrinkens – plötzlich nahm sie wieder jemand in die Arme – sie war gerettet –, das Leben ward ihr geschenkt! Die brausenden und sausenden Gewässer wurden sanft wie die kleinen Wellen am Strande, wenn sie einen Nachen schaukeln – Anne hörte dicht an ihrem Ohre eine Stimme, süß wie die Stimme der Mutter an der Wiege ihres kleinen Bruders Alain: sie sang dasselbe Lied, das Anne dem Kind des königlichen Mörders gesungen hatte – sie sang es zu Ende.*[7]

Das ist das Letzte, was die Besinnung auf den Tod zu klären vermag. Er mutet uns den Abbruch aller Lebensbeziehungen zu, doch nur zu dem Ziel, die abgerissenen Fäden neu zu knüpfen. Im Tod fallen wir gerade nicht, wie jetzt gegen die angebliche Jenseitsstimme zu sagen ist, in die bodenlose Tiefe der totalen Verlorenheit. Vielmehr fallen wir jenem tragenden Grund anheim, den das göttliche Liebesgeheimnis bildet. Wenn Gott, wie das Weisheitsbuch versichert, den Tod nicht gewollt und keine Freude am Untergang der Lebenden hat (1,13), heißt das für den religiösen Menschen, daß die Todverfallenheit des menschlichen Daseins, die ihm womöglich deutlicher als allen anderen vor Augen steht, eine eindeutige Grenze hat, und daß diese Grenze mit der Gotteswirklichkeit zusammenfällt. Gott selbst steht mit der Macht seines absoluten Seins dafür ein, daß wir nicht in den alles verschlingenden Abgrund des Nichts hinabstürzen; und er steht in der Weise dafür ein, daß er die Fallenden in seine ewige Lebenswirklichkeit aufhebt.

Im Tod werden wir frei, dies aber, wie jetzt gesagt werden muß, nicht nur in dem Sinn, daß die Verstrickungen und Fesseln des Daseins von uns abfallen, sondern so, daß wir frei werden für unsere höchste Seinsmöglichkeit. Damit wandelt sich aber das Antlitz des Todes noch einmal. Und diese letzte Wandlung entspricht genau dem Unterschied, der zwischen der bloß emanzipatorischen Freiheit, der Freiheit der gesprengten Fesseln, und der schöpferischen Freiheit, der Freiheit zur höchsten Selbstbestimmung, besteht. Der Befreier Tod wandelt sich, wie man auch sagen könnte, zum Sachwalter der Liebe. In diesem Sinn ist der Tod nicht nur Ende, sondern Vollendung, leidvoller Durchbruch zu jener höchsten Form des Selbstseins, die nur im Abwurf der Vorformen erreicht wird. Unüberbietbares Modell dieser Vollendung aber ist der auferstandene Christus, zu dem sich der Römerbrief bekennt:

Wir wissen, daß der von den Toten auferweckte Christus nicht mehr stirbt; der Tod hat keine Macht mehr über ihn. Denn durch sein Sterben ist er ein für allemal der Sünde gestorben; sein Leben aber lebt er für Gott. (6,10)

In dieser knappen Formel „für Gott" ist das Letzte und Höchste gesagt. Danach besteht die Vollendung gerade nicht in einer Wiederaufnahme der alten Lebensform, in der alles erkämpft, ertrotzt und verteidigt werden mußte, sondern in einem Leben, das, weil es zuinnerst geschenkt ist, nur in der Weise der Hingabe gelebt werden kann. Nicht umsonst denkt die religiöse Unsterblichkeitshoffnung dieses Lebens in Bildern einer ewigen Mahlgemeinschaft und eines unzerstörbaren Liebesbundes, der gleicherweise Gott und die Menschheit umgreift. „Selig, wer zum Hochzeitsmahl des Lammes geladen ist", lautet daher der Ruf, mit dem die Apokalypse ihre Sieges- und Vollendungsvisionen eröffnet (19,9).

III.

Innovatorische Gestalten

Paulus – Initiator und Korrektiv

Kaum einmal benötigte die Christenheit Paulus in seiner Doppelrolle als Initiator und Korrektiv so dringend wie heute. Als Initiator, weil es nach dem Abklingen der großen Kontroversen – insbesondere um *Bultmann* und *Küng* – darauf ankommt, das versandete Glaubensgespräch neu in Gang zu setzen. Aber auch als Korrektiv, weil der allenthalben eintretenden Verfestigung am wirksamsten mit der Dynamik seines Glaubensgeistes zu begegnen ist. In diesem Interesse soll im folgenden das Christuszeugnis des Apostels aufgerufen werden. Wenn dabei eine exoterische Sicht von einer esoterischen unterschieden wird, so vor allem deshalb, weil sich so die mit der Erschließung dieses Zeugnisses verbundenen Schwierigkeiten am besten aufarbeiten lassen.

Daß es schon mit der exoterischen, im Grunde doch offen zutage liegenden Sicht des paulinischen Zeugnisses seine Schwierigkeiten hat, wird deutlich genug durch die Tatsache belegt, daß das, was für Paulus selbst offensichtlich höchste Priorität hatte – sein Apostolat, das für ihn gleichbedeutend mit seiner Zugehörigkeit zum genuinen Kreis der Osterzeugen war –, ihm heute nur von einem ausgesprochenen Außenseiter der Paulusforschung, dem jüdischen Autor *Schalom Ben-Chorin,* in aller Form zuerkannt wird. Denn ihm fällt unbestreitbar das Verdienst zu, die Rolle des paulinischen Osterzeugnisses seit langem wieder voll zur Geltung gebracht zu haben. In seinem Paulus-Buch mit dem Untertitel ‚Der Völkerapostel in jüdischer Sicht' (von 1970) schreibt er: „Rückblickend ... läßt sich sagen, daß, was immer sich auch in Jerusalem und Galiläa nach dem Kreuzestode des Jesus von Nazareth im Kreise der Seinen ereignet haben mag, Episode geblieben wäre ..., wenn nicht die Erscheinung des Auferstandenen dem Paulus vor Damaskus zuteil geworden wäre. Wir wissen von keinem anderen Falle solcher Erscheinung, die derartig umwälzend gewirkt hätte. Gewiß ist auch der Apostel Thomas durch die Erscheinung des Auferstandenen von einem Agnostiker zu einem Gläubigen geworden, aber nur die Bekehrung des Paulus vor Damaskus hat große weltgeschichtliche Konsequenz gehabt."[1]

Es muß also ganz spezifische Schwierigkeiten geben, wenn sich die Christenheit das, was für Paulus offensichtlich das Grundlegende war, von einem Außenseiter erneut gesagt sein lassen muß, um es in dieser Triftigkeit wieder wahrzunehmen. Doch worin bestehen diese Barrieren?

Hemmnisse und Trübungen

Die grundlegende Barriere, die sich einem angemessenen Paulus-Verständnis entgegenstellt, besteht paradoxerweise in der eindrucksvollsten Information über sein Berufungserlebnis, die von der lukanischen Apostelgeschichte gegeben wird. Es handelt sich um den dreifachen Bericht von der ‚Damaskusvision' des Apostels, der nahezu den Eindruck erweckt, als erblicke die Apostelgeschichte in dieser Vision die Achse ihres Paulusbilds[2]. Tatsächlich setzt die lukanische Darstellung damit Paulus als den großen, von Gott berufenen und bestätigten Heidenmissionar in Szene, dies jedoch so, daß ihm gleichzeitig der Anspruch auf Zugehörigkeit zum Kreis der Osterzeugen entzogen wird. Stillschweigend geschieht dies schon dadurch, daß die Apostelgeschichte mit dem einleitenden Bericht von der Himmelfahrt Jesu einen unübersehbaren Schlußstrich unter die Zeit der Ostererscheinungen setzt. Doch spricht diese Tendenz auch aus dem alttestamentlichen Modell, nach dem Lukas seinen Bericht von der Damaskusvision, am deutlichsten in der ersten und dritten Version (Apg 9,7; 26,16), stilisiert. Es ist dem alttestamentlichen Danielbuch (10,5–9) entnommen und bis in einzelne Züge hinein in der lukanischen Schilderung des Vorgangs festgehalten. Denn auch vom Offenbarungsempfang des Propheten Daniel heißt es: „Ich, Daniel, sah allein die Erscheinung, die Leute bei mir nahmen nichts wahr"; und wie sich der durch die Erscheinung zu Boden geworfene Prophet durch die Berührung einer himmlischen Hand aufgerichtet fühlt, ergeht an Paulus die Aufforderung: „Steh auf und stelle dich auf deine Füße!" (Apg 26,16).

Wichtiger als diese zweifache Übereinkunft ist jedoch die grundlegende Differenz. Denn das Subjekt der Erscheinung ist im Fall des alttestamentlichen Modells weder Gott selbst noch, wie bei einer ganzen Reihe vergleichbarer Szenen, der Engel Jahwes, sondern einer aus der Reihe der göttlichen Thronvasallen, der Erzengel Gabriel. Mit dieser Modellwahl ist der Damaskusvision der Rang einer Christophanie zwar nicht ausdrücklich abgesprochen; doch ist sie vom Modell her eher in die Reihe jener ‚vermittelten', um nicht zu sagen sekundären Visionen verwiesen, denen mehr subjektiver Erlebniswert als objektive Bedeutung zukommt. So kann man mit *Gerhard Lohfink* folgern, daß nach der lukanischen Darstellung, die darin dem Zeugnis der Paulusbriefe diametral entgegensteht, „die Erscheinung vor Damaskus nicht mehr zu den Ostererscheinungen" gehört[3]. Freilich darf man *Lohfink* auch in seiner Feststellung folgen, daß das nicht etwa in herabsetzender Tendenz, sondern aus der Zielsetzung des lukanischen Geschichtswerks geschieht, Paulus als die zentrale, von Gott „zum Licht der Heiden" bestellte Missionsgestalt des jungen Christentums herauszustellen (Apg 13,47). Dennoch war damit ein verhängnisvoller Anfang gemacht.

Dramatische Wirkungsgeschichte

Während sich die übrigen Gründergestalten des Christentums einer fast gleichbleibenden Beliebtheit erfreuten, war die Wirkungsgeschichte des Apostels von Anfang an stärksten Schwankungen ausgesetzt. Fast entsteht der Eindruck, als sei der Schatten der Verkennung und Nichtbeachtung schon auf seine letzten Lebensjahre gefallen, so daß diese bereits im Zeichen einer inneren Passion standen. In der Folge verschwindet er bis auf

wenige Ausnahmen fast völlig aus dem Blickfeld der altchristlichen Theologie. „Mit dem schwärzesten Undank", so urteilt *Karl Holl*, habe insbesondere Kleinasien dem Apostel die Übermittlung der Christusbotschaft vergolten[4]. Auf weite Sicht wurde er geradezu aus dem kirchlichen Bewußtsein verdrängt, nicht zuletzt wohl angesichts der Tatsache, daß sich der ‚Erzketzer' Markion auf Paulus als seinen angeblichen Kronzeugen berief[5]. Doch erwuchsen Paulus nach Zeiten der Verdrängung auch immer wieder Erneuerer seines geistigen Vermächtnisses, allen voran *Augustinus*, aber auch der ihm an Sprachgewalt vergleichbare *Chrysostomus* und an der Schwelle zur Neuzeit schließlich der alle seine Mitstreiter um Haupteslänge überragende *Luther*, obwohl man sich gerade bei ihm mit *Albert Schweitzer* fragen muß, ob ihm wirklich die zentrale Anknüpfung gelang, oder ob er mit seinem reformatorischen Grundgedanken nicht vielmehr in einem ‚Nebenkrater' der paulinischen Heilsverkündung ansetzte[6].
Ungeachtet des deutlichen Schwerpunkts, den *Karl Barth* und in seinem Gefolge die dialektische Theologie auf Paulus legten, ist heute ein neuerliches ‚Tief' in der Wirkungsgeschichte des Apostels zu verzeichnen, das nicht zuletzt darin zum Vorschein kommt, daß sich Außenseiter wie *Ben-Chorin* veranlaßt sehen, das von der zeitgenössischen Theologie vermittelte Paulusbild zurechtzurücken. Doch das lenkt den Blick endgültig auf das Selbstzeugnis des Apostels zurück. Worin besteht es?

Das irritierende Protokoll

Das Selbstzeugnis des Apostels liegt, vereinfachend gesprochen, in zwei Formen vor: in einer ‚autobiographischen', dieser Ausdruck auf das bezogen, was man neuerdings die innere Biographie zu nennen pflegt, und in einer ‚protokollarischen', die trotz ihrer ständigen Inanspruchnahme in der Regel recht einseitig rezipiert wird. Es handelt sich dabei um die sorgfältig komponierte ‚Magna Charta' des Osterglaubens, mit welcher der Erste Korintherbrief auf die Anfrage seiner Adressaten nach der Auferstehung der Toten eingeht[7].
In zwei nahezu symmetrisch gebauten Dreiergruppen führt Paulus die ‚tragenden' Osterzeugen auf, angefangen von den hervorragenden Einzelgestalten wie Kephas (Petrus) und Jakobus (als Vorsteher der Gemeinde von Jerusalem) über die Gruppe der ‚Zwölf' bis hin zum Kollektiv der „fünfhundert Brüder" (1 Kor. 15, 5ff.). Diesem Katalog fügt er sich schließlich selbst mit der Bemerkung hinzu:

> *Zuletzt erschien er mir, gleichsam einer Fehlgeburt. Denn ich bin der Geringste unter den Aposteln, nicht wert, Apostel zu heißen, weil ich die Kirche Gottes verfolgt habe (15,8 f.).*

Von seiner Rezeption her gesehen, wirkt dieses Zeugnis auf zweifache Weise irritierend: einmal, weil es den Eindruck erweckt, daß mit der Wendung „zuletzt erschien er mir" alles gesagt sei, so daß hinter diesen Protokollsatz nicht mehr zurückgegangen werden könne; zum anderen, weil sich der Apostel im Stil einer derartigen Selbstverkleinerung dem Kreis der Osterzeugen zuordnet, daß der „letzte Platz", auf den er sich stellte, auch von seinem Zeugnis zu gelten schien. Tatsächlich erinnert sein Verfahren an das alter Mysterienbilder, auf denen die Stifterfiguren nur in betonter Verkleinerung neben dem dargestellten Geheimnis erscheinen. Indessen wird man sich fragen müssen, seit wann Selbstverkleinerung und Demut im Christentum jemals Anlaß zu Geringschätzung waren. Mahnte nicht Jesus selbst diejenigen, die sich zu einer Führerrolle in seiner Gemeinde berufen fühlten, sich auf den letzten Platz zu stellen? Und fügte nicht Paulus dem Eingeständnis seiner ehemaligen Verfolgertätigkeit eine Zusatzbemerkung hinzu, die alles wieder ins Gleichgewicht brachte: „Doch durch die Gnade Gottes bin ich, was ich bin, und sein Gnadenwalten ist in mir nicht ohne Wirkung geblieben. Mehr als alle anderen habe ich mich abgemüht, wenn freilich auch nicht ich, sondern die Gnade Gottes zusammen mit mir" (15,10)[8]?

Allem Anschein nach stellt sich einer vollen Paulus-Rezeption aber noch ein tiefersitzendes Hindernis entgegen. Bekanntlich gehört die Fühlung der machtvoll zugreifenden Hand Gottes zum Grundbestand prophetischer Gotteserfahrung. Zweifellos steht das in Übereinkunft mit einem elementaren Bedürfnis des religiösen Menschen – mit dem Bedürfnis nach Übermächtigung durch den ihm begegnenden Gott. Vermutlich hängt das nicht nur mit dem fast unausrottbaren Hang des Menschen nach Unterwerfung, ja nicht einmal nur mit dem zusammen, was *Nietzsche* das „verehrende Herz" genannt hat, sondern mit der Erfahrung, daß im Regelfall nur der gefürchtete Gott den Eindruck seiner wenngleich übermächtigen Wirklichkeit vermittelt.

Paulus aber zeigt sogar an dieser kritischen Stelle, wo von seinem ehemaligen Kampf gegen die Sache Gottes die Rede ist, keine Spur von Furcht. Vielmehr ist sein Zeugnis so geartet, daß es hier schon seine Tendenz, in ein völlig angstfreies Gottesverhältnis einzuführen, erkennen läßt. Darin vermochten allerdings weder *Augustinus* noch *Luther* dem Apostel ganz zu folgen. Und wenn das schon von dem grünen Holz seiner überragendsten Erneuerer gilt, was ist dann vom dürren der Durchschnittsfrömmigkeit zu erwarten? Wie ihre Geschichte lehrt, kam sie kaum einmal, einige Lichtblicke der zur Gottesfreundschaft entschlossenen Mystik ausgenommen, vom Bann der Gottesangst wirklich los. Und es ist sehr die Frage, ob sie sich jemals wirklich davon befreien oder doch wenigstens befreien lassen wollte. Zweifellos setzt sich damit dem Christentum, konkret gesprochen dem Gott Jesu Christi, die mächtigste, wenngleich als solche kaum wahrgenommene Barriere entgegen. Indessen befindet sich das Christentum diesem Hindernis gegenüber von vornherein in der siegreichen Position, weil sich mit seiner Gottesbotschaft, wie abschließend zu zeigen sein wird, der Anspruch verbindet, die Wirklichkeit Gottes viel tiefer und umfassender zu erschließen, als dies unter dem Druck der Gottesangst jemals geschehen könnte. Aber gilt das auch für die paulinische Heilsverkündigung?

Überwundene Barrieren

Man könnte um so mehr darüber im Zweifel sein, daß dies der Fall ist, als sich wichtige Ausgestaltungen der religiösen Furcht ausgerechnet mit dem geistigen Vermächtnis des Apostels verbinden. Das gilt schon für die reformatorische Rechtfertigungslehre, die noch in dem von ihr entwickelten Lösungsmodell bekundet, wie sehr sie im Bann der Vorstellung von der furchterregenden Gottesgerechtigkeit steht. Zwar spricht *Luther* davon, daß sich ihm mit der reformatorischen Lesart der Römerstelle, die vom „Offenbarwerden der Gerechtigkeit Gottes" spricht (1,17), die Pforten des Paradieses aufgetan hätten. Doch wird man sich im Blick auf seine religiöse Biographie und mehr noch auf seine frömmigkeitsgeschichtliche Nachwirkung fragen müssen, ob er tatsächlich den Mut zum Eintritt durch diese Pforten aufbrachte, oder ob es ihm nicht vielmehr wie *Kafkas* ‚Mann vom Lande' erging, der den verheißungsvollen Glanz zwar erblickte, jedoch erschreckt von der Gestalt des Türhüters am Eingang zum Gesetz stehenblieb[9]. Wie der *Kafka*-Forscher *Bert Nagel* zu verstehen gibt, steht gerade dieses Motiv in einem engen Zusammenhang zum zweiten Komplex, der Paulus in den Anschein bringt, für die Fortdauer der Frucht in der christlichen Glaubenswelt verantwortlich oder doch wenigstens mitverantwortlich zu sein: zu *Kierkegaards* Meditationsfolge ‚Furcht und Zittern' (von 1843)[10].

Doch so unbestreitbar die paulinische Herkunft dieses Titels ist, lehrt schon ein Blick in die Fundstelle (Phil 2,12), daß der Apostel alles daransetzt, das Gottesverhältnis seiner Adressaten aus der Schattenzone der Angst herauszuführen und ihm jene affirmative Eindeutigkeit zu verleihen, zu der er sich selbst durch die Heilserfahrung seiner Damaskusstunde geführt sieht. Das rückt auch sein Ringen um die Gerechtigkeit Gottes und ihren zwingendsten Ausdruck, das Gesetz, in eine neue Beleuchtung. Daß Paulus in ein nahezu neurotisch gespanntes Verhältnis dazu geriet, erklärt sich wohl letztlich nur aus der Tatsache, daß ihm im Gesetz der Inbegriff der furchterregenden Seite des Gottesgeheimnisses entgegentrat, die in immer neuen Anläufen überwunden werden mußte, obwohl sie durch die Heilstat Christi bereits ein für allemal beseitigt worden war. Das ist Hintergrund seines emphatischen Ausrufs: „Jetzt ist sie da, die Zeit der Gnade; jetzt ist er da, der Tag des Heils!" (2 Kor 6,2).

So kann nur einer sprechen, der einer tödlichen Gefahr entronnen ist und nach einer langen Nachtwanderung endlich Licht vor sich sieht. In diesen Worten gibt es kein Wanken, kein Zurück mehr, vor allem nicht mehr die Möglichkeit des Widerrufs. So gesehen, steht Paulus jenseits der Schwelle, die für *Buber* die Grenze zwischen alt- und neutestamentlicher Gottesvorstellung markiert. Denn für ihn behält der Gott, der durch die Propheten zu seinem Bundesvolk spricht, selbst in der väterlichen Liebeszuwendung zu ihm die Freiheit, sich in die Ferne seines Grimms und seiner Verborgenheit zurückziehen. Nur so, meint Buber, behalte das Gottesverhältnis jenen lebendigen Atem, der ihm durch die Eindeutigkeit des christlichen

Gottesbildes entzogen wurde. Für Paulus aber besteht die innerste Seligkeit des christlichen Gottesglaubens darin, daß er nicht mehr um die Möglichkeit des Entzugs und damit der Gottesferne und, mit *Buber* gesprochen, der ‚Gottesfinsternis' bangen muß. Wenn irgendwo, ist er gerade darin das immerwährende Korrektiv einer vor ihrer ureigenen Privilegierung nur zu oft zurückschreckenden Christenheit. Daß er gleichwohl die Notwendigkeit empfindet, sich dieser rettenden Position immer neu zu versichern, hängt mit dem geheimnisvollen Komplott zusammen, in dem sich die Sache der Furcht mit den Entwicklungen der Menschheitsgeschichte befindet.
Wenn Paulus es im Geist-Kapitel des Römerbriefs als die beglückende Gewißheit der Glaubenden bezeichnet, daß sie sich nicht von neuem fürchten müssen (8,15), leitet ihn offensichtlich die Vorstellung, daß dazu vom Gang der Geschichte her immer neuer Anlaß gegeben ist. Denn er konnte schwerlich übersehen, daß der Verfall des antiken Götterglaubens, dessen Zeuge er war, keineswegs zu einem Bewußtsein neuer Offenheit und Freiheit führte, sondern mit der Heraufkunft eines alles wie mit einer eisernen Klammer umschließenden Schicksalsglaubens verbunden war. Daran hat sich bis heute nichts geändert. Die Furcht, sagt *Werner Bergengruen*, pflegt ihr Anlässe zu überdauern; mehr noch: sie schafft sich immer neue Anlässe. Heute aber hat sie im besonderen Grade dadurch Konjunktur, daß sich durch die technische Entwicklung die Differenz von Utopie und Wirklichkeit signifikant verringert hat. Uralte Menschheitsträume und Märchenmotive, wie die Raumfahrt oder die Herzverpflanzung, gehen buchstäblich vor unseren Augen in Erfüllung. Dazu gehört freilich auch die apokalyptische Möglichkeit der vom Menschen inszenierten Vernichtung der ganzen Gattung. Hand in Hand mit der Erfahrung, daß allenthalben Grenzen des Fortschritts, der Leistungskraft, der Machbarkeit und der verfügbaren Ressourcen erreicht sind, schafft das ein Klima der Angst, das durch die Freisetzung ständig neuer Beweggründe aufrechterhalten wird. Gegen diesen Druck muß das paulinische Programm einer durch den Christusglauben angstfrei gewordenen Welt immer neu durchgesetzt werden, wenn es seine Stoßkraft nicht verlieren und sich dadurch selbst zur Wirkungslosigkeit verurteilen soll.
Eine zweite Barriere, die Paulus immer schon hinter sich gelassen hat und die dennoch stets neu überwunden werden muß, ist eher binnentheologischer Art. Sie muß schon deswegen in Rechnung gestellt werden, weil sich erst von ihr her die Bevorzugung des ‚protokollarischen' Zeugnisses des Apostels gegenüber seinen ‚autobiographischen' Äußerungen erklärt. Denn aufs ganze gesehen verfährt die Theologie trotz des Siegeszuges der exegetischen Wissenschaft während des letzten Jahrhunderts im Umgang mit den biblischen Texten immer noch vorwiegend positivistisch und juristisch. Sie betrachtet sie, anders ausgedrückt, in erster Linie als Urkunden und Dokumente, nicht jedoch als Zeugnisse, in denen die göttliche Selbstzusage, also das Wort Gottes, durchklingt. Aus medienkritischer Sicht könnte man auch sagen, daß sie sich zu den biblischen Texten nicht sosehr

ihrem Inhalt gemäß als vielmehr so verhält, wie es ihrem Charakter als schriftliches Medium zukommt. Diesem registrierenden Umgang entspricht das Ergebnis: das System! Denn die Theologie entnimmt den Texten das, was in ihnen protokollarisch niedergelegt ist, weil sich Protokollsätze vorzugsweise zu einem systemhaften Ganzen zusammenfügen lassen. In dem als Lehrgebäude verstandenen System aber gewinnt die theologische Doktrin ihre glanzvollste und imposanteste Selbstdarstellung. Indessen ist dieser Glanz um einen allzu hohen Preis erkauft, auf den schon *Kierkegaard* mit beißender Ironie aufmerksam machte. Denn seiner Kritik zufolge besteht, wie schon wiederholt erwähnt wurde, ein unversöhnlicher Interessenkonflikt zwischen der inneren Stimmigkeit eines systemhaften Gedankengebäudes und dem Verlangen des Menschen nach einem „Ort" der Selbstfindung in ihm[11]. Damit erhebt er gegen das System den grundlegenden Vorwurf seiner Unbewohnbarkeit. Es entfaltet seinen Glanz auf Kosten des Menschen; der Mensch, den es doch seiner ganzen Bestimmung zufolge beherbergen sollte, kommt in ihm überhaupt nicht vor.

Sosehr die Systemtheologie mit Paulus ihren Anfang nimmt, wird er doch von dem Vorwurf *Kierkegaards* nicht berührt. Das hängt mit dem unverwechselbaren ‚Stil' seiner Sprache zusammen. Bei aller logischen Strenge ist sie doch in einem letzten Sinn nicht objektivierbar, weil sich ihr Autor in ihr nur so weit entäußerte, wie es die argumentative Situation erforderte. So gerät ihm jedes Wort zu einer unwillkürlichen Selbstanzeige; auch wenn es von sachlichen Inhalten redet, bleibt es durchweh vom lebendigen Atem seiner Selbstmitteilung. Deshalb sind seine Sätze wie glühende Eisen, die man nicht anfassen kann, ohne sich an ihnen zu verbrennen, und von denen sich schon deshalb kein systematischer Gebrauch machen läßt. Sie lassen sich nicht auf den Begriff bringen, es sei denn auf die Gefahr hin, in ihrem zentralen Aussagewillen verfälscht zu werden. Wer sich mit ihnen befaßt, bekommt keine klar umrissenen Informationen in die Hand; dafür wird er in ein Gespräch gezogen, das ihn nicht mehr losläßt. Dabei fühlt er sich eher erleuchtet als belehrt. Kaum irgendwo aber macht er diese Erfahrung mehr als im Umgang mit dem paulinischen Osterzeugnis, zu dem damit nun endgültig der Weg geebnet ist.

Der antwortende Zeuge

Wenn Paulus am Ende seines Katalogs der grundlegenden Osterzeugnisse bemerkt, daß gerade in ihm, dem ‚Letzten', die Gnade Gottes auf besondere Weise wirksam geworden sei, bietet er damit einen kaum überhörbaren Anreiz, über dieses Zeugnis, so wichtig es ihm auch immer ist, hinauszufragen. Und sein Hinweis ist auch deutlich genug, damit die Richtung dieses Fragens erkannt werden kann. Denn er bezieht sich eindeutig auf ihn selbst, den ‚letzten Auferstehungszeugen'. Damit kommt er einer gerade durch dieses grundlegende Zeugnis geweckten, wenngleich kaum einmal thematisierten Sinnerwartung entgegen. Denn so wichtig es für den

Christenglauben ist, die Phalanx derjenigen vor sich zu sehen, die als die von Gott erwählten Zeugen der Auferstehung Christi (im Sinn von Apg 10,41) zu gelten haben, ist ihr Zeugnis doch, inhaltlich gesehen, auf eine nahezu frustrierende Weise knapp. Zwar ist der Wendung, daß ihnen der Auferstandene ‚erschien‘, wie die Untersuchungen des Schlüsselwortes ‚ophthe‘ zeigten, unzweideutig der Tatsachen- und Widerfahrnischarakter des Geschehens zu entnehmen, so daß ihr Erlebnis keinesfalls in den Bereich der bloß subjektiven Visionen abgeschoben werden kann; doch weigert sich das, was man den ‚Instinkt des Glaubens‘ nennen könnte, sich in der Auferstehungsfrage mit dem Moment der bloßen Tatsächlichkeit abzufinden. Wenn irgendwo, möchte er gerade hier, über die bloße Tatsächlichkeit hinaus, etwas über den Inhalt des Geschehenen erfahren, wobei der besondere Akzent auf dem Erfahrungsmoment liegt.
Dafür spricht eine ganze Reihe von Gründen, von denen wenigstens zwei genannt seien. Ein äußerer zunächst, der den Stand der exegetischen Forschung und ihr Verständnis der Ostergeschichten betrifft. Schon in der durch die ‚Wolfenbüttler Fragmente‘ ausgelösten Diskussion wurde deutlich, daß diese Geschichten aus derart unterschiedlichen Perspektiven und Intentionen erzählt sind, daß sie sich auch bei noch so großem Harmonisierungswillen nicht zu einem einheitlichen ‚Osterbericht‘ zusammenfassen lassen. Inzwischen erhärtete sich der Zweifel an ihrem ‚Berichtcharakter‘ immer mehr, seitdem deutlich wurde, daß es ihnen viel weniger um die von ihnen geschilderten Vorgänge als vielmehr um deren Umsetzung in den Glauben der jeweils angesprochenen Gemeinde zu tun ist. So wurden sie zum Vorzugsobjekt der im Gefolge *Bultmanns* in Gang gekommenen ‚Entmythologisierung‘. Indessen entging es den Werkleuten dieser Demontage, daß sie mit ihrer Bemühung insofern offene Türen einrannten, als die Ostergeschichten an einer besonders markanten Stelle schon von sich aus das Gewand ihrer Bildhaftigkeit ablegen.
In aller Form geschieht das am Schluß der johanneischen Perikope von der Erscheinung des Auferstandenen vor Maria von Magdala, die in ihm zunächst den Gärtner vermutet und durch die bloße Nennung ihres Namens zum überwältigenden Bewußtsein seiner Identität geführt wird (Joh 20,11–18). Auf Geheiß des Herrn begibt sie sich zu den Jüngern, um ihnen von ihrem Erlebnis zu berichten; doch entledigt sie sich ihres Auftrags nicht so, wie es nach allen Vergleichsstellen zu erwarten wäre. Anstatt von allen wichtigen Momenten ihrer Begegnung mit dem Auferstandenen zu berichten, faßt sie ihr Erlebnis in den ‚Protokollsatz‘ zusammen: „Ich habe den Herrn gesehen" (20,18). Da auch die Emmaus-Perikope auf ähnliche Weise schließt (Lk 24,34 f.), kann daraus auf eine grundsätzliche Tendenz der Ostergeschichten geschlossen werden. Mit diesen Hinweisen geben sie zu verstehen, daß sie in der Frage der historischen Elemente nicht über das hinausgehen, was der Katalog des Ersten Korintherbriefs mit dem Stichwort von der den Osterzeugen zuteil gewordenen ‚Erscheinung‘ zum Ausdruck bringt. Auch sie verbürgen nur die Tatsächlichkeit der Auferstehung; die von ihnen beschriebenen Vorgänge erheben

dagegen, trotz aller Dramatik der Schilderung, keinen Anspruch auf Historizität, da sie ihrer ganzen Tendenz nach lediglich auf die Umsetzung des Ostergeschehens in den Glauben der Leser abzielen. Damit aber bricht auch schon die Hoffnung in sich zusammen, daß die kärglichen Angaben des ‚Katalogs' mit Hilfe der Ostergeschichten ‚aufgebessert' werden könnten. Inhaltlich gesehen, bieten diese vielmehr nicht mehr und nicht weniger als das, was der Katalog in die stereotype Wendung kleidet, daß den von ihm Genannten der Herr ‚erschien' und daß sie dadurch zu den tragenden Zeugen seiner Auferstehung wurden.

Freilich: was dieser Protokollsatz besagt, ist alles andere als wenig. Mit ihm ist vielmehr, bildlich gesprochen, das Fundament der Kirche gelegt; mit ihm nimmt die Kirchengeschichte ihren Anfang. Dennoch verbindet sich gerade für den heutigen Leser mit dieser Feststellung der Eindruck einer nur schwer zu ertragenden Frustration. Sie wäre nicht zu verstehen, wenn der Christenglaube im Sinn der von *Martin Buber* an ihm geübten Kritik ein bloßer Satz- und Daß-Glaube wäre. Das aber ist – und darin besteht der andere Grund – nicht mehr der Fall. Vielmehr hat sich seit der Jahrhundertmitte, als *Buber* seine kritischen Einwände geltend machte, ein signifikanter Wandel im Glaubensbewußtsein vollzogen. Während ehedem das Interesse an möglichst klar definierten Glaubensinhalten dominierte, steht heute eindeutig das Erfahrungsmoment im Vordergrund. Das Verlangen nach Glaubenserfahrung ist geradezu zur Bedingung für die Glaubensbereitschaft des heutigen Menschen geworden. Ging es bisher vordringlich darum, allem zuzustimmen, was Gott geoffenbart und das kirchliche Lehramt zu glauben vorgelegt hat, so lautet die Maxime heute: „Gib mir Erfahrung, und ich glaube!" Das Hauptgewicht hat sich von den satzhaft umschriebenen Inhalten, der ‚fides quae creditur', auf den Vollzug, die ‚fides qua creditur', verlagert. Demgemäß entzündet sich die durch die Reduktion der Ostergeschichten auf das ‚protokollierte' Faktum der Auferstehung ausgelöste Frustration auch nicht sosehr an dem damit verbundenen Verlust an Anschaulichkeit als vielmehr daran, daß sich mit den Bildern zusammen auch das Erfahrungsmoment verflüchtigt zu haben scheint. Indessen macht der Osterglaube von der Bedingung, an die sich die Glaubensbereitschaft heute insgeheim knüpft, keine Ausnahme. Er wird, trotz aller ihm gerade heute entgegenstehenden Einwände, dann gelingen, wenn ihm Erfahrungswerte angeboten werden, auf die er sich beziehen und stützen kann. Doch dafür bietet der von den Ostergeschichten verbliebene Protokollsatz nun wirklich keinerlei Handhabe. So scheint alles in eine unüberbrückbare und deswegen extrem gefährliche Aporie hineinzutreiben. Es ergeht dem heutigen Menschen wie den Jüngern, die, nach der Erzählung des johanneischen Nachtragskapitels, zum Fischfang ausgefahren sind und im Morgengrauen den am Ufer stehenden Auferstandenen erblicken, nur mit dem Unterschied, daß kein Weg zu ihm hinüberzuführen scheint. Oder behält diese aporetische Situation doch nicht das letzte Wort?

An dieser Stelle gewinnt die Rede vom ‚letzten Auferstehungszeugen' unversehens eine völlig neue und hochaktuelle Bedeutung. Sie besteht darin, daß Paulus, ungeachtet der Tatsache, daß er ohne Einschränkung zum Kreis der genuinen Osterzeugen zählt, zugleich auf unserer Seite steht. Das aber nicht etwa, weil er, wie *Guardini* meinte, in die Position der ‚Nachgeborenen' verwiesen ist, die auf das Wort der Zeugen hin zum Glauben kommen, so daß seine Theologie und Verkündigung aus der Position des Glaubens entworfen wären, sondern dadurch, daß er mit seinem Osterzeugnis auf unsere Erwartung eingeht. Nicht nur, daß er von allen Autoren neutestamentlicher Schriften als einziger noch als Verfasserpersönlichkeit wirklich zu fassen ist; vielmehr brachte es auch der lebenslange Konflikt, der um die Anerkennung seines Apostolats entbrannte, mit sich, daß er sich bei der Niederschrift seiner Briefe dazu genötigt sah, über sein Berufungs- und Sendungserlebnis Auskunft zu geben. So ist es seiner Konfliktsituation zu danken, daß er der einzige unter allen Auferstehungszeugen ist, dessen Zeugnis über die Barriere des bloßen Protokollsatzes auf die in ihm enthaltenen Erfahrungswerte zurückverfolgt werden kann. Alle anderen Auferstehungszeugen ziehen sich, bildlich gesprochen, nach dem protokollarischen Bekenntnis „Ich habe den Herrn gesehen" ins Dunkel der Geschichte zurück; er allein bleibt in seinem Zeugnis so präsent, daß er auf das hin befragt werden kann, was die Begegnung mit dem Auferstandenen für ihn subjektiv bedeutete. So ist er als der ‚letzte' Auferstehungszeuge zugleich der uns am nächsten stehende, weil er der ‚antwortende' Zeuge ist[12]. Das aber heißt, daß die aufgebrochene Aporie mit Hilfe des paulinischen Zeugnisses überwunden werden kann. Im Anschluß an das berühmte Bild *Lessings* könnte man auch sagen, daß uns der Apostel über den „garstigen breiten Graben" von annähernd zwei Jahrtausenden hinweg die Hand reicht, um uns hinüberzuhelfen.

Ergriffen – begreifend

Kaum bedarf es noch eines Hinweises darauf, daß es sich bei dem fraglichen Selbstzeugnis des Apostels um die ‚Innensicht' dessen handelt, was die Apostelgeschichte mit ihrem dreifachen Bericht von der ‚Damaskusvision' des Apostels beschreibt. Eher schon muß der Umstand geklärt werden, daß dem entwickelten Ansatz zufolge das paulinische Selbstzeugnis erst heute in seiner vollen Bedeutung entfaltet werden kann. Das wäre unter der Voraussetzung plausibel, daß das Selbstzeugnis des Apostels im Sinn eines alttestamentlichen Prophetenspruchs als ‚Erweiswort' zu gelten hat, das seine Wahrheit „zu gegebener Zeit" unter Beweis stellt. Im Hintergrund dessen stünde dann die – dem Apostel sicher nicht fremde – Vorstellung, daß sich Wahrheiten auch ‚zeitigen', so daß es bisweilen langwährender Entwicklungen bedarf, bis sich ihr Bedeutungsgehalt im vollen Umfang herausstellt. Gerade auch nach paulinischer Auffassung ist die Glaubenserkenntnis als Prozeß zu denken, der aus bruchstückhaften Ansätzen (1 Kor 13,9 f.) zu immer größerer Klarheit führt (2 Kor 3,18).

Vor allem aber bedarf es angesichts des fraglichen Selbstzeugnisses einer deutlichen Warnung. Unter dem Eindruck dessen, was heute als ‚Autobiographie' gehandelt wird, entsteht im Leser, gemessen am paulinischen Selbstzeugnis, eine völlig falsche Sinnerwartung. Er hofft unwillkürlich auf ausführliche Schilderungen und auf die Mitteilung intimer Details und ist demgemäß enttäuscht, wenn er bei Paulus statt dessen lediglich sparsame Hinweise und zurückhaltende Andeutungen findet. Das aber hängt nicht nur mit der von *Ulrich Wilckens* gemachten Beobachtung zusammen, daß Paulus die Hauptsache nicht selten in Nebensätzen mitteilt, sondern mit der weit grundsätzlicheren Tatsache, daß Paulus einer der Protagonisten des subjektiv-konfessorischen Redens ist. Denn die Fähigkeit, von subjektiven Erfahrungen zu reden, ist der Sprache keineswegs in die Wiege gelegt. Vielmehr bedurfte es eines revolutionären Eingriffs in die Sprachgeschichte, damit das Instrument der Weltbeschreibung als Medium der Selbstmitteilung genutzt werden konnte. An dieser sprachgeschichtlichen Revolution waren nach dem Vorgang der alttestamentlichen Propheten, bei denen in erster Linie an die ‚Konfessionen' des Propheten Jeremia zu denken ist, vor allem Jesus und – Paulus beteiligt. Ihnen ist jene Umstrukturierung der Sprache zu danken, die dann in *Augustins* ‚Confessiones' ihren größten Triumph feierte und durch sie literaturfähig gemacht worden ist. Es liegt aber in der Natur der Sache, daß am Anfang derartiger Entwicklungen nur knappe Äußerungen stehen. Um so mehr verdienen es diese dann aber, in ihrem vollen Gewicht genommen zu werden.

Dem entspricht es vollauf, daß das erste und grundlegende dieser Zeugnisse nicht etwa dem Mitteilungsbedürfnis des Apostels, sondern einem Kontext entstammt, in dem er es sich förmlich abnötigen ließ. Die Schlüsselstelle findet sich im Eingangskapitel des Galaterbriefs, in dem sich Paulus veranlaßt sieht, den mit den Altaposteln gleichwertigen Rang seiner apostolischen Sendung zu rechtfertigen. In dieser Absicht versichert er:

> *Als aber Gott, der mich schon im Mutterleib auserwählte und durch seine Gnade berufen hat, seinen Sohn in mir offenbarte, damit ich ihn unter den Heiden verkündigte, da zog ich nicht mehr Fleisch und Blut zu Rat; auch ging ich nicht sogleich nach Jerusalem hinauf zu denen, die schon vor mir Apostel waren, vielmehr zog ich nach Arabien und kehrte dann wieder nach Damaskus zurück (1,15 ff.).*

In dieser Häufung der Inhalte geht die zentrale Aussage tatsächlich so sehr unter, daß sie in einen Hauptsatz verwandelt werden muß, wenn sie in ihrer vollen Bedeutung wahrgenommen werden soll. In dieser Fassung lautet sie: „Da gefiel es Gott in seiner Güte, seinen Sohn in mir zu offenbaren"; in einer moderneren Umsetzung könnte man auch sagen, daß Paulus in seiner Damaskusstunde das Geheimnis des Gottessohnes ins Herz gesprochen worden sei. Der Unterschied zur lukanischen Schilderung der Damaskusvision beschränkt sich nicht nur darauf, daß in der paulinischen ‚Originalversion' alle äußeren Details, wie Sturz, Lichtstrahl und Himmels-

stimme, fehlen; vielmehr ist an die Stelle eines äußeren Geschehens ein Ereignis der subjektiven Innerlichkeit getreten, das aber für Paulus den Tatbestand eines lebens- und religionsgeschichtlichen Ereignisses genausosehr erfüllt wie jenes. Vor allem aber überrascht Paulus mit dem von ihm verwendeten Verb ‚offenbaren' (apokalyptein).
Gegenüber allen exegetischen Abschwächungsversuchen muß darauf bestanden werden, daß dies in voller Absicht geschah, da dem Apostel im anderen Fall eine ganze Reihe sonstiger Ausdrücke zur Verfügung gestanden hätte. Tatsächlich gewinnt die Stelle gerade dadurch ihre theologische Brisanz, daß Paulus die Begriffe Auferstehung und Offenbarung miteinander verknüpft. Wenn diese unerwartete Synthese theologiegeschichtlich gesehen dann doch ohne erkennbare Nachwirkung blieb, liegt das nicht an ihm, sondern an der Mentalität seiner Interpreten, die ihm auf der von ihm deutlich genug ausgelegten Spur nicht zu folgen wagten. Indessen lassen die im Umkreis dieser Schlüsselstelle angesiedelten Äußerungen des Apostels keinen Zweifel daran, daß für ihn die Auferstehung Christi die Qualität des zentralen Offenbarungsereignisses hat. Darin besteht dann auch der Unterschied seines Berufungserlebnisses, verglichen mit dem der Propheten, auf die er sich mit dem Hinweis auf seine Erwählung „schon im Mutterleib" ausdrücklich zurückbezieht (vgl. Jes 49,1). Während ihnen in der Berufungsstunde lediglich Worte Gottes in den Mund gelegt wurden, wurde ihm das Gottesgeheimnis selbst, wie es sich in der Gestalt des Sohnes darstellt, ins Herz gesprochen. So gesehen ist das grundlegende Selbstzeugnis des Apostels bei aller Kürze von einem geradezu unermeßlichen, an Bedeutungsfülle kaum auszulotenden Gewicht. Und trotz des fast zweitausendjährigen Umgangs mit seinen Schriften ist die christliche Theologie noch weit davon entfernt, es mit ihrer interpretatorischen Bemühung eingeholt zu haben.
Indessen beläßt es Paulus nicht bei dieser Schlüsselstelle; vielmehr fügt er ihr eine Reihe von weiteren Zeugnissen an, die ihre Aussage in ganz unterschiedliche Dimensionen hinein entfalten. Den Anfang bildet das ‚protologische' Zeugnis des Zweiten Korintherbriefs, das den neuen Anfang, den Gott mit dem einstigen Verfolger vor Damaskus machte, dadurch verdeutlicht, daß er ihn auf den Anfang der Welt zurückspiegelt und von dorther erläutert. Im Gedanken an das „Es werde Licht!" am Schöpfungsmorgen versichert Paulus:

Gott, der sprach: Aus Finsternis erstrahle Licht! – Er hat es auch in unseren Herzen tagen lassen zum strahlenden Aufgang der Gottherrlichkeit im Antlitz Christi (2 Kor 4,6).

In der Kontaktmetamorphose mit dem Auferstandenen sieht sich Paulus, wie er im weiteren Kontext der Stelle sagt, in eine „Neue Schöpfung" verwandelt: „Das Alte ist vergangen, Neues ist geworden!" (5,17). Wie damals, am Schöpfungsmorgen, aus der Finsternis Licht erstrahlte, urteilt Paulus, sei ihm in seiner Damaskusvision die Herrlichkeit Gottes als Inbegriff seiner Selbstoffenbarung auf dem Antlitz des Auferstandenen aufgegangen. Damit bekräftigt Paulus nicht nur seine Überzeugung, daß sein Ostererlebnis den Charakter eines Offenbarungsempfangs gehabt habe; vielmehr bezeichnet er das Antlitz des Auferstandenen auch ausdrücklich als den ‚Ort' der ihm zuteil gewordenen Selbstmitteilung Gottes. Was es um das Geheimnis Gottes ist, klärt sich definitiv in der Auferstehung des Gekreuzigten, konkret gesprochen, im Herrlichkeitsantlitz des von den Toten Erweckten. Die Stelle ist auch deshalb von höchstem Belang, weil sie dazu angetan ist, die Bilanz zwischen Paulus und den Ostergeschichten der Evangelien endgültig auszugleichen. Denn bisher mochte es doch so erscheinen, als sei durch das österliche Selbstzeugnis des Apostels nichts völlig Gleichwertiges an die Stelle jener Perikopen getreten, die so eindrucksvoll und dramatisch von der Begegnung der Frauen und Jünger mit dem ihnen lebendig entgegentretenden Herrn zu erzählen wußten.

Selbst wenn man zugesteht, daß auch Paulus – ganz so wie die zunächst in ihre Trauer verschlossene Maria von Magdala, wie die an ihrer höchsten Hoffnung irre gewordenen Emmausjünger und wie der Zweifler Thomas – als ein von Grund auf Verwandelter aus seinem Ostererlebnis hervorging, vermißt man bei ihm zunächst doch die Schilderung des Auferstandenen, von dem die Ostergeschichten zu berichten wissen, daß er an seinem Herrlichkeitsleib die Wundmale seiner Kreuzigung trug und daß er mit den von seiner Erscheinung zutiefst überraschten Jüngern aß und trank, um sie von der Leibhaftigkeit seiner Gegenwart zu überzeugen. Aber Paulus bietet an dieser Stelle etwas, was man bei allem Farbenreichtum der Ostergeschichten zuletzt doch an ihnen vermißt. Nur er spricht vom Antlitz des Auferstandenen. Und er mißt ihm eine Bedeutung zu, die alles überragt, was sich jemals an Sinn und Selbstaussage mit einem menschlichen Gesicht verbunden hat. Denn auf ihm erstrahlt jene Herrlichkeit, durch die sich schon die alttestamentlichen Propheten ins Einverständnis mit ihrem Gott gezogen wußten. Im Antlitz des Auferstandenen, das will Paulus sagen, ist Gott endgültig aus seiner Verborgenheit hervorgetreten, hat er sich definitiv in das übersetzt, was so verständlich ist, wie es nur ein Menschengesicht zu sein vermag. Im Antlitz des Auferstandenen hat die Selbstoffenbarung Gottes ihren unüberbietbaren Höhepunkt erreicht; in ihm sprach Gott das letzte und abschließende seiner Worte zu der Welt, die er mit dem Schöpfungsbefehl „Es werde Licht!" ins Dasein gerufen hatte.

Dieser protologischen Selbstauslegung stellt der Apostel im Philipperbrief eine ‚eschatologische' gegenüber, die überdies noch den Transformationsprozeß erkennen läßt, in den er sich durch die Begegnung mit dem Auferstandenen hineingerissen sieht:

> *Ihn will ich kennenlernen, die Macht seiner Auferstehung und die Gemeinschaft mit seinem Leiden, indem ich mit seinem Tod gleichförmig werde, um so zur Auferstehung von den Toten zu gelangen (3,10f.).*

Was den Charakter eines Anfangs hatte, den Gott mit ihm vor Damaskus machte, liegt jetzt als himmlisches Berufungsziel vor seinem geistigen Blick, von dem er gestehen muß: „Nicht daß ich es schon erreicht hätte oder gar schon vollendet wäre. Aber ich strebe danach, es zu ergreifen, so wie ich von Christus Jesus ergriffen bin" (3,12).

Durch das Damskuserlebnis ist sein Leben nicht nur auf den von Gott selbst gelegten ‚Grund' gebracht worden; vielmehr hat es hier auch erst seine ureigene ‚Zukunft' gewonnen. Jetzt weiß er, wo es mit seinem Leben letztlich hinauswill. Im Auferstandenen ist ihm das Hochbild entgegengetreten, das es in lebenslanger Annäherung einzuholen gilt. Und das nicht etwa deshalb, weil ihm im erhöhten Christus das Ideal seiner selbst begegnet wäre, sondern weil er von ihm ergriffen und in Besitz genommen wurde, so daß das Leben für ihn von jetzt an nur noch in dem Wunsch besteht, sich dem anzuverwandeln, der seine Hand auf ihn wie auf nur je einen der von Gott Erwählten gelegt hat. Mit der Wendung, daß er „zur Auferstehung von den Toten zu gelangen" hoffe, macht Paulus überdies klar, daß es sich bei alledem keinesfalls um ein rein individuelles, nur ihn selbst betreffendes Geschehen handelt. Wie schon die Schlüsselstelle des Galaterbriefs zu verstehen gibt, wurde er vielmehr vom Auferstandenen in Pflicht genommen, damit die Heilstatt Gottes von ihm weltweit verkündet würde. Diesem universalen Auftrag entspricht die Universalität des Ziels. Was in der Auferstehung Jesu begann und durch den von ihr Berührten weltweit verkündet wurde, das soll und wird sich in der allgemeinen Auferstehung am Ende der Zeiten vollenden. In ihrer weltweiten Verkündigung ist bereits mitgesagt, daß in der Auferstehung Jesu der ganzen Welt ein Hoffnungszeichen, ein Zeichen ihres definitiven Überlebens, gegeben wird. Das aber lenkt den Blick auf den Verkündigungsausftrag des Apostels zurück. In welchem Zusammenhang steht er mit seinem Ostererlebnis?

Im Grunde ist diese Frage bereits durch die Galaterstelle beantwortet, die den Missionsauftrag des Apostels ausdrücklich auf die Damaskusstunde zurückführt, in der ihm das Geheimnis des Gottessohns ins Herz gesprochen wurde, damit er es weltweit verkünde. Doch sieht sich Paulus im Ersten Korintherbrief veranlaßt, darauf nochmals ausdrücklich zurückzukommen. In den drei Fragen, in welchen dies geschieht, gibt er seinem Ostererlebnis zugleich eine dritte Auslegung, die man die ‚existentielle' nennen könnte:

Bin ich nicht frei? Bin ich nicht Apostel? Habe ich nicht Jesus, unsern Herrn, gesehen? (1 Kor 9,1).

Die Frageserie überrascht durch ihre Kopflastigkeit. Noch bevor Paulus auf sein Ostererlebnis eingeht, das er im engsten Anschluß an den Protokollsatz des Zeugenkatalogs formuliert, und bevor er auf seine apostolische Sendung zu sprechen kommt, verleiht er der ‚Elementarerfahrung' Ausdruck, die sich für ihn mit der Damskusvision verbindet: „Bin ich nicht frei?" Was die Berührung mit der Auferstehungswirklichkeit Christi in ihm auslöst, hat demzufolge in erster Linie den Charakter einer umfassenden Freisetzung. Auf den Gipfel der Gottesoffenbarung entrückt, liegt deren Vorstufe in Gestalt des alttestamentlichen Gesetzes jetzt weit unter Paulus, so daß er sich und die von ihm zum Christusglauben Geführten nicht mehr ‚sklavisch‘, sondern nur noch in der Weise freier Zustimmung an seine Vorschriften gebunden sieht. Natürlich ist es nicht der im Gesetz verlautbarte Gotteswille, auf den sich sein Emanzipationserlebnis bezieht, um so mehr jedoch das, was das Gesetz an Zwängen, Direktiven und Restriktionen mit sich brachte. Indessen liegt das Schwergewicht des paulinischen Freiheitserlebnisses, wie bereits angedeutet, nicht auf dem emanzipatorischen Moment, sondern auf dem der Freisetzung zu einem neuen gottgeschenkten Selbstsein.

In der Frage des Apostels „Bin ich nicht frei?" klingt etwas von dem verhaltenen Jubel dessen durch, der sich aus einem Leben in Selbstzerwürfnis und Bruchstückhaftigkeit zur Integration seiner selbst geführt weiß. Das war für Paulus, wie jetzt rückläufig klar wird, Anlaß, sein Ostererlebnis auf den Schöpfungsanfang zurückzuspiegeln; denn mit ihm beginnt für ihn jetzt erst die Zeit, die wirklich zählt. Zu diesem gottgeschenkten Selbstsein gehört auch, daß er jetzt um die endgültige Sinnzuweisung seines Daseins weiß. Im Philipperbrief wird er das auf die ebenso knappe wie eindrucksvolle Formel bringen: „Leben, das heißt für mich Christus, und Sterben ist für mich Gewinn!" (1,21). Das ist die esoterische Sicht seiner Sinnfindung, die er jetzt, in exoterischer Rede, mit dem Hinweis aus sein Apostolat verdeutlicht. Im Gegensatz zur richtungslosen Hektik der ‚Vorzeit‘ hat sein Leben jetzt eine eindeutige Bestimmung gewonnen. Eine Änderung wird sich nur noch durch seine äußeren Lebensumstände ergeben, die ihn fürs erste in die Weite eines schier unüberblickbaren Arbeitsfelds und zuletzt in die Enge eines Gefängnisses führen. Demgemäß wird er sich in den Briefen aus der Zeit seiner missionarischen Aktivität ‚Apostel Jesu Christi‘ und dann, in den Gefangenschaftsbriefen, den ‚Gefangenen Christi‘ nennen.

Im extremen Kontrast der äußeren Lebensverhältnisse hält sich aber der einmal gefundene Sinn, wie gerade diese Formeln erkennen lassen, unverändert durch. Überwältigt von der Wirklichkeit des Auferstandenen hat er zu einer Lebensform gefunden, die nur noch im Dienst Christi steht, gleichgültig, „ob im Leben oder Sterben" (Phil 1,20). Seine Selbstverwirklichung besteht in der inneren Bindung an Christus, der für ihn zum Hebel seines Existenzakts geworden ist; daran vermag auch der radikale Umbruch der äußeren Umstände nichts zu ändern. Wohl aber ist diese Indifferenz gegenüber dem, was sonst das Profil einer menschlichen Persönlichkeit bestimmt, ein Hinweis auf den Tiefgang der Metamorphose, die seine Existenz durch die Berührung mit dem Auferstandenen erfuhr. Mit ihr begann sein Leben tatsächlich neu. Sie ist der Anfang, den Gott mit ihm machte, und das Ziel, dem er lebenslang entgegenstrebt.

Die geheimen Vorfragen

Wenn das in diesen Zeugnissen enthaltene Erfahrungsmoment ganz zum Vorschein kommen soll, ist ein Blick in die paulinische ‚Esoterik' erforderlich, wenn nicht gar unumgänglich. Sosehr Paulus um das Walten der geheimen Daseinsmächte weiß, die er die ‚Weltelemente' nennt, verbindet sich mit diesem Begriff doch nichts nach Art von Geheimnissen und Geheimwissenschaft. Wohl aber ist mit ihm etwas von der Art angesprochen, wie es *Nietzsche* im Auge hat, wenn er in einer Nachlaß-Notiz die Meinung vertritt, daß das Verständlichste an der Sprache nicht das Wort als solches sei, sondern die Musik hinter den Worten, die Leidenschaft hinter der Musik und die Person hinter der Leidenschaft. Paulus ist seiner innersten Überzeugung und Sensibilität zufolge ein Dialogiker. Für ihn ist „nichts ohne Sprache" (1 Kor 14,10). Wenn es sich aber so verhält, gibt es in seinem Weltbild auch nichts, das vollkommen ‚ungerufen' kommt. Weil alles sprachlich strukturiert ist, hat jedes Wort insgeheim Antwortcharakter. Es geht auf eine wenn auch noch so leise gestellte Frage ein. Davon macht auch der göttliche Zuspruch keine Ausnahme, durch den ihm in seiner Berufungsstunde das Geheimnis des Gottessohns ins Herz gesprochen wurde. Wenn er ganz verstanden werden soll, kommt es deshalb darauf an, die Frage ausfindig zu machen, auf die er antwortet. Das ist gleichbedeutend mit dem – gewagten – Versuch, die Dispositionen in der Seele des Apostels aufzuhellen, die er für den Offenbarungsempfang mitbringt.

Einen ersten Hinweis gibt die Tatsache, daß Paulus das österliche Gottesgeheimnis, das ihm ins Herz gesprochen ist, stets auf das Kreuz Christi zurückbezieht, bisweilen sogar mit einer Heftigkeit, daß dieses seinen ganzen Bewußtseinsraum einzunehmen scheint. Wie er den Adressaten des Ersten Korintherbriefs versichert, hat er sich bei seinem ersten Auftreten unter ihnen vorgenommen, „nichts anderes zu kennen als Jesus Christus und ihn als den Gekreuzigten" (2,2); das erläutert er im Philipperbrief mit der auffällig zum Leiden hin akzentuierten Erkenntnis: „Christus will ich kennenlernen und die Macht seiner Auferstehung und die Gemeinschaft mit seinem Leiden, damit ich im Tod mit ihm verbunden bin und so zur Auferstehung von den Toten gelange" (3,10 f.).

Denn nur, wenn wir mit ihm im Tod gleichgeworden seien, so begründet er dies im Römerbrief, werden wir auch zur Gemeinschaft mit seiner Auferstehung gelangen (6,5). Das aber läßt den Eindruck entstehen, als gelte bereits für Paulus der Satz des *Pseudo-Dionysius,* daß Gott mehr durch Leiden als durch Lernen erkannt werde: non discens, sed patiens divina. Es bleibt nur zu fragen, wie sich diese ‚erleidende' Gotteserfahrung für Paulus gestaltet.

In die Richtung einer möglichen Antwort verweist der radikale *Luther-*Satz, wonach es „Gottes Art ist, erst zu zerstören und zunichte zu machen, was in uns ist, bevor er seine Gaben schenkt"[13]. Das ist im Blick auf das Römerwort vom inwendigen Zuspruch des Geistes gesagt, das in der dafür besonders beredten Übersetzung *Luthers* lautet: „Denn wir wissen nicht, was wir beten sollen, wie sichs gebührt; sondern der Geist selbst vertritt uns aufs beste mit unaussprechlichem Seufzen" (8,26).

Dieses unaussprechliche Seufzen hebe, so meinte *Luther,* gerade dann in der Menschenseele an, wenn alles hoffnungslos geworden sei und sich „weder unser Bitten noch Wünschen zu erfüllen beginne". Wenn man diesem Gedanken auf den Grund geht, rückt er die menschliche Gebetssituation an den Notschrei des Gekreuzigten heran, der aus dem Abgrund der Gottverlassenheit zum Urheber dieser Not aufsteigt[14]. Und das besagt, daß dem Gekreuzigten in der Qual seiner Gottverlassenheit Gott doch noch als der Adressat seines Notschreis blieb. Weit davon entfernt, auf diesem Tiefpunkt seiner Passion der Verzweiflung anheimzufallen, erfuhr er gerade jetzt die äußerste Klärung und Festigung seines Gottesverhältnisses. Wie keiner vor und nach ihm stellte er in seinem Schrei die Frage nach Gott. Oder nun mit dem Wortlaut der vom Hebräerbrief bewahrten, ältesten Passionsgeschichte gesprochen: „In den Tagen seines Erdenlebens richtete er mit lautem Wehgeschrei und unter Tränen Gebete und Bittrufe an den, der ihn vom Tod erretten konnte; und er ist erhört und aus seiner Todesangst befreit worden" (5,7).

Zwar regt sich weder eine helfende Hand, noch tritt ein himmlischer Retter auf den Plan; und doch bleibt diese zum Aufschrei gesteigerte Gottesfrage nicht unbeantwortet. Nur antwortet Gott nicht mit einem kategorialen Hilfserweis, wie er menschlicher Heilserwartung entspräche, sondern – mit sich selbst. So erreicht das Gottesverhältnis des Gekreuzigten jene Höhe, zu der sich nur der Sohn des ewigen Gottes zu erheben vermag und zu der er sich doch stellvertretend für alle erhebt, die jemals nach Gott gefragt und geschrien haben.

Kaum etwas bestätigt diesen unerwarteten Zusammenhang so sehr wie das Römerwort von der Gebetsnot, welcher der Gottesgeist durch sein „unaussprechliches Seufzen" Abhilfe schafft. Nur zu gut weiß Paulus um jene Krise des Gebets, die immer dann aufbricht, wenn die an Gott gerichteten Bitten unerhört bleiben und der Beter nicht mehr weiß, um was er beten soll. Gerade dann spricht nach seiner Überzeugung am allerwenigsten für den Abbruch des Gebets; denn dies ist der Augenblick, in dem sich der Gottesgeist der menschlichen Schwachheit annimmt und das Anliegen des Beters zu seiner eigenen Sache macht. Das aber kann, im Blick auf die Hebräerstelle, wohl nur heißen, daß er das am Rand des Scheiterns stehende Gebet in jenen letzten Zusammenhang einbezieht, der sich in der Zwiesprache des Gekreuzigten mit seinem Gott herstellt. Indem er, wie Paulus formuliert, „für uns eintritt", gibt er darüber hinaus sogar zu verstehen, daß dieser Zusammenhang bereits besteht, weil der Notschrei des Gekreuzigten alle menschliche Frage- und Gebetsnot stellvertretend in sich aufnahm. Auf denkbar subtile Weise wird das dadurch unterstrichen, daß der Zuspruch des Geistes in einem ‚wortlosen Seufzen' besteht. Er bringt keine neuen Inhalte ein, sondern rückt das ganze Geschehen nur in seine letzten Zusammenhänge. Mehr noch: er übernimmt, wenn man so will, die Not des Beters, indem er sich mit seinem ‚wortlosen Seufzen' dessen Sprachlosigkeit anverwandelt. Er macht sich die menschliche Gebetsnot zu eigen.

Damit aber tritt die Schlüsselstelle des Galaterbriefs in ganz unvermutete Zusammenhänge. Fürs erste wird die Disposition deutlich, die Paulus für seinen Offenbarungsempfang mitbrachte. Sie besteht in der allgemein menschlichen, in seinem Fall aber bis an den Rand einer Krise emporgetriebenen Gottesfrage. Wenn man auf das Gesamtzeugnis seiner Briefe achtet, vor allem aber auf seine unablässige Auseinandersetzung mit dem jüdischen Gesetz, in der bisweilen geradezu neurotische Töne durchklingen, kann man auch den ‚Herd' dieser Krise vermuten. Danach geriet der nach Gott fragende Mensch Paulus in eine ausweglose Konfliktsituation, weil ihm im Gesetz, dem Inbegriff der an Israel ergangenen Gottesoffenbarung, zugleich der Schatten des fremden, furchterregenden und ihm mit erdrückender Übermacht begegnenden Gottes entgegentrat. Wie konnte Gott im höchsten Erweis seiner Erbarmung zugleich der unbegreiflich Andere sein? Wie konnte sich der Erweis seiner Liebe zugleich mit der Drohung der Gerechtigkeit und des Gerichts verbinden? Die Antwort darauf gab ihm die Gotteserfahrung von Damaskus. Indem ihm dort das Geheimnis des Gottessohns ins Herz gesprochen wurde, gab ihm Gott zugleich zu verstehen, daß das Gesetz lediglich eine Vorstufe seiner Selbstoffenbarung war, die ihm jetzt zugleich ‚eingegeben' und auf dem Antlitz des Auferstandenen ‚gezeigt' wurde. So kam diese Gottesoffenbarung, näher besehen, keineswegs von ungefähr; sie traf ihn nicht, wie es die lukanische Beschreibung der Damaskusvision nahelegt, wie ein Blitz aus heiterem Himmel; sie hatte vielmehr den Charakter einer auf sein Suchen, Beten und Fragen eingehenden Antwort.

Soviel an dem Zusammenhang mit der Gebetsnot gelegen ist, führt die mit ihm markierte Linie doch kaum weniger deutlich in die entgegengesetzte Richtung. Was Paulus in seiner Damaskusstunde widerfährt, erinnert bei aller Unterschiedlichkeit zugleich an die Zwiesprache des Gekreuzigten mit seinem Gott, von der auf diesem Höhepunkt der Passion nur die eine leidvolle Seite in Gestalt des Notschreis nach Gott hörbar wird. Unhörbar – und doch unüberhörbar – antwortet Gott darauf mit dem Selbsterweis seiner Göttlichkeit. Obwohl alle äußeren Zeichen dagegenzusprechen scheinen, stirbt der Gekreuzigte doch als ein von Gott Erhörter, durch Gott Bestätigter, zu Gott Erhöhter. Das gibt seinem Notschrei insgeheim den Klang eines Jubelrufs. In ihm schwingt, wie spätestens der ihm nachsinnenden Urgemeinde klarwurde, die Gewißheit seiner Erhörung mit. Was hier jedoch allenfalls als ‚Nachklang' hörbar wird, gelangt in der Seele des von Christus ergriffenen ‚Zeugen' zu voller Klarheit. Denn er erfährt Jesus nicht nur als den von Gott Erhörten, sondern als den, der so sehr aus Gottes Zuspruch lebt, daß er für ihn zum Inbegriff der Selbstzusage Gottes wird, über die hinaus nichts mehr zu sagen ist. Das alles aber konnte Paulus nicht zutreffender, knapper und einleuchtender zur Sprache bringen als mit dem Schlüsselwort des Galaterbriefs:

Da gefiel es Gott in seiner Güte, seinen Sohn in mir zu offenbaren.

Die paulinische Stunde

Aber was ist damit, so fragt man sich unwillkürlich, für uns, die Nachgeborenen, gewonnen? Nicht mehr und nicht weniger als ein neues und im Grunde doch nur ganz ‚altes' Glaubensverständnis! Denn die Glaubensgeschichten der Evangelien lassen keinen Zweifel daran, daß der Christenglaube mit dem Wort Jesu, und zwar mehr noch mit dem Wort, das er ist, als mit dem, das er spricht, zu tun hat. Bisweilen entsteht sogar, wie der in dem verkürzten Glaubensverständnis der ausgehenden Neuzeit befangene Leser nicht ohne Betroffenheit registriert, der Eindruck, als teile sich Jesus mit dem von ihm angerufenen Menschen in die Aufgabe des Glaubens, als sei er somit selbst ein Glaubender, wenn freilich auch unter den einzigartigen Bedingungen seiner Sohnschaft. Glauben heißt dann in der Sicht dieser frühen Zeugnisse: hineingenommen werden in das Gottesbewußtsein Jesu, das auf vielfache Weise, durch sein Wort ebenso wie durch sein Schweigen, durch sein Heilshandeln ebenso wie durch sein Leiden, vor allem aber durch seine Auferstehung vermittelt wird, weil sich in ihr das Gottesgeheimnis auf eine zugleich unüberbietbare wie unüberholbare Weise klärt[15].

So entspricht es aber bereits voll und ganz der Auffassung, wie sie lange vor dieser ‚narrativen' Darstellung von Paulus vertreten und ausgeleuchtet worden ist. Nicht nur, daß für ihn das Offenbarungsgeschehen in der Auferstehung Jesu gipfelt, in dessen Antlitz er das Gottesgeheimnis endgültig enthüllt und damit die menschliche Frage danach vollgültig beantwortet sieht; er sagt es vielmehr auch in aller Form, daß der Glaube „aus dem Hören" kommt (Röm 10,17). Gleichzeitig weiß er aber auch um die mitmenschliche Verantwortlichkeit des Glaubens, um die Pflicht der Glaubensverantwortung, wie dies mit vergleichbarer Schärfe erst wieder in den spätapostolischen Briefen geschieht[16]. Für Paulus ist der Glaube, daran kann kein Zweifel aufkommen, der christliche Fundamentalakt, der das Verhältnis des Menschen zu Gott ebenso wie das zu seinem Mitmenschen auf neue und definitive Weise strukturiert. Erst als Glaubende kommen wir für ihn zu Gott und ‚zur Welt'.

Hier drängt sich freilich die Frage auf, was der Glaube mit seinem Offenbarungsempfang zu tun habe, dem das Hauptinteresse dieser Besinnung galt. Die von Paulus, dem ‚antwortenden Zeugen', gegebene Auskunft ist ebenso überraschend wie klar: Glaube ist seinem innersten Vollzug zufolge Auferstehungsglaube: „Wenn du mit deinem Mund Jesus als den Herrn bekennst und in deinem Herzen glaubst, daß Gott ihn von den Toten erweckt hat, erlangst du das Heil; denn mit dem Herzen glaubt man zur Gerechtigkeit und mit dem Mund bekennt man zum Heil" (Röm 10,9 f.). Nicht als würde damit die Distanz im mindesten aufgehoben, die den Glaubenden von dem zum Auferstehungszeugen und Offenbarungsträger erwählten Apostel trennt! Wohl aber macht Paulus als ‚Vater seiner Gemeinden' die mit dieser Distanz gegebene Trennung dadurch ungeschehen, daß er sich wie kein anderer Autor der neutestamentlichen Schriften gleichzeitig auf die Seite des Glaubenden stellt[17]. Nur müßte deutlicher als bisher gesehen werden, daß das nicht etwa in der Form geschieht, daß sich Paulus, wie es schon zu seinen Lebzeiten immer wieder versucht wurde, Abstriche an seiner apostolischen Sendung gefallen läßt, sondern dadurch, daß er seinen Offenbarungsempfang ebenso wie den Glaubensakt in den ihnen gemeinsamen Horizont des Gebets stellt. Hier wie dort geht es um die Beantwortung der Gottesfrage, verstanden als die Frage nach dem unerschütterlichen Grund, auf den das Haus des Menschseins auf Zeit und Ewigkeit gebaut werden kann. Vor diese Frage sieht sich vor allem der enttäuschte Beter gestellt, der in der Verweigerung der von ihm erhofften Hilfe entdeckt, daß ihm anstelle des Erhofften etwas unvergleichlich Größeres gewährt wurde: die Fühlung mit der ihn dem Abgrund der Angst und Einsamkeit entreißenden Gotteswirklichkeit. Doch klärt sich erst im Offenbarungsempfang des Apostels, daß dieser Grund in keinem anderen gelegt ist als in Christus, dem Gekreuzigten und Auferstandenen (1 Kor 3,11).

Die apostolische Bezeugung dieser Tatsache ermöglicht den Glauben. Dies aber nicht etwa in Form einer bloßen Instruktion, sondern so, daß nun auch dem Glaubenden, vermittelt durch das Wort der Botschaft, das Geheimnis des Gottessohns ins Herz gesprochen wird. So bringt es der Glaube immer nur zu einer ‚Reproduktion' dessen, was dem von Gott erwählten Zeugen widerfuhr; und doch reicht kein Menschenleben aus, die Fülle des damit Empfangenen auszukosten. Hier gilt vielmehr die Umkehrung des medientheoretischen Grundsatzes, daß das Medium, wie dies *Marshall McLuhan* formulierte, „die Botschaft ist"[18]. Hier ist nicht die Vermittlung der Inhalt; vielmehr vermittelt sich der Inhalt über alle Sekundärstrukturen hinweg so überwältigend, daß am Schluß nur dies eine bleibt: das Antlitz des Auferstandenen als Spiegel des Gottesgeheimnisses und schaubar gewordene Antwort auf die menschliche Daseinsfrage. Damit aber klärt sich zugleich das Verhältnis von Glaube und Gebet. Im Gebet, so wird jetzt deutlich, kommt jene Frage zu Wort, auf die erst der Glaube eine vollgültige Antwort weiß, weil er sich seinerseits ganz auf die durch Gott in seinem auferstandenen Sohn gegebene Antwort bezieht. Umgekehrt führt der Glaube nur das zur Vollendung, was im Gebet beginnt, so daß beide in einem sich gegenseitig bedingenden Wechselverhältnis erscheinen: das Gebet als die Grundlegung des Glaubens und dieser als die Krönung des Gebets.

Damit treten die religiösen Akte nicht nur in eine ebenso unvermutete wie beglückende Beziehung miteinander; vielmehr erscheint der Glaube jetzt auch in einer höchst aktuellen Perspektive. Wenn er sich auch gegenüber einer ganzen Reihe von Einwänden, die gerade heute gegen ihn erhoben werden, mühelos rechtfertigen kann, bleibt doch ein letzter, der meistens in der Form erhoben wird, daß man ihn der Lebensferne bezichtigt. Glaube, so will es tatsächlich vielfach scheinen, hat zuletzt doch mehr mit dem religiösen ‚Überbau' als mit den ‚Fundamenten' zu tun, die das Gebäude des Menschseins tragen. Nicht selten scheint er auch tatsächlich eher eine Angelegenheit der religiösen Erhebung als der mit religiösem Einsatz betriebenen Daseinsbewältigung zu sein. Das aber spitzt sich letztlich in den Einwand zu, daß der Glaube nur wenig mit der konkreten Wirklichkeit zu tun habe, weil für ihn Gott, genauer besehen, doch eher eine die Lebenswelt verklärende ‚Idee' als eine in sie eingreifende und sie umgestaltende Wirklichkeit sei. Diesem Einwand kann man selbstverständlich damit die Spitze abbrechen, daß man aus glaubensgeschichtlicher Perspektive darauf hinweist, daß zahlreiche Veränderungen, die in der Geschichte stattfanden, im Namen Gottes geschahen oder doch wenigstens religiös motiviert waren.

Viel leichter – und glaubhafter – ist ihm jedoch dadurch zu begegnen, daß man den Glauben auf jenen religiösen Elementarakt bezieht; in welchem der geängstete und angefochtene Mensch nach einem letzten Halt, nach dem Halt in Gestalt der unverbrüchlichen Gotteswirklichkeit, ausgreift: auf das Gebet. Das aber braucht nicht erst ins Werk gesetzt zu werden, weil es längst schon durch Paulus geschah. Um das deutlich zu machen, mußte freilich die esoterische Seite seines Lebensgeheimnisses ins Auge gefaßt werden. Wenn es deutlich wurde, ist dann aber auch schon etwas anderes klar. Und das besagt, daß heute für die Christenheit wie kaum einmal in ihrer Geschichte die ‚paulinische Stunde' gekommen ist. Denn kaum weniger als zu seiner Lebenszeit bietet sich ihr der Apostel heute als ‚Wegbereiter' an. Viele Probleme, vor die sie sich gestellt sieht, werden sich in dem Maß lösen und lösen lassen, wie sie sich dessen bewußt wird.

Augustinus – Glaubensvollzug und Sinnfindung

Von *Basilius dem Großen* stammt das schöne Wort von der ‚Führerrolle' des Glaubens. Dabei denkt der Kirchenvater ausschließlich an die durch ihn gewonnene Orientierungshilfe bei der Suche nach Gott. Doch könnte man dem Wort auch eine aktuelle Abwandlung geben und den Glauben als Führungshilfe bei der menschlichen Selbstfindung verstehen. Damit wäre der Weg zum Thema ‚Glaubensvollzug und Sinnfindung' gebahnt. Bevor er jedoch beschritten werden kann, sind zwei Vorüberlegungen vonnöten. Die erste bezieht sich auf die Frage, worauf es beim Glaubensvollzug unter den Bedingungen der Gegenwart in erster Linie ankommt; die zweite auf die Frage nach dem Zentralereignis im Entwicklungsgang der neueren Theologie.
Angesichts des endlosen Disputs, der um *Hans Küng* und *Leonardo Boff* entbrannte, muß man sich allen Ernstes fragen, worin der Glaube, wie er heute gefordert ist, sein Schwergewicht hat. Ist es tatsächlich, wie vielfach behauptet wird, seine ‚orthodoxe' Richtigkeit und Vollständigkeit, soviel gerade in pluralistisch denkenden Zeiten daran gelegen ist? Oder entwickelt der heutige Mensch nicht vielmehr ein elementares Bedürfnis nach Glaubenserfahrung, innerer Befestigung, bleibender Geborgenheit und religiös stimulierter Mitmenschlichkeit? Und wies darauf nicht lange schon vor der Artikulation dieses Bedürfnisses die Glaubenskritik *Martin Bubers* hin, als sie die Inferiorität des bloßen Satz-Glaubens gegenüber der *emuna*, dem altjüdischen Vertrauens-Glauben betonte? Die Neigung zur positiven Beantwortung dieser Frage wächst, wenn man sich vor Augen hält, daß der vielberedeten Verunsicherung, die es viele nur zur Teilidentifikation mit der überkommenen Glaubensform bringen läßt, wohl schwerlich nur mit dem Mittel besserer Information abzuhelfen ist, wohl aber dadurch, daß neue Wege der Vergewisserung und empirischen Fundamentierung erkundet werden[1].
Auch auf die Frage nach dem Zentralereignis der heutigen Theologie gibt es keinen eindeutigen Bescheid. Eines der wichtigsten Ereignisse ist aber zweifellos die vieldiskutierte ‚anthropologische Wende'. Denn dem kartesianischen ‚Cogito sum', mit dem sich das neuzeitliche Selbstbewußtsein konstituierte, entspricht vom Anfang der Glaubensgeschichte her das ‚Credidi propter quod locutus sum' des Zweiten Korintherbriefs (4, 13), also ein nicht minder fundamentales ‚Credo sum', das den Akt der Selbstwerdung an den Glauben zurückbindet. Damit ist aufs neue der thematische Gedanke gegeben: Glaube und Lebenssinn stehen in einem ursächlichen Zusammenhang; der Glaube verhilft zur Sinnfindung und diese vollendet sich im Glauben. Gleichzeitig wird klar, daß man, um diesen Zusammenhang zu begreifen, nicht den Weg von *Descartes* zu den Initiatoren der anthropologischen Wende, zu *Bultmann, Tillich, Guardini und Rahner*, zu gehen braucht, weil der Rückweg von *Descartes* zu *Augustinus* genausogut zum Ziel führt. Denn bei *Augustinus* ist nicht nur, wie *Descartes* schon von

dem Minoriten *Mersenne* vorgehalten wurde, das ‚Cogito' vorgebildet; bei ihm, den *Harnack* nicht ohne Grund den ‚ersten modernen Menschen' nannte, ist vielmehr auch der Glaube bereits auf geradezu paradigmatische Weise mit der menschlichen Sinnfrage verknüpft. Gleichzeitig wird bei ihm die gläubige Sinnsuche auf den Gang der Gottesfrage transparent. Erst daraus ergibt sich die volle Exemplarität seines Falles. Und das besagt: Bei *Augustinus* steht die Gottsuche unter einem von der patristischen Mystik deutlich unterschiedenen Vorzeichen. Er betreibt sie in der Hoffnung, dabei – auf sich selbst zu stoßen. Deshalb versteht er die Sinnsuche umgekehrt als Vehikel seiner Gottfindung. Daraus ergibt sich der Glücksfall, daß der Zusammenhang von Glaube und Sinnfindung nicht abstrakt abgehandelt zu werden braucht, sondern am Leitfaden eines exemplarischen Glaubensvollzugs entwickelt werden kann.

Glaube als lebensgeschichtliche Vorgegebenheit

Auch in dem Sinn ist *Augustinus* ein ‚moderner Mensch', daß er sich in eine vom Glauben geprägte Situation hineingeboren weiß, so daß er ihn zunächst nicht als anzustrebendes Ziel, sondern als eine existentielle Vorgegebenheit empfindet. So tief hatte das kindliche Herz den Namen des Erlösers schon mit der Muttermilch in sich hineingetrunken, daß nichts noch so Gelehrtes und Geistvolles ohne diesen Namen es ganz für sich einzunehmen vermochte (Confessiones VIII 4, 8). Indessen wächst *Augustinus* keineswegs in einer religiös homogenen Atmosphäre auf. Vielmehr steht der Rigorismus der voraugustinischen Kirche in schärfstem Kontrast zu dem das öffentliche Leben beherrschenden Sittenverfall. Typisch für diesen Zwiespalt ist die religiös gespaltene Ehe der Eltern *Augustins,* typischer noch die eigentümliche Mischung von Strenggläubigkeit und weiblicher Berechnung im Psychogramm der dem heidnischen Vater überlegenen Mutter, von der eine überaus aufschlußreiche Bemerkung sagt, daß sie schon dafür gesorgt habe, daß Gott ihrem Sohn mehr zum Vater geworden sei als der leibliche (potius quam ille: I 11, 17)[2]. Unter diesen Umständen konnte es nicht ausbleiben, daß es im Leben des jugendlichen *Augustinus* zu einem tiefgreifenden Ablösungs- und Entfremdungsprozeß kommt, der ihn dann freilich – nach der erlisteten Trennung von der Mutter – nur in eine noch tiefere Mutterbindung führt: zur endgültigen Zugehörigkeit zur Mater Ecclesia, die ihn aus innerer Konsequenz dann auch wieder mit der leiblichen Mutter zusammenbringt.

Damit kommt auch schon die Struktur der augustinischen Glaubens- und Lebensbewegung zum Vorschein. Sie führt nicht, wie man meinen könnte, vom Unglauben zum Glauben, sondern stellt sich als eine Bewegung im Glauben dar. Sie beginnt damit, daß mit dem Glauben ein – wenn auch noch so unentschiedener – Anfang gemacht wird. Auch das ist paradigmatisch für die gegenwärtige Situation. Denn ihre Problematik besteht nicht so sehr darin, daß in einer glaubenslosen Denkwelt die Glaubensgehalte erst wieder einmal zur Geltung gebracht werden müssen, sondern darin, sie aus der Verschüttung durch den Säkularisierungsprozeß zu befreien. Sie brauchen nicht erst gesucht oder gar ins Bewußtsein der Gegenwart neu eingebracht zu werden; vielmehr geht es darum, sie auch noch in den säkularistischen Zerrformen wiederzuentdecken und in ihrem ursprünglichen Sinngehalt zum Leuchten zu bringen. Verglichen mit dem missionarischen Akt, der den Christenglauben in einer von ihm noch nicht berührten Welt zur Geltung zu bringen sucht, ist das zweifellos die schwierigere Aufgabe. Doch sollte man darüber nicht übersehen, daß es gerade so der vom Glauben ‚an sich selbst' gestellten Aufgabe entspricht! Denn der Glaube gehört zu jenen Lebensvollzügen, die, so gut sie angebahnt und vorbereitet sein mögen, schließlich doch ‚übergangslos' beginnen. So wenig man im strengen Sinn des Wortes lernen kann, was ‚arbeiten', ‚verstehen' oder ‚Liebe' ist, gibt es eine progressive, Schritt für Schritt voranschreitende Anbahnung des Glaubens. Der Glaube kann, so merkwürdig dies zunächst auch klingen mag, nur mit sich selbst beginnen. Und die Struktur seiner Begründung ist darum nicht, wie in der Regel angenommen wird, die einer Hinführung, sondern die der Selbstexplikation, der Besinnung auf die Bedingungen seiner Möglichkeit, der ihn tragenden Faktoren und zumal des Vollzugs seiner Verwirklichung. Darum beginnt der Glaube mit der Ermutigung, es mit ihm zu wagen und aufzunehmen, also mit jenem Appell, den Jesus an den von der Nachricht über den Tod der Tochter erschütterten Synagogenvorsteher richtet: „Glaube nur!" (Lk 8, 50). Das rückt auch den religiösen Akt in eine eigene Perspektive. Bekanntlich hält *Augustinus* im ‚Gottesstaat' neben den bekannten Herleitungen des Wortes ‚religio' eine weitere bereit, die ungeachtet der Tatsache, daß sie von Cicero übernommen ist, seiner religiösen Selbsterfahrung denkbar genau entspricht. Von Gott, dem Quellgrund der Glückseligkeit und dem Ziel alles Strebens heißt es: „Indem wir uns für ihn entscheiden oder vielmehr aufs neue entscheiden – denn durch Gleichgültigkeit hatten wir uns von ihm getrennt –, indem wir uns also für ihn aufs neue entscheiden, wie ja auch das Wort Religion verstanden werden kann, streben wir zu ihm hin durch Liebe, um durch die Erreichung des Ziels zur Ruhe zu gelangen, beseligt deshalb, weil wir dadurch zugleich die Vollendung gewinnen" (X, 3). Mit dieser Herleitung deckt *Augustinus* zugleich den Zusammenhang von Glaubensbewegung und Sinnsuche auf. Denn der als Wiederergreifung verstandene und gelebte Glaubensakt geht mit der Überzeugung einher, daß sich mit der neuerlichen Entscheidung für Gott auch der entscheidende Schritt zur Selbstfindung vollzog. Das Ziel der Lebensbewegung ist unteilbar. Wer es in Gott gefunden hat, hat darin sich selbst gefunden.

Glaube als mühsame Annäherung

Menschliche Ablösungsprozesse treffen instinktsicher stets den Punkt, an dem sie von den Betroffenen am schmerzlichsten empfunden werden. Im Ablösungsprozeß *Augustins* von seiner Mutter Monika war diese Stelle der höchsten Sensibilität die Religion. Denn bei einer starken, ja geradezu übermächtigen Mutterbindung war ein menschlicher Bruch immer nur von befristeter Dauer. Dagegen statuierte der Abfall des Sohnes von der Glaubensüberzeugung der Mutter den Katastrophenfall. Er trat mit *Augustins* Anschluß an die Manichäer-Sekte ein[3]. Sein Beitritt zur manichäischen Glaubensgemeinschaft hängt zweifellos mit seiner Sinnsuche zusammen. Denn hier wurde ihm im Rahmen eines theosophischen Systems, das sich zudem mit einem Erleuchtungserlebnis verband, eine Gesamtdeutung der Wirklichkeit geboten. Der Manichäer steht unter dem Eindruck des von oben her an die Welt ergehenden Rufs: „Gesegnet ist, wer seine Seele kennt!" Das gnostisch eingefärbte System gibt dann die Antwort auf die durch diesen Ruf ausgelöste Frage. Denn bei dem Versuch, die Tiefen der eigenen Seele kennenzulernen, stößt der Mensch auf das Triebhaft-Unerlöst-Unerlösbare in ihm, das durch die dualistische Doktrin dem bösen Gegenprinzip im Weltengrund angelastet wird. So verbindet sich in *Augustins* Motivation mit dem Verlangen nach einer umfassenden Weltorientierung das Interesse einer Selbstimmunisierung, das mit seiner heillosen Verstrickung in eine kaum zu zügelnde Sinnlichkeit zusammenhängt. Weil ihm der Manichäismus in beiden Richtungen entgegenkommt, hängt er ihm auch noch an, als längst die Zweifel an der Gültigkeit des Systems und der Redlichkeit seiner Propagandisten überhandgenommen hatten.

Doch damit ist erst die Oberfläche der ‚manichäischen Krise' im Leben *Augustins* erfaßt. Zu offensichtlich hängt sie mit einer Krise seines Gottesbilds zusammen. *Augustin,* der sich schon als Kind dazu geführt sah, Gott als ‚jemand Großen' (magnum aliquem: I 9, 14) zu denken, vermag sich nur unter größter Mühe zu einem geistig-abstrakten Gottesbegriff durchzuringen. Unter der Fernwirkung des antiken Materialismus – einmal spricht *Augustin* von seiner Neigung, in der ihn lebenslang bewegenden Frage nach dem höchsten Gut und dem größten Übel „*Epikur* die Palme zu reichen" (VI 16, 26) – will die von der Bibel geforderte Vereinbarung der Prädikationen ‚Sein' und ‚Geist' zunächst nicht gelingen. So schiebt sich nach der dramatischen Schilderung des Eingangskapitels zum siebten Buch der ‚Konfessionen' vor das zu Gott aufblickende Auge immer wieder die Vorstellung von einem unermeßlichen, alle Dimensionen ausfüllenden Weltenkörper (VII, 1, 1). In dieser Verdunkelung des Gottesbegriffs erlebt *Augustinus* durchaus etwas von dem, was Jahrhunderte später *Francis Bacon* durch seine Idolenkritik aufzuarbeiten suchte: In den Versuch das Ziel der gesamten Lebens- und Denkbewegung in den Blick zu bringen, drängen sich, verunklärend und irritierend, die im Umgang mit der Weltwirklichkeit aufgenommenen Bildformen ein.

Bevor man der Versuchung erliegt, diese Aporie mit der sittlich-religiösen Krise *Augustins* in Zusammenhang zu bringen und den riesigen Gotteskörper als Projektion einer sinnlichen Verstrickung zu deuten, sollte man sich zu jener religionspsychologischen Erklärung verstehen, die sich aus dem weiteren Gang des Lebensberichts nahelegt. Denn sie erlaubt es, die Verdüsterung des Gottesbilds in einen glaubensgeschichtlichen – und nicht nur lebensgeschichtlichen – Zusammenhang zu bringen. In genialer Vorwegnahme dessen, was die moderne Religionspsychologie (*Otto*) als die Spannungseinheit von ‚mysterium tremendum' und ‚mysterium fascinosum' begreifen lernte, spricht *Augustinus* von dem Gott, vor dem er ebenso erschreckt, wie er zu ihm entbrennt: erschreckt, weil er ihm unähnlich ist; entbrennt, weil er sich ihm ähnlich fühlt (XI 9, 11). Und der Zusammenhang mit der Ausgangssituation stellt sich dadurch vollends her, daß er im Anschluß daran vom Aufblitzen der Weisheit spricht, die das innere Gewölk zerreißt und doch, kaum daß sie den Geist durchlichtete, von noch größeren Finsternissen verdunkelt wird.

In dem riesigen Weltenkörper, der sich vor das innere Auge des Aufblickenden schiebt, lastet etwas von der erdrückenden Übermacht, der grauenerregenden Nachtseite des Göttlichen. Sie gehört zu den unvermeidlichen Erfahrungen der als Sinnsuche gestellten Gottesfrage. Denn diese Frage verbindet sich mit der Option, daß der in ihr Erfragte und als Ziel der Lebensbewegung Gesuchte auch wirklich sei. Im Maß der Annäherung an dieses Ziel verdüstert sich jedoch die geistige Szene radikal. Denn die Gottesfrage kann auch in dem Sinn nicht ‚wertneutral' gestellt werden, daß sie den immer deutlicher in seiner Wirklichkeitsfülle wahrgenommenen Gott auf sich beruhen lassen könnte. Vielmehr verbindet sie sich in diesem Augenblick mit der elementaren Glaubenspflicht: Glaube, mit *Buber* verstanden als Akt der Selbstübereignung an den Gott, der als das Fundament, biblisch gesprochen, als der ‚Fels' und die ‚Burg' erfahren wird. Das aber ist nicht nur die Chance der definitiven Selbstbegründung des Menschseins, sondern auch die Nötigung, sich aus der bisherigen Verankerung in die welthaften Daseinssicherungen loszureißen. Im Versuch, diesen schmerzhaft-seligen Übergang zu gewinnen, kommt es zu dem radikalen Umschlag. Wo sich gerade noch der definitive Halt darbot, scheint ein Abgrund aufzureißen, der alles in sich verschlingt. Der in seiner unverbrüchlichen Wirklichkeit wahrgenommene Gott aber tritt in den Aspekt der niederschmetternden Andersheit, die mit ihrer Übermacht dasjenige erdrückt, was sie definitiv in sich zu bergen schien.

Damit droht das aufgenommene Gottesverhältnis endgültig in eine Aporie zu geraten. Das gilt aber nicht nur im individualgeschichtlichen, sondern gleichzeitig auch im religionsgeschichtlichen Sinn. Denn alle großen Weltreligionen laborieren insgeheim an dem durch den Widerstreit von Grauen und Seligkeit definierten Doppelaspekt des Göttlichen, der zugunsten seiner Güte und Liebe entschieden werden muß, wenn Religion und Menschlichkeit nicht zu Gegenbegriffen auseinandertreten sollen. Doch dazu bedarf es neuer Impulse, genauer noch einer Doppelbewegung, die gleichzeitig von Gott und vom Menschen ausgeht.

Glaube als Begegnung und Bekehrung

Wer die Glaubensgeschichte *Augustins* auch nur bis zu dieser Stelle verfolgt, kann nicht übersehen, daß der Versuch seiner religiösen Selbstfindung mit einer tiefen Identitätskrise verknüpft ist. Es ist kein Zufall, daß

Augustinus gerade in dieser kritischen Lebensphase die Bedeutung der Mitmenschlichkeit neu für sich entdeckt und daß die Freundschaft, antizyklisch zu der versuchten Ablösung aus der Mutterbindung, entscheidende Bedeutung für ihn gewinnt. Was ihm dabei widerfährt, ist, modern ausgedrückt, das Glück und Leid der Begegnung. Und darin bestätigt sich erneut seine Affinität zu modernen Lebenserfahrungen. Denn der mit sich selbst überworfene und an den Garanten seiner anfänglichen Beheimatung, Familie und Kirche, irre gewordene Mensch der Gegenwart zieht sich keineswegs in den Elfenbeinturm seiner Individualität zurück; vielmehr sucht er Anerkennung und Bestätigung in jener transitorischen Kontaktaufnahme, die unter dem Stichwort ‚Begegnung' als eine für die fluktuierenden Lebensverhältnisse der Gegenwart kennzeichnende Form von Mitmenschlichkeit begriffen wird. Kaum einmal wurde die kometenhafte Bahn dieser Beziehung so eindrucksvoll nachgezeichnet wie in dem Aphorismus ‚Sternenfreundschaft', in welchem *Nietzsche* seine rasch verlorenen Freundschaft mit *Wagner* auf eine „unsichtbare Kurve" bezog, in die ihre unterschiedlichen Lebenswege als kleine Teilstrecken eingegliedert seien[4]. Drei Lebensbeziehungen heben sich aus dem Freundeskreis *Augustins* zu besonderer Bedeutung empor. Eine erste zu dem ungenannten Freund seiner Studienjahre, der ihm durch einen plötzlichen Tod entrissen wird:

Ich selbst wurde mir zur großen Frage ...; denn wirklicher und besser war der Mensch, den ich verloren hatte, als der Truggott, den ich aufzubauen suchte. Einzig das Weinen war mir süß; es wurde mir, anstelle meines Freundes, zur Wonne meines Herzens (IV 4,9).

Als zweiter rückt *Alypius,* dem *Augustinus* lebenslang verbunden bleibt, für einen Augenblick zu besonderer Bedeutung auf. Denn ihm verdankt er Zuspruch und Bestätigung in der Entscheidungsstunde seiner Umkehr. Am flüchtigsten – und folgenschwersten – ist schließlich die Beziehung zu *Ambrosius,* der ihm nicht nur in der Osternacht des Jahres 387 die Taufe spendet, sondern ihm vor allem zum entscheidenden Anreger wird. Von ihm, zumal vom starken Eindruck seiner Predigten, sah er sich trotz anfänglicher Widerstände schließlich doch zur Lektüre der heiligen Schriften geführt. Freilich mußten noch zwei Anstöße hinzukommen, um den sich zur Frage Gewordenen zum Entscheidungsschritt seiner Bekehrung zu bewegen.

Der erste ging von der – verlorengegangenen – *Cicero*-Schrift ‚Hortensius' aus, durch die er sich, inmitten seiner Verstrickungen, zu konsequenter ‚Weisheitssuche' begeistern ließ, auch wenn von einer Identifizierung dieser Weisheit mit Christus noch nicht die Rede sein konnte und demgemäß für den von Kindheit an für das spezifisch Christliche Sensibilisierten ein letztes Unbehagen blieb. Um so nachdrücklicher vollzog sich bei *Augustinus* dafür die philosophische Initiation, durch die sein gesamtes Leben die Richtung zum Geistigen hin gewann. Damit war die ‚Rahmenentscheidung' für das gefallen, was sich im Akt der Bekehrung mit christlichem

Sinn und Inhalt füllen sollte. Der zweite Anstoß, der im Grunde nur noch als Auslöser ins Spiel zu kommen brauchte, ging vom Bericht eines afrikanischen Bekannten *Augustins*, des Beamten *Pontician*, aus, der Zeuge einer ihn zutiefst erschütternden Bekehrung geworden war. Die Erzählung, bei der sich *Augustinus* „hinter seinem eigenen Rücken hervorgezogen" fühlt (VIII 7, 16), trifft ihn mit unerhörter Wucht, zumal er sich in seinem hilflosen Verlangen nach sittlich-religiöser Befreiung von „ungebildeten Leuten" den Rang abgelaufen fühlt (VIII 8, 19). Nun bedarf es nur noch eines einzigen Fingerzeigs, den ihm der Kindervers „Nimm und lies, nimm und lies!" gibt. Durch ihn sieht er sich an die im Gartenhaus liegende Bibel verwiesen, der er dann auch das ‚erweckende' Stichwort (Röm 13, 13 f.) entnimmt[5].

Augustinus hat den Vorgang selbst als Erweckung gedeutet und den an ihn ergangenen Appell mit dem Pauluswort gleichgesetzt: „Steh auf, du Schläfer, ersteh' von den Toten, und Christus wird dich erleuchten!" (Eph 5, 14). Damit bietet er selbst den Schlüssel zu seiner Deutung; denn der Vorgang seiner Konversion ist so lange nicht voll in den Blick gebracht, als er nicht als eine dialogische Doppelbewegung verstanden wird, in welcher der mit seiner ganzen Existenz ‚gestikulierende' Mensch (*Kierkegaard*) auf das Wort des sich ihm zusagenden Gottes antwortet.

Glaube als Anruf und Antwort

Was über den Abgrund des in seine Andersheit zurückgetretenen Gottes hinwegträgt, ist, so scheint die Lebensgestalt *Augustins* auf dem dramatischen Höhepunkt ihrer Entwicklung zu lehren, eine Entscheidung. Wenn dieser Eindruck nicht in die Irre führen soll, darf von ihm indessen nur so viel behalten werden, daß es der menschlichen Mitbeteiligung bedarf, wenn der entscheidende Schritt gelingen soll. Doch geht die Initiative dazu nicht vom Menschen, sondern von Gott aus. Das macht das Sprachsymbol des ‚tolle lege' deutlich, wenn es nur erst in dieser ‚Symbolik' genommen wird. Denn dieser Anruf steht nicht nur, wie *Augustinus* selbst unterstreicht, im Kontext der Römerstelle, die ihm den klärenden Aufschluß gibt; sie ist vielmehr in einem noch weit umfassenderen Zusammenhang zu lesen. Zunächst verfügt sie das ‚Ende der Debatte' in dem Disput, der *Augustinus* innerlich zerreißt. Einer römischen Neigung folgend, personifiziert er seine Leidenschaften, so daß ihr Sog eine Stimme gewinnt und das Streitgespräch mit ihnen beginnen kann. Indem sie ihn am Gewand seiner Sinnlichkeit zupfen, raunen die Leidenschaften dem Unentschlossenen mit Sirenentönen zu: „Schickst du uns weg?", um alsbald in eine drohende Tonart zu verfallen: „Von jenem Augenblick an werden wir nicht mehr bei dir sein in alle Ewigkeit!" Und *Augustinus* fügt hinzu: „So ging im Streit die Rede, aber nur von mir zu mir" (VIII 11, 26 f.)

Doch dieser innere Disput ist nur der schwache Schattenwurf des sich anbahnenden Dialogs mit Gott. Er beginnt mit dem entscheidenden Vorgang in *Augustins* Glaubensgeschichte, der ihn den Horizont des neuplatonischen Seinsdenkens, in den er durch das ‚Hortensius'-Erlebnis vorgestoßen war, in Richtung auf jene frühe Prägung seiner Seele überschreiten läßt, die ihn von allem distanziert, was nicht den Namen seines Erlösers aufweist (III 4, 8). Was diese Bemerkung keimhaft enthält, wird in der kritischen Würdigung der neuplatonischen Schriften, die zum ersten Bericht über eine mystische Gottesfühlung überleitet, großartig entfaltet. Wenn auch nicht wörtlich, so doch dem Sinn nach fand *Augustinus* hier, umgesetzt in eine philosophische Reflexions- und Argumentationssprache, die Wiederholung des Johannesworts, daß im Anfang das Wort war und daß es als Licht in die Finsternis leuchtet. Doch fügt er hinzu: „Das andere aber, daß er in sein Eigentum kam und die Seinen ihn nicht aufnahmen – das habe ich dort nicht gelesen." Und er steigert diesen Eindruck noch durch eine Wiederholung: „Ebenso las ich dort, daß das Wort ... aus Gott geboren ist; aber daß das Wort Fleisch geworden ist und unter uns gewohnt hat, habe ich dort nicht gelesen!" (VII 9, 13 f.). Zur Erkenntnis der Wahrheit dieses Wortes sieht er sich nunmehr geführt. Damit beginnt die größte Metamorphose in *Augustins* Denken, die sich um so einschneidender gestaltet, als sie sich in einer ausgesprochenen Gegenbewegung zu dem von ihm zunächst durchmessenen Erkenntnisweg vollzog. War es dort darum gegangen, sich bei der Bildung des Gottesbegriffs der Fesseln der Gegenständlichkeit zu entledigen, so sagt das Johanneswort von dem in seiner reinen Geistigkeit gedachten Gott nun gerade das Umgekehrte: Das Wort ist Fleisch geworden. Konnte der platonische Aufstieg noch als ein geistiger Emanzipationsprozeß gedeutet werden, so bedeutete dieser Satz die Sprengung aller gewonnen Kategorien, die allem Platonismus Hohn sprechende These von der Selbstentäußerung des Absoluten, die das Göttliche in der historischen Endlichkeitsgestalt Jesu Christi suchen hieß. Von nun an, das besagt diese These, wird das Göttlich-Umgreifende nicht im Exzeß des Geistes, sondern auf dem Demutsweg gefunden, der es im Konkreten zu erblicken lehrt. Denn Gott ist Mensch geworden.

Von der Beschreitung dieses Wegs berichtet *Augustinus* bezeichnend genug, nachdem er zum zweiten Male einen Anlauf genommen hatte, des Göttlichen auf dem Stufenweg einer progressiven Seinsüberschreitung im aufblitzenden Moment „eines zitternden Erblickens" inne zu werden (VII 17, 23). Der Weg gestaltet sich für ihn zu einer nachhaltigen Korrektur seines Christusverständnisses, zu der er vor allem durch die Lektüre der Paulusbriefe bewogen wird. Jetzt erkennt er die kardinale Bedeutung der Sätze von der Fleischwerdung des Wortes, von der Mittlerschaft Jesu, von seiner Selbstbezeichnung als Weg, Wahrheit und Leben. Und jetzt begreift er vor allem, daß nur dem Demütigen der Ruf der großen Einladung verständlich wird: „Kommt her zu mir, die ihr beladen seid!" Nicht als würden diese Worte des Evangeliums in seinem Referat so wiedergegeben, daß daraus auf ein unmittelbares Angerufen- und Betroffensein geschlossen werden könnte! Gegen alle Erwartung erhebt sich der große Gott-Denker der Patristik gerade nicht zur vollen Höhe der Christusmystik. Doch kompensiert *Augustinus* diese Bedenken alsbald mit der Bemerkung:

Das alles durchdrang mich, ich weiß nicht wie, bis ins Innerste, als ich den ‚Geringsten unter deinen Aposteln' las. Deine Werke habe ich betrachtet – und ich erschauerte (VII 21, 27).

Mit dieser Wendung – „und ich erschauerte" – würde alles wieder auf den Ausgangspunkt zurückgeworfen, wenn das Erschauern nicht durch das anschließende Eingangswort des achten Buchs – mit dem Bericht von der Konversion – als Einübung in die Liebe erwiesen würde. Demgemäß erläutert *Augustinus* seine Bemerkung mit dem Satz: „Deine Worte waren tief in mein Herz gedrungen, und ich fühlte mich von allen Seiten von dir umgeben" (VIII 1, 1). Das aber ist nicht mehr die Sprache der Distanz und des sie bedingenden Gottesschreckens, sondern die der Verbundenheit und Geborgenheit, der die vom Glauben getragene Sinnsuche entgegenstrebt. Daß es zum Umschlag kommt, kann nur damit erklärt werden, daß der von seinem Geheimnis umdunkelte Gott für *Augustinus*, wie schon der Magnesierbrief des Martyrerbischofs *Ignatius* formuliert hatte (8, 2), in Christus sein Schweigen brach und sich ihm als der ihn mit ewiger Liebe Umhegende zu verstehen gab. Von dieser göttlichen Selbstzusage, die dem Schrecken ein Ende setzt und eine Atmosphäre der Bestätigung, der liebenden Umhegung und der Geborgenheit schafft, sind die ‚Konfessionen' von Anfang an durchstimmt. Deshalb kommt es ebenfalls zu einem halbierten Verständnis des Werks, wenn man den augustinischen Bekenntnisakt nicht als die zuständliche und immer wieder neu ansetzende Antwort auf diese göttliche Zusage begreift. In diesem Zusammenhang ist es entscheidend wichtig, daß man das Selbstverständnis des Bekennenden in seiner Spiegelbildlichkeit zu seinem Gottesbegriff erfaßt. Wie Gott für ihn ein abgründiges Geheimnis ist, erfährt er sich selbst als unauslotbaren Abgrund: „Welch ein abgründiges Geheimnis ist doch der Mensch; selbst seine Haare ... sind leichter zu zählen als die Regungen und Bewegungen seines Herzens!" (VI 14, 22). Deshalb läßt sich das von den ‚Konfessionen' bezeugte Dialoggeschehen mit dem Psalmwort verdeutlichen: „Ein Abgrund ruft den anderen." Das gibt dem augustinischen Bekenntnisakt den Charakter eines durchgängigen ‚De profundis'. *Augustinus* sucht Gott und in Gott sich selbst, indem er nach Gott schreit. Doch ist es kein Notschrei nach Art dessen, den *Heidegger* aus dem Ruf von *Nietzsches* ‚tollem Menschen' – „Ich suche Gott, ich suche Gott!" – heraushörte[6]. Von ihm unterscheidet sich *Augustinus* vor allem dadurch, daß er sich zuvor von Gott angerufen und danach von Gott erhört weiß. Dennoch schafft er sich schreiend Gehör, jedoch nicht, weil ihn der Gottesgedanke peinigt, sondern weil ihn dieser bis in die Wurzeln seiner Existenz hinein ergreift. Und nicht zuletzt schreit er auf, um über der erhofften Antwort von oben den Widerhall im eigenen Herzen nicht zu überhören:

Wie aber soll ich meinen Gott anrufen, meinen Gott und meinen Herrn, da ich doch, wenn ich ihn rufe, ihn in mich hineinrufe? Und welches ist der Ort in mir, wohin er kommen soll, mein Gott ...? Ist denn etwas, Herr mein Gott, in mir, das dich fassen könnte? Dich, da dich doch Himmel und Erde, die du gemacht hast, in denen du mich gemacht hast, nicht fassen können? (I 2, 2).

Mit der Beredtheit einer Exklamation macht diese Stelle deutlich, daß im Fall *Augustins* Gott- und Sinnsuche in eins fallen. Doch nicht nur dies; gleichzeitig gibt *Augustinus* auch zu verstehen, daß sein Aufschrei nur die Sprache gewordene Form seines Glaubens ist. Doch was heißt dann für ihn glauben?

Die Beantwortung dieser Frage nimmt nichts von dem zurück, was *Augustinus* an anderer Stelle zur Analyse und Gestaltbestimmung des Glaubens beiträgt. In scharfem Kontrast zu *Basilius*, der den Glauben – und gerade nicht die Argumentation – zum alleinigen Führer zu Gott erklärt hatte (zu Ps 115, 1), bleibt er bei seiner auf *Anselm* vorausweisenden programmatischen These: „Willst du zur Einsicht gelangen, glaube! Denn die Einsicht ist der Lohn des Glaubens. Suche also nicht Einsicht, um zum Glauben zu gelangen, sondern glaube, damit du Einsicht gewinnst; denn ohne Glaube keine Einsicht" (Johannes-Kommentar 29, 6). Dabei bringt dieses Programmwort nur den subjektiven Aspekt der umfassenderen Tatsache zum Ausdruck, daß der Glaubende nur deshalb zur Einsicht gelangt, weil sich ‚die Wahrheit selbst' den Weg zu ihm bahnt und, indem er sie zu ergreifen sucht, in Wirklichkeit zu ihm kommt (Gottesstaat 11, 2). Unverzichtbar bleibt deshalb vor allem die betont christologische Ausrichtung des Glaubens, der *Augustinus* das Wort redet. Auf die Frage ‚Was heißt glauben?' antwortet er mit einer zentralen Wendung seines Johannes-Kommentars: „glaubend anhangen, glaubend lieben, glaubend in Christus eingehen und seinen Gliedern einverleibt werden" (ebd.). Doch so sehr dies alles einbehalten werden muß, weist die Glaubensgestalt, wie sie aus den ‚Konfessionen' hervortritt doch eigene Konturen auf. Worin bestehen sie?

Zunächst in der starken Betonung der lebensgeschichtlichen Verankerung des Glaubens. Nicht umsonst stilisiert *Augustinus* seine Lebensgeschichte im Sinn einer trotz aller Brüche und Umwege zielstrebig auf die Erfüllungsruhe in Gott gerichteten Selbstfindung. Damit bekräftigt er mit der Zeugniskraft seiner Existenz den Zusammenhang von Gott- und Sinnsuche. Seine ‚Konfessionen' sind ein einziges Plädoyer für die Einheit von Glaube, Gottvereinigung und Sinnfindung. Ebenso spricht er sich – und darin besteht das zweite Proprium des in den ‚Konfessionen' entwickelten Glaubenskonzepts – für den Empiriebezug des Glaubens aus. Doch die Erfahrung, die den Glauben prägt und ihm seine Selbstsicherheit vermittelt, ist zunächst nicht die der mystischen Erhebung und Verbundenheit mit Gott. Dafür weiß *Augustinus* viel zu genau um die Anfangsproblematik des Glaubens. Erst wenn sich dieser zu seiner Vollgestalt erhebt, tut sich ihm die Tür zur Gotteserfahrung auf. Bei seinem ersten Schritt ist er dagegen von jenen Formen der Existenzerfahrung begleitet, wie sie vom dramatischen Verlauf der Gottessuche ausgelöst werden. Dazu gehört ebenso die Sehnsucht nach reiner Selbstverwirklichung wie die Faszination bei der Annäherung an das letzte Strebeziel; nicht minder aber auch das Erschauern vor dem sich verfremdenden und schließlich in sein abweichendes Anderssein zurücktretenden Gott. Das letzte Wort spricht dann allerdings das sich zu immer neuen Beseligungen steigernde Glück der Gottesnähe und Gottverbundenheit. Man könnte dies mit der Trilogie der Erfahrungen verdeutlichen, mit denen sich *Pascal* in der Entzückung seiner ‚Feuernacht' beschenkt wußte: Gewißheit, Freude, Friede. Weniger deutlich ausgearbeitet ist jedoch, wie bereits vermerkt, das Spektrum der mit der Christus-Mystik verbundenen Erfahrungen. Unerwartet wortkarg spricht *Augustinus* hier nur von seiner Betroffenheit, nicht aber wie Paulus von der Seligkeit des Herzenstauschs im ‚Nicht mehr ich – er in mir' (Gal 2, 20). Die augustinische Glaubensmystik ist, anders als die paulinische, in erster Linie Gottes-Mystik.

Die zentrale Bestimmung ist jedoch erst mit dem Hinweis auf die Dialoghaftigkeit der angesprochenen Glaubensgestalt gegeben. Der Glaube, wie aus den augustinischen ‚Konfessionen' aufscheint, ist zuinnerst Antwort auf die vorgängige Selbstzusage Gottes. Er verdankt sich seiner Möglichkeit nach der Tatsache, daß Gott, um nochmals die ignatianische Formel aufzunehmen, in Christus sein Schweigen brach und damit einen Weg zu sich eröffnete. Glaube heißt insofern sich einstimmen auf den Anruf Gottes. Daß der Mensch darauf hören kann, hängt mit der Erfahrung seiner existentiellen Fragwürdigkeit oder genauer, und jetzt mit dem Augustinus-Buch *Guardinis* gesprochen, seiner ‚Nicht-Selbstverständlichkeit' zusammen[7]. Darum nimmt dann auch, wie *Guardini* gleichfalls hervorhob, die menschliche Antwort für *Augustinus* den Charakter der ‚Confessio', des Selbst-Bekenntnisses, an (23). Im Akt dieses Bekennens ‚erzählt' der Glaubende, wie ihm schon bei seinen ersten Glaubensversuchen die Dunkelheiten der Existenz, Zug um Zug, von der Seele genommen wurden. Darum ist dann auch das vollgültige Bekenntnis gleichbedeutend mit dem vollen Selbstbesitz. Glaube ist die Zwiesprache mit Gott, in welcher der Mensch zum Vollsinn seiner selbst erwacht. Doch worin besteht er?

Glaube als Erhebung und Befestigung

Unter den Interpreten der ‚Konfessionen' herrscht volle Übereinkunft darüber, daß das Werk seinen Höhepunkt in der im neunten Buch berichteten ‚Ostia-Vision' erreicht. Es handelt sich dabei um den im Gesamtbereich der mystischen Literatur einzig dastehenden Bericht von einer Vision, die nicht in einsamer Ekstase, sondern in dialogischer Verbundenheit gemacht wird. Die Szene bildet auch in lebensgeschichtlicher Hinsicht den Höhe- und Zielpunkt, weil sich in ihr das Problem der Mutterbindung dadurch löst, daß sich der Weg des Sohnes mit dem der Mutter im gemeinsamen Aufstieg zur Höhe der Gottesweisheit vereint. Eine besondere Akzentuierung erfährt sie schließlich noch dadurch, daß *Augustinus* dem eigentlichen Bericht (IX 10, 23 f.) eine ‚nacharbeitende' Reflexion (IX 10, 25) folgen läßt. Schließlich steht er in diesem Zusammenhang ausdrücklich dafür ein, daß es sich bei der Szene nicht um ein literarisches Konstrukt, sondern um die – wenn auch nicht wörtliche – Wiedergabe eines realen Erlebnisses handelt. Es ist die Schilderung eines Eintritts in die Zielrunde, mit dem sein Glaube die unter den endlichen Bedingungen mögliche Vollgestalt erreicht[8].

Bei der Beschreibung des mystischen Erlebnisses hält sich *Augustinus* an den durch seine früheren Schilderungen gezogenen Rahmen. Demgemäß vollzieht sich die Fühlung des Göttlichen nicht in einem ekstatischen Aufschwung, sondern in Form eines stufenweisen Aufstiegs, der ihn von der Körperwelt zur Ordnung des Geistes und von da zu der als Inbegriff der Schöpfungsideen gedeuteten Weisheit führt. Doch damit überschreitet er auch schon die ‚Zeitmauer' *(Jünger)* in Richtung auf das allem Gewesensein und Künftigsein Vorgeordnete und damit gleichzeitig auch die Schwelle der eigenen Geschichtlichkeit. Das bringt es mit sich, daß er sich in dieser Fühlung nicht zu halten vermag, sondern sie nur flüchtig, in einer erfüllten Aufwallung des Herzens, berührt. Freilich kehrt er nicht als der Alte, sondern gewandelt zur kategorialen Vielfalt der Lebenswelt und dem, was sie bezeichnet, zum ‚Gerede der Worte', zurück. Denn er bleibt von der mystischen Angrenzung, so flüchtig sie sich gestaltete, auf Dauer gezeichnet, zurückgebunden an sie mit der innersten Fühlung seines Geistes: mit den ‚Erstlingen des Geistes', wie er sich im Anschluß an das Römerwort (8,23) ausdrückt.

Die hervorstechende Komponente im Bericht von der Ostia-Vision ist jedoch, wie angedeutet, die dialogische. Sie hat ihr Proprium darin, daß sie im Medium des spirituellen Gesprächs gleichzeitig von Sohn und Mutter gemacht wird. Kennzeichnend dafür ist die Tatsache, daß vor allem bei der anschließenden Reflexion das auditive Element überhand nimmt. Die im mystischen Stufengang durchschrittene Welt ist jetzt vor allem die der unterschiedlichen Sprachzeichen, angefangen vom ‚Getöse der Sinnlichkeit' bis hin zur Zeichensprache der Träume und dem ‚Wort des Alls'. Dabei wird das Moment des Fortschreitens dadurch deutlich gemacht, daß die jeweils überschrittenen Bereiche im Schweigen versinken:

> *Wir sagten uns also: Brächte es einer dazu, daß ihm das ganze Getöse der Sinnlichkeit verginge, daß ihm vergingen alle Inbilder der Erde, des Wassers und der Luft, daß ihm selbst das Himmelsgewölbe verginge und schließlich auch die eigene Seele verstummte und selbstvergessen über sich hinausschritte, daß ihm verstummten die Träume und Phantasiebilder, daß jede Art von Sprache, jede Art von Zeichen und alles, was sich im Vorübergang ereignet, für ihn völlig verstummte – denn wer ein Ohr dafür hat, dem sagt das alles: nicht wir sind's, die uns schufen, sondern er schuf uns, der da bleibt in Ewigkeit –, wenn also nach diesem Bekenntnis das All in Schweigen versänke, weil es sein Ohr zu dem erhob, der es erschuf, und wenn nun er allein redete, nicht durch die Dinge, nur durch sich selbst, so daß wir sein Wort vernehmen nicht durch Menschenzungen, auch nicht durch Engelstimmen und nicht im*

Donner aus den Wolken, doch auch nicht in Rätsel und Gleichnis, sondern ihn selbst vernähmen, den wir in allem Geschaffenen lieben, ihn selbst ganz ohne dies: wie wir uns nunmehr nach ihm ausreckten und in aufblitzender Erkenntnis an die ewige, über allem waltende Weisheit rührten; und wenn dies von Dauer wäre und alles andere, andersartige Schauen uns entschwände und einzig dies den Schauenden ergriffe, hinnähme und in tiefste Wonnen versenkte, so daß nun ewiges Leben wäre, wie jetzt dieser Augenblick des aufblitzenden Erkennens, dem unser Seufzen galt: wäre dies nicht die Erfüllung des Herrenworts: Geh ein in die Freude deines Herrn? (IX 10, 25).

Deutlich lassen sich die einzelnen Phasen dieser Hör-Ekstase unterscheiden. Ausgangsgedanke ist die Vorstellung von der Welt als einem stimmenreichen Parlament, das, Zug um Zug, zum Schweigen gebracht wird. Dabei schließen sich die verstummenden Kreaturen zu einer Gemeinschaft des Hörens zusammen, die, nachdem sie ihre geschöpfliche Abkünftigkeit bekannte, dem ewigen Gotteswort entgegenlauschte. Ziel der ekstatischen Erhebung ist das Vernehmen dieses Wortes, jedoch nicht in kreatürlicher oder kirchlicher Vermittlung, sondern in der reinen Unmittelbarkeit seines Gesprochenseins. An dieser Stelle tritt ein Metapherntausch ein. An die Stelle der auditiven Kategorien treten taktile, da die Erfüllung des mystischen Begehrens mit der Berührung der ewigen Gottesweisheit gleichgesetzt wird. Organ dieser Fühlung ist das Menschenherz, von dem schon der Eingang der ‚Konfessionen' gesagt hatte, daß es von ungestillter Unruhe nach Gott umgetrieben sei (I 1, 1). Indessen gelingt diesem Zentrum endlicher Existenzerfahrung der Kontakt mit der ewigen Weisheit nur für einen vollen Herzschlag, da zwischen der Endlichkeit seiner Fassungskraft und der Unendlichkeit des Berührten kein Maßverhältnis besteht. Ermattend sinken die Gesprächspartner vom Gipfel ihrer Erhebung wieder in die Niederungen der Alltäglichkeit zurück. Weil die Region des Ewigen berührt wurde, behalten sie den Eindruck einer bleibenden Zurückgebundenheit: darin besteht der unverlierbare Besitz, der ihnen von dem ekstatischen Augenblick bleibt.

Die Klärung, die auf diesem Zenit des in den ‚Konfessionen' durchmessenen Gedankengangs erreicht wird, betrifft sowohl den Glauben als auch die menschliche Sinnfrage und zumal die Verbindung von beiden. Den Glauben zunächst; denn nun klärt sich endgültig, worin er besteht und wovon er lebt. In der sich nunmehr eröffnenden Sicht ist er die Einstimmung des Herzens auf den sich ihm ‚immer schon' zusagenden Gott. Daß dieser Zuspruch immer schon an den Menschen ergeht und lediglich gehört zu werden braucht, wird im Kontext des Werkes dadurch deutlich gemacht, daß er wiederholt ‚zu Wort kommt', in den einleitenden Reflexionen sogar einmal in Form eines mystischen Dialogs, der wie eine Vorwegnahme des Ostia-Erlebnisses wirkt:

Was bist du mir? Erbarme dich, daß ich reden kann! Und ich, was bin ich dir, daß du von mir geliebt sein willst und, wenn ich's verweigere, in deinem Zorn mir maßloses Elend androhst? Als ob es nur ein kleines Elend wäre, wenn man dich nicht liebt! Ich Elender; bei deinen Erbarmungen, Herr, mein Gott, sag mir, was du mir bist! Sag meiner Seele: Dein Heil bin ich! Und sag es so, daß ichs höre. Siehe Herr, meines Herzens Ohr ist an dich gelegt, tu es auf und sag meiner Seele: Dein Heil bin ich! (I 5, 5).

Zusammen mit dieser Dialogstruktur des Glaubens wird aber auch klar, worin seine zentralen Erfahrungsgehalte bestehen. Nicht zufällig verfaßt sich für *Augustinus* die seinen Glauben ermöglichende Selbstzusage Gottes in das Gleichniswort: „Geh ein in die Freude deines Herrn!" (Mt 25, 21. 23). Danach geht Glaube für *Augustinus* zusammen mit der Erwartung – und der Zusicherung – eines letzten unverlierbaren Aufgehoben- und Geborgenseins. Wer glaubt, erfährt seiner Überzeugung nach an sich immer schon etwas von diesem Eintritt in die ewige Freude, die für ihn gleichbedeutend ist mit der Geborgenheit des in Gott gefundenen ewigen Friedens. Denn für den Friedenssucher *Augustinus*, für den es keine grauenvollere Vorstellung gibt als diejenige, das Leben mit seinen Irrungen und Wirrungen noch einmal von vorn beginnen zu sollen, ist die Vorstellung von dem an sein Ziel gelangenden Menschsein unzertrennlich verbunden mit dem Gedanken des dadurch gewonnenen endgültigen und unverlierbaren Friedens. Glaube ist für ihn demgemäß der von Erfahrungen der Beruhigung, Bestätigung und Geborgenheit begleitete Weg des Menschen aus der Unrast der Zeit in die Friedensruhe der Ewigkeit. In diesem Zusammenhang fällt vor allem das Motiv der Angrenzung an die ewige Gottesweisheit ins Gewicht. Zwar erfolgt sie nur für den Augenblick eines erfüllten Herzschlags; doch bleibt die Erfahrung eines unverlierbaren Zurückgebundenseins, durch das sich dem wieder in die Unrast des Alltags eintauchenden Menschenherzen etwas von der Unverbrüchlichkeit der Weisheit vermittelt, von der es heißt, daß es in ihr weder Gewesensein noch Künftigsein, sondern allein das Sein gibt, „weil sie ewig ist". Wenn diese ‚Angrenzung' dahin verstanden werden darf, daß sich dem Glaubenden etwas von der Unverbrüchlichkeit der ewigen Gottesweisheit mitteilt, führt von der Ostia-Vision eine direkte Linie zu der nächtlichen Szene, in der *Dostojewskij* den ‚cherubgleichen' der Karamasow-Söhne, Aljoscha, die entscheidende Verwandlung und Prägung seines Daseins erleben läßt:

> *Ihm war, als träfen von all diesen zahllosen Gotteswelten unsichtbare Fäden in ihm zusammen, und seine ganze Seele erschauerte ‚in der Berührung mit anderen Welten'... und mit jedem Augenblick fühlte er immer deutlicher, wurde ihm immer mehr bewußt, daß etwas Festes und Unerschütterliches wie dieses Gewölbe in seine Seele einzog, wie eine Idee sich seines Verstandes bemächtigte, und dies für sein ganzes Leben und für alle Ewigkeit. Als schwacher Jüngling war er zur Erde niedergefallen, als ein fürs ganze Leben gewappneter Kämpfer erhob er sich nun wieder – das fühlte er, dessen wurde er sich plötzlich bewußt in diesem Augenblick seiner großen Verzückung*[9].

Unwillkürlich scheint in diesen Daten der Glaubens-Mystik das Zentralmoment des jüdischen *emuna*-Glaubens auf, nur daß es sich, der mystischen Inversion entsprechend, nicht sosehr um die Befestigung des Glaubenden in Gott als vielmehr um das Umgekehrte handelt: um die Vergegenwärtigung des Ewig-Unverbrüchlichen in ihm.
Über dieser Erfahrung der Verankerung und Befestigung darf aber das emanzipatorische Moment nicht übersehen werden, welches das augustinische Glaubenskonzept auszeichnet. Für *Augustinus* hat die Glaubensbewegung den Charakter des Aufstiegs, der einer fortwährenden Überschreitung der beengenden Lebenskreise gleichkommt. Glaube ist für ihn demgemäß gleichbedeutend mit der fortschreitenden Gewinnung größerer Freiheitsräume. So entspricht es seinem Verständnis der christlichen Religion, wie er es im zehnten Buch seines ‚Gottesstaates' entwickelt:

> *Sie ist der Königsweg, der allein zu jenem Reich führt, das nicht in vergänglicher Erhabenheit den Erschütterungen ausgesetzt, sondern durch ewige Beständigkeit gesichert ist ..; denn was kann dieser allgemeine Weg anders sein als der Weg, der von Gott nicht für jedes Volk als eigener, sondern für alle Völker als gemeinsamer eröffnet wurde? Dieser Weg reinigt den ganzen Menschen und bereitet den Sterblichen auf allen Etappen, aus denen er besteht, für die Unsterblichkeit zu. Damit man nicht eine eigene Reinigung aufsuche, weder für den Teil, den Porphyrius den intellektuellen nennt, noch eine andere für den, den er als den spirituellen bezeichnet, noch gar eine weitere für den Leib als solchen, deshalb hat der allein wahrhaftige und machtvolle Reiniger und Erlöser das Ganze angenommen. Außer auf diesem Weg, der dem Menschengeschlecht niemals fehlte, nur mit dem Unterschied, daß die Erlösung einmal als künftig verheißen, dann wieder als bereits geschehen verkündet wurde, hat niemand die Befreiung erlangt, erlangt sie niemand und wird sie niemand jemals erlangen (X 32).*

Indem *Augustinus* an dieser Stelle betont auf seine Vorstellung von Christus als dem reinigenden Prinzip des gläubigen Denkens zurückgreift, gibt er zugleich zu verstehen, daß er die im Glauben gewonnene Befreiung, so sehr sie sich auch auf die Ausräumung äußerer Zwänge und Beengungen richtet, vor allem als die Katharsis des Geistes begreift, als die Befreiung von der Fessel, die wir uns selber sind. Damit beantwortet sich aber schon die Frage nach den von *Augustinus* angenommenen Erfahrungsgehalten des Glaubens. Diese Antwort baut sich aus zwei scheinbar gegensätzlichen, in ihrem Antagonismus aber dem menschlichen Grundbedürfnis zuinnerst entsprechenden Elementen auf: Der Glaubende erfährt sich zugleich als befreit und geborgen, befreit von den sich ihm von innen und außen auferlegten Fesseln, geborgen in der ihn als äußerste Grenze umhegenden Gottesweisheit.
Der Schlüssel zur Vereinbarung der beiden gegensätzlichen Elemente liegt in der Sinnfrage. Nur muß sie, um in dieser Schlüsselfunktion ersichtlich zu

sein, in ihrer genuinen Form gestellt werden. Denn in der Sinnfrage geht es nicht um das ‚was' der Mensch ist, sondern um die Frage, ‚wo' es mit ihm hinauswill. Insofern geht es dem Menschen bei seiner Sinnsuche nicht um eine metaphysische Information, sondern um den ‚Ort' seines definitiven Entrinnens und seiner unverlierbaren Geborgenheit. Denn als sinnvoll erfährt er sein Leben, wenn er sich von den auf ihm lastenden Zwängen befreit und in einer unverbrüchlichen Wirklichkeit aufgehoben weiß. Beides vermittelt der Glaube, wie ihn *Augustinus* in seinem Bekenntniswerk versteht. Indem der Glaube befreit und in die Verbundenheit mit Gott führt, ist er zugleich die Beantwortung der menschlichen Sinnfrage. Und er beantwortet sie, indem er den von ihr ausgehenden Sinndruck aufarbeitet. Er beantwortet sie somit dadurch, daß er sich als das Ende der Sinnsuche erweist.

Luther – der Schuldner des Wortes

In kaum einem Tatbestand spiegelt sich die Ratlosigkeit des heutigen Geisteslebens so sehr wie darin, daß es sich seine Reaktionen fast ausschließlich von kalendarischen Anlässen vorschreiben läßt. Nun war allerdings das Jahr 1983 nachgerade dazu angetan, diese längst schon fragwürdige Tendenz vollends ad absurdum zu führen. Denn wem sollte man, um nur die drei gewichtigsten Namen zu nennen, den Vorzug geben? *Luther*, der unter dem kalendarischen Zwang sogar zu einem gesamtdeutschen Ereignis zu werden schien? Oder *Marx*, dessen politische Wirkungsgeschichte durch die polnischen Vorkommnisse wie nie zuvor in Frage gestellt wird? Oder *Wagner*, dem in der Form das Schicksal Nietzsches ins Haus steht, daß er sich wie dieser gegen den Vorwurf durchsetzen muß, ein weltanschaulicher Vorbote Hitlers zu sein? Oder könnte man sich in diesem Extremfall durch eine sorgfältig kalkulierte Rollenverteilung aus der Affäre ziehen? Sollten sich die Wagnerianer mit Marx befassen, um ihren Meister definitiv von seinem rechtslastigen Image loszubekommen? Könnten umgekehrt die Marxisten von der pessimistischen Sozialutopie der Ring-Tetralogie lernen, wie die widerspenstige Unlogik der Geschichte mit ihrem rationalen Theorieentwurf versöhnt werden könnte? Und müßten sich nicht endlich die Katholiken die Sätze aus *Nietzsches* „Ecce homo" ins Stammbuch schreiben:

Luther, dies Verhängnis von Mönch, hat die Kirche und, was tausendmal schlimmer ist, das Christentum wiederhergestellt, im Augenblick, wo es unterlag ... Das Christentum, diese Religion gewordene Verneinung des Willens zum Leben! Luther, ein unmöglicher Mönch, der, aus Gründen seiner ‚Unmöglichkeit', die Kirche angriff und sie – folglich! – wiederherstellte... Die Katholiken hätten Gründe, Lutherfeste zu feiern, Lutherspiele zu dichten.[1]

Der kalendarische Fingerzeig

Wenn Nietzsches Ratschlag auch noch reichlich nach Zukunftsmusik klingt, hat doch der kalendarische Zufall für ein Nachspiel zum Luther-Jubiläum gesorgt, das sich bereits, in der geschichtlichen Vigil, wie eine fordernde Akzentsetzung ausnahm. Denn auf das Jahr der „großen Deutschen" folgte das des „großen Bruders", den *George Orwell* in seiner Schreckensvision „1984" mit überdeutlichen Strichen an die Wand des Zeitalters malte. Mit seinem Bild verbindet sich für die meisten der Angsttraum von einer durch die Technik der Datenspeicherung heraufbeschworenen totalen Kontrolle; doch ist die sprachkritische Prognose des Romans von kaum geringerer Aktualität. Denn zur Technik der universalen Manipulation gehört, wie erinnerlich, die Umfälschung aller Schlüsselbegriffe des politischen und zwischenmenschlichen Lebens in ihr komplettes Gegenteil, so daß die systematische Verhetzung der Volksmassen von

einem „Ministerium der Liebe" betrieben wird, während die Vorbereitung permanenter Aggressionskriege in der Hand des „Friedensministeriums" liegt. Deutlicher hätte Orwell nicht mehr darauf hinweisen können, daß die extremste Gefährdung des Zeitalters dort zu suchen ist, wo es seine größten Entdeckungen machte: im Feld der Sprache!
Trotz seiner beklemmenden Aktualität könnte der Hinweis auf Orwell als künstlich, wenn nicht geradezu als an den Haaren herbeigezogen wirken, wenn nicht der Zusammenhang mit Luther schon bei der bloßen Nennung des Namens Nietzsche in die Augen spränge. Denn nach dem Geständnis des „häßlichsten Menschen" ist es akkurat die Figur des „Allsehenden", die den Menschen von Gott entzweit und ihn, eingespannt in die Alternative „er oder ich", zur Untat des Gottesmordes veranlaßt:

> *Er sah immer mich: An einem solchen Zeugen wollte ich Rache haben – oder selber nicht leben. Der Gott, der alles sah, auch den Menschen: dieser Gott mußte sterben! Der Mensch erträgt es nicht, daß solch ein Zeuge lebt.* [2]

Das aber war, bis auf die makabre „Problemlösung" – den Gottesmord – die Ausgangssituation des unter der dunklen Erblast des Spätmittelalters stöhnenden, von unstillbarer Gottesangst gepeinigten Luther, der in einer Paraphrase zur paulinischen „Narrenrede" von sich gesteht:

> *Auch ich kenne einen Menschen, der, wie er versichert hat, solche Strafen öfter erlitten hat, zwar während nur ganz kurzer Zeitdauer, aber so ungeheuere und höllische, wie keine Zunge zu sagen, keine Feder zu schreiben und niemand zu glauben vermag, der es nicht selbst erfahren hat; so daß, wenn diese Qualen bis zu Ende durchlitten würden..., er völlig zugrunde ginge und alle Gebeine zu Asche würden. Da erscheint Gott furchtbar in seinem Zorn und samt ihm gleicherweise die gesamte Kreatur. Da gibts keine Flucht, keinen Trost, weder innerlich noch äußerlich, sondern alles klagt an. Da heult er dann diesen Vers: ‚Verworfen bin ich von deinen Augen' (Ps 31, 23). Und er wagt nicht einmal zu sagen ‚Herr, straf mich nicht in deinem Grimm!' (Ps 6, 2).* [3]

So öffnet sich im Vorgefühl seiner Verwerfung für Luther der „eigentliche Abgrund der Hölle" (Vogelsang) im Aufbruch von Gefühlen des Gotteshasses, mit denen er sich gegen das über ihn hereinbrechende Gericht zur Wehr setzt. Davon berichtet er in der Rückschau des Jahres 1546:

> *Ich liebte nicht nur nicht – nein, ich haßte den gerechten Gott, der die Sünder straft. Nicht gerade mit stummer Lästerung, sicherlich aber mit unermeßlichem Murren entrüstete ich mich über Gott und sprach: Als ob es nicht genug sei, daß die elenden Sünder ... mit aller nur denkbaren Not durch das Gesetz der Zehn Gebote bedrückt wären, habe Gott*

noch durch das Evangelium Schmerz auf Schmerz hinzugefügt und ... uns seine Gerechtigkeit und seinen Zorn angedroht. So tobte ich in meinem wilden und verwirrten Gewissen und bemühte mich ungestüm um jene Stelle bei Paulus, von der ich brennend gern gewußt hätte, was Sankt Paulus wolle.[4]

Die befreiende Lesart

Es war das Pauluswort von der Gottesgerechtigkeit aus dem Glauben (Röm 1, 17), das sich Luther zunächst als unübersteigliche Barriere entgegengestellt hatte, weil es in seinem Auftakt erklärte, daß im Evangelium die Gerechtigkeit Gottes offenbar werde, und das zuletzt doch den rettenden Umschwung herbeiführte. Es kennzeichnet ebenso die Genialität wie die unverwechselbare Psychologie Luthers, daß er sich mit der ganzen Leidenschaft seines Denkens und Seins auf diese Stelle des scheinbar größten Widerstands konzentriert. Er ahnt, um es mit der Beschreibung dieses Schwellenerlebnisses durch *Nikolaus von Kues* zu sagen, daß sich, wenn irgendwo, dann hier der Eingang zum Paradies der Gottesnähe finden müßte[5]. Obwohl er dem „Paulo feindt" gewesen sei, habe er doch immer wieder, so berichtet Luther, an diesen Stellen angeklopft und Umschau gehalten, ob sich einer finde, der sie öffnen könne. Und durch unermüdliches Bedenken des geheimen Sinnzusammenhangs der Worte sei er schließlich zu jenem befreienden Verständnis durchgedrungen, das ihn im Vorgefühl der Verwerfung die Süßigkeit des Paradieses habe verkosten lassen. Oder jetzt wieder mit dem Wortlaut des Rückblicks:

Bis Gott sich erbarmte, und ich, der ich Tag und Nacht nachgedacht hatte, den Zusammenhang der Worte begriff, nämlich: Gerechtigkeit Gottes wird offenbart in dem, was geschrieben steht: der Gerechte wird aus dem Glauben leben. Da fing ich an, die Gerechtigkeit Gottes zu verstehen ... und daß dies der Sinn sei: Daß durch das Evangelium die Gerechtigkeit Gottes offenbart werde, nämlich eine passive, durch die Gott uns in seiner Barmherzigkeit durch den Glauben rechtfertigt... Hier spürte ich, daß ich völlig neugeboren sei, und daß ich durch die geöffneten Pforten in das Paradies selbst eingetreten sei, und da erschien mir von nun ab die Schrift in einem ganz anderen Licht... Und sosehr ich vorher die Vokabel Gerechtigkeit Gottes gehaßt hatte, soviel mehr nun hob ich dieses süße Wort in meiner Liebe empor, so daß jene Stelle bei Paulus mir zur Pforte des Paradieses wurde.[6]

Sowenig es angeht, Luther aufgrund dieses Selbstzeugnisses in eine Reihe mit den großen Visionären der Christenheit wie dem Augustinus der „Confessiones" und dem Pascal des „Mémorial" zu stellen (Lilje), spricht doch alles dafür, daß es sich um die Eingebung eines einzigen inspirierten Augenblicks handelt, so daß die Rede von einem „Turmerlebnis" zu Recht besteht[7]. Wichtiger als diese Qualifikation ist jedoch die Klärung der

Frage, wie Luther zu diesem Durchbruch gelangte und welche Konsequenzen er daraus zog.

In der Kontroverse um Luthers Turmerlebnis tauchte der Gedanke auf, daß dieses zentral in der „Entdeckung des Wortes" bestanden habe[8]. Daran ist sicher soviel richtig, daß sich Luther durch das ihm zunächst so abweisend erscheinende Pauluswort mit einem Schlag auf eine neue, befreiende, rettende und beglückende Weise angesprochen fühlte. Insofern griff sein Verständnis der Stelle, wie man auch sagen könnte, signifikant über die bloß „textuale" Gegebenheit hinaus. Um so mehr ist zu fragen, wodurch sie für ihn mit einem Mal als Zuspruch und Heilszusage lesbar wurde. Dem von ihm erstatteten Bericht ist freilich kaum mehr als ein Hinweis dazu zu entnehmen. Er ergibt sich daraus, daß er sich bei der Ausarbeitung der gewonnenen Intuition nicht etwa an vorgegebene Kommentare und Erläuterungen hielt, sondern ausschließlich an die assoziative Kraft seines Gedächtnisses, das ihm schlagartig eine Reihe bestätigender Parallelstellen beibringt und ihn schließlich die biblischen Schriften insgesamt „in einem ganz anderen Licht" sehen läßt[9]. Rückläufig gelesen gewinnt dadurch das Interpretament Profil, durch das sich Luther zu der neuen und befreienden Lesart geführt sieht. Es ist ihm gegeben durch seine eigene, gleicherweise von Ängsten und heimlichen Sehnsüchten umgetriebene Person.

Auch darauf wirft der Vergleich mit Nietzsche ein bezeichnendes Licht. Denn in einer nahezu spiegelbildlichen Entsprechung muß dieser zu Beginn seines letzten Schaffensjahrs in eine depressive Stimmung verfallen sein, die ihm den Stillstand seiner Gedankenentwicklung zum Bewußtsein brachte und ihn schließlich geradezu fürchten ließ, daß sich seine geistige Kreativität erschöpft habe[10]. In einem jähen Umschlag von Depressionen zu Euphorie verfällt Nietzsche auf die Idee, die eigene Person als Medium und „Vergrößerungsglas" einzusetzen, um zu einer neuen Lesart des alten Gedankenmaterials zu gelangen. Und das Ergebnis, sein literarisches Vermächtnis unter dem Titel „Ecce homo", spricht durchaus für den Erfolg dieses einzigartigen Experiments. Bei allen Unterschieden erinnert das Vorgehen Luthers zumindest strukturell an dieses Verfahren. Denn das „Instrument", mit dem er an der zunächst hermetisch verschlossenen Tür des Paulus-Textes anklopft, ist die von Gottesangst geschüttelte und insgeheim von Sehnsucht und Zuversicht getragene Existenz. Sie wird ihm, unterderhand, zum Schlüssel des gesuchten Sinns, der sich ihm deshalb auch, jenseits aller theologischen Bedeutung, als Ziel seiner eigenen Sinnsuche zu verstehen gibt.

Der dunkle Erdenrest

Die Zirkelhaftigkeit dieses Verfahrens liegt zu offen auf der Hand, als daß sich Luther darüber hätte hinwegtäuschen können. Zu deutlich mußte ihm schon im Akt der Entdeckung geworden sein, daß er im Grunde das fand, was er aus innerster Sinnerwartung suchte. Nicht zuletzt daraus könnten sich die auffälligen Bruchstellen in seinem Lösungsmodell erklären. Schon das Turmerlebnis selbst bleibt hinter seiner eigenen Dignität zurück. Auf der einen Seite liegt es ganz auf der Linie, die von Pascals „Feuernacht" über Anselm von Canterburys Entdeckung des Proslogion-Beweises zu Augustins Bekehrungserlebnis und von da zur paulinischen Damaskusvision zurückführt. Auf der anderen Seite gehen ihm die Kriterien eines visionären Erlebnisses unverkennbar ab. Zwar ist von einem gewaltigen Umschlag der Gefühle die Rede, der sich in Luthers Eindruck niederschlägt, aus den Tiefen der vorgefühlten Verdammnis an die Pforten des Paradieses entrückt worden zu sein. Doch sagt er das gerade nicht in jener unverwechselbaren Sprache der Mystik, in der etwa Paulus von seiner Entrückung in den „dritten Himmel" (2 Kor 12, 2) oder, wesentlicher noch, von seinem Offenbarungsempfang (Gal 1, 15 f.; 2 Kor 4, 6; Phil 3, 10 ff.) berichtet. In der Auswertung wird sogar von dem „fröhlichen Wechsel" zwischen Gott und der Seele und von dem „Austausch" der eigenen Mißverdienste gegen die Verdienste Christi die Rede sein; doch dringt diese Sprache mystischer Übereignung nicht in die Beschreibung des Erlebnisses selber ein.

Sie beherrscht vielmehr das Pathos des Simultaneität, wie es Luther durch den Weg zu seiner Entdeckung vorgezeichnet war. Auch in der Höhe der Entrückung blieb er dem Ausgangspunkt seiner Vernichtung durch die erdrückende Übermacht Gottes verhaftet. Aber die Schwere dieses Erdenrestes wurde, wenn nicht aufgewogen, so doch kompensiert durch das Glück der Entrückung, überkleidet durch den Mantel der Verdienste Christi. So entging er der Gefahr des Zirkelschlusses, dies jedoch um den Preis des Eingeständnisses, das geblieben zu sein, was er in seinem Ausgangspunkt gewesen war: Sünder; nur daß dieses niederdrückende Gewicht jetzt sein Gegengewicht gefunden hatte, so daß die volle Formel lautete: simul iustus et peccator! Mehr für sich zu fordern, verbot Luther nicht nur die Erfahrung fortbestehender Anfechtungen, sondern mehr noch die Logik seiner Entdeckung, die sich gegen den möglichen Zirkelvorwurf immunisieren mußte, weil sie – bei aller Nähe zu visionären Erfahrungen – zuletzt doch ganz in den Bahnen eines intuitiven Erlebnisses verblieben war.

Wer so wie Luther anklopfte, hörte auch, nachdem er Einlaß fand, nicht auf, der Bettler zu sein, als der er gekommen war. In der Redlichkeit dieses Eingeständnisses kündigt sich bereits die dialektische Kraft der reformatorischen Rationalität an, die schon in *Lessing*, erst recht aber in *Hegel* ihre größten Triumphe feiern sollte. Und selbst Nietzsche wird in dieser „intellektuellen Redlichkeit" die Frucht jener höchsten Zucht zur Wahrheit erblicken, mit der das Christentum die abendländische Denkwelt beschenkte, um schließlich an ihr selbst – zugrunde zu gehen. Dennoch bleibt von dieser auffälligen Halbierung auch die objektive Seite des reformatorischen Ausgangsdatums nicht unberührt. Das zeigt sich bei der näheren Bestimmung der „Tür", die sich dem andringenden Bettler schließlich auf so unerwartete Weise öffnet. In der Diskussion des „Turmerlebnisses"

313

fiel das Stichwort von der „Entdeckung des Wortes". Indessen spricht Luther selbst davon, daß ihm die Schrift in einem ganz anderen Licht erschienen sei. Darin liegt der Unterschied. Zwar ist Luther wie kaum einem seiner Interpreten, wie abschließend zu zeigen sein wird, die Differenz von Wort und Schrift bewußt; in der Bemerkung, daß ihm die ganze Schrift in einem neuen Licht erschienen sei, kündigt sich jedoch eine folgenschwere Verschiebung des Fragepunkts an. Nicht umsonst sammelt sich Luthers ganzer Wille bisweilen in den extremen Wunsch, daß mit seiner eigenen Auslegung zusammen auch die aller Lehrer untergehen möge, damit allen Hörern klar würde, wie unermeßlich Gottes Wort verschieden ist von allen Menschenworten, und daß es einzig darauf ankomme, in seine Süßigkeit einzudringen, weil mit ihm alles – und das heißt für ihn letztlich: Gott selbst – gesagt ist. Doch zeigt sich gerade hier, daß Luther weder ein wiedererstandener *Paulus* noch ein Vorbote von *Marx* ist. Nicht das letztere, weil für ihn die Interpretation noch ein Prinzip der Gestaltung – und Veränderung – ist und nicht nur eine ohnmächtige Sehweise. Aber auch nicht das erstere, weil mit ihm, trotz aller Hochschätzung des Wortes, jene Tradition beginnt, aus welcher der Schluß von *Hölderlins* Patmos-Hymne gesprochen ist:

> *Der Vater aber liebt,*
> *Der über allen waltet,*
> *Am meisten, daß gepfleget werde*
> *Der feste Buchstab, und Bestehendes gut*
> *Gedeutet. Dem folgt deutscher Gesang.*

Wort und Glaube

Dennoch: Luther ist der große Wiederentdecker der Wortes. Er weiß, was auf dem Spiel steht, wenn er mahnt:

> *Darum hinein, hinein, liebe Christen, und laßt mein und aller Lehrer Auslegen nur ein Gerüst sein zum rechten Bau, daß wir das bloße, lautere Gotteswort selbst fassen, schmecken und da bleiben; denn da wohnet Gott allein in Zion.* [11]

Wie er sich um des Wortes willen das Verschwinden aller Lehren und Auslegung wünscht, so erklärt er in einer Predigt zum Dreikönigstag (von 1522) mit geradezu bilderstürmerischer Geste:

> *Wenn Wünschen hülfe, wäre nicht besseres zu wünschen, denn daß einfach alle Bücher abgetan würden und nichts bliebe in aller Welt, besonders aber bei den Christen, denn die bloße lautere Schrift oder Bibel ... Aber das Wünschen ist umsonst, wollt Gott, es wären doch wenig Bücher neben der Schrift!* [12]

Dabei geht aus dem Kontext jetzt schon hervor, daß es ihm bei der Vokabel „Schrift" gerade nicht um die Schriftlichkeit, sondern um das „mündliche Wort" zu tun ist, „das die Schrift hervorbringt", daß er also in den Texten das Gotteswort in seinem lebendigen Gesprochensein zu vernehmen sucht. Denn alles kann die Seele entbehren, nur nicht das Wort Gottes, in dem allein Leben, Wahrheit, Licht, Friede, Gerechtigkeit, Heil, Freude, Freiheit, Weisheit und die Fülle alles Guten ist, weil sich nur mit ihm der Weg zu Gerechtigkeit und Glaube öffnet[13]. Insbesondere der Weg zum Glauben! Denn „seiner ganzen Natur nach will das Wort gehört werden"[14]. Im Fall des Gotteswortes aber ist die spezifische Art des Hörens – der Glaube. Im Glauben vernimmt der Mensch das in aller Offenbarungsrede zuinnerst Gesagte: Christus. Und er hört es so, daß er sich darin selbst erfüllend ausgesagt sieht. So wird der Glaube für Luther zu einem Elementarakt, der den Menschen aus der Kraft des an ihn ergangenen Wortes neu konstituiert; denn:

Alle, die wo hangen am Wort, müssen mit dem Wort gewinnen und obsiegen. Der Glaube und das Wort wird ganz ein Ding und ein unüberwindlich Ding.[15]

Doch die im Glauben gewonnene Einheit hat für Luther nicht nur diesen existentiellen, sondern auch einen theologischen und christologischen Aspekt. Wie Gott für ihn nur Gott ist, weil er, Gott, zu ihm spricht, erklärt er nun umgekehrt den Glauben zum „Schöpfer" (creatrix) der Gottheit, wenngleich nicht der Gottheit „in Person", sondern des einwohnenden Gottes „in uns"[16]. Und wie ihm die Süßigkeit Christi im Schriftwort aufgegangen war, heißt es nun auch vom Glauben: „Doch der Glaube macht aus dir und Christus gleichsam eine Person (quasi unam personam)", so daß sich, wie Luther in extrem polemischem Zusammenhang hinzufügt, ein jeder, der Christi Wort redet, „frei rühmen kann, daß sein Mund Christi Mund sei"[17]. In diesen dritten Aspekt münden die beiden ersten insofern aus, als Christus, wie Luther im Rückgriff auf eine augustinische Wahrheitsmetapher sagt, das „Antlitz des Vaters" (facies patris) ist: Medium sowohl der unüberholbaren Selbstbekundung Gottes als auch der uneinholbaren Selbstfindung des Menschen[18].
Größer und kühner wurde kaum einmal in der Christentumsgeschichte vom Glauben gedacht. Deshalb gebührt Luther der Ehrentitel, den *Kierkegaard*, der ihn entwickelt hatte, für sich selbst nicht in Anspruch zu nehmen wagte: ein Glaubensheld[19]. Mit dem Glauben beginnt für ihn die Lebensgeschichte, die wirklich zählt, die Geschichte, für die nun nach einer Zeit des überlangen Schweigens „die Zeit zu reden" gekommen ist. Indessen siegte bei der Formulierung der reformatorischen Ausschließlichkeitsprinzipien dann aber doch das Prinzip „Schrift", so daß die klassische Abfolge lautet: sola gratia, sola fides – sola scriptura. Es ist, anders ausgedrückt, die Vorstellung von dem institutionalisierten, dem leibhaftig gewordenen und dokumentarisch „niedergelegten" Wort, die in der Folge

für die Reformation – und weit darüber hinaus – formbestimmend wurde. Und war es so nicht für Luther selbst vorentschieden, nachdem er durch eine neue „Lesart" zu seinem Glauben gekommen war?

Die kommende Befreiung

Nach dem Bruch mit der fast übermächtigen Institution der mittelalterlichen Kirche war diese Tendenz unabweislich geworden. Zu stark wirkten die Kategorien der Gegenständlichkeit nach, als daß das reine, unverfügbare Wort hätte zur Grundlage der Neuordnung werden können. Es bedurfte wenigstens eines Restbestands von Dinglichkeit, wenn nicht die Vorstellung eines alle Sicherheiten verzehrenden Vakuums aufkommen sollte. So traten an die Stelle des Vorstellungskreises „Wort" die kompensatorischen Äquivalente „Text" und „Schrift", und dies um so mehr, als die Reformation ihren unaufhaltsamen Siegeszug nicht zuletzt den mit dem Medium gegebenen Möglichkeiten seiner technischen Reproduktion zu verdanken hatte. Daß kein Geringerer als *Albrecht Dürer* dem ihm damals noch völlig unbekannten Mönch dadurch seine Bewunderung bekundete, daß er ihm einige seiner Kupferstiche und Holzschnitte übersandte (Lilje), darf als Bestätigung dieses Tatbestandes auf höchster Ebene gelten[20].
Nicht zuletzt gehörte Luther deshalb die Zukunft, weil ihm für seine Ideen, wie *Erik H. Erikson* bemerkte, das „neue technische Verfahren" zu Gebote stand, weil also Gutenberg sozusagen auf ihn gewartet hatte[21]. Indessen blieb das gesprochene Wort „die seiner Art von Passivität angemessene Art von Aktivität"[22]. Dagegen gilt schon für seine unmittelbare Folgezeit, was ihr geistvoll-maliziöser Berichterstatter *Heinrich Heine* mit dem Satz umschreibt: „Lebt das Wort, so wird es von Zwergen getragen; ist das Wort tot, so können es keine Riesen aufrechterhalten."[23]
Für Heines scharfsichtigen Blick ist damit die innerste Fatalität von Luthers Wirkungsgeschichte getroffen. Sosehr ihm auch all das vor Augen steht, was sie an emanzipatorischen Energien, Liberalisierungstendenzen und kreativen Impulsen freisetzte, ist sie für ihn, der darin ganz der Spur Lessings folgt, doch vor allem dadurch gekennzeichnet, daß die Spontaneität des Wortes mehr und mehr von seiner Vermittlung – und Verwaltung – überlagert und erdrückt wurde. So geriet die von Luther errungene Freiheit in die Regie einer neuen Institution, die sich deswegen nicht weniger restriktiv auswirkte, weil sie sich aus dem Medium des befreienden Wortes, der Schrift, herleitete. Im Gegenteil! Was eine verwaltete Freiheit an Enge und Starrheit heraufbeschwor, wurde jetzt erst deutlich, als die Orthodoxie an die Stelle der institutionellen Kirche trat, mit welcher Luther gebrochen hatte. Nachdem dieser die Tradition verworfen „und die Bibel zur alleinigen Quelle des Christentums erhoben hatte", sei – so resümiert Heine – ein „starrer Wortdienst" entstanden, in welchem der biblische Buchstabe ebenso tyrannisch herrschte „wie einst die Tradition". Fast wörtlich zitiert er in diesem Zusammenhang *Lessings* berühmte „Apostrophe an Luther", mit der er auf dem Höhepunkt seines Streits mit dem

Hamburger Hauptpastor Goeze an den Geist des großen Reformators appellierte:

> *Luther, du – großer, verkannter Mann! Und von niemanden mehr verkannt als von den kurzsichtigen Starrköpfen, die, deine Pantoffeln in der Hand, den von dir gebahnten Weg schreitend, aber gleichgültig daherschlendern! – Du hast uns von dem Joche der Tradition erlöset: Wer erlöset uns von dem unerträglicheren Joche des Buchstabens! Wer bringt uns endlich ein Christentum, wie du es jetzt lehren würdest; wie es Christus selbst lehren würde!*[24]

Härter ist nie über die „Erblast" der Reformation geurteilt worden; schärfer wurde aber auch nie betont, wie sehr die gesamte geistig-religiöse Entwicklung seither in ihrem Bann steht und welche Chancen sich mit der Aufarbeitung ihrer Folgen verbinden. Danach ist Luther im zweifachen Sinn des Ausdrucks der „Schuldner des Wortes", als den er sich selbst bezeichnete. Im positiven Sinn zunächst, weil er seine Entdeckung des Glaubens und seiner rechtfertigenden Kraft allein dem ihm aus der Schrift entgegentönenden Gotteswort verdankte, das sich für ihn mit dem Glauben zu einem „unüberwindlichen Ding" zusammenschloß[25]. Aber auch im negativen Sinn, weil er sich nicht in der Freiheit dieser dialogischen Gottesbegegnung zu halten vermochte, sondern, zumindest in seinen Erbschaftsverwaltern, jene „Ersatzinstitution" entwickelte, die Heine mit Lessing als das, verglichen mit der Tyrannei der Tradition, noch „unerträglichere Joch des Buchstabens" empfindet.

Geist und Buchstabe

Das ist mehr als eine geistvolle Polarisierung; vielmehr will das von Lessing ins Spiel gebrachte und von Heine akzentuierte Begriffspaar deutlich machen, daß im Gefolge der Reformation alles auf eine letzte Entscheidung drängte. Dabei ging Heine mit Lessing in der Überzeugung einig, daß es eines leibhaftigen Initiators bedürfte, wenn das Christentum aus seiner zeitbedingten Fehlform zu jener Gestalt zurückfinden sollte, die ihm durch den großen Reformator, ja, besser noch, durch seinen Stifter selbst zugedacht war: „Wer bringt uns endlich ein Christentum, wie du es itzt lehren würdest, wie es Christus selbst lehren würde!" Und Heine glaubt diesen „dritten Befreier", den Vollender des mit Luther und Lessing begonnen Werks, sogar schon zwischen den Standbildern der beiden großen Erneurer hervortreten zu sehen: „Ich sehe schon seine goldne Rüstung, die aus dem purpurnen Kaisermantel hervorstrahlt, wie die Sonne aus dem Morgenrot!"
Heine wußte nur zu gut, daß er sich damit einer ebenso schönen wie trügerischen Selbsttäuschung hingab. Deshalb hält er sich auch nicht bei dieser vagen Hoffnung auf; vielmehr sieht er das, was in Luthers und Lessings Werk noch bloßes Versprechen geblieben war, eingelöst in dem, „was die

Philanthropen in ihrem Gemüte gefühlt, was Mendelssohn im Mosaismus gefunden, was die Freimaurer gesungen, was die Poeten gepfiffen" und was sich so insgesamt im Gefolge der Aufklärung als christlicher Restbestand noch eine Zeitlang erhalten hatte. Das aber ist, wie Heine mit ironischer Betroffenheit zu verstehen gibt, ein auf den Aussterbeetat gesetzter Gottesglaube, dem es auch nichts mehr helfen konnte, daß sich sein Gott immer mehr vergeistigte, und daß er ein liebvoller Vater, ein allgemeiner Menschenfreund, ein Weltbeglücker, ein Philanthrop wurde; denn: „Hört ihr das Glöckchen klingeln? Kniet nieder – Man bringt die Sakramente einem sterbenden Gotte."[26]

Es wäre schlimm, wenn man nach dem Lutherjahr die Augen vor dieser in die „Selbstauflösung des Christentums" (Nietzsche) hineintreibenden Konsequenz einer schiefen und gewaltsamen Lösung des Verhältnisses von Geist und Buchstabe verschließen würde. Durch *Lessing* bietet sich jedoch eine ganz andere Lesart des damit aufgeworfenen Problems an. Und die führt nicht etwa zu jener imaginären Befreiergestalt, die Heine vor sich sah, sondern zurück zu Paulus! Was Lessing kritisierte, als er den Erben Luthers vorwarf, die Freiheit des Wortes erneut unter das Joch des Buchstabens gebeugt zu haben, hatte schon Paulus als das große Dilemma empfunden, in dessen Spannungsfeld die Sache des Christentums ausgetragen werden mußte[27]. Danach schwebt das Wichtigste und Kostbarste, was Jesus gab, der lebendigmachende Geist seiner Selbstmitteilung, stets in der Gefahr, in die Enge des Buchstabens eingesargt und dadurch zu einer „verfügbaren" Größe erniedrigt zu werden.

Darauf wirken nicht nur jene repressiven Mächte hin, in denen die Tendenz des Menschen zur Selbstversklavung ihren geistes- und religionsgeschichtlich ständig wechselnden Ausdruck findet; vielmehr leisten dem auch die instrumentellen Gegebenheiten Vorschub, ohne die sich eine Religion unter den Bedingungen der konkreten Lebenswelt nicht ausbreiten und durchsetzen läßt. Immerfort gegenwärtig ist das Bild des „großen Bruders", der seine Vergünstigungen mit dem Anspruch verbindet, den Menschen seines Herrschaftsraums bis ins Innerste hinein zu kontrollieren. Und immerfort stehen jene Mechanismen bereit, die wie die Superministerien in Orwells „1984" den durchgängigen Freiheitsverzicht dadurch zementieren, daß sie die Grundwerte menschlichen Daseins in ihr tödliches Gegenteil umfälschen. Demgemäß besteht die elementare Aufgabe des Christentums, paulinisch gesehen, darin, dem „tötenden Buchstaben" in immer neu einsetzender Anstrengung das abzugewinnen, was er zwar niederhalten, niemals aber gänzlich zu erdrücken vermag: den Geist des spontanen Einvernehmens mit dem sich zusagenden Gott und dem von dieser Zusage mitumgriffenen Bruder.

So gesehen ginge heute von Luther vor allem ein Rückverweis auf Paulus aus. In ihm stünde längst schon der bereit, den Heine in vergeblicher Zukunftsprojektion suchte: der dritte Befreier, der der mit den Folgen der Reformation konfrontierten Christenheit die entscheidenden Auskünfte zu geben hätte. Insofern signalisiert Luther heute der Christenheit den

Anbruch einer paulinischen Stunde. Wenn das zutrifft, müßte sich von Paulus her vor allem jene Tendenz auffangen lassen, die das Christentum, wie Lessing ihm vorwarf, zu einer Reproduktion seiner selbst herabsinken ließ. Das müßte vor allem in zwei Richtungen ausgeleuchtet werden. Denn diese Tendenz hat einmal mit seiner Wahrheit, konkret gesprochen mit seinem Gottesbild zu tun; und sie ist zum anderen aufs engste mit dem verkoppelt, was Lessing das „Joch des Buchstabens" nannte. Unter beiden Gesichtspunkten gilt es Luther mit Paulus ins Gespräch zu bringen.

Wahrheit und Liebe

In seiner noch immer unvergessenen Kampfschrift „Der Ruf der Freiheit" (von 1968) machte *Ernst Käsemann* mit leidenschaftlicher Eindringlichkeit auf die Gefahr aufmerksam, die der Wahrheit Christi durch ihre Polarisierung mit „Freiheit" und ihre Verflachung zu einem orthodoxen Lehrbegriff droht[28]. Er hätte mit noch größerem Recht auf die Gefahr ihrer Abkoppelung von der Liebe hinweisen können. Denn die zweifellos signifikanteste Entwicklung innerhalb der heutigen Christenheit besteht darin, daß der durch die Reformation bedingte konfessionelle Unterschied durch einen Grabenbruch relativiert wurde, der unterschiedslos durch beide Konfessionen hindurchgeht und einen konservativ-orthodoxen von einem progressiv-dynamischen Flügel trennt. Dabei identifiziert der eine Flügel die Sache des Christentums mit einem rigiden, extrem positionell verstandenen Wahrheitsbegriff, während der andere das christliche Proprium vor allem in Mitmenschlichkeit, Solidarität und sozialem Engagement erblickt.

Unschwer ist auch darin eine Position *Lessings* wiederzuerkennen, der, ungleich „konservativer" als Heine, in seinem „Testament Johannis" (von 1777), eine Augustinus-Stelle variierend, dafür plädierte, daß in allen christlichen Kirchen an möglichst auffälliger Stelle mit goldenen Buchstaben das legendäre Johannes-Wort angeschrieben werden sollte: „Kinderchen, liebt euch!" Dabei dürfte die moderne Gefolgschaft Lessings freilich nicht übersehen, daß die Reduktion des Christentums auf den Liebesgedanken bei diesem durch eine resignative Einschätzung der Wahrheitsfrage zustande gekommen war. Denn, so dekretiert Lessing in seiner „Duplik" im Aufblick zu dem „alle Wahrheit" in seiner Rechten tragenden Gott: „Die reine Wahrheit ist ja doch nur für dich allein!"

Zu dieser resignativen Einschätzung sah sich Lessing nicht zuletzt durch seinen frustrierenden Streit mit den Vertretern der Orthodoxie geführt. Ihm mußte deutlich geworden sein, daß Polemik den Blick für die selbst noch so richtige Wahrheit trübt. Bei Luther lagen die Dinge zwar komplexer, im Grunde jedoch nicht anders. Während er noch um die Zeit des Thesenanschlags die Meinung vertrat, daß das unerläßlich gewordene Konzil „nicht Sache eines einzelnen Menschen..., sondern Sache des ganzen Erdkreises, nein Gottes allein" sei, muß sich in ihm schon bald danach der Eindruck durchgesetzt haben, daß die große Sache von ihm selbst ins Werk gesetzt werden müsse. Und es ist ausgerechnet der von seinem düsteren Gottesbild ausgehende Leidensdruck, der ihn schließlich dazu bringt, die Sache des Glaubens auf den neuen Grund der subjektiven Heilsgewißheit zu stellen. Das schlug insofern auf die Wahrheitsfrage zurück, als sich der Schwerpunkt damit unübersehbar von der Wahrheit auf die Gewißheit verlagert. Gleichzeitig entwickelte Luther seine exzessive und zweifellos nur aus übermächtigem Gefühlsstau zu erklärende Verbalpolemik gegen das Papsttum, die ohne Zweifel in dem von ihm vollzogenen Paradigmenwechsel motiviert war, auf jeden Fall aber auch die Radikalität dieses Wechsels mitbedingte. Wo der mittelalterliche Kirchenglaube den tragenden Pfeiler der Wahrheit erblickt hatte, sah er nur noch ein Werk des Teufels. Es konnte nicht ausbleiben, daß sich das auf den von ihm eingeschlagenen Lösungsweg auswirkte.

Erschüttert von dem Gedanken an das dem Sünder drohende Gottesgericht und gleichzeitig der kirchlichen Heilsvermittlung zutiefst entfremdet, setzt Luther, wie schon eingangs vermerkt, gerade dort an, wo sich ihm das Neue Testament hermetisch zu verschließen schien und wo sein religiöser Instinkt dennoch den rettenden Zugang vermutete. Es war, wie alle Welt weiß, die paulinische Rechtfertigungslehre, im Ganzen der Heilsverkündung der Apostel jedoch, mit *Albert Schweitzer* gesprochen, nur ein „Nebenkrater", der sich im Hauptkrater seiner mystischen Heilserfahrung gebildet hatte.[29]. Um so erstaunlicher, daß Luther trotzdem gerade hier der Zugang gelang! Freilich blieb die Stelle des Einstiegs für die von ihm gefundene Lösung nicht folgenlos. Bei der Würdigung seines Glaubenskonzepts wird man deshalb zwischen Theorie und Empirie unterscheiden müssen. Was diese anlangt, so fühlt man sich tatsächlich an Paulus herangerückt. Vom paulinischen Glaubensgeist sind insbesondere jene Stellen getragen, an denen Luther den Glauben „ein göttliches Werk in uns" nennt, „das uns wandelt und neu gebiert aus Gott" und an denen er die Sache des Glaubens ganz an die Person und Heilstat Christi zurückbindet. So steigt er im Glauben mit Christus zum Himmel empor, weil er mit ihm zuvor in die Tiefen der Hölle fuhr, so daß für ihn geradezu gilt:

Der Glaube macht aus dir und Christus gleichsam eine Person, so daß du nicht zu trennen bist von Christus, vielmehr ihm anhaftest, als ob du dich Christus nenntest, und umgekehrt er: Ich bin jener Sünder, weil er mir anhängt.[30]

Sosehr sich diese Stelle der Höhe der paulinischen Christusmystik annähert, wird man doch das „Als ob" nicht überhören können, das dort, wo für Paulus das „Nicht mehr ich – Er in mir" (Gal 2, 20) gilt, eine wenn fast unmerklich feine Trennungslinie zieht. Wenn irgendwo, macht sich hier die Tatsache bemerkbar, daß Luther anstatt im Zentrum in einem „Nebenkrater" ansetzte. Er ist, als wäre der Gottesschrecken, der in der Verschmelzung mit Christus zu der „einen Person" gebannt schien, aufs neue entfesselt, so daß von Christus nur noch der Mantel der Verdienste bleibt, unter den sich der Sünder in das zwiespältige Bewußtsein des „simul iustus et peccator" flüchtet. Drohend ist der Arm der göttlichen Strafgerechtigkeit über ihn ausgestreckt, so daß ihm buchstäblich das Wort im Mund erstirbt. Statt seiner spricht nun aber Christus, der sich auf den gar nicht so „fröhlichen Wechsel" einließ, das rettende Wort: „Ich bin jener Sünder, weil er mir anhängt!" Um die Wahrheit dieses Geschehens weiß freilich, wie bei Lessing, nur Gott; dem Glaubenden bleibt nur die Dialektik einer dieser Wahrheit abgerungenen Gewißheit.

Begreiflich, daß von hier die Linie zu *Lessings* „Testament Johannis" führt, das die Sache des Christentums definitiv von der Wahrheit abzukoppeln und ausschließlich auf die Liebe zu stellen sucht. Begreiflich aber auch, daß diese Position heute weder im kirchlichen Binnenraum noch im säkularistischen Außenfeld befriedigt. Nicht im Außenfeld, weil eine auf Toleranz reduzierte Liebe nicht genügt, um die Identität des Christentums im Wettstreit mit anderen spirituellen und religiösen Positionen zu gewährleisten. Und ebensowenig im kirchlichen Binnenraum, weil dort der Appell zur Liebe nach aller Erfahrung zu Anarchie führt, wenn sie sich nicht mit dem Willen zur Wahrheit verbindet. Doch damit ist auch schon die Konsequenz angegeben, die sich von Luther her für die Gegenwart ergibt, um nicht zu sagen, aufdrängt.

Was nicht zuletzt angesichts der alle Konfessionsgrenzen übergreifenden Polarisierung nottut, ist die mit der Liebe geeinte, weil aus der Liebe begriffene Wahrheit und die, was dasselbe, jetzt nur aus entgegengesetzter Sicht besagt, in die Obhut der Wahrheit geborgene Liebe. Im selben Maß, wie sich die Wahrheit der Liebe entfremdet, wird sie zum Gespenst ihrer selbst. Sie verfinstert sich nicht nur bis zur Unkenntlichkeit, wenn sie, anstatt im Geist der Liebe, im Ungeist der Intoleranz, Aggressivität und Polemik vertreten wird; nein, sie hört geradezu auf, aus und durch sich selbst verständlich zu sein. Denn die Wahrheit des Christentums ist eine Frucht der Liebe; nur solange diese Wurzel fühlbar bleibt, leuchtet sie dem Suchenden ein.

Gleiches gilt aber auch von der Liebe, die, wenn sie auch nur tendenziell gegen die Wahrheit ausgespielt wird, ihre Identität verliert und zur bloßen, wenn auch noch so gut gemeinten Technik herabsinkt. Auch alle Versuche, sie auf möglichst konkrete Aktionsfelder anzuwenden, kommen gegen diesen Schaden im Ansatz nicht auf. Sie gegen diese Tendenzen an die Wahrheit zurückzubinden, ist darum das große Gebot, das sich der Besinnung gerade von Luther her auferlegt. Das ist sie, mehr als vieles andere, dem „Schuldner des Wortes" – schuldig.

Ein Gebrechen des Geistes

Mit keiner Leistung ging Luther so sehr ins Bewußtsein der Nachwelt ein wie mit seiner Bibelübersetzung. Für Heine bestand sie, prinzipiell gesehen, in der staunenswerten Tat, daß der Verfasser des Riesenwerks die Sprache erst schaffen mußte, in die er „das heilige Original" übertrug. Die

Bewunderung überblendete indessen die fast noch erstaunlichere Tatsache, daß Luther trotz seiner Faszination durch die selbstgestellte Aufgabe einen kritischen Blick für die Grenzen des von ihm so intensiv genutzten Mediums bewahrte. Obwohl er davon durchdrungen ist, daß uns nur aus den schriftlichen Zeugnissen das Wort entgegentönt, „ohne welches wir nicht könnten das Leben haben", hält er doch daran fest, daß das „Evangelium eigentlich nicht Schrift, sondern mündliches Wort sein sollte", da auch Christus selbst nichts geschrieben, sondern nur gelehrt und sein Evangelium „eine gute Botschaft oder Verkündung genannt hat, das nicht mit der Feder, sondern mit dem Mund soll getrieben werden".[31]. Wenn auch erst *Goethe* das Wissen um die restriktive Tendenz der Schriftlichkeit in den extremen Satz zuspitzt, daß das Wort „schon in der Feder" stirbt, sagt doch bereits Luther, daß es „ein großer Abbruch und ein Gebrechen des Geistes" gewesen sei, daß von der Not erzwungen Bücher geschrieben werden mußten, und daß dieser „Zwang" dem Geist des Neuen Testaments im Grunde fremd geblieben sei[32].

In diesen Äußerungen schlägt sich indessen nicht nur die Erfahrung mit den frustrierenden Folgen der Schriftlichkeit nieder, sondern, erstaunlicher noch, der Nachklang eines Wissens, das sich bis auf die Urkirche zurückverfolgen läßt. Schon der etwas obskur wirkende *Papias von Hierapolis* bemerkt, daß er sich bei seinen Recherchen nach den Verfassern der Evangelienschriften lieber an das, „was von lebendiger und bleibender Stimme kommt", gehalten habe als an die schriftlichen Nachrichten[33]. Und Paulus, der das Medium des apostolischen Briefs mit genialem Griff in den Dienst der apostolischen Verkündigung gestellt und damit den Grundstock zum Neuen Testament gelegt hat, steigert sich im Galaterbrief, in dem er wie in kaum einem anderen Schreiben dieses Medium mit vollendeter Meisterschaft einsetzt, zu dem Wunsch. „mit anderer Stimme", spontan und dialogisch, zu seinen Adressaten reden zu können; denn so, an das Mittel des Briefs gebunden, sei er ihnen gegenüber „ganz ratlos" (4, 20).

Nochmals geistert hier die Figur des „großen Bruders" herein. Denn er steht gespenstisch für die Tatsache, daß aus der „Not" der Schriftlichkeit nicht nur die „Tugend" der Vergegenwärtigung des lebendigen Wortes, sondern auch die Hölle der totalen Medienwelt und insbesondere die eines radikal „mediatisierten" Menschen gemacht werden kann. Man müßte mit Blindheit geschlagen sein, wenn man diese Gefahr ignorieren und ihren Zusammenhang mit dem Diktat des „toten Buchstabens" übersehen wollte.

Damit hebt sich eine neue Bedeutung von Luthers Selbstbezeichnung als „Schuldner des Wortes" ab. Hatte ihn der Leidensdruck seiner Gottesangst zunächst dazu gebracht, mit seiner reformatorischen Tat anstatt im Zentrum der paulinischen Heilsverkündigung in einem „Nebenkrater" anzusetzen, und war er dem Wort im Sturm seiner Polemik vielfach die ihm einzig angemessene Stimme der Liebe schuldig geblieben, so entdeckt er sich hier auf einem „Nebengeleise", auf dem sich die Christenheit insgesamt bewegt, seitdem sie sich zur religiösen Schriftkultur entwickelte. Von einem „Nebengleise" kann freilich nur in einem ganz behutsamen Sinn gesprochen werden. Dennoch brachte es Luthers unvergleichliche Sensibilität dazu, daß er gerade in diesem Zusammenhang einen „großen Abbruch und ein Gebrechen des Geistes" registrierte. Das ist mit so großer Treffsicherheit gesagt, daß sich die letzte und vielleicht dringlichste Konsequenz fast von selbst ergibt. Von selbst, weil alles dafür spricht, daß mit dem Siegeszug der elektronischen Medien das Ende der Schriftlichkeit gekommen ist, doch so, daß sich das mit ihr gegebene Defizit dabei ins Unermeßliche steigert.

Wie kaum einmal zuvor ist angesichts dieser Situation die Frage der Aktualisierung der christlichen Botschaft an die der Wiedergewinnung jenes lebendigen Wortes gebunden, ohne das wir nach Luthers Überzeugung nicht leben können. Das Lösungsmodell, das sich geradezu aufdrängt, ist ebenso einfach wie schwer. Es besteht, mit einem Wort ausgedrückt, in einem umfassenden Akt der „Rückübersetzung". Denn wenn heute ein Fortsetzer Luthers käme, der uns dem Wunschbild Lessings zufolge ein Christentum brächte, wie er es jetzt lehren würde, dann hätte es zweifellos seine Herzmitte in dem Versuch, die schriftlichen Zeugnisse wieder so zum Reden zu bringen, daß in ihnen die unverwechselbare Stimme Jesu hörbar würde. Daß das nicht auf dem Weg einer nostalgischen Rekonstruktion geschehen könnte, versteht sich von selbst. Denn nur dem Wort, wie er es heute spräche, wäre es gegeben, sich als die rettende und befreiende Antwort auf die bedrängenden Probleme und mehr noch auf die Daseinsfrage des heutigen Menschen verständlich zu machen[34].

Bach als Wiederentdecker der paulinischen Heilsbotschaft

Paulus im Zeugnis des ‚fünften Evangelisten'

Wie der – nicht unbedenkliche – Ehrenname „der fünfte Evangelist" erkennen läßt, gilt *Johann Sebastian Bach* gemeinhin als der Komponist, der der Welt des Neuen Testaments nicht nur am nächsten steht, sondern ihr geradezu nach Art eines „Mitautors" zugeordnet ist. Tatsächlich wird man sagen können, daß er mit den beiden erhalten gebliebenen Passionsmusiken, der Johannes- und der Matthäus-Passion, mehr als viele theologische Kommentare für die Erschließung und Vergegenwärtigung der neutestamentlichen Passionsberichte geleistet hat. Indirekt hat Bach damit sogar zu einer längst überfälligen Korrektur des Evangelien-Verständnisses beigetragen. Indem er sich als „Evangelist" ausschließlich auf die Passionsgeschichten bezog, nahm er auf seine Weise den Gedanken *Martin Kählers* vorweg, wonach die Evangelienschriften so sehr auf die von ihnen mitgeteilten Passionserzählungen ausgerichtet sind, daß sie geradezu als „Passionsgeschichten mit einer großen Einleitung" zu gelten haben. Indessen haftet dem Titel auch etwas Irreführendes an. Denn er erweckt den Eindruck, als sei die Schriftrezeption Bachs so gut wie ausschließlich auf die Evangelien beschränkt. Das aber trifft noch nicht einmal auf sein Kantatenwerk zu, da eine ganze Reihe von Kantaten nicht auf Herrenworte aus der Evangelienüberlieferung, sondern auf Psalm- oder Prophetenworte, bisweilen auch auf Stellen aus den neutestamentlichen Briefen, der Apostelgeschichte oder der Apokalypse Bezug nehmen. Das gilt freilich nicht ohne eine erhebliche Einschränkung; denn bei der Durchmusterung der Kirchenkantaten Bachs springt die Tatsache in die Augen, daß Paulusstellen eine vergleichsweise untergeordnete Rolle spielen. Insofern scheint die Kennzeichnung Bachs als „fünfter Evangelist" sogar in einem restriktiven Sinn zuzutreffen. Das wirkt um so auffälliger, als Bach gerade in seinen Kirchenkantaten immer wieder Luther-Choräle aufnimmt, und *Luther* ihm ohnedies sowohl durch seine konfessionelle Herkunft wie durch seine theologische Bildung als der große Erneuerer des paulinischen Gedankenguts vor Augen gestanden haben mußte.
Ein deutlich anderes Bild ergibt sich freilich, wenn man Bachs Motetten in die Betrachtung einbezieht, die heute unbestritten als die Gipfelwerke seiner Vokalkunst, ja der Vokalmusik insgesamt gelten. Damit pendelt sich das Urteil unverkennbar auf Bachs Selbstverständnis ein. Denn in welchem Maß sich ihr Schöpfer gerade mit diesem Bereich seiner Vokalmusik identifizierte, zeigt die Tatsache, daß er in die Motette ‚Fürchte dich nicht!' (von 1726: BWV 228) mit der Tonfolge B-A-C-H den eigenen Namen eingraviert hat.[1] Zu dieser Einschätzung mußte sich das öffentliche Urteil freilich erst wieder durchringen, da die vergleichsweise undramatischen Motetten in der Perspektive der Romantik so sehr hinter das Kantatenwerk zurückgetreten waren, daß der Bach-Biograph *Philipp Spitta* sie lediglich noch als „Absenker der Bachschen Cantate" zu bewerten ver-

mochte.² Dem war jedoch eine gegenläufige Entwicklung vorausgegangen, aufgrund deren das Kantatenwerk, zumindest für die öffentliche Einschätzung, in den Hintergrund getreten war. Indessen waren die Motetten im Unterschied zu den Kantaten nie ganz in Vergessenheit geraten; „lange vor den übrigen Vokalwerken" fanden sie vielmehr nach anfänglich handschriftlicher Verbreitung schon zu Beginn des 19. Jahrhunderts „ihren Erstdruck".³

Die Resistenz gegenüber dem Wechselspiel der Einschätzungen verdanken die Motetten zweifellos ihrer hervorragenden kompositorischen Qualität. Auch wenn man den Gesichtspunkt ihrer hohen formalen Geschlossenheit beiseite läßt, der offensichtlich nicht jederzeit als Qualitätskriterium galt, bleibt doch unbestreitbar, daß Bachs Deklamationskunst in ihnen ebenso wie seine kontrapunktische Meisterschaft höchste Triumphe feiert. Das eine wie das andere kommt dem Interesse der Textauslegung zugute, das hier, in den Motetten, wie sonst nur noch in den Passionsmusiken, im Vordergrund steht. Um sich einen Begriff von Bachs Deklamationskunst zu machen, braucht man sich nur den Eingangschor der Johannes-Passion zu vergegenwärtigen, der ihn als expressiven Künstler von höchsten Graden präsentiert:

> *Herr, unser Herrscher, dessen Ruhm*
> *In allen Landen herrlich ist!*
> *Zeig uns durch deine Passion,*
> *Daß du, der wahre Gottessohn,*
> *Zu aller Zeit*
> *Auch in der größten Niedrigkeit,*
> *Verherrlicht worden bist!*⁴

Das Beispiel führt unmittelbar auf die Ausdruckswelt der Bachschen Motetten hin, die, mit *Krummacher* gesprochen, durch „die außerordentliche Intensität ihrer Textdeklamation und die Plastik ihrer Wortauszeichnung" bestimmt ist.⁵ Freilich steht dieses Prinzip in einer unübersehbaren Spannung mit der „zyklischen Formung", der die Motetten ihre hohe Geschlossenheit verdanken. Die Kunst Bachs beweist jedoch gerade darin, daß für sie die beiden Prinzipien keineswegs in einem Verhältnis des Widerstreits und der Ausschließlichkeit stehen, sondern sich gegenseitig zu neuen, sie miteinander verwebenden Ausdrucksformen steigern. Bisweilen scheint freilich für das erste Hören Bachs Freude an scharfer, in Einzelfällen geradezu überpointierter Deklamation die strenge Form zu sprengen; so vor allem im dritten Chorsatz der Motette ‚Jesu, meine Freude' (von 1723: BWV 227), wenn er dem „alten Drachen" Trotz bietet und sich inmitten der ihn umtobenden Welt „in gar sicherer Ruh" weiß: ein Ausbruch, auf den schon die zweite Choralstrophe mit der Stelle vorausweist: „Ob es itzt gleich kracht und blitzt, ob gleich Sünd und Hölle schrecken"; doch bleibt, wie schon *Brahms* aufgefallen war, die durchgehende Rückbindung selbst der wild herausfahrenden Ausbrüche an die führende Choralmelodie jederzeit erkennbar.⁶ So spricht gerade diese Strophe ebensosehr für den strengen Gestaltungswillen wie für die Neigung Bachs, seinem Hang zur Expressivität, wenn es sich vom Text her nahelegt, die Zügel schießen zu lassen:

> *Trotz dem alten Drachen,*
> *Trotz des Todes Rachen,*
> *Trotz der Furcht dazu!*
> *Tobe, Welt, und springe*
> *ich steh' hier und singe*
> *in gar sichrer Ruh!*
> *Gottes Macht hält mich in acht;*
> *Erd und Abgrund muß verstummen,*
> *ob sie noch so brummen (T 147–229).*

Das exoterische Paulus-Zeugnis

Damit ist auch schon die erste der beiden Motetten zur Sprache gebracht, in der sich Bach, entgegen der in den Kantaten gezeigten Paulus-Abstinenz, ausdrücklich auf den letzten umfangreichsten und seiner theologischen Bedeutung zufolge wichtigsten Text des paulinischen Briefwerks, den Römerbrief, bezieht. Durch die streng symmetrische Reihung von Strophen des tiefsinnigen Lieds „Jesus, meine Freude" von *Johann Franck (Spitta)* und Stellen aus dem achten Kapitel des Römerbriefs fällt die Motette aus der Reihe der übrigen heraus und nimmt eine Art Mittelstellung zwischen ihnen und dem Kantatenwerk ein.⁷ Doch ist sie gleichzeitig durch ihre inneren Proportionen so streng gegliedert, daß an ihrer Zugehörigkeit zum Motettentypus kein Zweifel bestehen kann. Das wird durch die Beobachtung erhärtet, daß Bach den Choralsatz mit jeder Wiederholung stärker abwandelt und erst bei der sechsten und letzten wieder zur Grundform zurückkehrt. So gewinnt der Hörer den Eindruck, als werde der Choral jeweils unter den Gesichtspunkt der eingeschalteten Römerstellen gerückt und im Sinn ihrer Aussage – bei unverändertem Cantus firmus – umgestaltet, zumindest aber umgefärbt. An einzelnen Stellen läßt sich dieser Eindruck auch an der musikalischen Faktur erhärten. So sind schon die beiden auftrumpfenden Stellen „Ob es itzt gleich kracht und blitzt" und „Trotz dem alten Drachen", die das Gehäuse der Form zu sprengen drohen, nicht ohne die beiden vorangestellten Paulusw011te denkbar, die von der Heiligkeit der Erlösten und ihrer Befreiung „von dem Gesetz der Sünde" sprechen (Röm 8, 1 f). Insbesondere scheint in den exklamatorischen „Ausbrüchen" des Chores das dreifache „Nichts" nachzuklingen, mit dem Bach seine Auslegung des Römertextes beginnt:

> *Es ist nun nichts, nichts, nichts Verdammliches an denen,*
> *die in Christo Jesu sind T 20–27).*

Ähnliches gilt auch für die Verabschiedung des „Weltwesens" in der zweitletzten Chorstrophe, die mit dem musikalischen Akzent, den sie auf das wiederholte „Gute Nacht" legt, unverkennbar auf das vorangestellte Römerwort „So ist der Leib zwar tot um der Sünde willen; der Geist aber ist das Leben um der Gerechtigkeit willen" (8, 10) zurückweist:

> *Gute Nacht, o Wesen,*
> *das die Welt erlesen,*
> *mir gefällst du nicht,*
> *Gute Nacht, ihr Sünden,*
> *bleibet weit da hinten,*
> *kommt nicht mehr ans Licht!*
> *Gute Nacht, du Stolz und Pracht!*
> *Dir sei ganz, du Lasterleben,*
> *gute Nacht gegeben! (T 383–488).*

Unverkennbar huldigt Bach hier bereits einem musikalischen Prinzip, dem sich in der Folge am deutlichsten *Modest Mussorgskij* verschrieb, wenn er in seinem von *Rimskij-Korsakow*, *Ravel* und *Stokowski* orchestrierten Klavierzyklus ‚Bilder einer Ausstellung' die ‚Promenade', in der er seine subjektiven Eindrücke reflektiert, jeweils auf die zuvor geschauten Bilder abstimmt, am eindringlichsten in der musikalischen Zwiesprache mit seinem früh verstorbenen Malerfreund, die auf dessen Darstellung der Pariser „Katakomben" folgt: *Con mortuis in lingua mortua* (Die Beziehung der Stelle auf den toten Malerfreund ist durch einen Hinweis im Originalmanuskript gesichert).

Die Paulus-Auslegung

Mit einem Hinweis auf die Dominanz der Expressivität ist bereits angedeutet, auf welcher interpretatorischen Bahn sich die von Bach hier ins Werk gesetzte Paulus-Auslegung bewegt. Sie läßt sich im Unterschied zu der in der Motette ‚Der Geist hilft unserer Schwachheit auf' (von 1729: BWV 22) am zutreffendsten mit dem Begriff „exoterisch" kennzeichnen. Damit soll angedeutet sein, daß es Bach hier darum zu tun ist, Paulus in seiner zentralen Botschaft – und Heilsverkündigung – aufzurufen. Daran läßt schon die von Bach oder seinem Auftraggeber gewählte Stelle keinen Zweifel.[8] Vorangegangen war im Römerbrief die denkbar schärfste Schilderung jener Verlorenheit, von der *Kierkegaard* meint, aus keiner Gefangenschaft könne der Mensch weniger ausbrechen, „als aus der, in welcher das Individuum sich selber hält"[9]. Das Gefühl dieser Unentrinnbarkeit steigert sich bei Paulus bis zu dem Aufschrei: „Ich unglücklicher Mensch! Wer wird mich von diesem todverfallenen Leib befreien?" (7, 24) Darauf antwortet der folgende Vers nach der Mehrzahl der Handschriften: „Dank sei Gott durch Jesus Christus, unseren Herrn!" (7, 25), der jedoch nach anderen Handschriften auch lauten kann: „Die Gnade Gottes durch Jesus Christus, unseren Herrn!"[10] Doch wie es sich mit dieser Antwort auch im einzelnen verhält; aus ihr zieht der Eingangsvers des achten Kapitels, mit dem das Bachsche Paulus-Zitat einsetzt, die wahrhaft beglückende Folgerung, die der Luther-Text um eine von einer Reihe von jüngeren Handschriften gebotene Erläuterung ergänzt:

> *Es ist nun nichts Verdammliches an denen, die in Christo Jesu sind, die nicht nach dem Fleische wandeln, sondern nach dem Geist (T 20–103: Röm 8, 1).*[11]

Man könnte sich fragen, warum sich der Ausdruckskünstler Bach den Aufschrei „Ich unglücklicher Mensch" (7, 24) entgehen ließ und seine Paulus-Auslegung erst mit der „Folgerung" (8, 1) beginnt. Doch wird ihm unverzüglich mit der feinsinnigen Beobachtung *Walter Schmithals*, recht gegeben, daß die menschliche Verstrickung in sich selbst erst vom „rettenden Ufer" des Erlöstseins aus, also in einer ausdrücklichen Retrospektive, gesehen ist, so daß Bach auch im theologischen Sinn nicht sachgerechter hätte einsetzen können.[12] Doch mischt sich an dieser Stelle in die Zustimmung des Theologen der Einwand des Musikwissenschaftlers, der zunächst aufgearbeitet werden muß.

Eine unstimmige Interpretation?

Wie *Friedemann Otterbach* bei seiner Analyse der Stelle geltend machte, setzt Bach bei der Vertonung des Pauluswortes musikalische Mittel ein, die aufgrund ihres Eigengewichts die Textverhältnisse nachgerade auf den Kopf stellen.[13] Mit der dreifachen Wiederholung der Verneinungsformel „nichts" gebrauchte Bach hier die Figur der „Anaphora", die er durch die dazwischengeschalteten Generalpausen sogar zur Figur der „Aposiopesis" steigert. Die aber wird nach der zeitgenössischen Musiktheorie immer dort eingesetzt, wo es um eine verlorene Sache oder „eines Dinges Untergang" geht, wie sich der Göppinger Kantor *Daniel Speer* ausdrückte. Doch davon kann nach Otterbach bei der Paulusstelle nur im äußerlich-verbalen Sinn die Rede sein. Denn ihrer Aussageintention zufolge hebt sie im Gegenteil auf die Bewahrung und Erhöhung des Erlösten ab. So stellt sich die Musiksprache im Endeffekt zur tatsächlichen Textaussage quer:

> *Dadurch, daß Bach die negative Formulierung des Textes musikalisch auffällig in den Vordergrund rückt, verkehrt er die positive Textaussage kompositorisch in ein Negativum.*[14]

Man könnte im Sinne Otterbachs auch von einer musikalischen „Überinterpretation" sprechen, die den Paulustext unversehens in sein Gegenteil verkehrt. Doch trifft das wirklich zu? Oder müssen hier übergeordnete Gesichtspunkte berücksichtigt werden, durch die sich das Kompositionsverfahren Bachs schließlich doch rechtfertigt?

Wenn es sich bei ‚Jesu, meine Freude' tatsächlich um eine „exoterische" Paulus-Auslegung handelt, ist es nicht nur gerechtfertigt, sondern geradezu geboten, nach solchen Gesichtspunkten Ausschau zu halten. Der wichtigste betrifft, wie schon die Bach-Interpretation *Philipp Spittas* erkannte, Bachs Verhältnis zur reformatorischen Tradition. Insbesondere sieht Spitta in dem „großartigen Werke", das Bach mit der Motette ‚Jesu, meine Freude' schuf, den „Kern des protestantischen Christentums" verkörpert:

> *Die Lehre Luthers in ihrer ganzen Strenge und Reinheit bringt Bach mit der Macht innerster Überzeugung zum Ausdruck. Aber er verbindet mit der dogmatischen Bestimmtheit und Schärfe die innigste persönliche Hingabe an Christus. Wie sich in ihm die kirchlichen Parteien seiner Zeit, Orthodoxie und Pietismus, aufheben, tritt aus keinem anderen Werke prägnanter hervor.*[15]

So richtig hier der Gesamtzusammenhang gesehen ist, läßt sich diese glättende Beschreibung im Blick auf das Paulusverständnis des Bach-Interpreten *Albert Schweitzer* nicht aufrechterhalten. Im Anschluß an ihn wird man vielmehr von einer durch Bach vollzogenen, wenngleich ganz unkritischen „Luther-Korrektur" sprechen müssen. Denn nach Schweitzer bietet das ganz auf den Rechtfertigungsgedanken gestellte Paulus-Verständnis Luthers eine einseitige, zumindest verkürzte Perspektive der paulinischen Heilsbotschaft. Nach seinem Werk über die ‚Mystik des Apostels Paulus' (von 1930) setzte Luther mit der „Lehre von der Gerechtigkeit aus dem Glauben", so sehr sie sich ihm durch die jahrelang durchlittene Glaubensnot und ihre Überwindung in seinem „Turmerlebnis" aufgedrängt haben mochte, doch nur in einem „Nebenkrater" an, der sich „im Hauptkrater der Erlösungslehre der Mystik des Seins in Christo" gebildet hatte.[16]

Die Luther-Korrektur

Mit diesem Urteil ist aber nicht nur die Rechtfertigungslehre Luthers, sondern nicht weniger auch ihre Nachwirkung auf sein Glaubenskonzept getroffen. Denn danach bleibt der Gerechtfertigte nach wie vor Sünder: simul iustus et peccator. Gerade davon aber kann bei Bach, in dessen Auffassung hier die pietistische Komponente durchschlägt, nicht die Rede sein; im Gegenteil: mit dem Eintritt in die Lebenssphäre Jesu, paulinisch ausgedrückt, dem In-Christus-Sein, ist selbst der letzte Rest von Sünde und Schuldverhaftung ausgetilgt. So aber gewinnt das dreifach unterstrichene „nichts" einen höchst plausiblen Sinn, der nur so lange unlesbar bleibt, als man mit *Spitta* an der Vorstellung von Bachs strenger und uneingeschränkter Luther-Observanz festhält.[17] Hier zumindest bricht Bach mit der altprotestantischen Tradition, um im unmittelbaren Anschluß an Paulus einen neuen Weg, den Weg der Absage an die von Luther behauptete Gleichzeitigkeit von Sünde und Gottesgerechtigkeit im Glaubenden, einschlagen zu können. Deshalb betont er mit großer Emphase: Es ist nun nichts, nichts, nichts Verdammliches an denen, die in Christo Jesu sind (T 20–35). Wenn an dieser Deutung noch ein Zweifel bliebe, würde er spätestens durch das letzte Paulus-Zitat (Röm 8, 11) beseitigt, weil Bach hier dieselbe Tonfolge benutzt, um seinen Glauben an das geistgewirkte unverlierbare Leben der Erlösten zu bekennen.[18] Denn von dieser rein affirmativen Aussage fällt Licht auf die von *Otterbach* angefochtene Stelle, die nun auch beim besten Willen nicht mehr gegen ihren Textsinn verstanden werden kann. Durchdrungen vom Geist des Auferstehungsglaubens und der mystischen Einung mit dem erhöhten Herrn versichert Paulus seinen Adressaten:

So nun der Geist des, der Jesum von den Toten auferweckt hat in euch wohnet, so wird auch derselbige, der Christum von den Toten auferweckt hat, eure sterblichen Leiber lebendig machen, um des willen, daß sein Geist in euch wohnet (T 489–529).

Damit ist keineswegs in Abrede gestellt, daß es bei Bach Fälle einer „musikalischen Textwiderlegung", um nicht zu sagen „Irreführung" gibt. So ruft der Eingang der Kantate ‚Halt im Gedächtnis Jesum Christ' (von 1724: BWV 67) jedem Kenner der Matthäus-Passion unwillkürlich die Chor-Einwürfe in das Duett zur Gefangennahme Jesu in Erinnerung (Nr. 33), wenn der Chor leidenschaftlich Widerspruch gegen die Verhaftung Jesu einlegt:

Sopran und Alt: So ist mein Jesus nun gefangen. Chor: Laßt ihn, haltet, bindet nicht!

Hier im Kantateneingang wird durch das vom Chor wiederholt eingeworfene „Halt!" der Wortsinn bis zur Unkenntlichkeit zerstückelt.[19] Man braucht sich nur diese Stelle zu vergegenwärtigen, um die tatsächliche Übereinkunft von Text und Vertonung beim ersten Paulus-Zitat der Motette zu begreifen. Gleichzeitig wird dann aber auch klar, daß Bach damit eine nahezu leitmotivartige Absicht verfolgt; denn in dem dreimaligen „nichts" kündigen sich leise, aber bestimmt die sich von der zweiten zur dritten Chorstrophe steigernden Ausbrüche an. Insofern geht von der Wiederholung des „nichts" eine Signalwirkung aus, die auf den auch im musikalischen Sinn „exoterischen" Stil der Vertonung hinweist. Die Steigerung selbst aber ergibt sich folgerichtig aus dem dazwischengeschalteten Paulustext, der in scharfer Pointierung den zwischen dem „Gesetz des Geistes" und dem „Gesetz des Fleisches" herrschenden Gegensatz geltend macht (Röm 8, 2), also jenen inneren Widerstreit, den der Chor dann auf den ewigen Kampf mit den höllischen Vernichtungsgewalten bezieht, nachdem er ihn zuvor schon buchstäblich unter Blitz und Donner beschworen hatte:

Ob es itzt gleich kracht und blitzt,
Ob gleich Sünd' und Hölle schrecken:
Jesu will mich decken.

Denn das Gesetz des Geistes, der da lebendig machet in Christo Jesu, hat mich freigemacht von dem Gesetz der Sünde und des Todes.

> *Trotz dem alten Drachen,*
> *Trotz des Todes Rachen,*
> *Trotz der Furcht dazu!*
> *Tobe, Welt, und springe:*
> *ich steh' hier und singe*
> *in gar sicherer Ruh!*
> *Gottes Macht hält mich in acht!*
> *Erd' und Abgrund muß verstummen,*
> *ob sie noch so brummen (T 116–229).*

Das esoterische Paulus-Zeugnis

Ausgerechnet mit dieser Schlußfloskel schlägt Bach die Brücke zu seinem esoterischen Paulus-Zeugnis, der Motette ‚Der Geist hilft unserer Schwachheit auf' (von 1729: BWV 226), von der eine Eintragung in den Stimmen vermerkt, daß sie für die Beerdigung des Thomaner-Rektors Enesti geschaffen wurde.[20] Die Textgrundlage ist demselben Kapitel des Römerbriefes entnommen, dem auch die Einschaltungen in ‚Jesu, meine Freude' entstammen, genauer gesagt, der im Titel angegebenen Stelle, die Bach mit einem musikalischen Symbol einführt. Es wirkt wie eine Transponierung des unterirdischen Grollens von „Erd' und Abgrund" ins Lichte, Spirituelle, Geistige. Dabei denkt Bach, womöglich auf der Suche nach einem anschaulichen Bild, vielleicht aber auch nur aufgrund einer spontanen Bibel-Assoziation, an das Wehen und Schweben des Geistes über der Urflut, das er in deren wogender Bewegung gespiegelt sieht. Daß der Zusammenhang nicht zu weit hergeholt ist, ergibt sich aus der Text- und Tonfolge der Motette ‚Jesu, meine Freude', wo bereits das lautmalerisch dargestellte Grollen des Abgrundes in einem spiegelbildlichen Verhältnis zu der anschließenden Paulusstelle steht, die vom „geistlichen" Stand ihrer Adressaten spricht:

> *Erd' und Abgrund muß verstummen,*
> *ob sie noch so brummen.*
> *Ihr aber seid nicht fleischlich, sondern geistlich, so anders*
> *Gottes Geist in euch wohnet (T 194–265: Röm 8, 9).*

Einer ganz ähnlichen Koloratursprache bedient sich Bach nun auch im Eingangssatz von BWV 226, der nun nicht mehr nur vom Geistbesitz der Erlösten, sondern – ungleich intimer noch – vom Walten des Geistes in ihrem Herzen handelt (Röm 8, 26). Daß ihm bei der Verdeutlichung dieses Vorgangs tatsächlich die Entdeckung eines musikalischen Ursymbols gelang, macht ein Vergleich des Eingangssatzes mit dem „Et incarnatus est" von *Beethovens* ‚Missa Solemnis' (Op. 123) deutlich, zu dem *Walter Rietzler* bemerkt:

Nie ist das „et incarnatus est" mystischer erklungen als hier, wo Beethoven das Reich der Tonalität für kurze Zeit verläßt und dem Stil Palestrinas nahekommt – und wo er, was man schließlich auch noch „Naturalismus" nennen könnte, in einer hochschwebenden Flötenstimme den Heiligen Geist versinnbildlicht.[21]

Doch ist das nicht das Gegenteil einer esoterischen Schriftauslegung? Und steuert Bach nicht unverkennbar selbst in diese Gegenrichtung, wenn er die Wendung „Der Geist hilft" zu Beginn seiner Komposition in ähnlicher Häufung wiederholt, wie er es mit dem „nichts" beim ersten Pauluszitat der Motette ‚Jesu, meine Freude' getan hatte?

Andante con moto: Der Geist hilft unserer Schwachheit auf, der Geist hilft, der Geist hilft, der Geist hilft unserer Schwachheit auf (T 1–40).

In eine ganz andere Dimension führt jedoch schon der unmittelbare Fortgang des Textes, der Grund und Veranlassung der angesprochenen „Schwachheit" nennt. Es handelt sich um die in der Paulusdeutung seit alters als rätselhaft empfundene und deshalb vieldiskutierte Stelle, die sich zur Ratlosigkeit des Erlösten in der Frage des rechten Betens bekennt. Bach begnügt sich jedoch nicht nur damit, dieses „Nichtwissen" mit aller Schärfe herauszustellen; er konfrontiert es überdies in einer Weise mit der wiederaufgenommenen Wendung „Der Geist hilft", daß das Eingeständnis der menschlichen Ratlosigkeit zeitweilig von dieser Zuversicht förmlich überstrahlt wird, bis es sich schließlich dann doch wieder durchsetzt und das letzte Wort behält:

Denn wir wissen nicht, was wir beten sollen, wie sichs gebühret, der Geist hilft, der Geist hilft unserer Schwachheit auf; denn der Geist hilft; denn wir wissen nicht, was wir beten sollen, wie sichs gebühret (T 41–124).

Damit beschwört die Motette aber auch schon einen inneren Antagonismus, der unmittelbar an den in ‚Jesu, meine Freude' aufgerufenen Gegensatz erinnert, sich von jenem aber dadurch unterscheidet, daß er sich nicht auf den Widerspruch zwischen dem „Gesetz des Geistes" und dem „Gesetz des Fleisches", sondern auf das Spannungsverhältnis bezieht, in dem sich der ratlose Beter gegenüber dem seiner Schwachheit aufhelfenden Gottesgeist befindet. Und Bach verstärkt dieses Spannungsmoment noch dadurch, daß er mit der Schlußwendung des ersten Teils – „wir wissen nicht, was wir beten sollen, wie sichs gebühret" – den Beter zunächst in die Not seiner Schwachheit und Ratlosigkeit zurücksinken läßt. Wie er jedoch in der Vergleichsmotette betont hatte: „Ihr aber seid nicht fleischlich, sondern geistlich", führt er nun auch hier mit dem Blick auf das Wirken des Gottesgeistes im Herzen des ratlosen Beters die große Wende herbei:

Allegro non tanto: Sondern der Geist selbst vertritt uns aufs beste mit unaussprechlichem Seufzen (T 124–145).[22]

Die staunenswerte Satzkunst Bachs bestätigt sich nicht nur darin, daß er mit diesem „Fugato-Thema" *(Krummacher)* auf die krönende Doppelfuge „Der aber die Herzen forschet" vorausweist, sondern daß er nun auch das Wirken des Geistes – sein „Seufzen" im Herzen des Beters – mit Klangfiguren umschreibt, in denen er das koloraturhafte Geist-Symbol des Anfangs gleichzeitig wiederaufnimmt und fortentwickelt. Das außerordentlich dichte Klanggewebe, das nunmehr entsteht, erklärt sich aber nicht zuletzt auch daraus, daß der anfänglich eingehaltene Unterschied von figuraler Symbolik und textbezogener Deklamation zugunsten einer gegenseitigen Durchdringung der beiden Prinzipien aufgehoben wird. Hatte vorher der Gegenchor noch beständig den Gedanken „der Geist hilft" nach Art von Einwürfen geltend gemacht, so vermischt sich nun die „Hilfe" des Geistes förmlich mit der Ratlosigkeit des Menschenherzens; doch gerade so entspricht es dem Paulswort von seinem „unaussprechlichen Seufzen".
Um so befreiender wirkt, fast wie ein Lichteinfall von oben, die anschließende Doppelfuge, die durch dieses Tonsymbol deutlich macht, wer allein der Hermeneut des dem Menschen selbst unverständlichen „Geistgeschehens" ist:

Alla breve: Der aber die Herzen forschet, der weiß, was des Geistes Sinn sei, denn er vertritt die Heiligen, nach dem das Gott gefället (T 146–244).

Demgemäß herrscht nunmehr die syllabische Rezitation vor, auch wenn sie immer wieder vom Stimmengeflecht der Doppelfuge überlagert wird. Indessen konnte Bach den Paulustext nicht sinnvoller als damit beschließen, weil so das mystische Dialoggeschehen am sinnfälligsten ausgedrückt wurde. Denn der Paulusstelle zufolge tritt Gott, so sehr er das Ziel der Gebetsbewegung bleibt, gleichzeitig auf die Seite des ratlosen Beters, so daß er im Seufzen des Geistes gleichzeitig für diesen und zu sich selber spricht. Daran gemessen wirkt der Schlußchoral „Du heilige Brunst", den Bach ohnehin – vermutlich aus aufführungstechnischen Gründen – erst nachträglich angefügt hatte, eher konventionell; doch schafft er dadurch einen wohltuenden Ausgleich, daß er die gewaltige Spannung, zu der sich die Motette bis dahin aufgestaut hatte, in jene ruhige „Beständigkeit" überführt, von der er in seiner altertümlichen Ausdrucksweise auch tatsächlich spricht:

Du heilige Brunst, süßer Trost,
nun hilf uns fröhlich und getrost
in deinem Dienst beständig bleiben,
die Trübsal uns nicht abtreiben!
O Herr, durch dein Kraft uns bereit

und stärk des Fleisches Blödigkeit,
daß wir hie ritterlich ringen,
durch Tod und Leben zu dir dringen.
Halleluja, halleluja! (T 245–279)[23]

Die theologische Dimension

Ins Zentrum der theologischen Problematik führt, wie nicht anders zu erwarten, die von Paulus hervorgehobene Ratlosigkeit des Beters in der Frage, was er beten solle. Die von einer Vielzahl von Erklärern empfundene Schwierigkeit dürfte darauf zurückgehen, daß jedermann sehr wohl zu wissen glaubt, was Inhalt und Gegenstand seines Betens ist. Von dieser Meinung läßt er sich auch nicht durch den Zusatzgedanken „wie sichs gebühret" abbringen. Doch für Paulus erklärt sich die von ihm behauptete Ratlosigkeit weder situativ, also aus der besonderen Lage und Verfassung des Beters, noch aus seiner Anfechtung durch Gegebenheiten des herrschenden Äons; sie ist für ihn vielmehr konstitutiv, so daß sie sich letztlich nur aus den Bedingungen des Menschseins selbst erklärt. Und diese Bedingungen bringen es für Paulus, diesen außerordentlichen Kenner des Menschenwesens immer wieder mit sich, daß der Mensch aus seinen konkreten Lebensbedürfnissen und Heilserwartungen heraus nach Gottes Hilfe ruft. Paulus ist auch Realist genug, dem Menschen diese Gebetsweise zu konzedieren; ja er gibt ihr sogar dadurch die denkbar tiefste Deutung, daß er den solcherart nach Gottes Hilfe rufenden Menschen im Einklang mit dem Seufzen der Schöpfung sieht, die, unter das Joch der Vergänglichkeit gebeugt, sehnsüchtig auf ihre Befreiung wartet:

> *Denn wir wissen, daß die ganze Schöpfung bis zum heutigen Tage seufzt und in Geburtswehen liegt (Röm 8, 22).*

Dennoch bewegt sich dieses Gebet, so verständlich es ist, nicht in der rechten Ordnung. Es vollzieht sich nicht, „wie sichs gebühret", weil es nicht nur von menschlicher Noterfahrung und Heilserwartung eingegeben ist, sondern auch in deren Horizont verbleibt. Durch die Interzession des Gottesgeistes aber wird klar, daß das Gebet dabei nicht stehenbleiben darf; „denn der Geist ergründet alles, selbst die Tiefen der Gottheit" (1 Kor 2, 10). Das aber heißt, auf das Gebet bezogen, daß es ihm letztlich, mit einem subtilen Gedanken *Martin Bubers* gesprochen, um eine „Selbstkundgabe" Gottes zu tun ist. Deshalb ist die Ratlosigkeit des Beters erst dann beseitigt, wenn ihm klar wurde, daß er, sofern sich sein Gebet nur in der rechten Ordnung bewegt, um nichts Geringeres als um Gott betet. Auf seine Weise macht das bereits das Modellgebet Jesu klar, das in seiner von Lukas überlieferten Urfassung mit der Bitte schließt:

> *Und führe uns nicht in Versuchung! (Lk 11, 4)*[24]

Wenn sich der Beter damit abschließend zur Bitte erhebt, daß ihn Gott
nicht fallen- und so der Verzweiflung anheimfallenlassen möge, strebt er in
seiner Bitte letztlich nach jenem unverbrüchlichen Grund, der allein in der
Wirklichkeit Gottes selbst besteht. So bestätigt sich die alte, auf *Evagrius
Ponticus* zurückgehende und noch von *Hegel* bestätigte Definition, die das
Gebet die „Erhebung des Geistes zu Gott" nennt.[25] Nur würde es der heutigen Existenzerfahrung näherliegen, wenn man den Vorgang gegensinnig
deuten und demgemäß von der „Versenkung des Herzens in die Wirklichkeit Gottes" sprechen würde. Über dieses Grundverhältnis des Beters
schafft der Gottesgeist Klarheit. Denn er nimmt ihm, bildlich gesprochen,
die Sache des Gebetes aus der Hand, um sie zu seiner eigenen zu machen.
Damit aber wird das Gebet buchstäblich zu einer Angelegenheit zwischen
Gott – und Gott, also zwischen Gott, der das Ziel der betenden Anrufung
blieb, und seinem Geist, der die Sache des Gebets anstelle des ratlosen
Beters austrägt. Es bleibt nur noch zu klären, wie das geschieht.

Der Zuspruch des Geistes

Der Realist Paulus, der die Frage des Gebets nicht auf jener Höhe ansetzt,
die durch die Begriffe Trost, Entzücken und Überwältigung gekennzeichnet ist, sondern schon in den Niederungen der Erfahrungen von Leere,
Trostlosigkeit und Entbehrung, begnügt sich damit, den Zuspruch des Geistes mit der Wendung „unaussprechliches Seufzen" zu verdeutlichen (Röm
8, 26). Spätere Theoretiker des Gebets waren nicht ebenso zurückhaltend.
So entnimmt schon *Nikolaus von Kues* dem transverbalen Zuspruch des
Geistes einen verstehbaren Sinn, den er in seiner Schrift über ‚Das Sehen
Gottes' mit den Worten wiedergibt:

> *Du sprichst in mein Herz hinein: Sei dein eigen, dann bin auch ich dein
> eigen (c. 7)*[26]

Die Verdeutlichung ist insofern hilfreich, als sie offensichtlich den
Zuspruch des Geistes im Sinne eines Impulses zu verstehen gibt, der einer
Ermutigung zum Selbstsein gleichkommt und dieser die hilfreiche Nähe
Gottes in Aussicht stellt. Problematisch wirkt die kusanische Konsekution
freilich insofern, als sie an den pelagianischen Leitsatz „hilf dir selbst, dann
hilft dir Gott" erinnert. Auch wird man in diesem Zusammenhang nicht
übersehen können, daß sich die Cusanus-Stelle bereits im Vorfeld der neuzeitlich-subjektivistischen Lösung des Identitätsproblems bewegt. Zwar
weiß sie noch in aller Ausdrücklichkeit um die Rezeptivität des menschlichen Selbstbewußtseins, der sie sogar dadurch Rechnung trägt, daß sie den
Identifikationsakt in die Form eines göttlichen Zuspruchs kleidet. Doch
beginnt er dann faktisch mit einer „Selbstentschließung" des Menschen zur
Akzeptanz seiner selbst. Der göttliche Anruf in der Herzenstiefe gibt dazu
lediglich den Anstoß, wenngleich verbunden mit der Verheißung: „dann
werde ich dein eigen sein!"

Enger schließt sich, damit verglichen, *Johann Georg Hamann* an das Pauluswort an. Denn er vernimmt, wie *Georg Baudler* in Erinnerung rief, in dem inneren Zuspruch „die Stimme des Bluts", das über den am Kreuz „erschlagenen Bruder" Klage führt.[27] Die größere Nähe zu Paulus bestätigt sich auch darin, daß hier wie bei ihm der Vorgang des Gebets als eine Art innergöttlicher Dialog zwischen dem zum Himmel schreienden Blut des Gekreuzigten und dem von ihm angerufenen Gott beschrieben wird. Vor allem aber ist die Hamann-Stelle dadurch bedeutsam, daß sie zumindest ansatzweise den Todesschrei des Gekreuzigten als die Urgestalt alles christlichen Betens zu verstehen gibt. Denn dort, in diesem radikalsten ‚De profundis', das jemals zum Himmel stieg, erfolgt eine Art Rückverwandlung der Gottesstimme in eine vorsprachliche Äußerung, jetzt nur nicht in das „unaussprechliche Seufzen" des Geistes, sondern in den unartikulierten Todesschrei Jesu.[28] In diesen Schrei ist nicht nur alle menschliche Not, einschließlich der Not des ratlosen Beters, einbezogen; hier ist das Gebet auch definitiv auf die Grundform des Dialogs zwischen Gott und Gott zurückgeführt. Was aber *Johann Sebastian Bach* betrifft, so ist damit deutlich geworden, daß er, zumindest aus theologischer Sicht, in der Motette ‚Der Geist hilft unserer Schwachheit auf', jenen großartigen Ausdeutungen des Leidens und Sterbens Jesu in Gestalt der beiden Passionsmusiken nahekommt, die ihm den Ehrennamen eines „fünften Evangelisten" eingetragen haben. Aus Anlaß eines Begräbnisses entstanden, führt gerade diese Motette auf das Kreuzesgeheimnis zurück, das wie kein anderes im Zentrum seiner musikalisch ausgedrückten Frömmigkeit steht. Gerade so aber berührt er sich mit Paulus, der sich bei seinem Auftreten in der Gemeinde von Korinth vorgenommen hatte, „nichts anderes zu kennen als Christus und ihn als den Gekreuzigten" (1 Kor 2, 2), und der im Galaterbrief seine Adressaten fragt, wer sie denn nur verhexte, da er ihnen „doch Christus als den Gekreuzigten vor Augen gestellt" hatte (Cal 3, 1). Womöglich erklärt es sich aus dieser Gemeinsamkeit, daß Bach zum Wiederentdecker der paulinischen Heilsbotschaft wurde, und daß es ihm in der stillen Beredsamkeit seiner Musik gelang, das verengte Paulusverständnis seiner Tradition aufzubrechen und das Heilsverständnis des Apostels wieder in seiner ganzen Fülle zur Geltung zu bringen.

Abhängigkeit und Kontingenzbewältigung
Zur Aktualität Friedrich Schleiermachers

Vergleichende Einstimmung

Wenn Schleiermacher die erste seiner Reden ‚Über die Religion' (von 1799) eine Apologie nennt, so tritt sein Werk in einen Zusammenhang, der im Interesse des Nachweises seiner Aktualität genauer bedacht werden muß. Denn es sind die Kritiker und Gegner oder, wie Schleiermacher sagt, die ‚Verächter', die dem Christentum und damit der Sache der Religion den unschätzbaren Dienst erweisen, daß sie es zwingen, aus seiner Traditionsverhaftung hervorzutreten und seine Fähigkeit zur Gegenwartsbewältigung unter Beweis zu stellen.

Eine erste Querverbindung ergibt sich zu *Pascal*, der mit seinen ‚Pensées' den Skeptikern – er nennt sie die ‚Pyrrhonisten' – seiner Zeit eine auf sie zugeschnittene Apologie des Christentums zu bieten suchte. Mit ihm berührt er sich in dem von ihm gefundenen Lösungsweg. Ungleich näher liegt ihm jedoch *Lessing*, mit dem er schon in der Kritik des toten Buchstabenglaubens einig geht und dem er entscheidende Fingerzeige für die Methode seines Vorgehens verdankt. Auch Schleiermacher bietet in seinen ‚Reden' einen „Beweis des Geistes und der Kraft", mehr noch: die ‚Reden' wirken wie eine erste große Einlösung dessen, was Lessing mit seiner titelgleichen Kampfschrift (von 1777) gefordert hatte. Insofern schlagen die ‚Reden' die Brücke zu Kierkegaards ‚Einübung im Christentum' (von 1850), die als die vollgültige Beantwortung des von Lessing auf dem Höhepunkt seiner Kampfschrift ausgestoßenen Notschreis zu gelten hat[1].

Der Ansatz im Vergleich

Mit Lessing verbindet Schleiermacher das Unbehagen an einer Selbstdarstellung des Religiösen im System, in welchem, wie er an seine Adressaten gewendet sagt, das Hohe und Herrliche, das aus dem Inneren des Gemüts hervorgeht, „in einer verächtlichen Knechtschaft gehalten" wird:

> *Denn was sind doch diese Lehrgebäude für sich betrachtet anderes, als Kunstwerke des berechnenden Verstandes, worin jedes einzelne seine Haltung nur hat in gegenseitiger Beschränkung? Oder gemahnen sie euch anders, diese Systeme der Theologie, diese Theorien vom Ursprunge und Ende der Welt, diese Analysen von der Natur eines unbegreiflichen Wesens; worin alles auf ein kaltes Argumentieren hinausläuft, und auch das Höchste nur im Tone eines gemeinen Schulstreichs kann behandelt werden?*[2]

Es ist dasselbe Unbehagen, das *Kierkegaard* zu dem ironischen Vergleich des Systemdenkers mit dem Erbauer eines großen, hochgewölbten Palastes veranlaßte, der, anstatt in ihm Wohnung zu beziehen, es vorzieht, nebenan in einer Scheune, wenn nicht gar in einer Hundehütte zu hausen[3]. Nicht umsonst ist schon in der einleitenden ‚Rechtfertigung' wiederholt von dem „toten Buchstaben" die Rede, dem Lessing, perspektivisch enger als Schleiermacher, die Hauptschuld, wenn nicht am Niedergang, so doch an der Schwäche des neuzeitlichen Christentums anlastet. Kein Wunder, daß sich der Vergleich mit Lessing auch auf den Verfasser der ihm posthum gegebenen Antwort bezieht, und daß er hier, bei Kierkegaard, besonders fündig wird. Für Schleiermacher besteht die Rechtfertigung seines kühnen Unternehmens in dem nicht minder kühnen Anspruch, der unüberhörbar an das Pauluswort von der inneren Nötigung zur apostolischen Predigt (1 Kor 9, 16) erinnert:

> *Daß ich rede, rührt nicht her aus einem vernünftigen Entschlusse, auch nicht aus Hoffnung oder Furcht, auch geschieht es nicht einem Endzwecke gemäß oder aus irgendeinem willkürlichen oder zufälligen Grunde: es ist die innere unwiderstehliche Notwendigkeit meiner Natur, es ist ein göttlicher Beruf, es ist das, was meine Stelle im Universum bestimmt und mich zu dem Wesen, welches ich bin. Sei es aber weder schicklich noch ratsam, von der Religion zu reden, dasjenige, was mich also drängt, erdrückt mit seiner himmlischen Gewalt diese kleinen Begriffe[4].*

Wie diese Stelle beginnt, so endet die Tagebuchaufzeichnung Kierkegaards über sein Ostererlebnis (von 1848), in dem man nach seinem Biographen *Lowrie* den Schlüssel zu jenem hinreißenden ‚Beweis des Geistes und der Kraft' zu erblicken hat, den er in seiner ‚Einübung' erbrachte:

> *Mein ganzes Wesen ist verändert. Meine verschwiegene Heimlichkeit, meine Verschlossenheit ist aufgebrochen – ich muß reden!* –[5]

Deshalb sind die Reden mehr als die romantischen ‚Herzensergießungen' eines von Spinoza infizierten Enthusiasten, wie ihn ihr Zensor, der Oberkonsistorialrat Sack, in ihrem Verfasser wiederzuerkennen glaubte. Sie sind die Konfession eines Ergriffenen, der dem unverlierbaren Recht des Religiösen unter den Bedingungen seines vermeintlichen Absterbens das Wort zu reden sucht. Nicht umsonst bemerkt Schleiermacher wenige Wochen nach ihrer Vollendung in seinem Tagebuch: „Die Geburt der Minerva ist eine schöne Allegorie auf die Art, wie höhere Geisteswerke entstehn". Wie ein Nachklang dessen liest sich die Stelle der zweiten Rede, die von der Eigentümlichkeit jedes einzelnen versichert:

> *Keiner ist dem anderen gleich, und in dem Leben eines jeden gibt es irgendeinen Moment, wie der Silberblick unedlerer Metalle, wo er, sei es durch die innige Annäherung eines höheren Wesens oder durch irgendeinen elektrischen Schlag, gleichsam aus sich herausgehoben und auf den höchsten Gipfel desjenigen gestellt wird, was er sein kann.*

Für diesen Augenblick war er geschaffen, in diesem erreichte er seine Bestimmung, und nach ihm sinkt die erschöpfte Lebenskraft wieder zurück[6].

Was durch Skepsis und Rationalismus gleicherweise in Vergessenheit geraten war, läßt sich am zutreffendsten als die Dimension des Religiösen bezeichnen. Um ihre Wiederentdeckung war es schon Pascal zu tun, wie es das von *Guardini* als Schlüsseltext herausgestellte Fragment 793 verdeutlicht. Danach erhebt sich über der Ordnung der politischen, wirtschaftlichen und sozialen Gegebenheiten, in welcher Geschäfte gemacht, Lustgewinne erzielt und Schlachten geschlagen werden, von ihr durch eine unendliche Distanz getrennt, die Ordnung des Geistes, in der die Meisterdenker der Wissenschaft und die Pioniere der Forschung ihre glanzvollen Siege erringen. Doch auch sie überragt die Ordnung der Weisheit, die für den forschenden Verstand ebenso unerreichbar ist wie dieser für die Ausgangsstufe, die Pascal die des Fleisches nennt. Denn es handelt sich um drei wesensmäßig verschiedene Ordnungen, von denen eine jede, unableitbar, in ihrem eigenen Glanz steht. Ihr Aufbau wird von ihrem Zenit, in welchem Christus thront, her vollends klar. Denn er hat weder Macht ausgeübt noch Entdeckungen erzielt; doch war er demütig, geduldig und heilig, „heilig für Gott und furchtbar für die Dämonen, ohne jede Sünde. In welch unvergleichlicher Pracht und Herrlichkeit leuchtet er in den Augen des Herzens, welche die Weisheit schauen!" Von diesem Kulminationspunkt aus öffnet sich der Durchblick durch das Gefüge des Seienden:

Aus allen Körpern zusammen kann man nicht den geringsten Gedanken gewinnen. Das ist unmöglich, weil er einer anderen Ordnung angehört. Aus allen Körpern und Geistern zusammen kann man nicht eine einzige Regung wahrer Liebe ableiten; das ist unmöglich, weil sie einer anderen, übernatürlichen Ordnung angehört[7].

Was Pascal als die Ordnungsstufe der Weisheit und Liebe bestimmt, ist für Schleiermacher das Universum, auf das sein Verständnis des Religiösen ausgerichtet ist:

Anschauen des Universums, ich bitte, befreundet euch mit diesem Begriff, er ist der Angel meiner ganzen Rede, er ist die allgemeinste und höchste Formel der Religion, woraus ihr jeden Ort in derselben finden könnt, woraus sich ihr Wesen und ihre Grenzen aufs genaueste bestimmen lassen. Alles Anschauen geht aus von einem Einfluß des Angeschauten auf den Anschauenden, von einem ursprünglichen und unabhängigen Handeln des Ersteren, welches dann von dem Letzteren seiner Natur gemäß aufgenommen, zusammengefaßt und begriffen wird[8].

Hier springt aber auch schon die Differenz gegenüber Pascal in die Augen. Während dieser auf das Moment der Unableitbarkeit abhebt, ist es Schleiermacher um den Aufweis des Konvergenzgrundes zu tun, aus dem sich alles herleitet und der im religiösen Akt als die alles durchwaltende und bestimmende Sinnmitte erfahren wird. Denn Religion ist für ihn jene ‚ekstasis' des Menschen, in der er jede partielle Sicht des Seienden, die metaphysische ebenso wie die moralische, übersteigt, um sich in der Hingabe an alle und alles ganz selbst zu finden. Religion ist, wie er in seiner die scharfen Konturen bewußt vermeidenden und auf das Erlebnis einer geistigen ‚Erhebung' hinarbeitenden Sprache sagt, „Sinn und Geschmack für das Unendliche", der „Instinkt für das Universum"[9]. So führt auch Schleiermacher in die Ordnung der Weisheit und Liebe, jedoch nicht auf dem Weg der Unterscheidung, sondern der alle Teilperspektiven übersteigenden All-und-eins-fühlung, zu deren Verdeutlichung er bisweilen auch den Begriff der Mystik heranzieht:

Ja, um alles Hierhergehörige in eins zusammenzufassen, so ist es allerdings das Ein und Alles der Religion, alles im Gefühl Uns-Bewegende in seiner höchsten Einheit als eins und dasselbe zu fühlen, und alles Einzelne und Besondere nur hierdurch vermittelt, also unser Sein und Leben als ein Sein und Leben in und durch Gott[10].

Alles in allem

In dem ganz vom Geist der Romantik geprägten Frühwerk der ‚Reden' geht es Schleiermacher eindeutig mehr um die Eröffnung der Dimension als um die Konturbestimmung des Religiösen. Die aus einer Zeit des exzessiven Rationalismus hervorgegangenen Adressaten seines Werkes will er – im Gegenzug zu ihrer ideologisch verkürzten und perspektivisch verengten Denkweise – zu einem Akt selbstvergessener Hingabe an das Seinsganze führen, der ihnen gleichzeitig zum Erlebnis der Einwohnung des Göttlichen verhelfen soll:

Denn aus zwei Elementen besteht das ganze religiöse Leben: daß der Mensch sich hingebe dem Universum und sich erregen lasse von der Seite desselben, die es ihm eben zuwendet, und dann, daß er diese Berührung, die als solche und in ihrer Bestimmtheit ein einzelnes Gefühl ist, nach innen zu fortpflanze und in die innere Einheit seines Lebens und Seins aufnehme: und das religiöse Leben ist nichts anderes als die beständige Erneuerung dieses Verfahrens[11].

Obwohl dem Verfasser der ‚Reden' dieses Ziel auch auf dem Weg einer Religion ohne Gott erreichbar schien, registrierte *Goethe*, der ihn „auf der ganz gleichen Linie mit den ersten Originalphilosophen" erblickt, doch schon im Fortgang der Rede eine zunehmende Hinkehr zum Christentum:

Je nachlässiger indes der Stil und je christlicher die Religion wurde, je mehr verwandelte sich dieser Effekt in sein Gegenteil, und zuletzt endigte das Ganze in einer gesunden und fröhlichen Abneigung[12].

Tatsächlich näherte sich Schleiermacher im weiteren Verlauf seines Denkwegs immer mehr der Position an, die *Nikolaus von Kues* im zweiten Buch seiner ‚Docta ignorantia' entwickelt hatte:

Bei aufmerksamerer Betrachtung wirst du sehen, daß jedes Ding, das wirklich existiert, darin seine Ruhe findet, daß alles in ihm selbst ist, während es selbst Gott – in Gott ist. Du erblickst die wunderbare Einheit, die staunenswerte Gleichheit und die bewunderungswürdige Verknüpfung der Dinge, so daß alles in allem ist. Und du erkennst auch, daß die Verschiedenheit und die Verknüpfung der Dinge hierin ihren Ursprung hat[13].

Auf der einen Seite dürfte ihn zu dieser Präzisierung die kritische Anfrage seines Freundes *de Wette* in seinem Lehrroman ‚Theodor, oder des Zweiflers Weihe' (von 1822) nach der Bedeutung des Ausdrucks „Geist des Universums" veranlaßt haben, die er zunächst nur mit dem Hinweis auf das „Gefühl von dem Sein alles Endlichen im Unendlichen" zu beantworten vermochte[14]. Auf der anderen Seite dürfte ihn seine Auseinandersetzung mit *Kant*, in der er sich erstaunlich eng mit *Heines* kritischem Referat der kantischen Kritik der Gottesbeweise berührt, zu der Überzeugung geführt haben, daß Gott nur dann als regulatives Prinzip des Erkennens und Handelns gelten kann, wenn er zugleich als das konstitutive Prinzip alles Seienden angenommen wird[15]. Auch in der Bestimmung des Verhältnisses von Gott und Welt nimmt Schleiermacher kusanisches Gedankengut auf, wie es ihm durch die Identitätsphilosophie *Schellings* vermittelt worden war. Gott ist, noch jenseits der Vorstellung von einem Zusammenfall der Widersprüche, die überbegriffliche Einheit all dessen, was in der kontingenten Weltwirklichkeit zu offenen Gegensätzen auseinanderbricht. Dadurch ergibt sich jene fundamentale Spannung, durch die sich die Welt der Gegebenheiten und Verhältnisse im Sinne eines göttlichen ‚Oben' und eines welthaften ‚Unten' ordnet. Zwar gilt auch noch für den Verfasser der ‚Dialektik' (von 1811):

Gott nicht ohne Welt, weil wir nur von dem durch die Welt in uns Hervorgebrachten auf Gott kommen. Die Welt nicht ohne Gott, weil wir die Formel für sie nur finden als etwas Unzureichendes und unserer Forderung nicht Entsprechendes. In diesem notwendigen Zusammendenken liegt aber auch, daß beides gedacht werde als ineinander aufgehend[16].

Dieser spekulativen Balance entspricht jedoch keineswegs der religiöse Vollzug, der schon in den ‚Reden' die Struktur des Aufstiegs, mit Schleiermacher gesprochen, der „frommen Erhebung des Gemütes" hat[17]. Schlüsselbegriff ist dafür das ‚Gefühl', das für Schleiermacher „keine vom Denken geschiedene geistige Bewegung oder gar ein eigenes Vermögen" bildet, wohl aber das Sensorium, durch das sich der Mensch seines Einbezogenseins in das Ganze des Seienden bewußt wird. So versichert er in den ‚Monologen' (von 1800):

> *O nein, ich darf nicht fürchten, es erhebt sich kein trauriges Gefühl im Innern des Bewußtseins! Ich erkenne wie Alles ineinander greift ein wahres Ganzes zu bilden, ich fühle keinen fremden Bestandteil, der mich drückt, es fehlt mir kein Organ, kein edles Glied zum eignen Leben. Wer sich zu einem bestimmten Wesen bilden will, dem muß der Sinn geöffnet sein für Alles, was er nicht ist*[18].

Die Stelle bietet sich geradezu als Schlüssel zur Herkunft des im Fortgang der Religionsphilosophie immer stärker hervortretenden Moments der ‚Abhängigkeit' an. Denn im Gefühl treffen nach Auskunft der ‚Glaubenslehre' (von 1830) die beiden das menschliche Selbstbewußtsein konstituierenden Momente „Empfänglichkeit und Selbsttätigkeit" aufeinander[19]. In ihrem Bestreben, das Ganze zu sein, das dem Menschen als der individuellen, je eigenen „Darstellung der Menschheit", wie es in den ‚Reden' heißt, eingestiftet ist, stößt die Selbsttätigkeit unvermeidlich auf die Grenze, die sie das erstrebte Ziel zunächst nur im Modus des Mangels erfahren läßt. Da die Selbsttätigkeit jedoch mit dem Moment der ‚Empfänglichkeit' gepaart ist, kommt es in dieser Grenzerfahrung zum mystischen Umschlag, der die Entbehrung zum Gefäß des Empfangens werden läßt. Ausdrücklich spricht die ‚Glaubenslehre' davon, daß sich an der „zum Wesen des Subjektes selbst gehörigen Grenze seiner Selbsttätigkeit" die Erfahrung der Abhängigkeit einstellt, auch wenn diese „nur sehr uneigentlich" so bezeichnet werden könne[20].

Abhängigkeit als Kontingenzerfahrung

Mit kaum einer Bestimmung klopft Schleiermacher so nachhaltig an die Türen des heutigen Bewußtseins wie mit dieser. Denn das Bewußtsein der Gegenwart steht immer noch im Begriff, den Schock der Diktaturen zu verarbeiten, die nach dem Ersten Weltkrieg zunehmend das geschichtliche Panorama Eurasiens bestimmten und schließlich die Katastrophe des Zweiten Weltkrieges heraufbeschworen. Zweifellos vollzog sich ein beträchtliches Stück dieser Verarbeitung in Form der schon bald nach der Jahrhundertmitte heraufgekommenen Autoritätskrise, die eine hierarchische Position nach der anderen in Frage stellte und nicht zuletzt darin ihren Antrieb hatte, daß mit ihr eine wachsende Manipulationsangst, wie sie sich bereits in den Dichtungen *Kafkas* angekündigt hatte, Hand in Hand ging. Zum kollektiven Alptraum wurde sie durch *Orwells* ‚1984' gesteigert, dies jedoch mit dem überraschenden Effekt, daß gerade im Jahr der Einlösung

(1984) der amerikanische Medienkritiker *Neil Postman* die kritische Rückfrage aufwarf, ob nicht die persuasiven Einflüsse der Medienwelt mehr noch als die repressiven Machtverhältnisse der Diktaturen zu fürchten seien. Damit lenkte er den Blick auf jenen Bereich, in dem die Fremdsteuerung zum bestimmenden Schicksal der gegenwärtigen Lebenswelt zu werden droht, auch wenn die damit gegebene totale Abhängigkeit durch das Glücksgefühl des auf die ‚Eindimensionalität' zurückgenommenen Menschen, wie ihn *Herbert Marcuse* beschrieben hatte, überlagert wird[21]. Nicht zuletzt besteht die Aktualität Schleiermachers darin, daß er schon mit seinen ‚Reden', nicht weniger aber auch mit seiner ‚Glaubenslehre', eine Erweckung im Sinn von Bewußtseinserweiterung und Perspektiveneröffnung bezweckte. Was seinen Adressaten nur in Form partikulärer Erscheinungen vor Augen getreten war, möchte er ihnen vom Ursprung her deutlich machen, weil die Religion das menschliche Gemüt dort zuerst – und zentral – anspricht:

Nicht einzelne Empfindungen will ich aufregen, die vielleicht in ihr Gebiet gehören, nicht einzelne Vorstellungen rechtfertigen oder bestreiten; in die innersten Tiefen möchte ich euch geleiten, aus denen sie zuerst das Gemüt anspricht; zeigen möchte ich euch, aus welchen Anlagen der Menschheit sie hervorgeht, und wie sie zu dem gehört, was euch das Höchste und Teuerste ist; auf die Zinnen des Tempels möchte ich euch führen, daß ihr das ganze Heiligtum übersehen und seine innersten Geheimnisse entdecken möget[22].

Denn dort, „im Gemüte des Menschen", regt sich ebenso unaustilgbar der „Überdruß an dem Vergänglichen" wie das „Sehnen nach dem Höheren, Bessern und Unvergänglichen"[23]. In seiner ‚Glaubenslehre' führt Schleiermacher die Aufgabe dieser ‚konzentrativen Verallgemeinerung' in der Weise durch, daß er den Antagonismus von Gefühl und Anschauung, von dem erhebenden Wissen um die universale Verwobenheit alles Seienden und seinem Gegenzug zu subjektiver Selbstaneignung, auf den ebenso unaufhebbaren wie immer schon versöhnten Konflikt von Freiheit und Abhängigkeit zurückführt. Auf der einen Seite gilt für ihn, wie *Dilthey* in einem Bruchstück über die religiöse Weltansicht der ‚Reden' formuliert, daß das Gemüt den „Mittelpunkt seines Daseins" in das Universum verlegt und sich vom Anblick dieser Fülle und Schönheit zur „Liebe zu dessen göttlichem Grunde" bewegen läßt[24]. Auf der anderen Seite schlägt für ihn dieses Erlebnis geistiger Expansion im Maß der Angrenzung an das Göttlich-Unbedingte in das Gefühl jener totalen Abhängigkeit um, in dem sich das ‚Sichselbstsetzen' von einem ‚Sichselbstnichtsogesetzthaben' herleitet und damit, einfacher ausgedrückt, als eine primordiale Gewährung erfährt[25]. Unverkennbar wirkt darin der kartesianische Gedanke von der, wie sich *Gerhard Krüger* ausdrückt, „undurchschaubaren Übermacht" Gottes nach, „die den Menschen in jeder Hinsicht verendlicht", zumal dieser, wiederum nach Krüger, den Anreiz zu personaler „Selbstbehauptung gegenüber der göttlichen Allmacht" in sich trägt und überdies mit der Vorstellung einhergeht, daß das in Freiheit behauptete ‚Innere' des Menschen „aller Übermacht Gottes entzogen" ist[26]. Schon diese geringfügige Akzentuierung genügt, die aktuelle Spitze von Schleiermachers Schlüsselgedanken zum Vorschein kommen zu lassen. Um es schlagwortartig zu sagen: die Frustrationsangst des heutigen Menschen ist religiös unterbaut. Nur vordergründig geht es dabei um die – im Grunde schon aufgegebene – Selbstbehauptung gegenüber den entfremdenden, auf den Abbau des personalen Selbstseins gerichteten Tendenzen der heutigen Gesellschaft und der sie zunehmend determinierenden Medienwelt. Unterschwellig handelt es sich vielmehr um die darin virulent gewordene Erfahrung, daß sich der Mensch nicht in der vollkommenen Verfügungsmacht über sich selbst befindet, weil sich in seinem Selbstbewußtsein, mit Schleiermacher gesprochen, das Moment des ‚Sichselbstsetzens' mit dem des ‚Sichselbstsonichtgesetzthabens' unaufhebbar überkreuzt. In seinem Willen zur Selbstbehauptung ist sich der Mensch gleichzeitig auf zweifache Weise entzogen: einmal dadurch, daß er sich – bis in die Möglichkeit der Selbstbestimmung hinein – bestimmt fühlt; sodann aber auch dadurch, daß sich in diesen Willen ein eigentümlicher ‚Widerwille' eingenistet hat, so daß er an nichts so sehr wie an seiner Unfähigkeit zu sich selber leidet. In der Sprache der modernen, soziologisch orientierten Religionsphilosophie kann man das auch dahingehend umschreiben, daß man das Zentralproblem des heutigen Menschen in dem seiner ‚Kontingenzbewältigung' erblickt. Nur sind es anstelle des in seiner „undurchschaubaren Übermacht" erfahrenen Gottes heute zunächst die repressiven und persuasiven Strukturen der gesellschaftlichen Lebenswelt, durch die sich der Mensch „in jeder Hinsicht verendlicht" fühlt. Wenn es sich aber so verhält, besteht von vornherein berechtigte Aussicht auf eine Lösung des mit größter Dringlichkeit erfahrenen Kontingenzproblems, wenn es gelingt, im Brennpunkt der übermächtigenden Strukturen wieder deren Inbegriff, den Gott der undurchschaubaren Übermacht sichtbar zu machen.

Religiöse Kontingenzbewältigung

Bezeichnend für das Kontingenzverständnis der heutigen Religionsphilosophie ist ihr Ausgangspunkt im Todeserlebnis. Wenn Religion, wie *Hermann Lübbe* meint, die „Kultur des Verhaltens zu allem" ist, „was nicht zu unserer Disposition steht", muß das schlechthin Unverfügbare, der Tod, tatsächlich als der Inbegriff „absoluter Kontingenz" angesehen werden[27]. Das Elend dieses Ansatzes besteht nur darin, daß er sich auf einen uneinholbaren Endpunkt bezieht. Denn der volle Ernst des Todes wird erst – im Tod erreicht, so hoch die antizipatorische Einstimmung auch immer zu veranschlagen ist[28]. Das zeigt sich bei einem der prominentesten Vertreter der angesprochenen Richtung, bei *Niklas Luhmann*, darin, daß er eine Bewältigung des sich mit dem Todesgedanken stellenden

Kontingenzproblems nur im Rahmen eines ‚Systemzusammenhangs' kennt, also im Zug des Versuchs, den Tod im Kontext naturaler Sinnzuweisungen kosmologischer wie biologischer Art seiner evidenten Sinnwidrigkeit zu entkleiden[29].
Indessen steht der Tod in einem Lebenszusammenhang, der sich deshalb als vorgängig erweist, weil er nicht nur eine partielle, sondern abschließende Sinndeutung des mit ihm fixierten Lebensendes erlaubt. Es ist der Zusammenhang der sich nicht erst nachträglich, aufgrund von Lebenskrisen etwa, sondern bereits mit dem menschlichen Dasein selbst schon stellenden Sinn- und Gottesfrage. Denn mit dem Sinnproblem wird dem Menschen, schon vor dem ausdrücklichen Gedanken an seinen Tod, fraglich, wo es mit ihm letztlich hinauswill; und mit dem Gottesproblem verbindet sich die Ahnung, daß eine Beantwortung dieser Frage letztlich nur durch eine personale Wirklichkeitserfahrung gegeben werden kann.
In diesen Zusammenhang führt Schleiermacher durch eine eher beiläufige Bemerkung seiner ‚Glaubenslehre' hinein. Nach gewöhnlicher Ansicht, so stellt er fest, leitet sich das Abhängigkeitsgefühl immer erst aus einem bereits vorgegebenen Wissen um Gott her:

Dies ist aber falsch. Denn wenn wir ein solches auch den Philosophen zuschreiben: so ist doch das Gottesbewußtsein der Masse nicht von dort her, da alle Versuche, das spekulative Gottesbewußtsein zu popularisieren (Beweise vom Dasein Gottes), mißlungen sind[30].

Nur dürfe man sich dies nicht so vorstellen, „daß einige nur die Frömmigkeit haben, weil sie die Spekulation nicht haben können, und andere die Frömmigkeit entweder nie gehabt haben oder sie vergessen müßten, wenn sie zum spekulativen Bewußtsein kommen", da beides gleichursprünglich und deshalb auch in ein und demselben Bewußtsein gleichzeitig vorhanden sein könne (ebd.). Mit dieser Bemerkung rührt Schleiermacher unverkennbar an die für die Kritik der Gottesbeweise grundlegende Einsicht, daß der natürliche Zugang zum Gottesproblem nicht in der Spekulation, sondern im Gebet gegeben ist. Denn das Gebet ist, mit Schleiermacher gesprochen, spekulativer, als es den Anschein hat. Und für den spekulativen Zugang zum Gottesproblem gilt, was *Anselm von Canterbury* im Vorwort zu seinem ‚Proslogion' mit dem Hinweis unterstreicht, daß er seine Untersuchung „vom Standpunkt eines Menschen aus" geführt habe, der es unternahm, „seinen Geist zur Betrachtung Gottes zu erheben und zu verstehen versuchte, was er glaubt (conantis erigere mentem suam ad contemplandum deum et quaerentis intelligere quod credit)". Danach ist gerade der strengste unter allen Gottesbeweisen aus dem Geist des Gebets entwickelt, deutlicher noch gesagt, eine theoretische Ausarbeitung dessen, was das Gebet immer schon an spekulativer Leistung vollbringt.
Zurückbezogen auf die Bemerkung Schleiermachers, tritt damit der Schlüsselgedanke von der „schlechthinnigen Abhängigkeit" in einen zunächst unvermuteten, jetzt aber durchaus einsichtigen Zusammenhang

mit dem Argumentationsziel der Gottesbeweise. Das Dasein Gottes braucht nicht bereits vorgegeben zu sein, damit das Abhängigkeitsgefühl erklärt werden kann. Vielmehr verhält es sich umgekehrt: aus der Erfahrung der absoluten Abhängigkeit leitet sich letztlich die Einsicht in die Wirklichkeit Gottes her. Kontingentes Dasein, wie es dem Menschen gegeben ist, erklärt sich nicht aus sich selbst, sondern aus seiner Rückbezüglichkeit, die nur noch ausdrücklich gemacht werden muß. Der Hebel dieser Bewußtwerdung aber ist das Moment der Abhängigkeit, das jetzt erst in seiner Grundfunktion, den „Sinn für das Universum" zu wecken, ersichtlich wird.

Sinnfindung im Gebet

Schleiermacher denkt in beständigem Bezug zu jenem Moment des Religiösen, das die ‚Reden' zwar ständig in Atem hält, in ihren formellen Aussagen jedoch nicht oder nur unzulänglich zum Ausdruck kommt: zum Moment der Transzendenz. Das kommt an der Stelle der ‚Glaubenslehre' zum Vorschein, wo schon von der partiellen Suspendierung des Gedankens der göttlichen Allmacht gesagt wird, daß dadurch das „Grundgefühl der Frömmigkeit" aufgehoben werde[31]. In motivgeschichtlicher Hinsicht heißt das, daß Schleiermacher in die mit *Duns Scotus* einsetzende Tradition des Gottesgedankens hineingehört, die im Bruch mit dem thomasischen Prinzip der Analogia entis den Gottesgedanken primär durch das Moment der alles Sein und Geschehen beherrschenden Übermacht bestimmt sah[32]. Um das Bewußtsein der Abhängigkeit von dieser alles durchwirkenden Macht rein zu erhalten, müssen wir uns zwar davor hüten, Gott ein Bewußtsein nach Art des unsern zuzuschreiben, das auf Unterscheidungs- und Verknüpfungsakte aufbaut, da in ihm Gedanke und Tat, Wort und Handlung und, wie *Luther* in seinem ‚Turmerlebnis' entdeckte, Rechtsprechung und Gerechtmachung ein und dasselbe sind[33]. Umgekehrt ist menschliches Selbstbewußtsein im religiös fundierten Sinn dieses Ausdrucks nur in der Hinordnung auf die als Selbsttat Gottes und damit als Inbegriff seiner Geistigkeit verstandene Allmacht möglich, da es erst von dort her, angetrieben durch die Impulse der Abhängigkeit, sein spezifisches Leben erhält. Denn erst durch diese Hinordnung gelingt dem Menschen, wie man diesen Gedanken im Sinne moderner Religionsphilosophie (Luckmann) ergänzen könnte, jene Grenzüberschreitung der Alltagswelt, die ihm zwar nichts Greifbares einbringt, wohl aber zu seiner wahren Identität verhilft.

Mit einem von *Thomas Luckmann* eingeführten, dann aber angesichts seiner Widersprüchlichkeit fallengelassenen Begriff könnte man sagen, daß Schleiermacher, im übergreifenden Verbund mit anderen, zentral mit der Aufgabe der ‚Transzendenzbewältigung' befaßt sei[34]. Die Aufgabe stellt sich in unterschiedlicher Form, weil die göttliche Transzendenz, aufs Ganze gesehen, in drei Aspekten aufscheint, in dem der radikalen Andersheit, in dem der absoluten Autorität und in dem von ihm selbst ausgearbeiteten der schlechthinnigen Abhängigkeit. Bewußtseinsbildend wird die göttliche Transzendenz jedoch erst, wenn es gelingt, sie in diesen drei Aspekten als konstitutives Prinzip der menschlichen Selbstfindung zu erweisen. In diesem Sinn wurde der Aspekt der Andersheit durch *Nikolaus von Kues* in seiner Abhandlung über das ‚Nichtandere' (De non aliud) aufgearbeitet, die ihre theologische Bedeutung darin hat, daß sie den Gottesbegriff als die alternativelose, von keinem Gegenbegriff eingeschränkte Grundproposition erweist, die als das ‚Non aliud' in reiner Identität gedacht werden muß. Daß sich damit eine nicht minder große erkenntnis- und bewußtseinstheoretische Bedeutung verbindet, sagt der Kusaner in der neunten der seine Abhandlung beschließenden Thesen:

Was das Denken erkennt, erkennt es nur durch das ‚Nichtandere'. Es würde doch kein Anderes erkennen, wäre nicht das ‚Nichtandere' das Anderssein des Anderen. Ebenso würde es kein Sein erkennen, wäre nicht das ‚Nichtandere' das Sein des Seienden, und dasselbe gilt bei allem, was man nennen mag. So erkennt das Denken alles andere durch das Andere, das eben das ‚Nichtandere' ist, und deshalb gilt das gleiche bei allen anderen Dingen[35].

Der Gedanke ist von einer geradezu verblüffenden Evidenz. Gäbe es im Menschengeist nur den Widerstreit der Interessen und Gefühle und die Unterscheidungsoperationen des Verstandes, so könnte das nicht zu seinem Identitätsfeld Gehörige als das ihm entgegenstehende ‚Andere' gar nicht identifiziert werden. Daß dies möglich ist, verweist auf einen Identitätsgrund zurück, der die Ordnung des empirisch Gegebenen übersteigt und erst im Ziel dieses Überstiegs, in der göttlichen Transzendenz, erreicht wird. Umgekehrt bildet dann aber das ‚Nichtandere' auch den Erklärungsgrund dafür, daß sich der Mensch mit Anderem und Anderen, vor allem mit dem ihm in der Sphäre der Mitmenschlichkeit begegnenden Du in einer Weise identifizieren kann, daß er im Akt dieser existentiellen ‚Zu-Stimmung' sein umfassenderes Selbst findet. Das aber führt bereits von Cusanus zu Schleiermacher, der das Individuum schon in den ‚Reden' als ein „Kompendium der Menschheit" begreift und in seiner ‚Ethik' den Partner der ehelichen Verbindung zum „Organ für die Vernunft des Anderen" erklärt[36].

Demgegenüber führt der Aspekt der absoluten Autorität zu jener Neukonzeption des Glaubens, die durch die von *Hans-Georg Gadamer* betriebene „Rehabilitierung von Autorität und Tradition" möglich wurde[37]. Der Schlüsselsatz dieses auf einen Paradigmenwechsel im Autoritätsverständnis hinwirkenden Kapitels lautet:

Ja, unmittelbar hat Autorität überhaupt nichts mit Gehorsam, sondern mit Erkenntnis zu tun. Gewiß gehört Autorität dazu, befehlen zu können und Gehorsam zu finden... Ihr wahrer Grund ist auch hier ein Akt der Freiheit und der Vernunft, die grundsätzlich dem Vorgesetzten, weil er mehr überschaut oder besser eingeweiht ist, Autorität zubilligt, also auch hier, weil er es besser weiß[38].

Wenn Schleiermacher einmal in einer Predigt (von 1830) äußerte, „daß wir nichts vom Zorne Gottes zu lehren haben", steht hinter dieser Äußerung unverkennbar die Einsicht in den hermeneutischen Sinn der Gottesautorität. Denn diese ist nur unter der Voraussetzung nicht zu fürchten, daß sie sich weniger auf den bezieht, der alle Macht hat, als vielmehr auf den, der den Menschen das für ihn Wichtigste – sich selbst – zu sagen hat. Unter dieser Voraussetzung stellt sich dann aber auch der Glaube in einer neuen Perspektive dar. Zwar bleibt er seiner traditionellen Bestimmung gemäß ein Akt der Unterwerfung unter Gott, der die Wahrheit des von ihm gesprochenen Wortes durch seine Autorität verbürgt. Da es sich dabei jedoch um jene Autorität handelt, die anerkannt werden muß, damit die Rezeption der von ihr verbürgten Wahrheit in Gang kommt, klärt sich der damit ermöglichte Akt vom ‚Gehorsam' zum ‚Verstehen'. Glauben heißt dann soviel wie: Gott verstehen und in der Dialogik dieses Aktes sowohl zur Gewißheit seiner Existenz als auch zu der seiner Selbstmitteilung gelangen. Daß mit der dialogisch vermittelten Glaubensgewißheit auch ein Element personaler Selbstvergewisserung verbunden ist, ergibt sich schon daraus, daß in und mit dem Glauben das Verständnis jenes Wortes seinen Anfang nimmt, in welchem Gott sich selbst ausspricht und dessen Akzeptanz – weil sie sich auf das für den Menschen Wichtigste bezieht – der ‚Annahme seiner selbst' (Guardini) gleichkommt.

Wie aber steht es um die Aktualität des von Schleiermacher eröffneten Aspekts? Sie zeigt sich unmittelbar, wenn man den Zusammenhang ins Auge faßt, in den er das im Begriff der ‚schlechthinnigen Abhängigkeit' zentrierte Gottesbewußtsein mit dem Gebet, insbesondere mit dem Gebet Jesu und dem Gebet in seinem Namen, bringt[39]. Wie schon dieser Zusammenhang erkennen läßt, ereignet sich für ihn im Gebet eine Umpolung der Interessen, die sich darin erfüllt, daß sich der Beter die Intention Jesu zu eigen macht, so wie dieser sich stellvertretend für ihn verwendet. Unüberbietbares Paradigma dessen ist für Schleiermacher das ‚Hohepriesterliche Gebet' des Johannesevangeliums, das ihm auch lebensgeschichtlich besonders nahelag, nachdem er sich am Grab seines schon im Kindesalter verstorbenen jüngsten Sohnes Nathanael mit dem Gedanken getröstet hatte:

> *Ja, wenn der Erlöser sagt, daß die Engel der Kleinen das Angesicht seines Vaters im Himmel sehen, so erschien uns in diesem Kinde, als schaue ein solcher Engel aus ihm heraus… So stehe ich denn hier mit meinem Troste und meiner Hoffnung allein auf dem bescheidenen, aber doch so reichen Worte der Schrift: Es ist noch nicht erschienen, was wir sein werden; wenn es aber erscheinen wird, werden wir ihn sehen, wie er ist; und auf dem kräftigen Gebete des Herrn: Vater, ich will, daß, wo ich bin, auch die seien, die du mir gegeben hast[40].*

Das Gebet im Namen Jesu ist somit, gerade auch im Licht dieser bewegenden Textstelle der andächtige Mitvollzug seines fordernden „Ich will" (Joh 17, 24), das sich unter Voraussetzung der von Bultmann vorgeschlagenen

Textordnung als das alles in sich zusammenfassende Schlüsselwort des gesamten Evangeliums erweist[41]. Wenn es jedoch im heutigen Bewußtsein, wie *Luckmann* in sachlicher Übereinstimmung mit *Hartmut von Hentigs* Essay über ‚Das allmähliche Verschwinden der Wirklichkeit' (von 1984) meint, zentral um das Realitätsproblem zu tun ist, muß die Umpolung der Interessen letztlich auf die sich im Gebet vollziehende Umschichtung im Wirklichkeitsbewußtsein zurückbezogen werden. Auch dafür liefert Schleiermacher die entscheidende Prämisse, wenn er das Gebet des Christen als den Mitvollzug des Gottesbewußtseins Jesu und diesen als das leibhaftige Korrektiv des gestörten Gottesbewußtseins im Menschen deutet[42]. Gebet ist, so gesehen, der christologisch vermittelte Bewußtseinswandel, durch den Gott für den Beter zum Erstgegeben und Erstgewissen wird, und damit zum spirituellen Mitvollzug dessen, was die in die Nachfolge Christi eingetretenen Jünger im Umgang mit der Gestalt ihres Meisters an sich erfuhren[43]. Zentralanliegen jedes Gebets ist dann die letzte Vater-Unser-Bitte in der lukanischen Urfassung dieses Modellgebets: „Und führe uns nicht in Versuchung!" (Lk 11, 4), verstanden als die Bitte um die Fühlung jener unverbrüchlichen Wirklichkeit, die den Beter vor dem Sturz in den Abgrund der Verzweiflung bewahrt. Das Gebet selbst aber erweist sich in dieser Sicht als die spirituelle Form der Kontingenzbewältigung, in der die moderne Religionsphilosophie Wesen und Sinn des Religiösen erblickt.

Doch damit gewinnt auch das von Schleiermacher ausgearbeitete Moment der Abhängigkeit einen mystischen Gegensinn. Erschien dieses zunächst als die schmerzlichste, weil ins Fleisch des menschlichen Freiheitswillens einschneidende Form der Transzendenzerfahrung, so stellt es sich jetzt als Inbegriff des bergenden Ergriffenseins durch die göttliche Übermacht dar, die jetzt jedoch, in dieser mystischen Gegensicht, nicht mehr als repressive Allgewalt, sondern als Inbegriff jener Wirklichkeit erscheint, in der das geängstete Menschenherz vor Anker geht, um jenen Erfüllungsfrieden zu finden, den das berühmte Eingangswort der augustinischen ‚Confessiones' als das in aller Unruhe letztlich gesuchte Ziel anspricht. Noch zutreffender – und der johanneischen Denkweise Schleiermachers näherliegend – läßt sich das jedoch mit dem Wort des Ersten Johannesbriefs verdeutlichen:

Wenn unser Herz uns verurteilt – Gott ist größer als unser Herz; er weiß alles (3, 20).

Hermeneutische Integration. Zur Frage der Herkunft von Rudolf Bultmanns existentialer Interpretation

Der Notschrei

Wenn *Nietzsche* von dem Riesenschatten spricht, der vom Tod Gottes auf die ganze Lebenswelt gefallen sei und bis in die Denk- und Sprachformen hinein aufgespürt und bekämpft werden müsse, so trifft er damit auch das weniger dramatische Verhältnis, in dem die Gegenwartstheologie zur Aufklärung steht. Noch immer steht sie im Begriff, das große Thema Vernunft und Offenbarung aufzuarbeiten und, sei es zustimmend oder abwehrend, dem Einbruch der Kritik zu begegnen, den das Denken der Orthodoxie durch die Aufklärung erlitt. In diesem Zusammenhang taucht unvermeidlich der Name *Lessing* auf, sofern dieser mit der Veröffentlichung der ‚Wolfenbüttler Fragmente' das lautstarke Signal für den kritischen Einbruch gegeben hatte.

Indessen hatte sich Lessing von der rationalistischen Radikalkritik des Fragmentisten nicht nur aufs deutlichste distanziert; vielmehr verfolgte er mit seiner eigenen Christentumskritik, wie sich immer klarer herausstellte, ein mit dem Vernunftoptimismus der Aufklärung kaum in Einklang zu bringendes Ziel. Man könnte es, pauschal zunächst, als das einer kritischen Wiederherstellung kennzeichnen. Obwohl er mit ihm in der Ablehnung der alten Dogmatik einig gehe, erklärt er in einem denkwürdigen Brief vom 2. Februar 1774 seinem Bruder Karl, könne er doch in seine Verachtung der scholastischen Systeme unmöglich einstimmen. Wer so urteile, laufe Gefahr, „die der Aufklärung zuneigenden Menschen" unter dem Vorwand, sie zu vernünftigen Christen zu machen, tatsächlich „zu höchst unvernünftigen Philosophen" werden zu lassen. Und er erläutert ihm seinen Standpunkt mit dem drastischen Bild, daß er eher noch dem Nachbarn zur Festigung seines ruinösen Hauses verhelfen als in seinen Verfall einwilligen wolle, wenn damit Gefahr für sein eigenes verbunden sei.

In diesem Bildgedanken kündet sich bereits die Strategie der „kritischen Wiederherstellung" an, wie sie der pädagogischen Deutung des Offenbarungsbegriffs in der ‚Erziehung des Menschengeschlechts' zugrunde liegt. Sie muß ihrerseits mit dem berühmten Wort des Verfassers der ‚Duplik' zusammengesehen werden, der demütig in die von Gott dargereichte Linke fällt und für sich die mit der Hypothek des ständigen Irrtums belastete Wahrheitssuche erbittet, weil der Vollbesitz der Wahrheit doch nur die Sache des „himmlischen Vaters" sei. Denn Lessing steht noch so sehr im Bann der Aufklärung, daß irrtumsbehaftete Wahrheitssuche für ihn keinesfalls Wahrheitsverzicht bedeutet, so daß sich mit dieser Konzeption unmittelbar die Ausschau nach einer die unvermeidlichen Irrgänge abkürzenden Erkenntnishilfe verbindet. Sie findet ihr Ziel in der als göttliche Erziehung verstandenen Offenbarung, die dem Menschengeist nichts gibt, was er nicht auch von sich aus hätte finden können, die ihn dazu jedoch rascher und leichter gelangen läßt.

Auch mit diesem in die Grenzen der Rationalität verwiesenen Offenbarungsbegriff stellt sich die Kriterienfrage, die von dem hannoveranischen Lyzeumsdirektor *Schumann*, einem der Kontrahenten Lessings im Fragmentenstreit, im Sinn einer auf *Hugo Grotius* Lehrschrift ‚De veritate religionis christianae' (1627) und Daten der mittelalterlichen Glaubensanalyse zurückgehenden Konzeption mit dem Hinweis auf die Wunder und Weissagungen der Lebensgeschichte Jesu beantwortet wurde. Ihm antwortete Lessing mit seiner Denkschrift ‚Über den Beweis des Geistes und der Kraft' (1777), die fraglos als eine der glänzendsten „Standortbestimmungen" des Christentums zu gelten hat. Als Augenzeuge der Wunder Jesu hätte er sich mit Freuden überzeugen lassen und auf dieses evidente Zeugnis hin an die göttliche Sendung und Würde des Wundertäters geglaubt. Wenn er aber jetzt, in seinem wunderlosen Jahrhundert zögere, sich diesen Glauben abzuverlangen, so letztlich deshalb, weil von den augenfälligen Wundern des Urchristentums „nichts als Nachrichten" übriggeblieben seien. Auf „zufällige Geschichtswahrheiten" ließe sich jedoch nun einmal kein überzeugender Glaubwürdigkeitsbeweis aufbauen und erst recht keine „ewige Seligkeit" begründen. Im Fortgang des zunächst kritisch und argumentativ gehaltenen Textes steigert sich Lessing dann unversehens zu der Klage über den „garstigen breiten Graben", über den er nicht hinwegkommen könne, sooft er den Sprung versucht habe. Und er fügt dem den bewegenden Satz hinzu, mit dem er definitiv aus der analytischen Haltung heraustritt: „Kann mir jemand hinüberhelfen, der tu es; ich bitte ihn, ich beschwöre ihn. Er verdient ein Gotteslohn an mir."

Die Reaktion

Lessing starb, ohne daß dieser Notschrei vermerkt worden wäre. Und doch fand sich ein gutes Menschenalter später derjenige, dem es offensichtlich darum zu tun war, sich den versprochenen „Gotteslohn" zu verdienen und der damit eins der großen Beispiele theologischer Rezeptionsgeschichte statuierte: *Kierkegaard*, der nicht nur mit seinen – nach Ausweis des Mottos ausdrücklich auf die Lessingschrift bezogenen – ‚Philosophischen Brocken' (1844), sondern nicht weniger nachdrücklich auch mit seiner ‚Einübung im Christentum' (1850) auf den immer noch nachhallenden Notschrei einging. Die Art der Reaktion läßt auf sein Verständnis des von Lessing aufgeworfenen Problems schließen. Beidemale geht es ihm um die Überbrückung der beklagten Differenz, die in den ‚Brocken' zusätzlich durch den Unterschied des Schülers „erster" und „zweiter Hand", des Augenzeugen und des Nachgeborenen, verdeutlicht und beidemale auf je anderen Wegen aufgehoben wird: im ersten Fall durch die Negation des markierten Unterschieds für den Fall, daß „Gott selbst der Lehrer ist", und durch den Aufweis seiner Existenz im „absoluten Paradox"; im zweiten Fall durch die Deutung des Glaubens als „Gleichzeitigkeit mit Christus". Es fällt auf, daß sich Kierkegaard gerade im Zusammenhang mit der historischen Differenz die „metaphysische Grille" in Gestalt des ontologischen

Gottesbeweises durch den Kopf gehen läßt, den er durch einen Akt des Loslassens, also der Verabschiedung der Reflexivität zugunsten einer spontanen Fühlung der Gotteswirklichkeit, zu überbieten sucht. Das wirft ein bemerkenswertes Licht auf sein Verständnis des Lessing-Problems, das seinen Kern dann nicht so sehr in dem thematisch beklagten Defizit an Evidenz und Glaubwürdigkeit als vielmehr in jenem Kompetenzverlust hat, auf den das Titelwort vom ‚Beweis des Geistes und der Kraft' (1 Kor 4, 2) hinweist.

Wenn man diesem Fingerzeig nachgeht, wird die von Lessing bekundete Unmöglichkeit des Grabensprungs und damit die in seiner Flugschrift geführte Beschwerde erst voll verständlich. Was ihn hindert, ist dann weniger die Schwierigkeit, sich von historischen Nachrichten auf die durch sie vermittelten Fakten zurückverweisen zu lassen, da Lessing nur zu gut wußte, daß es mit den biblischen Nachrichten eine besondere Bewandtnis hat, es sei denn, daß man sie im Sinn der historischen Radikalkritik mit profanen Texten auf ein und dieselbe Stufe stellt. Wohl aber hinderte ihn das Unvermögen, sich aus dem „vernünftigen Christentum" seiner Zeit, das sich vordergründig mit den Ansprüchen der Vernunft zu arrangieren suchte und den Glauben demgemäß zur „Gotteslehre" stilisierte, zu jenem „Berge versetzenden" Glauben des Ursprungs zu erheben, der sich anstatt auf argumentative Gründe auf den „Beweis des Geistes und der Kraft" stützte, der also aus unmittelbarer Erfahrung der Heilswirklichkeit hervorging und demgemäß von einer nicht weniger spontanen Heilsgewißheit begleitet war.

Dann aber konzentrierte sich der von Lessing erhobene Vorwurf darauf, daß das Christentum seiner Zeit von der Höhe seiner ursprünglichen Intensität, seiner fraglosen Heilsgewißheit und spontanen Heilsvermittlung, auf ein Stadium reflektierter Selbstdarstellung in Doktrin, Kult und Verwaltung herabgesunken sei: auf ein Stadium, in welchem Argumente an die Stelle charismatischer Selbsterweise getreten seien, kurz, daß es zu einer Reproduktion seiner selbst geworden sei. Was ihm fehle, sei demgemäß die Kraft des Ursprungs und die Evidenz der Originalität. Es habe, wie man dann auch im Anschluß an das berühmte Hegelwort zu Beginn der ‚Philosophie des Rechts' sagen könnte, seine ursprüngliche Farbe verloren, an die nun nur noch das Grau in Grau eines Grisaillebilds erinnere; doch mit Grau in Grau könne zwar exakt reproduziert, aber kein Leben vermittelt werden. Auf diesen verhängnisvollen „Spannungsabfall" verweist der Lessingtext, wenn er meint, daß von den Geist- und Krafterweisen des Ursprungs „nichts als Nachrichten" geblieben seien.

Die Auswirkung

Kaum einmal ist das Christentum in seiner Geschichte härter kritisiert worden als in diesen Vorhaltungen; und doch verbindet sich damit der Eindruck, als handle es sich weit eher um einen Akt der Selbstkritik als um einen von außen herangetragenen Einwand. Damit mag es zusammenhän-

gen, daß Kierkegaard, ungeachtet seiner Außenseiterrolle, gerade mit den Vorstellungen Einfluß auf die Theologie der Folgezeit gewann, die er im Kontext seiner Reaktion auf Lessings Notschrei entwickelte. Tatsächlich waren es in erster Linie seine Kategorien, die zur Überwindung der auf ein vordergründiges Arrangement mit dem Vernunft- und Wissenschaftsbegriff des 19. Jahrhunderts bedachten liberalen Theologie verhalfen: seine Betonung des Einzelnen in seiner unvertretbaren Selbstverantwortung, sein im Feuer der Systemkritik gewonnener Existenzbegriff, sein aktualistisches, auf das Entscheidungsmoment abgehobenes Glaubensverständnis und nicht zuletzt seine um den Gedanken der „geheimen Passion Jesu" zentrierte Christologie. Daß er damit gleichzeitig auch den ungeheuren Einfluß blockierte, den *Hegel* über den theologisch orientierten rechten Flügel seiner Schule auszuüben begann, sei nur am Rand vermerkt.
Wenn man den Ansatz Kierkegaards als Reaktion auf Lessing begreift, wird man der Auffassung zuneigen, daß die gesamte Theologie der Folgezeit, die liberale ausgenommen, als der weitgespannte kompensatorische Versuch zu verstehen sei, das von diesem beklagte Defizit aufzuarbeiten. Ohne Schwierigkeit lassen sich dann spezifische Erscheinungsformen und Tendenzen dieser Theologie aus diesem Ansatz herleiten. Ohne weiteres erklärt sich dann etwa das Aufkommen der dialektischen Theologie aus dem Bestreben, im Gegenzug zu einem unverbindlichen Kulturchristentum den Entscheidungsernst des „Ein für allemal" für den theologischen Gedanken zurückzugewinnen und die Sache des Glaubens anstatt auf eine allgemeinverbindliche Doktrin auf die Eigenverantwortung des Menschen in seiner Einzelexistenz zu begründen. Fast von selbst versteht es sich dann auch, daß *Rudolf Bultmann* die von ihm geforderte „Entmythologisierung" mit dem Begriff der „existentialen Interpretation" verdeutlichte. Sogar die in der Barth-Schule auftretende Tendenz, für das Christentum einen Sonderstatus gegenüber den Weltreligionen zu reklamieren und ihm gleichzeitig die Qualifikation als Religion abzuerkennen, läßt sich aus diesem Kontext erklären. Aber auch der Entwurf einer Politischen Theologie ordnet sich diesem Kontext ein, sofern die Eigenverantwortung des Einzelnen vom Evangelium her nur als Element der Mitverantwortung für alle verstanden werden kann. Mit dem Rückgang auf den von Lessing aufgezeigten Kompetenzverlust ist überdies der Schlüssel zur Entstehung der Theologischen Ästhetik und der Therapeutischen Theologie gefunden: zu jener, sofern sie die Theologie auf eine breitere Basis zu stellen und sie zu einem Kategorienwechsel zu überreden sucht; zu dieser, sofern es ihr darum zu tun ist, die „Heilkraft des Wortes" (Scheffczyk) für den christlichen Sprachraum wiederzuentdecken.
Der Hinweis auf die religiöse Sprache ist insofern von heuristischem Wert, als er die erwähnten Erscheinungsformen bei aller Unterschiedlichkeit aus einem sprachkritischen Zusammenhang begreifen lehrt. Denn bei näherem Zusehen geht es jeder einzelnen dieser Formen um die Kompensation einer „Ausfallserscheinung", von der gerade die religiöse Sprache der ausgehenden Neuzeit betroffen ist. So verfolgt etwa die dialektische Theolo-

gie nicht zufällig in einzelnen ihrer Sprecher dieselbe Richtung, wie sie von den Vertretern des „dialogischen Prinzips", vor allem also von *Ebner, Buber* und *Rosenzweig* eingeschlagen wurde. Noch deutlicher tritt der Zusammenhang zutage, wenn man Bultmanns „existentiale Interpretation" auf das Moment der individuellen Selbstanzeige und Stellungnahme im Sprechakt zurückbezieht. Daß die Politische Theologie als Akzentuierung des sozialen Sprachmoments verstanden werden kann, bedarf kaum der ausdrücklichen Erwähnung. Ähnlich steht es mit dem Zusammenhang der Theologischen Ästhetik mit dem bildhaft-illuminativen Sprachmoment. Ein vergleichbarer Zusammenhang besteht aber auch zwischen der Therapeutischen Theologie und der empirie- und evidenzvermittelnden Funktion, die bei jedem unverkürzten Sprechakt nachzuweisen ist. Wenn man diesen Zusammenhang insgesamt ins Auge faßt, wird vollends deutlich, wie sehr sich die angesprochenen Erscheinungsformen im Zeichen der wiederentdeckten Sprache ausbildeten, und es fragt sich unwillkürlich, ob sich daraus nicht ein erneuter Rückverweis auf Lessing ergibt.

Das ist tatsächlich der Fall, sofern man nur bereit ist, das Sprachphänomen so weit zu fassen, daß von ihm auch der Aspekt der Medientheorie und Medienkritik abgedeckt wird. Unter diesem Gesichtspunkt zeigt der Vorwurf, das Christentum sei zu einer Reproduktion seiner selbst herabgesunken, erst seine volle Relevanz. Er bezieht sich dann nicht nur auf den Erosionsprozeß, dem das Christentum im ganzen einer säkularistischen Entwicklung ausgesetzt war, sondern auf ein Schicksal, das es aufgrund seiner partiellen Zugehörigkeit zur Klasse der „Schriftreligionen" erlitt. Damit aber erscheint Lessing in einer Affinität zu *Luther,* die weit über dessen emphatische Anrufung in der berühmten „Apostrophe" hinausgeht, in der von ihm ein erneuertes Christentum gefordert worden war, wie er es selbst, oder besser noch, wie es Jesus gelehrt haben würde. Es handelt sich um die Affinität Lessings zu dem „unbekannten Luther", der im Gegenzug zu seinem affirmativen Umgang mit dem Schriftwort in erstaunlich scharfen Wendungen von dessen Unzulänglichkeit gesprochen hatte; denn das Evangelium, so urteilt er in der ‚Kirchenpostille' (1522), sei „eigentlich nicht Schrift, sondern mündliches Wort".[1] Deshalb müsse man es als einen „großen Abbruch und ein Gebrechen des Geistes" bezeichnen, daß, von der „Not erzwungen", Bücher geschrieben werden mußten.[2] Abgesehen von der offenen Medienkritik, die in diesen Äußerungen geübt wird, spricht aus ihnen auch ein so deutliches Wissen um den damit verbundenen Kompetenzverlust, daß sich der Gedanke an einen Zusammenhang mit der Beschwerde Lessings geradezu aufdrängt. Dann aber wird das Wort, daß von den Wundern der ersten Stunde „nichts als Nachrichten" geblieben seien, auf eine neue, medienkritische Weise lesbar. Dann wird Lessing, der die Schrift-Orthodoxie seiner Zeit ohnehin mit dem Hinweis auf die vorbiblische und doch höchst effiziente Phase des Christentums in Verlegenheit gebracht hatte, bei seiner Klage über das Versiegen des Kraft- und Geistbeweises der Gedanke an seine Transformation durch die Schriftlichkeit zumindest nicht allzufern gelegen haben. Dann aber läßt es sich kaum noch umgehen, den Vorwurf, daß das Christentum im Gang seiner – nicht zuletzt auch durch die spezifischen Gegebenheiten einer Schriftkultur geprägten – Entwicklung zu einer Reproduktion seiner selbst herabgesunken sei, unter einem medienkritischen Gesichtspunkt zu bedenken, sosehr er von seinem Autor umfassender gemeint und im Sinn einer Pauschalkritik vorgetragen sein mochte.

Die Aktualität

Schon jetzt erscheint der Quervergleich mit *Bultmanns* „existentialer Interpretation" unumgänglich. Doch führt es weiter, wenn die Linie von Luther über Lessing zunächst noch zur Gegenwart durchgezogen wird, weil von diesem Verfahren eine Schärfung des Problembewußtseins zu erwarten ist. Als Kronzeuge bietet sich hier vor allem *Walter Benjamin* an, der in seinem Essay ‚Das Kunstwerk im Zeitalter seiner technischen Reproduzierbarkeit' (1934/35) erstmals die Kategorien der modernen Medienverwendung auf dem Boden einer betont antifaschistischen Kunsttheorie entwickelt hat. Wichtige Zäsuren in der Geschichte der Reproduktionsverfahren sind für ihn das Aufkommen des Holzschnitts, mit dem die Graphik erstmals technisch reproduzierbar wird, und die Erfindung der Lithographie, die mit der Entstehung des modernen Pressewesens zusammenfällt.[3] Das „wirklich revolutionäre Reproduktionsmittel" ist jedoch die Photographie, zumal in ihrer Fortbildung zum Film, weil sich daran der moderne Verfallsprozeß besonders deutlich ablesen läßt. Während dem Abzug eines Holzschnitts noch ein gewisser Originalitätswert zugemessen werden kann, hat die Frage nach dem echten Abzug im Fall der Photographie überhaupt keinen Sinn.[4] Mit ihr und der durch sie ermöglichten massenhaften Verbreitung verliert das Kunstwerk seinen genuinen Kontext im magischen und religiösen Ritual, der selbst noch in den „profansten Formen des Schönheitsdienstes" erkennbar blieb. Mit ihrem Aufkommen hat sich „die gesamte soziale Funktion der Kunst umgewälzt. An die Stelle ihrer Fundierung aufs Ritual tritt ihre Fundierung auf eine andere Praxis: nämlich ihre Fundierung auf Politik."[5] Damit aber erleidet das Kunstwerk das, was Benjamin den „Verfall der Aura"nennt, den Verlust jener distanzierten Hoheit, die es auszeichnete, solange es in seinen ursprünglichen Kontext eingebettet blieb. Denn es ist das „leidenschaftliche Anliegen der gegenwärtigen Massen", aus deren Bedürfnis Photographie und Film hervorgingen, sich die Dinge räumlich wie menschlich „näherzubringen".[6] Im Maß, wie dies geschieht, lockert sich der Kontakt des Kunstwerks zu der es tragenden Tradition; mit der „Liquidierung des Traditionswertes" gerät aber auch seine „geschichtliche Zeugenschaft" und, Hand in Hand damit, seine sachliche „Autorität" ins Wanken.[7]

Der Zusammenhang mit der Lessingschen Christentumskritik kommt vollends zum Vorschein, wenn Benjamin den von ihm analysierten Verfall der Aura dahin bestimmt, daß sich das „Hier und Jetzt" des Kunstwerks entwertet. Denn damit kommen Kategorien ins Spiel, wie sie Kierkegaard, von Lessing ausgehend, mit seiner Vorstellung von der unvertretbaren Würde des Einzelnen, seiner Eigenverantwortung und dem Ernst seiner Existenz entwickelte. In der massenhaften Reproduktion des Kunstwerks spiegelt sich das Bild der Massengesellschaft, der Gleichgeschalteten und auf vorgefertigte Lebensentwürfe Festgelegten, in dem sich alle individuellen Konturen verwischen. Das aber ist gleichzeitig das Bild jener religiösen Verfallsform, in der das Christentum zum „Massenartikel" manipulatorischer Verwendung geworden ist. *Luther* ist die Auskunft darüber schuldig geblieben, worin er konkret das „Gebrechen des Geistes" erblickte, das die Notwendigkeit, Bücher zu schreiben, nach sich zog. Vermutlich war aber auch ihm das Medium „Presse", das er so erfolgreich in den Dienst seines reformatorischen Anliegens stellte, sowenig geheuer wie das Medium des apostolischen Briefs seinem neutestamentlichen Gewährsmann Paulus, der im Galaterbrief in den fast verzweifelt klingenden Wunsch ausbricht, zu seinen Adressaten „mit anderer Stimme" sprechen zu können, weil er sich ihnen gegenüber keinen Rat mehr wisse (Gal 4, 20). Versucht man, über die weite Zeitspanne hinweg das diesen kritischen Äußerungen Gemeinsame namhaft zu machen, so dürfte es sich in dem „Ein für allemal" finden, das weder Brief noch Presse in gleicher Entschiedenheit wie das dialogisch gesprochene Wort zu vermitteln fähig sind, und das insbesondere dem massenhaft verbreiteten Kunstwerk verlorenging, nachdem es aus seiner Verankerung ihm „Hier und Jetzt" gerissen wurde.

Zweifellos sind damit die Umrisse einer Kategorienlehre gegeben, die, ihrer Herleitung aus der Medienkritik gemäß, zur deutlicheren Erfassung der defizitären Erscheinung im Gefolge der modernen Massenmedien verhelfen könnten. Darauf ist um so nachdrücklicher abzuheben, als sich der Entwurf von *Balthasars* Theologischer Ästhetik, vor allem in seiner Fortbildung zur ‚Theodramatik', mit dem Anspruch verbindet, einen theologischen Kategorienwechsel herbeizuführen.[8] Indessen greift das Vorhaben zu hoch, weil es sich anheischig macht, das Heilsgeschehen von seiner inneren Dramatik her zu erschließen, auf die in sämtlichen, gerade auch den paulinischen Bezugsstellen doch immer nur äußere Analogien hinweisen. Um so angemessener erscheint es, den Komplex der klassischen Kategorien, mit denen die theologische Reflexion Sinn und Gang des Heilsgeschehens zu erschließen sucht, um jene Kategorienmenge zu bereichern, die sich aus der Analyse der modernen Medien ergibt, zumal sich die Medienverwendung als eine für das Christentum im strengen Sinn des Wortes „schicksalhafte" Notwendigkeit herausstellt. Denn das Christentum gehört nur partiell, um nicht zu sagen vom Rand her, zur Kategorie der Schriftreligionen. Von der „Not" einer möglichst weitgespannten Verkündigung erzwungen, ist es in seinem Bereich dazu gekommen, daß Bücher geschrieben und damit die lebendigen Impulse des Geistes dem „toten Buchstaben" überantwortet werden mußten. Wie schon Paulus erkannte, handelt es sich dabei jedoch um eine auf keine Weise revidierbare „Notwendigkeit".

Zu groß ist der Gewinn, der sich für das Christentum mit dem Eintritt in das Stadium der Schriftkultur verband: denn ihr verdankt es nicht nur die Fortbildung seiner Botschaft zur Lehre und die Entstehung der sie reflektierenden Theologie; vielmehr steht die Schriftlichkeit auch in einer strukturellen Entsprechung zu seiner hierarchischen Gesellschaftsform, so daß eine Wechselbeziehung zwischen Schriftlichkeit und der Ausbildung der christlichen Sozialgestalt zu vermuten ist. Und nicht zuletzt wird man die Ausweitung des Christentums zur Weltreligion im Zusammenhang mit dem Entschluß zur Medienverwendung sehen müssen, nachdem Paulus den apostolischen Brief bewußt in den Dienst seiner missionarischen Verkündigung gestellt hatte und mit seiner Verkündigung der erste Schritt zur Weltgeltung des Christentums getan war. Hinter das Stadium der Schriftkultur kann also keinesfalls zurückgegangen werden – es sei denn durch deren eigene Fortentwicklung, wie sie sich gerade zum gegenwärtigen Zeitpunkt mit ihrer ungeahnten Transformation der Medienlandschaft abzeichnet. Soviel auch dafür spricht, daß damit das Ende der bisherigen Schriftkultur angebrochen und ein Stadium „papierloser" Kommunikation erreicht ist, muß doch die Entscheidungsfrage, ob sich daraus eine neue Chance der Mündlichkeit ergibt, im Augenblick noch offengelassen werden, da zu wenige Erfahrungswerte für eine verläßliche Beantwortung zu Gebote stehen.

Das Interesse

Der Zusammenhang mit *Bultmann* ist von dieser Ausgangsposition her nicht ohne weiteres auszumachen. Denn Bultmann gehört nicht nur zu jenen außergewöhnlichen Denkern, denen es gegeben war, in der Theologiegeschichte Epoche zu machen; vielmehr hatte er auch das nicht unproblematische Geschick, daß sein Name, verbunden mit dem Entmythologisierungsprogramm, zu einem theologiegeschichtlichen Begriff wurde. Das wirkte sich auf seine Rezeption derart blickverengend aus, daß er sich sogar mit seinem ureigenen Verständnis von „Entmythologisierung" nur mühsam Gehör zu schaffen vermochte.[9] Es konnte nicht ausbleiben, daß aufgrund dieser Fixierung auch die essentiellen Beiträge, die Bultmann zur theologischen Methodenfrage, zur Glaubenstheorie, zum Gottesproblem und nicht zuletzt zum Verständnis der Predigt geliefert hatte, in den Hintergrund traten, ganz zu schweigen von dem grandiosen Johannes-Kommentar, mit dem er das große Paradigma von „existentialer Interpretation" geschaffen hatte.

Eine völlig andere Sachlage ergäbe sich freilich, wenn diese Beiträge auch nur ansatzweise mit in Betracht gezogen würden. Bei allen Unterschieden thematischer und „technischer" Art kommt in ihnen nämlich eine zentrale Interessenlage zum Vorschein, die unverkennbar mit derjenigen Lessings konform geht. So etwa, wenn Bultmann bei aller Entschiedenheit, mit der er für das Recht der historischen Kritik gegenüber dem von der dialektischen Theologie geforderten „existentiell-aktualistischen" Umgang mit dem Schriftwort eintritt, doch die Möglichkeit einer „historischen" Sicherung des biblischen Wahrheitsanspruchs nicht weniger entschieden verneint. Denn damit wiederholt er nur die Weigerung Lessings, seine Seligkeit, wie es Kierkegaard im Motto zu den ‚Philosophischen Brocken' ausgedrückt hatte, „auf ein historisches Wissen" zu bauen.[10] Ebenso entwickelt Bultmann mit seiner – von *Wilhelm Herrmann* übernommenen – Lehre vom „Zusammenfall von Grund und Gegenstand des Glaubens" eine Vorstellung, die so sehr an Kierkegaards Konzept der „Gleichzeitigkeit" erinnert, daß man sie mit diesem zusammen als Antwort auf Lessings Notschrei über den unüberbrückbar breiten Graben verstehen könnte.[11] Und schließlich spricht Bultmann, um nur noch darauf einzugehen, so eindringlich von der Fähigkeit des Wortes, allein schon durch seinen Anruf den Willen zum „Dennoch" freizusetzen, daß man dieses Votum geradezu als Widerruf der Lessingthese vom Versiegen des „Beweises des Geistes und der Kraft" in der christlichen Spätgeschichte verstehen könnte.[12]

Der volle Zusammenhang ergibt sich jedoch erst aus Bultmanns Begriff der „existentialen Interpretation". Obwohl sich der Urheber des Entmythologisierungsgedankens mit aller Energie gegen die Auffassung aussprach, als gehe es ihm dabei um die Ausräumung von Relikten einer obsolet gewordenen mythischen Denkwelt, brachten es zwiespältige Wendungen wie die von der „Decke der Mythologie", unter der sich eine „tiefere Bedeutung" verberge, mit sich, daß die von ihm geforderte Prozedur als ein „Subtraktionsverfahren" verstanden wurde. Um dieser Fehldeutung endgültig die Spitze abzubrechen, nannte er die Entmythologisierung eine „hermeneutische Methode", die sich um eine „existentiale Interpretation" der biblischen Aussagen bemühe.[13] Dabei gehe es vor allen Dingen darum, die mythischen und als solche illegitimen Aussagen der Bibel auf den von ihnen tatsächlich intendierten Sinn, die „Existenzbeziehung zwischen Gott und Mensch", zurückzuführen[14], und zwar so, daß die mythische Vergegenständlichung des Transzendenten aufgehoben und das Gotteswort als hier und jetzt an den Menschen ergehender Anruf hörbar gemacht würden.

Unüberhörbar ist in dieser Ableitung der Anklang an die Kategorien, die Kierkegaard im Interesse der Bewältigung des Lessing-Problems entwickelte. Gleichzeitig wird man sich aber auch vergegenwärtigen müssen, daß der Ausdruck „existentiale Interpretation" als solcher erstmals in *Heideggers* Daseinsanalyse auftaucht, genauer gesagt bei der von ihm in ‚Sein und Zeit' entwickelten Deutung des Gewissens.[15] Das ist insofern aufschlußreich, als sich nunmehr auch das Methodeninteresse genauer bestimmen läßt. Als Instrument der Daseinsanalyse verfolgt die „existentiale Interpretation", auch in ihrer Verwendung durch Bultmann, ein erklärt anthropologisches Sinnziel. Von ihrer Binnenstruktur her dient sie der Erschließung der existentiellen Dimension des Menschseins, die von der klassischen Frage nach ihm zwar thematisiert, jedoch noch nicht einmal ansatzweise „ergründet" wurde. So steht sie in ihrer theologischen Rezeption im Kontext jenes epochalen Umbruchs, der, nicht zuletzt durch Bultmann selbst, als die „anthropologische Wende" in der Gegenwartstheologie bezeichnet wurde. Was aber hat sie dann noch mit der Erschließung des Schriftworts zu tun? Und wie führt von da schließlich noch ein Weg zum Lessing-Problem?

Die Hermeneutik

Neben den vielen Vorwürfen, die gegen Bultmann erhoben wurden, steht nicht zuletzt auch der, daß er der Auflösung der Theologie in Anthropologie Vorschub geleistet habe. Deshalb ist die Legitimität der „existentialen Interpretation" mit dem Hinweis auf die anthropologische Wende noch nicht bewiesen, auch wenn man sie mit Bultmann als den zentralen Vorgang in der Geschichte der neueren Theologie begreift.[16] Wohl aber rechtfertigt sich das Verfahren, wenn man es durch eine Analyse des Verstehensaktes unterbaut und gleichzeitig davon ausgeht, daß auch die Interpretation der biblischen Schriften keinen „anderen Bedingungen des Verstehens als jede andere Literatur" unterliegt.[17] Dann zeigt sich nämlich, daß der hermeneutische Akt nicht nur darauf abzielt, mit dem Sinn einer Aussage zusammen auch das in ihr Ungesagte aufzudecken und sie insofern besser als ihr Autor zu verstehen, sondern daß es in ihm mindestens ebensosehr auch darum geht, daß der Hermeneut durch ihn wesentlicher zu sich selbst findet.[18] Auch in diesem Sinn ist alles Verstehen zirkulär. Wer versteht, sucht im Umgang mit der von ihm enträtselten Aussage die Lösung seines eigenen Lebensrätsels. Insofern vollzieht sich in allem Verstehen ein Akt der Selbstfindung, jedoch im Medium eines Fremdverständnisses. Das kommt bereits in der Etymologie des Wortes „Verstehen" zum Ausdruck, sofern es ursprünglich soviel wie „für etwas einstehen" besagt. Indem er für eine fremde Sache eintritt, stellt sich der Verstehende fester auf seine eigenen Füße.
Im Grunde sind alle glaubensgeschichtlichen Umbrüche durch die Neuentdeckung dieses Tatbestands gekennzeichnet, angefangen von der Konstituierung der christlichen Subjektivität durch Augustinus bis hin zum Innerlichkeitsglauben der Mystik, zum Fiduzialglauben der Reformation und dem „dialogischen" Glauben der Gegenwart. Insbesondere aber ging es jetzt, in der von Bultmann mitgetragenen theologischen Neuorientierung, um eine Radikalbesinnung auf die menschliche Existenz, da alle Zeichen dafür sprachen, daß die Zeit für eine Überbrückung des von Lessing beklagten Grabenbruchs gekommen war. Das – nach Lessing – zu einer Reproduktion seiner selbst herabgesunkene Christentum hatte in Gestalt der liberalen Theologie zu deutlich ideologische Konturen angenommen, als daß der Widerspruch dagegen noch länger hinausgezögert werden durfte. Um des Linsengerichts eines schiedlichen Einvernehmens mit dem relativistischen Denken der ausgehenden Neuzeit willen hatte die vom Historismus unterwanderte Theologie das Erstgeburtsrecht der auf den unableitbaren Anruf Gottes gegründeten Existenz aufgegeben. Das Christentum war für sie zum „Kulturphänomen" geworden, das aus dem die

Gesamtgeschichte umgreifenden „Relationszusammenhang" zu begreifen war, und selbst für die „Zentralstellung Christi in Kult und Lehre" gab es, wie Bultmann mit einem kritischen Seitenblick auf *Troeltsch* bemerkte, immerhin eine „sozialpsychologische" Begründung.[19] Im Grunde zog die liberale Theologie damit aber nur die letzten Konsequenzen aus dem traditionellen Konzept der „natürlichen Theologie", für die der Weg grundsätzlich vom „Gottesglauben zur Anerkennung der Person Jesu" führte, nicht jedoch umgekehrt.[20]

Nicht als sei der natürliche Mensch zur Konzeption des Gottesgedankens unfähig; wäre er es, so brächte er nicht jenes Vorverständnis auf, auf das er beim Hören des Offenbarungswortes angewiesen ist. Dennoch kann die Rezeption des Offenbarungswortes nicht, wie es von *Thomas von Aquin* bis hin zu *Maurice Blondel* geschah, nach Art einer „organischen Anknüpfung" gedacht werden, da sich der philosophische Gottesgedanke, im Licht des Glaubens betrachtet, als eine „Bewegung des Unglaubens" darstellt, wie sie der ungläubigen „Grundverfassung des menschlichen Daseins" entspricht.[21] Es gilt daher, mit Paulus gesprochen, dieses „Denken gefangenzunehmen" und es Christus „gehorsam" zu machen (2 Kor 10, 6), und das kann nur heißen, es zum Bewußtsein seiner Verlorenheit zu bringen und ihm so zu seiner strukturellen „Bekehrung" zu verhelfen. Hier hilft keine wie immer geartete Transformation weiter, sondern nur ein radikaler Umbruch, wie ihn die aus einem umfassenden Abscheidungsprozeß von der liberalen Theologie hervorgegangene Gegenbewegung vollzog. Es ist die von Bultmann in einem seiner wichtigsten Vorträge gewürdigte „dialektische Theologie", mit der nach seinen Eingangsbemerkungen weder ein „theologisches System" noch eine „Methode der Forschung" gemeint ist, sondern, bezeichnend für den von ihr vollzogenen Umbruch des Denkens, „eine bestimmte Weise des Redens", die von vornherein darauf verzichtet „in einem einzelnen Satze eine abschließende Erkenntnis zu haben und festzuhalten", und sich statt dessen einer dialektischen Gedankenführung verschreibt.[22] Dabei dient der Begriff Dialektik lediglich als Sigel für ein gleicherweise der Sprache verpflichtetes und zum Wort Gottes hin geöffnetes Denken, das sich als solches nicht „über" Gott klarzuwerden, sondern sich von ihm ergreifen zu lassen sucht, so wie es davon ausgeht, daß sich elementare Lebensvollzüge wie Bitte, Dank, Liebe und Haß nicht so sehr im Wort ausdrücken, als vielmehr in ihm ereignen.[23] Das aber ist das Wort in dem für Bultmann grundlegenden Modus der „Anrede", das Wort als Bestätigung und Bestätigtwerden, als Selbsteröffnung und Selbstergreifung, kurz, das Wort als existentialer Selbstvollzug.

Auf welche radikale Weise dieses Sprachdenken zu der auf Erkenntnisgewinn und Erkenntnistransfer ausgerichteten Denkweise quer steht, macht schon die Frage „Adam, wo bist du?" deutlich, mit der Bultmann seine Betrachtung über das Menschenbild der Bibel überschrieben hat.[24] Das ist nicht mehr die grundlegende Frage der klassischen Anthropologie, die auf das durch seine Stellung im Kosmos definierte Wesen des Menschen abzielt und seine Gemeinschaft mit andern unter dem Gesichtspunkt des

„wetteifernden Strebens" nach dem allen voranleuchtenden „Ideal" begreift, sondern die Frage nach dem Menschen, der seine Identität in der geschichtlichen Interaktion mit seinesgleichen, konkret gesprochen, in der Tat der Nächstenliebe gewinnt.[25] „Adam, wo bist du?", das ist nach Bultmann die Frage, die den Menschen „aus seinem Versteck vor das Auge des Richters" ruft und „in Christus" zum Ruf der Gnade geworden ist.[26] Es ist, mit einem Wort gesagt, die Frage nach seiner im Anruf Gottes gewonnenen Existenz, die als solche der klassischen Wasfrage um eine ganze Ordnung vorangeht.[27] Damit hört der Mensch aber auch schon auf, im Sinne des neuzeitlichen Denkansatzes seiner Welt als Subjekt entgegenzutreten und sich diese als die Gesamtsumme aller Sachverhalte zu vergegenständlichen. Vielmehr gehört er als Existierender genauso zu ihr, wie er nach der „Einleitung" des Jesusbuchs (1926) die Geschichte nur im Modus des von ihr Betroffenen zu erfassen vermag.[28]

Genauer besehen ändert sich damit nicht so sehr das Bild der Dinge als vielmehr das Verhältnis zu ihrer Wirklichkeit. Mit der Zurücknahme des Gesichtskreises auf den Horizont der Existenzproblematik wächst die Tiefenschärfe des Sehens, so daß ihm nun auch die tiefsten Schichten der Seinsverwurzelung zu Gesicht kommen. Vor allem aber wird dem zum Bewußtsein seiner Existenz gelangten Ich deutlich, daß es sich ganz der Seinsmacht Gottes verdankt, die es „zugleich ins Dunkel und ins Licht stellt".[29] Ins Dunkel, weil sie ihm die Welt mitsamt der Verfügungsmacht über sie entzieht; aber auch ins Licht, weil sich der im Anruf Gottes existierende Mensch auf neue Weise verständlich wird. Das aber heißt in letzter Vereinfachung, daß das rationale Weltkonzept fallen mußte, damit im Gottesglauben der „archimedische Punkt" der unverbrüchlichen Existenzbegründung gewonnen werden konnte.[30]

Das alles ist so sehr in den Kategorien Kierkegaards gedacht, daß sich über ihn die Verbindung zu Lessing fast von selbst herstellt. Während die liberale Theologie Gefahr lief, aus „vernünftigen Christen", wie Lessing fürchtete, „höchst unvernünftige Philosophen" zu machen, zwingt Bultmann den theologischen Gedanken wieder auf seinen Ausgangspunkt im Glauben an den sich in seinem Offenbarungswort zusagenden Gott zurück. Weil die göttliche Selbstzusage aber stets Seinszuwendung ist, erneuert er damit den von Lessing vermißten „Beweis des Geistes und der Kraft". Zwar geschieht das, wie *Eberhard Schulz* kritisch vermerkte, mit Hilfe eines vergleichsweise kleindimensionierten Vokabulars, zumal Bultmann bisweilen in den von *Theodor W. Adorno* an *Heidegger* beanstandeten „Jargon der Eigentlichkeit" verfiel.[31] Doch läßt der Gebrauch, den Bultmann von der Metapher „existent" macht, keinen Zweifel daran, daß seine Interpretation des gläubigen Daseins letztlich darauf abzielt, dem verunsicherten und geängsteten Menschen der Zwischenkriegszeit, in der seine grundlegenden Werke entstanden, zu einer Befestigung jenseits der „schlechtgedeuteten Welt" zu verhelfen. Nicht das Wissen wollte er mehren, wohl aber die Verankerung in dem mit Gott selbst gegebenen Sein.

Damit aber ergab sich ein Problem, dem sich Bultmann zu Beginn seines Beitrags über das ‚Problem der Hermeneutik' (1950) im Anschluß an *Dilthey* mit der Frage stellt, „ob das Verständnis des Singulären zur Allgemeingültigkeit erhoben werden kann".[32] Indessen ist die Antwort schon mit dem im Titel angesprochenen Verfahren gegeben. Denn die Hermeneutik verfährt nicht nur zirkulär, sofern sie stets ein Vorverständnis des zu Interpretierenden voraussetzt, sondern auch zweigleisig, sofern sie gleichzeitig auf das Individuelle und das Allgemeingültige abhebt. Auf das Individuelle, indem sie das angezielte Verständnis dadurch herbeiführt, daß sie durch das, wovon inhaltlich die Rede ist, die Erinnerung an gleichsinnige Erfahrungen des Rezipienten weckt; aber auch auf das Allgemeingültige, sofern sie bei jedem ihrer Schritte auf die den Verstehensakt ermöglichenden Universalien zurückblendet. Das aber geschieht nicht so sehr durch die Freilegung konkreter Komponenten als vielmehr dadurch, daß das verstehende Ich zum ‚Wir' geweitet und der Verstehensakt als Vollzugsform der Mitmenschlichkeit gedeutet wird.[33]

Zwar ist und bleibt es, mit *Kierkegaard* gesprochen, „eins der allerschwierigsten" Probleme, zu zeigen, „wieweit das Geschlecht aus Individuen resultiert, und wie das Verhältnis der Individuen zum Geschlecht ist"; doch besteht für den, bei dem der Gedanke der Nächstenliebe – wie bei Bultmann – „eingeschlagen" hat, am Tatbestand dieses Wechselverhältnisses kein Zweifel.[34] So löst die Hermeneutik wenigstens tendenziell das Problem, um dessentwillen die liberale Theologie die Rückbindung des Christentums an die Gestalt Jesu gelockert und damit seine Identität preisgegeben hatte.[35] Zu einer umfassenden Lösung ist sie schon deshalb außerstande, weil sich die Zentralfrage, wie das Verständnis des „Singulären zur Allgemeingültigkeit erhoben werden" könne, nicht auf ihrem eigenen Boden, sondern auf dem jener Wissenschaft stellt, die sich in ihrem Zentrum mit der Frage nach der Allgemeingültigkeit und Universalität des Individuell-Konkreten befaßt: auf dem Boden der Christologie. Deshalb ist diese der Testfall für den Anspruch, den Bultmann mit dem Entwurf seiner theologischen Hermeneutik erhebt.

Die Christologie

Nachdem sich Bultmann mit seiner Existenzanalyse so streng an die von Kierkegaard vorgezeichnete Linie hält, erwartet man unwillkürlich, daß seine Christologie dort einsetzt, wo Kierkegaard sein Schlußwort gesprochen hatte, dies jedoch erkennbar so, daß es von ihm selbst nicht mehr auf das durchmessene Problemfeld zurückbezogen und dadurch in seiner vollen Bedeutung ausgelegt werden konnte. Nicht umsonst wirkt dieses Schlußwort wie ein erratischer Block, eingestreut in die einleitenden Erwägungen seiner ‚Einübung im Christentum' (1850) über die große Einladung Jesu an die Bedrückten und Bedrängten aller Zeiten. Ohne daß ein logischer oder auch nur stilistischer Zusammenhang erkenntlich wäre, schreibt Kierkegaard den Satz, der die Summe aus seinen Reflexionen zieht und gleichzeitig ganz aus deren Kontext herausfällt: „Der Helfer ist die Hilfe."[36] Die Anknüpfung wäre um so mehr zu erwarten gewesen, als Kierkegaard gerade in diesem Zusammenhang auf die historische Ferne und die Absolutheit Christi hinweist und aus dieser Paradoxie das Postulat der „Gleichzeitigkeit" herleitet, die er schon in den Eingangssätzen als die „Voraussetzung des Glaubens" bezeichnet und schließlich mit diesem selbst gleichgesetzt hatte.[37]

Der Ansatz bei Kierkegaard läge schon deshalb nahe, weil Bultmann in seinem wichtigen Aufsatz ‚Zur Frage der Christologie' (1927) es als die ihn mit *Emanuel Hirsch* verbindende Absicht zu verstehen gibt, „die Theologie aus den Irrwegen des Idealismus und der Mystik herauszuführen und dabei die theologische Arbeit Kierkegaards fruchtbar" zu machen.[38] Dabei hatte er es doch der liberalen Theologie zum Vorwurf gemacht, daß sie keine „notwendige Bindung des christlichen Glaubens an die Person Jesu" gelten ließ und demgemäß zwar einen Weg vom „Gottesglauben zur Anerkennung der Person Jesu" anerkannte, aber nicht den umgekehrten.[39] Wie in seinem ein Jahr zuvor erschienenen Jesusbuch plädiert Bultmann auch hier dafür, daß das Verhältnis zu Jesus am zutreffendsten mit der Kategorie der „Begegnung" umschrieben werden könne; doch schränkt er diese Bestimmung mit dem folgenschweren Zusatz ein, daß Jesus „nimmermehr als Du" begegnen könne, da die Beziehung zu ihm ausschließlich durch das Wort bewirkt werde. Als ansprechbares „Du im Sinne eines Mitmenschen" ist uns Christus durch sein geschichtliches Vergangensein unwiderruflich entzogen, so daß ein dialogisches Ich-Du-Verhältnis zu ihm „auf keine Weise" zu gewinnen ist.[40] Wer anders votiert, übersieht die vom Neuen Testament bezeugte „eschatologische Stellung" Jesu, die ihn dazu bestimmt, die große Äonenwende herbeizuführen und damit für die Menschheitsgeschichte die Chance zu eröffnen, „anstatt durch den Haß durch die Liebe qualifiziert zu sein".[41] So gesehen, erschöpft sich die Bestimmung Jesu für Bultmann darin, daß er wie kein anderer vor und nach ihm durch das Wort bestimmt war und den Anspruch, der sich mit dem Wort Gottes immer schon verbindet, mit letzter Dringlichkeit zur Geltung brachte.

Damit erneuert Bultmann die vom späten Kierkegaard entwickelte Identitätschristologie, nur daß er sie nicht unter dem Aspekt der „Hilfe", sondern unter dem des „Wortes" bedenkt. Gleichzeitig aber verbaut er sich im Unterschied zu Kierkegaard die Möglichkeit, durch die von ihm selbst gebrochene Tür einzutreten und sich einen Zugang zur Innerlichkeit Jesu zu verschaffen. Was ihn daran hindert, wird deutlich, wenn man sich an seine Vorentscheidung erinnert, sowohl die Irrwege des Idealismus als auch die „der Mystik" zu vermeiden. Als mystischer Irrweg, wenn nicht gar als ein Abirren in die zweifelhaften Gefilde der Sentimentalität aber gilt ihm jeder Versuch, die Begegnung mit Jesus im Wort in ein dialogisches Verhältnis zu ihm zu übersteigen, um Einblick in seine „Persönlichkeit" und in die Innerlichkeit seines Herzens zu gewinnen. Doch eine derartige „Zwiesprache" ist nur das Werk frommer Phantasie; denn sie wäre, schlim-

363

mer noch, die Zuflucht zu etwas „außerhalb des Wortes", das von der Glaubensentscheidung entlasten könnte. Indessen war es nicht das geringste Verdienst der historisch-kritischen Methode, daß sie alle diese Phantasiegebilde vom geschichtlichen Jesus und seinem Innenleben im Feuer ihrer Kritik verbrannte. Denn der Christus „katà sárka" geht uns nun einmal (nach 2 Kor 5, 16) nichts an. Der uns betreffende Christus ist ausschließlich derjenige, durch den wir vom Wort Gottes getroffen werden. Was dagegen sein Innenleben anlangt, so bleibt nur der dezisionistische Verzicht: „... wie es in Jesu Herzen ausgesehen hat, weiß ich nicht und will ich nicht wissen".[42]

Unter der Hand ist damit aus der Identitätschristologie ein christologischer Funktionalismus geworden. Im Maß, wie die Rolle Jesu im Gang der Offenbarungsgeschichte an Profil gewinnt, tritt er als Persönlichkeit, wenn nicht gar als Gestalt in den Hintergrund. Dieser zunehmende Konturenverlust ist für die Fortentwicklung des christologischen Gedankens bei Bultmann durchaus symptomatisch. Eröffnete das Jesusbuch (1926) noch immerhin die Möglichkeit der Begegnung mit dem Träger einer Gottesbotschaft, so löst sich die Gestalt Jesu in dem Werk ‚Das Urchristentum im Rahmen der antiken Religionen' (1949) nahezu vollständig in das Geflecht spätjüdischer Glaubensmodelle und Heilshoffnungen auf. Gemessen an dem Einspruch gegen die christologische Indifferenz der liberalen Theologie, mit welchem der frühe Bultmann seine theologische Identität gewonnen zu haben schien, ist das ein bestürzender Vorgang. Doch entbehrt er nicht einer inneren Folgerichtigkeit, wenn man ihn im Zusammenhang mit dem fragwürdigen Verzicht auf die Mitwisserschaft um die Innerlichkeit Jesu sieht. In diese Richtung zielt auch die Kritik der Bultmann-Rezeption, die vor allem die inhaltliche Entleerung der Christologie beklagt. Bei Bultmann gerate, so meint *Albert Brandenburg*, „das Herr-Sein Christi in die reine Aktualität".[43] Und nach *Paul Althaus* bleibt bei ihm vom Evangelium nur ein „von der historischen Persönlichkeit Jesu entleertes Kerygma".[44] Tatsächlich werden diese Urteile nicht nur durch Äußerungen in Bultmanns theologischem Werk, sondern vor allem auch durch das Zeugnis seiner Predigten bestätigt, in denen Jesus zwar als offenbarungsgeschichtliches „Ereignis", nicht jedoch als gestalthaftes Gegenüber des Glaubens und schon gar nicht als dessen mystischer Zentralgehalt vorkommt.[45] Und nicht zuletzt spiegelt sich das auch in dem Kampf, der in der Bultmann-Schule um den historischen Jesus entbrannte und der schließlich durch den Vorstoß *Ernst Käsemanns* gegen das Votum des Schulhaupts entschieden wurde.[46]

Das spitzt sich zu der Frage zu, ob Bultmann nicht ein ähnliches Mißgeschick widerfuhr, wie es *Albert Schweitzer* bei Luther registrierte, wenn er ihm vorwarf, mit seiner Rechtfertigungslehre in einem „Nebenkrater" der paulinischen Heilsbotschaft angesetzt zu haben.[47] Doch ganz abgesehen davon, daß auch bei Bultmann der Mystiker Paulus hinter dem „Dialektiker" zurücktritt, stellt sich die Frage bei ihm mit noch größerem Nachdruck im Blick auf seine Kierkegaard-Rezeption. Hier aber zeigt sich, daß er

Kierkegaard zwar in dem Gedanken folgt, daß Christus die Gleichzeitigkeit mit ihm dadurch erwirkte, daß er als das Paradox des „Gottes in Knechtsgestalt" den Glauben provozierte, nicht aber darin, daß er durch das Erleiden dieser Paradoxie den Zeitenabstand in sich aufarbeitete. Doch gerade darin besteht der „Erkenntnisfortschritt", den Kierkegaard in der ‚Einübung' gegenüber den ‚Philosophischen Brocken' erzielt. Was er dort nur thematisiert hatte, wird ihm jetzt, im Bedenken der großen Einladung Jesu und des von ihm erlittenen Ärgernisses sagbar, weil er mit dem Schlüsselsatz „der Helfer ist die Hilfe" den kategorialen Zugang zu beidem, der helfenden Selbstübereignung Jesu und ihrer Ablehnung durch die Adressaten seiner Botschaft, gefunden hatte.
Vor allem aber gewann Kierkegaard jetzt den entscheidenden Einblick in das, was er das „Leiden der Innerlichkeit Jesu" nannte, das ihm den verstehenden Nachvollzug dessen ermöglichte, was das Paradox des „Gottes in Knechtsgestalt" nur formal bezeichnet. So gesehen, bleibt Bultmann bei der Rezeption des christologischen Paradoxes stehen, weil ihn der Horror vor einer sentimentalen Jesus-Frömmigkeit davon abhielt, ihm in den spirituellen Nachvollzug dieser Paradoxie zu folgen. Das aber war bei Kierkegaard die Bedingung dafür, daß das in die Knechtsgestalt entäußerte „ewige Faktum" in der Identität des „einen Mittlers zwischen Gott und den Menschen" (1 Tim 2, 5) gedacht werden kann. Um seinerseits diese Einheit wahren zu können, mußte Bultmann das christologische Paradox auf eine einzige Grundstruktur zurückführen; und die bestand für ihn in jener funktionalen Bestimmung, die Jesus als das „eschatologische Heilsereignis" lesbar machte. Damit gewann sein Wirken zwar einen Einheitssinn, jedoch um den Preis einer Reduktion, die seine Gestalt über der heilsgeschichtlichen Funktion verdämmern ließ.

Die Verkündigung

Seine volle Identität gewann Bultmann nicht als theologischer Schriftsteller, sondern als Prediger. So ergab es sich für ihn folgerichtig aus der Überzeugung, daß christliche Theologie von ihrer Sinnbestimmung her ihre volle Aktualität erst in der Predigt erlangt. Wie sie als Reflexion des Glaubens aus dem Wort kommt, drängt sie ihrer innersten Zielsetzung zufolge ins Wort. Im Rückblick auf das Lessing-Problem könnte man auch sagen: Sie gewinnt ihre volle Kompetenz erst im Wort der Predigt. Denn erst im aktuellen Predigtwort wird das von der Theologie reflektierte Wort Gottes wieder zu dem, was es von seinem Wesen her ist: Anrede, die zum Gehorsam des Glaubens ruft und in diesem Anruf Vergebung und Zukunft verheißt.[48]
Die Predigt ist die aktuelle Fortführung dessen, was die neutestamentlichen Schriften dokumentieren, des apostolischen Kerygmas von Jesus, dem Gekreuzigten und Auferstandenen. In diesem Kerygma findet Bultmann so etwas wie ein letztes, nicht hintergehbares Prinzip. Denn für das Wort ist „keine andere Legitimation zu fordern und keine andere Basis zu

schaffen, als es selbst ist".⁴⁹ Vom Kerygma kann daher weder, wie es die moderne Vermittlungstheologie versucht, auf ein vorgängiges Faktum zurückgegangen werden, da alle „Fakten" immer nur im Wort gegeben sind; noch geht es an, den Glauben als „Kulturphänomen" in das Ganze der Geistesgeschichte einzubetten, wie es die liberale Theologie vor allem im Denken *Troeltschs* versuchte. Doch wird sich der Glaube „bedanken für eine solche Apologetik, die sich am eigenen Zopf aus dem Sumpf zieht".⁵⁰ Im Kerygma ist uns das Heil gegeben, weil es nicht anders als im Modus des Zugesprochenseins gegeben sein kann.⁵¹

Dennoch bleibt Bultmanns Kerygma-Begriff eigentümlich flach und eindimensional. Weder reflektiert er mit *Karl Barth* auf das „Wort in den Wörtern", noch läßt er sich auf die Frage nach der Transformation der Fakten ins Kerygma genauer ein.⁵² Das wirkt um so fataler, als Bultmann nach einigem Zögern dem scharf gezielten Vorwurf Barths zustimmte, daß nach seiner Konzeption „Jesus Christus in den Osterglauben und in das Kerygma hinein auferstanden" sei.⁵³ Von daher fällt dann freilich rückläufig Licht auf das zunächst auf das Kreuzesereignis zurückgenommene und dann sich zusehends verflüchtigende Christusbild Bultmanns, so daß sein Kerygma-Begriff in einem eigentümlichen Wechselverhältnis mit seiner Christologie erscheint. Dem eindimensionalen Kerygma entspricht dann seine auffällig verkürzte Christologie, die, ohne das „Wort in den Wörtern", die Gestalt Jesu zunächst in seiner Botschaft und schließlich in der Vorstellungswelt der spätjüdischen Religiosität aufgehen läßt.

So kritisch sich dieser Zusammenhang zunächst darstellt, ist doch gerade er geeignet, den glaubensgeschichtlichen Rückbezug vollends zu klären. Nicht umsonst stellte sich im Anschluß an Lessing die Frage, wieweit der von ihm beklagte Kompetenzverlust auf den „Abbruch" zurückzuführen sei, den – nach Luther – die Schriftlichkeit dem zunächst nur als lebendiges Wort gepredigten Evangelium zufügte. Beziehungsreich ordnet sich dem die „Gegenfrage" Bultmanns zu, kraft welcher Autorität „denn unter uns das Wort verkündigt" werde: „Bezieht sich die christliche Verkündigung wirklich auf etwas anderes als auf das gedruckte, vom Himmel gefallene Buch? Sollen wir etwa erst durch unsere Herzen, als Persönlichkeiten eine Basis für das Wort Gottes schaffen?"⁵⁴ Auch wenn man sich den polemischen Kontext dieser Argumentation vor Augen hält, überrascht doch die dezisionistische Art, in der Bultmann die Diskussion eher abbricht als zum Abschluß bringt: „Nein, die Treue eines Menschen kann nie für die Wahrheit einer Botschaft bürgen, nur das ‚gedruckte Buch'."⁵⁵ Kein Zweifel, hier schlägt das reformatorische Schriftprinzip mit voller Wucht durch. Daraus erklärt sich dann aber auch schon die eigentümliche „Relieflosigkeit", in der sich Bultmanns Kerygma-Begriff darstellt. Insgeheim untersteht hier das mit „Kerygma" gemeinte Wort bereits den restriktiven Bedingungen der Schriftlichkeit, um die, wie erinnerlich, alle großen Medienverwender, von Paulus angefangen, wußten.⁵⁶

Von Paulus angefangen, verfaßt sich dieses kritische Medienverständnis aber auch stets zum Bewußtsein der Aufgabe, die dem Prediger des Evangeliums, mit Bultmann gesprochen, dadurch erwächst, daß „ein gedrucktes Buch vor ihm liegt, aufgrund dessen er verkündigen soll".[57] Paulinisch ausgedrückt, kann diese Aufgabe nur darin bestehen, das Wort aus der Gruft des „toten Buchstabens" freizusetzen und es zum Leben seines aktuellen Gesprochenseins zu erwecken. Insofern läßt sich diese Aufgabe genauer als die einer „qualitativen Rückübersetzung" bestimmen, wobei mit „qualitativ" zum Ausdruck kommt, daß es sich nicht wie bei dem von *Joachim Jeremias* favorisierten Verfahren um die Zurückführung schwer verständlicher Stellen auf ihren aramäischen Wortlaut handelt, sondern um den Versuch, die im Verschriftungsprozeß unterdrückten Sprachqualitäten wiederzugewinnen.[58] Wenn das auch nicht ganz der Praxis des Predigers Bultmann entspricht, der sich nach Augenzeugenberichten nur streckenweise von seinem Text zu lösen vermochte und auch dann, wenn er „auf die Kanzel stieg, etwas vom Stil einer Vorlesung mitbrachte", so doch um so mehr seiner Predigt-Theorie.[59] In seinem Essay über ‚Allgemeine Wahrheiten und christliche Verkündigung' (1957) insistiert Bultmann nicht nur darauf, daß die christliche Verkündigung von ihrer innersten Bestimmung her „Anrede" ist, die den Hörer dazu bewegt, sich das gesagt sein zu lassen, was er sich als Mensch nicht selbst zu sagen vermag; vielmehr bekennt er sich auch in aller Form zur Aufgabe der Predigt, den Schrifttext in die lebendige Sprache eines aktuellen Zuspruchs umzusetzen.[60] Deshalb ist es bei der Predigt nicht damit getan, daß Worte der Schrift rezitiert oder auch referierend erläutert werden; vielmehr „hat sie ihnen den Charakter der Aktualität zu geben, daß sie als viva vox hier und jetzt erklingen, als seien sie dem Augenblick entsprungen".[61] Das aber heißt dann doch, daß die Predigt als der „theologische Ort" verstanden wird, an dem sich die Lehre in den aktuellen Zuspruch, aus dem sie hervorging, zurückverwandelt und an dem sich im Grenzfall das ereignet, was Paulus den Adressaten seines ersten Briefs bestätigt: daß sie seine Verkündigung „nicht als Menschenwort, sondern als das, was es in Wahrheit ist, als Wort Gottes" annehmen (1 Thess 2, 13). Wenn es aber dazu kommt, hat die christliche Verkündigung auch schon etwas von jenem „Krafterweis" zurückgewonnen, der sie in ihrer Identität mit dem Ursprung mehr als jedes Argument glaubhaft macht.

Die Biographie

Es wäre zweifellos übertrieben, wenn man aus alledem folgern wollte, daß der von Lessing beklagte Grabenbruch durch Bultmann am Ende doch überwunden worden sei. Dafür schlägt das christologische Defizit zu gravierend zu Buche. Das aber wird sich letztlich nur daraus erklären lassen, daß Bultmann dem späten, ganz dem „Helfer" Christus und dem Leiden seiner Innerlichkeit zugewandten Kierkegaard die Gefolgschaft versagte, daß er sich also vom Blitz des den Helfer mit der Hilfe gleichsetzenden Schlüsselwortes nicht treffen ließ. Mit Luther könnte man geradezu sagen, daß ihm „aus dem Helfer nur ein Lehrer" geworden sei.[62]

Dem steht jedoch die ebenso unübersehbare Tatsache entgegen, daß Bultmann mit Kierkegaard im Grundansatz des Denkens wie kaum ein anderer übereinkam. In seinem Gedenkwort (1976) verdeutlichte das *Hans Jonas* schon einleitend mit der Bemerkung, daß „im Falle Rudolf Bultmanns" eine reinliche Trennung von Werk und Autor unmöglich sei; denn: „Bultmann lebte, was er dachte, dachte auch so, daß dies zu-Leben des Gedachten als dessen eigenster Sinn hervortrat".[63] Damit aber entwirft Jonas das akkurate Gegenbild zu dem von Kierkegaard karikierten und von Schleiermacher nahezu gleichsinnig kritisierten Systemdenker, der in seinem Gedankengebäude selbst nicht vorkommt, aber auch andern weder Zutritt noch Bleibe gewährt.[64]

Bultmann hat sich, wie ihm Jonas über das Grab hinweg bezeugt, mit dem Gewicht seiner ganzen Existenz in seinen theologischen Gedanken eingebracht, auch angesichts der Tatsache, daß er als Denker zu kurz griff, als daß er der „Sache" des Glaubens voll hätte genügen können. Denn für ihn konnte der Glaube gegenüber dem Anspruch des modernen Bewußtseins nur dadurch gerechtfertigt werden, daß er sich, anders als der Mythos, dazu verstand, niemals vergegenständlichend von Gott, seinem Heilshandeln und seiner Offenbarung zu reden. Wie aber konnte dann die „Objektivität" der Gottesoffenbarung, an der doch Bultmann offensichtlich alles gelegen war, noch gesichert werden? Geriet sein insistenter Versuch, den Glauben gegenüber dem Totalanspruch der wissenschaftlichen Vernunft zu rechtfertigen, damit nicht in eine auswegslose Aporie?

An dieser Stelle ereignete sich im „Hadesgespräch", das Jonas mit Bultmann führte, etwas Außerordentliches, das unwillkürlich an die postume Rezeption des Notschreis Lessings durch Kierkegaard erinnert. Ohne der Sache des Glaubens selbst das Wort reden zu wollen, reflektiert der zweifach, als Jude wie als Philosoph, distanzierte Denker doch über die Möglichkeit, die Offenbarung, auf die der „tiefgläubige Bultmann" doch sein ganzes Leben gestellt habe, im „wissenschaftlichen Weltbild" der Gegenwart „unterzubringen".[65] Und er findet den Schlüssel zu einer Lösung im Rückgriff auf eben jenes Denkmodell, das der These Bultmanns zugrunde liegt, „daß das Wort Gottes durch Worte der Menschen zu uns kommt". Das aber ist letztlich nichts anderes als das „Dennoch", das Bultmann als die dialektische Grundfigur des Glaubens ausfindig machte, jetzt nur übersetzt in eine rationale Denkform. So kommt es, wie Jonas abschließend bemerkt, zu der paradoxen Situation, „daß der Philosoph der Möglichkeit des Glaubens mehr zugestanden hat als der vom Ansehen der Wissenschaft überwältigte Theologe". Und wenn der Freund – über das Grab hinweg – dazu womöglich „skeptisch die Augenbrauen hochziehe", weil hier am Ende doch wieder objektivierend von Gott geredet werde, könne er im Totengespräch mit ihm nur antworten, daß man, wenn irgendwo, dann hier, „um des Denkens wie um des Glaubens willen, objektiv werden" müsse.[66]

Ohne daß ein Notschrei hörbar wurde, ergibt sich hier eine Konstellation, die nicht nur an die Replik Kierkegaards auf die Klage Lessings erinnert, sondern geradezu den Eindruck erweckt, als werde dieses Totengespräch aus vergleichbarem Anlaß, wenn auch mit anderen Partnern fortgeführt. Als eine wenigstens indirekte Bestätigung dessen kann der Umstand gelten, daß die „innere Biographie" Bultmanns kaum irgendwo so klar wie hier zum Vorschein kommt.[67] Denn es ist seiner Meinung nach nun einmal nicht möglich, „von Gott und göttlichen Dingen zu reden, ohne dabei sich selbst zu verraten".[68] Was aber das Werk Bultmanns über seinen Autor verriet, war, mit Jonas gesprochen, das Bild eines Menschen, der sich „im Kampf um die Möglichkeit des Glaubens" verzehrte.

Nietzsche – Mythenzerstörer und Mythenschöpfer

In einem Wort hellsichtiger Selbsteinschätzung versichert Nietzsche in seiner Selbstdarstellung ‚Ecce homo':

> *Ich widerspreche, wie nie widersprochen worden ist, und bin trotzdem der Gegensatz eines neinsagenden Geistes*[1].

Damit charakterisierte Nietzsche nicht nur sein gesamtes Lebenswerk, in dem er folgerichtig eine ‚jasagende' Hälfte von einer ‚neinsagenden, neintuenden' unterschied; vielmehr charakterisierte er damit auch den Stil seines kritischen Denkens, der, wie am deutlichsten *Karl Jaspers* beobachtete, immer wieder durch den Umschlag der Negationen in ein unerwartet affirmatives Verhältnis gekennzeichnet ist[2]. Die von Jaspers gemachte Beobachtung galt der Religionskritik Nietzsches. Sosehr ihn diese jedoch sein ganzes Leben hindurch in Atem hielt, darf sie doch keineswegs isoliert gesehen werden. Sie steht vielmehr im Zusammenhang seiner Moralkritik, die ihrerseits in seine Kultur- und Bildungskritik eingebunden ist. Diese aber ist wiederum religiös unterbaut durch Nietzsches kritisches Verhältnis zum Mythos, das seiner Religionskritik somit spiegelbildlich entgegensteht. Demgemäß gilt insbesondere auch hier, daß er wie kaum einer zuvor widersprach und sich dabei doch als das Gegenteil eines neinsagenden Geistes erwies.

Zum Ausgangspunkt von Nietzsches Mythos-Verständnis, wie es sich in seiner Frühschrift ‚Die Geburt der Tragödie aus dem Geiste der Musik' (von 1872) abzeichnet, bemerkt *Walter F. Otto*:

> *Friedrich Nietzsche war der Meinung, daß die Schönheit von den Griechen aus dem unendlichen Schmerz erkämpft worden sei. Nur weil sie so namenlos am Elend des Daseins gelitten, sei das Wunder der Schönheit über ihnen aufgegangen. Allzu naiv erschien ihm das heitere Griechenbild, das seit Winckelmann den Freunden der Antike vorgeschwebt. Glaubte er doch, mit dem berühmten Spruch des Silens, daß es für den Menschen das Beste wäre, nie geboren zu sein, tiefer in die Seele des griechischen Menschen geblickt zu haben als vor ihm.*[3]

Nietzsche selbst drückt sich noch entschiedener aus: um überhaupt leben zu können, mußten sich die um die Schrecken und Entsetzlichkeiten des Daseins wissenden Griechen „die glänzende Traumgeburt der Olympischen" vor Augen halten[4]. Das ungeheure Mißtrauen gegenüber den titanischen Mächten der Natur, das sich ebenso in der Gestalt der „über allen Erkenntnissen erbarmungslos thronenden Moira" wie im „Geier des großen Menschenfreundes Prometheus" und im „Schreckenslos des weisen Ödipus" bekundet, mußte stets „von neuem überwunden, jedenfalls verhüllt und dem Anblick entzogen" werden; und das geschah im Entwurf jener olympischen Göttergestalten, die ihren reinsten Ausdruck in Apollo finden und insofern als die Konfiguration einer „apollinischen Kultur" zu gelten haben[5]. Der Mythos ist somit eine bildhafte Kompensation des Schrecklichen. Wem sich der olympische Zauberberg öffnet und seine ‚Wurzeln' sichtbar werden läßt, der erblickt in seiner Tiefe die „Schrecken und Entsetzlichkeiten des Daseins". In der olympischen Welt hält sich der „hellenische ‚Wille' einen verklärenden Spiegel" vor. Die Götter rechtfertigen das Menschenleben, indem sie es selbst leben; sie sind die dem von ihm ausgehenden Sinndruck „allein genügende Theodizee"[6]. So ist der Mythos das „Exempel einer ins Unendliche hinein starrenden [...] Wahrheit"[7]. Ihm liegt nicht etwa ein Gedanke zugrunde; vielmehr ist er selbst ein Denken, wenn freilich auch kein logisch reglementiertes Denken, sondern ein solches, von dem man mit einer von Nietzsche selbst gebrauchten Wendung sagen kann, daß es das „Ohr gleichsam an die Herzkammer des Weltwillens gelegt" habe[8]. Was es dort vernimmt, ist die Stimme des grauenhaften Weltengrunds, die immerfort zur Vernichtung ruft und deshalb nur auf zwei Wegen ausgehalten werden kann: auf dem apollinischen der phantastischen Selbsttäuschung und auf dem dionysischen der orgiastischen Selbstpreisgabe. Dem ersten verdankt die „glänzende Traumgeburt der Olympischen" ihre Entstehung; auf dem zweiten gelangt „das Subjektive zu völliger Selbstvergessenheit", indem es, der Weisung *Schopenhauers* folgend, das ‚principium individuationis' überwindet und die „mystische Einheitsempfindung" mit dem Weltgrund anstrebt. Über das Menschenbild, zu dem er sich damit bekennt, gibt sich Nietzsche vollends in seinem Essay ‚Über Wahrheit und Lüge im außermoralischen Sinne' (von 1873) Rechenschaft, wo von der Natur, die dem zur Erkenntnis verurteilten Menschen „das Allermeiste" verschwieg, gesagt wird:

Sie warf den Schlüssel weg: und wehe der verhängnisvollen Neubegier, die durch eine Spalte einmal aus dem Bewußtseinszimmer heraus und hinabzusehen vermochte, und die jetzt ahnte, daß auf dem Erbarmungslosen, dem Gierigen, dem Unersättlichen, dem Mörderischen der Mensch ruht, in der Gleichgültigkeit seines Nichtwissens und gleichsam auf dem Rücken eines Tigers in Träumen hängend.

Und Nietzsche fügt dem die sich nun geradezu aufzwingende Frage hinzu: „Woher, in aller Welt, bei dieser Konstellation der Trieb zur Wahrheit?" Der spätere Nietzsche wußte die Antwort: die Wahrheit ist, zusammen mit dem Trieb zu ihr, ein Mittel des menschlichen Überlebens; jene „Art von Irrtum, ohne welche eine bestimmte Art von lebendigen Wesen nicht leben könnte" und damit so funktional in den Zweck des Lebens hineingebunden, daß sie für sich selbst nichts bedeutet, sondern von ihrem Gegensatz, dem Irrtum her, definiert werden kann; oder nun schließlich mit einer fast spiegelbildlich zur Ausgangsfrage wirkenden Wendung gesagt: „nur eine Stellung verschiedener Irrtümer zueinander"[9]. Damit aber fällt der ‚Trieb zur Wahrheit' fast ununterscheidbar mit dem mythenschaffenden Ingenium des Menschengeistes zusammen. Hier wie dort geht es, aus der Perspektive des frühen Nietzsche gesagt, um die Frage des Überlebens im Ganzen einer dem Nichts entgegentreibenden Welt, nur mit dem Unterschied, daß diese Frage einmal mit den Mitteln der logischen Vernunft und zum andern, im Fall des Mythos, mit Hilfe prälogischer Denkvorstellungen gelöst wird.

„Dem Mythos liegt nicht ein Gedanke zugrunde, [...] sondern er selber ist ein Denken: er teilt eine Vorstellung von der Welt mit, aber in der Abfolge von Vorgängen, Handlungen und Leiden", hatte Nietzsche in der vierten seiner ‚Unzeitgemäßen Betrachtungen' gesagt (§9). Zu dieser Erkenntnis gelangt er aber nicht durch das Studium der antiken Mythen, sondern, wie schon der Titel ‚Richard Wagner in Bayreuth' zu verstehen gibt, durch das Erlebnis der Wagnerschen Musikdramen. In ihnen war ihm, mit dem Wortlaut der Vorstudie gesprochen, ein „Denken in sichtbaren und fühlbaren Vorgängen, nicht in Gedanken" entgegengetreten und damit, wie er im selben Satz hinzufügt, „das eigentlich Dichterische"[10]. Die spezifische Denkform des Mythos ist ihm somit erst in dessen von ihm enthusiastisch begrüßter Aktualisierung durch *Richard Wagner* deutlich geworden, vor allem aber, wie der Fortgang der ihm gewidmeten ‚Betrachtung' ausführt, im ‚Systemgedanken' der Ring-Tetralogie, von der es heißt:

> *Der Ring des Nibelungen ist ein ungeheures Gedankensystem ohne die begriffliche Form des Gedankens. Vielleicht könnte ein Philosoph etwas ganz Entsprechendes ihm zur Seite stellen, das ganz ohne Bild und Handlung wäre und bloß in Begriffen zu uns spräche: dann hätte man das gleiche in zwei disparaten Sphären dargestellt: einmal für das Volk und einmal für den Gegensatz des Volkes, den theoretischen Menschen. An diesen wendet sich also Wagner nicht; denn der theoretische Mensch versteht von dem eigentlich Dichterischen, dem Mythos, gerade soviel als ein Tauber von der Musik, das heißt: beide sehen eine ihnen sinnlos scheinende Bewegung. Aus der einen von jenen disparaten Sphären kann man in die andere nicht hineinblicken: solange man im Banne des Dichters ist, denkt man mit ihm, als sei man nur ein fühlendes, sehendes und hörendes Wesen; die Schlüsse, die man macht, sind die Verknüpfungen der Vorgänge, die man sieht, also tatsächliche Kausalitäten, keine logischen.*[11]

Nietzsches Äußerungen vermitteln wiederholt das Gefühl, daß ihr Autor über Abgründe hinwegschreitet, von denen er angelockt wurde und die ihm doch verborgen bleiben. Schon sein Gedankenexperiment von einem philosophischen System, das dem Wagnerschen Mythos gleichwertig gegenüberstehen könnte, überrascht durch die Ausklammerung des Namens von *Hegel*, durch den diese Gegenüberstellung längst schon vollzogen war, so daß nun, durch dieses Verschweigen, die Gedankenfolge in eine verblüffende Rückbezüglichkeit gerät. Denn es ist nun kein Anlaß mehr, auf den Philosophen zu warten, der das Gegenstück zur Ring-Mythologie schaffen würde; vielmehr war Wagner der – mit der Abwandlung eines theologischen Ehrentitels gesprochen – ‚neue Mythologe', der dem Hegelschen System ein Gedankengebäude „in sichtbaren und fühlbaren Vorgängen" gegenüberstellte.[11a] Noch tiefer ist der Abgrund, den Nietzsche – man kann nur sagen – mit tödlicher Sicherheit sodann zwischen sich und Wagner aufreißt, wenn er den beiden Sphären einmal das Volk und dann den ‚theoretischen Menschen' zuordnet und von diesem ausdrücklich bemerkt, daß sich Wagner durchaus nicht an ihn wende, weil er vom „eigentlichen Dichterischen, dem Mythos" nichts verstehe. Darin kommt bereits, so klar wie nur möglich, jener typologische Unterschied zwischen dem musikalischen Demagogen Wagner und dem elitären Esoteriker Nietzsche zum Vorschein, in welchem der Wagner-Biograph *Martin Gregor-Dellin* den Bruch von vornherein vorangelegt sieht[12]. Noch bedenklicher steht es mit dem Fortgang der Stelle, der auch für die Beurteilung des Sprachtheoretikers Nietzsche von größter Bedeutung ist. Denn hier erblickt er in der Versprachlichung der Musik, die den Musik-Dramen Wagners ihr innerstes Gepräge gibt, die Gefahr,

daß diese Wortsprache in uns den theoretischen Menschen aufweckt und dadurch uns in eine andere, unmythische Sphäre hinüberhebt: so daß wir zuletzt durch das Wort nicht etwa deutlicher verstanden hätten, was vor uns vorging, sondern gar nichts verstanden hätten.[13]

Zwar fügt er unverzüglich hinzu, daß sich Wagner gegen diese Gefahr dadurch immunisiert habe, daß er die Sprache in einen Urzustand zurückzwang, „wo sie fast noch nicht in Begriffen denkt, wo sie noch selber Dichtung, Bild und Gefühl ist". Doch abgesehen von dem sprachtheoretischen Glanzlicht, das er damit seiner Analyse aufsetzt, ist doch zu fragen, ob er mit der Nennung der Gefahr nicht – sich selbst mit ins Spiel brachte. Nachdem das Legendengewebe, mit welchem Nietzsche den Bruch umhüllte, längst schon zerrissen ist oder doch zu zerreißen beginnt, braucht die Ursache des Bruchs nirgendwo anders als an den von ihm bezeichneten Stellen gesucht zu werden: also weder in seiner Behauptung, daß er durch den mit dem ‚Parsifal zu Kreuze kriechenden' Wagner unheilbar enttäuscht worden sei, noch mit seinem Hinweis auf die ihm von Wagner zugefügte „tödliche Beleidigung", was immer sich hinter dieser Redewendung verbergen mag[14]. Mußte es nicht vielmehr schon deshalb zum Bruch kommen, weil durch Wagners ‚Wortsprache' in Nietzsche selbst der theoretische Mensch freigesetzt wurde, der sich nur noch als Antipode Wagners begreifen konnte, so wie sich dieser Nietzsches eigener Deutung zufolge als Antipode des – ungenannten – Hegel empfunden hatte? Sosehr für diese Erklärung des Bruchs der Umstand spricht, daß sie von den biographischen Motiven auf Strukturunterschiede zurückgreift, ist mit ihr doch der Problemkern noch nicht erreicht. In diesem geht es vielmehr um Wagners mythologischen Zentralgedanken, der nach Nietzsche – und darin besteht noch völlige Übereinkunft – zu einem Zeitpunkt konzipiert wurde, „wo alle Religion aller früheren Zeiten in ihrer dogmatischen Götzen- und Fetischwirkung wankt" und der vereinfachend ausgedrückt – und hierin scheiden sich die Wege – in einer einzigen Überredung zum Tod besteht[15]. „In welchem Lichte sieht er nun alles Gewordene und Vergangene?" fragt Nietzsche im Blick auf Wagners dionysische Aktualisierung des antiken Mythos, und er antwortet:

> Die wunderbare Bedeutung des Todes ist hier voranzustellen: der Tod ist das Gericht, aber das frei gewählte, das ersehnte Gericht, voll schauerlichen Liebreizes, als ob es mehr sei als eine Pforte zum Nichts. [...] Der Tod ist das Siegel auf jede große Leidenschaft und Heldenschaft, ohne ihn ist das Dasein nichts wert. Für ihn reif sein ist das Höchste, was erreicht werden kann, aber auch das Schwierigste und durch heroisches Kämpfen und Leiden Erworbene. Jeder solche Tod ist ein Evangelium der Liebe; und die ganze Musik ist eine Art Metaphysik der Liebe; sie ist ein Streben und Wollen in einem Reich, welches dem gewöhnlichen Blick wie das Reich des Nichtwollens erscheint, ein sich Baden im Meere der Vergessenheit, ein rührendes Schattenspiel vergangener Leidenschaft.[16]

Seitdem sich Nietzsche aus der Einflußsphäre *Schopenhauers* befreit hatte, war es nur noch eine Frage der Zeit, bis er eben diesen noch ganz dem Geist Schopenhauers verpflichteten Mythenentwurf als den erklärten Gegensatz dessen empfand, was mehr und mehr ins Zentrum seines philosophischen Wollens trat; das dionysische Ja zu einer in ihrer Nichtigkeit angenommenen, dadurch aber zugleich über sie hinausgetragenen Welt, zu einer Welt des unablässigen Werdens und Vergehens, einer in unabsehbaren Gezeiten in sich kreisenden, einer sich ewig zerstörenden und wiederaufbauenden und im tiefsten Selbstwiderspruch sich doch zugleich selbst bestätigenden Welt, einer Welt, in welcher der Wille zum Nichts unablässig umschlug in den ‚Willen zur Macht'. Mit dem Entwurf dieser dionysischen Welt ist die definitive Gegenposition zu Wagner bezogen. Und doch gehört es zur geheimen Logik dieses Wider-Spruchs, daß der Text, der dieses dionysische Weltbild am gültigsten beschreibt und nach *Thomas Mann* schon von der sprachlichen Gestaltung her als ein Höhepunkt von Nietzsches Prosakunst zu gelten hat, sein volles Profil erst vor dem Hintergrund der Deutung gewinnt, die Nietzsche in seinem Essay ‚Richard Wagner in Bayreuth' der Ring-Mythologie widmet[17].

Im Ring des Nibelungen, so führt Nietzsche aus, sei der tragische Held ein von Machtdurst besessener Gott, der sich in seinem Machtstreben durch Verträge bindet und dabei nicht nur seine Freiheit verliert, sondern auch dem auf der Macht liegenden Fluch verfällt. So überkommt ihn nicht nur die Furcht vor dem Ende und der Dämmerung aller Götter, sondern mit ihr zusammen auch „die Verzweiflung darüber, diesem Ende nur entgegensehen, nicht entgegenwirken zu können". Hoffnung besteht deshalb nur in der Erscheinung des freien, furchtlosen Menschen, der ohne Rat und Beistand von oben, „ja im Kampfe wider die göttliche Ordnung, von sich aus die dem Gotte versagte Tat vollbringt". Von ihm, Siegfried, heißt es dann wörtlich:

> *Im Anblick seines herrlichen Werdens und Aufblühens weicht der Ekel aus der Seele Wotans, er geht dem Geschicke des Helden mit dem Auge der väterlichsten Liebe und Angst nach. Wie er das Schwert sich schmiedet, den Drachen tötet, den Ring gewinnt, dem listigsten Truge entgeht, Brunnhilde erweckt, wie der Fluch, der auf dem Ringe ruht, auch ihn nicht verschont [...], wie er, treu in Untreue, das Liebste aus Liebe verwundend, von den Schatten und Nebeln der Schuld umhüllt wird, aber zuletzt lauter wie die Sonne heraustaucht und untergeht, den ganzen Himmel mit seinem Feuerglanze entzündend und die Welt vom Fluche reinigend, – das alles schaut der Gott, dem der waltende Speer im Kampfe mit dem Freiesten zerbrochen ist und der seine Macht an ihn verloren hat, voller Wonne am eignen Unterliegen, voller Mitfreude und Mitleiden mit seinem Überwinder: sein Auge liegt mit dem Leuchten einer schmerzlichen Seligkeit auf den letzten Vorgängen, er ist frei geworden in Liebe, frei von sich selbst.*

Hingerissen von diesem Drama, und nicht zuletzt wohl auch von seiner eigenen Nacherzählung, fügt Nietzsche dem hinzu:

> *Und nun fragt euch selber, ihr Geschlechter jetzt lebender Menschen! Ward dies für euch gedichtet? Habt ihr den Mut, mit eurer Hand auf die Sterne dieses ganzen Himmelsgewölbes von Schönheit und Güte zu zeigen und zu sagen: es ist unser Leben, das Wagner unter die Sterne versetzt hat?*

Auf dem Höhepunkt der Lobeserhebung wird hier der Wagnersche Mythos unter dem Vorwand, er sei für die „Geschlechter jetzt lebender Menschen" zu hoch gegriffen, dem Volk tatsächlich abgesprochen. Und durch die Wahl des Bildes von dem bestirnten Himmelsgewölbe erhebt Nietzsche gegen Wagner zudem den heimlichen Vorwurf, er sei mit seinem Mythos der selben Lebensfeindlichkeit verfallen, die er in der platonischen Ideenlehre und in der davon infizierten christlichen Dogmatik, diesem „Platonismus fürs Volk", wie er sie in der Vorrede zu ‚Jenseits von Gut und Böse' nennt, ausgedrückt fand. Wenn aber gesagt werden soll, worauf die in identifizierender Absicht ausgestreckte Hand der „jetzt lebenden Menschen" tatsächlich zeigen sollte, dann nach Nietzsches Überzeugung gerade nicht auf eine wie immer geartete Überwelt, sondern auf deren dionysisches Gegenstück, von der es in dem bereits erwähnten Aphorismus heißt:

> *diese meine dionysische Welt des Ewig-sich-selber-Schaffens, des Ewig-sich-selber-Zerstörens, diese Geheimnis-Welt der doppelten Wollüste, dies mein „Jenseits von Gut und Böse", ohne Ziel, wenn nicht im Glück des Kreises ein Ziel liegt, ohne Willen, wenn nicht ein Ring zu sich selber guten Willen hat – wollt ihr einen Namen für diese Welt? Eine Lösung für alle ihre Rätsel? Ein Licht auch für euch, ihr Verborgensten, Stärksten, Unerschrockensten, Mitternächtlichsten? –*

> *Diese Welt ist der Wille zur Macht – und nichts außerdem! Und auch ihr selber seid dieser Wille zur Macht – und nichts außerdem!*[18]

Wenn irgendwo, bewahrheitet sich hier der Anspruch Nietzsches, in seinem Widerspruch das Gegenteil eines neinsagenden Geistes zu sein. In diesem Text ist zwar einerseits die ‚Überwelt' der olympischen Traumgeburten auf die Eindimensionalität der dionysischen Welt zurückgenommen; andrerseits hat diese Zurücknahme aber selbst zumindest halbmythischen Charakter. Denn dem offensichtlich aus der Zarathustra-Zeit stammenden Text liegt unverkennbar die Lehre von der ewigen Wiederkunft zugrunde[19]. In seinem Lebensrückblick ‚Ecce homo' gibt Nietzsche mit großem Nachdruck zu Protokoll, daß ihm die Lehre von der ewigen Wiederkunft, die er hier als die ‚Grundkonzeption' seines ‚Zarathustra' bezeichnet, nach Art einer inspiratorischen Eingebung aufgegangen sei. Zunächst hält sich sein Bericht noch im Rahmen einer literarischen Reminiszenz:

> *Ich erzähle nunmehr die Geschichte des Zarathustra. Die Grundkonzeption des Werks, der Ewige-Wiederkunfts-Gedanke, diese höchste Formel der Bejahung, die überhaupt erreicht werden kann –, gehört in den August des Jahres 1881: er ist auf ein Blatt hingeworfen, mit der Unterschrift: ‚6000 Fuß jenseits von Mensch und Zeit'. Ich ging an jenem Tage am See von Silvaplana durch die Wälder; bei einem mächtigen pyramidal aufgetürmten Block unweit Surlei machte ich Halt. Da kam mir dieser Gedanke.*[20]

Aber schon in der Schlußwendung, daß ihm auf diesen Wegen der ganze erste Zarathustra eingefallen sei, richtiger gesagt, daß er ihn als Typus überfallen habe, kündet sich eine ‚höhere Interpretation' des Entstehungsprozesses an. Davon spricht er im Anschluß daran in jenem Stück, das *Thomas Mann* im Blick auf seinen stilistischen Glanz dem Aphorismus über die dionysische Welt an die Seite stellt[21]. Was nach der Eingangsschilderung die Frucht einer literarischen Eingebung war, wird jetzt zum Ergebnis eines Vorgangs, der sich in einem noch vom alten Aberglauben behafteten Gemüt unabweislich mit der Vorstellung verbinden würde, „bloß Mundstück, bloß Medium übermächtiger Gewalten zu sein". Als könne er sich einer dieser Vorstellung noch nachhängenden Leserschaft am besten verständlich machen, wendet sich Nietzsche, widersprüchlich genug, an sie mit der Frage:

> *– Hat jemand, Ende des neunzehnten Jahrhunderts, einen deutlichen Begriff davon, was Dichter starker Zeitalter Inspiration nannten? Im anderen Falle will ich's beschreiben. [...] Der Begriff Offenbarung, in dem Sinn, daß plötzlich, mit unsäglicher Sicherheit und Feinheit, etwas sichtbar, hörbar wird, etwas, das einen im Tiefsten erschüttert und umwirft, beschreibt einfach den Tatbestand. Man hört, man sucht nicht; man nimmt, man fragt nicht, wer da gibt; wie ein Blitz leuchtet*

ein Gedanke auf, mit Notwendigkeit, in der Form ohne Zögern – ich habe nie eine Wahl gehabt. [...] Dies ist meine Erfahrung von Inspiration; ich zweifle nicht, daß man Jahrtausende zurückgehen muß, um jemanden zu finden, der mir sagen darf ‚es ist auch die meine'.[22]

Fragt man sich nach den Gründen, die Nietzsche dazu veranlaßt haben mochten, die Entstehung des ‚Zarathustra' und seines Grundgedankens in diese numinose Beleuchtung zu rücken, so wird man in erster Linie an den Impuls denken, sich mit der ganzen persönlichen Autorität hinter ein Werk zu stellen, den *Theodor W. Adorno* auch in *Beethovens* Verhältnis zu seiner ‚Missa solemnis' zu beobachten glaubte[23]. Danach würde der ‚Zarathustra' den Grenzfall dessen bilden, was einer von *Giorgio Colli* gegebenen Anregung zufolge vom ‚Ecce homo' insgesamt zu gelten hat[24]. Danach trug Nietzsche im Mittelstück dieses Werks die eigene Person als eine Art ‚existentielles Interpretament' an seine literarische Produktion heran, um dadurch zu einer neuen Leseart früherer Gedanken zu gelangen. Nur käme im Fall des ‚Zarathustra' als zusätzliches Motiv die Tendenz hinzu, sich mit der ganzen menschlichen und literarischen Autorität gerade hinter dieses Werk zu stellen, dessen Problematik Nietzsche selbst so sehr bewußt war, daß er sich schon während der Entstehung von einem wachsenden Widerwillen gegenüber dem „gesamten Zarathustra-Gebilde" ergriffen fühlte[25]. Soviel für diese Erklärung spricht, wird man aber auch damit rechnen müssen, daß gerade hier Nietzsches Verhältnis zu Wagner mit ins Spiel kommt. Denn von Wagner dürfte ihm bekannt gewesen sein, daß er den Anstoß zur Komposition seiner Musikdramen wiederholt, so insbesondere im Fall der Rheingold-Ouvertüre oder der ‚Meistersinger', auf tranceartige oder intuitive Zustände zurückführte[26]. Wenn mit dem Entwurf der dionysischen Welt und ihrem ‚Grundgedanken', der Idee der ewigen Wiederkunft, mehr als nur eine Gegenposition zu Wagners pessimistisch-nihilistischer Mythologie bezogen war, lag es für Nietzsche nur zu nahe, dieses ‚Mehr' auch in der Form zu unterstreichen, daß er für die Zarathustra-Konzeption ähnliche Bedingungen wie für die Entstehung der Wagnerschen Werke in Anspruch nahm. Dann aber besteht zwischen dem Aphorismus von der dionysischen Welt und dem ‚Zarathustra' insofern ein Fortschritt, als nun auch im Sinne Nietzsches von einem ‚Gegen-Mythos' gesprochen werden kann. Der Mythen-Kritiker und Mythen-Zerstörer hat sich, fast unter der Hand, in einen Mythen-Schöpfer verwandelt.
Doch ist diese These mehr als eine Vermutung? Läßt sie sich argumentativ erhärten, obwohl Nietzsche ein reflexes Bewußtsein dieses Rücksturzes ins mythenschaffende Denken begreiflicherweise abgeht? Dieser Frage hat sich *Jean-Paul Sartre* in seinem Essay ‚Die ewige Wiederkunft des Gleichen: Nietzsches List' (von 1952) gestellt[27]. Für ihre Bejahung kann er schon die Tatsache geltend machen, daß der visionäre Augenblick von Surlei, in welchem Nietzsche die Wiederkunft-Idee konzipierte, keineswegs unvorbereitet kam, sondern sich von langer Hand angebahnt hatte. Sartre erinnert in diesem Zusammenhang an die auch in anderer Hinsicht, etwa

für den Vergleich Nietzsches mit Kierkegaard, bedeutsame Briefstelle, in welcher der von Todesahnungen Befallene erklärt:

> *Ich bin am Ende des fünfunddreißigsten Lebensjahres; die ‚Mitte des Lebens' sagte man anderthalb Jahrtausende lang von dieser Zeit; Dante hatte da seine Vision und spricht in den ersten Worten seines Gedichts davon. Nun bin ich in der Mitte des Lebens so ‚vom Tod umgeben', daß er mich stündlich fassen kann; [...] Insofern fühle ich mich jetzt dem ältesten Manne gleich; aber auch darin, daß ich mein Lebenswerk getan habe*[28].

Schon das läßt darauf schließen, daß die ewige Wiederkunft des Gleichen als welthaftes Gegenstück zu Dantes Jenseitsreise gelesen werden kann, zumal auch diese insofern eine zyklische Struktur aufweist, als sie den Pilger der jenseitigen Reiche zwar nicht zu ihrem Ausgangspunkt, wohl aber zu sich selbst zurückführt. Für die mythische Qualität der Wiederkunft-Idee spricht nach Sartre dann aber auch ihre auffällige Nähe zu einem Glauben. Nicht nur, daß „im gegenwärtigen Zustand des Systems kein Zeichen, kein Schimmer eines Beweises, ja nicht einmal ein Ansatz für eine spätere Wiederkehr zu finden ist"; vielmehr ließ Nietzsche, wie Sartre vermerkt, den Gedanken einer naturwissenschaftlichen Verifizierung, kaum daß er ihn gefaßt hatte, auch schon wieder fallen. Und nicht nur dies: in einem Nachlaßfragment (von 1881/82) bezeichnet er den Wiederkunft-Gedanken sogar in aller Form als die säkulare Alternative zum theozentrischen Geschichtsbild: denn:

> *Wer nicht an einen Kreisprozeß des Alls glaubt, muß an den willkürlichen Gott glauben*[29]

Vor allem aber zeigt sich die mythische Qualität der Idee in dem, was sie leistet und will. Sie ist nicht nur, wie Nietzsche wiederholt unterstreicht, der ‚abgründlichste' und ‚schwerste' Gedanke, sondern auch der „Hammer in der Hand des mächtigsten Menschen". Mit ihm gelingt es, die Seinsverhältnisse so zu zerschlagen, daß sich, wie es Sartre ausdrückt, „die Ganzheit des Seienden in Möglichkeit" auflöst; denn:

> *Die Lehre von der Ewigen Wiederkunft verschafft ihm das Recht, das Wirkliche als einen Sonderfall des Möglichen aufzufassen, so wie man vom Kreis sagt, er sei ein Sonderfall der Ellipse, die Gegenwart als den infinitesimalen Augenblick, in dem die Erinnerung an die Vergangenheit sich mit der Vorahnung der Zukunft vermischt, und die gegenwärtige Gestalt des Seins als das endliche Bild des unendlichen Nichtseins*[30].

In der visionären Optik der Wiederkunft-Idee geraten die Dinge wie Holz, Quelle und Fels „in einen Zustand der Zerstreuung", so daß sie ihre konkreten Konturen verlieren: aufblitzende Erscheinungen im Mahlstrom eines unendlichen Kreisgangs, der seine Hervorbringungen immer wieder zurückschlingt in das uferlose Meer des Möglichen. Das aber ist, wie Sartre betont, die genaue Umkehrung der natürlichen Praxis, die „das Mögliche in Wirkliches" verwandelt. An eben dieser Stelle kommt für ihn die innerste Motivation der Wiederkunft-Lehre zum Vorschein. Denn Nietzsche denke in ihr nicht nur gegen die natürliche Logik des menschlichen Handelns, sondern wesentlicher noch – gegen sich selbst: „gegen die flehentlichen Wünsche seines Körpers, der ein Ende seines Leidens ersehnt"[31]. So sei die Lehre von der ewigen Wiederkunft der Mythos eines Leidenden, der sich über seine Not erhebt, um sie in dieser Distanz – bestehen zu können. Zweifellos ist damit nur eine Sinnkomponente der Wiederkunft-Lehre Nietzsches getroffen, vermutlich aber eine gerade auch in biographischer Hinsicht zentrale. Wenn es mit ihr seine Richtigkeit hat, ergibt sich eine erstaunliche Konstellation. Dann verfiel Nietzsche bei seinem Versuch, den nihilistischen Mythos Wagners zu widerlegen, nicht nur seinerseits auf mythische Positionen; vielmehr gilt auch von seinem Mythos, was er gegen Wagners Erneuerung der antiken Tragödie und ihre mythische Grundidee kritisch eingewendet hatte. Sie war für ihn, wie erinnerlich, nur eine illusionäre Vorkehrung des mythenschaffenden Geistes, der sich mit Hilfe seiner ‚Traumgeburt' über die Schrecknisse des Daseins und den „schrecklichen Grundtext homo natura" hinwegzusetzen suchte[32]. Jetzt fällt diese Kritik mit voller Wucht auf Nietzsches mythischen Gegenentwurf zurück. Fernab von jedem Beweis für die Richtigkeit seiner Konzeption bezweckte er mit ihr nichts anderes, als was die Wagnerschen Mythen, angefangen vom ‚Lohengrin' und dem ‚Ring des Nibelungen' bis hin zum ‚Parsifal' anstrebten, und was seinem Urteil zufolge dem antiken Mythos als letzte Zweckbestimmung zugrunde lag: die Verklärung einer als unerträglich empfundenen, ihrer eigenen Vernichtung entgegentreibenden Welt. Auch wenn bei Nietzsche das resignative Moment in ein affirmatives eingeschmolzen ist, bleibt es – wie Sartre zugestanden werden muß – doch insofern dominant, als der Schöpfer dieses Gegenmythos immer nur mit mystagogischer Gebärde, ja mit allen Zeichen des Entsetzens davon zu sprechen wagte. Erinnert sei in diesem Zusammenhang lediglich an den Aphorismus ‚Das größte Schwergewicht' aus der Fröhlichen Wissenschaft, der schon wegen seiner Nähe zum Initiationserlebnis besonders beweiskräftig ist:

Wie, wenn dir eines Tages oder Nachts ein Dämon in deine einsamste Einsamkeit nachschliche und dir sagte: ‚Dieses Leben, wie du es jetzt lebst und gelebt hast, wirst du noch einmal und noch unzählige Male leben müssen; [...] Die ewige Sanduhr des Daseins wird immer wieder umgedreht – und du mit ihr, Stäubchen vom Staube!' – Würdest du dich nicht niederwerfen und mit den Zähnen knirschen und den Dämon verfluchen, der so redete? Oder hast du einmal einen ungeheuren Augenblick erlebt, wo du ihm antworten würdest: ‚du bist ein Gott, und nie hörte ich Göttlicheres!' Wenn jener Gedanke über dich Gewalt bekäme, er würde dich, wie du bist, verwandeln und vielleicht zermal-

men; die Frage bei Allem und Jedem: ‚willst du dies noch einmal und noch unzählige Male?' würde als das größte Schwergewicht auf deinem Handeln liegen: Oder wie müßtest du dir selber und dem Leben gut werden, um nach nichts mehr zu verlangen als nach dieser letzten ewigen Bestätigung und Besiegelung?*[33]*

Es hat nicht den Anschein, als sei es Nietzsche jemals gelungen, die dionysische Welt, wie es in seinem Geist der junge *Reinhard Johannes Sorge* formulierte, auf seine Schultern zu nehmen und sie mit Lobgesang zur Sonne zu tragen; vielmehr spricht alles dafür, daß der ‚Geist der Schwere' erst in der Euphorie des einbrechenden Wahnsinns von ihm wich. In diesen Tagen des zugleich verfallenden und euphorisch überhöhten Bewußtseins kam es dann aber dazu, daß sich auch sein Verhältnis zu Wagner mythisch verklärte. Auf einigen von der Schwester vernichteten, aber wenigstens bruchstückhaft überlieferten Blättern ergeht sich der bereits Umnachtete in „seltsamen Phantasien, in denen sich die Sage des Dionysos-Zagreus mit der Leidensgeschichte der Evangelien und den ihm nächststehenden Persönlichkeiten der Gegenwart vermischte: der von seinen Feinden zerrissene Gott wandelt neu erstanden an den Ufern des Po und sieht nun alles, was er jemals geliebt hat, seine Ideale, die Ideale der Gegenwart überhaupt, weit unter sich. Seine Freunde und Nächsten sind ihm zu Feinden geworden, die ihn zerrissen haben"[34]. Unter den Namen der ihm zu Feinden gewordenen ehemaligen Freunde rangiert an erster Stelle derjenige von Richard Wagner. Gleichzeitig greift der Mythisierungsprozeß auch auf dessen Frau Cosima über, von der Nietzsche, nachdem er sie zu seiner ‚Ariadne' stilisierte, in einer Wahnsinnsbotschaft an *Jacob Burckhardt* versichert, daß er mit ihr zusammen „das goldene Gleichgewicht aller Dinge zu sein" habe[35]. Aber begann dieser Prozeß, genealogisch gesehen, nicht schon bei der Konzeption des ‚Zarathustra'? Hatte Nietzsche nicht längst schon dessen Programm entworfen, als er in seiner unzeitgemäßen Huldigung an Wagner von der Gefahr sprach, daß durch dessen Wortsprache der „theoretische Mensch" aufgeweckt und dadurch eine Übersetzung der mythischen Sphäre „in eine andre, unmythische" in Gang gebracht werden könne?[36] Hatte er sich nicht in seinem kritischen Frühwerk, insbesondere in der ‚Fröhlichen Wissenschaft' mit dieser Gefahr so sehr identifiziert, daß sie zum Ausgangspunkt seines Schaffens wurde? Und hatte er sie schließlich nicht in der Form überwunden, daß er in seinem ‚Zarathustra' den dionysischen Gegenmythos schuf, eine Überbietung der Wagnerschen Mythologie, die in diese doch ebenso zurückmündete, wie sie ihr vom Grundentwurf her verhaftet blieb? So jedenfalls bestätigt es die Werkaussage, die nicht in dem aufgesetzten Schluß, sondern in dem durch äußere und innere Bezüge als Höhepunkt ausgewiesenen Kapitel ‚Mittags' zu suchen ist, wenn Zarathustra im Augenblick des höchsten und zugleich schon entschwindenden Bewußtseins fragt:

„O Himmel über mir, [...] wann trinkst du diese wunderliche Seele wann, Brunnen der Ewigkeit! du heiterer schauerlicher Mittags-Abgrund! Wann trinkst du meine Seele in dich zurück?"[37]

Versöhnter Abschied
Zum geistigen Vorgang in Schneiders „Winter in Wien"

Mit ‚letzten' Werken hat es eine eigenartige Bewandtnis. Vielfach ziehen sie – wie *Goethes* ‚Faust. Der Tragödie zweiter Teil' – die Summe aus der gesamten Lebensarbeit ihres Autors. Nicht selten betreten sie – wie *Guardinis* ‚Theologische Briefe an einen Freund' – geistiges Neuland und bleiben dann in der Regel Fragment. Bisweilen liegt über ihnen – wie über *Werfels* ‚Stern der Ungeborenen' – eine hintergründige Heiterkeit. Dann wieder sind sie – wie *Mozarts* ‚Requiem' oder *Bergs* ‚Dem Andenken eines Engels' gewidmetes Violinkonzert – von Vorahnungen des Todes überschattet. Aber kaum einmal führt der Tod selbst in ihnen Regie, weil auch in den abgedunkeltsten unter ihnen der Lebenswille noch einmal mit aller Macht aufflackert. Dieser Ausnahmefall ist aber gerade in *Schneiders* ‚Winter in Wien' gegeben[1]. Dieses Protokoll eines sich seinem Ende entgegenneigenden Lebens ist mehr als nur ein Werk des Abschieds; denn sein Verfasser hat den Abschied im Grund bereits hinter sich. Er ist fast schon ein Abgeschiedener, der sich widerstandslos dem Gesetz überläßt, das zunehmend von ihm Besitz ergreift und ihn bis in sein Wesen und Denken hinein verwandelt. ‚Ducunt volentem fata, nolentem trahunt', notiert Schneider inmitten von Erwägungen über die Todesbetroffenheit des Lebens und die Ewigkeitssehnsucht des versehrten Lebenswillens. Längst hatte er selbst in die Unvermeidlichkeit der letzten Trennung eingewilligt. Er brauchte nicht gezogen zu werden; er ging ohne Widerstreben die von ihm vorgefühlte Bahn. Aber er wurde dafür mit einer Klarheit des Blicks beschenkt, wie er nur Sterbenden nachgerühmt wird. Er sah die Gestalten und Dinge aus der Perspektive der schon halb vollzogenen Überschreitung und darin zugleich ‚synchron' mit ihrem eigenen Verfall. Wo hätte dieser Blick Entsprechenderes zu sehen bekommen als gerade in Wien, dieser Stadt der aufgestauten, konservierten und sich selbst überlebenden Geschichte, der er sich aus einer Position ‚jenseits des Passes' annähert, um mit dem von ihr gebildeten ‚Phänomen', auf Überraschungen gefaßt, ins Gespräch zu kommen?

Anlaß und Optik

Schon diese erste Einfühlung zeigt, daß sich hinter dem zufälligen Anlaß, dem ‚Winter in Wien' sein Entstehen verdankt, etwas Tieferes verbirgt, ein Gesetz der Synchronie, das den einer inneren Regung – von ‚Ruf' zu reden, erschiene ihm zu hoch gegriffen – Folgenden dorthin führt, wo er, aufgebaut aus dem Stoff der Lebens- und Weltgeschichte, das Gleichbild seiner selbst vorfinden sollte.
Schneider betritt das Feld seiner letzten Berichterstattung mit dem Gefühl einer heimlichen ‚Komplizenschaft', sofern dieser Ausdruck die Gleichzeitigkeit von schicksalhaftem Zugewiesensein und spontan akzeptierter Zugehörigkeit besagt. „Wie zu erwarten oder zu befürchten war", habe die

Stadt das Netz über ihn geworfen. Nun sei er ihr verhaftet und doch zugleich entrückt: denn jenseits des Passes sei man auf Überraschungen gefaßt, immer dankbar für die sich darbietenden Geschenke (8). Schwerlich wird man die Bedeutung dieses – zutiefst ambivalenten – Fingerzeigs überschätzen können. Denn er macht deutlich, daß Schneiders Abschiedswerk aus einer Position hervorging, die sich von derjenigen vergleichbarer Berichte signifikant unterscheidet. Zwar handelt es sich, formal gesehen, um eine Position der Distanz; doch ist sie von der Distanz der ‚Objektivität' zweifach unterschieden, sofern der Abstand von Grund auf anderer Natur und gleichzeitig von Empfindungen der Verbundenheit überbrückt ist. Zweifellos verbaut man sich den Zugang zu dem Werk, wenn man diesen Fingerzeig nicht hinreichend berücksichtigt. Und die extrem auseinandergehenden Beurteilungen, die in ihm entweder das Werk einer letzten ‚Klassizität' (Bergengruen) oder aber die Folge eines ‚inneren Unfalls' (Pfleger) erblickten, dürften sich letztlich aus der Mißachtung dieses Fingerzeigs erklären. Denn er gibt mit allem Nachdruck zu verstehen, daß Schneiders ‚Winter in Wien' keins von beiden ist: weder die Folge einer geistigen Katastrophe, die den Dichter in seiner letzten Lebenszeit aus eben jener Verankerung herausriß, für deren Unverbrüchlichkeit er sich in der Anfechtung der Diktatur so unerschrocken und wortgewaltig eingesetzt hatte, noch der Ausdruck einer vorher nicht erreichten ‚klassischen' Reife. Nicht das letztere, weil die Perspektive, auf welche dieser Fingerzeig verweist, alles andere als ‚klassisch' ist; denn dem Blick, der sich ‚jenseits des Passes' eröffnet, zeigen sich die Dinge gerade nicht in ihrer harmonischen Vollgestalt, sondern als ein Sein ‚auf Abruf', das dem, was ihm Gestalt verleiht, alsbald auch wieder entgleitet. Und nicht das erstere, weil von einem ‚Unfall' dort nicht gesprochen werden kann, wo der ihn Erleidende in einem derart umfassenden ‚Einverständnis' mit ihm steht, wie es im Fall des späten Schneider gegeben ist. Doch damit stellt sich auch schon die Frage nach dem wirklichen Charakter der das Werk beherrschenden Perspektive.

Die Frage kann auf zweifache Weise angegangen werden: im Blick auf die ‚Optik' des Betrachters, aber auch auf das ‚Panorama' der von ihm gesehenen Dinge. Doch kann diese heuristische Trennung auf die Dauer nicht aufrecht erhalten werden, weil von der Erscheinungsweise der Dinge nicht ohne Rückbezug auf den Blickwinkel des Betrachters gesprochen werden kann, so wie die Erörterung seiner ‚Optik' so lange leer und formal bleiben muß, wie nicht auch von den durch sie ‚gesichteten' Dingen die Rede ist. Um bei ihr einzusetzen, so steht Schneiders Spätwerk in einer erstaunlichen Übereinkunft mit dem, was man das ‚übersehene Hauptwerk' *Hans Erich Nossacks* nennen kann: mit seinem ebenso bedeutenden wie unbeachtet gebliebenen Roman ‚Nach dem letzten Aufstand' (von 1961)[2]. In diesem Werk ist, bezeichnend für die von ihm eingenommene Perspektive, von einem Selbstmörder die Rede, der schließlich Hand an sich legt, weil er das über ihn verhängte Todesurteil schon immer bei sich trug. Entschlüsselt wird diese metaphorische Bemerkung mit dem Hinweis darauf, daß er auf seinem Spiralgang durch die Welt der Menschen und Dinge bis an jene Stelle vorgedrungen sei, wo sich ihm diese von ihrer ‚anfänglichen' Seite her zeigten, und das besagt: in ihrer noch nicht von Namen bezeichneten und auf Begriffe festgelegten Gestalt. In einer späteren Selbstinterpretation gab Nossack zu verstehen, daß er die Gestalt des Selbstmörders im Blick auf den italienischen Literaten *Cesare Pavese* und sein Werk ‚Gespräche mit Leuko' entworfen habe, der lebenslang über den Selbstmord meditierte und, nachdem er nach langen Jahren der Entbehrung zu Ruhm und Erfolg gekommen war, ihn in einem Turiner Hotel auch tatsächlich verübte. Er hätte genausogut auf die Stelle in *Kleists* Studie über das Marionettentheater hinweisen können, wo es heißt: „Doch das Paradies ist verriegelt und der Cherub hinter uns; wir müssen die Reise um die Welt machen, und sehen, ob es vielleicht von hinten irgendwo wieder offen ist."[3]

Nicht als könne Schneider auf eine Linie mit Pavese und Kleist gezogen werden! Dafür ist seine Sehweise zu sachbezogen, zu entschieden auf das mit bisweilen peinigender Genauigkeit durchgezeichnete Detail gerichtet. Anders als bei den beiden Vergleichsgestalten überwiegt bei ihm das Gewicht der betrachteten Dinge die Kraft des betrachtenden Auges. Immer wieder setzt sich dieser Wille zum Wirklichen gegen den Zug des sich davon zurückziehenden Blickes durch: am deutlichsten, wenn es um die Vergegenwärtigung der mit stupender Sachkenntnis beschworenen Geschichte des Habsburgischen Reiches geht und wenn von der Natur, vom Spiel der Wellen und Flocken und vom „Tanz der Halme" am Neusiedler See (94), vom Flug der Möwen über den treibenden Eisschollen (159) und vom Feuersturm am Föhnhimmel die Rede ist. Freilich ist es dem, der die Paßhöhe schon hinter sich weiß, dabei nicht um Naturschilderungen zu tun. Vielmehr wirft der Abschiednehmende den Dingen einen letzten, sich gleicherweise selbst verschwendenden und selbst verzehrenden Blick zu, der dabei freilich intensiver zu sehen und sensibler zu registrieren vermag als der des neutralen Beobachters. Kein Wunder, wenn er nicht nur wie *Schubert* ‚das eigene Bild' an den zerrissenen Winterhimmel gemalt sieht, sondern auch an *Hieronymus Bosch* erinnernde Höllenvisionen, bei deren Nennung sich ihm sogar das Riesenrad des Praters in ein „gigantisches Marterwerkzeug" verwandelt (102). Und selbst dort, wo das Naturbild ganz in sich zu ruhen und der Bericht lediglich die zärtlichen Linien des ‚Hügelgewells' nachzuzeichnen scheint (269 f.), sind es unverkennbar doch die Töne der Trauer und Sehnsucht, die hier ins Bild treten. Und schon gar nicht fügen sich in den Vergleich mit Pavese und Kleist die Passagen ein, in denen Reinhold Schneider fast zwanghaft zum Chronisten der von den Zeitungen vermeldeten Absurditäten des Lebens wird (126): angefangen von den laufenden Berichten über ein holländisches Mädchen, das durch die abgebrochene Spitze einer radioaktiven Nadel verseucht wurde und dessen Schicksal den Berichterstatter von da an nicht mehr losläßt, bis hin zu den Informationen über die skurrilen Trainings zur Vorbereitung der bemannten Raumfahrt (143 f.) und den sich stellenweise geradezu auftürmenden ‚Lesefrüchten' aus biologischer Fach- und Popularliteratur, die mit monomaner Hartnäckigkeit das große Thema des sich unerbittlich durchsetzenden und sich nicht weniger unerbittlich zerfleischenden Lebens umkreisen.

Dennoch macht der Vergleich mit den Literaten, für die die Gesamtbewegung des Denkens in einem Spiralgang, nicht in einem Kreisgang, verläuft, einen grundlegenden Tatbestand deutlich. ‚Winter in Wien' ist trotz des von ihm vielfach erweckten Anscheins kein Werk der Rückschau, kein Dokument der abschiednehmenden, rückblickenden Resignation. Sofern sich in ihm aber doch ein Ablösungsprozeß vollzieht, sofern Positionen geräumt, Besitztümer aufgegeben, Identifikationen zurückgenommen werden, geschieht all dies aus einer Motivation, die mit der zunächst vermuteten des Rückzugs und des wehmütigen Verzichts so wenig zu tun hat, daß man sich des wichtigsten Schlüssels zu dem vom Werk selbst geforderten – und ermöglichten – Verständnis beraubt hätte, wenn man auf dieser Auffassung bestehen wollte. Unwillkürlich hätte man das Werk dann in die ihm von *Bergengruen* zugedachte Perspektive des „Klassischen" gerückt, sofern es zur tragischen Größe aller Klassizität gehört, daß sie das in abrundender, versöhnender Schönheit erscheinen läßt, was seine Zeit bereits ‚gehabt hat' und damit aufhörte, lebendige Gegenwart zu sein.

Weit richtiger ist es dann schon, mit *Pfleger* und dem von ihm zum Schlüsselwort aufgewerteten Zitat von einem „inneren Unfall" (110) zu sprechen, sofern man das Wort nur in seiner textgerechten Bedeutung nimmt. Die aber zielt auf ein „transzendentes" Geschehen, durch das sich Reinhold Schneider seiner bisherigen Lebenswelt zunehmend entrückt und entfremdet sieht, ohne daß er es zu ändern oder auch nur zu bedauern vermöchte, da die mit diesem Entzug verbundene Verheißung der definitiven Ruhe alle Verluste kompensiert. An diesem quasimystischen Vorgang bemißt sich die Optik des Werkes so sehr, daß jeder Versuch einer ihn umgehenden Annäherung notwendig zu schweren Verzerrungen und Fehldeutungen führt. Wie zur Warnung heißt es demgemäß in Form einer eher zu sich selbst gesprochenen denn als Sachaussage gemeinten Notiz: „Kein Rückblick! Keine Sehnsucht! Besser die Erschütterung unter untragbarer Dissonanz" (9). Damit ist zugleich aufs deutlichste das ‚Gesicht' der Dinge angesprochen, wie es sich in der Optik des Entzugs darstellt. Es ist das Gesicht einer Wirklichkeit, die nichts mehr zu beschönigen, nichts mehr zu verheimlichen sucht, sondern sich so darstellt, wie sie ist; ein Gesicht, in dem die unversöhnten Gegensätze und unausgestandenen Konflikte offenkundig wurden, durch das alle vordergründigen Glättungs- und Versöhnungsversuche Lügen gestraft werden; das Gesicht einer Wirklichkeit, die sich vielfach selbst überlebte und öfter noch der bloße Traum von ihren besseren Möglichkeiten blieb: einer Wirklichkeit, die sich der Regie der ‚Ordnungskräfte' entwindet, die ihre Abgründe eingesteht und in alledem dem ihr Entfremdeten doch das eigene Bild entgegenhält.

Das Themenfeld

Wenn diese Vororientierung nicht in bloßen Umrissen steckenbleiben, sondern zu einer wirklichen Erschließung des von Schneiders Abschiedsblick berührten Gegenstandsfelds verhelfen soll, muß es auf die von ihm behandelten Themenkreise bezogen werden. Von ‚Kreisen' kann dabei um so mehr gesprochen werden, als sich tatsächlich drei klar voneinander abgehobene Bereiche unterscheiden lassen. Der erste ist dem Chronisten durch den historisch-politischen Boden Wiens vorgegeben, der allenthalben, meist in Form geschichtlicher Monumente und Petrefakte, bisweilen auch in Gestalt nachwirkender Traditionen und Erinnerungen ‚ansteht'. Ihm schließt sich als zweiter, vermittelt durch den ‚genius loci', der freilich sehr ungleichgewichtig repräsentierte Kulturbereich an. Denn im Blickfeld Schneiders ist Wien zwar Brennpunkt der Literatur, in dem sich spätmittelalterliche Lyrik ebenso wie die neuere Dichtung von Lessing und Grillparzer bis Hofmannsthal und Trakl sammelt, und – eher beiläufig – auch der Ort, der so unterschiedliche Dokumente der Kunstgeschichte wie die Pilgram-Plastiken im Stephansdom, das Weltgerichtstriptychon des Hieronymus Bosch und Spätwerke Bruegels verwahrt: doch als die Metropole der europäischen Musik tritt es kaum einmal – und dann allenfalls in der verzerrten Optik des Nichtmusikalischen, dem die Wiederaufnahme eines Motivs als „seelentötende, pathologische Wiederholung" vorkommt (255) – in Erscheinung. So kontrahiert die Kultur für Schneider fast ausschließlich zur Literatur, eine Einseitigkeit, die nur zum Teil dadurch ausgeglichen wird, daß seine Darstellung die Literatur bisweilen rückläufig zur Malerei und Musik werden läßt, wenn er etwa, wie in der meisterlichen Ausdeutung von *Gogols* ‚Revisor', das visionäre Element in ihr zum Vorschein und – wie in seiner Anspielung auf eine autobiographische Strophe *Grillparzers* (267, 301) – ihr Wort zum Klingen bringt.

Unmerklich zunächst, dann aber immer deutlicher tritt aus diesen Themenkreisen schließlich ein dritter hervor, der Schneiders eigene Existenz zum Inhalt hat: unmerklich deshalb, weil er in den beiden ersten bereits mitgegeben ist. Willig ließ er sich von Wien das ‚Netz' der Verzauberung und Beanspruchung überwerfen, weil er sich dadurch – zu sich selbst gezogen wußte. Inmitten eines historischen Szenariums, aus dem sich die geschehende Geschichte verabschiedet, sah er sich gespiegelt, verstanden, bestätigt. Mit dieser abgelaufenen und doch noch geheimnisvoll ‚gestundeten' Zeit fühlte er sich synchron: ein selbst schon Übergangener und doch gerade dadurch in den Relikten der großen Vergangenheit präsent. Angesichts der in großartigen Intervallen emporstrebenden Kaisertreppe in der Wiener Hofburg hat er – typisch für sein zweifach gebrochenes Zeitbewußtsein (13) – die Empfindung, als sei nicht er, sondern der kaiserliche Hofstaat in Erwartung des – ausbleibenden – Kaisers anwesend, als trete das Gewesene in der Weise eines unmerklichen Rollentauschs an seine eigene Stelle. So sieht er in der Chiffrenschrift der Geschichte den eigenen Namen buchstabiert und sich selbst in die große Abschiedsszene einbezogen, die sie in den ihn täglich neu anrührenden Zeugnissen einer großen

Vergangenheit gibt. Nirgendwo fühlt er sich deshalb mehr als in dem unterirdischen Kalvarienberg zu Eisenstadt, dem Wirkungs- und Sterbeort *Haydns*, zu Hause, diesem einzigartigen Dokument österreichischer Passionsfrömmigkeit, das dem Leidensgeheimnis Christi dadurch huldigt, daß es seine Mysterien verbirgt: nur noch von dem Wunsch beseelt, daß sich dieses „Bergwerk des Glaubens", dieser „Zauberberg der Mystik", über ihm schließen möge (207 f.).

Hier wird die Grenze von Weltgeschichte zu Glaubens- und Geistesgeschichte bereits fließend. Den vollen Übergang bildet die Notiz, nach der alle Geschichte die Gestalt der „Explosion" aufweist (231), womit weniger der versprühende Funkenregen als vielmehr der naturgesetzliche Verfall gemeint ist, darin freilich aber auch die Grundform des Lebens, das sich nur in Akten der Selbstzerstörung zu seiner ganzen Größe erhebt (232). Zweifellos erblickt der Autor im sprühenden Verfall der historischen Gestalten zugleich die Figur seiner eigenen Existenz, wenn es sich nicht sogar umgekehrt verhält und er das Bild seiner Selbstentwerdung in das Linienwerk des geschichtlichen Prozesses, deutend und verdeutlichend, einträgt. Diese Osmose von Sinngewahrung und Selbstdeutung tritt vollends in seinem Umgang mit den ihm begegnenden Kulturzeugnissen zutage. Von *Bruegels* spätem ‚Seesturm' versichert der Kommentator knapp, es sei das ‚Porträt' seiner Seele (117). Und wenn es von *Lenaus* ‚Auftrag und Thema' heißt, er habe der „antwortlosen Frage" der Natur an den Himmel Ausdruck verliehen (93), wird er damit als Kronzeuge für Schneiders eigene Beschwörung des „schwermut- und leidensvollen Sturmlieds" der Landschaft am Neusiedler See aufgeboten. Erst recht wecken die Aufzeichnungen, die *Gogol* (88 ff.) und *Grillparzer* (191, 243) gewidmet sind, den Eindruck, letztlich Gedankensplitter einer Zwiesprache des Autors mit sich selbst zu sein. Bei aller Gelassenheit, die der Bereitschaft zum endgültigen Loslassen der Dinge entstammt, ist ‚Winter in Wien' ein Werk konsequenter Versenkung und Selbstreflexion, Beispiel einer Autobiographie großen Stils, einer den transempirischen Vorgängen unter dem Boden der Subjektivität nachspürenden Existenzanalyse, die das Ziel der ‚Daseinshermeneutik', das *Heidegger* in ‚Sein und Zeit' verfolgte, auf ihre eigene und mit dem Vergleichswerk doch sinnverwandte Weise anstrebt.

Bei näherem Zusehen stellt sich die innere Architektur des Werks aber doch noch reicher – und komplizierter – dar, als es bei der Unterscheidung der drei großen Themenkreise den Anschein hat. Denn wie verbindende Strebebögen schieben sich zwei weitere zwischen diese, weniger stark ausgearbeitet als die Hauptbereiche und doch für ihre innere Verstrebung unerläßlich. Diese ‚Zusatzfelder' gelten, pauschal gekennzeichnet, der Thematik des Lebens und der Religion.

Mit dem Stichwort ‚Leben' sind vor allem jene über das Ganze verstreuten stichwortartigen Notizen aufgerufen, in denen der Chronist – fast zwanghaft, wie er einmal andeutet – das vermerkt, was ihm Zeitungen und popularisierende Sachbücher über die Absurditäten des Daseins und des

Lebens vermelden. Die Palette erstreckt sich, wie bereits angedeutet, von Meldungen über therapeutische Fehlleistungen bis zu Berichten aus dem Bereich der Raumfahrt und Raumforschung, wobei sich Schneider besonders von den Informationen astrophysikalischer und biologischer Art betroffen zeigt: vom Zusammenstoß der Galaxien, dem Quellpunkt kalter, härtester Strahlung (30), vom stimulierenden Zerstörungswerk der Parasiten (120), vom Tod des Froschs, der, „aufrecht stehend wie ein Mensch, von dem ihn umschnürenden Egel ausgesaugt wird" (130), von der bewundernswerten Zweckmäßigkeit der biologischen Vernichtungstrategien, die „an Verzweiflung" grenzt (178). Niemand schaue ungestraft, heißt es einmal, in die Abgründe des Meeres und in die Tiefen des Kosmos; dennoch registriert der Berichterstatter beim Anblick dieses unablässigen Prozesses von Fressen und Gefressenwerden eine Art Harmonie, und bestünde diese auch nur im „Gleichgewicht der Gestaltung und Vernichtung" (185). Was sich in diesen Notizen zu Wort meldet, ist, wie hier bereits deutlich wird, keineswegs die Stimme des Protestes und der Auflehnung. Zwar klingen bisweilen an *Dostojewskij* gemahnende Töne an, wenn der Chronist bemerkt, er „suche in allen Taschen nach dem Garderobeschein", um möglichst rasch den Ausgang zu gewinnen (204): denn er habe für sein ‚Billet' übergenug gesehen, mehr als er bezahlt habe (214). Doch werden diese vereinzelten Töne alsbald wieder durch das Gesamtmelos der Ergebung überdeckt, in dem sich das grundsätzliche Einverständnis mit dem Gang der Dinge unter der einzigen Bedingung bekundet, daß bald der Vorhang vor der Szene falle.

In der Vielschichtigkeit seiner Darstellung schwerer zu greifen ist der religiöse Bereich, der das kulturelle Themenfeld mit dem existentiellen verknüpft. Vorbehaltlich dessen, was zu den subjektiven Implikationen der kulturkritischen Aussagen bemerkt wurde, kommt hier das persönliche Moment noch ungleich stärker ins Spiel, so daß sich das Aussagespektrum von Sachurteilen und theologischen Glossen bis zu subtilen Bekenntnissen persönlicher Art erstreckt. Zur ersten Kategorie gehören etwa die suggestiven Schilderungen der von Joseph II. dem griechisch-orthodoxen Ritus zubestimmten Barbarakirche mit ihrem mystischen Dunkel (11 f.), ihrer geheimnisvoll leuchtenden Ikonostase (30, 47 f.) und ihrer Einsamkeit (201), und die wiederholte Beschreibung der Pilgram-Plastiken an der Domkanzel: des zur „bohrenden Frage" gewordenen Bischofs von Hippo, des die „gestorbene Kirche" symbolisierenden Hieronymus und des zweifelnden Papstes Gregor, der an das Geheimnis der Hostie in seinen Händen nicht mehr glaubt und bitteren Blicks auf die Menge hinabschaut, „die nicht einmal zu zweifeln vermag" (79, 98, 113 f.).

Nicht weniger aber gehören dazu die Äußerungen, in denen der tief betroffene Zeuge ebenso sanft wie unerbittlich die Summe aus seinen Beobachtungen zieht: das den Bericht fast leitmotivartig durchziehende Wort von der Verdunkelung des Gottesgeheimnisses (66, 119, 131), mit dem Schneider an die Seite jener Diagnostiker tritt, die wie *Heidegger* und *Buber* „die Verschlossenheit der Dimension des Heilen" und den Anbruch der ‚Gottesfinsternis' registrieren[4]. Doch vermeidet es Schneider im Unterschied zu ihnen, Gründe für die von ihm verzeichnete Verdüsterung zu nennen. Auch bleibt bei ihm die Anerkenntnis der Gottesoffenbarung davon unbetroffen – auch dies in signifikantem Unterschied zu den beiden nichtchristlichen Diagnostikern, bei denen der Offenbarungsgedanke in der Diagnose zerfällt. Für ihn ist Offenbarung, wie eine geradezu bekenntnishafte Wendung versichert, das Wort der sich selbst aussagenden Liebe, „ein personales Wort an den, der glaubt, der zu glauben vermag", jedoch „kein Wort an die Kreatur, die Räume, die Gestirne", auch nicht – so paradox dies klingen mag – „an die Geschichte" (241). Ins dichterische Bild gefaßt, besagt dies: „Aus einer unbegrenzbaren kosmischen Dunkelwolke schimmert schwach ein einziger Stern; das muß uns genug sein" (ebd.). Denn mehr ist nicht gegeben. Deshalb reicht schon ein zusätzlicher Schatten hin, auch noch diesen einzigen Strahl zu verdunkeln. Und für Schneider rücken nicht nur Zonen des Eises (67), sondern vor allem die Finsternisse vor. Deshalb kommt es für ihn zu dem um sich greifenden „Verfall der Religion" (197), dem nicht beizukommen ist.

Die Härte dieses Urteils erschreckt, zumal sein Sprecher gleichzeitig ein anhaltendes Gebetsbedürfnis in sich registriert. „Man muß beten", lautet die paradoxe Maxime, „auch wenn man es nicht kann" (119)[5]. Der Verfall der Religion suspendiert nicht von der Verpflichtung zu ihr. Schneider macht nicht den geringsten Versuch, die Widersprüchlichkeit seiner These auszugleichen. Erstmals begegnet hier in diesem Werk eines Unmusikalischen eine Dissonanz, die bewußt als solche stehen bleibt und die auch das nacharbeitende Verständnis nicht auflösen darf, weil ihm nicht der Ausgleich, sondern das Ertragen der Spannung abverlangt ist. Denn dann weist die Dissonanz deutlicher als jeder formelle Fingerzeig auf ihren Urheber zurück, der erst jetzt mit seiner Glaubensgeschichte voll ins Blickfeld tritt.

Der Glaubensentzug

Diese Glaubensgeschichte ist die Geschichte eines Entzugs. Denn dies – und nichts anderes – ist mit dem eher beiläufig hingeworfenen Wort von dem „inneren Unfall" gemeint. Die Erfahrung wird, kennzeichnend für den ihr zukommenden Stellenwert, gleichzeitig auf zwei Ebenen, einer theologisch-objektiven und einer mystisch-subjektiven, expliziert. Bei der ersten handelt es sich lediglich um die Verdeutlichung dessen, was mit dem Gedanken von der Verdunkelung des Offenbarungslichts bereits grundsätzlich gesagt war. Doch erhält das Motiv jetzt erst sein personales Profil. Was sich dem aus der Glaubensmöglichkeit Herausfallenden zunehmend verhüllt und durch seine Verhüllung den Glaubensverlust bedingt, ist das Antlitz des Vaters. Für Schneider, für den auch das Religiöse dem Selbstwiderspruch alles Seins und Lebens untersteht, halten sich zwei Sätze die Waage: das mystische Bekenntnis *Pascals*, das sich noch *Ernst Troeltsch* zu eigen machte – Deum non quaereremus nisi haberemus ipsum – und seine vom Schauer der Verdammnis umwehte Umkehrung durch *Henry de Montherlant:* Tu ne me perdrais pas, si tu ne m' avais pas perdu (68). Deshalb versinkt für ihn „das Bild Gottes immer tiefer in die Todesnacht" (66). Dem Eingeständnis seines Gebetsbedürfnisses fügt er, derselben Motivation folgend, hinzu: „für mich kann ich nicht beten; und des Vaters Antlitz hat sich ganz verdunkelt; es ist die schreckliche Maske des Zerschmeißenden, des Keltertreters; ich kann eigentlich nicht ‚Vater' sagen" (119). Das bewegendste Zeugnis bildet jedoch das Resümee, das Schneiders Impressionen im Naturhistorischen Museum beschließt, wo er die monströse Architektur des Dinosaurierskeletts als eine „Kathedrale der Sinnlosigkeit" empfunden hatte (129 f) und gleichzeitig von der schauererregenden Beobachtung berührt war, „daß menschliche Formen" – die einer Hand oder eines Knies – „durch die Ungetüme spielen". Dann heißt es: „Der schönste Vogel hascht im Fluge den schönsten Schmetterling; er pflückt die Schwingen ab und läßt sie dahinwehen und verschlingt den zarten Leib, der sich für seine kurze Dauer mit ein wenig Nektar begnügte und schutzlos das Farbenspiel der Flügel, ein Blitz aus den Händen des Vaters, an die Welt verschenkte" (130 f.). Und dann, fast unvermittelt in die Sequenz der Schilderungen einbrechend, die Frage: „Und das Antlitz des Vaters? Das ist ganz unfaßbar" (131).

Auch die Explikation der religiösen Grunderfahrung auf der subjektiven Ebene ist auf einen einzigen Gedanken abgestimmt, der sich wie ein unausdrückliches Pascal-Zitat ausnimmt. Im Zusammenhang mit seinen Erwägungen über das Elend und die Größe des Menschen hatte *Pascal* notiert: „Entgleiten. – Es ist etwas Furchtbares zu spüren, wie alles entgleitet, was man besitzt" (Frgm. 212). Schneider wiederholt diesen Gedanken, jetzt aber im Blick auf den höchsten ‚Besitz'. In den Gesichtern der Pilgram-Kanzel sieht er einen Zweifel ausgedrückt, der nicht mehr leben kann und nicht mehr leben will und deshalb auch nicht mehr vom Gedanken eines göttlichen Seins eingeholt werden kann. ‚Unwiderleglich' sei deshalb „dieses Herausgleiten aus jeglichem Horizont" (73). Und im Zusammenhang mit einer nochmaligen Anspielung auf den im Kultraum verewigten Zweifel folgt dann die persönliche Anwendung des Gesagten: „Ich fühle mich aus dieser Wirklichkeit, diesem Wahrheitsbereich gleiten, ohne Einwand, immer in Verehrung und Dankbarkeit, ohne jegliche Rebellion, aber eben doch für mich, gezogen von meinem Daseinsgewicht, mit geschlossenen Augen, verschlossenem Mund" (113). Auf die Metaphorik des Schiffes Petri bezogen, heißt das in geringfügiger Abwandlung: „Ohne es zu wollen, aber auch ohne zu widerstreben, gleite ich dem Fischer durch die Maschen" (123).

Obwohl Schneider wiederholt seine Einwilligung in den von ihm erlittenen Entzug bekundet, fehlt es nicht an einem deutlichen Kontrapunkt. Doch dieser kommt nicht etwa dadurch zustande, daß er, aus welchen Gründen auch immer, gegen die ihn forttragende Strömung ankämpft, sondern aus seinem unstillbaren Bedürfnis nach Ruhe und Frieden, das sich sogar durch den sanften Sog des Entgleitens gestört fühlt. Das Gegenmotiv

taucht erstmals bei der Beschreibung des Lokals auf, das ihm gleicherweise Arbeitsstelle und Zuflucht ist und das er als seinen „unterirdischen Unterschlupf" bezeichnet (37). Der Bildgedanke vertieft sich in der Folge nach zwei Richtungen. Die eine betrifft Schneiders Verhältnis zur Geschichte, vor deren „Trommelfeuer" er sich in seinen Unterstand zurückgezogen habe (38 f.). Die andere gilt der genaueren Bestimmung seiner religiösen Position. Daß sich der Bildgedanke auch dahin entfalten konnte, hängt vermutlich mit der Erinnerung an den „unterirdischen Kalvarienberg" in Eisenstadt zusammen, den er, bezeichnend für den sich entwickelnden Zusammenhang, als ein ‚Bergwerk des Glaubens' bezeichnet hatte. Unwillkürlich stellt sich jetzt, wo es ihm darum zu tun ist, die Figur seines vom Glaubensentzug untergrabenen und ihn zugleich überdauernden Glaubens zu bestimmen, dieselbe Vorstellung nochmals ein. Denn die Einwilligung in das innere Geschehen bringt es mit sich, daß er zu seinen alten Glaubensüberzeugungen unvermeidlich auf Distanz geht, sowenig dies als Absage oder auch nur Infragestellung verstanden werden darf. Was ihm bleibt, ist ein Glaube aus der Perspektive einer Rückzugsposition, ein Glaube, den er aufrechterhält, ohne von ihm noch wirklich getragen zu sein. Die Stelle – vermutlich die religiöse Schlüsselstelle des ganzen Werks – geht vom Bild einer singenden Gemeinde aus, die einerseits an das Geheimnis der Kirche erinnert, andererseits mit ihrem Gesang die Assoziation zur Osternacht-Szene aus Goethes ‚Faust' herstellt: „Fest überzeugt von der göttlichen Stiftung und ihrer bis zum Ende der Geschichte währenden Dauer, ziehe ich mich doch am liebsten in die Krypta zurück; ich höre den fernen Gesang. Ich weiß, daß Er auferstanden ist; aber meine Lebenskraft ist so sehr gesunken, daß sie über das Grab nicht hinauszugreifen, sich über den Tod hinweg nicht zu sehnen und zu fürchten vermag. Ich kann mir einen Gott nicht denken, der so unbarmherzig wäre, einen todmüden Schläfer unter seinen Füßen, einen Kranken, der endlich eingeschlafen ist, aufzuwecken. Kein Arzt, keine Pflegerin würde das tun, wieviel weniger Er!" (79).
Die Stelle macht auf eine bestürzende Weise deutlich, daß der christliche Auferstehungsglaube im selben Umfang an die Bedingung des Lebens und des Lebenswillens geknüpft ist, wie sich der Gottesgedanke auf den Seinsbegriff stützt. Wenn der Seinsbegriff aufgegeben wird, greift der Gottesgedanke ins Leere. Und ebenso fehlt dem Glauben an die Auferstehung Christi die Möglichkeit helfender Anknüpfung, wenn ihm kein nach Leben, Fortbestand und Dauer begehrender Wille antwortet. Was Schneider damit zum Ausdruck bringt, wirkt wie eine spiegelbildliche Umkehrung eines hintergründigen Bildgedankens, dem *Rembrandt* in seiner ‚Auferstehung' (von 1639) Ausdruck verlieh. Indessen ist es hier der Auferstandene selbst, der sich, noch in die Grabtücher gehüllt, nur mühsam zu dem ihm widerfahrenden Ereignis – machtvoll symbolisiert durch den in der Bildmitte schwebenden Engel – zu verstehen scheint. Bei aller Gegensätzlichkeit kommen die beiden Zeugnisse in dem Gedanken überein, daß dem Auferstehungsgedanken zwar alle offenen und verhohlenen Sehn-

süchte nach Rettung und Leben entgegendrängen, daß sich ihm aber auch etwas in der Tiefe des Menschenherzens widersetzt, das nicht mit Auflehnung und Widerspruch, um so mehr jedoch mit dem Verlangen nach endgültiger Ruhe zu tun hat. Man könnte das als eine Grenzposition abtun, die schon wegen ihrer Entlegenheit keine Erörterungen verdiene, wenn Schneider aus ihr nicht ein Gottesbild von bestürzender Aktualität gewänne. Es ist das Bild des göttlichen Arztes, der es aus Barmherzigkeit – und Sachverstand – unterläßt, den todmüden Schläfer zu seinen Füßen aufzuwecken.

Zweifellos geht dieser Gedanke aus einer Halbierung des Glaubensganzen hervor, die das Bild des leidend-mitleidenden Gottes behält und das des Auferstandenen auf sich beruhen läßt. Doch welcher Glaube wird sich je im Gleichgewicht des Ganzen halten können? Und außerdem: ist die Ganzheit des Glaubens wirklich eine Frage seines Umfangs und nicht vielmehr die seines Gewichts? Und gibt es nicht auch die Ganzheit des Fragments, die dadurch zustande kommt, daß ein Teilaspekt mit ganzer Seele erfühlt, ausgelotet und bis in seine letzten Sinntiefen ausgeleuchtet wird? Und kann ein Fragment nicht schließlich auch dadurch zum Ganzen werden, daß es in eine Erwartung hineingesprochen und so durch seine Rezeption zur Vollständigkeit geführt wird? Das aber ist zweifellos bei Schneiders Bild des göttlichen Therapeuten der Fall. Denn es verhält sich komplementär zu seinem Begriff von der Pathologie der Menschheitsgeschichte. Für ihn ist im Gang der Geschichte, signalisiert durch die modernen Massenvernichtungsmittel, die Stelle erreicht, an der „etwas getan werden muß, was nicht getan werden kann"; für ihn ist dies sogar „der wesentliche Gehalt unserer Zeit" (159). Denn im Gang der geschichtlichen Entwicklungen sind wir dort angelangt, „wo Geschichte, wo gläubige Existenz in der Geschichte ad absurdum geführt werden; wo eine seit Jahrtausenden bestehende und verschwiegene Problematik endlich durchbricht; wo der Kranke sich endlich seine Krankheit eingestehen muß" (ebd.). Deshalb schreit die Geschichte wie nie zuvor nach dem göttlichen Arzt. Nur durch den aufgrund seiner eigenen Passion mit ihr leidenden Gott kann ihr geholfen werden. Indem sich Schneider vor dem Glanz der Auferstehungssonne in das Dunkel der ‚Krypta' zurückzieht, schafft er für sich und andere den Raum, in dem er mit dem göttlichen Leidensgeheimnis Fühlung gewinnt, ohne Hoffnung auf Genesung zwar, aber in der Verbundenheit einer Gott und Menschen umfassenden Leidensgemeinschaft.

Was aus diesem religiösen Selbstzeugnis spricht, ist die Stimme eines Glaubens ohne Hoffnung, es sei denn die Hoffnung auf die von keiner Gerichtsposaune gestörte Todesruhe. Es ist nicht die Stimme des Protests, die mit Kierkegaard und Dostojewskij ihr Veto gegen die auf Leiden gegründete Schöpfungsordnung einlegt, sondern die Stimme einer vollkommenen, den eigenen Lebenswillen aufzehrenden Ergebung; die Stimme des Einverständnisses mit dem Leiden der Welt, jedoch unter der Bedingung, daß es mit diesem Leiden einmal ein Ende hat. In einer Zeit, in der sich das Problem der Glaubensanalyse mit einer in der bisherigen Geschichte nicht erreichten Radikalität stellt, ist dieses Zeugnis von kaum zu überschätzender Bedeutung. Denn es macht einerseits klar, daß die Glaubensfähigkeit an Bedingungen geknüpft ist, die als solche bisher kaum ins Bewußtsein traten, und darunter in erster Linie an die Bedingung des Seins- und Lebenswillens. Und es macht andererseits deutlich – und darin besteht seine Bedeutung für das Konzept einer zeitgerechten Pastoration –, daß diese Bedingung nicht unbedingt, nicht als ein selbstverständliches Datum, gegeben ist, weil dem Menschen dieser Zeit nur eine begrenzte Kraft zur Identifikation mit seiner Welt und dem Faktum seiner eigenen Existenz zu Gebote steht. Im letzten, mit dem Titelwort ‚Confusionen' überschriebenen Abschnitt seines Selbstzeugnisses nennt Schneider auch die Fakten, an denen sein Lebenswille zerbrach. Es ist zunächst das Bild einer Welt, in dem die Sinnstrukturen von den Schatten einer je größeren Sinnlosigkeit überdeckt und verdunkelt werden. „Nur wer sich die totale Verwirrung im Reich der Natur wie der Sitte eingesteht", heißt es im Stil einer abschließenden Stellungnahme, „hat die Möglichkeit – und das Recht – Weltharmonie zu vertreten" (254 f.). Und ähnlich heißt es von der Geschichte, als deren Grundfigur zunächst die der ‚Explosion' und ‚Zerstrahlung' ausgearbeitet worden war, sie sei ein auf das Ereignis des Endes zutreibender ‚Verbrennungsprozeß' (262).

Wenn man dem Bekenntniswerk bis an diese Stelle folgt, wird deutlich, daß sich im Spannungsfeld dieses Welt- und Geschichtsverständnisses kein affirmatives Verhältnis zu Religion und Glaube durchhalten konnte. Vielmehr sind auch sie in der Sicht Schneiders vom Verbrennungsprozeß der Zerstrahlung mitbetroffen. In einer fast wörtlichen Übereinstimmung mit der Überzeugung *Gertrud von le Forts*, daß in der Geschichte der Ewigen Liebe die Stunde der ‚Göttlichen Verlassenheit' angebrochen sei, spricht auch Schneider von der „kosmischen und geschichtlichen Verlassenheit" Christi als dem Zentralereignis der gegenwärtigen Stunde (261). Und er vermutet, daß das Christentum der Gegenwart auf Erfahrungen beruhe, die „aus der Verzweiflung an Kosmos und Geschichte", ja aus der „Verzweiflung vor dem Kreuz" stammen (ebd.). Daran bemißt sich für ihn die Möglichkeit des Betens und Glaubens heute. Im Gebet muß sich ein Überstieg vollziehen: „über den Glauben hinaus, gegen den Glauben, gegen den Unglauben, gegen sich selbst" (ebd.). Demgemäß bleibt auch nur die Möglichkeit eines gegen sich selbst gewendeten Glaubens, der, gemessen an seiner Vollgestalt, fast schon wie ein Unglaube wirkt, jedoch wie ein Unglaube, „der in der Gnadenordnung steht" (ebd)[6]. Gerade so aber entspricht er der Grunderfahrung des Chronisten, dem sich Gottes Bild auf seinem Weg durch die geschichtlichen Räume von Schritt zu Schritt immer mehr verhüllt, um ihm an dem schon fast erreichten ‚Ausgang' vollends zu entschwinden (250). Kein Wunder, wenn sich dieser zum Schatten seiner selbst verdunkelte Glaube abschließend in einem Satz aussagt, der die Erfahrung der Verhüllung mit der des Entzugs verbindet: „Und es muß sein, es ist ganz unabdingbar, was sich verhüllt in mir, was sich mir unter dem Geheimnis der Barmherzigkeit sachte entzieht" (284).

Und doch spricht aus dieser Stimme noch nicht einmal Resignation. Wohl aber ist es die Stimme einer abgründigen Trauer, die ihre Ursache kennt; denn „man blickt nicht ungestraft in den Kosmos, die Tiefsee, die Geschichte – und vielleicht auch nicht ungestraft in sich selbst, in den Menschen" (110). Indessen weiß sich diese Trauer zugleich, vermutlich, weil sie ihren ‚Ort' zu Füßen des Kreuzes gefunden hat, getröstet. Es ist nicht der Trost, der vom Glauben an die Überwindung des Todes ausgeht, wohl aber der, den die Annahme des Todes vermittelt. Zweifellos ist ‚Winter in Wien' eins der größten Todeszeugnisse der Gegenwart, obwohl vom Tod nur selten und eher kritisch als affirmativ die Rede ist. Tod ist etwas, heißt es einmal, „das nicht geschehen sollte" (153), obwohl sich das Leben allenthalben „auf dem Weg zu seinem Tode" bewegt (221). Doch hat dieses fast völlige Verschweigen des Hauptmotivs einen ebenso einfachen wie faszinierenden Grund: ‚Winter in Wien' ist in einer Art fortwährender Überschreitung der Todesgrenze verfaßt. Sein Autor hat den Tod bereits hinter sich. Daraus erklärt sich die Freiheit seines Denkens, die Gelassenheit seines Urteils, das Einverständnis mit dem Gang der Dinge, das Licht im Grund der beschworenen Finsternisse. ‚Winter in Wien' ist, wie sonst wohl nur noch *Hermann Brochs* ‚Tod des Vergil', ein Werk der zurückgenommenen, in ihrem Gegensinn gelesenen Schöpfung, aber gerade deshalb ein Werk des Anfangs, der sich – unkalkulierbar – mit der Verheißung des Endes und der Vollendung berührt.

Die Logik der Trauer

Die geistige Bedeutung des Werks läßt sich nur unter der Voraussetzung deutlich machen, daß es gelingt, seine Denkstruktur herauszuarbeiten. Es ist, um es auf eine Formel zu bringen, ein Dokument der stehengelassenen Dissonanzen, der unversöhnten Gegensätze. Von *Beethoven* wird der erstaunliche Plan zu einer Oper überliefert, bei der die Dissonanzen das ganze Werk hindurch nicht aufgelöst werden sollten, „da sich in diesen Zeiten", wie der Komponist sein Vorhaben begründet, „unsere verfeinerte Musik nicht denken läßt". In diesem Gedanken zeichnen sich die Umrisse einer der klassischen diametral entgegengesetzten Ästhetik ab und in dieser die Konturen eines Denkens, das im Begriff steht, sich von seinen eigenen Prinzipien zu emanzipieren. Denn es hat tatsächlich den Anschein, als stehe die von Beethoven eher geahnte als geplante Oper im Begriff, heute auskomponiert und aufgeführt zu werden. Quer durch alle geistigen Bereiche bricht sich ein Denken Bahn, das unter dem Sinndruck der als übermächtig empfundenen Negativität zunehmend an der einheits- und harmoniestiftenden Kraft seiner Prinzipien zweifelt. Zusammen mit den Bildern, denen ein verbreitetes Mißtrauen entgegenschlägt, kam auch die von Bildvergleichen ausgehende Denkform, die Analogie, in Verruf. Stimuliert von der menschlichen Identitäts- und Identifikationskrise meldete sich, Hand in Hand damit, sogar eine skeptische Einschätzung der Geltungskraft des Identifikationsprinzips zu Wort. Bei der Erkundung der Kausal-

zusammenhänge gewinnt die Neigung Raum, es anstelle des von der Kausalität behaupteten „propter hoc" bei einem bloßen „post hoc" bewenden zu lassen. In der Auseinandersetzung mit der klassischen Metaphysik entwickelte sich, angeregt durch Nietzsche, eine Tendenz zur Seinsüberschreitung, der die einheitsstiftende Kraft des Seinsbegriffs als ‚kognitiver Despotismus' verdächtig ist[7].
Doch blieb es nicht bei diesen kritischen Einzeltendenzen. In seiner ‚Negativen Dialektik' (von 1966) unternahm *Theodor W. Adorno* vielmehr den Versuch, diese Elemente zu einer konsistenten Erkenntnistheorie radikal kritischer Art zusammenzufassen. Für ihn schlug der von der klassischen Metaphysik getragene Fortschrittsimpuls des wissenschaftlich-technischen Zeitalters durch das Ereignis von Auschwitz in sein extremes Gegenteil um. Seitdem beherrschen Negativität und Entsetzen so sehr die geistige Szene, daß davon sogar die Möglichkeit des lyrischen Gedichts aufgezehrt wurde. Doch hat der epochale Umbruch nicht nur Möglichkeiten verbaut, sondern ebensosehr auch verwehrt. Gegenüber der Versöhnungstendenz der klassischen Dialektik, in der sich der Einheitswille des Identitäts- und Analogiedenkens verbirgt, kommt es darauf an, die Unversöhnbarkeit des Entsetzlichen aufrechtzuerhalten. Die Wunde der Negativität muß offenbleiben, wenn nicht geistige Verhältnisse geschaffen werden sollen, durch die über die Exzesse der Unmenschlichkeit zur Tagesordnung übergegangen werden kann. Deshalb gilt es, gegenüber der ‚Unersättlichkeit' des Identifizierungswillens und der daraus entspringenden „Gewalten des Gleichmachens" dem Widerspruch des ‚Nichtidentischen' und Nichtidentifizierbaren zur Geltung zu verhelfen. Das geschieht bei Adorno durch die systematische Demontage der klassischen Ganzheitsentwürfe und Integrationsprinzipien: durch die Destruktion des Seinsbegriffs, durch die ‚Entmächtigung des Subjekts' und zumal durch die Bestreitung des Konzepts einer Universalgeschichte[8].
Dieser aggressive Destruktionswille ist Schneider völlig fremd. Doch gelangt er zu durchaus ähnlichen Positionen, getragen von einer Logik, die sich genauer nun als die ‚Logik der Trauer' bestimmen läßt. Indem er sich im Unterschied zu den Denkern und Dichtern der Positivität den Sinn- und Seinsgestalten dort annähert, wo sie ins Sinnlose abstürzen und damit in ihrer Vergeblichkeit manifest werden, kommt in sein Denken eine Konsequenz, die derjenigen der ‚Negativen Dialektik' durchaus vergleichbar ist. Auch wenn ihn der den erlittenen Glaubensentzug überdauernde Glaube daran hindert, die Ganzheitlichkeit der Menschheitsgeschichte zu bestreiten, sieht er sie doch jenem ‚Verbrennungsprozeß' ausgesetzt, der sie unabdingbar an ihr Ende ausliefert. Ähnlich verhält es sich mit seiner unausdrücklichen – Kritik des Seinsbegriffs. Ohne ihn formell in Frage zu stellen, entzieht er ihm doch dadurch den Boden, daß er den Seinswillen aufgibt, der seine Positivität letztlich bedingt. Vielleicht ist das, was uns als ‚Wunder' der Natur erscheint, heißt es einmal, nur eine unserem verstehenden Nachvollzug entrückte Form des Leidens (94). Der Begriff erfaßt jedenfalls ihre Zusammenhänge nicht: er stößt beim Versuch der Annähe-

rung nur an seine Grenzen. Ebenso bedarf die Natur „unseres Wortes nicht; es kann sie gar nicht erreichen" (ebd.). Schließlich übt Schneider auch keine formelle Kritik an der Subjektivität; um so beredter spricht er jedoch von der Krise des Ich. Die „ironisierende Spaltung und Spiegelung" des Ich, wie sie Raimunds ‚Alpenkönig und Menschenfeind' zugrundeliegt, erscheint ihm als eine „geniale theatralische Idee, in der noch ungenutzte Möglichkeiten schlummern" und durch die wieder einmal deutlich werde, „wie modern die romantische Psychologie, wie romantisch die moderne ist" (39). Wer mit denen, „deren Leben ihr Traum war", „in die Tiefe des Ichs" geschaut und dort das Widerbild der Welt und Geschichte erblickt hat, „wird still" (243 f.). Er zweifelt an seiner Überlegenheit, gibt das ‚Plus-Ultra' seines bisherigen Beherrschungs- und Geltungswillens auf, lernt, daß Weisheit vor allem im Ertragen ist, bekehrt sich zur Devise des Verzichts (243).

Für den Literaten Schneider ergeben sich daraus nicht zuletzt auch künstlerische Konsequenzen. Sie betreffen vor allem die Rolle des Autors. „Es ist fatal", heißt es schon zu Beginn der Aufzeichnungen, „wenn ein Dichter soviel weiß wie Gott; wenn er sich auf das Geheimnis der Geschichte, das Mysterium der Fügung versteht" (12). Denn dann befinde er sich auf dem besten Weg zur Banalität. Das ist die – fast mit der Betonung eines Grundsatzes ausgesprochene – Absage an das klassische Ideal des ‚allwissenden Autors'. Doch damit beginnen die ‚nichteuklidischen' Vorstellungen, wie sie in der Folge, Zug um Zug, entwickelt werden, auf die eigene Gestalt des Werks durchzuschlagen. Wie zufällig bietet sich damit der Schlüssel zu seinem Form- und Sprachproblem an. Zunächst zu seiner formalen Anlage, die zwischen Tagebuch und Aphorismenfolge eine schwebende Mitte hält. Denn manche literarischen und historischen Reflexionen haben durchaus die Prägnanz eines Aphorismus, während bei den meisten Passagen der Gedanke unmittelbar aus persönlichen Erlebnissen entwickelt wird. Während die aphoristischen Stellen – wie bei Nietzsche – das literarische Äquivalent zu einem Denken bilden, das sich vom Instrumentarium der klassischen Prinzipien und damit vom ‚Zwang' zu systematischen Deutungen emanzipierte, bekundet sich in den autobiographisch einsetzenden Notizen ein ‚Existenzdenken', das sich den Zugang zur Wahrheit vor allem aus persönlicher Betroffenheit bahnt. Denn bei aller Nähe zur zeitgenössischen Philosophie und aller Vertrautheit mit den Fakten der Welt- und Geistesgeschichte überläßt sich Schneider bei seiner Suche nach dem spärlichen Licht in der allgegenwärtigen Finsternis letztlich allein der Sensibilität seines gleicherweise erschütterten und versöhnten Herzens. Dabei stößt er auf einen Weg der Wahrheitsfindung, der der christlichen Mystik von alters her vertraut ist. Von seiner fiktiven Bezugsperson, dem ‚berühmten Meister Hierotheus', sagt *Pseudo-Dionysius Areopagita* in seiner Schrift über die göttlichen Namen, daß er „das Göttliche nicht nur erlernt, sondern erlitten" habe, daß er also auf dem Leidensweg zur Einsicht in die ewigen Mysterien und damit zur Weisheit gelangt sei. Man hat die Wahrheitsfindung, der Schneider in ‚Winter in Wien' das Wort redet, solange nicht in ihrer innersten Verwurzelung erfaßt, als man sie nicht aus diesem Zusammenhang begreift. ‚Winter in Wien' ist ein Dokument der erlittenen, nicht der gesuchten und willentlich erstrebten Erkenntnis. Dem entspricht allein die aufgebrochene, fragmentarische Gestalt, die es dem Rezipienten überläßt, den ausgesparten Ganzheitssinn ‚zwischen den Zeilen' ausfindig zu machen.

Die Absage an den allwissenden Autor bedingt, zusammen mit ihren prinzipienkritischen Implikationen, vor allem aber auch die Sprachgestalt des Werks. Sie durchläuft eine deutliche Wandlung, die besonders in den abschließenden „Confusionen" in Erscheinung tritt. Während anfänglich im Zug einer ruhig fließenden Sprache nur gelegentlich plötzliche Szenenbrüche und unerwartete ‚Einschüsse' auffallen, gerät die Diktion gegen Ende mehr und mehr in den Zustand einer eigentümlichen Atemlosigkeit, die es mit sich bringt, daß sich die Syntax verknappt und die Aussagen in dichter Stauung unvermittelt aufeinander folgen. Das ist zwar nicht die Sprache, die sich im Sinne *Nietzsches* völlig von der Hegemonie der – ihm als ‚theomorph' verdächtigen – Grammatik emanzipierte, aber doch schon eine Sprache, die sich deutlich vom ‚Einzugsgebiet' der Klassizität wegbewegt[9]. Nicht umsonst gestattet sich Schneider in diesem Zusammenhang das Gedankenexperiment des Paradoxes „Nietzsche in Wien" (256), das er freilich selbst mit dem Satz kommentiert: „allem Eigentlichen der Stadt und ihrer Gesellschaft... hoffnungslos unterlegen, dem Untergründigen aber verwandt" (ebd.). Von da an häufen sich die sich entweder selbst aufhebenden oder aufstauenden Wendungen. Vom Verhältnis zur Vergangenheit heißt es: „Es stimmt kein einziges Wort, das wir von ihr sagen und schreiben: nicht ein einziges Wort ist wahr" (258) und im unmittelbaren Anschluß daran vom Verhältnis zu sich selbst: „Ich begehre nichts zu begehren, und ich wünschte nichts zu wünschen" (ebd.). Gestützt auf eine Reflexion über die Pathologie der Geschichte, deren wahre Gesichtszüge „aus ihrer Krankheit" abzulesen seien (259), stellt Schneider dann die selbstkritische Frage: „Der Arzt und der Priester geben einander schweigend die Hand: sie helfen, wo sie nicht helfen können, jedenfalls sich selber nicht. Sollten sich die Poeten nicht anschließen?" (264), der er alsbald das ungleich radikalere ‚Fragespiel' folgen läßt: „Was bleibt? Die Flucht in den Raum, der Bremsenschwarm über dem Sarg der Geschichte" (ebd.).

Darauf folgt eine letzte Selbstanalyse, die, bezeichnend für Schneiders Wissen um die gewandelte Sprachgestalt, der ‚Struktur' seiner Tätigkeit gilt. Nachdem er zuvor schon die Figur des – ihm nur allzu vertrauten – ‚Selbstredners' gezeichnet hatte, der sich, unablässig vor sich hinsprechend, ein paarmal im Kreise dreht und redend wieder verschwindet (179), erklärt er jetzt von sich selbst: „Ich unterhalte mich, solange ich da sein muß, durch das Medium der Welt in ihrer Zeitgestalt, auf den Straßen Wiens mit mir selbst, in einer gewissen Freude an zerplatzten Seifenblasen, die über einem Essener Spielzeugladen ein nickendes Bärchen in die Luft blies, im Schmerz um die Kreatur, den verborgenen Gott" (277). Und es ist nur konsequent, wenn es im unmittelbaren Anschluß daran von *Grillpar-*

zer heißt, daß er in seinem nicht-dichterischen Nachlaß, „diesem immensen Schatz seiner Kritiken, Ironien, Geständnisse, Huldigungen und Verhöhnungen... ein Bergwerk der Selbst- und Zeiterfahrung" gebaut habe, das dem in seine Tiefen Einfahrenden „zur Falle" geworden sei; denn es gehöre zum Schicksal der Kunst dieser Epoche, daß sie weit hinter ihrer Aussage zurückbleibe (278). Auch ‚Winter in Wien' ist eine Aussage, die das von Reinhold Schneider vorgelegte dichterische Werk, dem Zug der größeren Wahrheit folgend, überholt. So aber entspricht es durchaus der Logik der Trauer, die ihren letzten Grund darin hat, daß die Wahrheit nicht im Glanz des Schönen, sondern in der Bitterkeit des Leidens gefunden wird.

Einordnung und Folgerung

Mit der Unterscheidung von Kunst- und Aussagewert wurde bereits deutlich gemacht, daß ‚Winter in Wien' in erster Linie als Dokument einer in letzter Lebensstunde erkannten Wahrheit zu gelten hat. Diese Wahrheit bezieht sich zweifellos auch auf Fragen der Ästhetik und der Interpretation von Werken der Literatur und der Kunst. Doch dienen ihr die künstlerischen Zeugnisse, wie vor allem im Fall der wiederholten Bezugnahme auf die phantastische Kunst des *Hieronymus Bosch*, vielfach nur als Metaphern für das Verständnis von Welt und Zeit, so daß kein Zweifel daran bestehen kann, daß sie mit ihrer eigentlichen Stoßrichtung auf die Frage nach dem Sinn des Daseins und insbesondere der Geschichte zielt. Wenn Schneider an einer Stelle aber davon spricht, daß sich in den Tiefen des Ich zugleich der Zugang zu Welt und Geschichte eröffne (244), gibt er zu verstehen, daß ihm auch diese zuletzt nur als die gigantische Kulisse gelten, vor der das Ich die ihm auferlegte Rolle zu spielen hat. Damit aber sammelt sich die Wahrheit, um die es ihm zu tun ist, in den Brennpunkt der eigenen Existenz und in die Erfahrung des sie zuinnerst bestimmenden Entzugs. „Ich würde am liebsten die Wandlung verbergen, die seit einigen Jahren unter der Entschleierung gewisser düsterer Perspektiven in mir in Gang gekommen ist" (31), versichert er zu Beginn jener Stellen, die sich, wenn auch in loser Folge, zum Zusammenhang einer großen Konfession schließen.
Von Bekenntniswerken der gewohnten Art unterscheidet ‚Winter in Wien' somit der Modus des Aussagewillens. Hinter ihm steht kein konfessorischer Impuls, sondern die Unfähigkeit, das Grundereignis des ‚Entzugs' auf die Dauer verschweigen zu können. So übermächtig wurde seine Erfahrung, daß sie sich unwillkürlich im Kontext der Sachberichte durchsetzt. Man ist versucht, im Interesse einer deutlicheren Bestimmung dieses Phänomens von einem ‚negativen Prophetismus' zu sprechen. In diesem Zusammenhang berührt es seltsam, daß als eine der wenigen biblischen Gestalten, deren Erwähnung geschieht, diejenige des Propheten Jeremia zu Wort kommt, der alles verloren sieht, jedoch „mit dem Blick auf die Rettung" (50), dem der „Hammer des die Völker zerschmeißenden Worts" in den Mund gelegt, aber auch die unwiderrufliche Verheißung des

"Ich habe dich je und je geliebt" als Trost seiner Nacht gegeben ist, "seines Daseins zwischen Untergang und Geburt" (51). Denn der ‚Prophet von Anathot' ist zugleich derjenige, der wie kein anderer um die ‚Nichtverschweigbarkeit' der ihm aufgetragenen Botschaft weiß und der sich in diesem äußersten Gegensatz mit dem Dichter begegnet, der die ihm widerfahrende Wandlung nicht zu verschweigen vermag. Auch wenn diese Analogie allenfalls behutsam angedeutet werden darf, reicht sie doch hin, den religiösen Stellenwert des Werks zu sichern. Es ist das Dokument eines aus innerster Redlichkeit bezeugten Glaubensentzugs, der Fragmentierung eines Glaubens, der die Hoffnung verliert, ohne aufzuhören, Glaube zu sein. Wenn das nicht einfach als ein ‚innerer Unfall' und Ausdruck einer geistigen Verstörung (Balthasar) abgetan werden soll, muß der Versuch unternommen werden, dieses einzigartige Zeugnis eines religiösen Verlustes theologisch zu integrieren.

Was die – vermutlich unlösbare – Frage der systematischen Einordnung anlangt, so genüge der Hinweis auf die strukturelle Entsprechung, in welcher der erlittene Entzug zu der von Schneider wiederholt registrierten Verdüsterung des Gottesbildes steht. Anders als *Gertrud von le Fort* hat er für dieses Versinken des Gottesbilds „in die Todesnacht" (66) keine erklärende Konzeption anzubieten; es gehört lediglich, als heilsgeschichtliches Pendant, zu den elementaren Daten der enthüllten Seelengeschichte. Dennoch schlägt es theologisch stärker zu Buch als die vergleichbaren Aussagen *Heideggers* und *Bubers*, weil es den Offenbarungsglauben als solchen unangetastet läßt. Wenn Offenbarung das personale Wort der Liebe an den ist, „der zu glauben vermag" (241), kann die Verdüsterung des Gottesbilds nur besagen, daß zur Totalität dieses Wortes auch die Möglichkeit des Schweigens, seines Sich-Verschweigens, gehört. Wenn dieses Konstrukt erlaubt ist, zeigt sich unversehens auch der Zusammenhang, der von hier zu der seltsamen Gewichtung von Passions- und Ostergeheimnis führt. Ohne die Osterbotschaft im mindesten zu bestreiten, wendet sich Schneider doch mit letzter Kraft dem göttlichen Leidensgeheimnis zu, weil ihm der „Mitleidende auf Erden, der die äußerste Grenze erreichte, aber nicht überschritt, der durch die Grabesnacht blutendes Fleisch blieb, unverwesliches Leiden..., hilfreicher als der Auferstandene" erscheint (57). Das mag, wie der Autor bedenkenlos zugibt, als eine unerträgliche Halbierung der christlichen Gesamtwahrheit abgetan werden; dennoch beharrt er auf dieser prekären Position. Zu Füßen des Kreuzes niedergesunken, findet er nicht die Kraft, sich von der Auferstehungshoffnung mitreißen zu lassen. Doch bevor man diese Position aus systematischen Erwägungen verwirft, sollte man die Möglichkeit ihrer ‚regionalen', auf Teilaspekte der Glaubenswahrheit bezogenen Bedeutung überprüfen.

Als der in dieser Hinsicht zweifellos sensibelste Sektor erweist sich derjenige der Glaubensbegründung. Hier meldeten sich längst schon die Zweifel, ob es mit einer rein affirmativen Darstellung des ‚Glaubwürdigkeitsbeweises' getan ist[10]. Denn das Faktum des Atheismus ist für die Theologie gleichzeitig zu furchtbar und hilfreich, als daß die in seinem Vorfeld aufbrechenden Zweifel nur unter ein negatives Vorzeichen gestellt werden dürften. Nicht umsonst hält es sogar das Evangelium für angezeigt, mit der Perikope vom ‚Reichen Jüngling' in aller Ausführlichkeit von einem gescheiterten Glaubensversuch zu berichten. Neben der Glaubensbegründung, die dem geglückten Anlauf zum Glauben zugute kommt, sollte deshalb auch eine breiter gefächerte entworfen werden, die denjenigen zu helfen sucht, die es mit dem Glauben schwer haben oder es gar nur zu einem gescheiterten Glaubensversuch bringen. Hier könnte ‚Winter in Wien' den katgorialen Boden ebnen. „Wir sprechen schnell von Abfall oder Auflehnung, ohne die Psychologie des Unglaubens hinreichend zu betreiben", heißt es im Zusammenhang mit einer Reflexion über die Vergeblichkeit der Heilsbotschaft: denn „wer sich in den Nicht-Glauben nicht ernsthaft versetzt, kann ihn nicht bestreiten, heute jedenfalls nicht" (99). Wie die Fähigkeit zur Gottes- und Nächstenliebe ist auch die zum integralen Glauben „an eine ganz bestimmte seelische Gegebenheit" gebunden, die letztlich im Lebenswillen besteht (ebd.). Ist aber nicht auch eine Existenz möglich, die diese Bedingung nicht erfüllt, die also Gott liebt, ohne das Leben zu suchen? (100)[11].

An dieser Stelle schlägt die fundamentaltheologische Problematik auf die pastoraltheologische durch. Denn die moderne Seelsorge sieht sich vor eine ganz analoge Schwierigkeit gestellt. Dem Unvermögen zum integralen Glauben entspricht in ihrem Bereich die ‚Unfähigkeit zu trauern' (Mitscherlich), die in diesem Fall mit dem vielberedeten Schwund des Sündenbewußtseins zusammenfällt. Auch hier weist die Schwierigkeit zurück auf einen Bruch im Existenzakt, genauer gesagt, auf die Unfähigkeit vieler, mit dem Faktum des eigenen Daseins fertig zu werden. Geraume Zeit, bevor diese pastorale Krise manifest wurde, erblickte *Guardini* die fundamentale Aufgabe, die noch vor dem formell religiösen Akt zu leisten ist, in der ‚Annahme seiner selbst'. Dem modernen Menschen geht somit das Heilsbedürfnis durchaus nicht ab; es hat sich nur aus der Beziehung des Menschen zum Gotteswillen in die zum Faktum seines eignen Daseins verlagert. Bevor er sich aber mit dieser Tatsache nicht abgefunden – und damit zu sich selbst gefunden – hat, hat er sich als ethisches Subjekt überhaupt noch nicht voll konstituiert. Erstaunlich, daß das Evangelium auch diese im Grunde präreligiöse Notlage anspricht. In seinem Resümee des anfänglichen Heilswirkens Jesu zitiert der Mattäus-Evangelist das Prophetenwort: „Das gebrochene Rohr bricht er nicht; den glimmenden Docht löscht er nicht" (12, 20). In die moderne Existenzsprache übersetzt, bezeichnen diese Metaphern unmißverständlich die Identitätskrise, die es zu beheben gilt, wenn der Heilsbotschaft der Boden der Empfänglichkeit bereitgestellt werden soll. Insofern wirkt ‚Winter in Wien' wie ein Appell an die heutige Pastoration, über den Problemen, die sich mit dem Schwund des Schuld- und Sündenbewußtseins stellen, jene Existenznot nicht aus dem Auge zu verlieren, die im Interesse einer effektiven Vermittlung des Heils nicht weniger dringend als das Zerwürfnis des Sünders mit seinem Gott behoben werden muß.

Nicht ohne Grund spricht das Werk mit besonderer Wärme von *Lessing*, wenn auch nicht in religiösem Zusammenhang. Dennoch ist dieser Zusammenhang in Form einer unterschwelligen Beziehung gegeben. In seiner Schrift ‚Über den Beweis des Geistes und der Kraft' (von 1777) sprach Lessing von der Frustration, der die Christenheit seiner Zeit dadurch ausgesetzt sei, daß ihr anstelle dieser Geistbeweise in Gestalt von Zeichen und Wundern allenfalls noch Nachrichten davon geboten würden. Dadurch fühle er sich in eine unüberbrückbare Distanz zu jener Zeit versetzt, die noch wirkliche Heils-Zeit war. Und er fügt das berühmte Wort hinzu: „Das, das ist der garstige breite Graben, über den ich nicht kommen kann, sooft und ernstlich ich auch den Sprung versucht habe. Kann mir jemand hinüberhelfen, der tu es; ich bitte ihn, ich beschwöre ihn. Er verdienet ein Gotteslohn an mir." Sein Notschrei verhallte nicht ungehört, auch wenn er erst ein gutes Menschenalter danach von *Kierkegaard* aufgenommen und mit dem ganzen Aufgebot seiner Geistes- und Glaubenskraft beantwortet wurde.

Für Schneider hat sich die Situation entscheidend verschärft. Denn heute besteht das Problem nicht mehr darin, daß keine Wunder geschehen, sondern daß niemand mehr danach Ausschau hält: „Immer schmaler wird die Tafel des Bräutigams, immer breiter werden die Tische, an denen niemand nach Wundern verlangt" (74). Das ist ohne Betonung, ja ohne einen bitteren Unterton gesagt. Ist aber das ein Grund, den verhaltenen Notschrei, der sich aus diesem Wort erhebt, zu überhören?

Anmerkungen

Einführung

1 So ihre Kennzeichnung in meiner Schrift ‚Paulus für Christen', Freiburg/Br. 1985.
2 *Tertullian*, De praesciptione haereticorum, c. 7.
3 Wenn auch der Ausdruck noch nicht vorkommt, ist damit doch faktisch vom intellectus fidei die Rede. Nach *Reinhold Seeberg* nimmt Tertullian sogar die anselmische Formel ‚Credo ut intelligam' vorweg: Lehrbuch der Dogmengeschichte I, Darmstadt 1953, 367.
4 *R. Bultmann*, Glauben und Verstehen I, Tübingen 1965, 312.
5 „Descartes unnütz und überflüssig", bemerkt Pascal, nachdem er ihm vorgeworfen hatte, daß er Gott nur benötigte, „um der Welt einen Nasenstüber" zu geben.
6 Näheres dazu in meiner Schrift ‚Glaubensvollzug'. Einsiedeln 1967, 38 f.
7 Dazu *R. Specht*, René Descartes in Selbstzeugnissen und Bilddokumenten, Reinbeck 1966, 39–47; 147 ff; ferner mein Beitrag ‚Das Wahrheitsproblem der Glaubensbegründung', in: Hochland 61 (1969) 1–12.
8 Dazu die Ausführungen meiner Studie ‚Religiöse Sprachbarrieren. Aufbau einer Logaporetik', München 1980, 204f.
9 *H. Heine*, Zur Geschichte der Religion und Philosophie in Deutschland, in: Sämtliche Werke IX, München 1964, 232.
10 Dazu *H. Thielicke*, Offenbarung, Vernunft und Existenz. Studien zur Religionsphilosophie Lessings, Gütersloh 1957, 141–171.
11 *G. E. Lessing*, Über den Beweis des Geistes und der Kraft (von 1777), in: Werke in drei Bänden, hrsg. von H.G. Göpfert III, München 1982, 349 – 354; dazu die instruktiven Erläuterungen 745 – 748; 768 f.
12 Brief vom 25. August 1827.
13 Nach *Robert Spaemann*, Der Ursprung der Soziologie aus dem Geist der Restauration. Studien über L. G. A. de Bonald, München 1959, 49.
14 *J. A. Möhler*, Die Einheit in der Kirche (§ 31), Tübingen 1843, 100.
15 Dazu *Bernhard Casper*, Friedrich Pilgram (1819–1890), in: E. Coreth, W. M. Neidel und G. Pfligersdorffer (Hrsg.), Christliche Philosophie im katholischen Denken des 19. und 20. Jahrhunderts I, Graz 1987, 324.
16 *M. Deutinger*, Das Reich Gottes nach dem Apostel Johannes (1862 bis 1865), in: L. Scheffczyk (Hrsg.), Theologie im Aufbruch und Widerstreit. Die deutsche katholische Theologie im 19. Jahrhundert, Bremen 18965, 424.
17 Dazu *Franz Wiedmann*, Martin Deutinger (1815–1864), in: H. Fries und G. Schwaiger, Katholische Theologen Deutschlands im 19. Jahrhundert II, München 1975, 280.
18 Näheres dazu in meinem Beitrag ‚Dicherisches Auferstehungszeugnis. Zur Frage der theologischen Relevanz von Novalis' Hymnen an die Nacht', in: Zeitwende 52 (1981) 92–106.
19 Dazu außer *H. Bouillard*, Blondel und das Christentum (Mainz 1963) und der Einführung Blondels in den Deutschen Sprachraum durch *E. Seiterich*, Wege der Glaubensbegründung nach der sogenannten Immanenzapologetik (Freiburg 1938) auch *P. Henrici*, Blondel und Loisy in der modernistischen Krise, in: Communio 16 (1987) 513–530.
20 Dazu *J. Beumer*, Theologie als Glaubensverständnis, Würzburg 1953, 148 – 153; 178 – 183.
21 *R. Bultmann*, Neues Testament und Mythologie, in: Kerygma und Mythos I, Hamburg 1967, 17.
22 Dazu das Kapitel ‚Hermeneutische Integration' (350–371).
23 *R. Bultmann*, Zur Frage der Christologie, in: Glauben und Verstehen, 101. Wenn sich Bultmann bei diesem Standpunkt auf die paulinische Absage an den „Christos kata sarka" (2 Kor 5,16) beruft, befindet er sich im Widerspruch zu Paulus, dem alles daran gelegen war, Christus kennenzulernen (Phil 3,10) und der es bei dieser Kennerschaft so weit brachte, daß er sich nach den Adressaten seiner Vorzugsgemeinde Philippi geradezu „mit dem Herzen Christi" sehnen konnte (Phil 1,8).

24 H.-G. *Gadamer*, Wahrheit und Methode. Grundzüge einer philosophischen Hermeneutik, Tübingen 1960, 263 f.
25 Dazu H. *Waldenfels*, Kontextuelle Fundamentaltheologie, Paderborn 1985, 300 ff; ferner U. *Gerber*, Katholischer Glaubensbegriff. Die Frage nach dem Glaubensbegriff in der katholischen Theologie vom I. Vatikanum bis zur Gegenwart, Gütersloh 1966, 18–86.
26 Dazu meine Veröffentlichungen ‚Gott verstehen. Erwägungen zum Verhältnis Mensch und Offenbarung' (München und Freiburg 1971); ‚Glaubensverständnis. Grundriß einer hermeneutischen Fundamentaltheologie' (Freiburg 1975); ‚Glaube nur! Gott verstehen lernen' (Freiburg 1980); ‚Die glaubensgeschichtliche Wende. Eine theologische Positionsbestimmung' (Graz 1986); ‚Glaubenswende. Eine Hoffnungsperspektive' (Freiburg 1987).
27 G. *Marcel*, Der Untergang der Weisheit, Heidelberg 1960; M. *Horkheimer*, Zur Kritik der instrumentellen Vernunft, Frankfurt/M. 1967.
28 Dazu *Karl Eschweiler*, Die zwei Wege der neueren Theologie, Augsburg 1926, 62–130.
29 Dazu *Waldenfels*, Kontextuelle Fundamentaltheologie, 139–145.
30 Dazu die Beiträge von J. *Reikersdorfer* und E. *Kunz* im Handbuch der Fundamentaltheologie IV, Freiburg 1988, 363–367; 434–440.

I.1.

1 Dazu K. *Kerényi*, Die Mythologie der Griechen. Darmstadt 1956, 117–127; ferner W. F. *Otto*, Die Götter Griechenlands. Frankfurt 1961, 51–61; außerdem E. *Peterich*, Die Theologie der Hellenen. Leipzig 1935, 302–305.
2 G. *Grass*, Kopfgeburt oder die Deutschen sterben aus. Darmstadt/Neuwied 1980, 9.
3 Ebd. 125 f.
4 Vgl. W. F. *Otto*, Die Götter Griechenlands; H. U. v. *Balthasar*, Herrlichkeit. Eine theologische Ästehtik III/1: Im Raum der Metaphysik. Einsiedeln 1965, 54–59.
5 Vgl. H. U. v. *Balthasar*, Herrlichkeit, 54.
6 E. *Peterich*, Die Theologie der Hellenen, 304.
7 Dazu W. F. *Otto*, Theophania. Frankfurt/M. 1975, 106 f.
8 *Justin*, Apologia, c. 64.
9 Vgl. *Origenes*, Adversus Celsum VIII, c. 66 f.
10 Vgl. *Hippolyt*, Widerlegung aller Häresien VI, c. 19 f, vgl. BKV, Bd. 40, 1922, 155–157.
11 Nach R. *Seeberg*, Lehrbuch der Dogmengeschichte II. Darmstadt (³1923) 1953, 95 f.
12 Der Gedanke kehrt auch in den naturphiolosophischen Äußerungen des Dichters wieder, so etwa im Entwurf einer Farbenlehre (1. Abt.); doch bezieht er sich hier primär auf Goethes „innere Geistesoperationen", insbesondere aber auf das Gestaltungsgesetz des literarischen Schaffens (Tag- und Jahreshefte 1820).
13 *Augustinus*, Confessiones XI, c. 9; dazu auch die Ausführungen meiner Schrift ‚Der schwere Weg der Gottesfrage'. Düsseldorf 1982, 37 f.
14 F. W. J. *Schelling*, Das Wesen der menschlichen Freiheit (Ausgabe Fuhrmans), Düsseldorf 1950, 110; den zitierten Gedanken entnimmt der Herausgeber Schellings Schrift über ‚Die Weltalter' (von 1814).
15 Vgl. ebd. 62.
16 *Theophil*, An Autolykos II, c. 10 und 22.
17 Vgl. S. *Kierkegaard*, Einübung im Christentum (Ausgabe Hirsch), Düsseldorf/Köln 1955, 118–138.
18 *Hilarius*, De trinitate IX, c. 14.
19 Ebd. XI, c. 48 f.
20 *Gregor von Nyssa*, Große Katechse, c. 32, 2, vgl. BKV, Bd. 56, 1927, 64.
21 Dazu A. *Kasper*, Der Schussenrieder Bibliothekssaal und seine Schätze, Erolzheim/Württemberg 1954, 28–38.
22 H. U. v. *Balthasar*, Das Ganze im Fragment. Einsiedeln 1963, 270 f.

22a Näheres dazu in meiner Schrift „Jesus für Christen" (= HerBü 1157). Freiburg 1984, 63 ff, 71 ff.
23 *Hilarius*, De trinitate III, c. 17.
24 Dazu die Ausführungen meiner Studie ‚Der Zeuge. Eine Paulus-Befragung'. Graz 1981, 194–230 f; ferner der Beitrag von *F. Hahn*, Zum Verständnis von Römer 11–26a: ‚... und so wird ganz Israel gerettet werden': Paul and Paulinism. Essays in honour of *C. K. Barrett*. Ed. *M. D. Hooker/S. G. Wilson*. London 1982, 221–236.
25 Dazu die abschließenden Ausführungen meines Beitrags ‚Glaube und Mythos'; Philosophisches Jahrbuch 91 (1984) 62–81.
26 Näheres dazu in meiner Schrift ‚Der schwere Weg der Gottesfrage'. Düsseldorf 1982.
27 „Vielleicht hat da ein Denkender wirklich de profundis geschrieen?" fragt *M. Heidegger* im Blick auf Nietzsches ‚tollen Menschen', in: Holzwege. Frankfurt/M. 1950, 246.
28 *Johannes von Damaskus*, Darlegung des orthodoxen Glaubens III, c. 24, vgl. BKV, Bd. 44, 1923, 180. Nach *Friedrich Wulf* (Handbuch Theologischer Grundbegriffe I, München 1962, 435) leitet sich die Bestimmung ursprünglich von *Evagrius Pontikus* (De oratione) her.
29 *G. W. F. Hegel*, Vorlesungen über die Beweise vom Dasein Gottes. Hamburg 1966, 13 (Ausgabe Lasson).
30 *H. Heine*, Zur Geschichte der Religion und Philosophie in Deutschland (von 1835): ders. (Hg.), Sämtliche Werke IX. München 1964, 250 (Ausgabe Kaufmann). Wie eine Reihe von Ausgaben bringt auch diese die falsche Lesart „in einer ruhenden Gebetform"; dazu meine Schrift ‚Gottsucher oder Antichrist? Nietzsches provokative Kritik des Christentums', Salzburg 1982, 63–71.
31 Zur vollen Verdeutlichung dessen müßte nur noch gezeigt werden, daß jedem Gebet, gleichviel wie es jeweils veranlaßt ist, die zweitletzte Vaterunserbitte zugrundeliegt, und daß mit dieser die Urversuchung des Menschen zu Angst und Verzweiflung gemeint ist. Denn davor kann nur derjenige bewahren, der die absolute Alternative zur Kontingenz des Menschen ist, und auch er nur dadurch, daß er sich als lebendige Antwort auf den Notschrei des nach ihm rufenden Beters erweist.
32 Näheres dazu in meiner Studie ‚Menschsein und Sprache', Salzburg 1984, 9–15.
33 *P. Wust*, Ungewißheit und Wagnis. München 1950, 172.
34 Dazu *G. Bornkamm*, Jesus von Nazareth. Stuttgart 1956, 114–118, 124 f.
35 Dazu *H.-G. Gadamer*, Wahrheit und Methode. Grundzüge einer philosophischen Hermeneutik. Tübingen 1972; *P. Knauer*, Der Glaube kommt vom Hören. Ökumenische Fundamentaltheologie. Graz 1978; *ders.*, Glaubensbegründung heute: Stimmen der Zeit 202 (1984) 20–208; ferner meine S. 402, Anm. 26 aufgeführten Schriften.
36 Nach *G. v. Rad*, Die Botschaft der Propheten. München/Hamburg 1967, 45 f; *ders.*, Weisheit in Isreal, Neukirchen/Vluyn 1970, 79 f.
37 Dazu *G. v. Rad*, Weisheit, 208.
38 Dazu *K. Baltzer*, Die Biographie der Propheten. Neukirchen/Vluyn 1975, 113–128; ferner *G. v. Rad*, Die Botschaft der Propheten, 157–184.
39 Dazu die Ausführungen meiner Schrift ‚Älteste Heilsgeschichten. Wege zum Ursprung des Glaubens'. Würzburg 1984, 96–104.
40 Vgl. *S. Kierkegaard*, Philosophische Brocken. Reinbek b. Hamburg 1964, 16 ff 52–65 (Ausgabe Richter).
41 Näheres dazu in meiner Schrift ‚Paulus – Der letzte Zeuge der Auferstehung'. Regensburg 1981, 29–35.
42 Vgl. ebd. 42–48.
43 *Ignatius*, Magnesierbrief, c. 8,2.
44 Dazu nochmals die oben (Anm. 35) gegebenen Literaturhinweise.
45 Erinnert sei damit an *I. F. Coudenhove* und ihre Schrift ‚Von der Last Gottes. Ein Gespräch über den Christen', Frankfurt 1950.
46 Dazu die gleichnamige Guardini-Schrift, Würzburg 1960; ferner die Ausführungen meiner Studie ‚Interpretation und Veränderung. Werk und Wirkung Romano Guardinis'. Paderborn 1979, 81–87.
47 Dazu *A. Wikenhauser*, Die Kirche als der mystische Leib Christi nach dem Apostel Paulus. Münster 1937, 187–191.

48 Stellenangabe S. 401, Anm. 14. Wie später (S. 142) zu zeigen ist, geht es auch *Friedrich Pilgram* um eine kollegtive Bestimmung des Glaubenssubjekts.
49 Vgl. *H. Rahner,* Die Gottesgeburt. Die Lehre der Kirchenväter von der Geburt Christi im Herzen des Gläubigen: Zeitschrift für katholische Theologie 59 (1935) 333–418; dazu *A. Stolz,* Theologie der Mystik. Regensburg 1936, 184 f.
50 *Gregor von Nyssa,* Hoheliedkommentar 4 (= PG 44,828 D) nach *H. Rahner,* a. a. O., 376; dort auch die Hinweise auf die Herkunft und den Fortgang dieser Tradition.
51 Dazu die verdienstvolle Studie von *E. Scharl,* Recapitulatio mundi, Freiburg/Br. 1941.
52 Zum Folgenden nochmals die Ausführungen von *H. U. v. Balthasar,* Das Ganze im Fragment, 268 ff.
53 Daß sich „das Wort Gottes schweigend zum Kreuz führen" ließ, sagt *Cyprian* in seiner Schrift: Vom Segen der Geduld, c. 7, ein Gedanke, der von den heutigen Versuchen einer Rekonstruktion der ältesten Passionsgeschichte eindrucksvoll bestätigt wird; dazu *H. Fischer,* Gespaltener christlicher Glaube. Hamburg 1974, 24 f; ferner die Ausführungen meiner Schrift ‚Älteste Heilsgeschichten', 45–77.
54 Dazu der Hinweis meiner Schrift ‚Glaubensverständnis', 36 f.
55 Nach *G. Baudler,* „Im Worte sehen". Das Sprachdenken Johann Georg Hamanns. Bonn 1970, 53 f; dazu auch die Ausführungen meiner Schrift ‚Der schwere Weg der Gottesfrage', 117 f.

I.2.

1 Näheres dazu im Eingangskapitel meiner Untersuchung ‚Religiöse Sprachbarrieren. Aufbau einer Logaporetik', München 1980, 44 ff.
2 Den genaueren Nachweis dieser These erbringt meine Schrift ‚Dasein auf Abruf. Der Tod als Schicksal, Versuchung und Aufgabe', Düsseldorf 1981, 27–55.
3 *Robert von Ranke-Graves,* Griechische Mythologie. Quellen und Deutung, Reinbek bei Hamburg 1968, 344–359.
4 *H. Broch,* Der Tod des Vergil, Zürich 1958, 532 f; dazu auch die Bemerkungen von *Friedrich Heer,* der das Werk in dem Sammelband ‚Deutsche Literatur in unserer Zeit' (Göttingen 1959) ein „einziges Requiem, eine Totenmesse, eine ‚Unvollendete Symphonie'" nennt(138).
5 *Euripides,* Frgm. 833.
6 Aus ‚Hesperus' (von 1794); nach *Jean Paul,* Träume und Visionen (Ausgabe *Benz*), München 1954, 53.
7 *Gregor von Nazianz,* Carmen 29; nach *Josef Hochstaffl,* Negative Theologie, Ein Versuch zur Vermittlung des patristischen Begriffs, München 1976, 108.
8 *Cusanus,* De Visione Dei, c. 9, 37; die Typenverwandtschaft des „Verstandesgeistes" mit der abschreckenden Figur des Türhüters in *Franz Kafkas* Parabel ‚Vor dem Gesetz' springt in die Augen; dazu auch die Ausführungen *Martin Bubers* zu Kafkas ‚Metaphysik der Tür', in: Zwei Glaubensweisen, Zürich 1950, 167 ff.
9 *F. Nietzsche,* Zarathustra II: Auf den glückseligen Inseln.
10 *F. Nietzsche,* Die fröhliche Wissenschaft III § 125.
11 So sehr sich *Bruno Snell* bemüht, das „Erwachen der Persönlichkeit in der frühgriechischen Lyrik" glaubhaft zu machen, lassen die von ihm angeführten Beispiele doch immer nur das Allgemein-Menschliche, wenn freilich gebrochen im Prisma der jeweiligen Individualität, erkennen: Die Entdeckung des Geistes. Studien zur Entstehung des europäischen Denkens bei den Griechen, Hamburg 1946, 57–86.
12 Nach *Henri* und *H. A. Frankfort,* Frühlicht des Geistes. Wandlungen des Weltbilds im Alten Orient, Stuttgart 1954, 115.
13 Zur Qualifikation der Stelle *Gerhard von Rad,* Weisheit in Israel, Neukirchen-Vluyn 1970, 79.
14 Dazu *Gerhard von Rad,* Die Botschaft der Propheten, München/Hamburg 1967, 168 f.
15 Dazu mein Beitrag ‚Begriff und Ekstase. Vom mystischen Grund der Erkenntnis', in: Münchner Theologische Zeitschrift 35 (1984) 182–200.
16 Näheres dazu in meiner Schrift ‚Paulus – der letzte Zeuge der Auferstehung', Regensburg 1981, 24–42; ferner in meinem Paulusbuch ‚für Christen' (*Herder-Bücherei* 1219), Freiburg/Br. 1985, 76–86.

17 *H. von Hofmannsthal*, Ein Brief, in: Erzählungen und Aufsätze II, Frankfurt/M. 1961, 342 f; dazu die Ausführungen meiner Studie ‚Religiöse Sprachbarrieren. Aufbau einer Logaporetik', München 1980, 44 ff.
18 *Hofmannsthal*, a. a. O., 348; dazu auch die Ausführungen meiner Schrift ‚Dasein auf Abruf. Der Tod als Schicksal, Versuchung und Aufgabe, Düsseldorf 1981, 88–94.
19 *Aurelius Augustinus*, Über die Psalmen. Ausgewählt und übertragen von *Hans Urs von Balthasar*, Leipzig 1936, 66 ff; ferner *Henry Marrou*, Augustinus in Selbstzeugnissen und Bilddokumenten, Reinbek 1958,96–101.
20 *Augustinus*, Confessiones IX, c. 10.
21 *M. Heidegger*, Der Weg zur Sprache, in: Die Sprache, Darmstadt 1959, 110.
22 In dem Sammelband ‚Die Sprache' zitiert *Emil Preetorius* den Dichter mit dem Wort: ‚In jeder gelungenen Zeile aber höre ich den Stock des Blinden klopfen, der anzeigt: ich bin auf festem Boden' (a. a. O., 9.).
23 *Augustinus*, De libero arbitrio II, c. 14; 7.
24 *Augustinus*, De civitate Dei XI, c. 26.
25 Dazu mein Essay ‚Menschsein und Sprache', Salzburg 1984, 27–31; 42 f.
26 Näheres dazu außer in meiner Abhandlung ‚Menschsein in Anfechtung und Widerspruch' (Düsseldorf 1980) in meinem Beitrag ‚Wer bin ich? Zur Frage nach dem Sinn des Menschseins in dieser Zeit', in: Bibel und Liturgie 58 (1985) 200–213.
27 Näheres dazu in meiner Reflexion ‚Theologie als Therapie. Zur Wiedergewinnung einer verlorenen Dimension', Heidelberg 1985, 47–53.
28 *J. Hochstaffl*, Negative Theologie. Ein Versuch zur Vermittlung des patristischen Begriffs, 230.
29 Daß *Paulus* nach Auffassung moderner Exegeten dabei an die orgiastischen Kulte denkt, denen seine Adressaten vor ihrer Bekehrung anhingen, darf als eine Bestätigung des Gesagten in Rechnung gestellt werden; dazu *Ronald A. Knox*, Christliches Schwärmertum. Ein Beitrag zur Religionsgeschichte, Köln und Olten 1957, 21–35.
30 *M. Buber*, Zwei Glaubensweisen, Zürich 1950, 132 ff.
31 Dazu *Karl H. Wörner*, Gotteswort und Magie. Die Oper ‚Moses und Aaron' von Arnold Schönberg, Heidelberg 1959; ferner der Sammelband ‚Moses und Aaron'. Zur Oper Arnold Schönbergs mit meinem Beitrag ‚Der unvorstellbare Gott', Bensberg 1979, 25–49.
32 Dazu *Bernhard Badura*, Sprachbarrieren. Zur Soziologie der Kommunikation, Stuttgart-Bad Cannstatt 1971, 129 ff; auf die Wiederaufnahme und Aktualisierung des Motivs in *Alexander Solschenizyns* ‚Krebsstation' verweist meine Untersuchung ‚Religiöse Sprachbarrieren. Aufbau einer Logaporetik', München 1980, 82–89.
33 *H. Marcuse*, Der eindimensionale Mensch. Studien zur Ideologie der fortgeschrittenen Industriegesellschaft, Neuwied und Berlin 1970, 103–138.
34 *W. Shakespeare*, Julius Caesar, 3. Akt, 2. Szene; dazu *Bernhart Kytzler*, Shakespeare: Julius Caesar, Frankfurt/M.-Berlin 1963, 119 f.
35 Dazu der Abschnitt ‚Verbalpolemik und Sprachaggression' meiner Untersuchung ‚Religiöse Sprachbarrieren', 198–223.
36 *A. Schweitzer*, Geschichte der Leben-Jesu-Forschung, München und Hamburg 1966, 48.
37 Näheres dazu in meinem Beitrag ‚Das Wort im Stadium seiner technischen Reproduktion', in: *Günther Pöltner* und *Helmuth Vetter* (Hrsg.), Theologie und Ästhetik, Wien 1985, 90–107.
38 *V. E. Frankl*, Der Mensch vor der Frage nach dem Sinn, München 1979.
39 Bei der Erzählung des Ponticianus, berichtet *Augustinus*, habe Gott ihn hinter seinem Rücken, wo er sich verborgen gehalten hatte, hervorgezogen; Confessiones VIII, c. 7; dazu *Romano Guardini*, Die Bekehrung des Heiligen Aurelius Augustinus. Der innere Vorgang in seinen Bekenntnissen, Leipzig 1935, 40; 50; 270.
40 *Guardini*, a. a. O., 160.

I.3.

1 *H. Maier*, Kirche und Gesellschaft (München 1972) 201.
2 Daß dieses imponierende Zeugnis nur unzulänglich gewürdigt wurde, bestätigt das Feh-

len einer umfassenden Darstellung. Monographien über Reinhold Schneider und George Bernanos verfaßte *H. U. v. Balthasar,* dazu auch das zweibändige Werk von *Ch. Moeller,* Littérature du XXe siècle et christianisme (Paris 1953); ferner meine Abhandlung: Überredung zur Liebe. Die dichterische Daseinsdeutung Gertrud von le Forts (Regensburg 1980), sowie das von G. Kranz hrsg. Lexikon der christlichen Gegenwartsliteratur (1978).
3 Dazu der instruktive Beitrag v. *G. Schmidtchen,* Religiöse Legitimation im politischen Verhalten. Wandlungen und Motive im Wahlverhalten der Katholiken, in: Kirche – Politik – Parteien, hrsg. v. A. Rauscher (Köln 1974) 57–103.
4 Dazu mein Beitrag: Glaube und Kritik, in: Münchner theol. Zschr.26 (1975) 268–293.
5 Constitutio Dei Filius, Sess. 3, Kap. 2.
6 Dazu *E. Seiterich,* Wege der Glaubensbegründung nach der sogenannten Immanenzapologetik (Freiburg 1938); *H. Bouillard,* Blondel und das Christentum (Mainz 1963), sowie die Ausführungen meiner Schrift: Glaubensverständnis. Aufriß einer hermeneutischen Fundamentaltheologie (Freiburg 1975) 23–36.
7 Näheres dazu in meinem Beitrag: Der Dialog mit dem Menschen dieser Zeit, in: Der Dialog der Kirche, hrsg. v. H. Pfeil (Aschaffenburg 1971) 105–126.
8 Dazu das Kapitel „Intuition und Innovation" (114–135).
9 In einer von *J. Trütsch* besorgten Ausgabe erschien das Werk in deutscher Fassung unter dem Titel: Die Augen des Glaubens (Einsiedeln 1965). Näheres in meiner Schrift: Glaubensverständnis, 38 f.
10 Näheres dazu ebd. 40 ff.
11 Dazu *E. Seiterich,* Glaubwürdigkeitserkenntnis. Eine theologische Untersuchung zur Grundlegung der Apologetik (Heidelberg 1948) 62 f.
12 Erstmals in einem Hochland-Beitrag (von 1922), sodann im Eingangswort des gleichzeitig erschienenen Sammelbands „Vom Sinn der Kirche" (Mainz 1922); dazu meine Monographie: Interpretation und Veränderung. Werk und Wirkung Romano Guardinis (Paderborn 1979) 17; 123.
13 *R. Guardini,* Das Ende der Neuzeit (Basel 1950) 130 f.
14 *S. Weil,* Die Einwurzelung. Einführung in die Pflichten dem menschlichen Wesen gegenüber (München 1956 313.
15 *P. Wust,* Ungewißheit und Wagnis (München 1950) 172.
16 Dazu *D. A. Seeber,* Das Zweite Vatikanum. Konzil des Übergangs (Freiburg 1966) 216 ff.
17 5. Abschnitt; Seeber, a. a. O. 360.
18 Dazu die Ausführungen *H.-G. Gadamers* zur Rehabilitierung von Autorität und Tradition, in: Wahrheit und Methode (Tübingen 1972) und deren theologische Rezeption: *K.-H. Weger*(Hrsg.), Argumente für Gott. Gott-Denker von der Antike bis zur Gegenwart (Freiburg 1987) 69–72. Die Neutralisierung des Autoritätsmotivs kommt diesem Ansatz zufolge dadurch zustande, daß die Autorität des Offenbarungsgottes funktional, als Ermöglichung des Rezeptionsakts, und die Unterwerfung des Glaubenden unter sie als dessen Eröffnung gedeutet wird.
19 Dazu außer meiner Schrift „Glaubensverständnis" (107–149) *K. Lehmann,* Die Einheit des Bekenntnisses und der theologische Pluralismus, in: Communicatio Fidei (Festschrift für Eugen Biser, Regensburg 1983) 163–173.
20 *M. Buber,* Zwei Glaubensweisen (Zürich 1950) 32 f, 35 f, 98 f, 129–138.
21 Näheres dazu in meiner Schrift: Theologie im Stadium ihrer Selbstkorrektur (Salzburg 1981).

I.4.

1 *F. Kafka,* Erzählungen (Frankfurt 1946) 169 f.
2 *D. Bonhoeffer,* Widerstand und Ergebung. Briefe und Aufzeichnungen aus der Haft, hrsg. v. E. Bethge (München 1964) 207.
3 Carmen 29 (M 37,507); nach *J. Hochstaffl,* Negative Theologie, 108.
4 *P. van Buren,* Reden von Gott – in der Sprache der Welt (Zürich 1965) 98.
5 *J. Bernhart,* De profundis (Weißenhorn 1985) 190 f.

6 S. Freud, Das Unbehagen in der Kultur (1930), in: Kulturhistorische Schriften (Frankfurt 1974) 220 ff.
7 B. Badura, Sprachbarrieren (Stuttgart-Bad Cannstatt 1971) 46–53.

I.5.

1 N. Postman, Wir amüsieren uns zu Tode. Urteilsbildung im Zeitalter der Unterhaltungsindustrie, Frankfurt 1985, 7 f.
2 Mc Luhan, Die magischen Kanäle (Originaltitel: Understanding media), Frankfurt/Hamburg 1970, 17 ff.
3 Gehlen, Die Seele im technischen Zeitalter. Sozialpsychologische Probleme in der industriellen Gesellschaft, Hamburg 1957, 47 ff.
4 In diesem Zusammenhang muß auch das berücksichtigt werden, was Hans Blumenberg in seinem Werk „Die Legitimität der Neuzeit" (Frankfurt/M. 1966, 201 – 432) über den „Prozeß der theoretischen Neugierde" ausführte.
5 An dieser These ist sicher soviel richtig, daß die Zeit des traditionellen Lexikons abgelaufen sein dürfte, da die elektronische Speicherung weit aktuellere Wege der Wissensvermittlung eröffnet.
6 Einen Grenzfall bildet in diesem Zusammenhang Romano Guardini, der dort, wo er auf biblische Texte Bezug nimmt, sogar von „Offenbarung" zu sprechen pflegt; dazu die Schlußbemerkungen meines Beitrags „Romano Guardini: Wegbereiter in eine neue Epoche", in: Walter Seidel (Hrsg.), „Christliche Weltanschauung", Würzburg 1985, 210 – 240.
7 Nach Gerhard Ebeling, Luther. Einführung in sein Denken, Tübingen 1964, 145.
8 Dazu Franz Mussner, Der Galaterbrief, Freiburg/Basel/Wien 1981, 314; ferner meine Ausführungen in „Der Zeuge. Eine Paulus-Befragung", Graz 1981, 160 – 163 sowie in meiner Schrift „Paulus für Christen", Freiburg/Br. 1986, 60;72.
9 Dazu nochmals mein Paulusbuch „Der Zeuge", 161.
10 Dazu Ernst Käsemann, Geist und Buchstabe, in: Paulinische Perspektiven, Tübingen 1969, 237 – 285; ferner die Ausführungen meines Paulusbuchs „Der Zeuge", 223 – 227.
11 Dazu Hans Lietzmann, An die Korinther I/II, Tübingen 1949, 110 ff.
12 Näheres dazu in meiner Schrift „Paulus – Der letzte Zeuge der Auferstehung", Regensburg 1981, 30 – 42.
13 Näheres dazu in meiner Schrift „Jesus für Christen", Freiburg/Br. 1984, 46 f; ferner das Kapitel „Die Suspendierung der Gottesfrage" (179 – 199).
14 Dazu L.H. Weinrich, Narrative Theologie, und J.B. Metz, Kleine Apologie des Erzählens, in: Concilium 9 (1973) 329 – 341; ferner G. Baudler, Wahrer Gott als wahrer Mensch. Entwürfe zu einer Narrativen Christologie, München 1977; Ders., Einführung in symbolisch-erzählende Theologie, Paderborn 1982.
15 Daß Paulus tatsächlich ein sehr viel differenzierteres Verständnis des Gesetzes entwickelt, kann hier nur angedeutet werden; Näheres dazu im zweiten Kapitel meiner Schrift „Paulus für Christen", 17 – 32.
16 W. Wimmel, Die Kultur holt uns ein. Die Bedeutung der Textualität für das geschichtliche Werden, Würzburg 1981.
17 Dazu Ronald A. Knox, Christliches Schwärmertum (Originaltitel: Enthusiasm), Köln 1957, 21 – 35; ferner Walter Schmithals, Die Gnosis in Korinth. Eine Untersuchung zu den Korintherbriefen, Göttingen 1956.
18 Neuere Versuche, Jesus auf die Rolle des Thora-Lehrers zu reduzieren und ihn demgemäß für die Ausarbeitung einer tradierbaren und in der letzten Konsequenz dessen schriftlich zu fixierenden Lehre verantwortlich zu machen, scheitern schon an dem dynamischen Jesusbild der Evangelien, das für derartige „scholastische" Aktivitäten keinen Raum läßt. So verfährt, bei aller Verdienstlichkeit der Einzeluntersuchung, Rainer Riesner in seiner Abhandlung „Jesu als Lehrer. Eine Untersuchung zum Ursprung der Evangelien-Überlieferung", Tübingen 1984.
19 Dazu H. Schürmann, Das Lukasevangelium I, Freiburg/Br. 1969, 225 – 244.
20 P.-G. Müller, Der Traditionsprozeß im Neuen Testament. Kommunikationsanalytische Studien zur Versprachlichung des Jesusphänomens, Freiburg/Br. 1982.

21 Ein schlagendes Beispielt dafür ist die bereits erwähnte Galaterstelle (1,15 f), die den authentischen Aufschluß über das paulinische Damaskuserlebnis bietet.
22 Näheres dazu in meinem Beitrag „Postkarte genügt nicht! Auf der Suche nach Alternativen zur historisch-kritischen Methode", in: *Joseph Sauer* (Hrsg.), Mehrdimensionale Schriftauslegung? Karlsruhe 1977, 9 – 34; ferner das Nachwort meines Taschenbuchs „Jesus für Christen", 185.
23 Dazu mein Beitrag „Mit anderer Stimme. Predigt als Rückübersetzung", in: Communio 10 (1982) 97 – 112.
24 *G. von le Fort*, Die Letzte am Schafott, München 1931; dazu meine Studie, Überredung zur Liebe. Die dichterische Daseinsdeutung Gertrud von le Forts", Regensburg 1980, 123 – 128.
25 *M. Machovec*, Jesus für Atheisten, Stuttgart 1972, 81; 102.
26 *R. Guardini*, Vom lebendigen Gott, Mainz 1965, 7f.

I.6.

1 *M. Buber*, Zwei Glaubensweisen, Zürich 1950. 17; 32; 99; dazu meine Schrift „Buber für Christen", Freiburg/Br. 1988, 117 ff.
2 *K. Rahner*, Grundkurs des Glaubens, Freiburg/Br. 1976.
3 Dazu meine Studie „Die glaubensgeschichtliche Wende", Graz 1986, 193–208.
4 *R. Guardini*, Vom Sinn der Kirche, Mainz 1921.
5 Über diese „Jesus-Bewegung", orientiert aus eigener Anschauung *Gerhard Adler* in dem gleichnamigen Band, Düsseldorf 1972.
6 Nach *Origenes*, Contra Celsum 5,63.
7 Das bestätigt auch die neueste Würdigung in der Porträtfolge von *Horst Georg Pöhlmann*, Gottesdenker, Reinbek b. Hamburg 1984, 229–248.
8 *W. Benjamin*, Das Kunstwerk im Zeitalter seiner technischen Reproduzierbarkeit, in: Illuminationen, Frankfurt/M. 1980, 141 f.
9 *Benjamin*, a. a. O., 145.
10 *Benjamin*, a. a. O., 138.
11 Dazu die Ausführungen meiner Theologischen Sprachtheorie und Hermeneutik, München 1970, 205–272.
12 *H. Cox*, Verführung des Geistes, Stuttgart 1974, 261.
13 *M. Marcuse*, Der eindimensionale Mensch. Studien zur Ideologie der fortgeschrittenen Industriegesellschaft, Neuwied/Berlin 1970, 76–102.
14 *M. McLuhan*, Die magischen Kanäle (Originaltitel: Understanding Media) Frankfurt/M.–Hamburg 1970, 17 ff.
15 Dazu *Michael Theobald*, Im Anfang war das Wort, Stuttgart 1983; ferner die Hinweise meiner Schrift „Gott verstehen", München–Freiburg/Br. 1971, 131 f.
16 Dazu *A. H. Beck*, Worte und Wellen. Geschichte der Technik der Nachrichtenübermittlung, Frankfurt/M. 1974, 44–106.
17 Dieser Vorschlag gilt ungeachtet der eingangs vermerkten Tatsache, daß das elektronisch vermittelte Bild eine irritierende Verdoppelung des sprachlichen Bildgehaltes nach sich zieht.
18 *M. Machovec*, Jesus für Atheisten, Stuttgart 1972, 267.

I.7.

1 *H. U. von Balthasar*, Theodramatik III: Die Handlung, Einsiedeln 1980, 399–403.
2 Dazu die Schlußbemerkung meiner Theologischen Sprachtheorie und Hermeneutik, München 1970, 566 ff.
3 Näheres dazu im Kapitel „Glaubensverantwortung" meiner hermeneutischen Fundamentaltheologie: Glaubensverständnis, Freiburg/Br. 1975, 107–191.
4 Um Klarheit über ihre Aufgabe und die mögliche Lösung ihrer Probleme zu gewinnen, wird sich die Theologie noch weit bewußter als bisher auf diese geschichtsmystische

Zuweisung besinnen müssen, weil sie nur so davor bewahrt bleibt, durch irritierende „Zielangaben" von ihrem tatsächlichen Grundanliegen abgedrängt zu werden. Dazu der Abschnitt über den Geschichtsgrund in meiner Monographie „Überredung zur Liebe. Die dichterische Daseinsdeutung Gertrud von le Forts", Regensburg 1980, 155–159.

5 *J. Burckhardt*, Weltgeschichtliche Betrachtungen, hrsg. von R. Stadelmann, o. J., 309; dazu auch *M. Seckler*, Der Fortschrittsgedanke in der Theologie, in: Theologie im Wandel, München 1967, 41–67.

6 *K. Löwith*, Vorträge und Abhandlungen zur Kritik der christlichen Überlieferung, Stuttgart 1966, 139–155; *Balthasar*, Theodramatik III, 80.

7 Dazu die Hinweise in meiner Studie „Religiöse Sprachbarrieren. Aufbau einer Logaporetik". München 1980, 178 ff.

8 *Löwith*, Weltgeschichte und Heilsgeschehen. Die theologischen Voraussetzungen der Geschichtsphilosophie, Stuttgart 1953, 148–159.

9 *M. Grabmann*, Die Geschichte der scholastischen Methode I, Berlin 1957, 274.

10 *Kuhn*, Die Struktur wissenschaftlicher Revolutionen (Originaltitel: The Structure of Scientific Revolutions), Frankfurt/M. 1967; dazu *W. Stegmüller*, Hauptströmungen der Gegenwartsphilosophie II, Stuttgart 1975, 483–534.

11 Das legt eine geradezu platonisierende Theorie der Genese von Intuitionen nahe. Damit sie zustandekommen können, muß nicht nur die Möglichkeit sinnvoller Verknüpfung scheinbar beziehungsloser Inhalte gegeben sein, sondern auch ein vorgegebener Sinnentwurf, der als solcher die objektive Bedingung der im intuitiven Erfassungsakt vollzogenen Kombination bildet. Dazu der Anm. 80a zitierte Essay *Joseph Bernharts* „Denken und Dichten".

12 *R. Ingarden*, Über die Gefahr einer *Petitio principii* in der Erkenntnistheorie, in: Jahrbuch für Philosophie und phänomenologische Forschung 4 (1921)

13 Dazu *V. Schubert*, Plotin. Einführung in sein Philosophieren, Freiburg/München 1973, 13.

14 Näheres dazu in meinem Beitrag „Mensch und Wahrheit", in: Wissenschaft und Weisheit 31 (1968) 185–197.

15 Näheres in meiner Theologischen Sprachtheorie und Hermeneutik, 212–243.

16 Dazu mein im Rahmen der Salzburger Universitätsreden erschienenes Referat „Theologie im Stadium ihrer Selbstkorrektur" (wie S. 406, Anm. 21).

17 *Lessing*, Über den Beweis des Geistes und der Kraft (von 1777), dazu mein Beitrag „Sinn und Grenzen einer therapeutischen Theologie", in: Renovatio 44 (1988) 1–16.

18 *Balthasars* Wiedereinholungsversuch bezieht sich in erster Linie auf das Konzept seiner seit 1961 erschienen „Theologischen Ästhetik" (Herrlichkeit); doch ist auch, wie meine beiden Würdigungen (Theologischer Kategorienwechsel; Das göttliche Spiel) in der Theologischen Revue (1977 und 1981) unterstreichen, die Theodramatik demselben Ansatz verpflichtet.

19 Dazu mein Beitrag „Das Bild in der Stunde des Bildersturmes", in: Kunst und Kirche 44 (1981) 4–8.

20 Nach *R. Allers* (Anselm von Canterbury. Leben, Lehre, Werke, Wien 1936) war Anselm der erste christliche Denker, der „eigentliche ‚Beweise' für das Dasein Gottes" vorgelegt hat (158).

21 Als „Schlußchoral" kann die Strophe bezeichnet werden, weil die 6. Hymne nach dem Urteil *H. Ritters* (Novalis, Hymnen an die Nacht, Heidelberg 1974, 188 f) als epilogartiger Zusatz anzusehen ist; dazu auch mein Essay „Abstieg und Auferstehung", Heidelberg 1954; ferner mein Beitrag „Dichterisches Auferstehungszeugnis. Zur Frage der theologischen Relevanz von Novalis' Hymnen an die Nacht", in: Zeitwende 52 (1981) 92–106.

22 *J. A. Möhler*, Die Einheit in der Kirche (von 1825) § 31; dazu *B. Wörner*, Johann Adam Möhler, Regensburg 1866, 311–326. Der von Möhler vorgetragene Gedanke dürfte sich von einer brieflichen Äußerung *Schillers* an Goethe (unter Bezugnahme auf dessen Naturbegriff von 1798) herleiten.

23 Dazu die Ausführungen über Glaube und Gesellschaft in meinem fundamentaltheologischen Grundriß „Glaubensverständnis", 132–141.

24 So zunächst in einem Hochland-Beitrag (von 1921) und dann in dem aus einer Vortragsfolge hervorgegangenen Sammelband „Vom Sinn der Kirche", Mainz 1922.
25 Näheres dazu in meiner Guardini-Studie „Interpretation und Veränderung", Paderborn 1979, 48 f. Daß *Guardini* mit als erster das literarische Zeugnis in Rechnung stellte, hängt nicht zuletzt mit seinem intuitiven Denkansatz zusammen, auf den im Fortgang dieser Überlegungen einzugehen sein wird.
26 Wichtige Hinweise dazu gibt *W. Emrich* in seinem Beitrag „Die Erzählkunst des 20. Jahrhunderts und ihr geschichtlicher Sinn", in: Deutsche Literatur in unserer Zeit, Göttingen 1959, 58–79.
27 Dazu *H. Straumann*, William Faulkner, Frankfurt/M. 1968, 254–275.
28 Für Guardini gilt das vor allem im Blick auf seinen (nachträglich durch die Kampfschrift „Der Heilbringer in Mythos, Offenbarung und Politik" dokumentierten) Widerstand gegen den nationalsozialistischen Führerkult.
29 Gegen *Th. W. Adorno*, Verfremdetes Hauptwerk. Zur Missa Solemnis, in: Moments musicaux, Frankfurt/M. 1964; dazu ferner *L. Dikemann-Balmer*, Beethovens Missa Solemnis und ihre geistigen Grundlagen, Zürich 1952, 102 ff.
30 *Biser*, Abgestiegen zu der Hölle. Versuch einer aktuellen Sinndeutung, in: Münchener Theologische Zeitschrift 9 (1958) 205–212; 283–293.
31 Auffälligster Beleg dafür ist vermutlich *Guardinis* nachgelassene „Existenz des Christen" (Paderborn 1976), die als Anthropologie überhaupt erst aus der Sicht der Rückbezüglichkeit voll lesbar wird; dazu meine Würdigung „Vermächtnis und Anstoß", in: Theologische Revue 74 (1978) 441–450.
32 Unter Berufung auf Daniel bemerkt *Allers* (a. a. O., 108), daß das „Proslogion" Anselms „lange Zeit fast unbekannt geblieben" sei und allenfalls „im engeren Kreis der Ordensgenossen" eine gewisse Verbreitung gefunden habe. Nur drei von achtzehn Bibliothekskatalogen des 12. Jahrhunderts, die Werke Anselms aufführen, kennen auch sein „Proslogion".
33 Während im Fall *Blondels* davon ausgegangen werden kann, daß durch die Pastoralkonstitution „Gaudium et spes" (vom 8. Dezember 1965) wesentliche Elemente seines Konzepts in den Bestand der offiziellen Kirchenlehre eingingen (dazu mein Beitrag „Der Dialog mit dem Menschen dieser Zeit", in: Der Dialog der Kirche, hrsg. von *Hans Pfeil*, Aschaffenburg 1966, 105–126), scheint das Interesse an *Schell* in dem Augenblick endgültig erloschen zu sein, in dem der Weg zur Wiederveröffentlichung seiner „Katholischen Dogmatik", die zusammen mit seiner apologetisch bei ihrem Erscheinen (1898) indiziert worden war, freigegeben wurde. Näheres dazu im Eingang des ersten Bandes der von P. W. Scheele und J. Hasenfuß hrsg. „Kritischen Ausgabe" (Paderborn 1968, IX–XXI).
34 Nach *K. Jaspers*, Augustin, München 1976, 15.
35 Dazu der von *Balthasar* verfaßte Anmerkungsteil zu der Taschenbuch-Ausgabe der Bekenntnisse (München 1955, 230–233)..
36 Insofern weist die Vision mindestens im gleichen Maß auf das pseudo-dionysische *patheîn ta theîa* voraus, wie sie in einem rückbezüglichen Abhängigkeitsverhältnis zu Plotins Enneaden steht: *Paul Henry*, Die Vision zu Ostia (Originaltitel: La vision d'Ostie), in: Zum Augustin-Gespräch der Gegenwart, hrsg. von *Carl Andresen*, Darmstadt 1962, 201–270.
37 Jesus Christus. Sein Bild in den Schriften des Neuen Testaments, Würzburg 1940, VI.
38 Die Bekehrung des Aurelius Augustinus, Leipzig 1935, 35.
39 A. a. O., 25.
40 Die Krankheit zum Tode I, C., B., a (Ausgabe *Richter*), Reinbek bei Hamburg 1962, 42.
41 So *K. Baltzer*, Die Biographie der Propheten, Neukirchen-Vluyn 1975, 110.
42 Dazu der Abschnitt „Die Sprachgestalt" meiner Schrift „Paulus – der letzte Zeuge der Auferstehung", Regensburg 1981, 24–29; ferner die Kapitel „Die Berufung" und „Die Verkündigung" meines Paulusbuchs „Der Zeuge", Graz 1981.
43 Zur Frage seiner persönlichen Legitimierung siehe *E. Käsemann*, Die Legitimität des Apostels (von 1942), Darmstadt 1956.
44 *Bornkamm*, a. a. O., 39.
45 Confessiones X, 16,25. Dazu *C. von Bormann*, Der praktische Ursprung der Kritik, Stuttgart 1974, 22.

46 Confessiones IX, 10,25. Dazu mein Beitrag „Die neuere Theologie und der Geist der Schwere", in: Hochland 48 (1955/56) 297–307.
47 Dazu außer *Allers* (Anselm von Canterbury, 71; 167) *K. Barth*, Fides quaerens intellectum. Anselms Beweis der Existenz Gottes im Zusammenhang seines theologischen Programms (von 1931), Darmstadt 1958.
48 Demgegenüber spricht die von *Eadmer* verfaßte Vita Sancti *Anselmi* umumwunden von einer intellektuellen Vision (I, 3,26).
49 Itinerarium mentis in Deum I, 2.
50 Dazu die Einführung von *Julian Kaup* zu der von ihm besorgten Ausgabe (München 1961, 27–43).
51 Dazu *E. Scharl*, Recapitulatio mundi, Freiburg/Br. 1941.
52 Dazu *W. Pannenberg*, Die Prädestinationslehre des Duncs Scotus, Göttingen 1954.
53 De docta ignorantia II, c. 12. Auch *Jaspers* hebt in seiner Cusanus-Monographie (München 1968, 154) den hohen Stellenwert dieser Aussage hervor; dazu auch mein Beitrag „Nikolaus von Kues als Denker der unendlichen Einheit", in: Tübinger Theologische Quartalschrift 146 (1966) 305–328.
54 Ausdrücklich stellt *Hanns Lilje* (Martin Luther in Selbstzeugnissen und Bilddokumenten, Reinbek bei Hamburg 1965,67) das „Turmerlebnis" *Luthers* in einen Zusammenhang mit den augustinischen Konfessionen und dem Mémorial Pascals. Dem psychologischen Zusammenhang spürte *Erik H. Erikson* in seiner historisch-psychoanalytischen Studie „Der junge Mann Luther" (Originaltitel: Young Man Luther), Frankfurt/M. 1975, 221–245 nach.
55 Aus der Vorrede zu Band I der Lateinischen Werke (von 1545), nach *H. Fausel*, D. Martin Luther. Leben und Werk 1483 bis 1521, München und Hamburg 1966, 56 f.
56 *G. Wehr*, Jakob Böhme in Selbstzeugnissen und Bilddokumenten, Reinbek bei Hamburg 1971, 43 f; ferner *E. Benz*, Die Vision. Erfahrungsformen und Bilderwelt, Stuttgart 1969, 576–582, der als Vorläufer Böhmes Heinrich Seuse und als Nachfolger den Kirchen- und Ketzerhistoriker Gottfried Arnold nennt. Bemerkenswert ist die Parallele, in der die auf die innere Wiedergeburt zurückgenommene Geschichtshoffnung *Böhmes* zu *Kierkegaards* Umdeutung der zunächst als reale Lebenserwartung gedachten „Wiederholung" erscheint.
57 Dazu *Florenskis* Betrachtung über die Sophia (Auszug aus seinem Werk „Die Säule und Grundfeste der Wahrheit"), in: Christi Reich im Osten, Mainz 1926, 72–145: ferner *W. Solovjeff*, Zwölf Vorlesungen über das Gottmenschtum, Stuttgart 1921.
58 So das gleichnamige Gedicht, wiedergegehen in dem von *Ludolf Müller* besorgten Sammelband „Übermensch und Antichrist", Freiburg/Br. 1959, 15 f.
59 Eine Ausnahme macht *H. Bürklin*, Ein Gott für die Menschen. Entwurf einer christozentrischen Anthropologie nach Blaise Pascal, Freiburg/Br. 1976.
60 *Meyer*, Pascals Pensées als dialogische Verkündigung, Göttingen 1962: dazu auch *L. Goldmann*, Der verborgene Gott. Studie über die tragische Weltanschauung in den Pensées Pascals und im Theater Racines, Neuwied und Darmstadt 1973, 423-461.
61 *Seiterich*, Wege der Glaubensbegründung nach der sogenannten Immanenzapologetik, Freiburg/Br. 1938, 74.
62 Nach *F. W. Kantzenbach*, Friedrich Daniel Ernst Schleiermacher in Selbstzeugnissen und Bilddokumenten, Reinbek bei Hamburg 1967, 49 f. Derselben Monographie zufolge bezeichnete Schleiermacher die erste Rede ausdrücklich als Apologie (a. a. O., 51.)
63 *Haym*, Die romantische Schule. Ein Beitrag zur Geschichte des deutschen Geistes, Berlin 1920, 446–611.
64 A. a. O., 493.
65 *Baudler*, „Im Wort sehen". Das Sprachdenken Johann Georg Hamanns, Bonn 1970, 317–326.
66 A. a. O., 52.
67 A. a. O., 53 ff.
68 *Jaspers*, Nikolaus Cusanus, 149. Auf die Bedeutung der Stelle hatte bereits *Ernst Cassirer* (Individuum und Kosmos in der Philosophie der Renaissance, Leipzig und Berlin 1927, 69 f) aufmerksam gemacht.
69 *W. Lowrie*, Das Leben Sören Kierkegaards, Düsseldorf-Köln 1955, 97.

70 Dazu das Kapitel „Der Helfer und die Hilfe" (217–237) sowie mein Beitrag „Postkarte genügt nicht! Auf der Suche nach Alternativen zur historisch-kritischen Methode" (in: Mehrdimensionale Schriftauslegung? hrsg. von *Josef Sauer*, Karlsruhe 1977, 9–34).
71 *Grau*, Die Selbstauflösung des christlichen Glaubens. Eine religionsphilosophische Studie über Kierkegaard, Frankfurt/M. 1963.
72 Näheres bei *J. Bishop*, Die „Gott-ist-tot"-Theologie (Originaltitel: Les théologiens de ‚la Mort de Dieu'), Düsseldorf 1968.
73 Ecce homo. Warum ich so gute Bücher schreibe: Zarathustra, § 1 ff.
74 Dazu meine Studie „Gott ist tot" – Nietzsches Destruktion des christlichen Bewußtseins, München 1962.
75 Näheres dazu in meinem Nietzsche-Artikel des von *Heinz Weger* hrsg. Lexikons der Religionskritik (Freiburg/Br. 1979, 241–247). Auf keine Vision, wohl aber auf die „Intuition", daß der christliche Asketismus als eine „Metamorphose des urchristlichen Glaubens an die Wiederkehr Christi" zu gelten habe, geht die Position *Franz Overbecks* zurück, der sich dadurch prinzipiell bewogen sieht, am Christentum „ein jüngstes Gericht zu vollziehen", und der auch, wenigstens vom Rand her, dadurch in den diskutierten Zusammenhang gehört, daß er autobiographische Aufzeichnungen mit dem auf Augustinus zurückblickenden Titel „Selbstbekenntnisse" verfaßte. Dazu die von *Jacob Taubes* besorgte und eingeleitete Ausgabe (Frankfurt/M. 1966).
76 *J. Macquarrie*, Gott-Rede. Eine Untersuchung der Sprache und Logik der Theologie (Originaltitel: God-Talk), Würzburg 1974, 112–132; dazu auch mein Beitrag „Der Innenwert der Außenfront", in: Theologie der Gegenwart 21 (1978) 85–92; ferner den in Anm. 7 gegebenen Literaturhinweis.
77 Näheres dazu bei *E. Schillebeeckx*, Offenbarung und Theologie, 109–124.
78 Dazu die Erläuterung der anselmischen Genugtuungslehre bei *Allers* (a. a. O., 121–128), die auch auf das Methodenproblem der Abhandlung eingeht (124).
79 Dazu nochmals meine Schrift „Interpretation und Veränderung", 28–32. Ergänzend dazu auch *S. Geiger*, Der Intuitionsbegriff in der katholischen Religionsphilosophie der Gegenwart, Freiburg/Br. 1926.
80 *Guardini*, Religion und Offenbarung I, Würzburg 1958, 19 f.
80a *Bernhart*, Denken und Dichten (von 1951), in: Gestalten und Gewalten, hrsg. von *Max Rößler*, Würzburg 1962, 162 f.
80b A. a. O., 170; 174.
81 Zum Folgenden *G. Becker*, Theologie in der Gegenwart, Tendenzen und Perspektiven, Regensburg 1978, 134 ff.
82 *Kern*, Der freiere Glaube. Faktoren und Tendenzen der heutigen Glaubenssituation, in: Stimmen der Zeit 189 (1972) 219, wiederveröffentlicht in dem Sammelband „Alter Glaube in neuer Freiheit", Innsbruck 1976, 85–112.
83 *Guardini*, Theologische Briefe an einen Freund, Paderborn 1976, 59.
84 Sermo 28,1.
85 Sermo 25,3.
85a Dazu außer meinem oben (Anm. 19) erwähnten Beitrag auch die Ausführungen meiner Schrift „Glaubensvollzug" (Einsiedeln 1967, 14 f) und meiner Theologischen Sprachtheorie und Hermeneutik (35–42).
86 Paradigmatisch geschieht das in ihrer Erzählung „Die Abberufung der Jungfrau von Barby" (von 1940), die den gegenwärtigen Bildverlust in der Rückspiegelung auf den reformatorischen Bildersturm erörtert und im Sinne einer „negativen Mystik" deutet.
86b A. a. O., 170; 174. Auf der Grenzscheide von Kognitionspsychologie und Erkenntnistheorie erörtert *Th. W. Köhler* das Intuitionsproblem in seiner Studie „Psychologische Beobachtungen zum Problem der intuitiven Erkenntnis und ihre erkenntnistheoretischen Implikationen" (Salzburg – München 1981), die bei aller Anerkenntnis der wissenschaftstheoretischen Schwierigkeiten für eine systematische Einbeziehung der psychologischen Bewußtseinsanalyse in das erkenntnistheoretische Konzept plädiert.
87 *Kierkegaard*, Philosophische Brocken (Ausgabe *Richter*) Reinbek bei Hamburg 1964, 31 ff.
88 A. a. O., 36–46.
89 *Ignatius*, Epheserbrief 7,2.
90 Dazu auch der Hinweis in meiner Schrift „Glaubensverständnis", 21.

91 *Rahner*, Die Forderung nach einer „Kurzformel" des Glaubens, in: Schriften zur Theologie VIII, Einsiedeln 1967, 153–164.
92 Dazu mein Beitrag „Der eine Glaube und die vielen Mysterien", in: Ich glaube, hrsg. von *Wilhelm Sandfuchs*, Würzburg 1978, 181–193.
93 *Jaspers*, Psychologie der Weltanschauungen, Heidelberg 1954, 304–326.
94 Von *Kierkegaards* wiederholt erhobenem Vorwurf der „Unbewohnbarkeit" der denkerischen Systembauten war schon bei der Erörterung des Zusammenhangs von Vision und Existenz (siehe auch Anm. 40) die Rede.
95 Dazu nochmals das unter dem Stichwort „Systemkritischer Aufweis" Ausgeführte.
96 In diesem Sinn äußerte sich *Balthasar* schon in seiner „Rechenschaft 1965", Einsiedeln 1965, 31.
97 Dazu *R. H. Fuller*, Die Wunder Jesu in Exegese und Verkündung (Originaltitel: Interpreting the Miracles), Düsseldorf 1967, 56 ff.
98 Näheres in meinem gleichnamigen Beitrag, in: Ortskirche – Weltkirche, Würzburg, 304–324.
98a Dazu mein Beitrag „Glaube und Kritik. Eine gegenseitige Herausforderung", in: Münchener Theologische Zeitschrift 26 (1975) 268–293.
99 Dazu der von *Claus Heitmann* und *Heribert Mühlen* hrsg. Sammelband „Erfahrung und Theologie des Heiligen Geistes", München 1974.
100 *Metz*, Karl Rahner – ein theologisches Leben. Theologie als mystische Biographie eines Christenmenschen heute, in: Stimmen der Zeit 192 (1974) 305–316.
101 *Bonhoeffer*, Widerstand und Ergebung, München und Hamburg 1966, 153. Dazu das Schlußwort meiner Untersuchung „Religiöse Sprachbarrieren", 430.

I.8.

1 Dazu *W. Welsch*, Unsere postmoderne Moderne, Weinheim 1987, 260; 322 f.
2 *W. Kern*, Alter Glaube in neuer Freiheit, Innsbruck 1976, 97–102.
3 *E. Keller*, Johann Baptist Hirscher (1788–1865), in: *H. Fries* und *G. Schwaiger* (Hrsg.), Katholische Theologen Deutschlands im 19. Jahrhundert II, München 1975, 40–69.
4 *C. Bussmann* Befreiung durch Jesus? Die Christologie der Lateinamerikanischen Befreiungstheologie, München 1980, 27.
5 Dazu *F. Arnold*, Der Glaube, das heilt. Zur therapeutischen Dimension des Glaubens, Regensburg 1983; *W. Beinert* (Hrsg.), Hilft Glauben heilen? Düsseldorf 1985; ferner, meine Studie Theologie als Therapie. Zur Wiedergewinnung einer verlorenen Dimension, Heidelberg 1985.
6 Dazu meine (die Besprechungen der ‚Theodramatik' beschließende) Würdigung der ‚Theologik' unter dem Titel ‚Dombau oder Triptychon?', in: Theologische Revue 84 (1988), 177–183.
7 *F. Pilgram*, Neue Grundlagen der Wissenschaft vom Staate, in: *L. Scheffczyk*, Theologie in Aufbruch und Widerstreit, Bremen 1965, 259.
8 Dazu das Kapitel „Welcher Zukunft geht die Theologie entgegen?" meiner Schrift ‚Glaubenswende', 140–155.
9 *H. Schell*, Christus, Das Evangelium und seine weltgeschichtliche Bedeutung, Mainz 1906, 14.
10 *F. Nietzsche*, Zur Genealogie der Moral III, § 27.
11 *M. Deutinger*, Das Reich Gottes nach dem Apostel Johannes, in: Theologie im Aufbruch und Widerstreit.
12 *A. von Schmid*, Apologetik als spekulative Grundlegung der Theologie, in: A.a.O., 521 f.
13 *J.B. von Hirscher*, Heilswissen oder Spekulation? Köln 1967, 36–39; 50–55.

II.1.

1 *R. Klibansky* in seiner Eröffnungsrede zur Anselm-Tagung am 13. September 1970 in Bad Wimpfen.
1a Hesperus II, 25 (Emmanuels Brief über Gott).

2 Siebenkäs II, Erstes Blumenstück. Dazu die Studie von *Walther Rehm*, Experimentum medietatis. Studien zur Geistes- und Literaturgeschichte des 19. Jh., München 1947, 20–55.
3 Theologie der Frage. München 1969, 146.
4 Schlußwort der Abhandlung ‚Die Frage nach der Technik', in: Vorträge und Aufsätze, Pfullingen 1954, 44.
5 *M. Heidegger*, Was ist Metaphysik?, Frankfurt/M. 1960, 42. In seiner Einleitung in die Philosophie, Tübingen 1914, hatte W. Windelband fast wörtlich ebenso gefragt: „Warum muß überhaupt etwas sein? Warum ist nicht nichts?" (417 f.).
6 *H. Cohen*, Logik der reinen Erkenntnis, Berlin 1902, 69.
7 *M. Heidegger*, Holzwege, Frankfurt/M. 1950, 246 f.
8 *R. Guardini*, Christliches Bewußtsein. Versuche über Pascal. München 1962, 133; ferner E. Wasmuth, Der unbekannte Pascal. Versuch einer Deutung seines Lebens und seiner Lehre, Regensburg 1962, 177.
9 *L. Goldmann*, Der verborgene Gott (Originaltitel: Le dieu caché), Neuwied und Darmstadt 1973, 426.
10 Dazu *Romano Guardini*, der sich im ersten seiner nachgelassenen ‚Theologischen Briefe' (Paderborn 1976) der Frage stellt: Wie kann neben Gott Endliches sein? (vom 4. August 1963); ferner meine Schrift ‚Theologie und Atheismus', München 1972. 39 ff.
11 De visione Dei, c. 9 (fol. 103 v).
12 Wenn das zutrifft, kann sich die Entstehung des ‚Proslogion' schwerlich so vollzogen haben, wie der Rekonstruktionsversuch Franciscus Salesius Schmitts (Anselm von Canterbury, Proslogion, Stuttgart-Bad Canstatt 1962, 31 f.) annimmt. Denn wenn die auf einer Wachstafel aufgezeichneten Urgestalt des Textes nur den ‚Kern des Beweises', ohne das Eingangskapitel mit dem Aufruf zur Betrachtung Gottes, enthielt und demgemäß auch nicht die von *Heinrich Heine* gerühmte „rührende Gebetsform" aufwies, fehlte dem Argument die Dimension, in der es erst wirklich lebensfähig war.
13 Dazu *H. Fries*, Die katholische Religionsphilosophie der Gegenwart. Der Einfluß Max Schelers auf ihre Formen und Gestalten. Heidelberg 1949, 75–90; ferner mein Beitrag ‚Struktur und Funktion des religiösen Akts' in: Stimmen der Zeit 1985 (1977) 159–168.

II.2.

1 In einem Beitrag zum gegenwärtigen Wertewandel überraschte *Elisabeth Noelle-Neumann* die Öffentlichkeit unlängst mit der demoskopisch erhärteten Feststellung, daß das Schlagwort „No future" bei amerikanischen Studenten, wo man seinen Ursprung vermuten möchte, unbekannt sei und in Wahrheit eine „deutsche Sondersituation" widerspiegle: Der Zweifel am Verstand, in: Frankfurter Allgemeine Zeitung vom 24. Juli 1984, 9.
2 *Freud*, Abriß der Psychoanalyse. Das Unbehagen in der Kultur, in: Kulturtheoretische Schriften, Frankfurt/M., 1974, 221 f.
3 Vieles spricht dafür, daß der Zusammenhang von Genmanipulation und atomarem „overkill" stärker als bisher beachtet und bedacht werden müßte.
4 Dazu mein Buch: Theologische Sprachtheorie und Hermeneutik, München 1970, 251 f.
5 Dazu *Gershom Scholem*, Walter Benjamin und sein Engel, in: Zur Aktualität Walter Benjamins, hrsg. von *Siegfried Unseld*, Frankfurt/M. 1972, 85–138.
6 *Scholem*, a. a. O., 131.
7 Wenn er dennoch vermerkt wird, so deshalb, weil auch der vierzigste Jahrestag des Attentats bestätigte, wie weit sogar noch die Historiker von einer einmütigen Beurteilung der Geschehnisse entfernt sind.
8 Dazu *Robert Heiß*, Der Gang des Geistes. Eine Geschichte des neuzeitlichen Denkens, Bern/München 1959, 175–192.
9 *Hegel*, Grundlinien der Philosophie des Rechts (Ausgabe Hoffmeister), Hamburg 1955, 17; dazu *Karl Löwith*, Von Hegel zu Nietzsche. Der revolutionäre Bruch im Denken des neunzehnten Jahrhunderts, Stuttgart 1980, 53 ff.
10 *Heiß*, a. a. O., 188.

11 *Hegel*, Phänomenologie des Geistes (Ausgabe Hoffmeister), Hamburg 1952, 29.
12 *Rosenzweig*, Das Büchlein vom gesunden und kranken Menschenverstand, hrsg. von *Nahum Norbert Glatzer*, Düsseldorf 1964, 34; dazu die Hinweise in meinem fundamentaltheologischen Grundriß „Glaubensverständnis", 128; ferner die Ausführungen meiner Schrift „Theologie als Therapie", Heidelberg 1985, 38–44.
13 Einen Durchblick durch die ganze Philosophiegeschichte unter dem Gesichtspunkt des Staunens bietet *Jeanne Hersch* in ihrem Werk „Das philosophische Staunen", München/Zürich 1981.
14 *Marcuse*, Triebstruktur und Gesellschaft (Originaltitel: Eros and Civilisation), Frankfurt/M. 1982, 17–58; 80–106; 211–233.
15 Dazu *Marcuse*, a. a. O., 110 ff.
16 *Schneider*, Winter in Wien. Aus meinen Notizbüchern 1957/58, Freiburg/Br. 1958; dazu mein Beitrag „Reinhold Schneider und die Frage der Glaubensbegründung", in: Stimmen der Zeit 202 (1984), 731–742.
17 *Schneider*, a. a. O., 79.
18 Zu welchen Proportionsverzerrungen es dabei kommen kann, zeigen politische Stellungnahmen zum 40. Jahrestag des mißlungenen Hitlerattentats, die allen Ernstes den „Widerstand", der den Strukturen im demokratischen Staat gegenüber zu leisten sei, mit der Widerstandsbewegung gegen das Hitler-Regime gleichzustellen suchen.
19 *Wimmel*, Die Kultur holt uns ein. Die Bedeutung der Textualität für das geschichtliche Werden, Würzburg 1981; ähnliche Gedanken hatte bereits *Gert Kalow* in seiner Schrift „Poesie ist Nachricht. Mündliche Tradition in Vorgeschichte und Gegenwart" (München 1975) vorgetragen.
20 *Wimmel*, a. a. O., 57.
21 Dabei versteht *Wimmel* unter Reduktion „die Rückgewinnung eines ursprünglicheren Zustandes der Idee, der Form, der Sprache, der Institution" (a.a. O., 53; 127), die ein Überleben unter den wechselnden Erscheinungsformen des Kulturganzen ermöglicht. Ausgesprochen reduktiv erscheinen auch die „Grundwerte und Pole", die in dieser „Erinnerungskultur" zur Orientierung verhelfen; denn zu ihnen „zählen Wahrhaftigkeit, Gerechtigkeit, Verläßlichkeit und Treue..., aber auch die Empfindungen für Natur und Tradition, Frömmigkeit, Demut, Distanz, Unterscheidung; ferner gehört dazu das Vermögen, für einen jeden Wert und Gesichtspunkt das rechte Maß seiner Geltung zu finden" (154).
22 Damit soll weder verkannt noch gar in Abrede gestellt werden, daß sich die gesamte abendländische Kultur – und nicht nur sie – in wesentlichen Erscheinungsformen der Technik des Rückvergleichs verdankt, daß also, grundsätzlich gesprochen, die Probleme der Gegenwart und der absehbaren Zukunft nur im Rückgriff auf „archivierte" Erfahrungswerte zu bewältigen sind. Was aber hier zur Debatte steht, ist die ungleich radikalere Frage der Zukunftsfähigkeit des heutigen Menschen und der Möglichkeit ihrer Reaktivierung.
23 Im folgenden wird die in Frankfurt/M. 1959 erschienene Sonderausgabe des dreibändigen Werkes zugrundegelegt.
24 *Marx*, Texte zu Methode und Praxis II: Pariser Manuskripte 1844, hrsg. von *Günther Hillmann*, Reinbek 1969, 192; dazu der Abschnitt „Das Lösungswort und sein Sinn" in Blochs „Das Prinzip Hoffnung", 319–327.
25 *Bloch*, a.a. O., 328–334.
26 *Bloch*, a. a. O., 330 f.
27 *Bloch*, a. a. O., 336 ff.
28 Dazu *Löwith*, Von Hegel zu Nietzsche, 260–265.
29 *Cox*, Stirb nicht im Warteraum der Zukunft. Aufforderung zur Weltverantwortung, Gütersloh 1971.
30 *Cox*, a. a. O., 32.
31 *Cox*, a. a. O., 36 f. Wie stark das Cox nachgerühmte politische Engagement dem marxistischen Klassendenken verpflichtet ist, zeigt sein Ausspruch: „Einem aufgeklärten Theologen bleibt heute nichts anderes übrig, als sich Situationen auszusetzen, anhand deren er seine Einordnung in die Klassenstruktur nachprüfen kann und die es zulassen, die bürgerlich verursachte Korruption seiner Denkvoraussetzungen soweit wie möglich abzustreifen."

32 *Cox*, a. a. O., 159.
33 *Cox*, a. a. O., 157 f.
34 So der Titel seines Taschenbuches (München 1970), das nach Ausweis des Vorwortes Vorlesungen und Vorträge aus der Zeit von 1965–1970 umfaßt, die allesamt um das Grundthema seiner 1964 erschienenen „Theologie der Hoffnung" kreisen.
35 *Moltmann*, Umkehr zur Zukunft, 58.
36 *Moltmann*, a. a. O., 116; 157. Demgegenüber hält es der späte Guardini für eines der schwersten Versäumnisse der Gegenwartstheologie, daß sie „den Gedanken des Paradieses nicht ernst genug genommen habe": Theologische Briefe an einen Freund, Paderborn 1976, 17; dazu die Ausführungen meines Guardini-Buchs „Interpretation und Veränderung", Paderborn 1979, 122f.
37 *Moltmann*, a. a. O., 120.
38 *Cox*, Stirb nicht im Warteraum der Zukunft, 66.
39 *Cox*, a. a. O., 32 f.
40 Im Blick auf den Gesamtkontext des Nietzschewortes fragt Heidegger: „Vielleicht hat da ein Denkender wirklich *de profundis* geschrieen? in: Holzwege, Frankfurt/M. 1950, 246 f.
41 Dazu *Gerhard von Rad*, Das erste Buch Mose, Göttingen 1956, 91 f.
42 Dazu *Helmer Ringgren*, Psalmen, Stuttgart 1941, 78.
43 Zu den Leiden des Propheten siehe *Josef Schreiner*, Jeremia (1–25,14), Würzburg 1981, 7–10.
44 *Deißler*, Antworten des Alten Testamentes, in: Wer ist das eigentlich Gott? hrsg. von *Hans Jürgen Schultz*, München 1969, 102.
45 *Deißler*, a. a. O., 103.
46 *Schoonenberg*, Gott als Person, als persönliches Wesen, in: Concilium 13 (1977) 172–179. Als der Ganz-andere ist Gott, wie schon *Nikolaus von Kues* betonte, zugleich das Non-aliud.
47 So in seinem Referat „Der Gottesbegriff nach Auschwitz" zum Münchener Katholikentag 1984.
48 Dazu *Gerhard von Rad*, Theologie des Alten Testaments II, München 1960, 293.
49 Dazu *Martin Buber*, Der Glaube der Propheten, Zürich 1950, 45 ff.: ferner *Gerhard von Rad*, Theologie des Alten Testaments I, München 1957, 183 ff.
50 Am Anfang steht somit ein Erlebnis nachhaltiger Distanzierung, die, wie das Stichwort „heilig" zu verstehen gibt, mit der Erfahrung des *Mysterium tremendum*. einer Grundqualität der Numinosen, zu tun hat.
51 Nach *Rad*, a. a. O., 187.
52 *Buber*, Der Glaube der Propheten, 48.
53 *Deißler*, Antworten des Alten Testamentes, 105.
54 *Deißler*, a. a. O., 104.
55 Ebd.
56 Dazu das grundlegende Werk von *Leonhard Goppelt*, Typos. Die typologische Deutung des Alten Testaments im Neuen (von 1939), Darmstadt 1966.
57 Dazu mein Buch „Älteste Heilsgeschichten", Würzburg 1984, 46 ff.
58 Näheres dazu in meiner Schrift „Gottsucher oder Antichrist? Nietzsches provokative Kritik des Christentums", Salzburg 1982, 42 ff.
59 Wie ratlos die traditionelle Theologie dieser Stelle gegenübersteht, zeigt etwa die Deutung von *Hans Urs von Balthasar*, Herrlichkeit. Eine theologische Ästhetik III/2, Einsiedeln 1969, 207.
60 *Merklein*, Die Gottesherrschaft als Handlungsprinzip. Untersuchung zur Ethik Jesu, Würzburg 1978, 236.
61 Dazu der wichtige Beitrag von *Rudolf Schnackenburg*, Das Neue und Besondere christlicher Eschatologie, in dem von ihm hrsg. Sammelband „Zukunft. Zur Eschatologie bei Juden und Christen", Düsseldorf 1980, 51–78.
62 *Becker*, Johannes der Täufer und Jesus von Nazareth, Neukirchen 1972, 97.
63 Daß dieses Schlüsselwort des Ersten Johannesbriefs neu entdeckt werden muß, zeigte *Werner Bergengruen* in seinem Roman „Am Himmel wie auf Erden"; dazu mein Beitrag „Furcht und Angst. Werner Bergengruen und Gertrud von le Fort – Zwei Paradig-

men dichterischer Angstbewältigung", in: *L. Bossle* (Hrsg.), Hans Filbinger. Ein Mann unserer Zeit, Dießen 1983, 196–226.
64 Buber, Zwei Glaubensweisen, Zürich 1950, 110. Näheres zu dem von Buber angesprochenen Kontext des Herrenwortes in meinem Jesusbuch „Der Helfer", München 1973, 87–92; 103 f.
65 Bei diesen Eigeninitiativen ist in erster Linie an die Ausbildung einer Hierarchie und die Gestaltung des Kanons heiliger Schriften zu denken.
66 *Haecker,* Was ist der Mensch?, Leipzig 1933, 127–137; die Bemerkung zu Heidegger bezieht sich auf folgende Stelle in dessen „Metaphysik" (Tübingen 1958, 109): „Daß jemand die Sätze, die das Dogma der katholischen Kirche aussagt, glaubt, ist Sache des einzelnen und steht hier nicht in Frage. Daß man aber auf den Buchdeckel seiner Bücher die Frage setzt: Was ist der Mensch, obgleich man fragt, weil man nicht fragen will und nicht kann, das ist ein Verfahren, das von vornherein jedes Recht verwirkt hat, ernstgenommen zu werden." Die Ungeheuerlichkeit dieses Angriffs besteht nicht so sehr in diesem selbst, als vielmehr darin, daß Heidegger diese in seiner Freiburger Vorlesung von 1935 enthaltenen Sätze bei der Neuauflage seiner Schrift (1958) unverändert – und unkommentiert – stehen ließ.
67 *Bloch,* Wegzeichen der Hoffnung. Eine Auswahl aus seinen Schriften, Freiburg/Br. 1967, 49.
68 *Nietzsche,* Sämtliche Werke, Kritische Studienausgabe XIII, 189.
69 A. a. O., 190.
70 Zu diesem hintergründigen Sinn von Nietzsches Kritik siehe die Ausführungen meiner Schrift „Gottsucher oder Antichrist?" (32–39).
71 Dazu mein Beitrag „Gläubige Spiegelung. Zum Gottes- und Existenzverständnis Romano Guardinis", in: Theologie und Glaube 69 (1979), 431–446.
72 Dazu gehört nicht nur sein vielgelesenes Meditationsbuch „Der Herr" (1937), sondern vor allem auch seine zunächst nur fragmentarisch veröffentlichte Abhandlung „Jesus Christus. Sein Bild in den Schriften des Neuen Testaments", Würzburg 1940; der in dieser Publikation nicht enthaltene dritte Teil erschien später unter dem Titel „Die irdische Wirklichkeit des Herrn" (Würzburg 1960).
73 Näheres dazu in den einleitenden Ausführungen meiner Schrift „Jesus für Christen", Freiburg/Br. 1984.
74 Dazu die Untersuchung von *Rainer Riesner,* Jesus als Lehrer. Eine Untersuchung zum Ursprung der Evangelien-Überlieferung, Tübingen 1984, 339–343.
75 Dazu nochmals das Kapitel „Der Helfer und die Hilfe" (217–237).
76 Näheres dazu in meiner Studie „Überredung zur Liebe. Die dichterische Daseinsdeutung Gertrud von le Forts", Regensburg 1980. 147–159.
77 Daß sich für *le Fort* mit den Gedanken des Endgerichts auch stets die Hoffnung auf die im Gericht gefundene Erbarmung verbindet, zeigen außer der Schlußszene des Magdeburg-Romans vor allem die Erzählungen „Die Consolata" und „Die Frau des Pilatus".
78 Zum ersten Komplex siehe *Gerd-Günter Grau,* Christlicher Glaube und intellektuelle Redlichkeit. Eine religionsphilosophische Studie über Nietzsche, Frankfurt/M. 1958, zum zweiten das Reinhold Schneiders „Winter in Wien" gewidmete Schlußkapitel „Versöhnter Abschied" (381–400).
79 *Nietzsche,* Zur Genealogie der Moral III, § 27.
80 Ebd.
81 *Schneider,* Winter in Wien. Aus meinen Notizbüchern 1957/58, Freiburg/Br. 1958, 79.
82 In theologiekritischer Hinsicht ist damit den Bemühungen um eine therapeutische Theologie höchste Priorität zuerkannt.
83 Nach dem Matthäus-Evangelisten nimmt auch Jesus selbst dieses Wort auf, wenn er den von ihm vergeblich umworbenen Bewohnern Jerusalems zuruft: „Von jetzt an werdet ihr mich nicht mehr sehen, bis ihr ruft: Gesegnet sei er, der kommt im Namen des Herrn!" (23,29).
84 Es kennzeichnet den Seelenzustand, in dem sich der Verfasser der „Bekenntnisse", seiner Erinnerung nach, zur Zeit seiner Bekehrung befand, daß er von dem „Absatz" des Römerbriefs, auf den sein Auge fiel, nur die zweite Hälfte zitiert, die von den heidnischen Lastern wegruft (11, 13 f.): Confessiones VIII, c 12,29.
85 Nach *Alfons Rosenberg,* Das Reich des Heiligen Geistes, München-Planegg 1955, 83 f.;

dazu das wichtige Joachim-Kapitel *Karl Löwiths* in „Weltgeschichte und Heilsgeschehen. Die theologischen Voraussetzungen der Geschichtsphilosophie", Stuttgart 1953, 136–147.

86 Dazu die Ausführungen *Rudolf Bultmanns* in: Das Urchristentum im Rahmen der antiken Religionen, Zürich 1949, 163–173.
87 *Marcel,* Homo Viator. Philosophie der Hoffnung, Düsseldorf 1949, 51.
88 *Marcel,* a. a. O., 33 ff.
89 *Marcel,* a. a. O., 76.
90 Daß dasselbe auch für den Frieden gilt, verdeutlicht mein Beitrag „Friede muß sein! Anstöße zu einem neuen Friedensbewußtsein", in: Politische Studien 35 (1984) 268–278.
91 Die „Bedrängnis", von welcher der exakte Wortlaut spricht, bezieht sich auf die Anfechtung der Jüngergemeinde, der von der „Welt" ihres Gottes- und Christusglaubens wegen der Prozeß gemacht wird. Die Psychologie der Schauprozesse, mit denen die modernen Diktaturen den johanneischen Bildgedanken schauerlich kommentierten, macht jedem auch nur halbwegs Eingeweihten deutlich, wie genau *Luther* mit seiner Wortwahl die Atmosphäre des Vorgangs traf; dazu *Rudolf Schnackenburg,* Das Johannesevangelium III, Freiburg/Br. 1975, 187 f.
92 In diesem Zusammenhang wird man sich an die Kontroverse zwischen *Karl Holl,* der für die Unableitbarkeit der Gottesverkündigung Jesu eintrat, und dem ihm widersprechenden *Rudolf Bultmann* erinnern müssen, der in seiner Replik „Urchristentum und Religionsgeschichte" (1932) für die Abkünftigkeit der Botschaft Jesu aus der jüdischen Glaubensvorstellung plädierte. Wenn vom Standpunkt neuerer Forschung auch mancherlei gegen die These *Holls* einzuwenden ist, muß man sich doch darüber im klaren sein, daß im Widerspruch zu ihr das Christentum nicht als die Religion der Angstüberwindung glaubhaft gemacht werden kann; dazu *Gerhard Lohfink,* Gott in der Verkündigung Jesu, in: Heute von Gott reden, hrsg. von *Martin Hengel* und *Rudolf Reinhardt,* München/Mainz 1977, 50–65.
93 Außer Betracht bleiben müssen die Konsequenzen, die sich von hier aus für eine „im Stadium ihrer Selbstkorrektur" begriffene Theologie ergeben. Wenn diese Selbstkorrektur tatsächlich erfolgt, ist sie mit der Rückgewinnung der verlorenen Dimensionen, insbesondere der ästhetischen und der therapeutischen, nicht zu Ende gebracht; vielmehr bedarf es dann auch eines Kategorienwechsels, der darauf abzielt, sie mit besseren Gründen, als sie von der Enthellenisierungsthese ins Feld geführt werden, zu einem zukunftsorientierten Denken zu bewegen. Insofern bedarf meine Schrift „Theologie im Stadium ihrer Selbstkorrektur" (Salzburg 1981) einer kategorienkritischen Ergänzung.

II.3.

1 *K. Rahner,* Theos im Neuen Testament, in: Schriften I 91–167. Der Beitrag geht auf ein Referat zurück, das zunächst in einem Wiener Arbeitskreis vorgetragen und dann in der Zeitschrift Bijdragen 11 (1950) 211–236 veröffentlicht wurde, und dies in der Absicht, Anregungen „für eine bessere bibeltheologische Fundierung" des Traktats „De Deo uno" zu geben (91).
2 Dazu die abschließenden Ausführungen des der Frage des theologischen Erkenntnisfortschritts gewidmeten Kapitels „Intuition und Innovation" (114–135).
3 *W. Marxen,* Die Sache Jesu geht weiter (Gütersloh 1976). Nicht zuletzt ist in diesem Zusammenhang auch an das *Guardini*-Wort vom „Erwachen der Kirche in den Seelen" zu erinnern. Näheres dazu in meiner Schrift „Interpretation und Veränderung. Werk und Wirkung Romano Guardinis" (Paderborn 1979) 123 f.
4 *K. Rahner,* Die Forderung nach einer ‚Kurzformel' des Glaubens, in: Schriften VIII 153–164; zum Streit um Rahners Begriff des „anonymen Christentums" siehe die Ausführungen meiner Untersuchung „Religiöse Sprachbarrieren. Aufbau einer Logaporetik" (München 1980) 219 f.
4a Die Entsprechung wird freilich nur unter der Voraussetzung deutlich, daß man dem von der syllogistischen Fassung des Arguments im 2. Kapitel des „Proslogion" verdeckten invokatorischen Grundzug der ganzen Ableitung auf die Spur kommt. Darum bemüht sich meine Schrift „Der schwere Weg der Gottesfrage" (Düsseldorf 1982).

5 Die entscheidende Weichenstellung vollzog fraglos *R. Bultmann* in seiner Schrift „Das Urchristentum im Rahmen der antiken Religionen" (Zürich 1965), die – wie schon sein Jesusbuch (1926) – die christliche Botschaft weitgehend auf den „Glauben der Propheten" (*Buber*) zurückführt.
6 *K. Rahner*, Theos im Neuen Testament (s. Anm. 1) 139.
7 Zum Buch Ijob siehe die einfühlsamen Ausführungen *G. von Rads* in seinem Werk „Weisheit in Israel" (Neunkirchen-Vluyn 1970) 267–292; dabei kann aber nicht übersehen werden, daß Ijob durch die Verfluchung des Tags seiner Geburt (3,1–26), soviel an ihm liegt, das Band zwischen sich und dem Schöpfer-Gott zerschneidet. Zum Ausklang des Buchs Kohelet siehe die Ausführungen meiner Schrift „Dasein auf Abruf. Der Tod als Schicksal, Versuchung und Aufgabe" (Düsseldorf 1981) 39 f.
8 *F. Nietzsche*, Der Antichrist § 40; Näheres dazu in meiner Schrift „Gottsucher oder Antichrist? Nietzsches provokative Kritik des Christentums" (Salzburg 1982) 42 ff.
9 Näheres dazu in meinem Jesusbuch „Der Helfer" (München 1973) 205–217 sowie in meiner Abhandlung „Der schwere Weg der Gottesfrage" (Düsseldorf 1982) 94–118.
10 *K. Rahner*, Theos im Neuen Testament 107.
11 Ebd.
12 Ebd. 112. Der Satz erinnert unmittelbar an die Geist- und Sprachtheorie des Vicomte *De Bonald*, nach der die Ideen erst unter dem Anruf des Wortes aus dem Dunkel des Vorbewußtseins hervortreten, um wie die Sterne im Buch Ijob zu rufen: Ich bin da! Dazu *R. Spaemann*, Der Ursprung der Soziologie aus dem Geist der Restauration (München 1959) 49, sowie die Ausführungen meiner Theologischen Sprachtheorie und Hermeneutik (München 1970) 412 f.
13 *K. Rahner*, Theos im Neuen Testament 112.
14 Ebd. 108 f.
15 Ebd. 121.
16 Dazu nochmals das in dem Kapitel „Glaube in dürftiger Zeit" (65–76) Gesagte.
17 Dazu mein Beitrag „Die Nichtgeladenen. Zur theologischen Relevanz gescheiterter Glaubensversuche", in: StdZ 200 (1982) 627–639.
18 Dazu mein Beitrag „Struktur und Funktion des religiösen Aktes", in: StdZ 195 (1977) 159–168, und das in meiner Schrift „Der schwere Weg der Gottesfrage" zu dieser Thematik Gesagte (125–145).
19 *K. Rahner*, Über den Begriff des Geheimnisses in der katholischen Theologie, in: Schriften IV 51–99.
20 Dazu *D. M. High*, Sprachanalyse und religiöses Sprechen (Düsseldorf 1972).
21 Nach *H. Peukert* (ebd. XV).
22 *J. L. Austin*, Zur Theorie der Sprechakte (Stuttgart 1972); ferner *W.-D. Just*, Religiöse Sprache und analytische Philosophie (Stuttgart 1975) 127–134; *J. A. Martin*, Philosophische Sprachprüfungen der Theologie (München 1974) 124–153; *I. U. Dalferth*, (Hrsg.), Sprachlogik des Glaubens (München 1974) 27–31.
23 *J. L. Austin*, Zur Theorie der Sprechakte 115–133.
24 *G. Baudler*, „Im Worte sehen". Das Sprachdenken Johann Georg Hamanns (Bonn 1970).
25 Zu diesem Begriff die Untersuchung von *L. Englert*, Über Voraussetzungen und Kriterien der Begegnung, in: Begegnung. Ein antropologisch-pädagogisches Grundereignis (Darmstadt 1969).
26 *F. Nietzsche*, Nachlaß (Die Unschuld des Werdens II) § 176.
27 Dazu der von *W. Pannenberg*, hrsg. Sammelband „Offenbarung als Geschichte" (Göttingen 1965) und die Gegenschrift von *G. Klein*, Theologie des Wortes Gottes und die Hypothese der Universalgeschichte (München 1964); ferner der Sammelband „Spricht Gott in der Geschichte?" (Freiburg i. Br. 1972), die Hinweise meiner Schrift „Gott verstehen" (München-Freiburg i. Br. 1971) 36–48 sowie die Ausführungen *P. Eichers*, Offenbarung. Prinzip neuzeitlicher Theologie (München 1977) 347–478.
28 *K. Rahner*, Grundkurs des Glaubens. Einführung in den Begriff des Christentums (Freiburg i. Br. 1976) 145–177.
29 Bekanntlich hob vor allem *M. Buber* in seiner Kampfschrift „Zwei Glaubensweisen" (von 1950) auf diese Grundbedeutung von „Glauben" im Sinn des „Sich-fest-Machens"

und „Sich-Begründens" ab; dazu die Ausführungen meines Paulusbuchs „Der Zeuge" 119 f.
30 Dazu auch die Äußerungen K. *Rahners* zur Konstitution „Dei verbum" in: Schriften VIII 23 ff.
31 So etwa J. *Ratzinger* in seiner „Theologischen Prinzipienlehre" (München 1982) 174; von den Ausführungen *Rahners* seien insbesondere genannt: die Abhandlung „Probleme der Christologie von heute", in: Schriften I 169–222, der „sechste Gang" seines Werks „Grundkurs des Glaubens" (178–312) sowie seine Schrift „Was heißt Jesus lieben" (Freiburg i. Br. 1982).
32 K. *Rahner*, Theos im Neuen Testament 113.
33 Ebd.
34 Ebd. 114.
35 K. *Rahner* – W. *Thüsing*, Christologie – systematisch und exegetisch (Quaestiones disputatae 55, Freiburg i. Br. 1972) 141.
36 Dazu die wichtigen Ausführungen W. *Kerns* zu Rahners „Grundkurs des Glaubens" in seiner Abhandlung „Disput um Jesus und um Kirche" (Innsbruck 1980) 59–72.
37 So die Schlüsselbegriffe der origenistischen Christologie.
38 S. *Kierkegaard*, Einübung im Christentum (Ausgabe *Hirsch*) (Düsseldorf 1955) 11; dazu die Ausführungen meines Jesusbuchs „Der Helfer" (München 1973) 150–166 sowie die Würdigung dieses Ansatzes bei W. *Kern* unter dem Titel „Christologie ‚von innen' und historische Jesusfrage", in: Disput um Jesus und um Kirche 73–87.
39 Dazu R. *Schnackenburg*, Die Johannesbriefe (Freiburg i. Br. 1953) 42–57.
40 Für die Konsekution Hören, Schauen, Tasten tritt nach einer Beobachtung H. W. *Wolffs* vor allem das Zeugnis der Propheten ein.

II.4.

1 Näheres dazu in meiner Schrift ‚Glaubenswende', 56 f.
2 Zum Problem dieser Schlüsselworte siehe den Exkurs R. *Schnackenburgs* in seinem Kommentarwerk ‚Das Johannesevangelium' II, Freiburg/Br. 1985, 59–72.
3 Kein Theologe hat dieses Spannungsmoment so vehement herausgearbeitet wie *Dostojewskij*, der das Problem der nicht-euklidischen, vom Leiden Unschuldige belastenden und darum letztlich unannehmbaren Welt in der christologisch stilisierten Figur des Aljoscha Karamasow auf Jesus zurückspiegelt; dazu R. *Guardini*, Religiöse Gestalten in Dostojewskijs Werk, München 1947, 111; 125 ff.
4 Von den neueren Jesusbüchern erhebt sich vor allem das von G. *Bandler* vorgelegte zu dieser fundamentalen Einsicht: Jesus im Spiegel seiner Gleichnisse. Das erzählerische Lebenswerk Jesu – ein Zugang zum Glauben, Stuttgart und München 1986, 169 – 199; ähnlich H. *Kessler*, Sucht den Lebenden nicht bei den Toten. Die Auferstehung Jesu Christi in biblischer, fundamentaltheologischer und systematischer Sicht, Düsseldorf 1985, 112 ff.

II.5.

1 R. M. *Grant* – D. N. *Freedmann*, Geheime Worte Jesu. Das Thomas-Evangelium (Frankfurt a, M. 1960) 127 f.
2 M. *Buber*, Zwei Glaubensweisen (Zürich 1950) 28 ff.
3 Dazu die auf *Buber* aufbauenden Ausführungen meines Jesusbuchs ‚Der Helfer' (München 1973) 89–92.
4 M. *Werner*, ‚Die Entstehung des christlichen Dogmas (Stuttgart 1959) 74–100.
5 So vor allem bei *Justin* und *Klemens von Alexandrien*.
6 Der Antichrist, § 34.
7 J. *Carmichael*, Leben und Tod des Jesus von Nazareth (Originaltitel: The Death of Jesus) (München 1965): R. *Augstein*, Jesus – Menschensohn (München – Gütersloh – Wien 1972) J. *Lehmann*, Jesus-Report, Protokoll einer Verfälschung (Düsseldorf-Wien 1970).

8 *A. Schweitzer,* Geschichte der Leben-Jesu-Forschung (München-Hamburg 1966) 48.
9 *M. Machovec,* Jesus für Atheisten (Stuttgart 1972). Ferner *Sch. Ben-Chorin,* Bruder Jesus. Der Nazarener in jüdischer Sicht (München 1967) und *D. Flusser,* Jesus in Selbstzeugnissen und Bilddokumenten (Hamburg 1968).
10 Auf die Erscheinungsformen eines ‚modernen Arianismus' verwies erstmals der russische Religionsphilosoph *Sergej Bulgakow* in seinem gleichnamigen Aufsatz: *L. A. Zonder,* Vom Geheimnis des Guten. Eine Dostojewskij-Interpretation (Stuttgart 1956) 159.
11 *K. Adam,* Der Christus des Glaubens (Düsseldorf 1954) 19.
12 Als „letzte Jesus-Darstellung katholischer Pruvenienz in deutscher Sprache, die einen wissenschaftlichen Charakter für sich beansprucht", den unterschiedlichen Stellenwert der biblischen Texte jedoch nicht berücksichtigte, bezeichnet *Adolf Kolping* das aus einer Vorlesungsreihe der Salzburger Hochschulwochen (von 1931) hervorgegangene Buch: Katholische Theologie gestern und heute (Bremen 1964) 118.
13 In aller Behutsamkeit deutet das auch *Kolping* an, wenn er von *Karl Adam* bemerkt, daß er „die Schriftstellen noch flächig nebeneinander" gelesen und mit der Mehrheit der damaligen katholischen Theologen die unterschiedlichen Aussageebenen ‚harmonisiert' habe: ebd.
14 *J. A. Möhler,* Die Einheit in der Kirche, § 16 (Ausgabe *Geiselmann [Darmstatt 1957] 54),* zitiert bei *K. Adam,* Der Christus des Glaubens, 16.
15 Zum Folgenden *G. Maier,* Das Ende der historisch-kritischen Methode (Wuppertal 1975).
16 Nach *H. Urs von Balthasar,* Das Ganze im Fragment. Aspekte der Geschichtstheologie (Einsiedeln 1965) 19 Anm. 1.
17 Dazu *H. Zimmermann,* Neutestamentliche Methodenlehre. Darstellung der historisch-kritischen Methode (Stuttgart 1967) mit einigen methodenkritischen Hinweisen im Nachwort (258 ff); ferner *K. Lehmann,* Der hermeneutische Horizont der historisch-kritischen Exegese, in: Einführung in die Methoden der biblischen Exegese, hrsg. von *Josef Schreiner* (Würzburg 1971) 40–80; *ders,* Über das Verhältnis der Exegese als historischer Wissenschaft zum dogmatischen Verstehen, in: Jesus und der Menschensohn, hrsg. von *R. Pesch, R. Schnackenburg* in Zusammenarbeit mit *O. A. Kaiser (Freiburg i. Br. 1976).*
18 *K. Löwith,* Vicos Grundsatz: verum et factum convertuntur. Seine theologische Prämisse und deren säkulare Konsequenzen (Sitzungsbericht der Heidelberger Akademie der Wissenschaften). Heidelberg 1968.
19 *E. Troeltsch,* Über historische und dogmatische Methode in der Theologie. in: Gesammelte Schriften II (Aalen 1962) 735.
20 Zum einen mein Beitrag Glaube und Kritik. Eine gegenseitige Herausforderung, in: Münchener Theologische Zeitschrift 26 (1975) 268–293, zum andern *K. Lehmann,* Der hermeneutische Horizont der historisch-kritischen Exegese, 45 f.
21 Typisch dafür ist die Beschreibung dieses Ausgrenzungsverfahrens zu Eingang des Jesusbuchs von *Herbert Braun* (Jesus, der Mann aus Nazareth und seine Zeit, Stuttgart 1969). Dazu die Stellungnahme in ‚Der Helfer' 24–27.
22 Über diese festlegende Tendenz (der historisch-kritischen Methode zugrunde liegenden) Wesensdenkens hat *Franz Rosenzweig* Entscheidendes gesagt, am eindringlichsten in seinem posthum veröffentlichten ‚Büchlein vom gesunden und kranken Menschenverstand' (Ausgabe *Glatzer, Düsseldorf 1964).* Dazu die Hinweise in meiner Programmschrift ‚Theologie als Therapie', Heidelberg 1985, 41–47.
23 *Die neue Hermeneutik,* hrsg. von *James M. Robinson* und *John B. Cobb* (Neuland in der Theologie II, Zürich-Stuttgart 1965); ferner *R. Marlé.* Das theologische Problem der Hermeneutik (Mainz 1965) sowie meine Theologische Sprachtheorie und Hermeneutik (München 1970).
24 *R. Marlé,* Bultmann und die Interpretation des Neuen Testamentes (Paderborn 1959).
26 *J. Derrida,* Grammatologie (Frankfurt a. M. 1974).
24 Dazu die Ausführungen in meiner Theologischen Sprachtheorie und Hermeneutik (München 1970) 292 ff.
27 „Durch Fausts Wesen ist auch hier das Verweilen unmöglich... Die Schönheit ist ein Gut, keine Form seines Lebens": *F: Gundolf,* Goethe (Berlin 1916) 771.

421

28 *M. McLuhan,* Magische Kanäle (Originaltitel: Understanding Media) (Frankfurt a. M. 1970).
29 Dazu die Ausführungen in meiner Schrift ‚Gott verstehen', (München 1971) 131 f.
30 *A. Rüstow,* ENTOS YMIN ESTIN, Zur Deutung von Lukas 17, 20–21, in: Zeitschrift für die neutestamentliche Wissenschaft 51 (1960) 197–224: dazu kritisch *A. Strobel* in: Zeitschrift für Theologie und Kirche 58 (1961) 26–29.
31 Auf einige dieser Probleme ging ich in der bereits erwähnten Schrift ‚Gott verstehen' (von 1971) ein. Die damaligen Ausführungen müßten vor allem durch systemkritische Erwägungen ergänzt werden, die sich zentral auf die Frage der Durchlässigkeit des theologischen Aufbaus zu beziehen und auf den Abbau jener Binnenstrukturen hinzuwirken hätten, die sich dem freien Durchgang des Offenbarungswort zu seinem menschlichen Rezipienten entgegenstellen. Diese Überlegungen müßten sich alsdann fortsetzen in die Erörterung der Frage nach der optimalen Form der Verkündigung, die ‚formal gesprochen, dann erreicht wäre, wenn im Wort des Predigers und Lehrers ein Maximum von dem enthalten wäre, was die Selbstaussage Gottes in Sein und Wort Jesu ausmacht.
32 Daß Gott in Jesus „sein Schweigen brach", ist eine auf *Ignatius von Antiochien* (Magn. 8, 2) zurückgehende Wendung, die ungeachtet ihrer (von *Wolfhart Ponnenberg,* Offenbarung als Geschichte [Göttingen 1965] 14 f, hervorgehobenen) gnostischen Einfärbung als eine dem christlichen Offenbarungsverständnis zutiefst konforme Aussage zu gelten hat.
33 In Frgm. 753 heißt es von Jesus, der weder Erfindungen gemacht noch Herrschaft ausgeübt hat, wohl aber demütig, geduldig und heilig war: ‚heilig vor Gott, furchtbar den bösen Geistern'.
34 Dazu das Eingangskapitel von *E. Schweitzer,* Jesus Christus im vielfältigen Zeugnis des Neuen Testaments (München-Hamburg 1968), über Jesus als den ‚Mann, der alle Schemen sprengt'.
35 Im Blick auf das von *Gregor von Nyssa* ausgedeutete Wort von der ‚vielgestaltigen Gottesweisheit' (Eph 3, 10) könnte man im Sinn der aristotelischen Transzendentalienlehre geradezu von einer ‚vielfachen Selbstauslegung' dieser Gewährung reden: *H. Urs von Balthaser,* Gregor von Nyssa. Der versiegelte Quell (Salzburg 1939) 98–105.
36 Über den Beweis des Geistes und der Kraft (von 1777).
37 Näheres in meiner Schrift ‚Glaubensverständnis'. Grundriß einer hermeneutischen Fundamentaltheologie' (Freiburg i. Br. 1975) 28 ff.
38 Dazu nochmals das S. 222 Gesagte.
39 Insofern kommt *Kierkegaard* hier dem im Vorangehenden entwickelten Gedanken der Einheit von Wort und Botschaft nahe (S. 10 f).
40 Die verstehende Rezeption erscheint hier in vollkommener Spiegelbildlichkeit zur Offenbarungsaussage, so daß jener Kreislauf entsteht, den *Nikolaus von Kues* als Grundstruktur aller Theologie erkannt hat (De docta ignorantia I, 10 sowie Idiota de sapientia I, fol. 79 v).
41 Es fällt auf, daß *Kierkegaard* hier, bei der Explikation des Gegenmotivs, im Unterschied zu dem ‚monokausalen' Verfahren, das er bei der Begründung seiner ‚These' anwandte, auf eine ganze Reihe von Schriftstellen zurückgreift. Tatsächlich läßt sich sein Begriff des Ärgernisses nicht nur biblisch belegen; vielmehr verhilft er auch umgekehrt zu einem neuen Verständnis biblischer Aussagen und Szenen, wie das mein Jesusbuch ‚Der Helfer' für die Dornenkrönung und Verhöhnung Jesu nachzuweisen suchte (201 ff).
42 Einübung im Christentum I, 1, § 2.
43 Zwar fehlt bei *Pascal* der positive Gegenbegriff: doch ist die Explikation des Daseins in der ‚Zerstreuung' und Selbstentfremdung nur unter seiner Voraussetzung möglich und sinnvoll. Dazu *E. Wasmuth,* Der unbekannte Pascal (Regensburg 1962) 203–228.
44 Dazu die §§ 27 (Das alltägliche Selbstsein und das Man), 35 (Das Gerede).
36 (Die Neugier). 27 (Die Zweideutigkeit) und 62 (Das existenziell eigentliche Ganzseinkönnen des Daseins als vorlaufende Entschlossenheit) aus *Heideggers* ‚Sein und Zeit' (von 1927).
45 *Th. W. Adorno,* Jargon der Eigentlichkeit (Frankfurt a. M. 1964). Dazu die Ausführungen meiner Schrift ‚Gott verstehen', 91–98.
46 In den einleitenden Erwägungen fragt *Kierkegaard:* „Was heißt aber mühselig und bela-

den sein? Warum erklärt er es nicht genauer, damit man bestimmt wissen könne, was er meint? Warum ist er so wortkarg?"
47 Gegen Ende der Anm. 42 mitgeteilten Stelle.
48 Das Bild von der Schonung des geknickten Rohrs ist aus Jes 42.3 entnommen. Das Gegenbild von den Hirten, die „das Zerschlagene nicht suchen und das Zerbrochene nicht heilen", entwirft Sach 11, 16.
49 Die eine Bezeichnung geht auf *Marxens* Kritik der spätkapitalistischen Produktionsverhältnisse und ihrer Rückwirkungen auf den Menschen, die andere auf *Kleists* unablässige Denunzierung der menschlichen Unfähigkeit zu voller Selbstidentifikation zurück.
50 Die Schwierigkeit, die dem heutigen Menschen mit der ‚Annahme seiner selbst' erwächst, geht ursächlich darauf zurück, daß ihm die Einsetzung ins Dasein problematisch geworden ist, so daß er sein Leben als ein Lebenmüssen, ja geradezu als eine Zumutung empfindet. Auch dem hat *Kierkegaard* wohl als erster Ausdruck gegeben, als er in seiner ‚Wiederholung' (von 1843) dem ‚stummen Mitwisser' die Frage stellte: „Wer bin ich? Wie kam ich in die Welt; warum wurde ich nicht gefragt, warum nicht mit Sitte und Brauch bekannt gemacht, sondern in Reih und Glied gestellt, als wäre ich von einem Seelenverkäufer gekauft worden? Wie wurde ich Interessent in der großen Unternehmung, die man Wirklichkeit nennt? Warum soll ich überhaupt Interessent sein? Ist das keine freie Sache?"
51 Dazu *P. Henry,* La vision d'Ostie. Sa place dans la Vie et l'Œuvre de Saint Augustin (von 1938). in: Zum Augustin-Gespräch der Gegenwart, hrsg. von *C. Andresen* (Darmstadt 1962) 271–346: ferner die Ausführungen meiner Theologischen Sprachtheorie und Hermeneutik. 381 f.
52 *Augustinus* verdeutlicht die nachwirkende Weisheitsfühlung mit dem Bildwort Röm 8,23.
53 Die Brüder Karamasow VII. 4: Die Hochzeit zu Kana.
54 Dazu *M. Machovec,* Jesus für Atheisten (Stuttgart 1972) 81–145 und *W. Kasper,* Jesus der Christus (Mainz 1974), 117–122.
55 *Machovec,* A.a.O., 23 ff.
56 A.a.O., 93.
57 *W. Kasper,* Die Sache Jesu, Recht und Grenzen eines Interpretationsversuchs, in: Herder-Korrespondenz 26 (1972) 195–189; dazu *H. Schürmann,* Jesu ureigener Tod (Freiburg/B. 1975) 58.
58 *Kasper,* Jesus der Christus, 218.
59 *H. N. von Balthasar,* Theologie der Geschichte (Einsiedeln 1950) 7.
60 *Balthasar,* Das Ganze im Fragment (Einsiedeln 1963) 264–350.
61 *K. Löwith,* Weltgeschichte und Heilsgeschehen, Stuttgart 1953, 110–115; ferner die Anm. 18 erwähnte Abhandlung.
62 Dazu die Ausführungen meiner Untersuchung, Gott ist tot – Nietzsches Destruktion des christlichen Bewußtseins (München 1962) 226f.
63 Zur Entfaltung dieses Ansatzes könnten die Hinweise *Klaus Heumerles* zur „anderen Logik" der Theologie verhelfen: Theologie als Nachfolge (Freiburg/Br. 1975) 63–99.
64 So der Untertitel des bekannten Jesusbuchs von *E. Schillebeeckx* (von 1974).
65 Bezeichnend für die angesprochene Schwierigkeit ist die Kritik, die den skizzierten Ansatz unter ‚Drogenverdacht' (im Sinne der marxschen Opiumthese) stellte. Ich akzeptiere (eine analoge Reaktion *Bultmanns* wiederholend) den Gedanken, sofern damit, wohlwollend interpretiert, deutlicher noch als durch die theoretische Ableitung, die bewußtseinsverändernde Effizienz und mystische Intimität der ‚Christologie von innen' zum Ausdruck gebracht wird; dazu *H.G. Koch,* Wer ist Jesus Christus? in: Herder-Korrespondenz 30 (1976) 154–157.

II.6.

1 Der Vortrag wurde zur 40. Jahreshauptversammlung des Verbandes der Bayerischen Druckindustrie am 22. Mai 1986 in Rottach-Egern am Tegernsee gehalten.
2 Von der Unmöglichkeit und Möglichkeit des Menschseins handelt thematisch der unter

423

dem Titel ‚Menschsein in Anfechtung und Widerspruch' veröffentlichte Band I meiner Christlichen Anthropologie (Düsseldorf 1980, 11–57; 117–150).
3 Dazu nochmals mein S. 417, Anm. 63 erwähnter Beitrag ‚Furcht und Angst. Zwei Paradigmen dichterischer Angstbewältigung'.
4 *K. Jaspers,* Die geistige Situation der Zeit (1931), Berlin 1971, 55.
5 *M. Heidegger,* Einführung in die Metaphysik, Tübingen 1958, 109.
6 Dazu *P. Landsberg,* Die Erfahrung des Todes, Frankfurt/M. 1973, 43–49; ferner die Ausführungen in Band II meiner Christlichen Anthropologie: Dasein auf Abruf, Düsseldorf 1981, 88 f.
7 *S. Kierkegaard,* Die Wiederholung (Ausgabe *Richter*), Reinbek 1961, 62.
8 *R. Guardini,* Das Ende der Neuzeit. Ein Versuch zur Orientierung (1950), Mainz 1986, 89.
9 *Cassiodor,* Vom Adel der Seele (De anima), Einsiedeln 1965, 69 f.
10 *W. Bergengruen,* Am Himmel wie auf Erden, Zürich 1947, 37f.
11 *H.E. Nossack,* So lebte er hin.., in: Die schwache Position der Literatur, Frankfurt/M 1967, 53 f.
12 *S. Freud,* Das Unbehagen in der Kultur (1930), in: Kulturtheoretische Schriften, Frankfurt/M. 1974, 221 f.
13 Eadmer, Vita Sancti Anselmi; I, c. 4,29.
14 *Cusanus,* De visione Dei, c. 7.
15 *M. Buber,* Urdistanz und Beziehung (1951), in: Werke I, München und Heidelberg 1962, 423.

II.7.

1 So glaubte etwa der Atomwissenschaftler *Philbert* , daß sich die Schreckensvisionen der Apokalypse als warnende Hinweise auf die Katastrophen eines Atomkriegs deuten ließen, während *Erich von Däniken* seinen leichtgläubigen Lesern einzureden sucht, daß eine Reihe von ungelösten Fragen durch eine Invasion kosmischer Astronauten in prähistorischer Zeit zu beantworten seien, wobei dann allerdings die ungleich größere Frage nach deren Herkunft und Verbleib offengelassen wird.
2 Die Episode mit der Hexe von Endor (1 Sam 28,3-25) dürfte sich am besten aus der Tendenz des Berichts erklären, die Geistverlassenheit des Königs dadurch drastisch zu veranschaulichen, daß er ausgerechnet zu einer Hexe Zuflucht nimmt, obwohl er „die Totenbeschwörer und Wahrsager aus dem Land entfernt" hatte (28,3), und daß er dabei auf einen raffiniert in Szene gesetzten Racheakt hereinfällt: Durch das Wort des angeblichen Totengeistes in seinen düsteren Vorahnungen bestärkt, stellt er sich als ein innerlich Gebrochener der Entscheidungsschlacht, in der sein Tod vorprogrammiert ist (vgl. 1 Sam 31,1-7).
3 Vgl. dazu meinen Beitrag ‚Dichterisches Auferstehungszeugnis. Zur Frage der theologischen Relevanz von Novalis ‚Hymnen an die Nacht', in: Zeitwende 52 (1981) 92-106.
4 Zum Ganzen vgl. meine Schrift ‚Dasein auf Abruf. Der Tod als Schicksal, Versuchung und Aufgabe', Düsseldorf 1981.
5 Bekanntlich hat *Alban Berg* diesen Choral der abschließenden Variationenfolge seines Violinkonzerts (von 1935) zugrunde gelegt, das zu seinem eigenen Requiem geworden ist.
6 Näheres dazu in meiner Studie ‚Überredung zur Liebe. Die dichterische Daseinsdeutung Gertrud von le Forts', Regensburg 1980, 22f; 135 f; 202f.
7 Gertrud von le Fort, Das Gericht des Meeres, Wiesbaden 1947,50.

III.1.

1 *Ben-Chorin,* Paulus. Der Völkerapostel in jüdischer Sicht, München 1980, 22 f.; dazu mein Paulus-Buch, Der Zeuge. Eine Paulus-Befragung, Graz 1981, 12.
2 Näheres dazu bei *Gerhard Lohfink,* Paulus vor Damaskus, Stuttgart 1966.
3 *Lohfink,* a. a. O., 23; 85–89.

4 *Holl*, Der Kirchenbegriff des Paulus in seinem Verhältnis zu dem der Urgemeinde, in: Das Paulusbild in der neueren deutschen Forschung, hrsg. von *Karl Heinrich Rengstorf*, Darmstadt 1964, 176 ff.
5 Dazu außer der berühmten Markion-Studie *Adolf von Harnacks*, mit dem Untertitel ‚Das Evangelium vom fremden Gott' die Hinweise meines Paulus-Buchs ‚Der Zeuge', 244 ff.
6 *Schweitzer*, Die Mystik des Apostels Paulus, Tübingen 1930, 220.
7 Aus der Fülle der dazu vorliegenden Literatur sei lediglich die Studie von *Jacob Kremer* (Das älteste Zeugnis von der Auferstehung Christi, Stuttgart 1966) herausgegriffen; dazu auch meine Schrift ‚Paulus – der letzte Zeuge der Auferstehung', Regensburg 1981.
8 Es läßt sich auch nicht übersehen, daß sich die Selbstdarstellung des Apostels wie eine Spiegelung des Bildes ausnimmt, das er zu Eingang seines Schreibens von der Gemeinde entwirft, so daß auch von ihm gilt, daß Gott gerade das aus der Optik der Welt töricht, schwach und niedrig Erscheinende erwählte, um die Weisen, Starken und Mächtigen zu beschämen (1, 26–29); dazu S. 16 meines in Anm. 7 genannten Paulus-Buchs.
9 Zu der gedankentiefen Parabel *Kafkas* ‚Vor dem Gesetz', die der Dichter bekanntlich auch in seinen Roman ‚Der Prozeß' eingearbeitet hat, siehe die Hinweise *Martin Bubers* in seiner Streitschrift ‚Zwei Glaubensweisen' (Zürich 1950, 169), aber auch die Ausführungen meiner Schrift ‚Der schwere Weg der Gottesfrage', Düsseldorf 1982, 25 f.
10 *Nagel*, Kafka und die Weltliteratur, München 1982, 292.
11 *Kierkegaard* hat diesen Gedanken sowohl in seiner Schrift ‚Die Krankheit zum Tode' (von 1849) als auch schon drei Jahre zuvor in einer Tagebuchaufzeichnung ausgesprochen.
12 Dazu die thematischen Ausführungen meines Paulus-Buchs ‚Der Zeuge', 17 ff.
13 Mit diesem Satz vollzieht *Luther* den radikalen Bruch mit dem scholastischen Theorem, wonach die Gnade die Natur nicht zerstört, sondern auf sie aufbaut, um sie zu erheben und zur Vollendung zu führen.
14 Dazu das Kapitel ‚Die älteste Passionsgeschichte' in meiner Schrift ‚Älteste Heilsgeschichten', Würzburg 1984, 45–59.
15 Dazu die Ausführungen von *Harald Wagner*, Einführung in die Fundamentaltheologie, Darmstadt 1981, 28 ff.; 44 ff.
16 Für Paulus gilt: „Ich glaube, darum rede ich" (2 Kor 4, 13), während der Erste Petrusbrief vom Christen die Bereitschaft fordert, sich einem jeden gegenüber zu verantworten, der von ihm Rechenschaft über seine Glaubensüberzeugung verlangt (3, 15); dazu *Wagner*, a. a. O., 1 f.; ferner das Kapitel ‚Glaubensverantwortung' in meinem fundamentaltheologischen Grundriß (107–191) sowie die Hinweise in ‚Glaube nur!' (47 ff.).
17 Mit großem Nachdruck hat das *Romano Guardini* herausgearbeitet, der darüber allerdings, wie fast die gesamte Theologie seiner Zeit, die Rolle des Apostels als Auferstehungszeuge aus dem Auge verlor. Um die These, daß die Annäherung an Jesus sinngemäß über Paulus zu geschehen habe, müßte der christologische Teil meiner Schrift ‚Interpretation und Veränderung. Werk und Wirkung Romano Guardinis' (Paderborn 1979) ergänzt werden.
18 *McLuhan*, Die magischen Kanäle – ‚Understanding Media', Frankfurt/M. und Hamburg 1970, 17–32; dazu die Ausführungen meiner Schrift ‚Gott verstehen' (München und Freiburg/Br. 1971, 75 f.; 13 f.), wo auf die verblüffende Übereinkunft dieses Grundsatzes mit dem Eingangswort des Johannes-Prologs hingewiesen wird.

III.2.

1 Auf die Bedeutung des Erfahrungsmoments verwiesen bereits *Franz Rosenzweig* und *Romano Guardini*, der sich dabei nicht zuletzt auf *Augustinus* als Kronzeugen beruft: Die Bekehrung des heiligen Aurelius Augustinus. Der innere Vorgang in seinen Bekenntnissen, Leipzig 1535, 37–47; 64 ff.
2 Dazu *P. Brown*, Der heilige Augustinus. Lehrer der Kirche und Erneuerer der Geistesgeschichte (Originaltitel: Augustine of Hippo), München 1975, 25 f.

3 Dazu K. *Flasch*, Augustin. Einführung in sein Denken, Stuttgart 1980, 27–35.
4 *F. Nietzsche*, Die fröhliche Wissenschaft IV, § 279.
5 Dazu die meisterliche Analyse des Vorgang durch *Guardini*, A.a.O., 266 – 288; ferner *Walther von Loewenich*, Augustin. Leben und Werk, München und Hamburg 1965, 45–50.
6 *M. Heidegger*, Nietzsches Wort „Gott ist tot", in: Holzwege, Frankfurt/M., 1950, 246 f.
7 *Guardini*, A.a.O., 116. Hier klingt bei Guardini erstmals der Gedanke an, den er dann programmatisch in seine Reflexion ‚Die Annahme seiner selbst' (Würzburg 1960) entwikkelte.
8 Dazu *P. Henry*, Die Vision zu Ostia, in: *C. Andresen* (Hrsg.), Zum Augustin-Gespräch der Gegenwart, Darmstadt 1962, 201–270, ferner *Flasch*, A.a.O., 249–254; 301 ff; ferner Cornelius Mayer, Augustins Lehre vom ‚homo spiritalis', in: Homo Spiritalis, hrsg. von *C. Mayer*, Würzburg 1987, 3–60.
9 *F. Dostojewskij*, Die Brüder Karamasow: Die Hochzeit zu Kana in Galiläa (München 1923, 664 f); dazu *Guardini*, Religiöse Gestalten in Dostojewskijs Werk, München 1947, 107 ff.

III.3.

1 *Nietzsche*, Ecce homo. Warum ich so gute Bücher schreibe: Der Fall Wagner, § 2.
2 *Nietzsche*, Zarathustra IV: Der häßlichste Mensch.
3 Kritische Gesamtausgabe der Werke D. Martin Luthers (= WA; Weimar 1883 ff.) I, 557 f.
4 Nach *H. Lilje* Luther in Selbstzeugnissen und Bilddokumenten (Reinbek 1968) 67.
5 In „De visione Dei" bemerkt der Kusaner: „Ich habe den Ort entdeckt, an dem man dich unverhüllt findet. Er ist umgeben vom Zusammenfall der Widersprüche ... Seine Pforte bewacht der tiefgründigste Verstandes-Geist. Wird dieser nicht besiegt, so öffnet sich der Eingang nicht" (c. 9).
6 Wie Anm. 4.
7 Zu dem kontrovers geführten Gelehrtenstreit über diesen Begriff siehe: Der Durchbruch der reformatorischen Erkenntnis bei Luther, hrsg. v. *B. Lohse* (Darmstadt 1968) 514 f.
8 Dazu die Erörterung dieser von E. Bizer vorgetragenen These durch *H. Bornkamm*, Zur Frage der Iustitia Dei beim jungen Luther, ebd. 289 ff.
9 Dazu *K. Aland*, Zeitpunkt und Charakter des reformatorischen Erlebnisses Martin Luthers, ebd. 403 f.
10 Dazu die sensiblen, wenngleich insgesamt optimistischer wertenden Bemerkungen *G. Collis* in seinem Nachwort zum 6. Band der Kritischen Studienausgabe (München 1980) 6 f.
11 WA X/1, 728.
12 WA X/1, I, 627.
13 WA VII, 51.
14 WA IV, 9.
15 WA IX, 639.
16 WA XL/1, 360.
17 WA VIII, 683.
18 WA IV, 147. Dazu die Ausführungen meiner Theol. Sprachtheorie und Hermeneutik (München 1970) 49, 63.
19 Dazu die Kierkegaard-Studie *A. Vetters,* Frömmigkeit als Leidenschaft (Freiburg 1963) 182–185.
20 Schon Heine bemerkte, er wisse zwar nicht, wie die Lutherische Bibelsprache entstanden sei; um so genauer aber wisse er, „daß durch die Bibel, wovon die junge Presse, die Schwarze Kunst, Tausende von Exemplaren ins Volk schleuderte, die Lutherische Sprache in wenigen Jahren über ganz Deutschland verbreitet und zur allgemeinen Schriftsprache erhoben wurde" (Zur Geschichte der Religion und Philosophie in Deutschland, Ausgabe Kaufmann, München 1964, 193).

21 *E. H. Erikson*, Der junge Mann Luther (Frankfurt 1975) 248.
22 Ebd. 232.
23 *Heine*, a. a. O., 225.
24 Ebd. 236.
25 Wie Anm. 15.
26 *Heine*, a. a. O., 237.
27 Dazu der Abschnitt „Geist und Buchstabe" meiner Schrift: Der Zeuge. Eine Paulus-Befragung (Graz 1981) 223–227.
28 *E. Käsemann*, Der Ruf der Freiheit (Tübingen 1968) 28–58.
29 *A. Schweitzer*, Die Mystik des Apostels Paulus (Tübingen 1930) 220; dazu auch die Hinweise meines Paulusbuchs 91, 296.
30 WA XL/1, 285.
31 WA X/1 I, 17.
32 Wie Anm. 12.
33 *Eusebius*, Kirchengeschichte III, 39,3 f.
34 In dieser Überzeugung gipfelt auch die bedenkenswerte Reflexion, die *E. Kläger* in seinem Roman „Stiftsfreundschaften oder: Vom Glanz der unnennbaren Tage" (Böblingen 1982, 217) eingeblendet hat.

III.4.

1 Nach *Ulrich Siegle*, Bemerkungen zu Bachs Motetten, in: Bach-Jahrbuch 1962, 33.
2 *Spitta*, Johann Sebastian Bach II, Leipzig 1880, 428 f.
3 *Krummacher*, Textauslegung und Satzstruktur in J. S. Bachs Motetten, in: Bach-Jahrbuch 1974, 5.
4 Von dem „überwältigenden Eindruck", der von diesem „mächtigen Portal" zu dem am Karfreitag 1724 uraufgeführten „Passionsoratorium" ausgehe, sprich *Walther Siegmund-Schultze*, Johann Sebastian Bach. Genie über den Zeiten, München 1976, 109.
5 *Krummacher*, a. a. O., 10.
6 *Krummacher*, a. a. O., 30.
7 Mit Recht spricht *Siegmund-Schultze* von einer „Choralmotette" (a. a. O., 101).
8 Nach *Siegmund-Schultze* entstand die geniale Auftragskomposition vermutlich im Juli von *Bachs* Antrittsjahr in Leipzig (1723) „als Trauermusik für die Oberpostmeisterin Johanna Maria Keese, von der wir sonst nichts wissen" (a. a. O., 102).
9 *Kierkegaard*, Philosophische Brocken, 1. Kap., Bb (Ausgabe *Richter*, Reinbek bei Hamburg 1964, 17).
10 Dazu *Walter Schmithals*, Die Theologische Anthropologie des Paulus, Stuttgart 1980, 80.
11 Der von *Bach* zugrundegelegte Luther-Text folgt einer Reihe von jüngeren Textzeugen, die den Eingangsvers durch einen aus Röm 8, 4 übernommenen Relativsatz aufgefüllt haben; nach *Otto Michel*, Der Brief an die Römer, Göttingen 1963, 189.
12 Näheres zu den Problemen der Textfolge und der theologischen Analyse bei *Schmithals*, dem das Verdienst zufällt, bei seiner Erklärung des Kapitels nachdrücklich auf dessen Vertonung durch *Bach* hingewiesen zu haben: A. a. O., 7; 83–92.
13 *Otterbach*, Johann Sebastian Bach. Leben und Werk, Stuttgart 1982, 65–68.
14 *Otterbach*, a. a. O., 66.
15 *Spitta*, Johann Sebastian Bach II, 432.
16 *Schweitzer*, Die Mystik des Apostels Paulus, Tübingen 1930, 220; dazu die Hinweise in meiner Monographie ‚Der Zeuge. Eine Paulusbefragung', Graz 1981 (91), die Ausführungen meines Taschenbuchs ‚Paulus für Christen', Freiburg/Br. 1985 (44 f.) sowie die Bemerkung *William Wredes*, wonach uns erst die Reformation daran gewöhnt habe, „diese Lehre als den Zentralpunkt bei Paulus zu betrachten", obwohl es nicht ist, in: das Paulusbild in der neueren deutschen Forschung, 67.
17 Dazu nochmals seine These, *Bach* bringe „mit der Macht innerster Überzeugung" die „Lehre Luthers in ihrer ganzen Strenge und Reinheit" zum Ausdruck (a. a. O., 432). Demgegenüber liegt der Gedanke einer Distanzierung von *Luthers* Rechtfertigungskon-

zept dem Bachinterpreten *Otterbach* auch deshalb fern, weil er *Bach*, wie er sogar mit Tonsymbolen im Sinn der augustinischen incurvatio-Lehre belegt, ganz unter dem Eindruck der unausrottbaren Sündhaftigkeit des Menschen stehen – und gestalten – sieht: Johann Sebastian Bach, 59 ff.
18 Auch für *Siegmund-Schultze* bestätigt sich der kunstvolle Aufbau des Werkes nicht zuletzt darin, daß sich der „letzte freie Einschub ... als eine verkürzte Variante des ersten" erweist und so die durch die Wiederaufnahme des Eingangschorals in der Schlußstrophe gegebene „Bogenform aus schönste vorbereitet" (a. a. O., 102).
19 Dazu *Alfred Dürr*, Die Kantaten von Johann Sebastian Bach, München 1981, 251 ff.
20 Die Trauerfeier für den am 16. Oktober 1729 verstorbenen Thomanerrektor, für die *Bach* die achtstimmige Motette komponierte, fand am 20. Oktober statt; nach *Siegmund-Schultze*, a. a. O., 129 f.
21 *Riezler*, Beethoven, Berlin/Zürich 1936, 205. Daß Beethoven während der Komposition der Missa auch die Tradition des protestantischen Kirchenlieds vor Augen hatte, bestätigt ein 1825 entstandener Kanon zum Credo-Thema, dem er die Worte „Gott ist eine feste Burg" unterlegte (*Riezler*, ebd.). Eine direkte Anspielung auf *Bach* wurde längst schon im Rezitativ vor dem „Klagenden Gesang" der As-Dur-Sonate (op. 110) entdeckt, das sich tatsächlich wie ein Zitat der Alt-Arie „Es ist vollbracht" aus Bachs Johannes-Passion anhört (*Joachim Kaiser*, Beethovens 32 Klaviersonaten und ihre Interpreten, Frankfurt/M. 1975, 583; 596); nicht weniger deutlich klingt diese Stelle aber auch in der Moll-Abwandlung des Hauptthemas vom ersten Satz der Cello-Sonate op. 69 an.
22 Dazu die subtile Erschließung der Komposition durch *Krummacher*, Textauslegung und Satzstruktur in J. S. Bachs Motetten, 26–29.
23 Zur Frage des Schlußchorals siehe *Siegle*, Bemerkungen zu Bachs Motetten, 47.
24 Dazu die Ausführungen meines Taschenbuchs ‚Jesus für Christen', Freiburg/Br. 1984, 90.
25 Nach *Friedrich Wulf*, Gebet, in: *H. Fries* (Hrsg.), Handbuch theologischer Grundbegriffe I, München 1968, 435.
26 Dazu *Karl Jaspers*, Nikolaus Cusanus, München 1968, 149.
27 *Baudler*, Im Worte sehen. Das Sprachdenken Johann Georg Hamanns, Bonn 1970, 53 ff.; 118 f.; dazu auch die Ausführungen meiner Schrift ‚Der schwere Weg der Gottesfrage', Düsseldorf 1982, 117 f.
28 Näheres dazu in meiner Schrift ‚Älteste Heilsgeschichten. Wege zum Ursprung des Glaubens', Würzburg 1984, 45–59.

III.5.

1 Dazu die Hinweise in meinem Grundriß einer hermeneutischen Fundamentaltheologie mit dem Titel ‚Glaubensverständnis', Freiburg/Br. 1975, 28 ff.: ferner in meinem Jesusbuch ‚Jesus für Christen', Freiburg/Br. 1984, 25–30.
2 *Friedrich Schleiermacher*, Über die Religion. Reden an die Gebildeten unter ihren Verächtern (Ausgabe Leisegang), Leipzig 1924, 16.
3 *Sören Kierkegaard*, Die Krankheit zum Tode (Ausgabe Richter), Reinbek 1962, 42.
4 *Schleiermacher*, Reden, 3.
5 *Walter Lowrie*, Das Leben Sören Kierkegaards, Düsseldorf/Köln 1955, 180: 191.
6 *Schleiermacher*, Reden II, 80 f.
7 *Pascal*, Pensées, §793: dazu *Romano Guardini*, Christliches Bewußtsein. Versuche über Pascal, Leipzig 1935, 38–42: 96 ff.
8 *Schleiermacher*, Reden II, 39.
9 A. a. O., 93.
10 A. a. O., II, 51.
11 A.a.O., II, 61.
12 Nach dem Vorwort von *Leisegang* zu der von ihm veranstalteten Ausgabe des Werkes: a. a. O., XXIX.
13 *Cusanus*, De docta ignorantia II, c. 5.
14 *Rudolf Otto*, Kantisch-Friessche Religionsphilosophie und ihre Anwendung auf die Theeologie, Tübingen 1909, 151.

15 Dazu *Friedrich Wilhelm Kantzenbach*, Friedrich Daniel Ernst Schleiermacher in Selbstzeugnissen und Bilddokumenten, Reinbek 1967, 117.
16 Nach *Kantzenbach*, a. a. O., 119.
17 *Schleiermacher*, Reden I, 17; III, 131.
18 *Schleiermacher*, Monologen (Ausgabe Schiele), Leipzig 1914, 37.
19 *Schleiermacher*, Der christliche Glaube I (Ausgabe Redeker), Berlin 1960, 24.
20 A. a. O., 25.
21 *Marcuse*, Der eindimensionale Mensch. Studien zur Ideologie der fortgeschrittenen Industriegesellschaft, Neuwied/Berlin 1967, 76–102.
22 *Schleiermacher*, Reden I, 12.
23 *Fichte*, Werke III, 163 f.
24 *Wilhelm Dilthey*, Leben Schleiermachers I, Berlin/Leipzig 1922, 604.
25 *Schleiermacher*, Der christliche Glaube I, 24.
26 *Krüger*, Die Herkunft des philosophischen Selbstbewußtseins, in: *ders.*, Freiheit und Weltverwaltung. Aufsätze zur Philosophie der Geschichte, Freiburg/München 1958, 42 f: 52.
27 *Lübbe*, Religion nach der Aufklärung, in: Diskurs Religion, hg. v. *Willi Oelmüller u. a.*, Paderborn 1979, 315–333: dazu *Kurt Wuchterl*, Philosophie und Religion. Zur Aktualität der Religionsphilosophie, Bern/Stuttgart 1982, 22 f: 30 f.
28 Dazu das Schlußkapitel meiner Schrift ‚Dasein auf Abruf', Düsseldorf 1981, 128–143.
29 Dazu nochmals *Wuchterl*, a. a. O., 30 f.
Schleiermacher, Der christliche Glaube I, 29.
31 *Schleiermacher*, Der christliche Glaube I, 279.
32 Dazu *Wolfhart Pannenberg*, Die Gottesidee des hohen Mittelalters, in: Der Gottesgedanke im Abendland, hg. v. *Albert Schaefer*, Stuttgart 1964, 21–34: ferner die daran anknüpfenden Ausführungen meiner Schrift ‚Theologie und Atheismus. Anstöße zu einer theologischen Aporetik', München 1972, 31 ff.
33 Nach *Martin Redeker*, Friedrich Schleiermacher. Leben und Werk, Berlin 1968, 208 f.
34 So *Luckmann* in der Diskussion seines Vortrags ‚Über die Funktion der Religion' anläßlich des *Civitas*-Symposiums über ‚Die religiöse Dimension der Gesellschaft', München (4.–7. 11. 1984).
35 *Nikolaus von Kues*, Vom Nichtanderen (Ausgabe Wilpert), Hamburg 1952, 88 f: dazu die Ausführungen meiner Schrift ‚Gott verstehen', 83 ff.
36 *Redeker*, a.a.O., 237.
37 *Gadamer*, Wahrheit und Methode. Grundzüge einer philosophischen Hermeneutik, Tübingen 1972, 261; dazu die Ausführungen in meinem Grundriß einer hermeneutischen Fundamentaltheologie ‚Glaubensverständnis', Freiburg/Br. 1975, 65–79: ferner meine Schrift ‚Glaube nur! Gott verstehen lernen', Freiburg/Br. 1980, 28–38.
38 *Gadamer*, a.a.O., 264.
39 *Schleiermacher*, Der christliche Glaube II, Berlin 1960, 133 f; 376–379.
40 Nach *Kantzenbach*, Friedrich Daniel Ernst Schleiermacher, 112.
41 *Rudolf Bultmann*, Das Evangelium des Johannes, Göttingen 1950, 349 ff; 97 ff: dazu auch meine Schrift ‚Jesus für Christen', Freiburg/Br. 1984, 159 ff, die jedoch noch im Sinn der von Bultmann vorgeschlagenen Textordnung ergänzt werden müßte.
42 Dazu *Redeker*, Friedrich Schleiermacher,177 ff.
43 Näheres dazu in dem Kapitel ‚Die Suspendierung der Gottesfrage' (189–207).

III.6.

1 WA X, 1, 17.
2 Ebd. X, 1, 627.
3 *W. Benjamin*, Das Kunstwerk im Zeitalter seiner technischen Reproduzierbarkeit, in: Illuminationen, Frankfurt a. M. 1977, 136–169.
4 Ebd. 145.
5 Ebd.
6 Ebd. 142.
7 Ebd. 140.

8 Vgl. dazu meine unter diesem Titel erschienene Würdigung von Hans Urs von *Balthasars Theodramatik,* ThRv 72 (1976) 441–450, die ich in meiner Rezension ‚Dombau oder Triptychon?' (1988) bekräftigte, nachdem Balthasar den ihm unterstellten Kategorienwechsel kurz vor seinem Tod kategorisch verneint hatte.
9 Dazu *R. Bultmanns* eigene Äußerungen, KuM 2 (1952) 185: ferner *R. Marlé,* Bultmann und die Interpretation des Neuen Testaments, Paderborn 1959, 70, sowie die Ausführungen meiner Untersuchung: Religiöse Sprachbarrieren, München 1980, 256 f.
10 Zu den einzelnen Fassungen des Mottos siehe die Ausführungen meiner Schrift: Glaubensverständnis, Freiburg i. Br. 1975, 29 f; zum Folgenden ebd. 63 ff.
11 *R. Bultmann,* Jesus Christus und die Mythologie, GuV IV, 160, 186 f.
12 *R. Bultmann,* Die protestantische Theologie und der Atheismus, ZThK 68 (1971) 376–380.
13 *R. Bultmann,* Jesus Christus und die Mythologie, 50.
14 Ebd. 81.
15 *M. Heidegger,* Sein und Zeit, Halle 1935, 289 ff.
16 Vgl. dazu vor allem den Schluß seines Beitrags: Das Problem der Hermeneutik, GuV II, 233 ff.
17 Ebd. 231.
18 Vgl. dazu *K. Löwith, Heidegger,* Denker in dürftiger Zeit, Göttingen 1960, 84.
19 *R. Bultmann,* Die liberale Theologie und die jüngste theologische Bewegung, GuV I, 4 f.; auf bemerkenswerte Entsprechungen der beiden Positionen verweist *G. Becker* in seiner wichtigen Troeltsch-Studie: Neuzeitliche Subjektivität und Religiosität, Regensburg 1982, 151, 278.
20 GuV I, 5: dazu ferner *R. Bultmann,* Das Problem der „natürlichen Theologie", GuV I, 294–312.
21 Ebd.309 f.
22 *R. Bultmann,* Die Bedeutung der „dialektischen Theologie" für die neutestamentliche Wissenschaft, GuV I, 114 f.
23 *R. Bultmann,* Kirche und Lehre im Neuen Testament, GuV I, 157 f.
24 GuV II,105–116.
25 Ebd.110 f.
26 Ebd. 116.
27 Näheres dazu in meiner Schrift: Menschsein in Anfechtung und Widerspruch, Düsseldorf 1980, 13–28. Daß die anthropologische Grundfrage von Bultmann auf eine neue Basis gestellt worden ist, betont auch *Marlé,* wenngleich mehr im Blick auf die Neuentdeckung der Wirhaftigkeit des Menschseins: Bultmann und die Interpretation des Neuen Testaments, 106.
28 *R. Bultmann,* Jesus, Tübingen 1951, 7–17. In seinem Aufsatz ‚Zum Problem der Entmythologisierung' hat Bultmann diesen Gedanken auch ausdrücklich auf die Revision des klassischen Subjekt-Objekt-Modells in der modernen Naturwissenschaft durchgezogen, GuV IV, 128 f.
29 GuV I, 122.
30 *R. Bultmann,* Welchen Sinn hat es, von Gott zu reden?, GuV I, 37.
31 *E. Schulz,* Die frühe Auslöschung des Mythos. Wieder gelesen:˙ Rudolf Bultmanns ‚Jesus' (1926), in: Frankfurter Allgemeine Zeitung Nr. 245 (1977) 25.
32 GuV II, 211. Die Sachlage wird unnötig kompliziert, wenn Güttgemanns dem Bultmann-Buch von *Walter Schmithals,* Tübingen 1966 (^{2}1967), in diesem Zusammenhang vorwirft, es übersehe die Unterscheidung von „existentialer" und „existentieller" Interpretation, da die erstere nur als die Theorie der letzteren gelten könne, ThPr 3 (1968) 87–100.
33 Wie bereits angedeutet, wies schon *Marlé* in seinem Bultmann-Buch auf diesen Zusammenhang hin: a. a. O. 104, 106.
34 Mit diesem Kierkegaard-Zitat aus der ‚Abschließenden unwissenschaftlichen Nachschrift zu den philosophischen Brocken' beschließt Marlé das Kapitel über die „existentiale Interpretation", in welchem Bultmann selbst „ein ausgezeichnetes, verständnisvolles Bild" von dem erblickt, was er unter existentialer Exegese verstanden habe: In eigener Sache, GuV III, 181.

35 In diesem Zusammenhang stellt sich *Bultmann* auch schon der (bereits durch Schleiermacher aufgeworfenen) Frage nach einer „Philosophischen Theologie", ohne dabei freilich über Mutmaßungen des späten Heidegger hinauszukommen, vgl. GuV IV, 104 ff.
36 Näheres dazu in dem Kapitel ‚Der Helfer und die Hilfe' (217–237).
37 Dazu vor allem die Abschnitte „Anrufung", „Die Einladung I" und „Das Christentum als das Absolute" des 1. Teils der ‚Einübung im Christentum'.
38 GuV I, 85.
39 Ebd. 4 f. Das erinnert an den gegen die natürliche Theologie gerichteten Vorwurf (vgl. S. 360).
40 Ebd. 106.
41 Ebd.
42 Ebd. 101.
43 So das von Brandenburg verfaßte Nachwort zu dem Bultmann-Buch Marlés, 195 ff.
44 *P. Althaus,* Das sogenannte Kerygma und der historische Jesus, Göttingen 1958, 27.
45 Dazu *Fr. Peerlinck,* Rudolf Bultmann als Prediger. Verkündigung als Vollzug seiner Theologie, Hamburg-Bergstedt 1970, 214 ff.
46 Dazu *J. M. Robinson,* Kerygma und historischer Jesus, Zürich-Stuttgart 1960, 11 ff.
47 *A. Schweitzer,* Die Mystik des Apostels Paulus, Tübingen 1930, 220; dazu meine Studie: Der Zeuge. Eine Paulus-Befragung, Graz 1981, 91, 296.
48 Vgl. dazu das Kapitel „Die Predigten als Gipfel der Theologie" in dem Anm. 45 erwähnten Bultmann-Buch von *Fr. Peerlinck,* 240–261.
49 *R. Bultmann,* Zur Frage der Christologie, GuV I, 107.
50 Ebd. 88.
51 Dazu die abschließenden Erwägungen meiner Theologischen Sprachtheorie und Hermeneutik, München 1970, 566 ff.
52 Dazu *G. Bornkamm,* Die Theologie Rudolf Bultmanns in der neueren Diskussion, ThR 29 (1963) 84 ff.
53 *K. Barth,* Rudolf Bultmann, Ein Versuch ihn zu verstehen, Zollikon-Zürich 1952, 22; dazu auch mein Beitrag: Im Wort auferstanden, LS 34 (1983) 7–15.
54 *R. Bultmann,* Zur Frage der Christologie, GuV I, 99.
55 Ebd. 100.
56 Näheres zu diesem medienkritischen Ansatz in meinem Buch: Der Zeuge. Eine Paulus-Befragung, 208–213.
57 Wie Anm. 55.
58 *J. Jeremias,* Die Gleichnisse Jesu, Göttingen 1962, 21; dazu mein Beitrag: Mit anderer Stimme, Predigt als Rückübersetzung, KaZ 11 (1982) 97–112.
59 Nach *Fr. Peerlinck,* Rudolf Bultmann als Prediger, 255, der sich dabei auf eine Rezension von F. Vorster zu einem Band von Bultmann-Predigten bezieht.
60 Vgl. GuV III, 167–177.
61 Ebd. 167.
62 Wie Anm. 1.
63 *H. Jonas,* Im Kampf um die Möglichkeit des Glaubens, in: Gedenken an Rudolf Bultmann, hrsg. v. *O. Kaiser,* Tübingen 1977, 41.
64 *Kierkegaard* hat dieses ironische Bild wiederholt, sowohl in der ‚Krankheit zum Tode', als zuvor schon in einer Tagebuchaufzeichnung von 1846 entwickelt.
65 *H. Jonas,* a. a. O. 68 ff.
66 Ebd. 70.
67 Wie eine Erläuterung dieses Begriffs wirkt der von Bultmann in der Betrachtung ‚Adam, wo bist du?' entwickelte Gedanke, daß im Unterschied zum griechischen Begriff der Biographie, der sich auf die „Darstellung einzelner am Ideal orientierter Lebensläufe" konzentriere, die im Christentum entstandene Autobiographie die „Schilderung der individuellen, durch Gott geleiteten Lebensführung" zum Inhalt habe: GuV II, 110.
68 So *R. Bultmann* mit einem Zitat seines Kritikers Emanuel Hirsch in dem Essay: Zur Frage der Christologie, GuV I, 99.

III.7.

1 EH Warum ich ein Schicksal bin 1.
2 EH Jenseits von Gut und Böse I; Jaspers, Nietzsche und das Christentum, München 1963, 73; dazu auch die Ausführung meiner Schrift ‚Gottsucher oder Antichrist?', Salzburg 1982, 29–51.
3 Otto, *Theophania*. Der Geist der altgriechischen Religion, Hamburg 1956, 65.
4 GT 3.
5 Ebd.
6 Ebd.
7 GT 17.
8 GT 21.
9 Nachlaß, WM § 493 (KSA 11, 34[252]); WM § 535 (KSA 11, 38[4]).
10 Nachlaßaufzeichnung vom Sommer 1875: KSA 8, 203.
11 UB IV: WB 9.
11a Die Anspielung bezieht sich auf Symeon den „neuen Theologen", der von der Nachwelt mit diesem Ehrentitel von „dem Theologen" Gregor von Nazianz abgehoben wurde.
12 *Gregor-Dellin*, Richard Wagner. Sein Leben, sein Werk, sein Jahrhundert, München 1983, 622 f.
13 WB 9.
14 Die Parsifal-Legende wird durch die Tatsache widerlegt, daß *Nietzsche* von der Stunde, in der ihm Wagner an Cosimas 32. Geburtstag erstmals aus seinem Parsifal-Entwurf vorlas, seinem Brief an Erwin Rohde zufolge die „schönste und erhebendste Erinnerung" behielt; die „tödliche Beleidigung" kommt demgegenüber schon deshalb als Ursache für den Bruch nicht in Betracht, weil sie von Nietzsche, wie die Malwida von Meysenbug gegebene ‚Erklärung' zeigt, jener neutralisierenden Selbststilisierung unterworfen wurde, die bereits bei der Umsetzung des ‚desavouierenden' Aufnahme mit Lou (im Leiterwagen) und Paul Rée in den Ratschlag des alten Weibleins „Du gehst zu Frauen? Vergiß die Peitsche nicht!" zu beobachten ist. Dazu H. F. Peters, Lou Andreas Salomé (Originaltitel: My Sister, My Spouse), München 1977, 109 f; ferner mein Beitrag ‚Der „beleidigte" Nietzsche und der „bekehrte" Wagner. Versuch einer Entzauberung', in: Phil-Jahrb 93 (1986), 175–180.
15 KSA 8, 204.
16 Ebd.
17 WB 11.
18 Nachlaß, WM § 1067 (KSA 11, 38[12]).
19 Dazu Karl Löwith, Nietzsches Philosophie der ewigen Wiederkehr des Gleichen, Stuttgart 1956, 196–205.
20 EH Also sprach Zarathustra 1.
21 Mann, Nietzsches Philosophie im Lichte unserer Erfahrung, in: Neue Studien, Frankfurt/M. 1948, 120 f.
22 EH Also sprach Zarathustra 3. Nach dem von Mazzino Montinari verfaßten Kommentarband zur KSA (14, 496) scheint es zu diesem ‚stilistischen Meisterstück' (Mann) tatsächlich so gut wie keine Vorstudien zu geben, so daß in diesem Fall tatsächlich zutrifft, was Nietzsche, der sonst durch den Textbestand seines eigenen Nachlasses widerlegt wird, von der inspiratorischen Entstehung seines ‚Zarathustra' behauptet.
23 Adorno, Verfremdetes Hauptwerk. Zur Missa Solemnis, in: Moments musicaux, Frankfurt/ M. 1964, 170.
24 Dazu Collis Nachwort zu Band 6 der KSA (449–458).
25 Nach Wolff, Friedrich Nietzsche. Der Weg zum Nichts, Bern 1956, 204; demgegenüber hatte Nietzsche noch in einem undatierten Brief an Franz Overbeck aus Airolo (von 1884) seinen „Sohn Zarathustra" als seinen „Tröster und Zusprecher" bezeichnet.
26 Nach Gregor-Dellin war es im Fall der Rheingold-Ouvertüre ein ‚Rauschen', das er in „somnambulem Zustand" in einem Hotelzimmer von La Spezia (am Nachmittag des 5. September 1853) zu vernehmen glaubte; im Fall der ‚Meistersinger' war es beim Anblick von Tizians ‚Assunta' in der Accademia von Venedig, der ihn nach seinem Lebensbericht unmittelbar zur Ausführung des Werkes bewog: Richard Wagner, 375; 478.

27 Es handelt sieh dabei um einen Auszug aus *Sartres* Genet-Buch, wiedergegeben bei Alfredo Guzzoni (Hrsg.), 90 Jahre philosophische Nietzsche-Rezeption, Meisenheim 1979, 103–107.
28 An Peter Gast (vom 11. September 1879); dazu mein Beitrag ‚Nietzsche und Dante', in: Nietzsche-Studien 5, 1976, 146–177. Bekanntlich war auch Kierkegaard aus dem auf Nietzsche vorausweisenden Grund einer übermächtigen Vaterbindung der fast unüberwindlichen Meinung, daß er noch vor Vollendung seines 34. Lebensjahres sterben werde. Dazu *Walter Lowrie*, Das Leben Sören Kierkegaards, Düsseldorf-Köln 1955, 166.
29 KSA 9, 561.
30 *Sartre*, a. a. O., 104. Denselben Gedanken entwickelte Max Picard, für den sich die Wirklichkeit unter der gottflüchtigen Vorentscheidung der Gegenwart in ein Bündel von Möglichkeiten auflöst: Die Flucht vor Gott, Freiburg/Br. 1958, 22–28.
31 *Sartre*, a. a. O., 105.
32 JGB 230.
33 FW IV 341.
34 *Elisabeth Förster-Nietzsche*, Der einsame Nietzsche, Leipzig 1922, 522; dazu auch der Kommentarband zur KSA 14, 460.
35 Brief vom 4. Januar 889.
36 WB 9.
37 Die innere Beziehung führt zurück zu dem hellsichtigen Durchblick der ‚Götzen-Dämmerung' mit dem Titel „Wie die ‚wahre Welt' endlich zur Fabel wurde", wo vom Mittag, dem „Augenblick des kürzesten Schattens" als dem Anfang Zarathustras die Rede ist, während die äußere Beziehung auf die Schlußszene von Hölderlins ‚Hyperion' verweist; dazu mein Beitrag ‚Die Reise und die Ruhe. Nietzsches Verhältnis zu Kleist und Hölderin', in: Nietzsche-Studien 7, 1978, 97–129.

III.8.

1 *R. Schneider*, Winter in Wien. Aus meinen Notizbüchern 1957/58, Freiburg/Br. 1958.
2 Näheres dazu in meinem titelgleichen Nachwort zur Taschenbuchausgabe des Romans (Suhrkamp Taschenbuch 653): *H.E. Nossack*, Nach dem letzten Aufstand. Ein Bericht, Frnakfurt/M. 1981, 369–412.
3 *Nossack*, Der Mensch in der Literatur, in: Die schwache Position der Literatur. Reden und Aufsätze, Frankfurt/M. 1967, 73 ff.
4 Unüberhörbar stimmte sich *Schneider* schon im Titel seines Lebensbekenntnisses ‚Verhüllter Tag' (von 1954) auf das Motiv der großen „Verdüsterung und Sonnenfinsternis" (*Nietzsche*) ein.
5 Näheres zu der überraschenden Verknüpfung von Glaubenskrise und Gebetsverpflichtung in meiner Schrift „Glaubenswende", 64–68.
6 Die Übereinkunft mit *Gertrud von le Fort* betrifft vor allem deren Novelle ‚Die Abberufung der Jungfrau von Barby' (von 1941), die gleichfalls die These von der (mystischen) Angrenzung des Glaubens an den Unglauben entwickelt.
7 Eine ähnliche Position vertritt *W. Ries* in seiner Studie ‚Transzendenz als Terror', Heidelberg 1977.
8 Dazu *H. Gripp*, Theodor W. Adorno, Paderborn 1986, 145–176.
9 Die These stützt sich insbesondere auf *Nietzsches* Befürchtung wir würden „Gott nicht los, weil wir noch an die Grammatik glauben": Götter-Dämmerung. Die „Vernunft" in der Philosophie, § 5.
10 Von einer Verabschiedung des klassischen „Instruktionsmodells" spricht *Max Seckler* im Blick auf die jüngste Entwicklung des fundamentaltheologischen Gedankens: H. Fries, Fundamentaltheologie, Graz 1986, 310.

Quellennachweis

Die Geburt des Glaubens aus dem Wort (H. Waldenfels und Th. Immos (Hrsg.), fernöstliche Weisheit und christlicher Glaube, Mainz 1985, 125–146)

Was vermag Sprache? (bisher nur im Manuskripft veröffentlicht, 30 Seiten.)

Glaube in dürftiger Zeit (A. Langer (Hrsg.), Katholizismus und philosophische Strömungen in Deutschland, Paderborn 1982, (105–118)

Der schwierige Weg. Zum Problem der religiösen Sprach- und Kommunikationsbarrieren (Stimmen der Zeit) 104 (1979) 651–665

Die beengende Pforte. Das Wort im Stadium seiner technischen Reproduktion (Lebendiges Zeugnis 39 (1984) 24 – 36)

Intuition und Innovation. Zur Bedeutung der religiösen Intuition für den theologischen Erkenntnisfortschritt (Münchener theologische Zeitschrift 32 (1981) 169–193)

Der Spiegel des Glaubens. Zum Prozeß der theologischen Selbstkorrektur (unveröffentlicht, 15 Seiten)

Der Gang der Gottesfrage. Vom spekulativen Kern der Meditation (Geist und Leben 50 (1977) 31–40)

Der Gott unserer Zukunft. Christsein in der glaubensgeschichtlichen Wende (P. Gordan (Hrsg.), Die Zukunft der Zukunft, Graz 1985, 37 – 79)

Die Suspendierung der Gottesfrage. Erwägungen zu einer innovatorischen These Karl Rahners (E. Klinger und K. Wittstadt (Hrsg.)), Glaube im Prozeß, Christsein nach dem II. Vatikanum, Freiburg/Br. 1984, 432–455)

Jesus und sein Gott (N. Kutschki (Hrsg.), Ein wahrer Mensch. Was sagt die Bibel über Jesus? Freiburg/Br. 1987, 95–110)

Der Helfer und die Hilfe. Plädoyer für eine Christologie von innen (J. Sauer (Hrsg.), Wer ist Jesus Christus? Freiburg/Br. 1977, 165–200)

Menschsein in utopisch-anachronistischer Zeit (im Manuskript gedruckt, 40 Seiten)

Fallen wir ins Nichts? Überlegungen zu einer Hermeneutik des Todes (Geist und Leben 112 (1987) 13–22)

Paulus – Initiator und Korrektiv (E. Biser (Hrsg.), Paulus – Wegbereiter des Christentums. Zur Aktualität des Völkerapostels in ökumenischer Sicht, München 1984, 9–44)

Augustinus – Glaubensvollzug und Sinnfindung (H. Wieh (Hrsg.), Ein Gott für die Welt. Glaube und Sinnfrage in unserer Zeit, München 1980, 11–36)

Luther – der Schuldner des Wortes (Stimmen der Zeit 201 (1983) 734–748)

Bach als Wiederentdecker der paulinischen Heilsbotschaft (V. Schubert (Hrsg.), Rationalität und Sentiment, St. Otilien 1987, 155–183)

Abhängigkeit und Kontingenzbewältigung. Zur Aktualität Friedrich Schleiermachers (Forum Katholischer Theologie (1986) 268–280)

Hermeneutische Integration. Zur Frage der Herkunft von Rudolf Bultmanns existentialer Interpretation (B. Jaspert (Hrsg.), Rudolf Bultmanns Werk und Wirkung, Darmstadt 1984, 211–233)

Nietzsche als Mythenzerstörer und Mythenschöpfer (Nietzsche-Studien 14 (1985) 96–109)

Versöhnter Abschied. Zum geistigen Vorgang in Schneiders 'Winter in Wien' (Widerruf oder Vollendung? Reinhold Schneiders 'Winter in Wien' in der Diskussion, Freiburg/Br. 1981, 129–156)

Lothar Bossle / Joël Pottier (Hrsg.)
Christliche Literatur im Aufbruch
Im Zeichen Gertrud von le Forts

Dieses Präsent zum 70. Geburtstag von Eugen Biser – Vizepräsident der Gertrud von le Fort-Gesellschaft – ist zugleich ein Geschenk der Herausgeber für den Freundes- und Leserkreis christlicher Literatur.

In seinem Vorwort präzisiert Joël Pottier die Thematik und analysiert die gegenwärtigen Dimensionen der christlichen Dichtung und Literatur im europäischen Umfeld in West und Ost. „Gleichsam als mächtiges Vorgeläut eröffnen zwei große synthetische Beiträge zur Standortbestimmung der christlichen Literatur im XX. Jahrhundert das vorliegende Sammelwerk". Das Hauptgewicht und der Schwerpunkt liegen auf dem Werk Gertrud von le Forts.

In sieben Beiträgen dokumentieren und manifestieren kompetente Autoren relevante Akzente aus dem Leben und Werk der Dichterin. Den dritten Teil des Bandes bilden zwei feinsinnige und gefühlsinnige Untersuchungen zum Themenkreis „Glaube und Dichtung", aufgezeigt an aktuellen Interpretationen großer Vorbilder. In den „Anmerkungen" findet der Leser schließlich bemerkenswerte Anregungen. Jeder Beitrag in diesem Buch ist eine *Res pro se*. Aber trotz aller Unterschiedlichkeit in der Akzentsetzung wirkt alles wie ein Ensemble, vereinigen sich die polyphonen Töne der einzelnen Beiträge zu einer vernehmbaren Harmonie. Die Schauseite des Umschlages ist gefällig gestaltet und wirkt durch ihre schlichte Textgestaltung, die mit einem Porträt der Dichterin kombiniert wurde, dekorativ.

Es erfreut uns, den Herausgebern und dem Creator-Verlag herzlich zu danken für diese „Geburtstagsgabe", und wir können nur wünschen, daß jeder, der sie in die Hand bekommt oder nimmt, sich als Beschenkter betrachtet. An Gelegenheiten, den Band in diesem Sinne zu verwenden, fehlt es mit Gewißheit nicht. Ein gediegenes Geschenk!

ISBN 3-89247-026-X   **DM 33,- (Ln)**

Bruno Stephan Scherer

Der Schmetterling – sieh!
Worte und Gebete für Trauernde

Hilfe leisten bei der Trauerarbeit, beim Bestehen von Leid und Bedrücktheit möchte dieses Büchlein. Es weicht dabei der harten, uns immer neu erschreckenden Wirklichkeit des Todes nicht aus (Teil 1), aber es lenkt den Blick des Trauernden über das Grab hinaus weiter und tiefer in die ganze Wirklichkeit hinein: in die österliche Welt des Glaubens und der Überzeugung von einem Weiterleben „beim HERRN" (vgl. 1. These 4,17 / Teile 2 und 3), in die Welt von Christi Auferstehung, seiner Nähe und Bruderliebe (Teile 4 und 5).
Der Schmetterling, das uralte Überlebenssymbol, schwebt lichtvoll wie ein beglückendes Gebet über Wort und Bild der Bibel (Teile 3 und 4), großer Menschen und Heiliger (Teil 5).
„Gebet ist unser Weg zu den Toten", schreibt Reinhold Schneider, „das Band der Liebe, der Anfang der Vereinigung."
Bruno Stephan Scherer, geboren 1929 in Gretzenbach/Schweiz, Benediktiner von Mariastein (bei Basel), Dr. phil., 1956 bis 1959 und 1964 bis 1974 Gymnasiallehrer in Altdorf, in der Reinhold-Schneider-Forschung tätig. Herausgeber (mit Alphons Hämmerle) der „Innerschweizer Lyrik- und Prosatexte". 1974 bis 1984 Seelsorger und Schriftsteller in Zürich, seit 1984 Pfarrer von Beinwill/Schweiz.
Lebenshilfe und Weggeleit – in Trauer und Leid, in Not und Tod – möchten diese Worte und Gebete sein. Und sie sind es!
Niemand legt diesen Band ungetröstet aus der Hand. Man kann Bruno S. Scherer zu seiner Anthologie gratulieren und allen Lesern wünschen, daß sie ihren inneren Frieden wieder finden, wenn sie ihn in der Sinnverzweiflung ihres Leids verloren haben und zugleich etwas von jenem Glück spüren, das nicht von dieser Welt ist.

ISBN 3-89247-040-5   DM 9,80

Thomas Immoos

Zu den Kammern der Weisheit
Gedichte 1986 – 1987

Immoos als homo viator hält es nicht an einem Ort: der Kreis der Gedichte spiegelt die Reisen dieses Jahres wider; in den einzelnen Städten und Landschaften sind es die spirituellen Wirkungsbereiche der Heiligen, Künstler und Kirchenlehrer, die ihn ansprechen, die ihn an sich heranziehen. Auf ihren Spuren wandert sein Fuß, sein Blick und sein Erleben. Statuen und Gemälde erschließen ihm ihre Transparenz auf das Göttliche hin, werden ihm erfahrbare Zeichen für das Unerfahrbare, das Geheimnis des Glaubens. Architekturen, Dome und Tempel erbieten sich ihm als Stätten der Gottesverehrung. Die Natur mit ihren Geschöpfen und als Schöpfung vom Ersten Tage an wird erlauscht, erschaut und im hindeutenden Wort gebannt, so daß der Leser im einfühlenden Nachvollzug einbezogen wird in diese Art des Gottesdienstes. Antike und Christentum, lebenserhaltende Festesfreude und Totenklage stehen im dichten Miteinander der Kretischen Elegie, deren überhöhenden Mittelpunkt die drei apostolischen Paulusdichtungen bilden. Ältesten Mythen und östlichen alten Religionen wenden sich die Gedichte aus China und Japan zu... (Aus dem Vorwort von Margret Dietrich).
Thomas Immoos, 1918 in Schwyz geboren, Priester, Dichter und Religionswissenschaftler, studierte in Fribourg, London und Zürich, war Lektor für englische und deutsche Sprache an verschiedenen Universitäten in Japan. 32 Jahre lehrte er an der Sophia-Universität in Tokio, ist korrespondierendes Mitglied der österreichischen Akademie der Wissenschaften und wurde mit dem Großen Ehrenzeichen für Kunst und Wissenschaft der Republik Österreich ausgezeichnet. 1988 erhielt Immoos den Kulturpreis des Kantons Schwyz.
Der „homo viator" Thomas Immoos erfaßt und zeichnet für einen feinsinnigen Leserkreis Gestalten und Gegenstände des kleinen und großen Kosmos. Die Gedichte sind ein Geschenk an Menschen und für Menschen, die sich selbst suchen und im anderen Menschen finden, die diese Welt lieben als Gottes Schöpfung, aber auch um ihre Verwundbarkeit wissen.

ISBN 3-89247-036-7   DM 24,50 (kt)